제5판

조동성 전략경영

조동성 저

서울경제경영

머리말

『21세기를 위한 전략경영』의 4차 개정판을 내놓은 후 6년 만에 제5판을 펴내게 되었다.

최근 우리나라 경영환경은 글로벌화가 많이 진전되어 다른 국가의 경제나 기업들의 활동에 많은 영향을 주고받게 되었다. "삼성 애니콜", "현대기아 자동차" 등 한국 제품들도 세계 시장에서 경쟁력을 인정받아 상당한 시장 점유율을 차지하게 되었다. "혁신경영"을 내세워서 1997년 IMF 구조조정을 슬기롭게 극복한 한국 기업에 찾아온 2008년의 미국발 금융위기는 한국경제를 선진권 반열에 들게 하는 천재일우의 '기회'로 작용하였다. 그리하여 우리나라는 2010년에 이르러 수도 서울에서 G20 정상회의를 개최하기에 이르렀다.

이제 21세기의 초반 12년을 넘긴 우리 기업들은 혁신경영을 넘어서 "지속경영", "장수경영", "가치경영"을 달성해야 한다.

최근 수십 년간 기업들이 집중해 온 혁신경영은 품질관리(Quality Control), 리엔지니어링(Reengineering), 리스트럭쳐링(Restructuring), 식스시그마(Six Sigma), 린생산방식(Lean Production System) 등이었다. 이와 같은 다양한 혁신경영의 패러다임은 한순간 유행했다가 순식간에 사라지고 말았다. 또한 경영 패러다임이 변할 때마다 수많은 기업들이 생명을 잃고 사라지는 것도 쉽게 발견할 수 있었다. 인간으로서의 존엄성이라는 가치를 추구하는 사람과 마찬가지로, 기업도 법인으로서의 가치를 추구하면서 무병장수할 때에 건강한 장수기업으로 존경받을 수 있다.

그렇다면, 무병장수란 무엇일까? 장수는 혼자만 건강해서 되는 것이 아니라 환경과도 잘 어울릴 때 가능해진다. 환경적 조건과 어울리지 않는 장수는 있을 수 없다. 기업 입장에서 환경적 조건은 사회와 지구환경이다. 사회, 환경과 더불어서 무병장수하는 것,

이것이 바로 지속경영이다. 예전에는 지속경영보다는 기업의 사회적 책임, CSR이라는 단어를 많이 썼었으나, 그간 CSR을 주장한 조직체를 보면 NGO가 상당부분을 차지하고 있다. 이것은 많은 기업들이 CSR에 대해 적지 않은 오해를 가지고 있기 때문이다. 예컨대, "환경에 대한 투자는 기업에 손해를 끼치지만, 그래도 사회를 위해서 중요하다"는 논리만으로는 환경경영을 경영이론으로 만들 수 없다. 다시 말해서 기업은 손해를 보겠지만, 그동안 기업이 환경에 부정적 영향을 주었으니 이제부터라도 환경에 투자하라고 한다면 이론이 될 수 없다. 주주와 사회를 비롯해서 기업을 둘러싼 모든 구성원이 이득을 볼 때 나오는 게 경영이론이다.

지속경영은 사회에 기여하는 것만으로 이루어지는 것이 아니다. 기업 내부적으로도 탁월한 능력이 있어야 하기 때문에, 지속경영의 첫 번째는 내부적으로 경쟁력을 갖추는 일이다. 내부적으로 경쟁력을 갖추려면 혁신과 창조가 필요하며, 그 다음엔 그것을 윤리적으로 투명하게 진행하는 윤리경영이 수반되어야 한다. 혁신, 창조, 윤리 경영은 매출과 이익을 올리는 부분, 사회에 공헌하는 부분 그리고 자연환경을 지키는 부분을 모두 대상으로 할 수 있다. 기업이 혁신적, 창조적으로 경영해서 이익을 내는 것도 지속경영의 중요한 필요조건이다. 본서의 제5차 개정판이 추구하는 첫 번째 지향점이 바로 "지속경영"이다.

20세기 말 우리 경제의 성장을 이끈 혁신경영은 이제 지속경영을 통해 기업의 장수로 이어져 그 성장의 뿌리가 자자손손(子子孫孫) 계승되어야 한다. 그리하여 우리 기업들도 578년부터 2006년까지 무려 1428년 동안 지속되었던 세계에서 가장 오랜 역사를 지녔던 기업인 일본의 "공고구미(金剛組)"나 900년 가까운 역사를 가진 중국의 "우량위에(五粱液)"처럼 장수기업의 체질을 갖추어야 한다. 본서의 제5차 개정판이 추구하는 두 번째 지향점은 "장수경영"이다.

과거 10년간 세계 유수 기업들이 직면한 가장 큰 이슈는 경쟁에서의 승리였다. 경쟁에서 승리하기 위해 많은 제조기업들이 제조원가가 저렴한 신시장(emerging market)에 공장을 설립하였고, 이 때문에 심각한 인권 및 환경문제들이 야기되었다. 이 과정에서 기업 경영자들은 경쟁에 초점을 맞춘 나머지 중요한 사실을 잊고 있었다. 그것은 바로 '가치'이다. "기업은 어떠한 '가치'를 위해 존재하는가?" "과연 고객을 넘어 전 사회적인 '가치'는 어디에 존재하고 있는 것인가?" 등과 같은 질문을 전통적인 경제적 시각으로 답을 해본다면, 기업의 존립목적인 '이윤추구'와 상충되는 것으로 오해할 수 있다. 하지만 이와 같은 현상을 전략적 시각에서 재해석해보면, 새로운 해결책을 제시할 수 있다. 이같이 본서의 제5차 개정판이 추구하는 세 번째 지향점은 "가치경영"이다.

제5판에서는 학생들이 전략경영을 더욱 쉽게 이해할 수 있도록 전략계획, 전략 실행, 전략 평가를 각 부로 지칭하고, 전략계획을 다시 투입, 프로세스, 산출물과 같은 방식으로 세부적으로 나누었다. 이와 같은 분석적 구분을 통해 학생들은 기업의 전략이 어떠한 내용물로, 어떠한 방식을 통해, 왜 만들어지는지 등과 같은 원초적인 질문에 대한 해답을 얻을 수 있을 것이다. 또한 전략경영의 패러다임이 다변화되고 있는 중요한 시점이므로, 기존 전략경영 패러다임을 보완할 수 있는 메커니즘을 프로세스 측면으로 보고자 하였고 향후 21세기를 이끌어갈 전략 패러다임을 제시하였다.

이를 위해 새롭게 추가된 메커니즘 전략경영을 프로세스 관점에 접목하여 한 챕터를 할애하여 조금 더 심도 있게 다루었다. 내용 측면과 과정 측면에서 다루어지던 메커니즘을 투입요소(input)와 결과요소(output)의 연결과정, 즉 프로세스(process)를 만들어 내는 기본원리로 해석하고 원하는 메커니즘을 만들어내는 세 가지 규칙인 조합(combination), 순열(permutation), 시간(time)을 이용해 한국과 일본 산업발전 사례에 적용하여 설명하였다.

이러한 체계에 따라 본서는 다음의 전체 5부로 구성되었고, 각 부는 다시 내용에 맞게 장과 절로 구성되었다.

제1부 "전략 개론"은 3개의 장으로 구성되어 있다. 제1장 "기업과 기업경영"에서 기업경영에 대한 전반적인 개념을 설명하고 제2장과 제3장을 통해 체계적인 경영전략의 개념과 그 발전과정, 또한 그 주체가 되는 전반경영자에 대한 내용을 실어 구체적인 전략수립과 실행, 계획을 습득하기 위한 준비가 될 수 있도록 하였다.

제2부 "전략 수립"은 4개의 장으로 구성되어 있다. 제4장에서는 경영전략 수립을 위한 전략분석의 외부요소로서의 환경, 내부요소로서의 자원의 개념과 분석기법, 그리고 기업철학 · 목표 · 비전을 설명하고, 추가적으로 기업의 사회적 책임을 살펴보았다. 제5장에서는 전략이 구체화되는 프로세스를 전통적인 분석모델과 새로운 전략 패러다임인 메커니즘으로 설명하였다. 제6장과 제7장은 채택된 전략이 사업부 수준과 기업수준에서 채택되어 실질적으로 운영되는 전략들을 제시하였다.

제3부 "전략 실행"은 3개의 장으로 구성되어 있다. 제8장은 전략 실행의 고려사항인 조직구조, 제9장은 이러한 구체적인 전략 실행과 그 수행과정에 필요한 기업문화를 살펴봄으로써 성공적인 전략 실행으로 이끌기 위한 과정을 보여주었다. 또한 제10장 "장기전략계획"을 통해 구체적인 전략계획의 수립내용과 절차 등을 구체적으로 설명하였다.

제4부 "전략 평가"는 3개의 장으로 구성되어 있다. 전략의 성공적인 수행과 피드백을 통한 기업발전에 필수적이라 할 수 있는 균형성과표를 통한 평가, 기업지배구조, 전략평가시스템의 구축과 실행을 살펴봄으로써 제1부에서 시작한 경영전략의 수립(plan), 실행(do), 평가(see)의 3단계를 제4부에서 완성하였다.

마지막 제5부에서는 변화하는 환경에 대응하고 준비하는 미래를 지향하는 기업이 반드시 고려해야 할 혁신경영, 창조경영, 그리고 지속경영의 개념과 전 세계적인 경영변화의 추세, 기업의 발전방향을 제시하였다.

역사적인 맥락에서 살펴보면, 오늘 출간된 시점의 '21세기를 위한 전략경영'은 이제 '21세기의 전략경영'인 동시에 '22세기를 대비하는 전략경영'으로 변화해야 할 시점이라 할 수 있다. 이러한 시대에 대한 인식은 저자의 철학이고 가치관이다. 그런 의미에서 이번 개정판은 이름을 약간 바꾸어 저자의 이름을 붙인 『조동성 전략경영』으로 바꾸었다.

본서의 제5판 개정작업에 큰 역할을 해주신 세 분에게 감사드린다. 서울대학교 경영대학의 박사과정에 있는 노태우 박사후보는 이 책에 대한 교정을 통째로 맡아주었다. 아이웰의 김성민 대표는 이 책의 수정본을 읽으면서 많은 제안을 해주었다. (주)서울경제경영의 김은중 사장은 출판작업에 혼신의 힘을 쏟아주셨다.

본서가 22세기를 향한 한국 경제와 글로벌 사회를 이끌어 나갈 수많은 학생들과 연구자, 또 지금 현재 사회 곳곳에서 기업과 조직을 이끌고 경영활동에 참여함으로써 경영전략을 실행하고 끊임없이 새로운 결실을 만들어 나가고 있는 기업가와 사회인들에게 도움이 될 수 있기를 바란다.

2013년

오랜만에 맞은 강추위가 물러가고 있는 2월의 마지막 주일에

조 동 성

차례

제2장 전략경영의 개념

제3장 전략의 주체

제2부 전략 수립

제4장 전략분석의 투입요소

제7장 전략결정의 대안: 기업 수준의 전략

제3부 전략 실행

제8장 전략 실행의 고려사항: 조직구조

제9장 전략 실행의 고려사항: 기업문화

제10장 장기전략계획

제4부 전략 평가

제11장 균형성과표

제12장 기업의 지배구조

제13장 전략평가시스템

제5부 전략경영의 뉴패러다임

제14장 혁신경영

제15장 창조경영

PART 1

전략 개론

STRATEGIC MANAGEMENT

CHAPTER 1

기업과 기업경영

이번 장에서는 앞으로 전개될 전략에 대한 논의에 앞서 전략의 실행주체인 '기업' 과 기업에서 일어나는 활동인 '기업경영' 에 대해 그 개념을 이해해 보자.

우선 현실세계에서 기업 내부를 들여다보는 미시적인 접근방식과 사회에서 활동하는 기업을 내다보는 거시적인 접근방식을 함께 이용해서 기업의 본질을 살펴보고, 그 다음 이론세계, 특히 경제학에서 바라보는 기업의 본질에 대해서 알아보자. 이같이 하면 기업을 현실에서 보는 관점과 이론을 통해 보는 관점을 서로 비교해가면서 보완적으로 접근할 수 있다.

기업의 본질을 파악한 다음에는 이 세상 모든 조직에 적용되는 경영, 그리고 그 중에서도 자본주의 사회에서 가장 대표적인 조직이라 할 수 있는 기업을 효율적으로 운영해서 기업 목적을 달성하는 방법인 기업경영에 대해 포괄적이고 체계적인 방법으로 이해해야 한다.

따라서 이번 장에서는 본격적인 전략에 대한 논의의 기본이 되는 기업, 경영 그리고 기업경영에 대해 살펴본 다음, 기업경영에서 차지하는 전략경영의 위치와 필요성을 살펴보자.

CASE 마이클 포터(Michael E. Porter: 1947~) 하버드경영대학원(Harvard Business School) 교수와의 2011년 12월 6일 대담: 기업의 전략목표와 공유가치창조[1]

조: 기업의 전략 목표에 사회적 가치도 포함돼야 한다는 게 CSV(Creating Shared Value)의 핵심 주장이다. 이는 주주의 이익을 추구하는 전통적인 재무적 목표를 넘어서야 한다는 뜻인가?

포터: CSV는 재무적 목표를 줄이자는 게 아니라 이를 개선하자는 개념이다. 이익 창출의 원천을 더 다양하게 만들자는 것이다. 물론 혼란의 여지는 있다. 누군가는 이를 '이해당사자의 입장을 염두에 둔 자본주의'라고 생각할 수도 있다. CSV는 근로자, 소비자, 기업가 모두 골고루 이윤을 나눠 갖자는 이야기가 아니다. 우리가 주창하는 것은 아주 순수한 자본주의 가치 그 자체다. CSV는 이익 극대화에 기반을 둔 도구(tool)다. 어떤 기회를 활용할지를 이야기하는 것이다. CSV는 사회적 가치를 늘리기 위해 주주 가치를 줄이자는 게 아니다. 주주 가치를 늘리는 동시에 사회적 가치를 증진시키자는 것이다. 이것이 진정한 '윈윈(win-win)'이다. 한 달 전 미국 뉴욕에서 열린 컨퍼런스에 참여한 적이 있다. 이 행사에 참여한 거액 투자자들도 이 아이디어를 점차 이해하게 되었다. 투자자들은 그동안 편협한 시각에서 투자 분석을 했다는 점을 깨닫고 있다. 예를 들어 화학회사의 에너지, 원자재의 사용 등을 추적하지 않으면 잘못된 분석을 할 수 있다. 이들이 낼 수 있는 실적과 성과에 앞서 설명한 CSV 개념이 중요한 역할을 할 것이다. 투자자들도 근시안적인 접근에서 벗어나야 한다는 점을 깨닫고 있다. 1~2년 후에는 이런

움직임이 더 탄력을 받을 것이다. 시간이 걸리겠지만 다양한 조사와 프로젝트를 진행 중이니 조금 더 기다려 달라.

조: 많은 투자자들이 단기거래를 하고 있다. 어떻게 단기 투자자들의 관심을 CSV로 돌릴 수 있을까?

포터: 단기 투자자에 제대로 대응하는 기업은 없을 것이다. 이 행위를 잡음이라고 여겨야 한다. 나는 많은 최고경영자(CEO)를 만난다. 1년에 두 번 하버드경영대학원(Harvard Business School)에서 다른 교수들과 함께 신입 최고경영자(CEO) 프로그램을 진행하며 그들과 많은 이야기를 나눈다. 경영의 가장 큰 함정은 주가다. 매일 형성되는 주가가 성공을 반영한다고 생각한다면 오산이다. 주가라는 것은 다양한 변수에 영향을 받으며 움직인다. 그리스 문제가 터지면 주가가 하락하는 식이다. 당신의 기업 실적과 무관하다. 그러니 주가를 지나치게 걱정할 필요가 없다. 장기적으로 보면 기업 실적이 주가를 결정한다. 자신감을 가져라. 좋은 리더는 들고 나는 사람을 신경 쓰지 않는다. 장기적으로 주식을 보유하는 투자자를 챙긴다. 그들이야말로 장기적으로 주가를 결정하는 사람들이다. 초단타 매매를 하는 사람들을 두려워하지 마라. 장기 투자자에게 관심을 쏟아라. 그들은 우리가 궁극적으로 가치를 창조하는지 아닌지를 판단할 것이다.

조: 세계화는 개도국과 가난한 국민에게 도움이 된다. 아웃소싱을 통해 공장을 해외로 이전하면 해당 국가에는 일자리가 생기고 임금이 올라 사회의 복리후생을 개선할 수 있다. 그렇다면 '로컬 CSV'와 '글로벌 CSV' 가운데 가치를 더 창조하는 쪽은 무엇인가? 양자 간의 상충효과(trade-off)는 없는가?

포터: 미국에서도 논의되고 있는 흥미로운 문제다. 미국 일자리 증가세의 둔화는 세계화의 영향을 받고 있다. 이런 현상은 1990년대 후반부터 2000년대 초반에 나타났다. 많은 사람들이 집을 사고 소비를 폭발적으로 늘리는 상황이었다. 당시는 경제가 활황기여서 미처 눈치를 채지 못했지만 일자리 증가세의 둔화가 시작됐다고 봐야 했다. 중국과 인도 등의 다른 나라들이 성장하면서 많은 일자리가 신흥시장으로 넘어갔다. 인건비를 줄이려는 의도였다. 중국에 공장을 지으면 그 지역사회에 공헌할 수 있다. 해당 지역에 일자리가 늘고 근로자들의 삶의 질이 개선되기 때문이다. 이렇게 해서 가격이 저렴한 제품이 생산돼 미국으로 수출되면 미국 소비자들에게도 도움이 된다.

물론 미국 소비자들은 이익을 얻지만 근로자들은 월급이 떨어지거나 일자리를 잃는 피해를 본다. 이에 대한 적절한 균형을 찾으려면 이 세상이 제로섬(zero-sum) 게임을 하고 있는지, 혹은 세계화가 포지티브섬(positive-sum) 게임인지를 생각해봐야 한다. 수요가 고정되어 있다는 전제에서 중국의 일자리가 늘어나는 만큼 미국의 일자리가 줄어든다고 생각한다면 세계화는 논란의 여지가 많다. 그런데 나와 다른 학자들은 세계화는 제로섬 게임이 아니라고 생각한다. 중국에 일자리가 늘어나면 소득이 증가하고 구매가 늘어 수요가 발생한다. 각 나라들은 특정 제품이나 서비스에 특화된다. 미국은 장난감을 만드는 대신 소프트웨어로 눈을 돌릴 수 있다. 중국의 완구 공장에 일자리 하나가 만들어져 미국의 완구 공장 근로자가 일자리를 잃더라도 다른 영역에서 일자리가 생기는 것이다. 이런 식으로 파이가 커져 모든 나라가 혜택을 누리게 된다. 이게 핵심적인 이슈다. 중요한 점은 '파이' 사이즈가 커질 수 있느냐다. 또 다른 이슈는 중국이나 다른 나라가 공정한 게임(fair game)을 하고 있느냐다. 가장 생산적인 곳으로 일자리가 옮겨지는 건지, 아니면 인위적인 상황, 즉 중국의 환율 조정을 통한 보호주의 정책 때문에 생산적으로 보이는 것인지가 문제다. 중국은 여러 장점이 있다. 하지만 많은 정책들이 이분법적인 제로섬 경향을 보인다. 중국도 파이 전체를 키우는 법을 생각해야 한다.

조: CSV를 실천하기 위해 경영자들이 가진 마음자세(mindset)를 어떻게 바꿀 수 있을까? CEO를 포함한 전문경영인은 지배 주주의 생각에 영향을 받을 수밖에 없다. 오너, 전문경영인, 회사 구성원들의 생각을 어떻게 일치시키고 서로 다른 생각들을 변화시킬 수 있을까?

포터: 경영자, 관리자의 생각을 확대하려면 다차원적인 시각을 활용해야 한다. 먼저 모범사례와 데이터를 보여주고 이것이 어떻게 실현되는지를 산업별로 구체적으로 소개하는 방법이 1차적인 마인드 확대 방식이라고 생각한다. 최근 제약, 의료기기 회사들이 CSV를 실행하고 있다. 이에 대한 백서가 곧 발표될 예정이다. 다른 기업들이 이 백서를 읽게 되면 CSV에 동참할 것이다. 경쟁 기업이 CSV 선두에 나서는 것을 보면 뒤처진 기업은 마인드를 확대할 수밖에 없을 것이다. 다양한 사례를 보여주고 공유할 필요가 있다. 한국에서도 5, 6개 기업을 선정해 CSV상을 수여하는 일을 했으면 한다. CSV를 경영진 교육 시스템에 포함시키는 일도 중요하다. 현재는 경영대학원에서 이런 것을

가르치지 않지만 변화가 일어나고 있다. 앞으로는 CSV가 기본적인 경영 교육에 포함될 것이다. 컨설팅 기업들이 자문역을 할 수도 있다. 우리의 역할은 이런 과정을 더 빠르게 만드는 것이다.

두 번째 질문은 이해당사자, 주주에 관련된 것이다. 첫 번째 단계는 CSV가 이해당사자의 이익 균형을 달성하기 이전에 가치를 어떻게 창조하고 있느냐의 문제를 살펴보는 것이다. 그런 다음 이를 어떻게 할당할 것인지를 따져야 한다. 한국은 지배구조가 이슈다. 한국 경제가 성장하려면 모든 주주에 대한 공평한 책무와 소액주주 보호를 강화해야 한다. 한국은 주주 권리의 보호 수준이 상당히 낮다. 소액주주의 보호는 더 떨어진다. 어떤 기업들은 의사결정에서 오너나 지배주주에게만 우호적인 결정을 하고 다른 소액 주주에게는 혜택을 주지 않는다. 이렇게 해서는 공유가치를 창조하고 향상시킬 수 없다.

조: CSV는 기업인들이 방어적인 태도를 버리고 적극적으로 움직여야 한다고 주문한다. 하지만 기업들이 노력해도 정부나 노동, 환경, 인권 분야의 시민단체들은 늘 더 많은 것을 요구한다. 그들과 어떻게 협업해 CSV에 성공할 수 있을까?

포터: 10년, 20년 전에는 없었던 많은 기관과 단체들이 기업의 사회적 책임을 묻고 있다. 이들은 부정부패, 환경문제, 근로자 다양성 존중 등의 문제를 감시하고 있다. 이런 단체들이 존재하는 이유는 그동안 기업들이 사회적 문제에 소홀했기 때문이다. 이런 압력이 기업의 기부나 CSR 활동을 유도하고 있다. 시민단체들은 CSV보다는 CSR과 관련된 일을 많이 하고 있다. 비정부기구(NGO)들은 기업이 공동체의 표준을 지키는지 감시한다. 기업이 사회가 설정한 최소 기준을 준수하고 이를 남용하지 않도록 관리하는 것이다. 하지만 사회를 위한 특정한 가치를 만들지는 않는다. 기업이 일을 잘하고 윤리적으로 움직이면 시민단체의 역할은 자연히 줄어들 것이다. 시민들이 기업을 믿을 수 있도록 기업들이 능동적으로 움직여야 한다. CSV는 완전히 다른 이야기다. 누가 공격하고 비난해서 반응하는 게 아니다. CSR 보고서를 발행하는 것처럼 누군가가 뭘 내놓으라고 해서 만드는 게 아니다. CSV는 한 기업이 경제적으로 가치를 창조하면서 사회적 문제를 해결하고 기회를 찾으려는 노력이다. 앞으로도 CSR과 CSV는 공존할 것이다. CSR을 선도하는 좋은 회사들은 더 적극적으로 앞서 나아가야 할 것이다. 물론 외부 단체들은 늘 더 많은 것을 요구할 뿐 절대 만족하지 않는다고 생각할 수도 있다. 회사 입

장에선 힘들고 어려운 일이다. CSV를 하면CSR을 할 때와는 다른 방식으로 시민단체와 대화하고 파트너-십을 구축할 수 있을 것이다.

조: 벤처나 신생 회사들에게 CSV는 버겁고 힘든 일이다. CSV 전략에 대기업만큼 장기적으로 신경을 쓸 수가 없다. 창업을 하는 기업가들에게 어떤 조언을 해줄 수 있나?

포터: CSV 개념은 대기업이건 중소기업이건, 모든 기업에 적용할 수 있다. 니즈를 다르게, 광범위하게 보고 가치사슬을 운영하는 것이다. 오히려 신생 회사들이 이미 틀이 완성된 기존 기업보다 더 쉽게 CSV모델을 회사의 근간으로 삼을 수 있다. 기성 대기업보다 더 빨리 이를 도입하고 변화에 적응할 수 있다. CSV 활동 중 가장 흥미로운 사례를 신생 사회적 기업들에서 볼 수 있다. 질문자와 같은 분들이 CSV의 렌즈로 대기업이 보지 못한 것을 찾아내고 있다. 대기업들이 보지 못한 부분을 보고 저소득층, 소외계층 등에 초점을 맞추고 제품 서비스를 개발한 신생회사들이 큰 성공을 거두고 있다. 기회는 수천, 아니 수만 개도 더 있다. 어떻게 생각하느냐에 따라 결과가 달라진다. 중소기업도 자신만의 틈새시장, 새로운 활동 범위, 가치사슬, 고객을 찾아낼 수 있다. 보다 친환경적인 제품을 찾고 소외계층의 니즈를 만족시킬 기회를 발견할 수 있는 것이다. 젊은이들에게 과거의 가치 창조 방식에서 벗어난다면 CSV의 이점을 활용할 수 있을 것이라는 이야기를 들려주고 싶다. CSV 아이디어를 개척한 회사는 작은 기업이지 대기업이 아니다. CSV를 활용해 스스로를 차별화했으면 한다.

조: CSV의 기회와 역량에는 차이가 있다. 특히 다양한 산업 영역별로 다를 수 있을 것이다. 녹색 경제나 친환경과 관련해서 사회적 문제를 해결하고 이산화탄소를 감축하는 영역에 있는 기업은 CSV를 훨씬 더 수월하게 실행한다. 반면 그렇지 않은 영역도 있다. 이런 영역에서는 CSV 적용을 주저할 것이다.

포터: 이 질문에 대해서 확정적 답변을 드리기에는 시기상조인 것 같다. 나와 마크 크레이머(Mark Cramer) FSG 대표 등이 다양한 산업 부문을 조사, 연구하고 있다. 하지만 아직까지 CSV의 기회가 없는 산업은 찾지 못했다. 제약업계는 현재 상위 10% 고객을 위해 일하고 있다. 이들은 저소득층에게 다가갈 방법을 찾느라 고민하고 있다. 이렇게 되면 시장이 엄청나게 커진다.

축구, 야구 등의 스포츠팀 구단주를 대상으로 강의를 한 적이 있다. 스포츠팀이 주민의 체력과 건강 증진에 도움을 주고 지역사회에 기여할 수 있는 어마어마한 기회를 갖고 있다는 점을 알 수 있었다. 물론 식품회사나 제약회사보다 상대적으로 CSV가 더 어려운 곳도 있다. 반도체를 예로 들어보자. 반도체 산업에서 에너지는 매우 핵심적인 문제다. 삼성은 그 기회를 파악했고 제품 설계에 반영했다. 삼성이 에너지를 CSV의 문제로 보기 시작한 것이다. 앞으로 성공 여부는 쉽게 판단할 수 없다. 반도체는 수자원을 많이 사용하기 때문에 다른 기회도 존재한다. 어떤 사업, 제품, 가치사슬, 클러스터에도 CSV의 기회가 있다고 생각한다. 시간이 지나면 알게 될 것이다. 어떤 업종에서 CSV가 약한 이유는 경영진이 이를 제대로 인식하지 못하고 기회를 잡지 못하기 때문이다. 직접 소비자에게 판매를 한다면 CSV의 기회가 더 많아진다. 고객을 생각하기도 더 쉬워진다. 어려움은 있을 수 있다. 하지만 기회가 존재하지 않는 산업은 없다고 생각한다.

출처: 이 대담은 2011년 12월 6일 동아일보사와 동아비즈니스리뷰가 개최한 동아비즈니스포럼에서 저자가 포터 교수와 대담한 내용 중 공유가치창조(Creating Shared Value)에 관한 부분을 발췌한 것이다.

기업이란

기업과 기업경영에 대해 본격적으로 논의하기에 앞서 '기업이란 무엇인가'라는 질문을 먼저 생각해 볼 필요가 있다. 일반적으로 기업의 본질에 대한 접근은 두 가지로 정리할 수 있다. 하나는 기업의 내부가 어떻게 생겼는가를 '현미경'을 통해서 들여다보는 '미시적(微視的) 견해'이고, 또 하나는 기업이 사회에서 어떤 위치를 차지하고 있는가를 '망원경'을 통해서 내다보는 '거시적(巨視的) 견해'이다. 두 가지 관점에서 '기업이란 무엇인가'를 좀더 구체적으로 살펴보자.

미시적 관점에서의 기업

자유주의 경제학자 밀튼 프리드만(Milton Friedman: 1912~2006)은 "기업의 사회적 책임은 이윤을 늘리는 것(The social responsibility of business is to increase profits.)"이라 주장한 바 있다. 미시적 관점에서 기업을 보는 가장 전통적이면서 정통적인 견해로 통한다.

기업을 <그림 1.1>에 나타난 바와 같이 블랙박스(black box)라고 볼 때, 이 블랙박스는 노동, 자본, 물자, 기술, 에너지 등의 투입물(input)을 물리적, 화학적으로 가공하여 투입물과는 모습이나 성질, 가치가 전혀 다른 제품과 서비스라는 산출물(output)을 생산하는 역할을 한다. 이때 산출물과 투입자원의 가치를 화폐로 환산한 것을 수익과 비용이라 부른다. 기업은 바로 수익을 극대화하고 비용을 극소화함으로써 차액인 이윤을 극대화하기 위해 만들어진 조직이다.[2] 따라서 <표 1.1>의 항등식에서 보듯 "기업이란 사람, 돈, 물자 등 여러 자원을 조합해서 제품과 서비스를 만들어 내되, 최소자원으로 최대효과를 냄으로써 이윤을 극대화하는 기관"이다.

그림 1.1
기업에 대한 미시적 견해 (1)

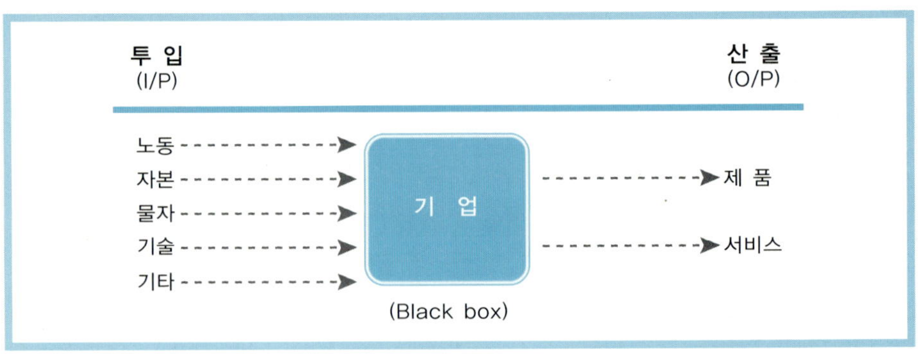

Max P = Max R − Min C (단, P: 이윤, R: 수익, C: 비용)

표 1.1
기업에 대한 미시적 관점 (1)에 입각한 기업의 목적

그러나 근래에 들어와서 기업의 개념에 대한 이러한 전통적 견해에 문제가 생기게 되었다. 즉 기업을 <그림 1.1>과 같은 방식으로 운영해 보니 잘 되기는커녕 파산하는 경우가 생긴다는 것이다. 제아무리 노동, 자본, 물자, 기술 등 투입물을 효율적으로 활용해서 좋은 제품과 서비스를 생산해 내더라도 제품이 제대로 팔리지 않거나 서비스를 찾는 이가 없으면 기업에 돈이 돌아가지 않는다. 그 결과 임금도 주지 못하고 채무도 갚을 길이 없어 결국 문을 닫을 수밖에 없게 된다.

그렇다면 <그림 1.1>에 숨어 있는 구조적인 문제점은 과연 무엇인가? 그것은 바로 기업을 생산시스템으로만 보고 있다는 점이다. <그림 1.2>에서 볼 수 있는 바와 같이, 기업이 아무리 투입물보다 커다란 가치를 지닌 산출물을 생산하더라도 정작 이 산출물을 이용하고자 하는 고객, 즉 소비자가 찾고, 구매하고, 소비해 주지 않는다면 기업은 원활하게 돌아갈 수 없다. 따라서 영속적인 실체(going concern)로서의 기능을 수행할 수 없게 되는 것이다. 기업이 내놓은 상품과 고객이 내놓은 돈이 교환되어야 비로소 기업은 그 돈을 가지고 다음 단계에 필요한 투입물을 구매하여 다시 생산 활동을 수행할 수 있다.

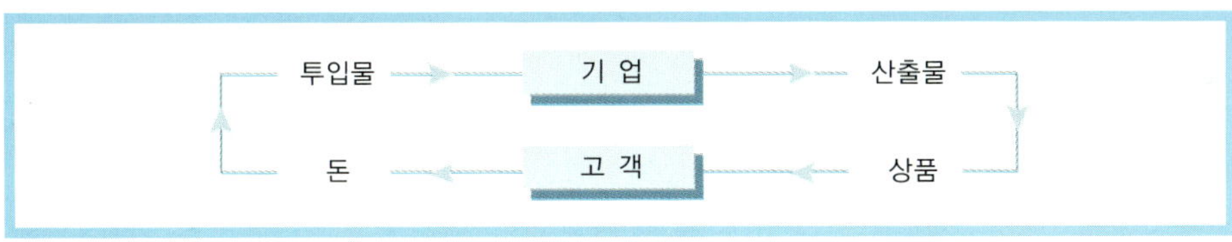

그림 1.2
기업에 대한 미시적 견해 (2)

이에 미국 캘리포니아주 클레어몬트 대학(Claremont Graduate University) 교수였던 피터 드러커(Peter Ferdinand Drucker: 1909~2005)는 "기업의 역할은 고객을 창조하는 것(The role of a corporation is to create customers)"이라 선언했다. 그는 제2차 세계대전이 종식된 후 미국경제에 나타났던 현상을 가지고 이러한 변화를 설명했다. 그에 의하면, 전쟁을 치르는 동안 독일, 이태리, 일본 등 패전국들은 물론이고 영국, 프랑스 등 승전국들마저도 생산시설이 파괴된 반면, 미국 본토는 유럽과 태평양 전선에서 연합군측이 사용할 군수물자를 조달하느라 생산시설이 오히려 늘어났다. 그 결과 전쟁이 끝난 1945년 영국의 1인당 소득이 당시 화폐로 1,200달러, 프랑스가 900달러였을 때 미국은 3,000달러로 세계 최고의 1인당 소득을 올릴 수 있었다고 한다.

이에 미국 기업들은 소득수준이 높아진 미국 소비자들이 충분한 잠재구매력을 갖고 있으리라 판단했고 엄청나게 늘어난 생산시설을 이용하여 일반 소비자를 위한 제품을 대량으로 만들어 내기 시작했다. 그러나 예상과 달리 미국 국민들은 전쟁 중에 익혔던 절약과 내핍생활방식을 그대로 유지하여 소비를 자제했고, 결국 기업들은 만들어 낸 제품을 팔 수가 없어 망할 수밖에 없었다.

이러한 상황에서 기업경영자들이 찾아낸 경영비법이 바로 마케팅이었다. 마케팅이란 과거부터 만들어 오던 제품을 무턱대고 만들어 내는 것이 아니라, 우선 충분한 시장조사를 통해 소비자들이 어떤 상품을 원하는가를 정확히 판단하고, 이를 기초로 하여 소비자에게 맞는 신상품을 개발 · 생산한 후, 이런 상품이 존재한다는 사실을 잠재적 구매자에게 선전 · 광고를 통해 널리 알리고, 공장문 앞부터 소비자의 현관문까지 이르는 유통시스템을 개발하여 소비자로 하여금 구매의욕을 일으키게 하는 것이다. 경영자는 이를 담당하는 주체이고 기업은 경영자가 마케팅활동을 수행하는 무대이다.

제2차 세계대전 이후 경영학자들이 가지게 된 기업에 대한 새로운 견해는 1970년대에 이르러 또다시 도전을 받게 되었다. 미래학자 앨빈 토플러(Alvin Toffler: 1928~)는 『제3의 물결』(1980)이란 저서에서, 8천년 전 인간이 춘하추동을 깨닫게 되면서 시작된 농경사회가 18세기 후반 산업혁명을 계기로 산업사회로 넘어왔고, 이 사회에서 기업이란 조직을 만들어 산업활동에 가장 효과적인 수단으로 삼았다고 설명하고 있다. 그리고 70년대 이후 산업사회가 다시 정보화사회로 변화하는 과정에서 기업을 둘러싼 사회환경이 변화함에 따라 기업의 운명도 크게 바뀌어 물리적인 기업은 사라질 것이라고 예언했다.

토플러는 기업에 대해서 왜 그렇게 무시무시한 예언을 했는가? 그는 산업사회에서는 기업이 건물과 공장을 자산으로 삼아 여기에 인적 자원과 물적 자원을 비용으로 투입하여 이윤을 창출하고 있다고 한다. 즉 물자와 함께 사람도 단순한 비용으로 인식된다는 것이다. 그러나 정보화 시대에는 사람들이 창조적인 두뇌활동을 벌여 새로운 아이디어를 내놓고 이를 기초로 하여 가치가 창조될 것이기 때문에, 사람이야말로 건물과 공장을 대신해서 이윤창조활동에 가장 중요한 자산이 되어야 한다고 주장한다. 그런데 모든 기업의 재무제표를 보면 건물과 공장의 기계설비는 대차대조표의 차변 항목에 고정자산으로, 사람은 손익계산서에 인건비라는 비용항목으로 표시하고 있다. 그러므로 이런 모습을 가지고 있는 기업은 정보화사회가 도래하는 날 멸종의 운명을 맞으리라는 것이다.

자칫 멸종될지도 모르는 기업의 경영자가 앞으로 다가올 정보화사회에서도 살아남기 위해서는 어떻게 해야 할 것인가? 대답은 명확하다. 새로운 사회환경에 맞춰 기업을 변화시켜야 한다. 보다 구체적으로 기업은 지금까지 비용항목으로 처리해 오던 사람을 자산으로 삼고, 지금까지 자산으로 취급해 오던 건물이나 공장은 오히려 비용항목으로 처리해야 한다.

이러한 변화의 핵심은 다음과 같은 한 마디로 요약할 수 있다.

"기업의 사명은 사람의 능력을 개발하는 것이다(The mission of a corporation is to develop human capability)."

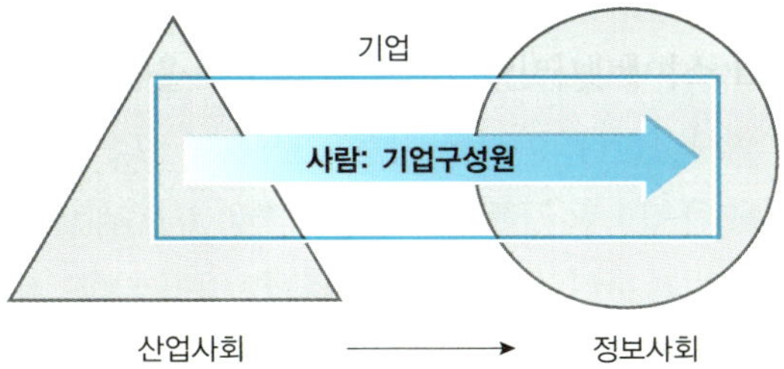

그림 1.3
기업에 대한 미시적 견해 (2)

거시적 관점에서의 기업

미시적 견해가 연구대상이 "맞느냐 틀리느냐(right or wrong)"에 대한 사실판단을 내린다면, 거시적 견해에서는 연구대상이 "좋으냐 나쁘냐(good or bad)"에 대한 가치판단을 내린다. 그러므로 기업에 대한 거시적 견해는 긍정론과 부정론의 두 갈래로 나누어진다. 이를 보다 구체적으로 설명하기 위해 <그림 1.3>을 보자.

<그림 1.4>은 사회 안에서 정부, 가계, 기업, 학교, 병원과 같은 집단이 어떤 역할을 수행하는가를 보여주고 있다. 여기에서 정부는 대외적으로 국가를 대표하여 외교와 국방을 책임지고, 대내적으로는 사회질서를 유지하며 공공복리를 증진시키는 역할을 수행한다. 가계는 사회에서 생산되는 제품과 서비스를 소비하는 동시에 노동력을 제공한다. 또한 학교나 병원과 같은 조직 역시 국민의 교육수준 향상과 질병의 예방 및 치료와 같은 역할을 수행한다.

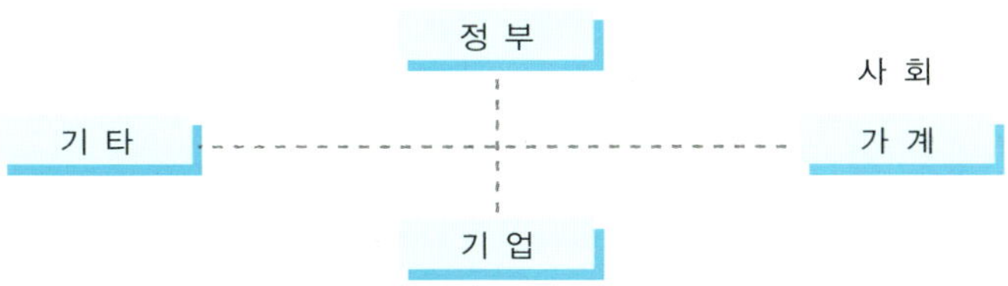

그림 1.4
기업에 대한 거시적 견해

그러면 기업은 어떠한 사회적 역할을 수행하는가? 우선 긍정론에서는 '기업이란 사회 안에 존재하는 제한된 자원을 가장 효율적으로 배분하여 그 가치를 극대화시킴으로써 사회의 경제수준 향상에 이바지하는 조직'이라고 규정한다. 다시 말해서 사회 내의 다른 어떤 조직도 그 사회가 가지고 있는 제한된 자원을 효율적으로 활용하는 데 있어서는 기업만 못하므로, 이러한 점에서 기업의 고유한 가치가 사회에서 긍정적으로 평가될 수 있다는 것이다.

그러나 부정론에서는 시각이 다르다. 사회 내에 있는 다른 조직인 정부, 가계, 학교 등은 사회로부터 부여받은 역할을 수행하는 과정에서 창조하는 가치를 사회 전반에 골고루 퍼뜨린다. 반면에 기업은 사회로부터 부여받은 역할인 가치극대화를 추구하는 과정에서 창출하는 이윤을 사회에 내놓지 않고 그대로 기업 안에 축적하면서 거대한 힘을 형성한다. 이러한 가운데 시간이 흐르면 사회 성립 초기에 사회 내의 각 집단간에 존재하던 균형은 깨지고, 기업이 축적한 힘으로 다른 집단을 지배하려는 현상이 나타난다. 예컨대 부정론에서는 소비자를 우롱하거나, 근로자를 착취하고, 환경공해를 유발하며, 정부를 부패시키는 등 기업의 이기적 목적을 위해 다른 사회조직을 짓밟음으로써 궁극적으로는 사회 자체의 존재를 와해시킬 것이라고 보고 있다.

이러한 우려는 실제 19세기 말부터 20세기 초에 걸쳐 미국을 비롯한 많은 선진국가에서 현실적인 문제로 나타났고, 우리나라의 경우는 재벌의 기형적 비대화라는 현상으로 나타나 사회문제의 초점이 되고 있다. 이러한 폐단을 막기 위해서 많은 나라에서 독점금지법, 공정거래법과 같은 실정법에 의한 규제제도를 도입하고 있다. 그 예로, 미국의 경우에는 독점금지법에 의하여 1912년 스탠더드 트러스트와 듀퐁이라는 두 개의 거대조직을 분해시켰고, 최근 마이크로소프트사가 웹 브라우저와 그 운영체계를 연결시킴으로써 시장을 독점하려 했다는 판결 또한 독점금지법을 근거로 한 사례이다. 한국에서도 공정거래법을 비롯하여 여신규제관리, 상호출자 제한, 중소기업 고유영역 지정 등 각종 규제제도를 채택하여 이 법규에 위배되는 기업에 대해서 직접적인 규제조치를 취하고 있다. 2012년 12월 19일에 치러진 제18대 대통령 선거에서는 양대정당이 '경제민주화'에 대한 치열한 공방을 했는데, 그 핵심은 바로 재벌그룹으로 대변되는 우리나라 대기업이 사회에 대해 긍정적 역할을 얼마나 해야 할 것인가에 대한 논란이었다.

경제학에서의 기업

사회과학 분야에서 기업활동을 바라보는 다양한 관점 중에서 기업을 외부적인 시각에서 바라보는 관점으로 대표적인 것이 경제학에서의 기업관이다. 이러한 경제학에서의 기업관은 신고전학파의 관점과 신제도학파의 관점으로 구분된다.

신고전학파

신고전학파 경제학은 기업을 하나의 생산기술(production technology)로 인식한다. 즉 기업의 가치창조 과정은 블랙박스와 같이 내부를 들여다볼 수 없는, 인식할 수 없는 과정을 통해서 이루어진다고 가정함으로써 생산함수로서의 기업의 본질에 대해서는 언급하지 않는다.

이러한 신고전학파 세계에서 기업은 규모의 경제(economy of scale) 논리와 범위의 경제(economy of scope) 논리에서 존재가치를 찾는다. 규모의 경제 논리는 대규모 집중화된 생산에 수반되는 고정비용을 바탕으로 한 한계비용함수에 근거한 논리이다. 기업은 자본을 투자해서 생산시설을 갖춘 다음, 이를 이용해서 생산을 함으로써 부가가치를 창출한다. 이 때 대량판매를 근거로 해서 대량생산이 일어나게 되면 생산시설에 투입된 고정자본의 부담, 즉 생산의 한계비용이 낮아져서 규모의 경제를 달성함으로써 경쟁력이 생긴다.

다양한 제품을 생산하는 기업의 경우 규모의 경제에서 범위의 경제로 발전하게 되는데, 이는 동질적인 생산활동의 결합에 의한 시너지효과에 근거한 것이다.

이같이 기업이 규모 및 범위의 경제에 의해 존재한다는 신고전학파 논리는 생산함수인 기업의 경계(boundary)가 시장에서 대량구매와 차별화된 소비가 이루어진다는 전제 하에서만 가능하다. 따라서 신고전파 논리는 외부결정론적 기업관, 즉 기업의 외부적 조건에 의해 기업의 존재가치가 성립된다는 성격을 가진다.

신제도학파

신고전학파의 기업관이 단지 주어진 생산함수로서의 기업을 상정하고 있는 반면, 코즈(Coase)로 대표되는 신제도학파에서는 시장의 불완전성을 상정하고 기업의 존재를 시장기능의 보완이라는 관점에서 접근하고 있다. 코즈는 이러한 기업조직의 존재 이유를 아래와 같이 언급하고 있다.

"시장에는 거래에 수반되는 비용, 즉 거래비용(transaction cost)이 존재하고, 이로 인해 시장기구에는 기업이라는 조직이 존재하게 된다. 만일 가격이 시장정보의 효율적인 전달체라면 시장에 참여하는 각각의 주체는 하나의 개인으로 구성될 것이다. 그러나 거래당사자는 정보전달 체제로서 시장에서 필요한 정보를 획득하는데 많은 비용을 소모한다. 따라서 거래에 필요한 정보의 시장교환 비용이

거래의 집중화에 수반되는 비효율성 비용을 초과하는 거래를 내부화하는 조직으로서 기업이 존재하게 된다." 즉 시장에서 개인이 각자 거래를 하는데 필요한 정보를 수집하는데 들어가는 거래비용이 기업이라는 조직을 운영하는데 들어가는 조정비용(coordination cost)보다 더 드는 만큼 기업은 시장에서 개인보다 효율적으로 거래를 할 수 있는 것이다.

이렇듯 기업조직을 시장과 비교하면서 대체적 제도로 인식한 연구는 코즈에 의해 시작되어 2009년 노벨경제학상 수상자인 윌리엄슨(Oliver E. Williamson: 1932~)의 시장실패모형(market failure model)으로 집대성되었고, 경제학의 기업관도 새로운 전환을 맞이하게 되었다. 이러한 신제도학파의 기업관은 기업을 계약으로 인식하는 것으로, 다양한 활동을 수행하는 개인간의 계약이 결합된 것이 기업이라 보고 있다. 즉 가격으로 조정되는 것이 비효율적일 때 계약에 의해 기업조직이 형성된다는 것이다.

그러나 일단 기업조직이 성립되면 외부적인 거래비용을 피할 수 있는 반면, 기업 내부적인 조정비용이 발생하게 된다. 따라서 기업의 범위는 외부적인 거래비용과 내부적인 조정비용이 조화를 이루는 시점에서 결정된다.

경영이란

경영(administration)이란 '경영자가 장기적 관점에서 조직의 목적을 설정하고, 그 목적을 달성하기 위해 전략을 세워, 이를 집행하기 위한 활동을 관리, 운영하는 동태적 과정' 을 말한다. 따라서 기업이라는 개념이 정태적인 것이라면 경영은 동태적인 것이다. 경영을 구체적으로 이해하기 위해 위의 정의에서 찾아볼 수 있는 다음 다섯 가지 개념을 좀더 자세히 살펴보자.

- 주체(Who): 경영자(administrator)
- 시간(When): 장기적 관점(long-term perspetive)
- 장소(Where): 조직(organization)
- 이유(Why): 미션(mission)과 목적(objective)
- 내용(What): 전략(strategy) · 관리(management) · 운영(operation)
- 방식(How): 동태적 과정(dynamic process)

주체: 경영자(administrator)

경영자란 장기적 관점에서 조직의 전략, 관리 및 운영활동을 능동적으로 주관하는 사람으로 조직의 수직적 체계에서 놓인 위치에 따라 최고경영자, 중간경영자, 그리고 하부경영자로 나누어진다.

일반적으로 최고경영자는 회장에서 이사까지, 중간경영자는 특정 부문을 책임지는 부장에서 과장까지, 하부경영자는 특정한 책임을 지지 않는 대리급 이하로 정의한다. 그러나 조직의 어느 위치에서 어느 위치까지가 최고경영자, 중간경영자, 하부경영자라고 함부로 단정해서는 안 된다. 왜냐하면 이들 경영자는 그 위치가 어디든 위에서 설명된 경영상의 활동, 즉 전략, 관리, 운영을 공통적으로 수행하기 때문이다.

다만 <그림 1.5>에서 보는 바와 같이 경영자의 위치에 따라 세 가지 활동이 갖는 상대적 비중은 달라진다. 즉 최고경영자는 자신의 활동 중 전략에 가장 큰 비중을, 그리고 관리, 운영에 약간의 노력과 시간을 할애하는 반면, 중간경영자는 관리에 가장 큰 비중을 두고 전략, 운영에는 작은 비중을 둔다. 그리고 하부경영자는 운영에 가장 큰 비중을 두고 관리와 전략에는 상대적으로 낮은 참여를 하게 된다.

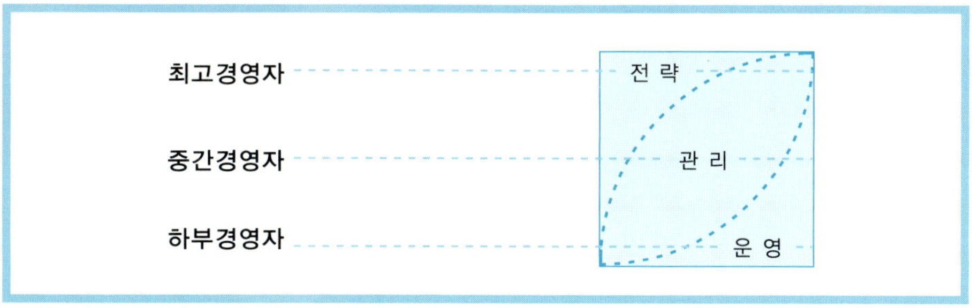

그림 1.5
경영자의 위치별 활동 비중

시간: 장기적 관점(long-term perspective)

일반적으로 조직은 '영속적인 실체(going Concern)' 이다. 예외적으로 특정 프로젝트를 담당한 후 그 프로젝트가 끝나면 이와 함께 소멸하는 한시적인 조직도 있으나 그러한 조직은 비록 시작에서 소멸에 이르는 기간이 상대적으로 짧을 뿐, 수행하는 역할은 똑같다. 따라서 장기적 관점은 물리적 시간의 길이를 지칭하는 것이 아니라 조직의 시작부터 소멸에 이르는 모든 과정을 망라한다는 의미로 받아들여야 한다. 그리고 경영자는 조직의 시작에서 소멸에 이르는 모든 과정에 필요한 경영능력을 갖추어야 한다. 여기서도 시작에서 소멸에 이르는 모든 과정에 대한 모든 능력을 경영자 한 사람이 갖춰야 한다기 보다는, 이런 역할을 경영이라는 분야에서 모두 다루어야 한다는 의미로 받아들여야 한다.

장소: 조직(organization)

조직이란 한마디로 '사람들의 모임(group of people)'이다. 그러나 만일 하나의 힘을 가진 사람 열 명이 모여서 조직을 만들었을 때, 그 힘의 합계가 열밖에 안 된다면 그것은 기업으로서의 가치를 갖지 못한다. 기업은 열 명이 모여 열이 아니라 백, 천, 만 아니 백만의 힘을 발휘할 수 있는 조직이어야 한다. 이를 위해서는 <그림 1.6>와 같이 사람과 사람 사이를 실선과 점선으로 연결시켜 각자의 위치와 서로의 관계를 정립시켜야 한다. 인간사회에는 <표 1.2>에서 보는 바와 같이 기업뿐 아니라 정부, 가계와 같은 조직도 있으며, 기업 중에서도 공기업, 영리기업, 비영리기업 등 여러 가지 조직이 존재한다.

그림 1.6
조직의 모습

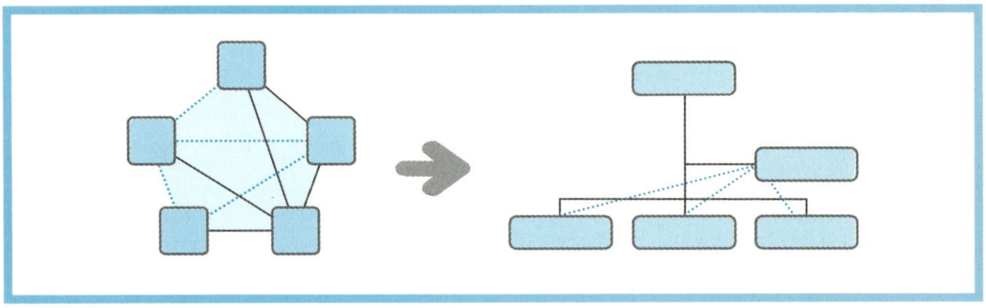

표 1.2
조직체의 형태

조직	정부	• 중앙정부 – 행정부, 사법부, 입법부, 군대 등 • 지방정부 – 시청, 도청, 군청, 각급 교육위원회 등
	기업	• 공기업 – 한국방송공사, 도로공사, 석탄공사 등 • 영리기업 – 합명회사, 합자회사, 유한회사, 주식회사 등 • 비영리기업 – 재단법인(학원, 병원 등)
	가계	• 1인 가계, 핵가족, 3세대 가족 등

경영은 여러 가지 조직이 가진 각각의 성격이나 목적의 특수성과 관계없이 모든 조직에 공통적으로 적용할 수 있는 요소를 추출한 개념이다. 다만 이같이 모든 조직에 적용될 수 있는 '일반경영' 체계와 달리, 특수한 목표를 가진 특정 조직에 대한 경영을 '특수경영'이라고 부를 수 있는데, <표 1.3>에 그 대표적인 예가 나와 있다.

표 1.3
특정 조직체의 경영

특정 조직체		특수경영
정부		• 행정
기업	공기업	• 공기업경영 / 관리
	영리기업	• 기업경영
	영리기업비영리기업 : 학교, 병원, 기타	• 공기업경영 / 관리 • 병원경영 / 관리
기 타		• 가정경영 / 관리

과거에는 기업경영(business administration)을 기업관리(business management)라고 불렀고, 오늘날에도 공기업, 학교, 병원, 가계와 같은 조직에서는 <표 1.3>에서 보는 바와 같이 경영(administration) 대신에 관리(management)라는 표현을 흔히 사용하고 있다. 경영을 구성하는 요소인 전략, 관리, 운영 중 과거에는 관리가 가장 중요했고, 그에 따라 두 가지 표현이 혼용되어 온 것이다. 그러나 관리는 전략과 운영이라는 중요한 요소를 포함하고 있지 않다는 점에서 경영과 엄격히 구분되어야 한다.

오늘날 기업경영을 기업관리라고 부르는 경우는 거의 없다. 그러나 그 이론적 체계와 엄밀성이 미흡한 다른 조직의 경영에 대해서는 경영 대신 관리라는 표현을 아직도 사용하고 있다.

이유: 미션(mission)과 목적(objective)

각 조직은 사회 내에서 자신이 가지고 있는 역할에 따라 제각기 다른 미션과 목적을 추구하게 된다. 미션이야말로 조직이 사회에서 존재하기 위한 이유(reason detre)이자 존재할 수 있는 근거이다. 목적은 미션을 사후 평가가 가능한 계량적 지표로 전환한 것이다. 아래 <표 1.4>에는 여러 가지 대표적인 미션과 목적이 나타나 있다.

표 1.4
특정 조직의 미션과 목적

조직		미션/목적
정부		• 공공성, 사회발전 등
기업	공기업	• 공공성, 수익성, 안정성 등
	영리기업	• 수익성, 안정성, 성장성 등
	비영리기업	• 특성 목적의 달성 • 정부재정 자금의 조달 • 사회 공공재의 공정, 효율적인 조달, 분배
가계		• 수입지출의 균형 • 장기적 안정, 성장을 위한 저축 등

<표 1.4>에서 언급된 세 가지의 조직 중 이 책의 주된 관심사는 기업이고, 그 중에서도 특히 영리기업이다. 영리기업이 추구하는 목적으로 대표적인 것이 수익성, 안정성, 성장성이지만, 비영리기업과 공기업의 공정성, 공공성 등도 무시할 수 없다. 전통적으로는 영리기업의 목적함수가 수익성, 기타 함수가 최소도달조건이었고, 비영리기업과 공기업의 목적함수가 공공성을 비롯한 그 기업의 특정 목적, 수익성이 최소도달조건이었다. 그러나 최근에는 투자자가 배당을 포기하는 사회적기업(social enterprise), 그리고 영리기업이 기업목적과 사회목적을 동시에 추구하는 공유가치창조(CSV) 기업이 출현하면서 영리기업과 비영리기업 간의 구분이 불분명해지고 있다. 앞으로 CSV가 우리 사회에서 보편적으로 자리를 잡게 되면 영리기업, 비영리기업의 구분은 사라지게 될 것이다.

내용: 전략(strategy), 관리(management), 운영(operation)

경영이 무엇인가를 이해하기 위한 방법의 하나로 그 내용을 전략, 관리, 그리고 운영이라는 세 가지 활동에 따라 나누는 3분법이 흔히 사용된다.

전략은 조직의 사회적 역할에 따라 목적을 설정하고, 그 목적을 달성하기 위해 외부환경으로부터 주어지는 기회를 내부의 능력으로 포착하는 전략적 의사결정 활동을 말한다. 관리란 결정된 전략을 집행하는 데 투입되는 자원을 최소화(능률추구)하거나 주어진 자원을 이용하여 추구하는 목표의 달성도를 최대화(효과추구)하는 활동, 또는 이 두 가지를 동시에 추구(효율추구)하는 활동을 말한다. 마지막으로 운영이란 관리적 활동을 사전적으로 정해진 방식과 체계에 따라 수행하는 활동을 말한다.

전략은 일회적이고 또한 비일상적인 의사결정이 요구되므로 정형화하기 어려운 반면, 운영은 반복적이고 일상적인 활동이라는 특성 때문에 정형화, 매뉴얼(manual)화 할 수 있으며, 관리는 그 중간적인 성격을 갖는다.

경영의 내용을 이루는 이상의 세 가지 개념 중 '관리'는 1970년대 이전까지만 해도 가장 중요한 경영활동으로 인식되어 왔다. 반면에 '전략'은 1973년 석유위기 이후 기업환경이 급변하면서 비로소 그 중요성이 강조되기 시작했다. 따라서 1973년대 중반까지만 해도 경영학 체계에서는 전략의 중요성이 널리 인식되지 못했던 까닭에 경영과 관리라는 두 가지의 다른 용어가 적당히 혼용되어 왔던 것이다. 그러나 전략이 경영에서 중요한 내용으로 부각된 오늘날에도 경영과 관리를 같은 개념으로 쓰는 것은 옳지 않다. 이제부터는 전략을 경영의 중요한 요소로 받아들여야 한다.

다만 논리적으로는 경영을 전략, 관리, 운영이라는 세 가지 개념으로 나누어 볼 수 있지만, 실제로는 그 구별이 어렵거나 조직의 상대적 위치에 따라 분류가 바뀔 필요가 생긴다. 예컨대 커다란 기업그룹 안에 여러 계열사가 있고, 각 계열사 안에 또다시 여러 기능부서가 있다고 하자. 이때 그룹 전체의 목적이 '성장 및 수익성의 극대화' 이고, 이러한 목적을 달성하기 위한 전략이 '사양산업으로부터의 철수' 및 '유망산업으로의 진출' 이라면, 이러한 전략을 효과적으로 집행하기 위해 '인재양성' 또는 '투자자금조달' 등의 관리활동을 전개할 것이다. 그러나 그 그룹에 속해 있는 각 계열사에서는 소관산업이 사양산업인가 유망산업인가에 따라 '철수' 또는 '진출' 이라는 목적을 설정할 것이고, 이러한 목적을 달성하기 위해 '인재양성', '투자자금조달' 등의 전략을 세울 것이다. 그리고 이러한 전략을 효과적으로 집행하기 위해 '우수 사원 채용' 이나 '현장교육 강화' 또는 '신주발행' 이나 '은행차입' 과 같은 관리적 수단을 마련할 것이다. 또한 기능부서 중 하나인 인사부서에서는 '인재양성' 을 목적으로 하여 '우수 사원 채용', '현장교육 강화' 등의 전략을 세울 것이고, 이러한 전략을 효율적으로 집행하기 위해 '공개채용', '신입사원 교수추천제도' 와 같은 관리적 수단을 마련할 것이다. 이 경우 그룹 전체의 관리수단인 '인재양성' 이 계열사에서는 전략이 되고, 인사부서에서는 목적이 된다.

이러한 예에서 보듯 경영의 내용을 전략, 관리, 운영이라는 세 가지 개념으로 획일적으로 나누어 모든 조직에 그대로 적용하는 것은 적절하지 않다.

방식: 동태적 과정(dynamic process)

경영은 조직의 목적을 달성하기 위해 여러 가지 자원을 복합적이고도 유기적인 방식으로 결합시키는 활동이다. 따라서 경영을 어떻게 전개하는가 하는 '경영방식' 은 학자에 따라 제각기 다른 몇 가지의 요소로 분해되어 설명된다. 주요 학자들의 견해를 보면 <표 1.5>와 같다.

여러 학자들의 견해를 종합하여 그 공통점을 찾아보면 크게 P - D - S, 즉 사전적 활동(plan) - 현장활동(do) - 사후적 활동(see)의 과정으로 정리할 수 있다. 또한 사후적 활동은 다음 경영의 사전적 활동에 대한 기초가 된다는 점에서 연결고리를 이룬다.

이러한 의미에서 경영이란 여러 가지 경영요소가 수평적으로 분화된 활동이 아니라 동태적으로 결합된 과정이다.

표 1.5
경영의 동태적 과정

연대별	국별	내용별 / 논자별	계획	조직	지령	동기여부	통제	조정	충원	기타
1916	불	페이욜 (H.Fayol)	X	X	X		X	X		
1934	미	데이비스 (D.C. Davis)	X	X			X			
1947	미	브라운 (A. Brown)	X	X	X		X			X (결합)
1948	영	브레크 (E.F.L. Brech)	X	X		X	X	X		
1950	미	뉴먼 (W.H.Newmann)	X	X	X		X			X (결합)
1956	미	테리 (G.R. Terry)	X	X		X	X			
1958	독	멜레로비츠 (K. Mellerowicz)	X	X			X	X		X (정보)
1961	미	헤인즈 외 (Haynes & Massie)	X	X	X		X		X	X (결정)
1964	미	알 렌 (L.A.Allen)	X	X	X		X			
1968	독	구텐베르크 (E. Gutenberg)	X	X			X			
1972	독	뵈 헤 (G. Wöhe)	X	X	X		X			
1976	미	쿤츠 외 (Koontz &O'Donnell)	X	X	X		X	X	X	
1980	한	조동성	X	X	X (실천)	X				X (결과책임)

주: 상기표에서 계획(planning)에는 예측(forecasting)을 포함. 지령(commanding)에는 지휘(directing)와 지시(instructing)를 포함. 동기부여(motivating)에는 활성화(actuating)와 영향화(influencing)를 포함. 더 나아가서 이를테면 같은 '지령'이라도 원어표현에는 'command'와 'commanding'의 두 가지가 있게 되지만, 그 모두를 'commanding'으로 통일적으로 처리

자료: 한희영, 『경영학원론』, 법문사, 1985, p.475.

기업경영이란

'기업경영이란 무엇인가' 하는 문제는 '기업은 무엇인가', '경영은 무엇인가' 하는 문제보다 훨씬 어렵고 복잡하다. 그래서 기업을 대상으로 경영학을 연구하는 학자들이나 기업을 실제로 이끌어 가는 경영자들은 기업경영에 대해 나름대로 다양한 정의를 내리고 있다. 이러한 이유 때문에 일부 학자나 기업인들은, 마치 코끼리의 코, 귀, 다리, 배 등 일부분을 만져보고 코끼리를 대롱, 부채, 기둥, 벽이라고 이야기하는 것처럼, 기업경영이라는 실로 거대하고 복잡한 실체의 일부분만을 보고서 경영의 전모를 파악한 것으로 착각하는 실수를 저지르기도 한다.

여기에서는 실제 기업경영활동의 본질을 좀더 포괄적이고 체계적인 방법으로 분석해보기로 하자.

기업이라는 집

일반적으로 집을 짓기 위해서는 먼저 기초를 다진 후에 기둥을 세우고 여기에 지붕을 얹어야 한다. 기업도 마찬가지로, 기초를 단단히 하고 기둥을 세우며 지붕을 잘 덮어야 '영속적인 실체(going concern)' 로서의 기능을 다할 수 있다. 여기에서 기초와 기둥 및 지붕은 제각기 기업의 경영활동을 구성하는 요소로서 <그림 1.6>과 같이 나타낼 수 있다. 언뜻 보기에 그리스의 파르테논 신전같이 보이는 <그림 1.6>은 실제로는 기업의 경영활동을 경영학의 제 영역으로 분해하여 재구성한 것이다.

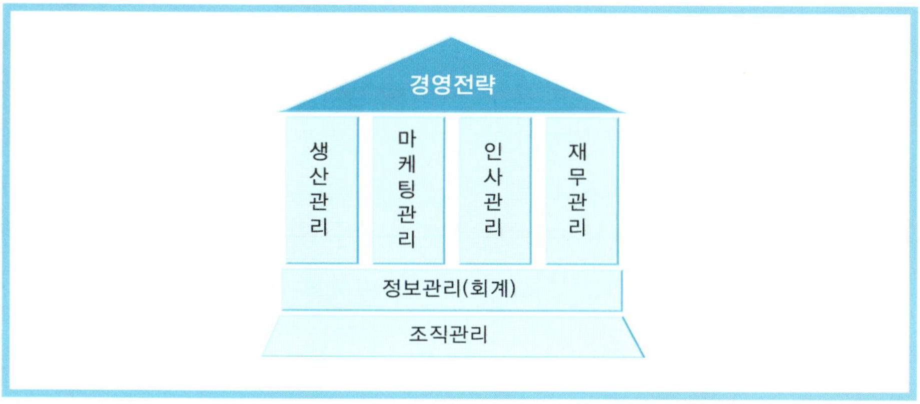

그림 1.6 경영활동의 구성요소

<그림 1.6>에서 기초를 구성하기 위해서는 먼저 조직이 형성되어야 한다. 앞에서 밝힌 바와 같이, 기업은 기본적으로 사람의 집단, 즉 사람들이 모여 형성한 조직이다. 사람은 개개인을 놓고 보면 매우 미약한 존재다. 인간의 신체적 한계와 거대한 자연이 주는 물리적 악조건을 극복하기 위하여 인간은 조직을 형성하게 된다. 사람들이 유기적으로 결합하여 형성한 조직의 힘이 개별 구성원의 힘을 단순 합계한 것보다 커지는 이른바 '시너지효과(synergy effect)'를 창출할 수 있을 때 비로소 기업의 존립 근거가 마련된다.

그런데 기업의 하부구조를 형성하는 조직은 정태적인 개념이므로 기업구성원 간의 또는 기업조직과 환경을 연결하는 정보, 즉 동태적인 커뮤니케이션(dynamic communication)의 흐름을 포괄하지는 못한다. 기업 내의 모든 활동에 관한 내용은 '정보'라는 수단을 통해 기업조직의 상하·좌우로 전달된다. 기업에 있어 이러한 정보체계가 제대로 기능하지 못하여 정보가 제때에 정확히 전달되지 못한다면 기업은 변화하는 환경의 요구에 신속하고 적절하게 반응하지 못하게 된다.

기업의 정보시스템을 개발하기 위한 노력은 오래 전부터 있었다. 정보의 세 가지 수단은 그림(畵), 문자(文), 숫자(數)라고 할 수 있는데, 기업에서는 그 중 가장 정확한 전달수단이라고 할 수 있는 숫자를 중심으로 한 '회계시스템'을 개발해서 사용하고 있다. 즉 모든 기업은 회계시스템을 공용어로 채택하여 매출목표 및 이익, 예산 등을 계량적으로 설정함으로써 기업경영활동이 같은 방향으로 나가도록 조정하고 있는 것이다. 또한 회계시스템은 기업경영의 성과를 측정하여 주주, 정부, 소비자, 종업원 등 기업의 이해관계자들에게 제공함으로써 기업의 참모습을 외부에 알려주는 역할을 하기도 한다.

그러나 오늘날 전통적인 경영정보수단인 회계관리만으로는 대량의 정보를 신속하고 정확하게 처리하기가 곤란해져서 컴퓨터를 이용한 '경영정보시스템(management information system)'이 개발·활용되고 있다. 따라서 오늘날의 기업에서는 조직과 함께 회계 및 정보시스템이 하부구조를 형성한다.

조직이 확립되고 회계 및 정보시스템 체계가 형성된 기반 위에서 기업은 실제적인 경영활동을 수행하게 된다. 경영활동의 구체적인 내용으로는 우선 노동·자본·기술·자원 등의 생산요소를 투입하여 재화와 용역을 산출하는 생산기능을 들 수 있다. 기업은 바로 이 생산활동을 통하여 산출물과 투입물의 차이인 이윤을 창출하는 것이다.

생산 다음으로는 마케팅 기능을 들 수 있다. 소비자의 욕구를 파악하여 이에 부합하는 제품과 서비스를 개발하고 나면, 이를 소비자에게 제공하는 것이다. 마케팅 기능은 생산활동을 통하여 창출된 잠재적 이윤을 현금화하는 활동으로서 이미 앞에서 다루었듯이 고객을 창조하는(to create customers) 활동이다.

이상의 생산과 마케팅 기능은 기업활동의 기본적인 골격을 형성하며, 이윤을 창조하고 현금화하는 등 이윤에 직접적인 역할을 담당하므로 라인(line)활동이라고 부른다. 그런데 기업규모가 커지고 경영내용이 복잡해지면 생산과 마케팅이라는 라인 위주의 경영활동만으로는 기업이 원활한 경영활동을 수행하기가 어려워진다. 이러한 장애는 특히 생산과 마케팅활동을 영위하는 데 사용되는 각종 자원이 제때에 공급되지 않거나 그 양이 부족한 경우에 주로 발생하게 된다. 이와 같은 한계 때문에 기업은 제한된 생산요소, 그 중에서도 가장 중요한 사람과 돈이라는 자원을 관리하는 기능으로 인사와 재무라는 스태프(staff) 기능을 필요로 하게 되는 것이다. 따라서 생산, 마케팅, 인사, 재무라는 네 가지 관리기능이 바로 기업경영의 구체적 내용이다. 지금까지 대부분의 경영자들은 조직, 회계 및 정보관리라는 하부기능과 네 가지의 구체적인 관리기능을 합하여 기업경영이라고 간주해왔다.

그러나 이상의 여섯 가지 관리기능만으로 기업경영이 완결되는 것은 아니다. 그러면 과연 어떠한 활동이 새로 추가되어야 할 것인가를 살펴보기로 하자.

경영전략의 필요성

기업은 목표인 '이윤극대화'를 위해 매출액을 극대화시키거나 원가를 극소화시키고자 한다. 다시 말해서 매출을 늘리거나 원가를 줄이는 것을 통해 이윤을 극대화하는 노력을 하는 것이다.

그런데 매출액 증대와 원가절감이라는 두 방안은 동시에 달성하기가 곤란할 뿐만 아니라 부문간의 갈등을 야기하기도 한다. 예컨대 생산부문의 담당자는 이윤극대화라는 기업의 목표를 달성하기 위해 매출액 증대보다는 원가절감을 위한 생산방향을 모색하는 데 비해, 마케팅 부문의 담당자는 판매비용을 줄여 원가를 절감하기보다는 비록 원가가 더 들지라도 판매를 늘릴 수 있는 방안을 채택할 것이다.

예로서 컬러 TV 제조회사인 A사를 보기로 하자. 이 회사에서는 현재 2, 5, 7, 9, 11, 13, 17, 19, 21, 26, 45인치 등 모두 11가지 크기의 컬러 TV를 생산하고 있다. 그런데 생산책임자인 공장장은 원가절감을 위해 TV의 가짓수를 줄이자고 주장하는 반면, 판매책임자는 소비자의 다양한 욕구를 충족시키기 위해 가짓수를 오히려 더 늘려야 한다고 주장한다. 두 사람 다 궁극적으로는 이윤의 극대화를 목적으로 하고 있지만, 그 목적을 추구하는 방법에 있어서는 의견을 달리하고 있는 것이다. 이와 같은 생산관리 담당자와 마케팅관리 담당자간의 갈등은 각자가 가지고 있는 역할의 차이에 의해 발생하는데, 이러한 갈등은 재무와 인사, 또는 라인 부서와 스태프 부서 같은 관리부문 사이에서도 빈번히 발생하고 있다.

그러면 이같이 기업 내부의 관리부문 간에 일어나는 문제는 어떻게 해결해야 하는가? 위와 같은 갈등은 각 부문의 담당자 사이에서 해결될 문제가 아니며, 이들의 상급자(일반적으로 최고경영자인 사장)나 총괄부서에 의해 전사적인 차원에서 해결되어야 한다.

이때 전사적인 차원이라 함은 현재와 미래의 시장수요뿐 아니라 그 기업이 가지고 있는 기술, 자금, 경영관리능력 등까지 감안하는 것을 의미한다. 그리고 여기에서 더 나아가 안정과 성장 간의 균형 등 장기적인 회사의 목표, 그리고 경영자의 인생관, 철학들을 모두 고려해야한다.

이러한 맥락에서 보면, 단순히 관리만을 잘 한다고 해서 기업경영이 잘 된다고는 말할 수 없다. 즉 조직의 목적을 설정하고, 각 관리부문의 마찰과 갈등을 전사적인 관점에서 조정하여 해결하는 활동인 경영전략이 마치 주택의 지붕과 같이 관리의 상위개념으로서 기업경영에 포함될 때 비로소 기업은 일관된 목표를 가진 경영활동을 할 수 있는 것이다.

더욱이 1973년의 오일쇼크 및 1997년 외환위기 이후 두드러진 특징인 환경의 급격한 변화와 이로 인한 '불확실성시대(the age of uncertainty)' 의 전개는 환경의 급격한 변화에 능동적으로 대처할 수 있는 기업만이 지속적으로 존속 · 발전할 수 있다는 교훈을 주었다. 1960년대까지의 '확실성시대(the age of certainty)' 의 기업경영 패턴을 답습하며 효율성을 추구하는 관리활동만이 경영의 전부라고 알았던 경영자들은 실패의 쓰라림을 맛볼 수밖에 없게 되었다. 그 결과 관리활동의 상위개념 내지는 기본전제로서 환경의 급격한 변화에 적응하여 회사의 기본전략을 결정하는 전략적 의사결정능력이 이제는 모든 경영자의 필수적인 자격조건이 되고 있다.

환경이 동태적으로 변화할 때 기업의 성패는 효율적인 관리보다 선택한 전략이 얼마나 환경에 적응하느냐에 따라 좌우된다. 따라서 1973년의 오일쇼크를 계기로 전략의 중요성에 새삼 눈을 뜨게 된 미국의 경영학계에서는 1970년대 중반 이후 '경영정책(business policy)' 또는 '경영전략(business strategy)' 을 필수과목으로 채택하게 되었다.

기업경영에 대한 경영자의 인식 변화는 각 관리부문간의 갈등과 환경의 불확실성 증대라는 여건하에서 더 이상 관리가 경영과 동일시 될 수 없음을 분명히 해주었다. 이에 따라 오늘날의 경영학에서는 전략과 관리, 그리고 운영이라는 세 가지의 활동을 동시에 다루게 된 것이다. 다시 말해서 오늘날과 같이 기업을 둘러싸고 있는 대내외 환경이 급변하는 '불확실성의 시대' 에서는 우선 기업의 목표를 정하고 이를 달성하기 위한 전략을 수립한 다음, 그 범주 내에서 효율적인 관리와 운영을 해 나가는 능력을 갖춘 경영자만이 기업의 생존과 번영을 가능케 할 것이다.

|요약| *Summary*

- 경영이란 동태적인 개념으로 조직, 목적, 전략/관리/운영, 경영자(administrator) 및 동태적 과정의 5가지를 기본 요소로 하여 최적의 조합을 이루어 내어 성과를 달성하고자 하는 것
- 기업이란 사람, 돈, 물자 등 여러 자원을 조합해서 제품과 서비스를 만들어 내되, 최소자원으로 최대효과를 냄으로써 이윤을 극대화하는 기관
- 경영(administration)이란 '경영자가 조직의 목적을 설정하고, 그 목적을 달성하기 위하여 전략을 결정하며, 그 전략을 효율적으로 집행하기 위하여 관리 · 운영하는 동태적 과정
- 1973년의 오일쇼크를 계기로 전략의 중요성에 새삼 눈을 뜨게 된 미국의 경영학계에서는 1970년대 중반 이후 '경영정책(business policy)' 또는 '경영전략(business strategy)' 을 필수과목으로 채택

CHAPTER 2

전략경영의 개념

기업의 활동은 기업의 기본적인 기능인 생산과 마케팅뿐만 아니라 재무, 회계 등 다른 여러 가지 활동들도 포함해 구성되어 있다. 기업은 이러한 활동들을 서로 잘 연결시켜 제품을 만들고 이익을 창출해 내야 한다. 이것이 바로 기업에 있어서 경영전략의 개념이다. 즉 경영전략은 기업의 각 기능들을 상호 연결시켜 이익을 창출하는 과정이다.

이 장에서는 경영전략의 의미, 현대 경영학에서 경영전략이 차지하는 위치, 경영전략과 그 문제점, 새로운 전략 패러다임의 도입 등에 대해서 알아보기로 한다.

CASE 잭 웰치(John "Jack" Francis Welch, Jr. 1935~) 제너럴 일렉트릭(General Electric) 전 회장과의 2001년 10월 22일 대담: 경쟁력은 메커니즘에서 나온다.

조 : 제 나름대로의 분석인데요. 저 역시 단순한 것을 좋아합니다. 그래야 비즈니스를 좀 더 잘 이해할 수 있으니까요. 기업의 실적에 영향을 미치는 요인이 크게 네 가지가 있는 것 같습니다.

하나는 주체입니다. CEO처럼요. 지도자지요.

두 번째는 환경입니다. 어떤 운이 따라줘야 되는 것이니까요. 세 번째는 내부적 자원입니다. 돈, 기술, 기타 등등이죠. 네 번째는 조직 내에 스며들어 있는 어떤 메커니즘입니다. 그래서 사람이 변하더라도, 환경이 변하더라도, 자원이 변하더라도 이 메커니즘은 남는 거죠.

잭 : 네.

조 : 이 네 가지 중에 가장 중요한 것이 무엇이라고 생각하십니까?

잭 : 네 번째요.

조 : 네 번째요?

잭 : 운영시스템이요. GE가 바로 그런 것을 갖고 있습니다. 차기 회장이 취임한 바로 다음날 순식간에 넘겨받을 수 있는 그런 운영시스템을 갖고 있어요. 이멜트 회장이 이미 물려받았죠. 제가 되었든, 이멜트 회장이 되었든, CEO가 그 메커니즘을 이끌어 나갈 수 있어요. 그리고 그 메커니즘의 강도라는 것은, 사람들에 대한 연례 평가는 대개 6개월마다 계속 반복해서 돌아가죠.

글로벌라이제이션이든 식스 시그마든, 어떤 새로운 개념을 투입하면 그 운영시스템에 바로 적용 되어서 다른 모든 메커니즘과 연계가 돼요. 우리 회사는 어떤 변화가 일어나면, 그 운영시스템이 어떻게 하냐면, 이견의 여지 없이 바로 반응을 보내지요. 그러니까 환경도 저절로 따라옵니다. 그리고 또 세 번째 지적하신 것...

조 : 자원이요?

잭 : 자원, 자원이 있다고 전제할 때요. 그걸 전제로 할 때요.

조 : 물론이죠.

잭 : 그럼, 자동적으로 CEO는 그 시스템에 뭔가 새로운 것을 투입하는 사람이 됩니다. 그렇지만 시스템 자체는 항상 준비가 되어 있는 거예요. 항상 움직이고 있는 거죠. 1월에 이걸 시작하고, 3월에는 이걸 하고, 5월은 이거, 6월은 이거, 굉장히 역동적으로...
제 책에서도 설명이 되어 있어요. 우리의 운영시스템에 대해... 회사가 제대로 작동하기 위해서는 아주 아주 중요한 부분이죠.

조 : 네. 그러니까 회장님 말씀은... 이렇게 말씀드려도 될까요? CEO의 능력은 그 사람이 CEO였을 때 무슨 일을 했는가에 의해 평가받는 것이 아니라, 그가 지도한 회사가 이루어낸 업적으로 평가받는다고 말입니다.

잭 : 5년 뒤에요.

조 : 5년, 혹은 10년 뒤에. 그래야 메커니즘이 작용하니까요.

잭 : 네, 맞습니다. 저는 항상 저에 대한 평가는 지금부터 5년이 지난 후에 되는 것이라 말해요. 오늘이 아니라.
그리고 첫 번째 시험은 합격인 것 같아요. 경기침체에다 테러 사건도 있었죠. 그런데도 불구하고 두 자릿수 성장세를 보이고 있거든요. 그러니까 최초의 시험은 아주 조그마한 시험이었지만, 아직 몇 년 남았으니까요, 그렇지만 합격인 것 같아요. 그리고 자신이 있어요. 조 박사님의 평가가 맞습니다. 말씀하신 것이 맞아요. 저는 CEO의 가장 중요한 역할은 어떤 메커니즘, 운영시스템을 구축하는 것이라고 생각해요. 그 다음에 그것을 제대로 돌릴 수 있는 적절한 CEO를 골라야 해요.

조 : 네. 그렇다면, 제가 보기에는... 사실 저는 이 메커니즘에 대해 공부를 좀 했습니다. 그리고 한 시스템에 몇가지 다른 메커니즘이 존재한다는 것을 알게

되었는데요. 하나는 조정을 해주는 메커니즘입니다. 그러니까 조직의 서로 다른 기능들에 대한 조정이죠. 흔히 경영이라고 부릅니다만, 그것 자체가 굉장히 엄격한 메커니즘을 요하는 것이더군요.

두 번째는 평가 메커니즘입니다. 고과체계를 어떻게 제도화할 것인가 하는 거죠. 세 번째는 어떤 지배 메커니즘입니다. 회사 주주들 사이의 관계에 대한 것이죠. 그것이 기업의 특징을 보여주는 또 하나의 메커니즘인 것 같아요. 그리고 네 번째는 네트워크 메커니즘입니다. 그러니까 일상적으로 일어나는 기업과 공급업체, 고객과의 관계를 말합니다. 이중에서...

잭 : 가장 중요한 것이 빠졌어요.

조 : 그게 뭐죠?

잭 : 지적 교류 메커니즘입니다. 조직의 지적 수준을 어떻게 올릴 것인가? 어떤 메커니즘을 통해서 각 사업과 각 활동의 우수성을 다른 활동까지 확산시킬 것인가? 이런 교류는 어떻게 일어나는가? 그 메커니즘... 그게 식스 시그마가 처음에는 요만하게 시작했다가 나중에는 이렇게 커지게 만드는 것입니다. 혹은 비즈니스가 요만하게 시작했다가 나중에 이만큼 커지게 만들죠. 잭 웰치가 이만큼 커지게 하는 방법을 알고 있기 때문에 일어나는 게 아니예요. 30만 명의 직원들이 사용하기 시작하고, 그리고 하나에서 다음으로 확산시킬 수 있는 메커니즘이 있을 때 일어납니다.

조 : 아, 그렇군요. 그런데 사실 그걸 저는 학습 메커니즘이라고 부릅니다만.

잭 : 그렇군요. 같은 말이죠.

조 : 예, 사실 제가 정적인 메커니즘에서 시작을 한거고...

잭 : 그래요...

조 : 그럴 때, 동전의 다른 한 쪽이 바로 선택 메커니즘이 되는거죠. 학습이라는 것이 좀 재미있는게 어떤 질서가 있어야 하죠. 조직 내에... 그래서 그 조직이 개선될 수 있도록 학습 과정에서 잔가지를 쳐낼 수 있어야 하고, 그것이 메커니즘의 또 다른 부분이 되는 겁니다.

잭 : 맞습니다. 아주 잘 말씀하셨어요. 어떤 비즈니스든 간에 우리는 미지의 공간을 걸어요. 여러 번, 여러 곳에서. 그러다가 또 새로운 분야가 나타나죠.

모든 것이 새로운 건 마찬가지예요. 그런데 어느 시점에서 이건 멈추고 다른 길로 가겠다는 결정을 내려야 해요. 그게 학습 메커니즘인거예요. 저는 GE에 가장 큰 도움이 되었던 것이 그 학습문화였던 것 같습니다.

조 : 학습하는 문화요.

잭 : 제가 그 이야기를 여기, 제가 쓴 책에서 한 25번쯤 강조한 것 같습니다. 더 나아지고자 하는 인간의 욕망은 끝이 없는 거예요. 항상, 매일, 더 나은 길을 찾아보려 하죠. 제가 한 건 그 보상 메커니즘입니다. 아까 보상에 대해 말씀을 하셨는데요. 메커니즘 차원에서 보자면 모든 인센티브 제도는 바로 그 탐구를 지속시키기 위해 존재하는 거예요. 우리는 아이디어를 찾아서 확산시키는 사람들에게 보상을 주죠. 아이디어를 만든 사람보다 더 크게 보상을 해줘요. 왜냐하면 그것이 욕망이거든요. 이 지적 확산을 전사적으로 이루고자 하는...

조 : 이런 메커니즘의 특징은 외부에서 쉽게 파악해내지 못한다는 것일 것 같습니다. 내부인은 어떤 메커니즘을 개발할 건지, 현재 어떤 메커니즘이 있는지 잘 알고 있어요. 그렇지만 경쟁사는 GE에 어떤 메커니즘이 있는지 파악해 내기가 상당히 힘들 겁니다. 힘들더라도 아까 경쟁구도와 다섯 가지 단계에 대해 말씀을 하셨는데, 다른 경쟁사들의 메커니즘을 파악하기는 해야 하겠지만요.

잭 : 그렇죠.

조 : 그래야만 경쟁을 할 수가 있겠죠.

잭 : 예, 맞아요. 그런데 우리 경쟁사는 대부분 전통적인 편이에요. 전체가 아닌 하나하나의 사업단위에 초점을 두는 식이죠. 대부분이 학습문화를 갖고 있지 못해요. 대부분이 개개인의 실적을 평가하죠. 사실 제가 아는 사람들 거의가 그렇게 하고 있어요. GE에서는 전체를 봐요. 개별단위는 그렇게 중요하지 않아요.
예를 들어, 보너스를 줄 때, 어떤 특정 사업단위가 굉장히 성적이 좋았어요. 그런데 회사 전체는 좋지 않았어요. 그럼 아무도 보너스를 받지 않아요. 반대로 GE 전체가 성적이 좋았어요. 그리고 어떤 사업단위는 목표에도 못미쳤어요. 그럼, 그 사업단위 직원들은 당초 보너스의 최소한 반은 받아요. 그러니까 모든 것이 전체에 초점이 맞추어져 있는 거예요.

조 : 그렇군요. 그것이 회장님께서 만든, 창안한 메커니즘이군요.

잭 : 조 박사님의 질문이 참 좋아요. 굉장히 깊이가 있어요.

조 : 아, 제가 공부하는 분야라...

잭 : 제가 여러 사람들하고 이야기 해 보지만 박사님처럼 깊이 있는 이해를 바탕으로 질문을 하는 사람은 없었어요.

조 : 감사합니다.

잭 : 굉장히 흥미롭군요. 정말 좋아요.

조 : 예. 역사를 통해 보면 1930년대에서 60년대까지 사람들, 그러니까 CEO의 리더십이 강조되었었어요. 그런데 1980년대, 에너지 위기가 닥치고 갑자기 환경 문제가 대두되고 하면서 산업체의 선택은...

잭 : 빅딜이 있었죠.

조 : 가장 큰 문제는 80년대 말과 90년대에 갑자기 자원이 더 중요한 부분이 되어 버린 거예요. 그러나 궁극적으로는 이 메커니즘을 이해해야 한다고 생각해요.

잭 : 네...

조 : 그것이 조직의 궁극적인 경쟁력의 원천이겠죠.

잭 : 나도 그렇게 생각합니다.

조 : 그리고 회장님께서 후임을 선택하기 위해 취하신 까다로운 프로세스가, 그렇게 하신 이유가 이 메커니즘이 제대로 돌아가게 하려면 누가 적임자일까 하는 생각을 하신 것 같은데요.

잭 : 맞아요.

조 : 후임자는...

잭 : 맞아요! 이 학습문화라는 것, GE의 경쟁우위예요.

조 : 그런데 동시에 이 메커니즘에는 하나의 결함이 있습니다. 스스로 창조하지는 않아요. 재창조를요. 그래서 항상...

잭 : CEO가 끊임없이 재창조하는 거예요. CEO가 조직이 재창조하도록 이끄

는 거죠.

조 : 그럼 CEO는 두 가지 자격이 있어야 되는군요. 하나는 건전한 메커니즘을 계속 유지시켜 나가는 것이고...

잭 : 변화할 의지가 있어야죠.

조 : 변화하고, 활력을 되찾을 수 있어야 하고...

잭 : 활력을 되찾고, 재창조하고...

조 : 회장님께서는 GE를 떠나셔도 이것에 대해 계속 생각을 하셔야 할 것 같은데요.

잭 : 물론이죠, 물론이죠.

출처: 이 대담은 KBS의 주선으로 2001년 10월 22일 미국 뉴욕 맨해튼에서 2시간 동안 진행된 대담내용을 각 부주제에 따라 재구성한 것이다. 이 대담은 또한 2002년 1월 16일 KBS 특집 프로그램 '세계를 움직이는 사람들 · 경영혁명가 잭 웰치의 비밀' 편에서 요약 방영되었다.

경영전략의 의미

기업에서 경영전략의 위치

이 책은 경영학의 제(諸) 분야 중에서도 가장 포괄적이면서 최종 영역이기도 한 경영전략을 위해 만들어졌다. 우선 '포괄적'이란 단어가 뜻하는 바를 이해하기 위해 앞장의 <그림 1.6>에 국경선을 넘어가는 국제경영을 포함시켜서 확장한 <그림 2.1>을 보기로 한다.

그림 2.1
경영활동의 구성요소 –확장

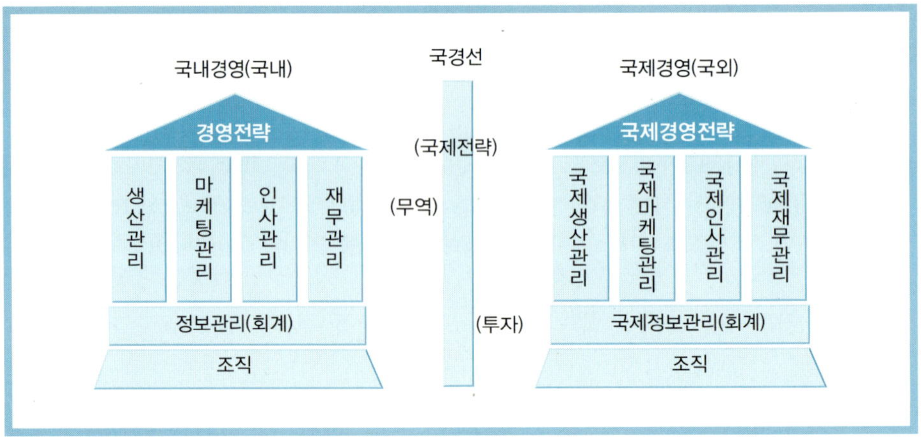

이미 <그림 1.6>에서 설명한 것과 같이 기업의 기초를 구성하기 위해서는 일차적으로 조직 및 정보 시스템이 확립되고, 여기서 파생되는 자료를 처리하기 위한 회계 및 통제 체제가 이루어진다. 이와 같은 조직 및 회계라는 하부구조 위에 생산, 재무, 마케팅, 인사 부문이 4개의 기둥으로서 경영활동의 중심적 역할을 담당한다. 경영활동의 국제화가 이루어진 기업의 경우에는 <그림 2.1>에서 보듯이 4개 중추기능을 기반으로 하여 국제경영 분야가 위치하고 있다. 그리고 이러한 모든 경영 분야, 즉 국제조직, 국제회계, 국제생산, 국제재무, 국제마케팅, 국제인사 및 국제경영을 포괄적으로 지배하고 조정하는 역할을 담당하는 국제경영전략이 마치 지붕과 같이 가장 위에 놓여 있다.

따라서 경영전략의 역할은 생산, 재무 등과 같이 고유한 전문 영역을 담당한다기보다는 각 기둥 간에 또는 기둥과 기초 간에 생길 수 있는 마찰과 갈등을 전사적인 차원에서 해결하고 균형을 유지함으로써 기업의 목표를 달성하는 것이다.

이러한 경영전략의 개념에 대해 좀 더 구체적으로 살펴보기로 하자 .

경영전략의 의미, 수준 및 형성 과정

전략개념과 전략 형성과정에 대한 통합적인 견해는 아직까지 나타나지 않았지만 여기에서는 그 동안에 연구된 전략개념과 전략 형성과정에 대해서 설명하고자 한다.

전략의 의미

전략, 좀더 엄격하게 말하면 경영정책(business policy)이라는 개념은 1965년 하버드경영대학원(Harvard Business School)에서 경영학석사(MBA)과정 2학년의 필수과목이었던 경영정책(Business Policy)을 가르치던 러니드(Edmund P. Learned) 교수 등[1]에 의해 처음 등장한 후, 수많은 학자들에 의해 다양하게 제시되어 왔다.

1960년대의 전략개념

러니드 등이 제기한 전략개념에 대한 세 가지 주요 명제는 다음과 같다.

- 명제1: 전략이란 '기업이 어떤 사업들에 있고 또 있어야 하는가, 그리고 기업은 어떤 성격을 띠고 있고 또 띠어야 하는가를 정의하는 목표(objectives), 목적(purposes or goals), 그리고 그러한 목적을 달성하기 위한 주요 정책(policies)과 계획(plan)의 형태(pattern)' 로 정의된다.
- 명제2: 전략은 전략 수립(strategy formulation)과 전략 실행(strategy implementation)이라는 두 가지의 중요하고 상호 관련된 과업들을 포함한다.
- 명제3: 전반경영자는 전략 수립을 위해서 다음과 같은 요소들 간의 적합관계를 창조해야 한다.
  - 외부 산업환경으로부터 오는 기회들
  - 기업의 강점과 약점들
  - 주요 전략 실행자들의 개인적 가치
  - 기업에 대한 보다 넓은 사회적 기대

<그림 2.2>는 전략에 대한 세 번째 명제에서 설명된 네 가지 주요 영역에 중점을 두면서 전략의 개념을 간결하고 명확하게 설명해주고 있다. 이러한 전략개념은 산업에 대한 사례연구에서 나타나는 예외적 상황(anomalities)을 설명해준다.

동일 산업에서 기업들은 서로 다른 기회(niches)에 맞춰 각기 자신의 내부 강

점과 약점을 연결시키는 전략을 추구함으로써 성공할 수 있다. 이와 반대로 설령 어떤 기업이 성공한 기업과 유사한 전략을 채택한다고 하더라도 그 전략이 그 기업이 가진 기술 및 자원과 맞지 않는다면 성공할 수 없다.

예를 들어 가정용 기기 산업에서 제너럴 일렉트릭(General Electric: GE)사와 디자인앤드매뉴팩처(Design And Manufacture: D&M)사는 둘 다 성공적인 전략을 개발했다. GE는 전제품 계열에 걸쳐서 고품질, 고유상표 제품을 만드는 전략을 채택했고, D&M은 협소한 제품 계열에서 개인상표(private label)의 제품을 만드는 전략을 추구했다. 반면 웨스팅하우스(Westinghouse)사는 GE 전략을 모방했지만, GE가 갖고 있던 기술과 자원은 가지고 있지 않았다. 웨스팅하우스사는 낮은 수익률 때문에 계속 고전하다가, 결국 가정용 산업에서 철수하고 말았다.[2]

그림 2.2
전략 수립의 고려요소

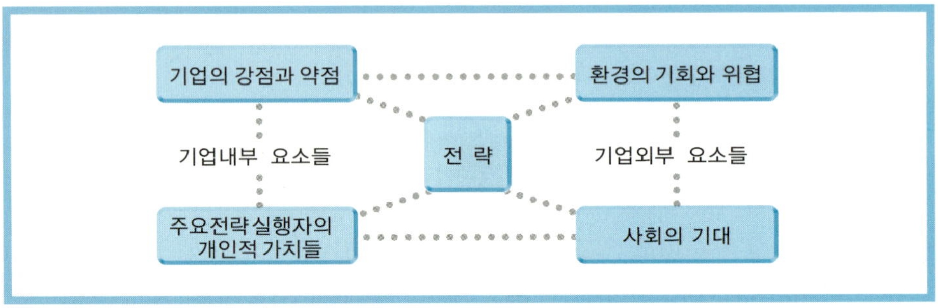

전략개념에 대한 다양한 정의

전략개념에 대한 1960년대의 정의에서 보듯이, 전략은 환경이 요구하는 기업 내의 필수적인 변화를 촉진시킬 뿐만 아니라 모든 구성원들의 협동 그리고 기업이 나아가야 할 방향 및 가져야 할 목적을 제공하면서, 기업의 모든 주요한 활동들을 포함하는 다차원적인 개념이다. 지난 40여년 동안 전략 분야의 수많은 학자들이 전략이라는 새롭고도 중요한 학문의 개념을 세우기 위해 다양한 시도를 해왔다. 그러나 장님이 코끼리를 만지듯, 각 학자는 전략이라는 복잡한 개념에 대해서 서로 다른 일면만을 강조했을 뿐, 전략에 대한 보편적 정의를 이끌어내지 못했다. 그러므로 지금까지 제기된 전략에 대한 핵심 정의들을 하나하나 검토해서 전략개념의 다양한 차원을 포괄적으로 포함하는 통합적인 견해를 만들어 내야 할 과제가 우리에게 주어지고 있다.[3]

지금까지 여러 학자들이 제기한 다양한 전략개념을 다음 다섯 가지로 정리해 보자.

- 견해1–*기업내부의 기획관리 과정*: 첫째는 전략을 회사 내분의 다양 의사결정이 긴밀하게 결합되어 있는 프로세스(process)라고 보는 견해이다. 이 견해를 따르는 학자들은 전략을 기업 전체를 포괄적으로 통합하는 중요한 기능으로 보고, 기업 전체의 기본적 목적을 충족시키는 계획을 수립하는 과정을 효율적으로 진행하는 작업을 전략을 담당한 경영자의 역할이라고 주장한다.[4] 전략은 기업내 기획실장의 역할이 되고, 전략의 목표는 주어진 시간내에 구성원들이 동의하는 결과를 끌어내는 작업이 된다. 다시 말해서 전략은 모든 기업이 일상적으로 다루는 기업 의사결정의 패턴이다.
- 견해2–*기업목적 달성수단* : 둘째는 전략을 조직의 장기적 목표, 행동 프로그램 그리고 자원 할당의 순위를 매김으로써 조직 목적으로 설정된 장기적 목표를 달성하는 수단으로 보는 견해이다. 이러한 견해는 경영전략을 군사전략과 같은 논리체계로 보는 전통적인 개념이다. 여기서 전략은 조직의 장기적인 목적과 목표들을 명확히 정의하고, 그러한 목표들을 달성하는 데 필요한 행동 프로그램과 자원을 확보하는 대안을 발굴하고 이에 대한 우선순위를 정하는 작업이 된다.[5] 견해1이 전략을 기획실장이 담당하는 내부 의사결정 프로세스로 본다면, 견해2는 견해1에서 한 걸음 더 나아가 내부 프로세스에 목표와 전략이란 컨텐츠(contents)를 추가한 CEO의 역할이다.
- 견해3–*사업포트폴리오 선정* : 셋째는 전략을 기업이 시장에서 경쟁할 영역에 대한 선택으로 보는 견해이다. 기업이 현재 진출하고 있거나 앞으로 진출하려는 사업들을 고르는 작업이다. 이 견해를 따르면 전략은 성장, 다각화, 철수 등의 방법을 통해 사업포트폴리오를 짜는 작업이 된다. 이러한 전략개념에서는 "우리는 어떤 사업에 위치하고 있는가", "우리는 어떤 사업에서 빠져나오고 어느 사업으로 들어가야 하는가"라는 기본적인 물음이 주어진다. 기업은 보스턴 컨설팅 그룹(Boston Consulting Group: BCG)가 개발한 제품 포트폴리오 매트릭스(Product Portfolio Matrix: PPM)과 같은 기법을 사용해서 기존 사업의 시장 매력도와 성장가능성을 파악한 후, 향후 사업전략을 짜게 된다. 이 견해에 따르면 기업의 CEO를 포함해서 사업부 책임자들이 함께 전략을 개발하게 된다.
- 견해4–*경쟁우위에 입각한 경쟁전략* : 넷째는 전략을 경쟁우위를 성취하기 위한 외부 기회와 위협, 그리고 내부 강점과 약점들에 대한 대응으로 보는 견해이다. 여기서 전략의 목표는 기업이 참여하는 모든 사업에서 기업의 주요 경쟁자들에 대해 장기적으로 유지 가능한 우위를 차지하는 데 있다. 이러한 전략은 우월한 경쟁 위치를 모색하는 데 유용한 방법론적인 접근방법을 기

반으로 한다. 구체적으로 포터(Michael E. Porter)의 경쟁우위 개념을 이용해서 기업활동의 가치사슬(Value Chain)을 분석한 후, 기업이 직접 담당할 활동과 아웃소싱할 활동을 구별해서 저원가와 차별화전략으로 직접 담당할 활동의 경쟁력을 독점력으로 바꿈으로써 높은 수익을 올리자는 산업구조론에 입각한 분석적인 접근방법이다.[6]

이 견해를 따르게 되면 전략은 더 이상 CEO의 고유한 역할이 아니라 산업구조에 대한 정밀한 분석에 입각한 전략전문가의 영역이 된다.

- 견해5-*이해관계자에게 공헌할 수 있는 지배구조*: 다섯째는 전략을 기업이 이해관계자에게 주는 경제적, 비경제적 공헌을 극대화하는 역할로 보는 견해이다. 이해관계자란 직접 또는 간접으로 기업의 행동으로부터 유발되는 이득을 받거나 비용을 부담하는 사람들을 지칭하는 용어로, 주주, 종업원, 경영자, 고객, 공급자, 채권자, 지역사회, 정부 등을 망라한다. 이 견해는 주주의 부를 극대화하는 것보다 더 넓은 범위에서 기업의 역할과 책임을 강조한다. 즉 전략을 다양한 후원자들에게 영향을 미치는 사회적 효용을 생산해내는 계약의 설정수단으로 간주하는 것이다. 여기서 계약은 자유 의지로 개인들에 의해 이루어진 결정을 의미한다. 따라서 전략은 기업구성원들이 가진 철학과 조직문화를 기반으로 해서 이루어지는 가치창조과정과 창조된 가치의 분배를 다루게 된다. 그 결과 전략은 기업이 현재, 그리고 앞으로 되고 싶은 경제적, 사회적 조직을 결정하는 역할을 담당하게 된다.

기업이 고객들을 적절히 만족시키지 않는다면 경쟁력과 수익성 손실로 인해 도태되고 결국 다른 기업에게 시장을 뺏긴다. 똑같은 논리가 고객 아닌 기업 종업원, 공급자와 같이 기업을 둘러싼 사회 구성원들에게 적용될 수 있다. 기업이 이들과 공정한 상호 이익관계를 형성한다면 장기적 이익이 증진되겠지만, 단기적인 재무 이익을 위해서 불공정한 관계를 형성한다면 이러한 관계는 장기적으로 유지될 수 없을 것이다. 결국 기업이 속해 있는 지역사회나 다른 외부 기관들과 좋은 관계를 유지하는 것이 기업 이미지를 증진시키고 건전한 사회적 책임을 충족시켜 기업의 생존과 번영이 약속되는 것이다.

위에서 개괄한대로 전략은 1960년대 이후 지난 40여년간 다섯 가지 갈래로 발전해왔다. 물론 다섯 갈래가 동시대에 나타난 것은 아니다. 견해1은 전략이 본격적으로 등장하기 전인 1950년대 후반 미국 경기가 침체기를 맞이하면서 이를 극복하기 위한 기업 내부 대책으로 나타났고, 견해2는 1960년 중반에 전략에 대한 관심이 고조되는 과정에서 초기 학자들에 의해 제시되었다. 견해3은 오일쇼크가 발생한 1970년대 후반 다각화가 매력적인 전략적 대안으로 부상하면서 컨설팅회사들에 의해 전개되었고, 견해4는 포터의 경쟁전략이 세상에 나온 1980년부터 급속하게 퍼졌다.

견해5는 21세기에 들어와서 지나치게 분석 일변도적인 전략이 차갑고 오만한 최고경영자를 양산하면서 그 반작용으로 전개되었다. 특히 2001년의 엔론 파산과 2008년의 미국금융위기가 하버드를 비롯한 미국 유수대학의 MBA과정을 우수한 성적으로 졸업한 비도덕, 비윤리적 기업인에 의해 야기되었다는 것이 널리 알려지면서, 돈만을 아는 이기적인 기업에 대한 사회적 비판이 2011년의 월스트리트 점령(Occupy Wall Street)사태로 시작되어 전세계로 비화된 것이다. 이제 경영학계에서도 그대로 있다가는 기업과 사회가 공멸할 것이라는 우려를 하게 되었다. 전략분야에서도 단순히 투자이익율이 높은 위대한 기업보다 사회로부터 존경과 사랑을 받는 좋은 기업을 만들기 위한 연구를 시작하였다. 그 결과 불과 10여년전인 20세기에는 도저히 용납할 수 없었던 사회적기업, 공유가치창조와 같은 사회적 가치를 추구하는 기업에 대한 연구가 전략에서도 대세를 차지하게 되었다.

전략에 대한 통합적인 이해

앞에서 서술한 다섯 가지 견해는 제각기 전략의 다양한 구성 요인 중 하나, 또는 일부를 강조한 것이다. 이들 견해는 모두 적절하고 의미 있으며, 전략전문가가 기업의 전략적 과업을 달성하는데 도움이 된다. 전략전문가는 기업 조직의 구석구석을 망라하고, 외부환경과 내부자원을 끊임없이 연결시키며, 다양한 이해관계자들이 추구하는 기업의 모든 목적을 동시에 추구해야 한다.

전략을 학문의 대상으로 삼아 과학적인 정의를 내리기 위해서 위에서 다룬 다섯 가지 전략개념을 열거해보자.

- 견해1–기업내부의 기획관리 과정
- 견해2–기업목적 달성수단
- 견해3–사업포트폴리오 선정
- 견해4–경쟁우위에 입각한 경쟁전략
- 견해5–이해관계자에게 공헌할 수 있는 지배구조

이를 통합해보면, 전략은 견해1을 그릇으로 삼고 견해2, 견해3, 견해4를 그 그릇에 담은 내용물로 하여 이를 실천함으로써 견해5를 궁극적 목적으로 달성하고자 하는 현실적인 틀이다. 견해1은 이 책 3부 '전략실행' 에서, 견해2, 견해3, 견해

4는 2부 '전략수립' 에서, 그리고 견해5는 4부 '전략평가' 와 5부 '전략경영의 뉴 패러다임' 에서 다룰 예정이다.

전략의 수준

경영자는 조직에서 차지하는 위치에 따라 제각기 다른 전략적 책임을 진다. 경영자가 기업 전체를 책임지는 전반경영자(general manager)인 CEO라면 기업전략(corporate strategy), 기업 안에 있는 이익사업부를 책임지는 전반경영자인 사업부장이라면 사업전략(business strategy), 사업부 안에 있는 생산, 마케팅과 같은 특정 기능을 책임지는 기능경영자(functional manager)라면 기능별 전략(functional strategy)을 책임지게 된다. 여기서 기능경영자는 이익극대화가 아니라 이익극대화에 공헌을 하는 매출액증대(마케팅 책임자의 경우)나 원가감소(생산 책임자의 경우)를 책임지는 반면, 전반경영자는 매출액증대와 원가감소를 동시에 다루면서 그 차이인 이익극대화를 책임진다.

기업전략이 경영자로 하여금 '어떤 사업분야에 참여할 것인가' 를 결정하게 하는 것이라면, 사업전략은 '선택된 사업에서 어떻게 경쟁할 것인가' 를 모색하고 결정하는 일이다. 원칙적으로 기능별 전략은 생산, 마케팅과 같은 해당 기능에서 다루고, 기업전략과 사업전략은 경영전략 분야에서 다룬다.

기업전략

기업 전체 차원의 전략은 주로 기업의 미션을 정의하고, 사업수준과 기능수준에서 나오는 제안들을 검토하며, 관련된 사업단위들 사이의 연계성을 발견하고 전략적 우선순위에 의한 자원 할당과 관련된 이슈들을 포함한다. 기업이 여러 사업에 참여하여 경영활동을 수행하려면 기업 전체에 수익을 가져다 줄 수 있는 사업들을 선택해야 한다. 이렇게 사업포트폴리오를 구성할 때, 신규사업을 기존사업과의 관련성을 고려하여 관련다각화 사업에서 찾을 것인지 관련도가 낮은 사업에서 찾을 것인지 결정해야 한다. 신규사업에 진출하는 방법에 있어서도 기존기업을 인수합병하는 방법과 직접 신설하는 방법이 있다. 즉 기업전략은 다각화, 수직적 통합, 기업인수합병, 해외사업 진출과 같은 결정을 의미하며, 각 사업분야에 경영자원을 배분하거나 신규사업 진출과 기존사업 부문 철수와 같은 결정을 내리는 작업을 포함한다.

다양한 사업단위들의 특성을 고려하여 각 사업단위에 적합한 장 · 단기목표를 부여하고 목표를 수행하는 데 필요한 자원을 배분하는 것 또한 기업전략의 주요 과제이다. 사업단위 간의 매력도에 따라 투자 우선순위를 결정하여 기업의 한정된 자원을 최적으로 배분하는 것이 변화하는 경영환경에 적응하는 일이며, 기업 전체적으로 볼 때 장기적 경쟁지위를 유지시킬 뿐만 아니라 수익성을 향상시키는 의사결정이기 때문이다.

기업전략은 사업단위들을 독립기업으로 운영하지 않고 다각화된 사업들을 통합하여 운영함으로써 사업단위들 간에 존재하는 시너지효과(synergy effect)를 끌어낼 수 있다는 가능성을 전제로 한다. 일반적으로 기술, 유통채널, 고객, 운영방식 등에서 유사한 관련사업으로 다각화하는 것이 비관련사업으로 다각화하는 것에 비해 시너지효과가 발생할 가능성이 높아진다. 관련사업으로 진출할 경우, 기존사업이 보유하고 있는 관련기술이나 경험을 신규사업으로 이전하거나 시설이나 기자재를 공유함으로써 비용을 절감할 수 있기 때문이다.

사업전략

사업수준에서는 각 사업 내에서 해당 사업의 경쟁적 위치를 증진하는 데 필요한 모든 활동들을 다루게 된다. 즉 외부의 기회와 위협을 제대로 인식하고 기업전략에 의해 기업 전체적으로 자원이 분배되면, 사업전략에서는 기업 내부의 자원을 활용하여 경쟁기업과 경쟁할 구체적인 방향과 방법을 강구하게 된다.

사업전략은 개별 사업단위의 목표를 성공적으로 달성하기 위해 사업의 장기적 경쟁우위를 어떻게 구축하고 공고히 할 것인가에 초점을 둔다. 원료조달, 생산, 마케팅 등 기업의 핵심활동을 수행함에 있어서 경쟁기업보다 상대적으로 앞서는 차별화 요소를 만들어 활용함으로써 사업(부)의 경쟁우위를 확보할 수 있다.

기능별 전략

기능수준에서는 경쟁우위를 유지하는 데 필요한 재무, 관리적 하부구조, 인적자원, 기술, 조달, 로지스틱스, 제조, 유통, 마케팅, 판매, 서비스 등에 있어서 필요한 기능적 능력들을 개발하는 핵심적인 작업을 다루게 된다. 기능별 전략은 사업전략을 실행하기 쉽도록 각 기능조직 단위로 실행할 전략을 규정하고 구체화하는 것으로, 개별 사업부 내에 있는 인사, R&D, 재무관리, 생산, 마케팅 등의 기능별 조직에서 제품기획, 영업활동, 자금조달 등 세부적인 수행방법을 결정한다.

이처럼 기업, 사업, 기능이라는 조직에서의 위계수준에 따른 차이점을 인식하고, 기업전략, 사업전략, 기능별 전략을 순차적으로 만든 다음, 이를 조화롭게 통합하는 것이야 말로 전략결정의 핵심이다. 그러나 전략적 과업을 기업, 사업, 기능이라는 전통적인 위계에 따라 세분화하는 것이 불가능한 경우도 있고, 그럴 필요가 없는 경우도 있다. 예를 들어 단일사업으로 이루어진 기업은 기업전략과 사업전략이 일치한다. 또 다각화된 사업들이 모여있으면서 극도로 분권화되어있는 복합기업 (conglomerate)에서는 사업부 책임자의 권한강화와 사기를 위해서 기업전략을 의도적으로 포기하기도 한다. 특히 1973년 석유이기 이전의 복합기업들은 기업전략을 가지지 않거나 제한적으로 사용했다. 그 반대 경우는 1997년 경제위기 이전까지의 한국의 재벌그룹에서 찾을 수 있다. 당시 재벌그룹의 단위회사 사업전략은 그룹 전체의 기업전략에 가려 제 역할을 발휘하지 못한채 그룹 전체를 위한 자금줄이 되거나 희생양이 되는 경우가 많았다.

그런 의미에서 전략의 세 가지 수준이라는 것은 세 가지의 서로 다른 전략적 관심들이 존재한다는 것을 의미할 뿐이다.[7]

그러나 전략은 한가지 기준으로만 평가하기 어려운 면이 있다. 특히 전략을 경쟁자와 차별화하기 위한 수단이란 관점에서 보면, 다른 경쟁기업들이 기업, 사업, 기능으로 전략을 나눌 때 우리 기업은 이 세 가지 전략을 새로운 방식으로 재분류하거나 통합함으로써 전략적 우위를 가져올 수도 있다.

전략 형성과정

앞에서 언급한 내용(contents)으로서의 전략개념은 실제 기업에 있어서 나타나는 프로세스(process)로서의 전략 형성과정과 분리할 수 없다. 오히려 전략개념 자체가 기업이 실제로 전략을 수립하는 전략 형성과정에 스며들어 있다고 보는 것이 더 적합하다. 이러한 측면에서 전략에 대한 접근을 시도한 것이 과정학파이다. 전략에 있어서 과정학파(process school)[8]는 전략을 다음 세 가지 과정의 결과로서 생각한다.

- 과정1: 외부환경과 기업의 내부능력을 합리적으로 이해하는 개인들의 인지적 과정(the cognitive processes of individuals)
- 과정2: 내부 커뮤니케이션과 공감대의 개발에 공헌하는 사회적 · 조직적 과정(the social and organizational processes)
- 과정3: 조직 내 권력의 창출, 보존, 이전 등을 나타내는 정치적 과정(the political processes)

전략을 이러한 관점에서 정의할 때 최고경영자(CEO)의 업무는 이들 세 가지 과정에 대한 관리가 된다. 즉, 최고경영자는 전략 형성과정을 통해, 달성하고자 하는 넓은 의미의 비전을 개발하고 실현시키는 조직적 요인들의 네트워크를 관리해야 한다.

이 세 가지 과정이 결합되면서 논리적으로 바람직한 과정과 실제적으로 나타나는 과정간에 괴리가 발생하기도 하고, 전략을 만들기 전에 가졌던 의도와 실제로 만들어진 전략에 차이가 발생하기도 한다. 아래에서는 전략 수립과정의 특성 및 전략 자체의 특성에 대해 서로 충돌이 일어나는 관점들에 대해서 살펴보자.

공식적-분석적 과정과 권력-행위 접근법
(formal-analytical process versus power-behavioral approaches)

기업 내에서 전략 형성과정은 공식화되어야 하는가? 이 이슈는 전략 수립에 있어 대단히 중요한 논쟁거리다. 공식적-분석적 과정을 지지하는 사람들은 통합적 의사결정 시 전략적 사고의 질을 높이려면 의사결정에 참여하는 모든 수준의 경영자들에게 필요한 분석적 도구와 방법론을 제공해주어야 하고, 투명하게 까지는 않더라도 그 과정에 가급적 많은 구성원들이 참여하도록 해야 한다고 주장한다. 그들은 전략 수립과정에서 기업, 사업, 기능적 전략을 정확하게 구분하고, 이들간의 관계를 체계적으로 접근해서 연결시킬 수 있으며, 이 작업을 사전에 치밀하게 준비하는 데 목적을 둔 잘 정의된 조직의 공식적이고 훈련된 과정으로 생각한다. 이러한 접근방법을 선호하는 사람들은 공식적인 계획시스템, 경영 통제, 그리고 전략적 의사결정에 참여하는 모든 구성원들을 위한 보상 메커니즘을 사용해야 한다고 주장한다.[9]

이들에게 있어 기업전략, 사업전략, 기능별 전략은 최고경영자의 개입에 있어 정도의 차이가 있을 뿐, 본질적으로는 기업의 반복적이고 일상적 의사결정이라는 점에서 차이가 없다. 또 이 과정에서 만들어지는 전략내용 자체도 최소한의 대외비는 지켜져야겠지만 기본적으로는 기업이 가진 수많은 의사결정결과의 하나라는데 있어 큰 차이가 없는 것으로 본다.

권력-행위 접근법을 지지하는 학파는 조직의 다목적적 구조, 전략적 결정들의 정치성, 실무자의 협상력, 기업내 부서간에 의견 불일치나 충돌이 일어나는 의사결정에 있어서 부서간 타협(compromise)이나 연합(coalitions)의 문제를 해결해 나가는 전략책임자의 실제 능력을 강조한다.[10] 반드시 그런 것은 아니지만 이 학파가 보는 전략은 기밀이 요구되거나 행간을 이해해야 하는 이중적 구조를 가지는 경우가 많다.

이러한 두 학파의 서로 다른 생각과 접근방법을 통합해서 실제 사용할 수 있는 모델은 아직 개발되지 못했다. 그 결과, 전략을 다루는 경영자는 이 두 가지 접근방법이 모두 도움이 된다는 것은 알고 있지만 두 가지 접근 방법 중 한 가지에 의존하게 된다. 그래서 전략이 성공적으로 결정되지 못하거나 결정된 전략이 기대하는 성과를 만들어내지 못하는 경우 전략결정을 담당했던 경영자는 이사회나 반대진영으로부터 비판을 받는 빌미를 제공하게 된다. 그런 의미에서 두 가지 접근방법의 통합은 앞으로 전략경영에서 해결해야 할 가장 큰 실제적 이슈이다.

과거 행동들의 패턴으로서의 전략과 미래 투시 계획으로서의 전략 (strategy as pattern of past actions versus forward-looking plan)

전략 수립에 있어 두 번째로 논란이 되는 요소는 시간이라는 연속선에 던져진 전략에 대한 해석이다. 전략은 미래를 밝히는 청사진인가, 과거의 자랑스런 유산인가?

일부 학자들은 전략을 기업의 미래 방향을 묘사하는 수단으로 생각한다. 이들에게 있어 전략은 조직의 미래 변화를 관리하는 데 지향을 둔 목표의 집합과 행동 프로그램이다. 반면 다른 일부 학자들은 전략을 기업이 과거에 내린 의사결정으로부터 나오는 행동을 정형화된 패턴으로 생각한다. 이 학파의 선두주자는 전략을 '의사결정 흐름의 패턴' 이라고 정의한 민츠버그(Henry Mintzberg)다. 이 견해에 따르면 전략은 기업의 과거 행동에서 관찰된 행동의 결과일 뿐, 미래를 향한 일관성이고 의도와는 관계가 없다.[11] 일견 소수의견 같지만 두 번째 주장은 조직의 중요성을 강조하는 학자들 사이에 절대적으로 받아들여지고 있다. 특히 경영사학자인 챈들러(Alfred D. Chandler)가 제기한 "Structure follows strategy.(구조는 전략을 따른다)"는 명제에 대해 조직학자들은 "Strategy follows structure.(전략은 구조를 따른다.)"로 응대하면서 전략론자와 조직론자간에 불꽃 같은 논쟁을 점화했다. 전략학자는 "새 술은 새 부대에 담아야 하는 것처럼 새로운 전략을 만든 다음에는 조직을 바꿔서 새 전략을 실천하는데 기존 조직이 걸림돌이 안되도록 해야 한다"는 주장을 하는 반면, 조직학자들은 "조직이란 기업의 역사와 문화, 전통, 그리고 기업의 강점이 녹아있는 그릇이다. 따라서 조직을 무시한 전략을 만들면 혈액형이 다른 피를 수혈한 환자가 몸에서 거부반응을 일으켜 죽듯이 그 전략을 실행하는 과정에서 조직으로부터 거부반응을 일으켜 실패로 돌아가고 만다"이라는 반론을 제기한다. 과연 이러한 논란에 대해 정답이 있을까?

대규모의 복잡한 조직들에서 수많은 의사결정들이 매일 일어나고 있다. 이러한 의사결정을 일관성있게 하는 가장 확실한 방법은 그러한 의사결정들이 만들어질 수 있는 패턴, 즉 기업의 존재방식에 대한 논리적 틀(framework)과 전략적 방향에 대한 감각(mindset)을 그 기업의 과거 역사로부터 찾아내는 것이다. 그럼에도 불구하고 전략을 너무 경직되게 과거의 의사결정에서 나타나는 패턴으로 이해하는 것은 기업이 새로운 방향을 설정하는 데 큰 어려움을 줄 수 있다. 사후에 보면 대부분의 전략은 그 기업의 도도한 역사적 흐름 속에서 이루어지고 있다는 것을 명백하게 파악할 수 있다. 그러나 기업 미래를 책임지는 경영자의 관점에서 볼 때 사후에 밝혀질 전략은 아무런 쓸모가 없다. 실제로 전략은 과거와 단절된 상황에서 지금 의도하고 있는 변화를 다룰 때 중요한 역할을 하게 된다. 전략은 기업의 과거 유산에 대한 기록물이지만, 동시에 미래를 내다보는 청사진이기 때문이다. 결국 전략 수립이란 과거 전략 패턴에 대한 인식을 토대로 미래를 향한 새로운 계획들을 세우는 작업이다.

그럼에도 불구하고 전략이 조직보다 앞서야 하는 당위성은 여러 사례에서 나타나고 있다. 휴대폰 사업에서 과거 고무장화를 만들던 시대로부터 단절해나와 세계 시장의 40%를 차지하면서 승승장구했던 노키아를 보자. 자신의 과거를 부정함으로서 성공신화를 썼던 노키아는 2009년 이후 승리에서 나오는 부자몸조심형의 관성에 빠져 애플과 삼성전자의 공격에 대해 선제공격은 커녕 효과적인 대응을 하지 못하다가 결국 패배의 나락으로 빠졌다. 앞으로 노키아가 다시 성공기업의 반열에 선다면 그것은 기존 구조를 지키면서가 아니라 처절한 자기부정을 전제로 과거와 단절한 후일 것이다.

경영전략의 발전과정

경영전략의 역사는 경영학사(經營學史)와 궤를 같이한다. 경영학의 태동은 19세기 후반 독일을 중심으로 한 유럽에서 이루어졌지만, 20세기 초반에 시작한 미국의 경영학이 전 세계를 휩쓰는 시대가 되었다. 따라서 오늘날의 경영전략 분야가 어떻게 생성되고 발전되어 왔는가를 미국 경영학사를 중심으로 살펴보자.

생산관리시대(1900~1919년)

20세기에 들어오면서 기업경영에서는 능률 향상을 위한 획기적인 연구가 활발히 일어났는데, 그 중 하나가 테일러(Frederic Taylor)가 제안한 과학적 관리법이다. 테일러는 건강악화로 인해 입학했던 하버드대학(Harvard University)을 다니지 못하고 펜실베이니아에 있는 삼촌집에 머물다가 삼촌이 운영하는 석탄회사가 광부에게 주던 시간급을 능률급으로 바꾸는 과정에서 미국 상원에서 연 청문회에 경영자 대표로 출석해서 능률급이 광부 개인과 기업, 더 나아가 사회에 미치는 긍정적 효과를 논리적으로 제시하여 일약 청문회 스타로 떠올랐다. 그 후 테일러는 당시 경험을 기초로 하여 노동 능률을 좌우하는 작업량 · 작업속도 · 작업동작 · 작업방법 등을 과학적으로 분석하여 공장관리 및 작업관리 체계를 확립시켰으며, 기업에서는 이를 통해 종전의 주먹구구식 경영으로부터 탈피, 생산성의 향상을 실현했다.

과학적 관리법은 경영관리에 커다란 변혁을 가져왔으며, 이를 기점으로 대량생산 체계가 이룩되었다. 대표적인 사례가 포드(Henry Ford)에 의한 대량생산 체계로서 일명 '포드 시스템(Ford System)' 이라고 불리는 것이다. 이 체계는 테일러가 분석방법으로 의존했던 시간 연구(time study) 및 동작 연구(motion study)에서 한층 진보한 것으로, 자동차를 생산하는 데 있어 컨베이어 시스템(conveyor system)에 의한 일관작업을 수행함으로써 공장에서의 생산성을 극대화하는 데 큰 기여를 했다.[12]

이와 때를 같이하여 1907년 미국의 펜실베이니아 대학(University of Pennsylvania)를 시작으로 하여 각 대학에 경영대학과 경영학부가 설치되어 미국 경영학의 기초가 형성되었다.[13]

인사 및 조직관리 시대(1919~1945년)

테일러 시스템에서 포드 시스템에 이르는 과학적 관리체계는 기술적 접근방법(engineering approach)에 의해 일선 노동자의 능률을 향상시키는 데 초점을 두었다. 그러나 그 과정에서 인간을 기계의 노예로 전락시키고 감정을 가진 동물로서의 인간의 심리적, 사회적 측면을 경시했다.[14] 이러한 과학적 관리법의 한계는 제1차 세계대전 이후 두 가지 측면으로부터 도전을 받게 되었다.

첫째는 노동조합의 대두였다. 전쟁으로 말미암아 군수품 생산을 능률적으로 수행하기 위해 각종 생산관리제도는 비약적으로 발전했으나 노동자의 처우 개선은 지지부진함에 따라, 전쟁에 따른 노동력 부족과 맞물려 전후에 민주화 사조가 형성되고 노동자의 인격을 중시하는 새로운 관리제도의 개발이 요청되었다. 노동조합은 이미 1870~80년대에 기능별, 부문별로 결성되었지만 1910년까지는 과학적 관리체계의 기세에 눌려 제대로 그 기능을 다하지 못했다. 그러나 전후에는 강력한 노동조합이 대두하여 기업에게 노동자를 인간적, 인격적으로 대우하도록 요구하게 된 것이다.[15]

둘째는 전후의 세계적 추세였던 민주화 사조다. 1917년 미국 윌슨 대통령의 민족자결주의[16]에 영향을 받아 과거 영국, 프랑스, 네덜란드 등에 의해 지배되었던 식민지들이 차차 독립을 쟁취했고 우리나라에서도 1919년 3 · 1운동이 일어났다. 이러한 역사적 배경하에서 노동자들이 그동안 기계의 노예역할에서 해방되어 자신의 인권을 회복하고자 몸부림친 것은 지극히 당연한 일이었다. 경영자들은 단순히 생산성 향상만 생각하는 것에서 벗어나 기업의 구성원인 노동자라는 인간을 인격적으로 대우하지 않을 수 없게 된 것이다.

사실 기업이란 어느 면에서 자본, 설비, 기계, 원자재, 제품 등의 합리적 조합에 의한 물적, 기술적 시스템이고, 다른 한편으로는 여러 계층의 인간군, 즉 노동자, 관리자, 경영자 등에 의해서 구성된 기능 분담의 인적 · 공적 시스템이다. 이 인적 · 사회적 시스템, 즉 조직이라는 이름의 기업 구성체가 물적, 기술적 시스템으로서의 기업을 관리하게 된다. 그런데 당시의 관리론은 경영자나 관리자가 일에 관한 명령을 내리고 합당한 보수만 준다면 그대로 복종할 인간만을 대상으로 한 조직을 전제로 했다. 경영관리학뿐만 아니라 경제학도 당시에는 임금만을 위해 일하는 일면적인 인간관을 그 전제로 삼았으며, 구체적 경영에 있어서 인간의 문제, 특히 인사관리나 조직관리에 있어서의 인간관계 등은 소홀히 다루어질 수밖에 없었다.

이러한 새로운 인간관계 측면에 초점을 두고 과학적인 실험을 통해 경제적 조건뿐만 아니라 심리적 조건이나 사회적 조건에도 영향받는 다면적인 인간상을 파악한 논자들이 바로 호손 실험(Hawthorne Experiments)으로 유명한 메이요(Elton Mayo)와 레슬리스버거(F.J. Roethlisberger)이다. 이들은 『인간관계론(Human Relations Approach)』을 탄생시켰고, 이 분야에서 이론체계를 가다듬은 연구로는 레윈(K. Lewin)의 『집단역학(Group Dynamics)』, 리피트(R. Lippit)와 화이트(R.K. White)의 『리더십 유형에 대한 실험』, 맥그리거(D. McGregor)의 『XY이론』 그리고 매슬로우(A.H. Maslow)의 『동기부여와 개성(Motivation and Personality)』 등이 있다.

요컨대 인간관계론의 출현은 이른바 과학적 관리론이라는 변증법 적인 테제(these: 정)에 대한 반동에서 비롯된 안티 테제(anti-these: 반)였다. 그러나 인간관계론도 인간을 중시하는 바탕 위에서 지나치게 심리적이며 감정적이었다. 이러한 테제와 안티 테제의 대립은 필연적으로 신테제(syn-these: 합)를 요구하게 되었고, 이러한 요구에 부응한 것이 바로 버나드(Chester I. Barnard), 사이몬(Herbert A. Simon) 등의 『조직이론(Organizational Theory)』이다. 이들은 인간관계론의 일면적인 한계를 보완하기 위해 근대적인 인간관을 전제로 일정한 공통 목적의 달성을 지향하는 조직에 관한 이론, 다시 말해 조직을 구성하는 인간에 대한 새로운 견해를 피력한 조직이론을 개발했다. 다만 이러한 조직이론도 경영 주체로서의 인간에만 지나칠 정도의 비중을 두거나 관리과정 가운데 조직 부분에만 관심을 경주하는 것과 같은 일면적인 연구로 인해 전체로서의 기업 목적을 달성하기 위한 전반 관리에 관한 이론 연구로서는 부족하다는 한계를 갖고 있다.

마케팅관리시대(1945~1958년)

미국은 1941년 12월 진주만 습격 이후 제2차 세계대전에 적극 개입했으나 전쟁으로 인한 직접적인 피해는 거의 없었고 오히려 전쟁 물자를 대주는 군수공장의 역할을 했기 때문에 많은 채권을 소유하게 되었다. 따라서 1944년 브레튼우즈 협정으로 영국의 지배하에 있던 세계 금융권이 미국으로 넘어오게 되었고, 또한 달러가 전 세계의 기축통화로 유통되게 되었다. 또한 미국 경제는 2차 대전으로 전례 없는 성장을 이루어 막대한 국부의 향상을 가져와, 종전시 영국, 프랑스의 1인당 GNP가 1,200달러, 900달러 수준이었음에 반해 미국은 세계 1위인 3,000달러 수준으로 엄청나게 큰 격차가 벌어졌다.[17]

그러나 전시 특수수요의 종식은 생산시설의 유휴화를 초래하여 새로운 문제를 야기시켰다. 기업의 당면과제는 생산시설을 가동하는 것이 되었고, 기업경영자들은 높은 소득수준에 바탕을 두고 있는 미국 소비자들의 잠재구매력을 실제의 구매행위로 이끄는 데 온 관심을 집중했다. 즉 단순한 판매활동을 넘어서 소비자가 원하는 상품이 무엇인가를 파악하고, 이러한 요구에 부응하는 상품을 개발, 능동적으로 구매력을 창조해나가는 마케팅 활동이 전개된 것이다. 이러한 경영자들의 노력에 의해 1945년에서 58년에 이르는 동안 미국 경제는 4.8%라는 전례없는 성장을 이루었다.[18]

미국 경제의 규모를 볼 때 연 4.8%의 성장은 실로 엄청난 수준이 아닐 수 없으며, 이러한 성장을 주도한 기업은 미래에 대한 확신을 갖고 안정적인 상황에서 경영을 했다. 이 시기는 미국 역사상 천국과 같은 시대였다.

기획관리시대(1959~1972년)

전후 순탄한 성장을 지속했던 미국 경제는 경기순환의 결과 나타난 구조적 수급의 일시적 불균형으로 인해 1959년에 불황국면에 들어서게 되었고, 그 결과 GNP가 0.7% 하락하게 되었다. 이러한 경제적 불황기에서 기업들은 미래 시장 경기 예측에 지대한 관심을 쏟지 않을 수 없게 되었고, 이에 따라 이러한 역할을 담당하는 기획실 제도가 많은 기업에 도입되었다.

60년대 초의 기획실에서 수행한 경기예측은 통계적 기법을 통한 양적인 예측이었을 뿐, 신업종에의 참가 및 기존 업종의 폐쇄 등과 같은 질적, 전략적 성격의 것은 아니었다. 즉 단기적으로는 투하된 생산시설의 조업도를 경기예측에 따라 효율적으로 조정하여 수급을 조절하고, 장기적으로는 생산시설의 증설 및 감축과 이에 따른 자금 수요를 예측하고 효율적인 자금 조달원을 선택하는 데 초점을 맞춘 계획 업무였다.

1950년대 말의 불황을 이기고 60년대에 미국 경제는 다시 순탄한 성장을 하게 되는데, 이러한 성장의 전기를 마련한 시대적 상황을 살펴보면 기획실 제도 외에 두 가지를 더 들 수 있다.

하나는 1959년 소련의 스푸트니크 인공위성 발사이다. 그때까지 미국인들은 미국이 정치, 경제뿐 아니라 기술, 문화 등 모든 면에서 소련을 앞섰다고 생각하고 있었던 만큼 이 스푸트니크 사건은 미국인에게 커다란 충격을 안겨 주었다. 인공위성 발사의 선수를 빼앗기고 대책마련에 부심하게 되었던 미국은 1960년 있었던 대통령선거에서 케네디(John F. Kennedy) 후보가 1960년대가 지나기 전에 인간이 달에 내리게 하겠다는 공약을 하기에 이르렀다. 1961년 취임한 케네디 대통령은 인문사회 중심이던 초등학교, 중등 · 고등학교의 교과과정을 과학 중심으로 바꾸고, 그동안 소홀히 다루던 수학 과목을 강화시켰다. 아울러 나사(NASA) 계획을 세워 우주산업(space industry)에 대한 대규모 투자를 단행했고 이로 인해 여러 부문의 경기가 활성화되었다.[19] 케네디 대통령은 비록 1963년에 암살당했지만 그의 공약은 1969년 7월 우주인 암스트롱(Neil Armstrong)이 달에 착륙함으로써 실현되었다.

또 다른 하나는 당시 전운이 감돌기 시작한 베트남 전쟁이었다. 케네디는 1962년 포드자동차 사장이었던 맥나마라(Robert McNamara)를 국방장관으로, 맥조지 번디(McGeorge Bundy)를 대통령 정치보좌관으로 임명하면서 군사력을 증대시키는 계획을 추진했다. 민간부문에서 경영을 하던 맥나마라는 국방부 예산에 영점기준 예산(zero-base budgeting)제도의 하나인 PPBS(Planning, Programming, and Budgeting System)를 도입해서 예산의 대부분을 민간부문으로 넘겼다. 이를 계기로 한 군수산업의 시설투자는 관련분야를 활성화하는 데 기여했다. 그러나 한번 투자가 시작된 군수산업은 끊임없는 소비를 필요로 했고, 결국 케네디 대통령을 이은 존슨(Lindon B. Johnson) 대통령이 베트남 전쟁을 일으키는 불행한 역사를 쓰고 말았다.

이러한 여러가지 요인에 힘입어 미국 경제는 1960년대에 또다시 비교적 순탄한 성장을 이루었으나 1950년대의 성장과는 근본적인 차이가 있었다. 즉 1950년대의 경제성장은 인플레이션을 수반하지 않은 것임에 비해, 1960년대는 인플레이션을 수반한 값비싼 성장이었던 것이다. 그러나 인플레이션은 고정자산에 투자가 이루어지고 있던 제조기업으로서는 환영할 만한 일이었고, 이러한 호황이 계속되자 1960년대 초 성급하게 도입되었던 기획실 중심의 경영관리체계는 다시 마케팅 중심의 경영체계로 대치되었다.

전략경영시대 I (1973~1980년대 중반): 산업조직론적 관점

1973년의 오일 쇼크는 미국 경제에 커다란 충격을 가져와, 1959년의 공황보다도 훨씬 심각한 경기침체를 몰고 왔다. 오일 쇼크로 야기된 이 불확실성의 시대에 각 기업은 다시금 기획실을 찾게 되었으며, 1975년에는 웬만한 중소기업까지도 기획실 제도를 도입, 운영하게 되었다. 그러나 이 시기에 나타난 기획실은 1960년대 초와 달랐다. 즉 1959년의 경기침체가 경기순환의 한 국면이었던 것과 달리, 1973년 이후의 경기침체는 외생변수의 영향으로 인해 발생한 것이어서 기업의 본질적이고 전략적인 문제와 직결되었기 때문이다.

기업 차원에서 성장을 위해 미래를 설계하는 경영정책론에 기초한 전략개념은 1970년대 이후 미국의 경제상황이 악화되기 시작하고, 특히 석유위기와 같이 예기치 못한 환경변화가 기업경영의 중요한 요소로 부각되면서 보다 환경분석적이고 실천적인 연구로 전환되었다. 이에 따라 단순히 미래의 비전 및 성장과 관련된 전략의 유용성을 제시하던 차원에서 벗어나 구체적인 기업행위를 결정하는 방향으로 연구의 축이 옮겨지게 되었다.

이러한 변화를 주도한 것은 경영학자가 아닌 경제학자, 특히 산업조직론자들이었다. 포터(Michael E. Porter)로 대표되는 이들은 전략의 수준을 기업 전체적인 차원에서 사업단위 수준으로 끌어내려, 전략을 개별산업 내에서 행동하는 기업들이 선택하는 의도적이고 구체적인 행위로 규정했다. 이들의 관점에 의하면 경영전략이란 특정산업에서 평균 이상의 수익을 올리기 위해 산업의 특성을 고려하여 적합한 기업행위를 채택하는 것으로 파악된다. 이같이 1970년대 전략개념은 산업조직론에 바탕을 둔 전략계획(strategic planning)과 경쟁전략(competitive strategy)이 주류를 이뤘다. 이러한 전략론은 1980년대 초 절정에 달해 『경쟁전략(Porter, 1980)』, 『경쟁우위(Porter, 1985)』가 경영정책 및 전략론의 기본 교과서로 자리잡으면서 전략적 경영에서 차지하는 비중이 확고하게 되었다.

산업조직론적 접근은 산업의 구조적 특징이 기업의 행동을 결정짓고, 그 기업의 행동이 기업의 성과를 결정짓는다는 논리를 따른다. 이러한 관점에서 기업의 경쟁력 혹은 성공에 가장 큰 영향을 미치는 요인은 기업이 위치(position)한 산업구조이기 때문에 경영전략의 초점은 산업의 구조적 특성을 분석해서 어떤 산업에 기업을 위치시킬 것인가(positioning)에 두어진다.

산업구조를 기업전략적인 관점에서 연구한 논의에 따르면 각 기업이 마주치게 되는 경쟁모습은 산업구조와 경쟁자들 간에 일어나는 상호 대응관계에 의해 결정된다고 한다. 일반적으로 높은 투자수익률을 보이는 산업에서는 기존 기업이 시설을 확장하거나 신규 경쟁자가 진입하여 경쟁을 심화시키고, 경쟁이 심화되면 그 산업에 속한 기업들이 얻게 되는 투자수익률은 낮아지게 마련이다.

그러나 경쟁을 심화시키는 핵심요소는 산업에 따라 다르다. 즉 기존 경쟁자가 설비 증설을 통해 경쟁을 심화시키는 경우도 있고, 신규 경쟁자가 다수 등장하여 경쟁을 심화시키는 경우도 있으며, 전혀 예상치 못했던 제품이 기존 제품을 대체함으로써 경쟁자로 나타날 수도 있는 것이다. 이같이 산업 내에서 경쟁을 유발하여 결과적으로 그 산업의 투자수익률에 영향을 주는 요소는 잠재적 진출기업, 산업 내 기존 경쟁기업, 공급자, 구매자, 대체품으로 요약된다. 이처럼 산업구조를 변화시키는 요인과 그 산업에 속한 자신의 강 · 약점이 파악되면 기업은 자신의 경쟁적 입장을 이해하고 전략을 통해 성과를 높일 수 있는 경쟁영역을 찾아낼 수 있을 것이다.

그러나 산업조직론적 접근은 1980년대 초반부터 두드러지게 나타나기 시작한 미국 기업들의 경쟁력 하락과 일본 기업들의 상대적 급성장을 설명하는 데 한계를 나타냈다. 게다가 경제학에서 도출된 변수들을 중심으로 대규모 자료를 수집하여 이를 통계적으로 처리하는 데 치중했기 때문에 기업경영자들에게 규범적인 측면에서 많은 시사점을 제공하지는 못했다.

전략경영시대Ⅱ(1980년대 중반 이후): 자원기반 관점

기업이 보유한 자원에 근거하여 기업을 보는 시각(resource-based view of the firm)인 자원기반 관점은 1980년대 이후 부상하기 시작한 이론으로 현재 전략 경영의 주류로 자리잡아 가고 있다. 물론 이러한 관점이 전혀 새로운 것은 아니다. 1980년대 이전에도 기업의 성과가 기업이 보유한 내부 역량(competences)에 의해서 결정된다는 견해는 버나드(Chester Barnard), 챈들러(Alfred D. Chandler), 루멜트(Richard P. Rumelt) 등에 의하여 다양하게 제기되었다. 그러나 이들은 역량을 경영자의 자질, 조직, 그리고 사업에서 찾았다.[20] 자원을 중심으로 한 초기 자원기반론자 역시 기술자원과 같이 기업의 장기적인 성과를 좌우할 중요 자원에 대한 정확한 설명이 부족하여 단지 개념을 제시하는 수준에 머물렀었다.

전통적 전략론에서 이미 언급되었던 내부능력에 대한 논의가 1980년대 이후 다시 등장하여 각광받게 된 이유는 무엇일까? 그것은 한 마디로 1970년대 이후 전략론의 주류로 자리잡은 산업조직론적 전략론에 대한 반성이었다. 앞에서 살펴보았듯 산업조직론적 전략론은 기업의 외부요인에 의해 전략이 결정된다는 논리로, 기업 내부에 대해서는 상대적으로 관심을 기울이지 않았다. 이에 반해 자원기반론은 기업의 내부로부터, 특히 기업이 보유한 자원에 의해 전략이 결정된다는 논리를 갖고 있다. 기업이 장기적으로 높은 수익성(성과)을 내기 위해서는 경쟁력 있는 자원을 끊임없이 축적하고, 이러한 보유자원에 근거해서 전략을 수립해야 한다는 것이다.

즉 산업조직론적 경쟁요인 모델은 산업에 진입하고자 할 때 먼저 산업구조분석에 따라 산업을 결정하고, 다음으로 경쟁자의 전략을 분석하여 진입전략을 채택하고, 마지막으로 이러한 전략 수행에 필요한 자원을 파악하여 획득하는 것으로 가정한다. 이에 반해 자원기반 관점은 자원(resources)과 능력(capabilities)에 있어 각 기업이 서로 이질적이므로 각자 자신이 처한 자원부존도에 의해 필요한 전략을 선택해야 한다는 것이다.[21]

이 관점에 의하면, 기업의 성공은 기업을 둘러싼 환경요인이 아니라 기업이 보유하고 있는 내부의 특수한 자원에 의해 결정된다. 동일한 산업에 속한 기업이라 할지라도 기업마다 환경변화에 대응하는 방식이 다른데, 그 이유는 바로 기업이 보유한 자원이 다르기 때문이다. 기업이 성공하기 위해서는 환경변화를 빨리 파악하고 이에 적합한 전략을 수립하는 것도 중요하지만, 이보다 더 중요한 것은 수립된 전략을 실행하는 것이다. 그리고 전략을 성공적으로 실행하기 위해서는 이에 필요한 자원을 보유하고 있거나 창조해야 한다는 것이 자원기반 관점의 주장이다.

이러한 보유자원에 근거한 전략 내지는 기업행동의 결정 논리는 연구자에 따라 자원을 정의하는 방식이 다르고, 논리가 너무 추상적으로 전개되는 등의 문제가 있어 통일된 이론체계로 불리기엔 아직 어려움이 많다. 즉 자원기반 관점도 나름대로의 문제점을 안고 있는 것이다. 기업에 경쟁우위를 가져다 주는 자원은 모방도 불가능하고 이동하기도 쉽지 않다. 모방이나 거래가 불가능한 자원이라면 그러한 자원을 파악하는 것이 어렵거나, 혹은 그러한 성공적인 자원이 형성된 원인을 알기 어렵다는 뜻이 된다. 따라서 어떤 자원이 경쟁우위를 가져다 주는지는 그러한 자원을 보유한 기업이 경쟁우위를 갖고 성공했을 때 비로소 파악할 수 있는 것이다.

또 자원기반 관점에서는 기업이 어떤 자원을 보유하고 있느냐 하는 문제보다는 그러한 자원을 획득하고 축적할 수 있는 능력이 무엇이며 그 능력이 어떤 과정을 통해 창출되었느냐는 것이 보다 중요하다고 강조한다. 이렇게 기업의 핵심자원으로 단순히 기업이 보유한 유·무형의 자원이 아니라, 이러한 자원을 개발하는 능력(capability)을 강조하다 보니 자원의 개념이 지나치게 확장된 면도 없지 않다. 지금까지 설명한 경영전략의 발전과정을 요약하여 정리하면 <표 2.1>과 같다.

표 2.1
경영전략의 발전과정 및 특징

경영의 초점	관리시대					전략시대	
	생산관리	인사관리 및 조직관리		마케팅관리	기획관리	전략경영	
시기	1900~1919	1919	1945	1945~1958	1959~1972	1973~1980년대 중반	1980년대 중반 이후
계기	대기업의 출현	제1차 세계 대전(노동력 부족 및 인권 의식의 강화	기업조직의 복잡화	제2차 세계 대전(소득증가와 생산시설의 유휴화)	경기침체	오일 쇼크	일본 기업들의 두각과 경쟁심화
학문적 탐구 (예)	테일러의 과학적 관리법	메이요의 호손연구, 맥그리거의 XY이론	버나드 사이몬의 조직이론, 아지리스의 개성과 조직	마케팅의 4P	앤소프의 경영계획	앤드류즈의 경영전략, 포터의 경영 전략	하멜과 바니, 프라할라드 등의 핵심역량 및 자원 준거 관점
현상	포드의 대량생산 체계	노조의 활성화	비공식 조직 스태프 조직	순탄한 양적 성장	기획실 도입 및 통계학적 기법 응용	질적인 문제 추구, Contingency Plan-ning 등장	핵심역량, 자원 등 기업 내부 측면 강조

경영전략 패러다임의 변화

경영정책(business policy)의 도입

19세기 후반까지만 해도 경영자 양성은 법과대학의 몫이었다. 그러나 카네기철강(Carnegie Steel)이 세계 최대기업이 되고, 스탠다드오일(Standard Oil)이 세계 시장을 장악하는 등 대규모 기업이 사회의 주축으로 등장하면서 전문경영자 교육이 사회적으로 큰 수요를 형성하게 되었다. 그 결과 1881년에 펜실베이니아대학교(University of Pennsylvania)에 경영대학이 설립되었고, 1911년에는 하버드법학대학원(Harvard Law School)에서 하버드경영대학원(Harvard

Business School)이 분리(spin-off)되어 나왔다. 당시 하버드[블랙에디션1]법과 대학에서 경영대학으로 옮겨온 교수들은 자연스럽게 법과대학의 교육법인 판례 위주의 케이스 스터디 방식을 그대로 채택하여 경영 사례를 개발하고 이들을 이용해서 케이스 스터디 방식에 의한 경영학석사(MBA) 교육을 시작했다.

경영자의 과업과 책임을 다루는 경영정책(business policy)이라는 과목 역시 1911년 이래로 필수 과목이었지만 그 교육 방법은 법학과 정책학을 근간으로 한 사례 연구가 주류를 이루고 있었다. 이때에는 동일 산업 내에서 활동하는 여러 기업의 사례들을 수집하여 왜 어떤 기업들은 성공하고 어떤 기업들은 실패하는가에 대한 이해 방법을 구하는 것이 대부분이었다. 즉 법학에서 다루는 판례에서 어떤 판결이 맞는가를 다루는 것처럼, 정책학에서 다루는 정책사례에서 어떤 정책이 바람직한가를 다루는 것처럼, 경영정책 역시 기업이 처한 상황에서 어떤 대안이 존재하고 존재하는 대안 중에서 어떤 대안이 가장 바람직한가를 판단하는 것이 주된 내용이었을 뿐, 경영의 여러가지 변수로 구성된 독립변수와 기업의 성공을 보여주는 종속변수간에 존재하는 인과관계를 풀어서 이론을 개발한다는 것은 시도하지 못하였다. 다시 말해서 이 때는 새로운 경영전략에 대한 명확한 개념 정립이 없었던 상태였다.

이 시기를 경영정책에 있어서 전략 이전의 패러다임(pre-strategy paradigm)인 정책수립 패러다임(policy formulation paradigm) 단계라고 일컫는다. 1970년대 초에 이르러 하버드경영대학원과 영국 맨체스터 대학의 학자들이 이러한 경영전략 분야에 대한 교육과 연구의 방향을 명확히 하고자 모임을 가졌으나 경영전략을 독립된 학문 분야로 수용하는 것에 대해서는 합의에 도달하지 못했다.

경영전략(business strategy)으로의 전환

학계에서 경영전략이 독립된 주제로서 보다 본격적으로 탐구되고 광범위하게 논의된 것은 1977년 5월 25일에서 27일 사이에 피츠버그 대학(Pittsburgh University)에서 'Business Policy and Planning Research'를 주제로 개최된 학회에서였다.[22] 그 후 챈들러(Alfred D. Chandler)의 『전략과 구조(Strategy and Structure)』를 효시로 하여 잇따라 출간된 앤소프(H. I. Ansoff)의 『기업전략(Corporate Strategy)』과 앤드류즈(Kenneth Andrews)의 『기업전략의 본질(The Concept of Corporate Strategy)』 등의 저서들은 바로 기업이 환경과의 관계에서 보다 합리적인 대응 태세를 모색하고자 하는 전략계획의 이론적 체계를 형성시킨 역작들이었다.

초기 전략 패러다임(the initial strategy paradigm)의 하나인 전략계획 개념은 종래의 관리계획을 대체하는 새로운 개념으로 경영학 체계에 굳건한 뿌리를 내렸다. 전략계획은 '환경에 의해 제공된 기회'와 '자사의 강점과 약점'을 합리적 접근방법에 의해 면밀히 분석하여 자사 이윤의 극대화라는 목표하에 서로 연결시키는 전략(matching strategy)을 선택하는 계획 기법이며, 기업의 전략적 자세(strategic posture)를 논리적으로 재정의하는 합리적 계획 기법이다.[23] 그러나 최근에 이르러 이러한 전략계획(strategic planning)은 전략경영(strategic management)이라는 새로운 패러다임의 일부로 통합되고 있다. 저자도 이 개념을 받아들여 이 책의 3부 전략의 실행 중 제3장 장기전략계획으로 전략계획을 다루고 있다.

경영전략에서 이러한 일련의 패러다임 발전과정을 요약하면 <표 2.2>와 같다.

표 2.2
경영전략 패러다임의 변화

패러다임의 발전

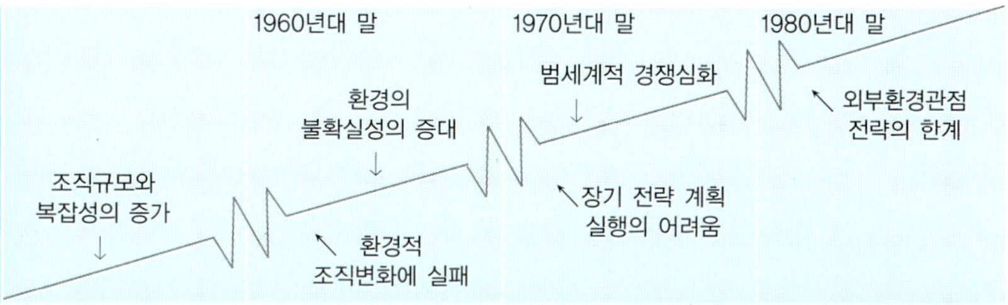

패러다임	정책수립 패러다임	전략 계획 패러다임	전략경영 패러다임 I	전략경영 패러다임 II
내용	• 기업의 기능적인 활동의 통합 • 기능적인 분야들이 당면한 문제들에 대한 의사결정 및 정책들의 수립	• 환경과 연결하여 전략을 수정 • 전략의 내용을 전략 수립과 과정으로 구분 • 전략 수립에 초점을 둠	• 환경과 기업조직 수준의 통합 • 전략 수준을 정립(기업전략, 사업전략, 기능별 전략) • 산업구조 분석을 통한 전략 수립 • 경쟁요인 분석으로 미래의 산업환경 예측 • 전략의 수립과 실행 양자에 관심	• 전략 수립의 근거가 기업내부 자원으로 변화 • 전략 실행가능성에 초점
한계	• 미래 환경위협을 예측하지 못함(일상적인 문제만 해결)	• 전략 수준의 불명확 • 기업조직 수준과 환경과의 통합문제 야기 • 전략 실행과정에 대한 논의 부족	• 전략 실행을 위한 자원은 무한하며 획득 용이하다고 가정	• 환경변화에 따라 자원가치 변화 • 통합된 전략 패러다임 필요

전략경영(strategic management)의 대두

전략경영이란 조직의 기업가적 임무(entrepreneurial work of organization), 조직의 쇄신과 성장(organizational renewal and growth), 그리고 조직 운영(organization's operations)을 이끌 수 있는 전략을 개발하고 유용화하는 동태적 과정을 다루는 것이다. 다시 말해서 전략(strategy)이란 내용물을 경영(management)이란 그릇, 즉 수립(plan) → 실행(do) → 평가(see)라는 동태적 과정으로 받아들여 머릿속에 있는 개념으로 머물러 있기 쉬운 전략을 기업경영에 체화시키는 작업인 것이다.

이러한 전략경영이 새로운 패러다임으로 대두된 배경은 다음과 같다.

첫째, 합리적 접근방법으로는 통제하기 어려운 까닭에 전략 수립시 고려 대상에서 제외시켰던 사회-정치-심리적 변수들이 사실은 채택된 전략을 실천에 옮기는 데 훨씬 더 중요한 영향을 미친다. 따라서 모처럼 수립된 전략계획이 실패할 가능성이 높다.

둘째, '구조는 전략을 따른다(Structure follows strategy)' 는 챈들러의 가설에 따른다면 새로운 전략을 수립할 경우 경영 내부의 모든 능력, 즉 인적, 물적 제 자원과 조직, 각종 업무 활동 등의 시스템이 거기에 맞춰 자동적으로 재편성되어 조직의 모든 에너지를 발휘시킬 수 있어야 한다. 그러나 이러한 전략계획의 기본 전제가 현실적으로는 반드시 적용되지 않는다는 것을 알게 되었다.

셋째, 전략에 결부된 환경의 급변과 복잡성을 해결하기 위해 전략 자체의 탄력적 변화까지도 포괄할 수 있도록 전략계획을 관리해 가는 프로세스적 기법이 요구되게 되었다.

이러한 현실적 요구에 따라 새롭게 등장한 전략경영 과정은 다음과 같은 여섯 가지 주요 과업들로 구성되어 있다.

1. 목적 수립(goal formulation)
2. 환경 분석(environmental analysis)
3. 전략 수립(strategy formulation)
4. 전략 평가(strategy evaluation)
5. 전략 실천(strategy implementation)
6. 전략적 통제(strategic control)

이 여섯 가지 영역은 <그림 2.3>과 같이 기업의 전략적 활동인 대체전략의 수립, 평가, 선택, 실시, 통제를 통한 교정 등으로 구성된 프로세스 활동으로 연결되어 있다.

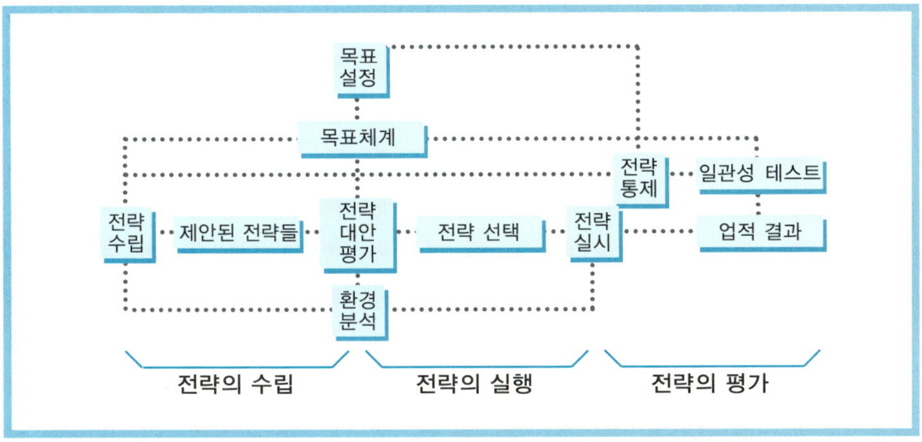

그림 2.3
전략경영의 과정

전략경영은 경제, 기술, 정보와 같은 정량적 변수는 물론, 정치, 사회, 심리와 같은 정성적 변수까지도 전략 활동의 중요한 고려 대상으로 취급하고, 제품-시장의 종합을 위한 연결 전략뿐만 아니라 조직의 재편성도 하나의 중요한 전략적 문제로 취급하고 있다는 점에서 공식적이고 논리적인 접근을 전제로 하는 전략계획 이론과 구분된다. 이러한 전략경영의 과정은 여러 대체전략의 개발로부터 그 중 하나를 선택하는 과정까지를 포함하는 수립(strategy formulation) 활동과 선택된 전략을 실시하는 실행(strategy implementation) 활동, 그리고 집행된 전략을 평가하고 피드백하는 평가(strategy evaluation) 활동으로 크게 나누어지며, 이 책의 구성도 이에 따라 이루어져 있다.[24] 즉 이 책은 전략에 대한 개념을 소개하는 1부에서 시작되어

1부: 전략 개론

전략경영의 수립, 실행, 평가를 다루는 2~4부로 연결되었다가

2부: 전략 수립 3부: 전략 실행 4부: 전략 평가

마지막에서 이 책의 제목이기도 한 "21세기를 위한" 새로운 패러다임을 제안하고 있다.

5부: 전략경영의 뉴패러다임

기존 경영전략이론의 한계와 "SER-M" 패러다임의 도입

경영전략이론의 발전사

앞에서 다룬 경영전략의 역사는 경영전략이 새로운 학문으로 형성되기 이전의 과정을 법학, 정책학, 경제학 등 기존 학문의 틀로 해석한 것이었다. 그러나 경영전략이 독립된 학문으로 자리잡고 있는 오늘날에도 다른 학문의 틀을 빌려서 경영전략을 설명하는 방식은 구차할 뿐 아니라, 경영전략의 본질을 이해하고 경영전략이론을 개발하는데 적절치 않다. 따라서 여기에서는 경영전략을 기업이 원하는 성공적인 성과를 달성하기 위한 수단으로 보고, 기업을 성공시키는 요인을 판단의 기준으로 해서 전략의 새로운 역사를 써보기로 하자. 아래 설명에는 앞에서 언급한 내용의 일부가 포함되어 반복적으로 설명되고 있으나, 같은 내용이라 할지라도 관점을 달리해서 서술하는 것이라는 점을 참고해서 읽기 바란다.

경영전략이론은 1971년 앤드류즈(Kenneth Andrews)가 규범적 관점에서 외부여건(external opportunities and threats), 내부능력(internal strengths and weaknesses), 기업철학(personal value and philosophy), 사회적 책임(social responsibility) 등 네 가지 요소를 전략의 핵심개념으로 제시한 이래 크게 세 가지 관점(view, paradigm, perspective)에서 발전되어 왔다.

1. **주체기반관점**(Subject-Based View: SBV)

기업의 성공요인을 설명하는 첫번째 관점은 전략을 수립하고 실행하는 주체(Subject: S)의 사고방식과 행동이 기업의 성공을 결정짓는 가장 중요한 요인이라는 주장이다. 특히 기업의 최고경영자는 의사소통 패턴이나 전략 및 조직구조 등을 통해 기업의 성공에 간접적인 영향을 미칠 수 있을 뿐만 아니라, 기업의 미래 모습인 비전을 제시하고 이를 구성원들에게 전파시키는 과정에서 조직의 몰입도(commitment)를 높임으로써 기업의 성공에 직접적인 영향을 미칠 수도 있다.

이 관점은 전략(strategy)이란 단어가 널리 사용되기 훨씬 전인 1930년대에 경영정책(business policy)이라는 이름으로 기업내 정책결정을 일회적, 예외적 현상으로 보던 시대에 등장했다. 일회적이고 예외적인 현상은 일반화할 수 없기 때문에 이론을 도출할 수가 없다. 따라서 이 시대를 대표하는 "경영자의 기능(Functions of the Executives: 1938)"이라는 저서를 남긴 버나드(Chester I.

Barnard)를 비롯하여 당시 하버드경영대학원(Harvard Business School) 교수들이 주도하던 주체기반관점 학파에서는 다양한 산업에서 기업을 이끄는 영웅적인 최고경영자들이 당면한 정책과제를 사례로 개발했다. 그리고는 한 학기에 걸쳐 MBA과정 학생들에게 20~30개 정도의 사례를 주고, 각 사례에 등장하는 경영자 관점에서 전략 문제를 풀어나가는 의사결정과정을 비록 간접적인 방법이지만 경험케 함으로써 학생들이 부지불식간에 전략을 담당하는 경영자로서의 능력을 함양하게 해주었다. 당연히 이런 시각에서 개발된 사례를 통해 학생들은 정답을 찾는 것보다 경영자의 전략적 의사결정과정을 익히는 것이 목적이었다.

그렇다고 해서 주체기반관점 학자들이 이론 개발을 게을리한 것은 아니다. 다만 경영자라는 사람을 연구대상으로 할 때 성별과 나이, 교육기간, 기업근무년수 외의 다른 변수는 엄밀한 숫자로 표현하기 어려운 인간을 객관적으로 평가하려면 1~7 사이의 리커트 스케일을 이용하는 방법밖에 없다. 예컨대 기업구성원에게 자신이 근무하는 회사의 경영자가 가진 경영스타일을 가장 독재적인 1에서 가장 민주적인 7 사이의 숫자로 평가하라는 설문을 보낸 다음, 그 답변을 독립변수로 하고 그 회사의 경영성과를 종속변수로 한 후 어떤 경영스타일이 더 효율적인가를 분석하는 식이다. 그러나 리커트 스케일을 독립변수로 사용하는 연구는 그 결과에 있어 엄밀성이 떨어질 수밖에 없고, 그 결과 주체기반관점 학파의 학문적 성과도 높기 어려웠던 것이다.

2. **환경기반관점**(Environment-Based View):

기업의 성공요인을 설명하는 두 번째 관점은 특정 기업이 속해 있는 산업의 구조적 특성, 국가의 경영환경, 동일한 기업의 집합인 개체군의 밀도나 분포 혹은 정부의 산업정책 등과 같이 기업을 둘러싼 환경(Environment: E)적인 요인이 기업의 성공을 결정짓는다는 것이다. 이 패러다임에 의하면 기업의 성공 여부는 기업 내부요인보다는 기업이 속한 산업이나 국가의 구조적 특성, 정부정책과 같은 기업 외적 요인에 의해 좌우된다.

이 관점은 1973년 석유위기가 발생하면서 크게 부각되기 시작하였다. 석유위기 이전의 확실성 시대(the age of certainty)에서는 미래가 확실하게 보였기 때문에 기업의 성과를 높이는 방법으로는 훌륭한 경영자가 지도력을 발휘해서 구성원에게 비전과 사기를 갖게 해주는 것이 가장 효과적이었다. 그러나 석유위기가 발생한 이후의 불확실성 시대(the age of uncertainty)에서는 불세출의 경영자라 할지라도 업종을 잘못 만나게 되면 하루아침에 기업이 망하는 시대가 열린 것이다. 예를 들어 대형자동차를 만들던 회사들은 3개월 만에 유가가 4배 오르는 환경 속에서 속수무책으로 망하는 반면, 소형자동차회사를 비롯한 에너지 절약 관련 산업에 있는 모든 회사는 고성장을 질주하는 현상이 나타났다. 이제 지도자의 지도력 이전에 그 기업이 어떤 업종에 속했는가가 성공의 비결이 되는 시대가 온 것이다.

이런 환경중심의 정략시대를 연 사람은 다름 아닌 포터(Michael E. Porter)였다. 포터는 산업조직을 전공한 경제학자로서 1973년 하버드대학(Harvard University) 경제학부에서 받은 박사학위에서 기업이 산업에 들어가는데 극복해야 하는 진입장벽(entry barrier)과 산업으로 나오는데 넘어야 하는 퇴거장벽(exit barrier)이 그 산업의 경쟁구조, 더 나아가 그 산업에 있는 기업의 수익성을 결정한다는 이론을 개발했고, 이를 기반으로 하여 산업의 경쟁강도를 결정하는 다섯 가지 요인(five forces)과 이들 요인 분석에 입각하여 기업이 선택할 수 있는 본원적 전략(generic strategy)을 제시하는 "경쟁전략(Competitive Strategy)"이라는 책을 1980년 출판하였다. 이 책은 환경기반관점을 대표하는 책이 되었고, 포터는 환경기반관점의 대표학자로 자리잡게 되었다.

3. **자원기반관점**(Resource-Based View: RBV):

기업의 성공요인을 설명하는 세 번째 관점은 기업의 성공이 환경요인이 아니라 기업이 보유하고 있는 내부의 특수한 자원(Resource: R)에 의해 결정된다는 자원기반 관점이다. 동일한 산업에 속한 기업이라 할지라도 기업마다 환경변화에 대응하는 방식이 다른데, 그 이유를 각 기업이 보유한 자원의 차이로 보는 것이다. 기업이 성공하기 위해서는 환경변화를 빨리 파악하고 이에 적합한 전략을 수립하는 것도 중요하지만 이보다 더 중요한 것은 수립된 전략을 잘 실행하는 것이다. 그리고 전략을 성공적으로 실행하기 위해서는 필요한 자원을 보유하거나 창조해야 한다.

이 관점은 1984년 웨너펠트(Birger Wenerfelt)가 쓴 "기업의 자원기반관점(A resource-based view of the firm)에서 처음 제시되었지만, 이 관점이 널리 전파된 이유는 아이러니하게도 앞에서 소개한 환경기반관점 때문이었다. 포터가 주장한 경쟁전략을 채택한 수많은 미국기업들은 경쟁강도가 약한 시장으로 진출하거나 경쟁자가 아예 없는 시장을 창출했다. 그러나 이들이 진입한 국내외 시장에는 경쟁자가 약하거나 없었을 정도로 일반 시장보다 더 열악한 상황이었다. 이를테면 제품에 대한 소비자들의 인식부족으로 시장이 형성되지 않았거나, 유통망이 불비하거나, 지적재산권에 대한 인정을 해주지 않아 불법제품이 판치는 등, 시장은 경쟁자가 없다고 해서 미국 기업에게 독점력을 손쉽게 내어주지 않았던 것이다. 그리하여 미국 기업들은 어려운 여건 속에서 망하거나 어려운 지경에 놓이게 된 것이다.

또, 이러한 어려움을 무릅쓰고 시장을 창출한 미국 기업들은 뒤에서 후발진출 전략(late-comer strategy)을 쓰면서 같은 시장으로 진출한 일본 기업들에게 덜미를 잡히고 말았다. 정정당당한 1대1 대결을 전제로 하는 카우보이 문화에 익숙한 미국 기업 눈에 뒤에서 비수를 꽂는 닌자 문화에 익숙한 일본 기업의 모방전략은 몹시 불쾌한 것이었다. 그럼에도 불구하고 냉정한 시장은 일본 기업의 손을 들어주었다. 후발기업은 시장선도전략(early-mover strategy)을 쓰는 선도기업보다 시장장악력에서 불리한 점이 있지만, 선도기업이 겪어야 하는 시행착오를 회피할 수 있고, 생산시설의 기술진보성, 가격우월성, 품질우수성 등 유리한 점도 만만치 않았던 것이다. 그리하여 1980년대는 대부분의 제조산업에서 미국 기업이 일본 기업에게 밀리면서 세계시장에서 팍스아메리카나(Pax-Americana), 즉 미국의 우위가 사라지고 팍스자포니카(Pax-Japonica), 즉 일본의 시대가 오는 것이 아닌가 하는 우려를 자아낼 정도가 되었다.

이런 상황에서 미국 기업들은 환경기반전략으로는 후발 일본 기업의 모방전략 앞에서 독점력을 유지하지 못하게 되었다. 더구나 일본 기업은 카이센(kaisen: 改善)이라는 무기를 내세워 경쟁력 면에서도 미국 기업을 압도하기 시작하였다. 미국 경영학자들은 일본 기업이 가진 강점으로 찾아낸 카이센을 처음에는 '끊임없는 진보(continuous improvement)' 라는 표현으로 미국 경영자들에게 소개했다. 그러나 미국경영자들이 일본 기업의 경쟁력을 충분하게 이해하지 못하게 되자 카이센이란 일본어를 그대로 사용하기 시작하였다.

카이센은 직원들이 현장에서 찾아내는 다양한 아이디어를 품의(稟議)제도를 통해 기업이 받아들이는 경영개선방식이다. 이 제도를 채택하는 일본 공장에서는 공장 직원들이 근무시간이 끝나면 곧장 집으로 돌아가는 것이 아니라 자신이 맡고 있는 기계를 청소하고 부근을 정리한 후 그날 찾아낸 아이디어를 기록으로 남겨서 품의안을 넣는 상자에 집어넣는다. 일반 직원들이 1년 평균 200건의 제안을 하고, 그 해의 품의왕이 되려면 2,000건을 제안해야 한다고 한다. 근무시간이 끝난 5분 후에는 한 사람도 남지 않는 일반적인 미국 직장과 극명하게 대비되는 일본의 직장 문화는 마치 땅에 파묻혀있는 실뿌리가 커다란 나무를 지탱하듯이 눈에 안 보이는 작은 부분의 카이센을 통해 일본 기업의 경쟁력을 강화시켰던 것이다.

미국 학자들은 이제 일본 기업의 모방과 카이센을 따돌릴 수 있는 새로운 전략 패러다임을 찾아나선 결과, 자원기반관점을 개발하였다. 자원기반관점을 받아들인 학자들은 미국 경영자들에게 더 이상 전략을 외부환경에서 찾지 말고 기업 내부에 있고 (일본의) 경쟁기업이 갖지 못한 자원을 가지고 전략을 개발하라고 제안하였다. 1990년 프라할라드와 해멀(CK Prahalad & Gary Hamel)이 쓴 "기업의 핵심역량(Core competence of a firm)"은 새로운 관점에 익숙하지 않던 미국경영자들에게 자원기반관점을 받아들이는데 결정적 역할을 하였다. 그들은 일반적인 자동차조립회사와 혼다자동차를 비교하면서 핵심역량의 의미와 가치를 설파했다. 즉 일반적인 자동차조립회사가 어셈블리라인을 설치한 조립공장의 운영에 총력을 기울이는 동안, 혼다자동차는 다른 기업이 가지지 못한 모터 생산에 대한 세계적인 핵심역량을 가지고 잔디깎는 기계에서 출발해서 오토바이, 자동차에 이르는 시장을 이끌고 있다는 것이다. 1995년 노타카(Ikujiro Nonaka)가 출판한 "지식창조기업(Knowledge Creating Company)"라는 책은 경영자들을 자원기반관점에 입각한 전략을 세우는데 주저함이 없게 만들었다. 노나카는 이 책에서 암묵지(暗默知, tacit knowledge)야 말로 경쟁자들과 차별화할 수 있는 전략의 원천이 된다고 설파한 것이다. 여기서 암묵지는 기업 내부의 아무 눈에도 안뜨이는 어두컴컴한 곳에서 개발되고 형성된 지식으로서, 경쟁자가 알 수도 없고, 설령 안다할지라도 도저히 흉내낼 수 없는 지식이란 뜻이다.

기존전략이론의 한계

위에서 설명한 기존의 전략 패러다임들은 각기 주체(S), 환경(E), 자원(R)의 관점에서 기업의 성공요인을 설명하고 있다. 그러나 현실세계는 이론에서 제시하는 것처럼 단순하게 돌아가지 않는다. 파산 직전의 회사가 세계 최고의 최고경영자로 추앙받는 잭 웰치를 모셔온다고 하더라도, 기존의 산업에서 빠져나와 새로운 유망사업으로 업종을 이동한다고 하더라도, 은행으로부터 대규모 융자를 받거나 새로운 특허를 받는다 하더라도, 그 다음날부터 기업이 정상화되어 이익을 창출하는 것은 아니다. 또 이미 잘 나가는 기업은 주변 환경이 급변하거나, 최고경영자가 교체되거나, 기업이 보유한 자원이 바뀌더라도, 기존 산업에서 상당 기간 동안 경쟁우위를 유지한다. 이같이 경쟁력 확보의 어려움이나, 확보된 경쟁력이 유지되는 현상을 설명하기 위해서는 동태적인 이론이 필요하다.

하나의 이론이 동태적이 되기 위해서는 세 가지 조건을 갖추어야 한다.

1. 원인에서 결과에 이르는 과정에 시간이 변수로 등장해야 한다. 이는 같은 시점에서 종속변수가 원인이 되어 독립변수를 변화시키면 안된다는 것을 의미한다.
2. 원인에서 결과에 이르는 과정에 시간 이외의 변수가 매개변수(mediating

variable)로 등장해야 한다. 이는 결과가 단순한 시간만의 흐름으로 이루어지는 것이 아니라 주체가 과정에 참여해서 매개변수를 조작함으로써 결과를 변화시킬 수 있어야 한다는 것을 의미한다.

3. 결과에서 원인으로 이르는 피드백(feedback)이 가능해야 한다. 이는 동태적 과정이 끝난 후에 나타난 결과가 다시 독립변수에 영향을 미쳐 그 다음 단계에서 원하는 성과를 이끌어 낼 수 있어야 한다는 것을 의미한다.

주체, 환경, 자원 등 기존의 세 가지 관점을 위의 동태적 이론이 가능한 세 가지 조건으로 평가해 보면, 세 관점 모두 세 가지 조건 중 하나도 충족시키지 못하고 있다는 것을 알 수 있다. 다시 말해서 기존 관점으로는 경쟁우위를 지속적으로 유지시켜 주는 과정에서의 변수와, 이들 요인이 시간이 흐름에 따라 어떻게 상호작용해서 지속성을 강화시키는지를 설명하지 못하고 있다.

예컨대 주체기반관점에서 지도력과 같은 경영자의 자질은 특정 시점에서 기업경영이 일어나는 과정에서 끊임없이 투입되는 요소임에 틀림없지만 각각의 단계에서 지도력이 어떤 모습으로 투입되어야 하는지에 대한 설명이 없다. 마찬가지로 나타난 결과의 내용에 따라 그 다음단계에서 경영자의 지도력이 어떤 내용으로 변신해야 그 다음 단계에서 소기 성과를 낼 수 있는지에 대해서도 설명이 없다. 환경기반관점에서 산업구조의 매력성은 특정 시점에서 기업의 성공을 설명하는 요인에 불과하다. 자원기반관점에서도 기업 성공에 보다 중요한 요소인 자원을 획득하고 축적할 수 있는 능력(capability)이 무엇이며 그 능력이 어떤 과정을 통해 창출되었느냐에 대해서 설명이 없다.

또한 기존의 관점들은 환경, 자원, 주체 등 각 요인 간의 상호작용을 충분히 인식하지 못하고 있다. 예컨대 환경변화에 의해 자원의 가치는 바뀔 수 있다. 즉 기술, 경쟁기업의 행동, 소비자의 욕구 등의 환경이 변화함에 따라 자원의 가치는 증가되거나 감소한다. 또 환경과 주체도 별개로 고려될 수 없는 요인들이다. 미래에 환경이 어떻게 변화할 것인지, 그리고 환경변화가 기업에 미치는 영향이 무엇인지에 대한 답은 최고경영자가 가진 개념적 틀에 따라 다를 것이다. 즉 객관적으로 주어지는 환경 그 자체는 의미가 없으며 최고경영자가 환경변화를 어떻게 해석하고 대응하는가에 따라 기업 간 전략의 차이가 나타나는 것으로 보아 환경과 주체도 함께 고려해야 함을 알 수 있다.

이상 논의를 종합해 볼 때 기업의 지속적인 성공을 설명하기 위해서는 주체(S), 환경(E), 자원(R) 등 각각의 요인들을 상호 독립적인 별개의 요소로 고려하지 않고 이를 통합한 동태적 전략이론이 필요하다는 것을 확인할 수 있다.

"SER-M" 패러다임의 도입[25]

기업은 성공하기 위해 끊임없이 환경과 상호작용하게 되는데, 이때 기업의 최고경영자(S)가 환경(E)의 의미를 파악하고 그 변화에 적합하거나 변화를 선도할 수 있는 방향으로 전략을 수립, 실행하기 위해 필요한 자원(R)을 활용하거나 창조하는 과정에서 메커니즘(Mechanism: M)이 형성된다. <그림 2.4>는 환경, 주체, 자원 등의 요인들이 상호작용하는 과정에서 메커니즘이 형성되고, 메커니즘에서 나오는 프로세스가 기업에 성과를 가져오며, 성과가 그 다음 기에 주체, 환경, 자원 등에 피드백이 되는 "SER-M" 패러다임을 보여준다.

그림 2.4
SER-M 패러다임 (유형1)

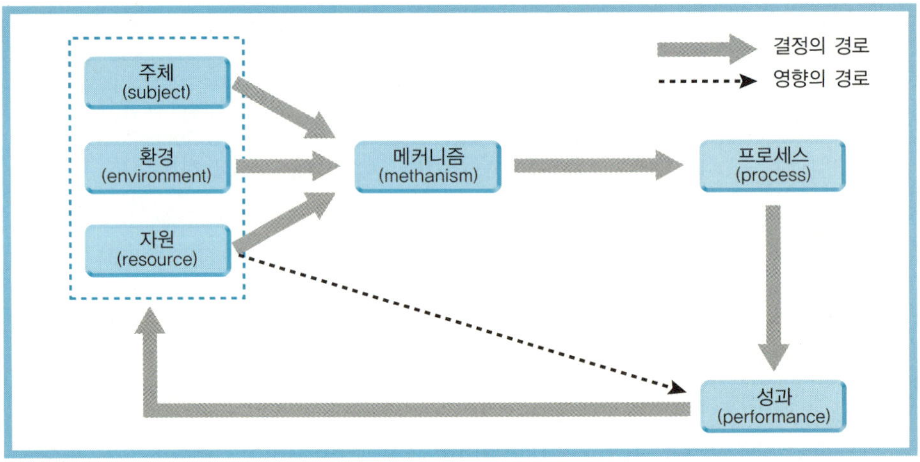

<그림 2.5>는 <그림 2.4>에서 따로 간주되고 있는 메커니즘과 프로세스를 하나로 합쳐서 단순화시킨 것이다. 이 그림을 보면 주체, 환경, 자원이 조직의 성과에 영향을 주는 독립변수임에는 틀림없지만, 세 가지가 메커니즘으로 통합된 다음, 메커니즘이 프로세스가 되어 성과를 창출하는 과정을 보여준다.

그림 2.5
SER-M 패러다임 (유형2)

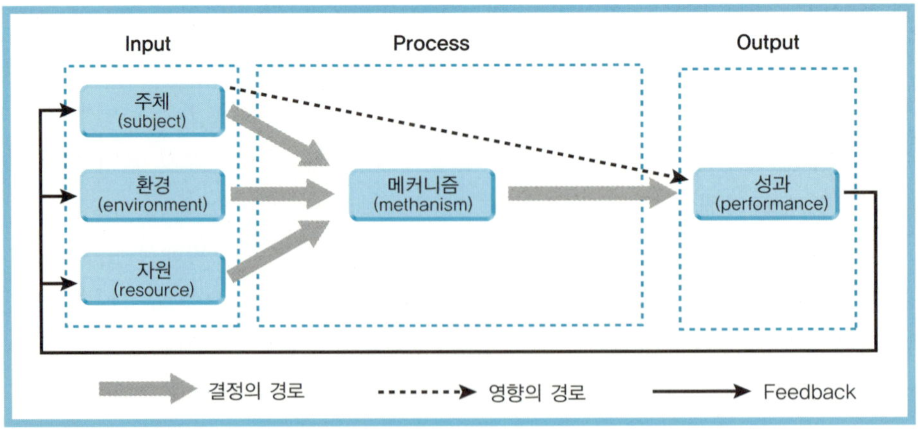

<그림 2.4>와 <그림 2.5>의 차이는 동양철학에서 다루고 있는 퇴계 이황의 이기이원론(理氣二元論)과 율곡 이이의 이기일원론(理氣一元論)의 차이와 흡사하다. 즉 메커니즘은 동양철학의 이(理), 즉 세상이 움직여가는 이치에 해당하고 프로세스는 동양철학의 기(氣), 즉 세상을 움직이는 힘에 해당한다. 이 두 가지를 각각 다른 것으로 보아야 하는가, 하나로 보아야 하는가를 놓고 철학자들은 수백년대를 이어가면서 논쟁을 해왔다. 이 주제는 보다 엄밀한 논의를 필요로 하기 때문에 이에 대한 논쟁은 저자가 쓴 메커니즘에 대한 전문서인 "M경영(한스미디어, 2006)"으로 넘기기로 한다. 다만 여기서는 기업내에서 보면 분명히 메커니즘과 프로세스가 다르지만, 시장에서 보면 하나로 보인다는 정도로 논의를 끝내기로 한다. 그리고 <그림 2.4>와 <그림 2.5>의 차이점에 대해서는 이 책 2부 제2장 전략개발의 프로세스에서 좀더 자세히 다루기로 하자.

그러면 <그림 2.4>와 <그림 2.5>에 소개된 SER-M 모델에 주체, 환경, 창조라는 독립변수와 성과창출이라는 종속변수 사이에 매개변수로 도입된 메커니즘이 메커니즘기반관점을 동태적 모델로 자리잡을 수 있게 해주는 필요조건을 갖추고 있는가 확인해보자.

1. 첫째, 메커니즘은 주체, 환경, 자원이라는 독립변수와 성과라는 종속변수 사이에서 시간의 흐름을 관장함으로써, 같은 시점에 종속변수가 독립변수에 영향을 미치는 역류가 일어나지 않게 해준다. 만일 메커니즘이라는 중간변수가 없이 통계적으로 독립변수와 종속변수간의 상관관계를 증명한다면, 그 통계적 결과만 가지고는 독립변수와 종속변수 사이의 인과관계를 증명할 수 없다. 즉 그러한 통계적 상관관계는 훌륭한 주체, 적합한 환경, 가치가 큰 자원이 좋은 성과에 영향을 미친 것을 보여주는 것이 아니라, 그 반대로 기업어 좋은 성과를 내게 되면 훌륭한 주체를 끌어들이고, 기업을 적합한 환경으로 움직이게 해주며, 가치가 큰 자원을 확보할 수 있게 된다는 논리에 대한 근거가 될 수도 있는 것이다. 그러나 메커니즘이라는 매개변수가 포함된 SER-M 모델로 통계분석을 하면 독립변수와 종속변수간의 역류현상을 제거할 수 있다.
2. 둘째, 메커니즘은 간접적 영향을 주는 것이 아니라 직접적으로 경영과정에 매개변수로 개입하여 성과를 결정하는 변수가 된다. 다시 말해서 경영자는 개인적 능력을 발휘해서 프랑스 오를레앙 전투의 잔다르크처럼 깃발을 들고 앞장섬으로써 성과를 나타낼 수도 있지만, 본인의 능력을 발휘해서 기업조직에 맞는 메커니즘을 구축하는데 공헌을 한 다음, 메커니즘이 직접 작동해서 조직성과에 공헌을 하게 함으로써 주체 개인이 성과에 영향을 미치는 이상으로 큰 역할을 할 수 있게 된다.

3. 셋째, 메커니즘에 의하여 이루어진 성과는 피드백 프로세스를 통해 주체, 환경, 자원에 영향을 주어 변화를 시킴으로써 그 다음 단계에서 더 좋은 성과를 기대할 수 있게 해준다.

기존의 세 가지 관점이 가지지 못한 동태성을 메커니즘기반관점이 가졌다고 해서 기존 관점을 대체할 수는 없다. 기존 관점이 새로운 관점으로 바뀌려면 과거 환경에 부합되어 많은 기업에서 사용했던 주체기반관점, 환경기반관점, 그리고 특히 최근 20여년간 널리 활용되어온 자원기반관점이 새로운 환경 속에서 적응력에 한계가 생겼다는 것을 확인해야 한다.

권불십년(權不十年)이요, 화무십일홍(花無十日紅)이라는 말이 있다. 아무리 대단한 권력이라도 10년이 지나면 힘을 잃게 되고, 아무리 아름다운 꽃이라도 열흘이 지나면 시들게 된다는 뜻이다. 이 표현은 21세기에 들어와서 더욱 실감나는 말이 되었다. 권투계의 조 루이스(Joe Lewis), 무하마드 알리(Muhammad Ali)나 영화계의 엘리자베스 테일러(Elizabeth Taylor), 오드리 햅번(Audrey Hepburn)과 같이 자기 분야에서 20년, 또는 이상 정상을 차지하는 인물은 더 이상 나타나지 않는다. 오늘 최고 자리에 있던 사람이 내일이면 다른 사람으로 교체되고 그 다음날이 되면 또 다른 누군가가 그 자리를 차지한다. 이러한 현상, 즉 "선도자의 수명주기가 점점 짧아지는 현상"을 다비니(D' Avini, 1990)는 초경쟁(Hyper-competition)이라고 불렀다.

기업도 초경쟁의 시대에 살고 있다. 20세기에 수십년 이상 특정산업에서 1등 자리를 놓치지 않았던 철강산업의 유에스 스틸, 자동차의 GM과 포드, 통신업계의 ATT, 전자산업의 마쓰시타와 소니는 이미 1등 자리를 내놓았거나 뒤안길로 사라졌다. 21세기 들어와 새롭게 등장한 구글, 페이스북도 언제 혜성처럼 나타난 새로운 기업에게 자신의 위치를 빼길지 모른다.

경영자는 자신이 맡고 있는 기업을 10년이 지나도 권세를 누리는 세력가, 열흘이 지나도 시들지 않고 아름다움을 더욱 발하는 꽃으로 만들기 위하여 노력한다. 경쟁기업들을 이겨서 1등을 차지하고, 한번 차지한 최고 자리를 오래 유지할 수 있는 방법을 찾아 헤맨다.

20세기 경영학자들은 기업이 높은 성과를 내기 위한 전략을 세 가지 요소로부터 찾아냈다. 1930년대에 경영주체(S)로부터 전략을 찾아냈고, 1970년대에 외부환경(E)으로부터 전략을 찾아냈으며, 1990년대에 내부자원(R)으로부터 전략을 찾아냈다. 80년 전에는 최고경영자를 잘 선택하는 것이 기업경쟁력의 원천임을 확인했고, 40년 전에는 사양산업보다 성장산업이 높은 성과를 내는데 더 유망하다는 것을 파악했으며, 20년 전에는 자신만이 가진 독특한 자원이 없으면 경쟁에서 불리한 상황에 놓인다는 것을 증명했다.

이같이, 20세기 경영학자들은 기업이 원하는 성과를 올리기 위한 전략을 찾아 헤매는 과정에서 큰 성과를 올렸다. 광부가 다이아몬드 원석이 묻혀 있는 위치로 한 발자국, 한 발자국 굴을 파 나아가듯이, 경영학자들 역시 경영성과에 조금이라도 더 영향을 주는 원인을 찾아냈다. 최고경영자라는 주체가 중요하다는 다소 막연한 주체기반관점(Subject-Based View)에서, 경쟁강도가 약한 산업을 찾아내야 한다는 환경기반관점(Environment-Based View)으로, 피할 수 없는 경쟁자와 싸워 이기기 위해서는 나만의 독특한 자원을 가져야 한다는 자원기반관점(Resource-Based View)으로 끊임없이 진화해온 것이다.

경영 전략 이론의 발전에 대한 역사적 해석에서 각 시대에 새롭게 나타난 세 가지 관점을 소개한다고 해서, 특정 시대에는 한 가지 접근방식만 존재했던 것으로 오해해서는 안 된다. 1970년대에 전략적 초점이 주체기반관점에서 환경기반관점으로 바뀌었다고 해서 주체기반관점이 가치를 잃어버린 것은 아니다. 1990년대에 환경기반관점에서 자원기반관점으로 바뀌었다고 해서 주체기반관점과 환경기반관점이 가치를 잃어버린 것도 아니다. 그보다는 경영학자들이 한 시대를 풍미했던 경영관점에 대한 이해를 어느 정도 한 다음 새로운 관점에 대해 추가적으로 관심을 가지게 되었다고 보는 편이 더 적절하다. 다만 학자 개인은 초점을 좁혀서 한 가지 관점만을 가지고 연구를 해야 깊이 파내려갈 수 있다. 따라서, 오늘날 경영학계는 주체기반관점을 채택하고 있는 학자들, 환경기반관점을 채택하고 있는 학자들, 자원기반관점을 채택하고 있는 학자들이 공존하면서 크게 세 그룹을 형성하고 있다.

경영주체, 외부환경, 내부자원 중 한 가지만 잘 관리해도 경영목표를 달성할 수 있다는 전제하에 나머지는 그대로 둔 조건하에서(ceteris paribus) 한 가지만을 집중적으로 연구함으로써 전문적 영역을 구축하는 학자들과 달리, 기업경영을 책임지는 경영자들은 원하는 경영성과를 이끌어내는 데 있어 이 세 가지 요소 각각이 필요조건일지언정 충분조건은 아니라는 것을 오랜 경험으로부터 잘 알고 있다. 이 세 가지 요소는 기업이 경영성과를 내는 데 항상 함께 있어야 하는, 서로 보완적 관계인 것이다.

그렇다면 이 세 가지 요소를 동시에 가지고 있으면 기업은 원하는 성과를 얻을 수 있을까? 유감스럽게도 이에 대한 정답은 "아니오"이다. 만일 대답이 "예"라면 어떤 기업이 세 가지 요소를 함께 가지는 순간 그 기업의 경영성과는 하루아침에 고공행진을 해야 할 것이기 때문이다. 실제로는 그렇지 못하다. 어떤 기업이 세 가지 요소를 확보한다고 해도 원하는 경영성과를 내려면 상당한 시간과 노력이 필요한 법이다. 그러면 이 시간 동안 기업은 어떤 노력을 해야 하는가? 세 가지 요소를 갖춘 기업이 원하는 성과를 얻으려면 추가적으로 네 번째 요소를 갖추어야 한다. 이 요소는 무엇일까?

경영주체, 외부환경, 내부자원은 경영성과에 간접적으로 영향을 미치는 요소들일 뿐, 경영성과를 직접 만들어내지는 않는다. 기업이 원하는 성과는 경영활동에서 나온다. 시장에서 소비자를 찾아내어 욕구를 파악하고, 소비자 욕구를 만족시키는 제품을 개발해 효율적으로 제품을 생산해서 소비자에게 제공하고, 이들로부터 돈을 받아 새로운 시장조사를 하고 제품개발을 할 자금을 조성하는 순환과정에서 매출액과 이익을 추구하고 더 나아가 지속경영을 통해 장수기업을 만들어낸다. 경영성과를 만들어내는 데 가장 근접한 위치에 있는 것은 경영활동의 각 요소를 일정한 유형으로 체계화하여 그 활동이 반복적으로 일어나게 하는 경영 프로세스이다. 그렇다면 경영 프로세스를 만들어내는 데 필요한 논리와 원칙(logic and principles), 다시 말해서 경영활동의 설계도야말로 바로 원하는 경영성과를 가져오는 네 번째 요소이자 경영자가 그토록 찾아 헤매던 해답이 아닐까?

경영 프로세스를 만드는 데 필요한 논리(logic)와 원칙(principles)을 '메커니즘(Mechanism)' 이라고 부르자. 여기서 메커니즘은 기업의 현재 모습이라는 단편적 현상을 보는 것이 아니라 현재의 모습이 나타나게 된 원인을 설명하는 개념이다. 따라서 어떤 기업이 원하는 경영성과를 달성하지 못하고 있다면, '메커니즘 기반관점(Mechanism-Based View: MBV)' 은 그 원인을 밝히고 그 기업에게 더 나은 경영 프로세스를 갖게 하여 원하는 성과를 올리게 해주는 개념이다. 즉 경영주체, 외부환경, 내부자원으로 구성된 투입물(input)을 결합해서 경영성과라는 산출물(output)을 이끌어내는 중간 단계에 존재하는 것을 경영 프로세스라고 한다면 메커니즘은 이 경영 프로세스를 구성하는 생각의 논리(logic of thought)이자 이 논리에 입각한 구체적인 행동의 원칙(principles of action)이다.

'메커니즘 경영(Management by Mechanism: MBM)' 은 바로 이러한 논리와 원칙을 만들어서 기업, 더 나아가서 모든 조직의 시스템에 장착시킴으로써 경영 프로세스가 체계적으로 이행되도록 하는 경영방식이다. 이 메커니즘을 하나의 독립된 경영요소로 본다면 <그림 2.4>와 <그림 2.5>에서 보듯이 주체, 환경, 자원에 이어 경영성과에 영향을 미치는 네 번째 경영요소라고 할 수 있을 것이다.

<그림 2.6>은 주체기반관점, 환경기반관점, 자원기반관점에 이어 메커니즘기반관점이 나오게 되는 역사적 배경을 보여준다.

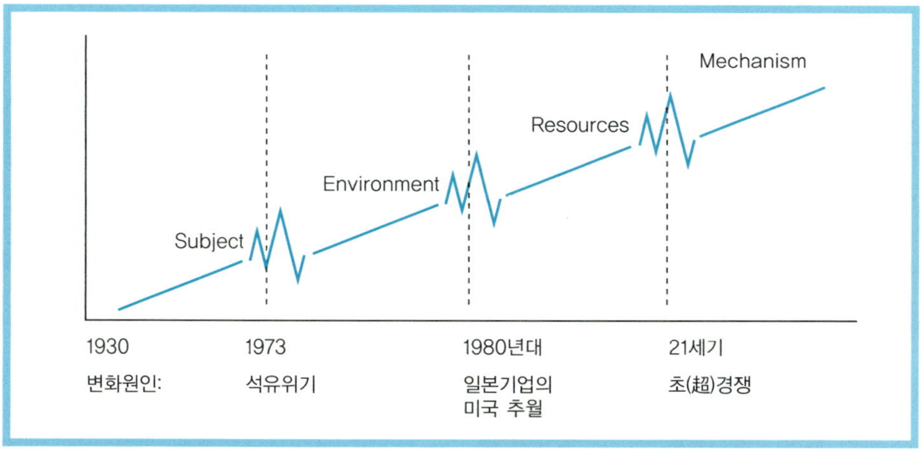

그림 2.6
SER-M 패러다임의 역사적 변화

기업의 지속적 성공을 설명하는 동태적인 전략이론으로서 메커니즘 패러다임이 기반을 두고 있는 철학적 배경은 다음과 같다.

철학적 배경[26]

서양에서는 19세기부터 20세기에 걸쳐 기계론과 유기체론 사이에 철학적 논쟁이 이루어져 왔다. 기계론적 세계관은 정신과 물질을 명확히 구분하는 데카르트의 이분법적인 사고와 이를 더욱 철저하게 심화시킨 뉴턴의 결정론적 기계론에 바탕을 두고 있는데, 이는 대상을 요소로 분해해서 개별적으로 분석함으로써 전체를 파악할 수 있다는 요소환원주의(Reductionism)를 강조한다. 이러한 사고방식에 근거한 신고전학파 경제학에서는 경제주체들이 효용이나 이윤을 극대화하고 비용이나 위험을 극소화시켜 일정 조건하에서 최적상태에 도달하고 이를 통해 경제 전체적으로 균형상태에 도달한다는 점을 강조하고 있다.

한편 유기체적 세계관은 모든 것이 상호 유기적인 영향을 주고받는다고 보며, 세계를 관계와 통합의 견지에서 보면서 전체론적인 접근방법(holistic approach)을 강조하고 있다. 대표적인 이론이 일반시스템 이론이다. 즉 일반시스템 이론에서는 체계를 각 부분들 사이의 상호작용과 상호의존으로부터 그 독특한 구조가 생기는 통합된 전체로 본다. 전체 시스템은 부분들의 단순합 이상이고 시스템 자체는 전체로서만 설명될 수 있다는 점을 강조하기 때문에 요소환원주의에 대비되는 개념으로서 전체론(Holism)이라고 한다. 이와 같은 전체론에 기반한 경제이론으로 전략경영론에 많은 영향을 미친 이론에는 진화경제론과 복잡계 경제학이 있다. 넬슨과 윈터는 경제변화를 설명할 수 있는 경제이론의 필요성을 강조하면서 시장 환경에서 운영되고 있는 기업의 역량과 행태에 관한 이론을 제시하고 있다. 즉 기업의 성공은 시장 환경에 의해 정의됨과 동시에 기업이 생존하고 성장해 가는 능력과도 밀접하게 관련되어 있다는 점을 강조하고 있다. 복잡계 경제학자인 브라이언 아더는 대량생산시대의 경제는 신고전학파의 경제이론으로 설명할 수 있지만, 오늘날의 하이테크 산업과 같은 지식기반 사회는 인간의 한정된 합리성, 수확체증, 계속되는 변화 등으로 특징지어지기 때문에 단순 수치계산보다 패턴을 인식하는 인간의 정신적인 능력과 끊임없는 적응이 중요하다는 점을 지적하였다. 이러한 정신능력을 기업의 최고경영자에게 적용하면 통찰력을 의미하게 된다.

주체, 환경, 자원이 상호작용하는 과정에서 형성된 메커니즘을 연구해야 한다는 SER-M 패러다임은 요소환원주의가 아닌 전체론에 입각하고 있다는 점에서 유기체적 세계관에 근거하고 있다.

이하에서는 이러한 메커니즘의 기본구조 및 특성 그리고 적용가능성에 대해 살펴보기로 한다.[27]

전략경영 연구의 두 갈래: 내용 연구와 과정 연구

내용 연구로서의 전략경영

초기 전략경영의 주류는 내용 연구였다. 그 대표적 이론은 포터(Porter, 1980, 1985)의 경쟁 전략이다. 포터는 산업 특징이나 시대적 상황에 관계없이 기업이 선택할 수 있는 전략을 본원적 전략(generic strategy)이라고 규정하고, 그 대안을 원가선도 전략(cost leadership strategy)과 차별화 전략(differentiation strategy)으로 구분하였다. 그리고 각 대안이 가져오는 경영성과를 비교하면서 기업에게 가장 바람직한 전략을 선택해야 한다고 주장하였다. 바니(Barney, 1991)도 기업이 지속적인 경쟁우위(sustained competitive advantage)를 창조하기 위해서는 VRIN이라는 네 가지 조건을 가지고 있어야 한다고 주장하였다. VRIN이란 그 기업이 가지고 있는 자원이 효율이나 효과를 가져올 수 있는 가치가 있어야 하고(Valuable), 희귀해야 하며(Rare), 흉내내는 것이 불가능해야 하고(Imperfectly Imitable), 대체할 수 없어야 한다(Non-Substitutable)고 하였다. 즉 기업 성과는 그 기업이 선택하는 전략이나 그 기업이 가지고 있는 자원에서 나온다는 것이 내용 연구의 핵심이다.

과정 연구로서의 전략경영

이같이 학자적인 시각에서 전략적 의사결정의 무게중심을 전략 내용에 두던 전략경영은 1980년대 일본 기업들이 수많은 산업에서 미국 기업들을 제치고 선도적인 위치에 올라서면서 전략과정에 관심을 돌리기 시작했다. 당시 일본 기업들은 원가를 싸게 할 것인가, 차별화를 할 것인가와 같은 본원적 전략의 선택에는 관심이 없었다. 그보다는 경영자가 직원들을 가족으로 여겨 평생직장(life-time employment)을 보장하고, 근로자들은 이에 화답하여 열심히 노력하고 끊임없이 개선(改善; continuous improvement)함으로써 경영성과를 높였던 것이다. 미국에서도 1981년 GE의 잭 웰치(Jack Welch)가 CEO가 된 후 2001년 은퇴하기까지 20년간 지속적으로 매출액과 이익, 시가총액을 늘려가면서 경영계의 아이콘으로 등장하였다. 웰치는 일본 기업의 개선 노력에 한 술 더 떠서 경영의 중심에 혁신(innovation)을 두었다. 이제 전략 내용보다는 전략을 어떻게 실천느냐는 전략 과정 연구가 집중적인 조명을 받게 된 것이다.

통합 연구 시도

이러한 흐름 속에서 페티그류(Andrew M. Pettigrew, 1992)는 의사결정과정을 주체의 유형이나 내용과 별개의 독립적인 것으로 인식하고 있던 전통적인 과정연구의 문제점을 지적하면서, 향후 전략과정 연구는 과정에 대한 단편적인 설명보다는 내용과 과정의 통합 연구, 즉 전체론적인 방식을 모색할 필요가 있다고 주장하였다. 그러나 아직 이러한 통합 연구가 본격적으로 시도되고 있지는 못하고 있다.

기본구조

내용 차원 : 조정 메커니즘(coordinating mechanism)

기업은 기업가나 경영자와 같은 의사결정의 주체가 환경변화에 대응해서 기업이 보유한 자원을 활용하는 과정을 통해 효율적인 자원배분을 달성한다. 이러한 관점에서 기업의 본질은 시장을 대신해서 여러 가지 경제적 활동을 조정하는 메커니즘이다(<그림 2.7> 참조). 그런데 기업마다 직면한 환경, 의사결정의 주체, 보유하고 있거나 활용할 수 있는 자원 등이 상이하기 때문에 이들에 의해 형성되는 메커니즘도 기업마다 차이가 있다. 이는 특정 기업이 다른 기업보다 경제활동을 훨씬 효율적으로 조정할 수 있다는 뜻이다. 즉 주체가 환경변화에 대응해서 자원을 활용하는 메커니즘이 경쟁기업보다 효율적인 기업은 지속적으로 경쟁우위를 유지할 수 있는 것이다.[28]

그림 2.7
메커니즘의 본질

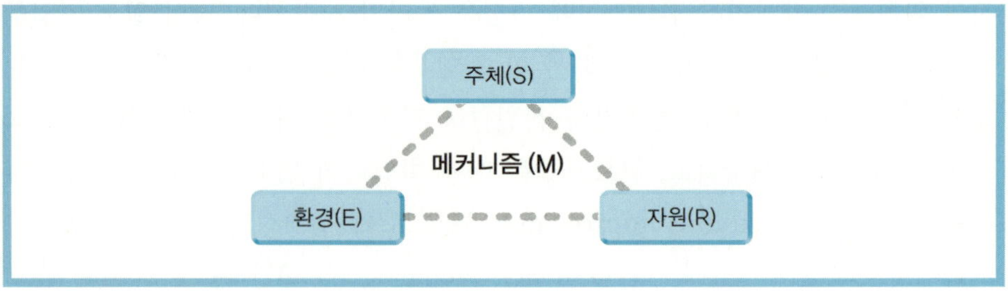

한 기업 내에 여러 개의 메커니즘이 존재할 수도 있다. 한 기업이 여러 개의 전략 사업단위(SBU)를 가지고 있는 경우는 의사결정의 주체나 직면한 환경, 활용할 수 있는 자원이 SBU별로 다르기 때문에 각기 별도의 메커니즘이 형성된다.

지속적인 경쟁우위의 원천이 바로 기업이 보유한 특유의 메커니즘임을 보여주는 예를 들어보자. Itami, Nonaka와 Takeuchi가 후지제록스(Fuji-Xerox), 혼다(Honda), 캐논(Canon), NEC, 엡슨(Epson)의 신제품 개발과정을 연구한 결과를 보면, 이들 기업이 경쟁사에 비해 유연하고 신속한 신제품 개발을 할 수 있었던 것은 촉매자로서의 최고경영자의 역할, 자율적인 프로젝트팀, 중복된 개발단계(overlapping development phases), 지속적인 학습, 정교한 통제체제, 부품업체나 외부 R&D기관과의 유연한 관계 등과 같은 요인들 때문이었다.[29]

특히 대부분의 미국 기업들이 순차적(sequential)인 단계에 따라 신제품 개발과정을 진행시키는 반면 이들 기업은 신제품 개발단계를 중복시킴으로써 신속하게 신제품을 개발할 수 있었다. 일반적으로 신제품 개발단계를 중복시키면 부서간의 갈등이나 마찰 때문에 개발속도가 늦어질 수 있지만 일본 기업들은 이들 부서를 효율적으로 조정하는 메커니즘을 정립함으로써 오히려 신제품을 빨리 시장에 출시할 수 있었다.

Clark와 Fujimoto가 자동차산업의 신제품 개발과정을 대상으로 한 연구에서도 위의 연구와 유사한 결과를 발견할 수 있었다. 신제품을 개발하는 과정이 중복적이고 쌍방적 커뮤니케이션 경로를 갖고 있으며 대면접촉을 통해 그때그때 정보를 전달하는 메커니즘을 가진 기업이 신제품을 개발하는 과정이 순차적이고 일방적 커뮤니케이션 경로를 갖고 있으며 서류(컴퓨터 네트워크 포함)를 통해 한꺼번에 정보를 전달하는 메커니즘을 가진 기업보다 신제품 개발의 원가, 속도, 품질면에서 우수했다. 또한 자동차기업간의 이러한 차이는 오랜 시간에 걸쳐 축적된 기업 특유의 요인 때문에 생긴 것으로 쉽게 변하지 않는 성질을 갖고 있었다.[30] 이러한 연구들은 결국 기업 특유의 메커니즘이 지속적인 경쟁우위의 원천임을 입증하는 연구들이다.

과정 차원 : 학습 메커니즘(learning mechanism)

메커니즘은 주체가 환경변화에 대응하여 자원을 활용하는 과정에서 학습되고 진화하게 된다. 여기서 말하는 학습과정(learning process)에는 개인의 학습(individual learning)과 조직의 학습(organizational learning)이 모두 포함된다. 예컨대 의사결정의 주체가 최고경영자 한 사람이라면 개인 학습과정을 거치게 되지만, 습득되는 경험과 지식이 조직에 전파되어 메커니즘에 체화된 후에는 조직 학습과정을 거치게 된다.[31]

메커니즘은 환경변화에 대응해서 주체가 기존의 자원을 이용하는 지식활용(exploitation) 과정에 의해 형성될 수도 있고, 기존 자원의 새로운 배합(reconfiguration)이나 실험(experimentation)을 통해 새로운 자원과 능력을 개발하는 지식탐색(exploration) 과정에 의해 형성될 수도 있다. 이때 지식활용 과정은 기업이 이미 보유하고 있는 자원을 활용하므로 새로운 자원을 개발하는 지식탐색 과정보다 상대적으로 투입에 대한 결과를 확실히 예측할 수 있고 효과도 빨리 나타난다. 따라서 단기적으로는 기존 자원을 활용하는 것이 새로운 자원을 개발하는 것보다 비용이나 효과 면에서 훨씬 유리하다.

노나카(Nonaka)는 서구 경영학자들이 초점을 둔 정보유통(information process) 관점 대신에 정보창출(information creation) 관점을 제시하고, 일본 기업들이 세계시장에서 성공할 수 있었던 것은 새로운 지식을 창출하는 그들만의 독특한 경영 메커니즘 때문이라고 주장했다.[32] 마쓰시타, 혼다, 캐논과 같은 기업들은 R&D뿐만 아니라 생산, 마케팅, 기획, 서비스, 품질관리 등 다양한 배경을 가진 사람들로도 신제품 개발팀을 구성하고 신제품 개발단계를 순차적이 아닌 중복적으로 운영하며 부품업체와 밀접한 관계를 맺고 공동으로 프로젝트를 운영하는 경영을 통해 새로운 제품을 지속적으로 시장에 출시할 수 있었던 것이다.[33] 이러한 노나카의 연구는 지식활용과 지식탐색을 적절히 조화시킴으로써 기업이 성공할 수 있다는 가설을 일본 기업의 성공사례를 통해 설명하고 있다.

지식활용과 지식탐색이라는 상반된 학습과정을 거치게 되는 메커니즘은 학습과정을 통해 '자기강화(self-reinforcing)' 되는 특성이 있다. 특정 시점에서 의사결정 주체가 환경변화에 대응해서 자원을 활용한 결과가 긍정적이면 이러한 경험은 피드백(feedback)되어 메커니즘을 강화시킨다. 그러나 만약 결과가 부정적이라면 이러한 경험은 피드백되어 메커니즘을 약화시킨다. 이러한 자기강화 현상은 경쟁력 있는 능력은 더욱 강화시키고 경쟁력이 없는 능력은 계속 약화시키므로 학습이 진행됨에 따라 메커니즘은 더욱 정교하게 특화(specialization)되고 제도화되며 궁극적으로는 루틴화(routinization)된다.[34]

한 기업 내에 여러 개의 메커니즘이 존재할 경우, 학습과정을 통해 메커니즘 간에 차이가 발생할 수도 있다. 같은 기업 내에 존재하는 메커니즘들은 각기 직면한 환경과 의사결정 주체, 자원 등이 조금씩 다르기 때문에 별도의 진화과정을 거치지만 동일한 주체나 공동의 자원을 사용할 경우는 서로 영향을 미치게 된다.[35] 메커니즘들은 공동의 자원을 놓고 서로 경쟁하게 되는데, 학습과정이 진행됨에 따라 상대적으로 환경변화에 적합한 메커니즘은 강화되고 환경변화에 부적합한 메커니즘은 약화된다. 따라서 학습과정은 시간이 흐름에 따라 메커니즘들을 서로 차별화하고 이들 간의 격차를 벌려놓을 것이다.

학습과정으로서의 메커니즘은 급속하게 변하기보다는 점진적으로 변하는 특성을 갖고 있다. 메커니즘은 외부 충격에 의해 급작스럽게 변하기보다는 의사결정 결과에 의해 파생된 경험과 지식이 축적되면서 조금씩 변한다.

시간차원: 균형 메커니즘(Balancing mechanism)

균형 메커니즘은 급격한 경영환경 변화에서 살아남기 위해 기업의 핵심 자원을 능동적으로 선택해 가는 전략적 과정을 의미하하며, 다음과 같은 세 가지 하부 구조를 가진다.

■ 전략적 선택(Strategic selection)

시간 차원에서 메커니즘의 본질은 선택과정이다. 메커니즘은 환경변화에 적응하기 위하여 주체가 자원을 활용하는 과정에서 형성되고 학습을 통하여 진화하지만 장기적으로는 환경에 의해 선택된다. 환경에 의한 메커니즘의 선택은 학습과정에 내재하는 자기 파괴적(Self-destructive)인 특성 때문이다. 앞서 설명한 바와 같이 메커니즘은 기존의 자원을 이용하는 지식활용 과정과 새로운 자원을 개발하는 지식탐색 과정을 거쳐 형성된다. 지식활용은 단기간에 경쟁우위를 확보하기 위하여 필요하며, 지식창출은 장기적으로 경쟁우위를 유지하는 데 필요한 과정이다. 따라서 기업이 성공하기 위해서는 이 두 가지 과정이 적절한 균형을 유지해야만 한다. 여기서 지식활용과 지식탐색을 조화시킨다는 것은 결국 단기와 장기, 확실성과 불확실성, 효율성과 유연성의 문제를 적절하게 조화시킨다는 뜻이다. 그러나 지식활용과 지식탐색은 본질적으로 상반된 특성을 갖고 있다. 지식활용은 주체가 이미 보유하고 있는 자원을 활용하는 것이므로 투입에 대한 결과를 비교적 확실하게 예측할 수 있고 효과도 단기간에 빨리 나타난다. 반면에 지식탐색은 주체가 아직 알지 못하는 자원을 개발하는 것이므로 투입에 대한 결과를 예측하기 힘들고 효과도 장기간에 걸쳐 서서히 나타난다. 따라서 제한된 합리성을 가진 의사결정 주체들은 미래의 불확실한 높은 성과보다 현재의 낮지만 확실한 성과를 선호하게 되고 이에 따라 메커니즘도 지식탐색보다는 지식활용이 지배하게 된다(March, 1991). 결국 현재 기업이 보유하고 있는 자원을 활용해서 단기간의 성과를 지향하는 지식활용에 의해 형성된 메커니즘이 새로운 환경에 적합한 다른 메커니즘을 대체하는 것이다.

지식활용이 지식탐색을 지배하는 경우 이외에도 메커니즘은 학습이 가지는 축적(Cumulativeness)이라는 특성 때문에 환경 변화에 유연하게 대응하기가 어렵다(Levinthal, 1993). 앞서 살펴본 바와 같이 지식활용이든 지식탐색이든 학습과정은 자기강화가 되는 특성이 있다. 따라서 환경–주체–자원 간의 상호작용에서 나온 결과들은 피드백되어 메커니즘을 강화시키는데, 이러한 상호작용의 결과들이 축적될수록 메커니즘은 전문화, 특화, 제도화된다. 그러나 메커니즘이 특화되면 될수록 효율성은 증가하지만 환경변화에 대한 유연성은 떨어지므로 새로운 환경변화에 의해 도태될 가능성이 높아진다(Hannan & Freeman, 1989). 노나카도 캐논과 혼다의 사례를 들면서 정보여유(Information redundancy)가 지식을 창출하는 요인이지만 지나친 정보여유는 집단사고를 유발해 오히려 창조적 사고를 방해할 뿐만 아니라 높은 원가부담과 구성원의 탈진(Exhaustion)이라는 부작용을 초래해 오히려 지식창출을 저해한다고 주장했다(Nonaka, 1990).

이상에서 설명한 메커니즘 패러다임의 기본구조를 정리하면 <그림 2.8>와 같다. 이 그림은 앞에서 설명한 메커니즘이 동태적 성격을 갖기 위한 세 가지 조건에 추가해서 메커니즘의 동태성을 다시 한번 확인시켜준다. 즉 특정 시점 환경에 대응해 주체가 자원을 활용하는 과정에서 창조된 메커니즘은 시간이 흐름에 따라 경험과 지식이 축적되면서 진화하고, 각 단계마다 새로이 직면하는 환경에 의해 선택된다. 이 모델에 의하면 비록 동일한 산업, 동일한 초기상태에서 시작한 기업이라 할지라도 시간이 흐름에 따라 학습, 선택과정을 거치므로 점점 더 차이가 커지게 된다.

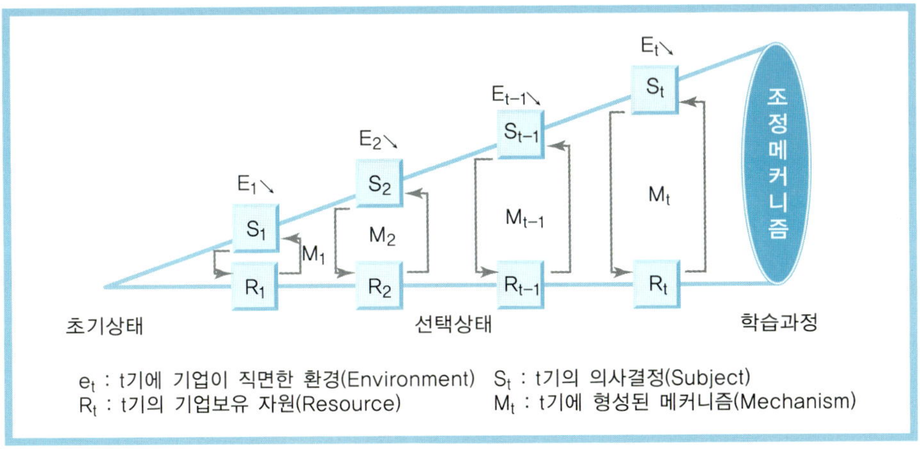

그림 2.8
동태적 이론으로서의 메커니즘 이론

■ 전략적 변환(Strategic transformation)

전략적 변환은 그 조직의 문화와 사업을 수행하는 과정에서 생기는 경영환경의 극적 변화에 필요한 것들을 기업이 제품과 경영 전반에서 계속적으로 재창조하고 변화시켜 나아가는 과정을 의미한다. 앞서 설명한 선택 부분이 수동적이라면 전략적 변환은 보다 적극적인 개념이다. 바틀렛(Bartlett, 2003)은 대표적인 학습 개념에서 변환과정(Transformation process)에 의해 일어나는 지식활용 과정과 지식탐색 개념에 대해 기업의 능동적인 역량, 즉 환경과 상호작용하며 기업의 내부적인 자원을 적극적으로 변환시키는 대응력의 중요성에 초점을 두면서 구조조정이나 리엔지니어링에 의해 얻어진 기업의 행동적 맥락을 상세히 설명하였다(Bartlett & Ghoshal, 1998).[36]

바틀렛이 주장하는 기업의 행동적 맥락은 경영과정에 의해 얻어지는 것이기 때문에 성공적인 기업의 변환은 조직 안에 있는 개인에 의해 이루어지게 되며, 변환과정은 합리화(Rationalization), 활성화(Revitalization), 재생(Regeneration)이라는 세 가지 구성요소를 가지고 있다. 첫째, 합리화는 현재의 좋은 성과를 달성하는 데 사용되었던 운영체계를 정제하기 위한 것이며, 둘째, 활성화는 기존에 존재하는 게임의 법칙을 변화시키기 위해 새로운 역량과 사업을 창조하는 것이다. 합리화 과정이 활성화하는 데 필요한 자원을 제공하는 반면 활성화 과정은 합리화하는 데 필요한 에너지를 창조하는 역할을 한다(Bartlett et al, 2003). 셋째, 재생은 스스로 보충하고 새롭게 해 나가는 과정을 의미하는 것으로, 잭 웰치의 경우 자생력을 가지고 조직 내부의 문제와 갈등을 해결하고 더 나아가 조직 간 갈등에 있어서도 스스로 조율해 나갈 수 있는 조직을 개발하기 위해 노력했다(Bartlett & Ghoshal, 1998). 슘페터(Schumpeter) 또한 변환과 관련된 혁신의 중요성을 강조한 바 있다. 그는 생산과정은 생산능력의 조합(Combination of productive capacity)으로 설명될 수 있으며 혁신은 바로 생산능력의 조합에 의해 일어나는 변화라고 정의했다.

■ 전략적 적응(Strategic adaptation)

전략적 적합성은 경영자가 다음 세 가지 환경 변화에 어떻게 대처하는가에 관한 것이다: (1) 조직의 편견 또는 나쁜 프로세스를 어떻게 없앨 것인가? (2) 새로운 경영 관점과 경영 메커니즘을 어떻게 만들 것인가? (3) 새로운 경영과정을 얼마나 빠르게 조직에 알맞게 적용시킬 수 있을 것인가?

(1) 조직의 편견 또는 나쁜 프로세스를 어떻게 없앨 것인가?

기업의 비전과 전략적 프로세스는 환경 변화에 의해 계속적으로 변화한다. 바틀렛과 고샬(Bartlett & Ghoshal, 1998)은 전략적 장벽(Strategic barriers), 조직적 장벽(Organization barriers)과 문화적 장벽(Cultural barriers)으로 조직의 문제점을 분류하고, 기업이 성공하기 위해서는 아무리 성공적인 전략과 조직 그리고 자원을 가지고 있다 하더라도 이러한 문제점을 먼저 제거하는 것이 첫 번째 단계라고 주장했다.

(2) 새로운 경영 관점과 경영 메커니즘을 어떻게 만들 것인가?

두 번째 단계는 문제가 발견된 메커니즘을 제거하고 난 후 새로운 메커니즘을 형성해 가는 단계로, 그 과정이 정당해야 하고 새롭게 형성되는 메커니즘을 더욱 더 촉진시킬 수 있어야 하며 갈수록 영향을 확장시켜야 하는 세 가지 조건이 중요하게 작용한다고 설명했다(Bartlett & Ghoshal, 1998).

(3) 새로운 경영과정을 얼마나 빠르게 조직에 알맞게 적용시킬 수 있을 것인가?

세 번째 단계는 이전의 두 단계와 대조적으로 새로운 메커니즘을 안정화시키는 단계이다. 새롭게 형성된 균형 메커니즘을 계속적으로 유지하는 것은 모든 기업에게 중요하다.

메커니즘의 특성

내용 차원에서 조정, 과정 차원에서 학습, 시간 차원에서 선택이라는 기본구조를 갖는 메커니즘은 이들 기본원리로부터 파생되는 다음과 같은 특성들을 갖고 있다.

인과적 모호성(causal ambiguity)

메커니즘은 환경-주체-자원 간의 복잡한 상호작용에 의해 형성된다. 미시경제학에서는 경제주체들이 완전한 합리성, 완전한 정보를 갖고 있는 것으로 가정한다. 다시 말해 미시경제학의 세계에서 경제주체들은 그들과 관계되는 모든 경제적, 기술적 정보를 가지고 있으며 과거와 현재는 물론 미래도 정확히 예측할 수 있다.[37]

그러나 전략이론의 세계에서 의사결정 주체는 제한된 합리성을 갖고 있다. 따라서 그들은 미래의 환경변화를 정확히 예측할 수 없을 뿐만 아니라 과거의 역사나 현재 환경으로부터도 정확하게 정보를 추론하거나 분석할 수 없다.[38] 또한 주체는 기업이 보유한 다양한 자원을 정확히 파악할 수도 없다.[39] 특히 시간이 흐름에 따라 학습이나 선택을 거쳐 진화하거나 도태되는 과정에서 살아남은 메커니즘은 점점 더 복잡해지고 이에 따라 인과적 모호성도 더욱 증가하게 된다. 이처럼 특정 시점에서 환경, 주체, 자원 등 세 가지 요인이 어떤 과정을 거쳐 어떻게 메커

니즘을 형성한 것인지를 인과적으로 규명하는 것은 매우 어렵다.[40]

이러한 인과적 모호성 때문에 경쟁자들이 적어도 단기적으로 성공한 기업이 보유하고 있는 메커니즘을 완벽하게 모방하는 것은 불가능하다. 따라서 단기적으로 메커니즘은 인과적 모호성이라는 특성 때문에 경쟁자들과 차별화되는 경쟁우위를 유지할 수 있는 기반이 된다. 그러나 만약 특정 시점에서 형성된 메커니즘을 지속적으로 개선하지 않는다면 경쟁자들이 성공요인을 모방하기 위해 기업의 행동을 계속 관찰하고 추론하는 과정에서 메커니즘이 내포하고 있는 인과관계가 점차 밝혀질 것이다.

무선전화기를 처음 시장에 내놓은 모토롤라나 휴대용 녹음기 워크맨(Walkman)을 처음 발명한 소니의 경우, 혁신적인 제품개발로 각각의 산업에서 선도적인 위치를 확보했지만 그 후 많은 경쟁자들이 비슷한 제품을 출시하는 바람에 경쟁우위를 계속 유지할 수 없었다.[41] 이들 기업이 경쟁우위를 계속 유지할 수 없었던 이유는 혁신적인 아이디어가 신제품을 탄생시켰지만 이러한 신제품 개발과정이 메커니즘에 체화되기도(embedded) 전에 경쟁자들이 벤치마킹이나 리버스 엔지니어링(reverse-engineering) 등을 통해 경쟁우위를 모방했기 때문이다.

따라서 메커니즘에 기반을 둔 경쟁우위가 지속적으로 유지되기 위해서는 메커니즘을 개선하는 끊임없는 투자와 노력이 필요하다. 만약 특정 시점에서 형성된 메커니즘이 환경변화에 대응해서 지속적으로 개선되지 않는다면 시간이 흐름에 따라 인과적 모호성의 정도가 낮아지고 경쟁자들도 쉽게 모방할 수 있을 것이다.

경로의존성(path dependence)

메커니즘은 저마다 기업 고유의 역사를 갖고 있는데, 학습과정을 통해 과거의 메커니즘이 현재의 메커니즘에 영향을 미치므로 메커니즘은 경로의존성이라는 특성을 갖게 된다.

미시경제학에서는 제품 가격이나 생산요소 가격이 변하면 기업도 자신의 이익을 극대화하는 방향으로 민첩하게 생산방식과 기술을 바꿀 수 있다고 가정한다. 그러나 실제적으로 환경-주체-자원의 상호작용에 의해 형성된 메커니즘은 과거의 경험, 과거의 투자 등에서 나온 결과에 의해 현재의 메커니즘이 영향을 받기 때문에 급격한 환경변화에 쉽게 적응할 수 없다. 세 살 버릇이 여든까지 간다는 속담이 있듯이 환경이 변하더라도 과거에 해온 습관이나 스타일은 쉽게 변하지 않는다.

메커니즘이 경로의존성이라는 특징을 갖게 된 원인 중의 하나는 의사결정 주체가 가진 몰입(commitment)현상 때문이다. 의사결정 주체는 완전한 합리성을 갖지 못하기 때문에 자신이 내린 과거의 의사결정에 얽매일 수가 있다. 예컨대 대규모 신규투자를 할 경우 프로젝트가 진행되는 과정에서 프로젝트에 경제적 타당성이 없는 것으로 결론이 내려졌다 할지라도 과거에 투자된 대규모 매몰비용(sunk cost) 때문에 경영자가 프로젝트를 포기하지 어렵다.[42]

메커니즘의 경로의존성은 경쟁자들이 성공기업을 모방하는 것을 어렵게 만드는 요인 중의 하나이다. 다시 말해서 경쟁자들이 현재 시점에서 성공기업의 메커니즘을 분석한다고 할지라도 그 기업의 메커니즘을 충분히 이해할 수는 없다. 왜냐하면 메커니즘은 기업 역사의 산물이기 때문이다. 현재의 메커니즘을 이해하기 위해서는 과거에 그 기업이 어떻게 해 왔는가도 분석해야 하는 것이다.

메커니즘의 경로의존성이 내포하고 있는 또 다른 전략적 시사점은 기업이 결정하는 현재의 의사결정이 단순히 현재에만 영향을 미치는 것이 아니라 미래에도 영향을 미친다는 것이다. 특히 현재 시점에서 시행되는 대규모 투자의 경우는 전통적으로 재무관리에서 고려하는 회수기간이나 할인기간보다 훨씬 오랫동안 기업의 전략에 영향을 미치게 된다.

관성(inertia)

관성은 메커니즘의 경로의존성과 관련이 있다. 메커니즘은 과거의 행동에 제약을 받기 때문에 쉽게 기존 경로에서 다른 경로로 변화하기가 힘들다. 또한 과거에 투자된 매몰비용도 메커니즘을 쉽게 변할 수 없게 만드는 요인 중의 하나이다. 메커니즘은 학습과정을 통해 환경에 적응하는 과정에서 특화되고 메커니즘이 특화되면 될수록 효율성은 증가하나 환경변화에 대한 유연성은 떨어지므로 환경변화에 대한 관성은 높아지게 된다.[43]

메커니즘이 가지고 있는 관성이라는 특성은 기업 차원뿐만 아니라 사회 전체적인 차원에서 시사점을 던져 준다. 우선 기업 차원에서는 특정 시점에서 형성된 메커니즘이 시간이 지남에 따라 관성을 갖게 되므로 환경변화에 의해 메커니즘이 도태되지 않고 지속적으로 경쟁우위를 유지할 수 있도록 메커니즘의 유연성을 제고시켜야 한다. 특히 지식활용보다는 지식탐색에 노력을 기울임으로써 지식활용에 의해서만 메커니즘이 형성되는 것을 방지하고 새로운 환경에 적응하는 데 필요한 지식과 자원을 확보할 수 있어야 한다.

사회 전체적으로 볼 때 관성은 한 가지 메커니즘에 의해 시장이 지배되는 것을 방지한다. 일단 형성된 메커니즘은 관성을 가지기 때문에 환경변화에 민감하게 대응할 수 없다. 따라서 환경변화가 일어나면 새로운 환경에 선택되기 위해 메커니즘 간에 경쟁이 일어난다. 만약 기존의 메커니즘이 지속적으로 혁신을 하지 않는다면 환경변화에 따라 나타난 새로운 메커니즘이 기존의 메커니즘을 대체하게 된다. 이처럼 환경변화는 메커니즘이 지속적으로 자기 혁신을 할 수 있도록 자극하고 이에 따라 사회 전체적인 효용도 증대한다.[44]

가치중립성(value-freeness)

메커니즘은 가치중립적 개념이다. 즉 기업에게 좋은 성과를 가져다 주는 긍정적인 메커니즘(Positive Mechanism)뿐만 아니라 기업의 성과를 저해하거나 기업의 영속성을 위협할 수 있는 부정적인 메커니즘(Negative Mechanism)도 존재한다. 동태적 역량은 좋은 역량을 전제로 이러한 기업의 역량이 좋은 성과를 거둘 것이라는 긍정적인 측면만을 고려하는 가치를 내포한 개념이지만, 메커니즘기반 관점에서는 좋은 메커니즘이 기업 성과에 미치는 영향뿐만 아니라 나쁜 메커니즘을 좋은 메커니즘으로 변화시키는 동인이나 과정 등에 대한 분석도 중요한 연구주제로 생각하기 때문에 연구 대상의 범위가 훨씬 광범위하고 그 분석방법 역시 동태적이다. 특히 기업의 부정적인 메커니즘은 지속적으로 조직에 악영향을 미칠 수 있으므로 기업의 성장 및 영속성을 위해서는 이를 제거하거나 긍정적인 메커니즘으로 변화시키는 주체의 주도적인 역할이 중요한데, 이는 주체, 환경, 자원이라는 3가지 요소 중 능동적이고 자발적인 노력으로 메커니즘을 변화시킬 수 있는 역할은 주체만이 할 수 있기 때문이다. 물론 기업이 속해 있는 산업환경이나 각종 제도적인 환경의 변화도 기업 메커니즘을 변화시키는 원인으로 작용한다. 그러나 이러한 환경적 요인은 주체의 능동적이고 자발적인 활동과 비교하면 조직의 외부로부터 주어지는 요인에 수동적으로 반응하게 된다는 점에서 주체의 역할과는 큰 차이가 있다. 또한 환경은 주체에 의하여 창조되거나 변화될 수 있는데, 이러한 현상 역시 환경 자체의 내재적인 힘에 의하여 유발되는 것이 아니고 주체가 적극적으로 개입하여 외부환경 자체를 변화시킨 결과이므로 주체의 능동적이고 자발적인 역할 차원에서의 환경 변화로 이해해야 할 것이다.

이처럼 주체의 역할을 강조하다 보면 메커니즘기반 관점과 상위계층이론(Upper echelon theory: Hambrick & Mason, 1984)[45]의 차이점이 무엇인가라는 의문이 제기된다. 상위계층이론에서는 주체가 변화된 환경에 대응하기 위하여 기업 내의 관련 메커니즘을 변화시킬 필요가 있다고 인식할 때 관련 자원을 동원하여 메커니즘을 변화시킨다고 본다. 그리고 새롭게 만들어진 메커니즘은 주체 의존적, 즉 주체가 존재하는 범위 내에서 존속한다고 본다. 그러나 메커니즘기반 관점에서는 주체가 없어지더라도 메커니즘의 지속성이 유지된다고 본다. 메커니즘이 변화된 다음에 메커니즘 변화를 주도했던 주체가 교체될 경우, 그 변화된 메커니즘은 어떻게 되는가를 생각해 보자. 메커니즘은 기업에 체화된 것이기 때문에, 비록 경영층이 교체되더라도 한번 만들어진 메커니즘은 존속하게 된다. 이러한 점에서 메커니즘기반 관점은 최고경영층에 따라 조직의 전략이나 성과가 달라진다는 점을 강조하는 상위계층이론과 근본적인 차이가 있다. 또한 연구방법론에 있어서도 상위계층이론은 최고경영층의 특성이나 최고경영층에 대한 대우와 같은 요인과 조직의 성과 간의 관계를 연구하는데 초점을 두고 있는 반면 (Carpenter, et. al, 2004), 메커니즘기반 관점은 최고경영층뿐만 아니라 환경요인과 자원요인까지 모두 고려한다는 점에서 실증연구에서 다루어야 하는 변수가 많아지기 때문에 양적인 분석을 하는 경우에 다변량분석(Multivariate analysis)이 필요한 경우가 많고, 양적인 분석보다는 사례연구와 같은 질적인 분석이 메커니즘의 규명에 좀 더 효과적이라는 차이가 있다.

메커니즘 패러다임의 적용

이상에서 설명한 메커니즘 패러다임은 사업단위 차원에서는 경쟁전략, 기업 차원에서는 다각화, 국가 차원에서는 산업정책 등 다양한 연구주제에 적용될 수 있을 것이다.[46]

경쟁전략

포터에 의하면 두 가지 본원적 전략인 원가우위 전략과 차별화 전략은 양립될 수 없다. 왜냐하면 원가우위 전략은 낮은 원가를 유지하기 위해 추가적인 제품특성이나 서비스를 없앤 표준화된 제품을 소비자에게 제공해야 하는 반면 차별화 전략은 소비자에게 독특한 혜택을 제공하기 위해 추가적인 비용이 필요하고 차별화된 이미지를 유지하기 위해서는 상대적으로 시장점유율이 낮을 수밖에 없기 때문이다.[47]

그러나 경쟁우위가 시장지배력에 의해 창출된다는 산업조직론이나 기업이 처한 상황과 전략 간의 적합성(fitness)에 의해 기업의 성과가 결정된다는 상황론(contingency)적 관점과 달리 메커니즘의 관점에서 보면 원가우위와 차별화 전략은 일시적이 아니라 지속적으로 양립될 수 있다.[48]

원가우위와 차별화 전략은 단순히 기능별 전략이 아니라 기업구성원의 공감대, 조직구조, 업무 절차, 제도 등 전사적인 지원이 필요한 전략이다. 즉 경영자가 경쟁우위를 확보하기 위해 기업이 보유한 내부자원을 일관성 있게 활용하여 원가를 낮추거나 차별화를 달성하는 전략이다. 따라서 특정 시점에서 원가우위나 차별화 전략을 수립 · 실행하면 원가우위나 차별화 전략에 적합한 기업의 메커니즘이 형성된다.

이런 상황에서 고객의 선호가 저가격에서 고품질 또는 그 반대로 변하거나, 아니면 자신의 전략을 모방하는 경쟁자가 나타난다면 그 기업은 자신의 경쟁적 지위를 유지하기 위해 기존의 경쟁우위를 계속 유지하든지 아니면 전략의 변화를 통해 부족한 경쟁우위를 추가로 확보하고자 할 것이다. 예컨대 원가우위 전략을 성공적으로 실행해서 원가우위를 획득한 기업은 자신의 전략을 모방하는 경쟁자나 차별화를 추구하는 경쟁자로부터 자신을 보호하기 위해 계속 원가절감에 힘쓰든지 아니면 차별화를 추구하게 된다. 마찬가지로 차별화를 달성한 기업도 차별화를 계속 추구하거나 연계, 규모의 경제, 학습 효과 등에 의해 원가를 절감하고자 할 것이다.

이때 기업은 자신이 보유하고 있는 경쟁우위를 바탕으로 다른 경쟁우위를 추구할 수 있으며 이 과정에서 메커니즘이 갖는 경로의존성과 관성의 특성 때문에 하나의 경쟁우위가 다른 경쟁우위에 의해 대체되는 것이 아니라 두 가지 경쟁우위가 상호보완적으로 결합된다.

예컨대 원가우위를 추구해 온 기업은 규모의 경제 효과를 계속 누리면서 다양한 품목을 생산하는 문제, 수직적 통합을 추구하면서 조직의 유연성을 제고시키는 문제, 재고비용을 줄이면서 고객의 욕구에 즉각 반응하는 생산시스템을 구축하는 문제 등 서로 모순되는 문제점에 봉착하게 된다. 이러한 문제점들을 끊임없는 실험[49]을 통해 고안된 새로운 문제해결방법에 의해 해결하는 과정에서 차별화우위를 습득한다.

결국 기업이 수립 · 실행한 본원적 전략은 환경변화에 대응하는 과정 속에서 변하게 되고 이러한 전략의 변화과정에서 두 가지 본원적 경쟁전략이 새로운 메커니즘에 의해 통합되는 것이다. 원가우위나 차별화 전략을 성공적으로 수행하는 데 필요한 조직구조, 기능별 전략, 업무절차, 제도 등이 각기 다르듯이 원가우위와 차별화 우위를 동시에 달성하는 과정에서 형성된 메커니즘도 한 가지 본원적 전략을 실행하는 데 필요한 메커니즘과는 다른 새로운 메커니즘일 것이다.

이처럼 산업조직론적 패러다임에서 바라보는 경쟁전략과는 달리 메커니즘 패러다임에서는 환경변화에 따라 경쟁우위를 쉽게 확보할 수 있다는 가정을 배격한다. 또한 원가우위와 차별화 우위가 서로 양립할 수 없다는 가정도 부인한다. 메커니즘 패러다임에 따르면 한 번 확보한 경쟁우위는 메커니즘의 특성상 쉽게 변하지 않는다. 다만 자신에게 부족한 경쟁우위를 확보하는 노력에 의해 두 가지 경쟁우위가 대체되는 것이 아니라 결합되면, 이때 새로운 메커니즘이 나타나는 것이다. 이 메커니즘에 의해 두 가지 경쟁전략은 동시에 추진될 수 있다.

다각화 전략

기업을 연구하는 학자들 간에 가장 관심이 있는 연구주제 중의 하나는 다각화에 관한 연구다. 특히 최근 전략이론(theory of strategy)은 다각화 연구를 통해 기업의 본질과 행동, 즉 기업의 성장원리를 규명하는 데 초점을 두고 있다.[50] 이러한 연구경향에 따라 새로운 시장에 진입하거나 기존 시장에서 철수하는 기업의 행동원리를 분석하는 연구가 관련 · 비관련 다각화(diversification), 기업인수와 합병(merger & acquisition), 리스트럭처링(restructuing) 등 다양한 제목하에 연구되고 있다.[51]

그러나 대부분의 다각화에 관한 연구는 다각화의 유형과 성과 간의 상관관계를 규명하는 데 그치고 있을 뿐 다각화를 하는 기업의 행동원리를 규명하는 데는 실패했다. 다각화에 관한 기존 연구는 Rumelt(1974) 이후 지금까지 아래와 같은 연구흐름에 의해 진행되어 왔다.

첫 번째 연구흐름은 다각화의 유형과 성과 간의 관계에 관한 연구이다.[52] 다각화 유형을 구분하거나 성과를 측정하는 방법, 조사대상 산업 등이 연구자에 따라 다를 뿐이지 다각화의 유형(type)을 관련 · 비관련으로 나누고 각각의 유형별로 기업의 성과를 살펴보는 것은 이들 연구의 공통된 분석틀이다. 다각화 연구의 주류를 이루는 이러한 연구들은 대부분의 경우 관련 다각화가 비관련 다각화보다 높은 성과를 가져온다는 결론을 제시하고 있다.

그러나 이러한 유형의 연구는 다각화의 원인 혹은 근본적인 원동력(driving forces)을 규명하는 데 미흡하며, 대부분 연구가 이질적인 기업을 대상으로 횡단적(cross-sectional)인 분석에 치중했기 때문에 기업의 행동원리로 다각화를 설명하는 데는 미흡하다.

두 번째 연구흐름은 기업 간 성과는 기업이 가진 독특한 자원에 의해 결정된다는 자원기반이론(resource-based theory)에 입각해서 기업이 가진 자원과 다각화 간의 관계를 분석하는 연구이다.[53] 이러한 연구는 다각화 유형과 성과 간의 관계를 피상적으로 연구하기보다는 왜 그러한 유형의 다각화를 했는지를 기업이 가진 자원과 연결시켜 연구한다는 점에서 의의를 찾을 수 있을 것이다.

예컨대 자원을 기계설비와 같은 물적 자원(physical resource), 기술이나 마케팅 노하우와 같은 지식자원(knowledge-based resource), 내부 유보금이나 부채와 같은 재무자원(financial resource) 등 세 가지 유형으로 구분한다면 물적 자원, 지식자원과 기업 외부에서 조달된 재무자원은 관련 다각화와 관련이 깊고 기업 내부에서 조달된 재무자원은 비관련 다각화와 관련이 깊다는 식의 연구결과를 도출하였다. 이 주장에 의하면 기업이 보유한 자원에 의해 기업의 다각화 유형이 결정된다.

그러나 기본적으로 두 번째 유형의 연구도 첫 번째 유형의 연구와 마찬가지로 단순히 자원의 유형을 구분하고 이들과 다각화 유형 간의 관계를 살펴본 것이기 때문에 기본적인 분석틀은 첫 번째 유형의 연구와 다를 바가 없다. 따라서 이 연구도 첫 번째 연구와 마찬가지로 기업의 행동원리로 다각화 과정을 분석하는 데는 한계가 있다.

단순히 다각화의 유형이나 자원의 유형을 구분하여 성과와 연결시키는 횡단적인 연구를 뛰어넘어 기업의 행동원리로 다각화 현상을 종합적이고 동태적으로 파악하는 데는 메커니즘 패러다임이 유용할 것이다.[54] 메커니즘 패러다임하에서는 다각화를 단순히 사업영역을 넓히거나 축소시키는 과정이 아니라 기업이 보유한 메커니즘을 이전시키거나 새로운 메커니즘을 습득하는 과정으로 파악한다. 또한 관련 다각화는 단순히 제품이나 기술, 마케팅 등의 측면에서 유사한 산업으로 진출하는 것이 아니라 기업이 보유하고 있는 메커니즘을 활용할 수 있는, 혹은 유사한 메커니즘을 확보할 수 있는 산업으로 진출하는 것을 뜻한다. 반면에 비관련 다각화는 기업이 새로운 메커니즘을 습득하거나 기업이 보유한 메커니즘과 다른 새로운 메커니즘을 확보할 수 있는 산업으로 진출하는 것을 뜻한다.

메커니즘 패러다임은 정부의 정책 결정자들에게 기업의 다각화를 바라보는 새로운 시각을 제공해 줄 수 있다. 최근 정부가 추진하고 있는 업종 전문화 정책의 주된 내용은 공학적 업종분류에 의해 관련다각화와 비관련 다각화를 구분한 후 관련 다각화는 장려하고 비관련 다각화는 규제하는 것이다. 그러나 실제 기업 입장에서 중요한 것은 공학적인 업종분류가 아니라 기업이 가지고 있는 메커니즘일 것이다.[55] 공학적 분류에 의해 비관련 다각화로 분류되는 산업이라 할지라도 산업에 진출하는 데 필요한 메커니즘이 유사하다면 이는 관련 다각화로 보아야 할 것이다. 반대로 공학적 분류에 의해 관련 다각화로 분류되는 산업이라도 산업에 진출해서 경쟁하는 데 필요한 메커니즘이 서로 다르다면 이는 비관련 다각화로 간주하는 것이 타당할 것이다. 이처럼 메커니즘 패러다임은 눈에 보이는 제품공학적 분류가 아니라 눈에 보이지 않는 메커니즘에 의해 관련 다각화와 비관련 다각화를 구분한다.

산업정책

1980년대 들어서면서 미국, 영국을 비롯한 선발 선진국들의 장기적인 경기침체와 일본의 급격한 경제성장, 개도국들의 정부주도 경제개발의 성공 등의 이유로 선 · 후진국을 막론하고 산업정책에 대한 관심이 급속히 확산되었다. 특히 일본의 눈부신 경제발전은 산업정책에 관한 논의를 전 세계적으로 확산시켰으며, 학자들 간에도 산업정책의 유용성에 관한 논쟁을 불러일으켰다.[56]

그러나 산업정책에 대한 연구는 아직까지 피상적인 연구에 머물러 있는 것이 사실이다. 정부의 역할을 경시하는 신고전학파 경제학의 영향으로 산업정책이 별도의 연구주제로 자리잡지 못했을 뿐만 아니라 산업정책을 분석하는 이론적 틀도 개발되지 못했기 때문이다.

메커니즘 패러다임은 산업정책 연구에 있어 개념적인 연구의 틀을 제시해 준다. 메커니즘 패러다임에 의하면 산업정책은 정부라는 산업정책의 주체가 국내외 환경변화에 대응해서 국가가 보유하고 있는 자원을 활용하여 특정 산업이나 기업을 성장시키는 메커니즘이다. 이때 산업정책의 메커니즘은 각 국가의 문화, 국민성, 역사 등에 영향을 받으므로 국가마다 차이가 있을 것이다.

국가별 산업정책 메커니즘의 차이는 한 · 일 산업정책 비교연구 결과에서 극명하게 드러난다. 한 · 일 양국의 산업정책은 산업정책의 핵심부서, 주요 산업정책의 내용, 관보에 명시된 정책목표 등 겉으로 드러난 모습은 많은 유사점을 가지고 있었지만 산업정책의 내용을 좀 더 세밀히 살펴보면 정책을 수립하고 집행하는 메커니즘에 있어서는 큰 차이가 있었다.

예컨대 일본의 산업정책은 세분 산업 단위별로 정책이 수립 · 시행되었다는 점, 또한 수립된 정책은 기술의 발달 정도에 따라 탄력적으로 개정되었다는 점, 경제의 효율성을 추구하는 산업구조정책 내에 공동행위와 독과점 인정조항이라는 형평성 관련 정책이 포함되었다는 점, 정책 실행과정에 관련 협회의 역할이 두드러졌다는 점, 한국과 달리 일본은 여러 부서가 함께 주관하는 산업정책이 존재한다는 점 등이 대표적인 차이점이었다.

이처럼 앞으로 산업정책에 관한 연구는 개별정책이 각국 산업에 미친 영향이나 문제점을 살펴보는 피상적인 연구에서 벗어나 산업정책이 수립되고 실행되는 국가별 메커니즘에 초점을 맞추어야 할 것이다. 이는 한 · 일 산업정책 비교연구 결과에서도 알 수 있듯이 산업정책의 수립과 실행 메커니즘의 차이에 따라 산업정책의 성과가 결정되기 때문이다.

결론 및 시사점

메커니즘 패러다임은 기업의 본질을 탐구하는 패러다임이다. 기업은 최고경영자의 특성만 반영한 실체도 아니고, 기업이 보유한 자원도 아니다. 기업은 환경변화에 대응해서 주체가 자원을 활용하는 과정에서 형성된 메커니즘의 묶음이다.

따라서 앞으로 전략연구에 있어 분석단위는 최고경영자도 아니고 자원도 아닌 기업이 성장하는 과정에서 형성된 메커니즘이어야 할 것이다.

메커니즘 패러다임은 환경, 주체, 자원이라는 세 가지 요소를 중심으로 구성된 동태적 이론이며, 기업단위(corporate level)의 연구인 다각화 연구뿐만 아니라 사업단위(business level)의 연구인 경쟁전략이나 국가단위(country level)의 연구인 산업정책 연구에도 적용될 수 있을 것이다.

메커니즘 패러다임이 기업경영자에게 주는 시사점은 다음과 같다.

첫째, 경쟁자의 단순한 모방을 통해서는 장기적인 관점에서 경쟁우위를 가질 수 없다. 최고경영자의 뚜렷한 비전하에 당면한 환경과 가능한 자원을 활용해서 기업 특유의 메커니즘을 구축하는 기업만이 그 산업을 이끌어 가는 선도기업이 될 수 있을 것이다.

둘째, 기업의 지속적인 경쟁우위는 단기간에 형성되는 것이 아니라 끊임없는 노력을 통해 형성되는 것이다. 메커니즘이 단기간에 형성될 수도 있지만 이것이 지속적인 경쟁우위를 갖기 위해서는 경쟁자가 모방할 수 없고 새로운 환경변화에도 적합할 수 있도록 끊임없이 메커니즘을 개선시키는 것이 중요하다. 특히 경영자들은 지식활용과 더불어 지식 습득을 강조함으로써 새로운 지식이나 자원을 꾸준히 확보해야만 한다.

셋째, 진정한 경영혁신은 메커니즘을 혁신시킴으로써 비로소 달성된다. 최근 경영혁신이라는 이름하에 많은 기법들이 실제 경영에 적용되고 있다. 그러나 단순히 종업원을 해고하고 부서를 통폐합시키며 생산라인을 재조정한다고 경영혁신이 달성되는 것은 아니다. 이러한 접근법은 부분을 수정할 수 있을지 몰라도 전체를 근본적으로 변화시킬 수는 없다. 기업의 행동을 결정하는 메커니즘을 바꾸어야만 진정한 경영혁신이 이루어질 수 있을 것이다.

'한 송이 국화꽃을 피우기 위해 봄부터 소쩍새는 그렇게 울었나 보다' 라는 시의 한 구절처럼 이제 전략이론가들이나 기업경영자, 정부의 정책담당자들이 주목해야 할 영역은 눈에 보이는 국화꽃이 아니라 눈에 보이지는 않지만 국화꽃을 피우게 만든 자연의 섭리를 포함한 모든 조건, 즉 SER-M인 것이다.

| 요약 | Summary

- 전략이란 '기업이 어떤 사업들에 있고 또 있어야 하는가, 그리고 기업은 어떤 성격을 띠고 있고 또 띠어야 하는가를 정의하는 목표(objectives), 목적(purposes or goals), 그리고 그러한 목적을 달성하기 위한 주요 정책(policies)과 계획(plan)의 형태(pattern)'로 정의
- 경영자가 당면하는 의사결정 수준과 범위에 따라, 전략은 기업전략(corporate strategy), 사업전략(business strategy), 기능별 전략(functional strategy)으로 구분
- 전략경영 과정은 목적 수립(goal formulation), 환경 분석(environmental analysis), 전략 수립(strategy formulation), 전략 평가(strategy evaluation), 전략 실천(strategy implementation), 전략적 통제(strategic control)과 같은 여섯 가지 주요과업들로 구성
- 기업은 지속적으로 성공하기 위해 끊임없이 환경과 상호작용하게 되는데, 이때 기업의 최고경영자(S)가 환경(E)의 의미를 파악하고 그 변화에 적합하거나 변화를 선도할 수 있는 방향으로 전략을 수립, 실행하기 위해 필요한 자원(R)을 활용하거나 창조하는 과정에서 메커니즘(Mechanism: M)이 형성

CHAPTER 3

전략의 주체

우리는 제1장에서 기업과 기업경영이 무엇인가에 대해 살펴보았다. 그런데 앞에서는 실제 기업에서 전략의 결정을 담당하는 주체인 경영자에 대해서는 거의 언급하지 않았다. 그러나 실제적인 경영현장을 살펴보면 전략결정의 주체로서의 경영자의 역할과 그 의미는 가장 중요한 위치를 차지한다. 그러므로 제2장에서는 전략결정의 주체인 경영자를 대상으로 하여 그의 역할을 논의하는 데 초점을 맞추고 있다. 여기에서 전략결정의 주체라고 표현되는 경영자는 최고경영자 1인만을 지칭하는 것이 아니라, 독자적으로 전략을 수립할 의무를 지니고 있는 다수의 전반경영자(全般經營者, general manager)를 말한다. 현대의 모든 기업에서 최고경영자를 포함한 임원진 등의 채용과 승진에 많은 제도와 장치를 통해 적임자를 찾고자 최대의 노력을 기울이는 이유도 그 중요성에 기인한다.

따라서 제3장에서는 이 책의 내용에 대한 기초적인 이해를 돕기 위해, 전략결정의 주체인 전반경영자가 갖는 의미를 전략과의 관계, 최고경영자 및 부문관리 담당자와의 관계를 비교함으로써 조명해 본 후, 전반경영자에게 필요한 세 가지 능력을 살펴보고, 마지막으로 전반경영자의 역할을 파악해 보기로 한다.

CASE 한국의 경영자상: 유한양행 유일한 회장

한국 경제는 1960년대 초에 경제성장의 불길을 당긴 이래 약 15년만에 개도국 단계를 성공적으로 졸업하였다. 그리고 1970년대 중반 이후 20년간 경제구조를 중진국 수준으로 끌어올리면서 선진국 단계로의 진입을 눈앞에 두고 있는 바, 이러한 경제성장에 중추적 역할을 한 것이 바로 우리 기업이다.

그러나 이처럼 한국 경제의 성장에 중추적인 역할을 해 온 우리 기업은 몇 가지 보이지 않는 문제들을 안고 있다. 그중의 하나가 바로 사회적 문제로까지 대두되고 있는 한국 기업경영자의 모습에 관한 것이다. 예를 들면 기업경영에 있어 초기의 진취적인 자세를 잊고 기존의 기득권만을 행사하려는 안일함, 사회적 책임을 도외시한 기업경영, 기업의 경쟁력 육성에는 소홀한 채 정경유착을 통한 성장에만 집착하는 일부 기업가의 자세 등이 문제로 지적되고 있는 것이다.

이러한 이유로 인해 기업인들은 '기업인 윤리'와 '기업인의 진취적인 자세'에 대한 성찰을 요구받고 있으며, 기업인에 대한 이러한 열망의 소리는 2000년대 선진국 진입의 한국 경제 사회에서 더욱 고조될 것으로 보인다.

진정한 기업인의 윤리와 진취적인 기업가정신을 포함한 진정한 한국의 경영자像을 보여준 대표적 기업인으로 유일한은 기업의 사회적 책임론이 들먹거려질 때마다 흔히 모델로서 인용된다.

유일한은 1895년 1월 15일 평양에서 유기연(柳基淵)과 김기복(金基福) 사이의 장남으로 태어났다. 그는 당시 청일전쟁 때문에 평양에서 강계로 피난 가는 와중에 태어난 것으로 알려졌다. 피난살이라는 부산한 환경에서 출생했다는 것은 그의 생애가 평탄하게 전개되지만은 않을 것이라는 것을 예시하는 것 같다.

그는 1905년에서 1919년에 이르는 기간, 미국에서 소학교와 고등학교를 마치고 미시간 대학을 졸업했다. 바로 이 15년 동안에 그는 미국의 교육과정을 차

례로 밟을 수가 있었던 것이다. 한국의 기업가로서 초-중학교부터 대학교육에 이르기까지 유일한처럼 철저한 미국식 교육을 알차게 받은 사람은 유례를 찾을 수가 없다. 그의 경영사상으로 과학성에 입각한 합리주의가 제창되어 왔던 것은 이러한 미국에서의 생애 전개와 밀접한 관련을 맺고 있는 것으로 풀이되고 있다.

흥미 있는 사실 중의 하나는 그가 미국에 들어간 후에 제일 처음 정착한 곳이 네브라스카라는 점이다. 이것은 그의 부친 유기연이 유일한을 미국 땅 변두리에 보내지 않고 미국의 중앙 지점을 택하여 살게 한 배려 때문이다. 이러한 그의 유년 시절의 여러 가지 일화를 보면 그의 집안이 매우 개화되어 있었음을 추정해 볼 수 있다.

1916년 그는 미시간 대학에 진학했다. 그의 고학생활은 대학생활에서도 계속되었다. 그러나 이 당시 그의 고학 방법은 최고 학부 학생답게 고차원적인 것이었다. 유일한은 재미 중국인을 대상으로 중국 제품인 손수건, 카펫 등을 구입해서 중국인에게 파는 일을 했다. 재미 중국인들에게는 고향에서 생산된 이러한 제품이 커다란 인기를 끌었기 때문에 이때의 아르바이트는 그런대로 장사가 될 수 있었다.

1919년 미시간 대학을 졸업한 유일한은 곧 세계 최대의 전자회사의 하나인 제너럴 일렉트릭 회사에 유일한 동양인 회계사로 취직을 하였으나, 이 회사를 곧 그만두고 자영 사업에 착수하였다. 동양인을 상대로 하는 업종이 쉬울 것이라고 생각되어 시작한 것이 괴이하게도 숙주나물이었다. 괴이하다고 보는 것은 쉽게 변하는 숙주나물의 특성 때문이다. 조선시대의 문관 신숙주의 이해할 수 없는 정치적 행태를 비꼬는 사람들에 의해서 숙주나물이라는 이름이 생겨났다고 하는데, 하필이면 미국 땅에서 관리하기 힘든 숙주나물에 손을 댄 것이다.

유일한은 숙주나물을 신선하게 저장-판매하고 동시에 대량생산하는 방법을 계속 연구하였다. 그의 이러한 연구는 마침내 숙주나물을 신선하고 청정하게 저장하는 통조림 방법을 개발하기에 이르렀다. 그가 개발한 방법은 높은 온도에서 순간적으로 열처리를 하는 것이었는데, 이 방법을 이용하면 숙주의 섬유질을 상하지 않게 하면서 동시에 바삭바삭한 특유의 미각을 유지할 수 있었다. 유일한은 우선 소규모 생산시설을 마련하여 판매에 나서게 되었다. 그는 자신이 직접 숙주나물 통조림과 간장 등 양념 일체를 들고 다니면서 판매 일선에서 뛰었다. 숙주나물로 만드는 요리인 찹스요리를 양념하고 조리하는 방법까지 실연해 보이는 판매촉진 활동이었다. 마케팅 용어로 말한다면 데먼스트레이션(demonstration) 방법을 채택했던 것이다.

1922년 유일한은 이러한 숙주나물 통조림을 주업종으로 하는 라초이 식품회사를 설립하고 이 회사를 발전시키기 위하여 정력을 바쳤다. 그는 기발한 판매촉진 전략을 쓰기로 결정했는데, 기발한 전략이란 자신이 직접 숙주나물 통조림을 잔뜩 실은 차를 몰다가 길가의 상점 쇼윈도를 들이받은 사건이었다. 이 사건은 그 지방 신문 사회면에 톱기사로 보도되었다. 기사 내용에서는 자연히 라초이 식품의 숙주나물 통조림에 대한 기사와 함께 사고현장 사진이 게재되었다. 이 사건은 그 지방에서 라초이 식품회사와 숙주나물 통조림을 유명하게 만드는 계기가 되었다.

1924년에 유일한은 중국계 소아과 여의사인 메리 우(胡美利)와 결혼을 했다. 그의 장인은 당시 미국에서 큰 사업을 하는 자산가였던 것으로 알려져 있다.

그는 1926년에 이르러 22년간의 미국 생활을 청산하고 고국에 돌아왔다. 20년 만에 상봉한 동생들은 모두 낯설어 가족과의 만남은 반가움보다는 어색함이 앞섰다고 한다.

이같이 특수한 성장 환경은 그로 하여금 가정보다 국가와 기업을 더욱 중요한 것으로 인식하게 하는 데 영향을 끼쳤다. 이상적이고도 완성된 기업 발전을 위해서는 형제들에게도 냉정하게 선을 그을 수 있었던 결단력은 그의 이러한 성장 배경과 가족관계에서 그 유래를 찾을 수도 있을 것이다. 또한 그것은 미국이라는 합리주의 사회에서 소년기, 청년기를 보낸 그가 원시 체험으로 받아들인 실용주의 사고방식이 가족사회보다는 이익사회를 먼저 택하게 한 것으로 풀이해 볼 수도 있다. 이러한 그의 특수한 성장 환경은 그로 하여금 자연인으로서는 항상 고독과 비애를 가져다주었을 것이다.

"나는 마음으로는 항상 외로운 사람이다. 내 웃는 사진을 혼자 보고 있으면 사실상 그것이 웃는 모습인지 우는 모습인지 구별을 하지 못하겠다."

그가 타계(1971년)하기 2년 전 모 주간지 기자와 가진 일문일답 내용에서 한 말이다. 그의 부친 유기연은 귀국 당시 유일한을 보고도 반기지 않았다고 한다. 그것은 미국에서 대학까지 졸업하고 결국 "숙주 장사밖에 하지 못하느냐"하는 비판 때문이었다. 유일한은 당시 자신이 하는 숙주나물 사업이 하루에도 화차로 몇 개씩 나갈 정도로 대규모 사업이라는 것을 자세히 설명해 겨우 오해를 풀 수 있었다고 회상했다.

1926년 귀국했을 때 유일한은 세브란스 의학전문학교 교장이었던 에비슨 박사로부터 그의 부인 메리 우와 함께 연희전문학교(현 연세대) 교수로 취임해 달라는 요청을 받게 되었다. 그는 교육계와 실업계 사이에서 자신의 진로에 대해 커다란 고심을 한 끝에 실업계에 투신하기로 결정을 하고 1926년 12월 29일 유한양행(柳韓洋行)을 설립하였다.

수요자의 불신을 조장하는 과대 선전광고가 난무하고 있을 때 유한양행은 상도의와 기업윤리에 입각하여 정당한 광고활동을 전개해 나갔다. 유한양행의 이 같은 근대적 광고방식은 1930년대로 넘어오면서 더욱 발전된 양상을 보여주었다. 1930년 10월 30일자 동아일보 지상에 게재된 광고는 "의사는 당신의 친우"라는 제하에 "유한양행은 치료제를 의사에게 제공함에 상당한 노력을 한다고 자부합니다"라고 쓰고 있다. 이 문안의 내용은 환자를 위하여 의약품을 선택할 수 있는 사람은 의사뿐이므로 의사를 찾아야 한다는 일종의 계몽문이다. 아울러 1930년대 말부터는 유한양행의 광고가 모두 가로쓰기로 되어 있음을 볼 때, 유한양행의 기업적 감각이 얼마나 근대 지향적이었는지를 알 수 있다.

유한양행 창립 이래 가장 유능한 세일즈맨으로 사내에서 지칭되고 있는 전항섭(全恒燮)은 한국인 의약품 도매상, 약국 등을 대상으로 판촉활동을 책임졌고, 유일한은 주로 외국인 계통의 병원 · 의원과의 거래관계를 맡았다. 유일한은 자신이 직접 차에 약품을 싣고 판매활동 일선에 나섰다. 이것은 일하는 사장, 뛰는 사장, 세일즈하는 사장이라는 근대적 의미에서의 민주경영자상(民主經營者像)을 제시한 것으로 받아들여질 수 있다.

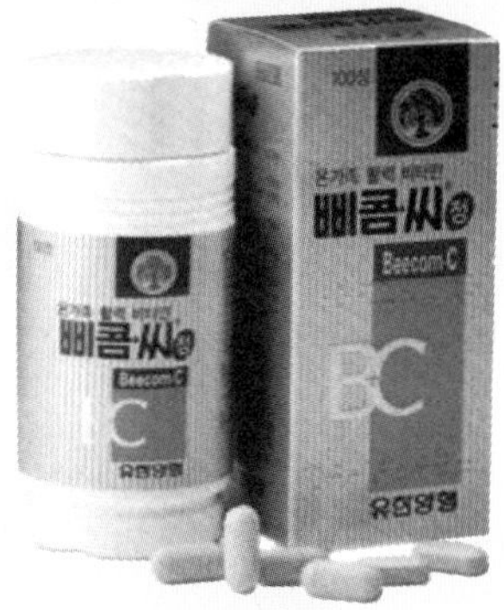

1950년 6 · 25동란이 일어나자 유한양행은 부산으로 사무실을 옮기고, 전시(戰時)라는 어려운 여건에도 불구하고 APC, 포도당 주사제 등을 생산하였다. 미국에 체류 중이던 유일한이 동경으로 온 것은 1 · 4후퇴 후의 일이다. 유일한은 당시 막내 동생인 유특한(柳特韓)을 동경으로 불러서 유한양행의 운영권 일체를 유특한에게 맡기는 한편, 유일한 자신은 어찌된 일인지 귀국을 하지 않았다고 한다.

1966년 유일한의 외아들 유일선(柳逸善)이 미국에서 귀국, 유한양행 부사장에 취임했는데, 미국 변호사인 유일선은 브레이크 없는 기관차로 통칭될 만큼 적극적인 기질이었다고 한다. 유일선의 귀국은 그 당시 이사회에서 미국의 포드, 록펠러 재단의 예를 들어 회사 경영권을 2세에게 넘겨야 한다는 설득에 따라 유일한이 승낙한 데서 이루어진 것이라고 한다.

그러나 그는 "기업과 개인적 성실은 엄격히 구별되어야 하며, 그것이 기업을 키우는 지름길이고, 또 기업을 보존하는 길이다"라고 주장했다. 그는 아들 유일선에게 "처음 귀국해서 무슨 부사장이냐"고 사업상으로는 냉정한 태도를 하면서도 아들의 활동에 내심으로 은근히 기대를 가졌다고 한다.

유일선은 2년 가까이 부사장으로 재임하다가 미국으로 다시 건너가 버렸다. 모든 일을 국가 사회적인 차원에서 해결하려고 했던 유일한의 경영 방식에 비하여 아들 유일선은 기업이윤 추구라는 경영학 교과서적 차원에서 경영을 하려 했기 때문이다. 부자 간의 경영철학 차이에서 오는 결과였던 것이다.

아들이 미국으로 돌아가버린 이후 그는 깊은 충격을 받았음인지 건강이 악화되기 시작하여 1971년 3월 11일, 77세를 일기로 세브란스 병원에서 세상을 떠났다.

그가 영면하게 되자 매스컴들은 일제히 모범적인 기업가, 민족운동의 선구자, 교육계의 선각자로서 그를 부각시켰다. 그 해 4월 8일 유일한의 유언장이 공개되었다. 그는 친손녀 유일링(당시 7세)에게는 학자금으로 1만 달러를 주도록 하고 영애 유재라(柳載羅)에게는 유한 중고등학교 구내에 있는 묘소와 그 주변 대지 5천 평을 상속하되 이를 '유한동산'으로 꾸며 줄 것을 당부했다. 그리고 당시 시가 약 2억 2천 5백만 원에 상당한 자기 소유 주식 14만 9백41주를 전부 재단법인(한국 사회 및 교육 신탁 기금)에 기증했다. 아들인 유일선에게는 "대학까지 졸업시켰으니 앞으로 자립해서 살아가라"는 교훈만 남겼을 뿐이라고 전해진다.

의미

지금까지 여러 번 전반경영자라는 다소 생소한 용어를 사용하여 왔다. 그러면 전반경영자는 구체적으로 누구를 지칭하는 말인가?

여러 기능 부문을 관장하는 전반경영자는 기능적인 전문성에 입각하여 기업 활동의 한 부문만을 담당하는 부문관리자와는 달리 독자적인 사업단위를 책임짐으로써 부문관리자가 자칫 가지게 되기 쉬운 '나무는 보되, 숲을 보지 못하는' 약점을 극복해야 하며, 마케팅과 생산, 재무와 인사 또는 라인 부문과 스태프 부문과 같은 관리 부문 상호간에 빈번히 일어나는 갈등을 조정하는 역할을 맡아야 한다.

또한 전반경영자는 각자 책임지고 있는 조직이 나아갈 방향을 제시해 주는 책임을 맡고 있어, 환경에 알맞은 전략 계획을 수립하여 적절한 시기에 실천에 옮기는 일을 하게 된다. 이렇게 볼 때 경영활동에 대한 포괄적인 판단과 결정은 기업을 전체적으로 내려다볼 수 있는 전반경영자에 의하여 이루어짐을 알 수 있다.

이러한 맥락에서 전반경영자를 전략결정의 주체로 규정하였는데, 구체적으로 전반경영자와 전략의 관계를 살펴보면 다음과 같다.

전반경영자와 전략의 관계

기업의 인적 구성은 최고경영자, 중간경영자 및 하부경영자의 세 계층으로, 또는 더욱 엄밀히 볼 때 최고경영자층에서 하부경영자층에 이르는 연속체로 이루어진다. 이것을 '경영자의 폭' 이라고 부르기로 하자.

이들 경영자가 담당하는 경영 기능에는 앞에서 살펴본 바와 같이 전략(strategic planning), 관리(management control) 및 운영(operational control)이라는 세 가지가 있다. 그런데 여기에서 주의해야 할 점은 전략, 관리 및 운영이 각각 독자적인 내용을 가진 개념이 아니라 경영학자들이 일반의 이해를 도모하기 위하여 개념적으로 분류한 것에 불과하다는 것이다.

따라서 최고 · 중간 · 하부경영자로 경영자를 삼분하는 것보다 최고경영자에서 하부경영자에 이르는 하나의 연속체로 이해하는 것이 타당한 것과 같이 경영 역시 전략에서부터 운영에 이르는 하나의 연속체로 보아야 할 것이다. 이것을 '경영의 폭' 이라 부르기로 하자. 또한 경영활동을 담당하는 주체가 어떤 위치에 있는가에 따라 같은 경영활동이라 할지라도 전략, 관리 또는 운영 중 어느 것으로도 규정될 수 있다. 예를 들어 그룹 차원에서는 전략의 하위에 있는 관리의 성격으로 규정된 활동이, 그룹 내의 자회사의 입장에서는 전략적인 의사결정 사항이 될 수 있는 것이다.

위에서 설명한 '경영자의 폭'과 '경영의 폭'을 각각 Y축과 X축으로 나타내면 <그림 3.1>과 같은 관계가 성립된다. 여기에서 생각해야 할 것은 경영자와 경영 간에 어떠한 상관관계가 있느냐 하는 문제다. 위에서 본 바와 같이 전략이 관리보다 상위에 있는 개념이고, 관리가 운영보다 상위에 있는 개념이라는 것을 인정한다면 <그림 3.2>와 같이 최고경영자는 전략, 중간경영자는 관리 그리고 하부경영자는 운영을 담당하는 것이 맞다. 이같은 관계는 조직과 경영활동을 상하관계로 이해할 때 일견 타당하다고 볼 수 있다.

그러나 최고경영자라고 해서 전략에만 몰두하고 관리 및 운영에는 시간을 전연 할애하지 않거나, 하부경영자라고 해서 전략 및 관리에는 전연 참가하지 못하고 운영에만 종사하지는 않는다. 예를 들어 사장과 같은 최고경영자가 비서의 부재 시에 직접 전화를 받는다면 그는 사장으로서의 위치를 벗어난 것인가? 이와 같은 사소한 예에서도 볼 수 있듯이 경영자의 위치와 그의 경영활동을 <그림 3.2>와 같이 경직적으로 규정하는 경우 여러 문제점이 뒤따른다. 따라서 이러한 문제점을 해소하면서도 경영자와 경영의 관계를 나타내려면 <그림 1.5>과 같이 마치 미식 축구공을 그린 것과 같은 풋볼 차트(foot ball chart)를 그려보자.[1]

여기에서 풋볼과 같은 모양을 점선으로 표시한 것은 최고, 중간 및 하부 경영자 상호 간에, 그리고 전략, 관리, 운영 상호 간에 엄밀한 분류를 하여 선으로 구획하는 것이 적합하지 않다는 것을 나타내기 위한 것이다.

<그림 3.3>은 ㉠과 같이 비교적 최고경영자에 가까운 경영자의 경우, 시간의 대부분을 전략에 할당하고, 남은 시간의 상당량은 관리에, 그리고 극히 적은 부분만을 운영에 사용한다는 것을 보여주고 있다. ㉡과 같이 중간경영자층에 속하는 경영자는 관리에 시간의 대부분을, 그리고 전략 및 운영에 나머지 시간을 할애한다. 이에 비해 ㉢과 같이 하부경영자에 속하는 경영자는 대부분의 시간을 운영에 할당하게 되고 극히 적은 시간만을 전략 또는 관리에 사용하게 된다.

그러면 전반경영자는 이러한 '경영의 폭'에서 어떠한 부분을 주로 담당하는가? 이러한 의문은 전반경영자의 역할이 무엇이며, 어떠한 계층에 속하여 있는가의 문제와 밀접한 상관관계를 갖는다.

경영전략의 내용을 전략의 수립(strategy formulation)과 전략의 실천(strategy implementation)으로 나눌 수 있다는 점은, 전반경영자의 역할이 이 두 측면에 중점을 두고 이루어져야 한다는 것을 잘 시사해 주고 있다. 그런데 이 두 역할 중 전반경영자가 우선적으로 수행하여야 하는 것은 경영활동에 대한 포괄적인 판단과 결정, 즉 기업의 목표와 상황을 염두에 둔 전략의 수립인 것이다. 그러므로 전반경영자는 <그림 3.3>과 같이 풋볼 차트에서 주로 전략을 담당하는 일이 그 본연의 업무라고 할 수 있으며, 이러한 설명은 다음에 기술할 전반경영자와 최고 경영자의 관계에 대한 고찰에서 더욱 확실히 이해될 수 있을 것이다.

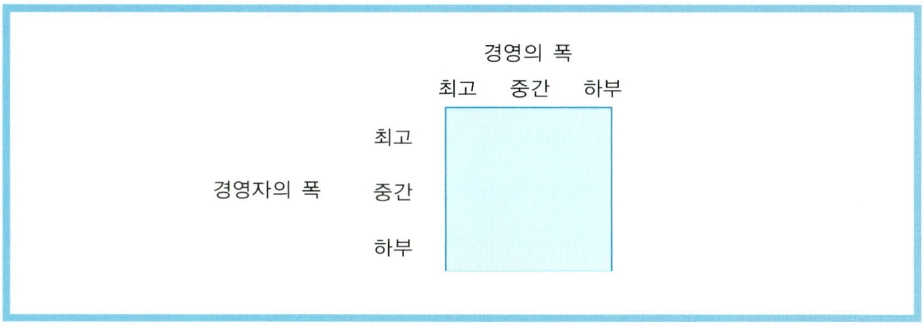

그림 3.1
경영자와 경영의 관계 (1)

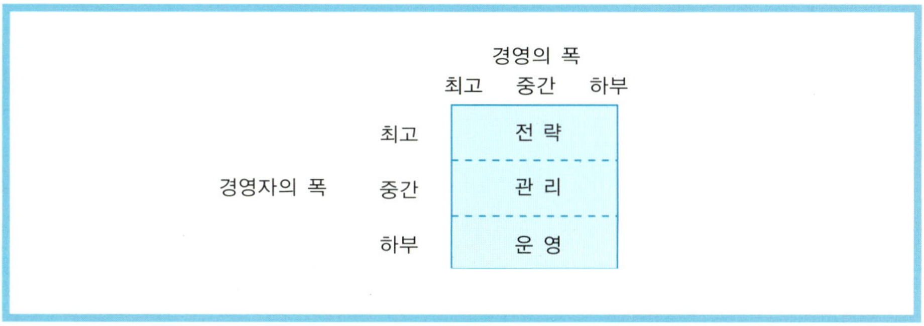

그림 3.2
경영자와 경영의 관계 (2)

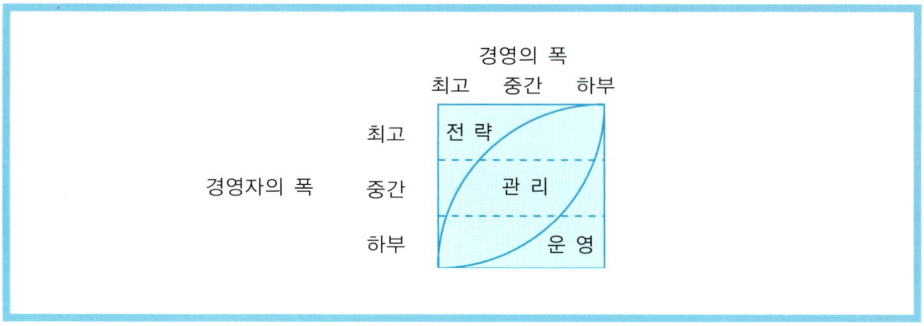

그림 3.3
경영자와 경영의 관계 (3)

전반경영자와 최고경영자의 관계

우리나라에서는 흔히 높은 것이 좋다는 생각에서 전략의 담당자로서 최고경영자라는 표현을 선호하는 것 같다. 그러나 엄격한 의미에서 최고경영자는 경영자의 계급 또는 직위를 나타낸 표현이고, 전반경영자는 그의 역할 또는 직책을 나타낸 표현이다.

그러면 최고경영자와 전반경영자는 구체적으로 어떻게 차이가 나는가? <그림 3.4>는 경영자와 경영의 상관관계를 나타낼 뿐만 아니라 우리가 흔히 혼동하기 쉬운 최고경영자(top manager)와 전반경영자(general manager)의 개념을 명확히 해주고 있다. <그림 3.4>에서 보는 바와 같이 최고경영자는 문자 그대로 경영자의 폭에서 최상단을 점하는 최고경영자층을 지칭한다. 따라서 그의 임무는 주로 전략을 담당하나, 관리 및 업무에 대한 것도 포함되어 있다. 이에 대하여 전반경영자는 기업의 궁극적인 책임자로서 기업목표를 선정하고 이를 달성하기 위한 전략을 담당하는 임무를 가진다. 따라서 전반경영자는 대개의 경우 최고경영자지만, 반드시 최고경영자여야 할 필요는 없다.

예컨대 이익 사업부 조직을 채택하고 있는 기업의 경우 하나의 사업부를 담당하는 책임자가 부장의 직위에 있다면 사장, 부사장, 전무, 상무 및 이사를 포함하는 임원층으로 최고경영자를 규정하는 일반적인 견해에서 볼 때, 그는 최고경영자라고 일컬을 수 없을 것이다. 그러나 사업부 부장이 독립채산제를 채택하고 있는 사업부의 매출액과 비용 그리고 이의 결과인 이익의 극대화에 대하여 전반적인 책임을 지고 있고, 이러한 책임을 완수하기 위하여 독자적으로 전략을 수립해야 할 임무를 가지고 있다면 그는 전반경영자의 역할을 담당하고 있는 것이다.

이와 반대의 경우도 생각해보자. 어느 제조업체의 공장장이 이사급의 직위를 가지고 있을 경우, 그는 당연히 최고경영자의 신분을 가지고 있다. 그러나 그의 임무가 조직 전체의 전략을 수립한다기보다는 기업의 한 부문인 공장의 책임자로

그림 3.4
전반경영자와 최고경영자의 역할

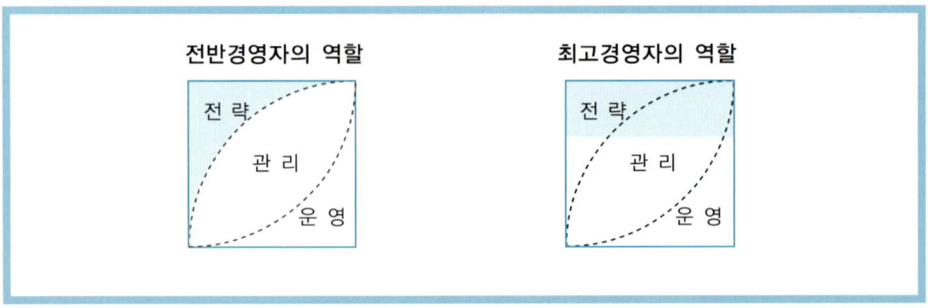

서 상부에서 결정되는 생산량, 품질, 원가 등에 대한 효과적이고, 효율적인 관리의 책임만을 갖고 있다면 그는 전반경영자가 아닌 부문경영자이다. 이같이 최고경영자와 전반경영자는 비록 중복된 부분을 많이 가지고 있다 할지라도 그 적용 범위가 다르다는 점에서 엄격히 구분되어야 한다.[2]

필요 능력

경영전략은 전반경영자 또는 전반경영자가 되기를 지망하는 후보자들이 필수적으로 이해해야 하는 분야이다. 그러면 경영전략이 구체적으로 어떠한 능력을 전반경영자에게 제공하는가? 이 문제를 다루기 전에 우리는 경영학이 다른 학문과 근본적으로 그 성격이 다르다는 사실을 이해하여야 한다. 우선 경영학과 다른 학문이 공통적인 것은, 어느 학문을 막론하고 새로운 지식(knowledge)을 추구하는 데 그 학문의 사명이 있다는 것이다. 새로운 지식의 추구가 연역적인 사고에 의한 이론의 전개이건 귀납적으로 과거의 사회현상을 정리한 결과에서 나오는 일반화이건 간에, 우리가 모르던 사회현상을 객관적으로 밝히는 것이야말로 모든 학문의 사명이다.

그러나 다른 학문에 비하여 경영학은 실용적인 학문으로서 이론의 현실에 대한 적용을 대전제로 한다. 따라서 경영학은 새로운 지식의 추구뿐 아니라 경영학도에게 경영 지식을 현실에 활용하는 능력 역시 배양시켜 줄 의무를 가지고 있다. 이러한 지식의 현실 적용을 위해서 경영학도는 지식 이외에도 기술(skills)과 자세(attitudes) 두 가지 능력을 겸비해야 한다. 따라서 경영학은 그 내용으로서 지식, 기술 및 자세라는 세 가지 능력을 경영학도에게 전수해야 할 책임을 가지게 된다.

이러한 경영학의 세 가지 내용은 경영전략 분야를 추구하는 전반경영자에게 특히 필요한 능력이 된다. 그것은 전반경영자야말로 부문경영자와 달리 임무를 성취하는 것만을 그가 평가받는 유일한 기준으로 삼아야 하기 때문이다.

지식(knowledge)

피터 드러커는 『자본주의 이후의 사회』에서 "이 시대는 지식산업시대 · 지식경제시대이며, 이 시대의 경쟁력은 지식의 생산성이며, 지식의 생산성은 지식의 활용과 연결 및 지식의 현장화다"라고 말했다.

경영자가 자기 부서나 팀의 직무를 수행하는 데 있어서 전문성이 부족하면 사람이나 조직에 영향력을 행사하지 못하고 사람이나 조직을 변화시키는 것이 불가능해진다. 따라서 그 분야에 대해 전문가로서의 지식을 갖춤은 유능한 경영자가 되기 위해 기본적으로 요구되는 속성이다. 여기서 지식이란 관련지식을 의미하는 것으로, 행동을 하는 데 유효성이 있는 정보, 미래에 대한 예측과 통제에 도움이 되는 정보를 말한다.

이러한 관련지식이야말로 전문적인 교육에 있어 핵심이 되며, 이 같은 지식의 습득을 통해 해당 분야의 전문가가 될 수 있는 것이다. 또한 지식은 기술이나 태도를 가지기 위한 기반이 된다. 특히 기술은 지식의 도움 없이는 배울 수도 없고 가르칠 수도 없다. 기술 습득이 단순히 훈련을 통해 교육된다면 그 기술은 발전 없이 그 상태에 머물러 마침내는 도태되고 말 것이다.

마지막으로 지식과 관련한 경영자 교육에 있어 요구되는 또 하나는, 현대의 폭증하는 정보와 지식의 홍수 속에서 유용한 정보를 신속하게 획득하고 소화할 수 있는 능력을 배양시키는 것이다. 그러나 전반경영자는 전략적 문제에 대해 전문지식의 적용이 어느 정도 한계를 지니고 있음을 항상 명심해야 하며, 다른 산업 또는 기업에서 채택한 전략을 상황적 맥락에서 이해해야만 이를 그가 담당한 조직에 그대로 채택하는 우를 범하지 않을 것이다. 다시 말해 기업의 전략은 그 기업이 처한 특수한 환경과 여건을 감안하여 수립되어야만 가장 훌륭한 성과를 가져올 수 있는 것이다.

한편 전반경영자가 필수적인 지식을 배우기 위해서는 교과서보다는 사례(case)를 통하는 것이 가장 효과적이다. 어떤 이는 사례에서 취급하는 내용이 경영학 지식의 습득에 무슨 도움이 되느냐고 의문을 제기하기도 한다. 그러나 현재 또는 미래의 전반경영자는 의사결정에 필요한 상황을 재빨리 이해하고, 사건의 핵심을 꿰뚫어 볼 수 있는 안목을 기르며, 여기서 파생될 수 있는 문제점을 종합적으로 예측하여 대비책을 마련하는 등의 문제해결 능력을 개발해야 한다. 이를 위해서는 산업의 특수성을 무시하거나 경영자란 천편일률적인 가치관과 사고 과정을 가진 경제적인 동물일 것이라는 가정을 깨뜨릴 필요가 있다.

이러한 가정을 깨뜨리기 위해서는 여러 사례를 통해 각각의 문제가 그 여건에 따라 차이가 있다는 것이나 관계조직 또는 인물의 가치관 내지 성격의 차이에서 오는 의사결정상의 영향력을 어떻게 고려하여야 할 것인가 등의 문제를 다루어야 한다.

따라서 사례를 읽고 연구하는 현재 또는 미래의 전반경영자는, 예컨대 미국의 자동차산업과 회사의 환경 여건에 대하여 언급한 사례를 대할 때 그 표면에 나타난 정보만을 뒤쫓을 것이 아니라, 그 정보 내면에 존재하고 있는 사고의 틀(conceptual framework)을 찾아서 문제의 실마리를 풀어나갈 수 있는 능력을 기르도록 해야 한다.

이같이 객관적인 정보에서 문제의 요점을 찾아내고 또한 해결방안을 창출해 내는 훈련이야말로 사례가 전반경영자에게 제공할 수 있는 지식의 핵심인 것이다.

기술(skills)

'경영학은 일반적인 과학(science)인가, 특수한 기술(art)인가?' 하는 명제를 가지고 경영학도 사이에 논쟁이 벌어지는 경우를 많이 보게 된다. 경영학이 일반적인 과학이라고 주장하는 사람들은 정치학, 사회학, 경제학과 같은 인접 학문이 국가, 사회, 경제현상이라는 고유 영역을 가지고 있는 것과 마찬가지로, 경영학도 경영 또는 기업이라는 고유한 영역을 가지고 이에 필요한 규범과 가치를 창조하는 하나의 사회과학이라고 규정한다. 이에 대해서 경영학이 특수한 기술이라고 주장하는 사람들은 다른 인접 학문이 개념적인 이론의 개발에 초점을 두고 있는데 반해서 경영학은 개발된 이론을 어떻게 현실에 적용할 것인가를 다룬다는 면에서 특수한 방법론을 추구하는 기술이라고 규정한다.

이러한 각자의 주장은 서로 상반된 견해라기보다는 경영학의 양면을 한쪽만 보는 데서 오는 대립으로 생각된다. 경영학은 다른 사회과학과 마찬가지로 그 나름의 고유한 영역과 가치를 가지고 있는 일반적인 과학이지만, 그와 동시에 이러한 과학에서 개발되는 이론을 현실에 적용하는 기술적인 면도 포괄하는 이론과 현실의 양면성을 가진다. 과학인 동시에 기술인 것이다.

이러한 관점에서 볼 때, 경영학 특히 경영전략이 제공해야 할 경영능력으로 이미 설명한 지식과 함께 기술이라는 면을 빼놓을 수 없다.

여기에 전략결정의 주체인 전반경영자가 전략결정과 실행에 필요한 기술을 습득할 필요가 존재하는 것이다.

전반경영자가 학습하여야 할 기술은 크게 분석적(analytical) 기술과 관리적(administrative) 기술로 나누어진다.

분석적 기술로는 먼저 상황을 재빨리 그리고 정확하게 포착하여 환경변화와 조직의 강 · 약점을 분석함으로써 기회와 위협 요인을 식별하는 능력을 들 수 있다. 또한 구체적으로 어떠한 문제를 해결하기 위해 재무, 회계, 생산, 판매 등의 여러 가지 기능 중 어느 하나에 치우치지 않으면서 이들 부문간의 상호관계를 파악하고, 각 기능 간의 이해 충돌에서 생기는 문제의 크기를 이해하는 기술도 중요하다. 그러므로 분석적 기술이란 외부 여건과 내부적인 문제의 관계를 능력과 기회의 관점에서 연결시켜 각 상황에 적합한 정책대안을 수립하는 전반경영자의 역할 수행에 밑거름이 되면서, 궁극적으로는 각 기능 간의 비체계적인 관계를 자기 나름대로의 체계로 집약할 수 있는 능력을 말하며, 일반적으로 학습을 통해 습득하고 발전시킬 수 있다.

그러나 전반경영자에게 궁극적으로 필요한 기술은 기업의 목표를 결정, 수정 및 달성하기 위한 경영의 제 노력을 계속적으로 관리 및 통제하는 관리적 능력이다. 이러한 기술은 누구나 가지고 있는 능력도 아니고, 책 또는 강의실에서 손쉽게 얻을 수 있는 능력도 아니다. 이것은 현재 또는 미래의 전반경영자가 자기 반성에 의한 의지적 노력을 통해서, 그리고 시행착오에 의한 반복적 경험을 통해서 습득하는 것이다. 결국 관리적 기술은 다음에 언급하는 세 번째 능력인 자세에서 그 기반이 마련된다.

자세(attitudes)

경영자가 많은 관련지식과 기술을 가지고 있다면 그 경영자는 유능한 경영자로 생각될 수 있다. 하지만 그 경영자에게 야망을 달성하려는 적극적인 자세가 없다면 아무리 탁월한 지식과 기술을 가지고 있다고 해도 유능한 경영자로 불릴 수 없다.

즉 경영자가 자신의 태도에 자신감이 없다면 그의 숙달된 지식과 기술은 아무 소용이 없다. 반대로 자신의 일에 강한 자신감을 가지고 실험정신을 발휘하여 일을 진취적으로 수행하는 경영자라면 그의 지식과 기술을 십분 활용할 수 있다. 경영자들에게 있어 이러한 자세의 중요성이 가끔은 경시되는 측면이 있다. 어쩌면 지식이나 기술보다는 이러한 자세를 먼저 가지는 것이 중요할 수도 있다. 왜냐하면 자세가 지식습득이나 기술훈련의 성과에 많은 영향을 끼치기 때문이다.

경영자의 자세는 단지 그에게만 국한되지 않고 조직의 생명력을 좌우한다. 기업의 구성원들은 매사에 활력적이고, 기운을 솟게 만들며, 열성적이고, 긍정적이고, 낙관적인 경영자를 존경한다. 구성원들은 경영자가 그들에게 힘을 불어넣어 주는 사람이기를 바라는 것이다.

여기서 자세라고 하는 것은 첫째로 전반경영자가 지닌 좌절 또는 성취에 대한 수용력을 의미한다. 다시 말해서 전반경영자가 추진하고 있는 사업이 실패로 돌아갔을 경우 그가 좌절에 빠져 재기에 대한 의욕을 잃는다면 그는 전반경영자로서의 자세를 갖고 있지 못하다고 말할 수 있을 것이다. 반대로 그가 재기에 필요한 자세를 잃지 않았다면 그는 전반경영자로서 필요한 자세를 갖춘 셈이다.

전반경영자가 갖추어야 할 두 번째 자세는 이론적인 완전성만을 추구하는 학자 또는 방만하고 낡은 사고방식을 가진 직관주의자의 자세가 아니라, 사고력과 창의력을 가진 실제 행동자의 자세다. 전반경영자는 실용적이고 결과 지향적이며 실제적이어야 한다. 주위의 비판에 굽히지 않는 자신감과 수립된 의사결정에 대한 과감한 추진력도 필요하다. 실제 행동가로서의 전반경영자는 불완전한 정보와 불확실한 환경 아래에서 최적해(最適解)를 찾는 데 신경을 집중하기보다는 적용 가능한 해법을 찾아 신속하고도 과감히 현실에 도입하려는 특성을 지녀야 하는 것이다.

마지막으로, 전반경영자에게는 현실의 유지보다 창의와 개혁에 의한 능동적인 지도력이 요청된다. 우리가 처해 있는 사회는 부단히 변화하고 있고 이와 같이 변화하는 환경에 적응하기 위해서는 능동적인 자세가 필수적으로 요청된다. 그러나 이러한 능동적인 자세가 독점적인 사업과 특허 등에 대한 합리적인 권익의 유지를 부정하지 않음은 물론이다.

이같이 전반경영자가 갖추어야 할 자세는 의욕적이면서도 현실적이고, 동시에 능동적이어야 한다. 이러한 경영자세의 배양이야말로 궁극적으로 경영능력의 진수를 터득하는 것이며 경영학 교육의 대상에서 제외할 수 없는 분야이다. 다만 이러한 경영자세 교육도 관리적인 기술능력의 교육과 마찬가지로 교과서 또는 교실에서의 교육보다는 자기 반성과 부단한 경험의 축적에 의한 개인 성격의 변화를 전제로 한다는 점에서 그 어려움이 있다.

역할

"우리 기업에서는 무엇을, 누구에게 팔 것인가? 기업활동을 통해 달성하고자 하는 목표는 무엇인가? 설정된 목표를 성취하기 위해 어떻게 기업활동을 관리할 것인가?"

전반경영자는 기업이라면 반드시 당면하게 되는 이상의 세 가지 기본적 문제에 대한 해결방안을 복합적이고 체계적인 방법으로 풀어 나아가야 한다. 전반경영자는 첫 번째 문제에 대한 해답을 제시함으로써 그가 소속한 기업의 존재 이유, 활동 및 이익 포트폴리오의 구성과 범위를 결정하게 된다. 그리고 두 번째 질문에 대한 생각을 정리함으로써 기업활동의 우선순위를 결정하여 기업이 무원칙적으로 경영되는 위험성을 제거한다. 또한 세 번째 문제를 해결하기 위해 그는 목표를 달성하기에 알맞은 게임 플랜, 즉 전략을 수립하여 이를 실천에 옮긴다. 이처럼

세 가지 기본적인 전략문제를 해결하는 것이 바로 전반경영자의 주요한 역할이다.[3]

이제 여기에서는 기업의 주체가 전반경영자라는 시각에서 전반경영자의 역할을 보다 자세히 살펴보기로 한다. 또한 이를 토대로 한국 경영자의 역할을 역사적으로 고찰하고, 최근 환경변화에 따라 수반되어야 할 한국 경영자의 과제를 제시하여 보는 것도 의미있을 것이다.

전반경영자의 역할

앞에서 우리는 전반경영자의 역할에 대해 살펴본 바 있다. 여기에서 독자들은 전반경영자가 자신이 책임지고 있는 조직의 경영활동에 대한 포괄적인 정책 수립과 실천을 책임지고 있음을 알 수 있었다. 그런데 주의해야 할 것은 앞에서는 전반경영자의 특징을 부각시키고, 최고경영자 또는 부문관리 담당자와 구별하기 위해 전략 수립을 담당하는 측면을 강조하였으나, 전반경영자의 역할이 전략 수립에만 국한된 것은 아니라는 점이다. 즉 전략을 세우는 것이 전반경영자를 특징짓는 가장 두드러진 역할이기는 하나, 대부분의 경우 전반경영자는 최고경영자 내지는 사업부의 책임자를 맡고 있어 수립된 전략의 실행과 그에 따른 결과에 대한 평가와 책임을 동시에 짊어지고 있기 때문이다.

그러므로 전반경영자의 역할에 대해 연구하는 경영전략 분야는 전략의 수립(strategy formulation), 전략의 실천(strategy implementation) 및 전략의 평가(strategy evaluation)로 구분될 수 있는 것이다. 그중에서 전략의 실천을 좀 더 구체적으로 세분하면 조직화, 동기부여, 실행으로 나누어지므로, 결국 기업의 주체로서의 경영자는 전략 결정, 조직화, 동기부여, 실행, 결과책임의 다섯 가지의 역할을 담당한다. 여기에서는 전반경영자가 최고경영자 내지는 사업부의 담당자 역할을 맡고 있는 현실에 맞추어 전반경영자의 역할을 크게 전략의 결정과 실천, 그리고 전략 결정과 실천에 따르는 결과책임, 즉 전략 평가를 포함하여 살펴보기로 한다.

전반경영자는 전략 결정자로서 기업의 목표를 설정하고, 이를 달성하기 위한 전략을 수립한다. 이러한 과정에서 그는 기업을 알맞은 시기에 적합한 궤도 내지는 방향으로 이끌어가기 위해 기업활동의 우선순위를 설정하고 자금의 조달방안을 강구하는 등 고민에 고민을 거듭하게 된다. 이때 그가 염두에 두어야 할 것은 기업이 탁월한 성과를 낼 수 있도록 바른 궤도를 설정하는 동시에 환경의 변화에 신속히 대응하며 지속적인 성장을 이루어낼 수 있는 역량을 갖춘 상태로 기업의 체질 또는 문화를 형성하는 문제이다.

이를 위해 전반경영자는 새로운 시장에 진입할 기회를 포착하고, 참신하고 보다 향상된 제품이나 서비스를 개발하며, 여기저기서 나타나는 환경의 변화와 경쟁위협에 효율적으로 대처할 방안을 강구한다. 이와 동시에 언제 어떻게 기업활동을 다각화하며, 포기 또는 유지하거나, 새로 시작할 사업분야를 어떻게 선별할 것인가 등 기업의 사활을 좌우할 전략적 관심사와 혁신 노력에 시간을 투입한다. 또한 뒤에서 자세히 살펴보겠지만 내부적으로 마찰 없이 수익성이 높은 분야로 자원을 어떻게 이동시킬 것이며, 기업문화 또는 기업 각 부문 간의 역학관계를 전략 수립 시에 어느 정도 참작해야 할 것인가의 문제가 때로는 그 전략의 폭과 유효성을 제약하기도 한다(표 3.1 참조).

전반경영자가 전략을 수립할 때 제일 먼저 고려해야 할 일은 기업활동의 대전제로 기업의 존재 이유, 이념 또는 기업의 비전(vision)을 분명히 규정하거나 염두에 두는 것이다. 이러한 작업은 현재와 미래에 걸쳐 지속적으로 유지될 기업의 성격을 제시하여 주기 때문에 기업활동의 범위와 영역을 설정하는 데 필수적이다. 조직의 존재 이유, 이념 또는 비전(vision)이란, 그 기업이 무엇을 추구하며 어떠한 시장과 고객을 대상으로 봉사를 할 것인가를 밝혀주어 현재와 미래에 기업이 지향하여야 할 활동에 대한 윤곽을 전반경영자에게 가르쳐 주는 전략수립 시의 시금석이라 할 수 있기 때문이다.

전략수립의 두 번째 단계는 첫 번째 단계에서 설정된 기업의 이념에 위배되지 않는 범위 내에서 기업이 달성해야 할 구체적인 결과로서의 목표를 분명히 하는 일이다. 기업의 목표란 외부적으로는 고객의 만족, 제품의 성능 또는 사회적 요구의 충족과 결부되어야 하며 내부적으로는 바람직하게 여겨지는 조직 성과, 예를 들어 시장점유율, 기업 성장, 이익, 현금 흐름, 투자수익률과 직결되어야 할 것이다.

이러한 과정을 통해 목표가 명확히 설정되면 기업활동의 초점이 명확해져 경영자를 비롯한 기업 성원들은 흔들림 없이 목표를 달성하기 위해 관심과 노력을 집중할 수 있게 된다. 따라서 목표를 명확히 설정하는 것은 그 조직이 목표를 달성할 가능성을 높여 주는 지름길이다. 그러므로 목표는 경영의 모든 차원을 망라하여 기업의 생존과 번영에 영향을 주는 영역이라면 어디에서든 세워져야 한다.

이렇게 기업의 이념을 정립하고 목표를 수립한 전반경영자는 외부환경과 내적 제약을 충분히 고려하여 목표를 달성하기 위해 가지고 있는 자금, 인력 등의 자원을 배분하는 전략을 수립하게 된다. 뒤에서 전략수립의 기반, 요소, 수단, 방향 등을 자세히 다루게 될 것이므로 여기에서는 전략수립에 대해 자세한 설명은 피하기로 한다.

이같이 형성된 전략은 기업활동의 방향을 제시해 주는 지도와 같은 역할을 하게 되므로 전반경영자가 보여 주는 전략 결정의 역할은 그 중요성을 새삼 강조할 필요가 없을 정도의 무게를 지니고 있는 것이다. 그래서 앞에서는 전반경영자의 전략 결정 기능을 최고경영자 또는 부문관리자와 구분짓는 가장 두드러진 특징으로 간주했던 것이다.

다만 아무리 잘 세워진 전략이라도 제대로 실행되지 않으면 아무 쓸모가 없다는 점에서 최고경영자 또는 사업부의 책임자 위치에 있는 전반경영자는 전략의 실행에도 관심을 가져야 한다. 다시 말해서 전략수립이 마무리지어졌을 때 전반경영자는 전략안을 잘 실행하여 바라는 목표를 달성하기 위해 노력해야 하는데, 이러한 과정은 전략수립시보다 더욱 많은 시간을 요하며, 실행과 함께 조직과 동기부여가 앞서거나 병행되어야 하는 것이다.

경영자가 원활한 기업활동을 수행하기 위해서는, 먼저 인적(人的) 조직기반이 마련되어 기업의 실체가 형성되어 있어야 한다. 그러므로 경영자의 주요한 기능의 하나로 개인의 분산된 능력을 집합시켜 기업 실체로 조직화하는 조직자의 역할이 대두하게 된다. 이는 전략의 실행 시 수립된 전략에 맞추어 조직의 규모와 성격을 형성하고 필요한 인재를 확보해 적재적소에 인력을 배치하는 한편, 목표관리의 도입, 조직의 활성화 노력, 적절한 리더십의 발휘가 덧붙여져 이루어진다.

제3부 8장 조직구조에서 자세히 살펴보겠지만, 조직구조는 전략에 맞추어 결정되어서 전략이 성공적으로 수행되도록 뒷받침하는 기능을 수행한다. 때로는 기존의 조직체계가 어떠한 것이냐에 따라서 앞으로 채택될 전략의 한계가 규정되기도 하며, 기업 또는 조직의 성장단계에 따라 알맞는 전략의 형태가 다르게 나타나기도 한다. 그러므로 전반경영자가 전략을 수립하고 실천에 옮길 때에는 이러한 조직과 전략의 관계를 충분히 감안하여야 바라는 성과를 얻어낼 수 있는 것이다.

이와 동시에 경영자는 동기부여자 또는 격려자로서 기업구성원의 동기를 기업목적에 부합시키는 지도력을 발휘하여야 한다. 한편으로는 조직 내의 갈등과 세력 다툼 등에 대처하여 설득과 타협, 조정을 해야 하며, 다른 한편으로는 기업구성원의 무기력과 무사안일 풍토에 맞서 확신을 심어주고 의욕을 불어넣어 주어야 한다.

이를 위해서 전반경영자는 그 자신의 열정과 추진력 그리고 애사심을 보여주어 부하들의 귀감이 되는 한편, 성과급 등 물질적 보상을 제공하는 동시에 수립된 전략을 실행에 옮기는 과정에서 가능한 한 많은 사람을 참여시키고, 재량권을 일정한 한도 내에서 아래로 위양하여 기업구성원들의 내적인 만족을 불러일으킬 필요가 있다.

또한 보다 장기적인 관점에서 바람직한 방향으로 기업문화 또는 조직 분위기를 형성, 정착시키도록 노력하는 것도 좋은 방안의 하나이다. 그리고 기업구성원을 위한 복지후생정책을 수행하고, 인사정책의 공정성을 기하며, 건전한 노사관계를 육성하는 일도 동기부여에 큰 효과를 가져다준다.

전략의 실행과정에서 경영자는 이와 같은 조직 및 동기부여 역할과 아울러 조직화된 힘을 움직여 기업의 목적을 달성하기 위한 전략의 집행 시에도 중추적인 역할을 담당한다. 다시 말해 마케팅, 생산, 재무, 인사, R&D 등 여러 기능 부문의 활동을 적절히 조정하여 수립된 전략이 목표한 대로의 성과를 낼 수 있도록 경영자는 근면한 자세로 자신의 능력을 동원한다.

이 과정에서 그는 끊임없이 각 기능 부문 또는 전체 기업이 내는 성과를 검토하여 세부 계획을 수정하기도 하고, 격려와 질책을 거듭하며, 자원 및 인력의 배분을 조정하는 등 결과의 통제를 위해 있는 힘을 다한다.

이같이 전략의 수립에서 실행까지 고통의 과정을 지나온 전반경영자는 마지막으로 달성된 결과를 평가하고 그 결과에 대한 책임을 지게 된다. 다시 말해 그는 결과책임자 또는 위험부담자로서 성공, 실패를 불문하고 기업활동의 결과에 대한 책임을 지고 위험을 부담해야 하는 것이다.

한편 평가된 결과를 소상히 분석하는 것도 필요하다. 앞으로 새로운 전략을 수립하고 실행하는 데 유용하게 쓰일 자료가 되므로, 전반경영자는 성공과 실패의 원인을 철저히 밝히는 작업도 잊어서는 안 된다. 지금까지 소개한 전반경영자의 역할은 <표 3.1>과 같이 요약된다.

한국 경영자의 역할과 과제

지금까지 전반경영자의 역할을 전략의 수립과 실행 및 평가 측면에서 전략 결정, 조직화, 동기부여, 실행, 결과책임 등 다섯 가지로 구분하여 자세히 살펴보았다. 이제 앞의 분류에 맞추어 60년대 이후 오늘에 이르기까지 한국의 경영자가 수행해 온 역할을 역사적으로 고찰하여 보고, 선진국 대열에 진입하기 위한 한국 경영자의 과제를 생각해 보기로 한다.

표 3.1
전반경영자의 역할 분류

전략결정	전략 실천			결과책임(평가)
	조직	동기여부	실행	
• 창의, 혁신 기능 • 경영목표 결정 • 전략적 의사결정 • 기술개발 지향 • 국제적 시각 • 각종 투자결정 • 계획수립 과정의 관리적 행위	• 인적 조직기반 • 기업 실체의 형성, 유지 • 충원 • 조직의 규모와 성격 형성 • 목표관리 • 적절한 리더십의 발휘	• 기업 구성원의 동기, 기업목적과 조화 연결 • 종업원 노조관련 인사정책 수행 • 복지후생 • 민주적 경영 • 인화 • 종업원 훈련 • 전략의 집행	• 전략의 집행 • 경영지식 • 기술지식 • 대외적 능력	• 기업활동 결과에 대한 책임 • 목표달성을 위한 결과 통제 • 성공과 실패의 원인 분석 및 새로운 전략 수립에의 반영 • 소비자보호 • 납세의 충실한 이행

60년대에서 90년대까지의 한국 경영자의 역할

지난 60년대에서 70년대까지 한국의 경영자들은 국민의 잘 살겠다는 소망과 정부의 경제발전에 대한 의지를 연결시키는 역할을 하였다. 입신출세를 지향하는 한국인의 인생관은 경제적 지위의 향상이라는 구체적인 목적과 이를 위해 여하한 노력도 불사하는 적극적 자세로 나타났고, 정부의 경제발전에 대한 열망은 시장원리와 경쟁촉진 대신 획일적인 경제계획에 의한 기업의 지도와 보호로 나타났다. 이러한 여건하에서 경영자는 근로 대중을 조직화하여 그 힘으로 정부의 지침을 실행하는 조직자와 실행자의 역할을 담당하였고, 정부는 지도로 전략결정자의 역할, 보호로 결과책임자의 역할을 대신하였으며, 근로 대중은 자발적인 동기로 기업의 격려자 역할을 불필요하게 하였다.

이러한 경영자와 정부, 근로자의 3각 관계에서 대정부 관계자라는 새로운 경영자의 역할이 등장하였다. 전략 결정자와 결과 책임자의 역할을 정부가 대신하였기 때문에 대정부 관계를 담당하는 역할이 요구되었던 것이다. 따라서 이 시기의 성공적인 경영자는 조직자와 실행자 그리고 대정부 관계자라는 세 가지 역할을 필요로 하였다.

한편 1980년대에 들어서면서부터는 60~70년대의 고도성장에 따른 구조적 어려움을 극복하기 위한 기초 작업이 나름대로 진행되었다. 이때 나타난 두드러진 문제는 극심한 인플레이션이었다. 80년대 전반에는 안정위주로 성장 기조를 전환시켜 재정금융정책의 건실한 운용과 명목임금 인상의 자제 강요, 금리 인하, 추곡 및 하곡 수매가 인상 억제, 부동산 투기 규제 등의 정책수단을 통해 1980년 42.3%였던 도매물가 상승률을 82년 이후 연 2~3% 수준에서 안정시키는 데 성공했다.

다만 이 과정에서 과거 인플레이션을 성장의 주요한 기반의 하나로 삼았던 많은 기업들은 제품 또는 서비스 가격의 인상이 힘들어져 고통을 겪게 되었다. 이를 극복하기 위해 많은 기업들이 생산성 향상 노력보다는 임금 인상의 억제를 통한 저임금 구조의 유지를 꾀함으로써 80년대는 ㄷ자동차 파업, ㄷ어패럴 사건 등 많은 노사분규로 점철된 시기가 되고 말았다.

한편 1990년대에 이루어진 주요 경제시책으로는 시장경제체제로의 전환을 위한 여러 정책들을 손꼽을 수 있다. 공정거래제도의 시행을 통해 독과점의 폐해를 시정하고 시장경제 질서를 회복시키려는 노력을 하였으며, 시중 은행의 민영화 등을 통해 금융자율화를 추진하여 자금 분배의 왜곡을 개선하고자 했다.

또한 더욱 강화된 시장개방 압력에 직면하여, 정부는 수입자유화의 촉진과 관세율 인하 그리고 자본자유화 시책을 통해 국내 산업의 경쟁력 향상을 유도하려고 하였다. 그 결과 기업은 과거와 달리 정부의 보호와 지원이라는 온상 속에서 더 이상 머물러 있을 수 없게 되었으며, 이에 따른 충격의 파장은 기업과 경영자에게 자성과 함께 위기의식을 심어주게 되었다.

이 밖도 90년대에는 산업체에 의한 공해와 환경오염, 날로 심해 가는 빈부의 격차 등으로 인해 기업에 쏟아지는 국민들의 날카로운 비판과 요구가 더욱 증대되어 기업의 사회적 책임과 이념에 대한 나름대로의 검토와 정립이 필요해졌다.

앞으로의 한국 경영자의 과제

기존 역할의 심화

이상과 같은 국내외의 환경변화에 따라 향후의 한국 경영자는 기존의 조직자, 실행자의 역할 외에 다음의 역할을 보다 잘 수행해야 한다.

첫째, 경영자는 전략 결정자의 역할을 심화시켜야 한다. 구체적으로는 전략가로서의 사고능력을 길러야 하고, 기업 내에 장기전략 계획과 같은 체계적인 제도를 정착시켜야 한다.

전략가로서의 사고는 앞으로의 의사결정 내용이 과거와 달라진 것을 인식하는 데에서 출발한다. 즉 과거에는 시장규모의 성장에 따른 시설 확장과 같은 양적인 의사결정이 필요하였으나, 해외시장의 제약, 국내 기업활동 여건의 악화, 국경을 초월한 무한경쟁의 가속화와 같은 구조적인 여건의 변화를 맞아 이제는 기존의 사업이 미래의 여건에 적합한 것인가를 판단해야 하는 질적인 의사결정문제로 바뀌었다.

예컨대 해외에 지나친 의존을 해온 건설업자나 무역회사는 국내시장에 기반을 구축하는 방안을 마련하고, 섬유산업과 같이 노동집약적 사업에 치우치거나 중화학공업과 같이 에너지 의존도가 높은 회사에서는 기술 또는 지식 집약적인 사업으로 방향 전환을 시도하며, 수입자유화 시대를 맞아 품질의 향상 및 서비스 기능을 대폭 강화하는 것이 전략적이다. 제품 포트폴리오 기법과 같은 개념이 전략적인 사고에 효과적으로 이용될 수 있다.

장기전략 계획은 미래의 여건과 주요 문제점을 파악하여 이러한 문제점이 현실로 나타나더라도 극복할 수 있는 전략을 개발하는 것이다. 미래의 경영자는 전략계획을 통하여 정부 지원의 상실, 경쟁의 격화, 기술의 급격한 변화 등 국내외의 도전에 대하여 능동적으로 적응해 나갈 수 있는 방안을 사전적으로 준비해야 할 것이다.

둘째, 경영자는 종업원의 태도, 희망, 불만 등에 주의를 기울임으로써 그들의 지지와 협조를 얻는 격려자의 역할을 강화하여야 한다. 가장 효과적인 방법은 말 그대로 종업원과 사회 그리고 국가에 대한 책임을 적극적으로 수행하는 것이다. 이러한 역할은 재량적인 성격을 갖는 까닭에 사회와 국가에서도 이들에 대한 보상 등과 같은 제도를 고려할 수 있을 것이다.

셋째, 경영자는 결과 책임자로서의 역할을 담당하여야 한다. 정부의 보호와 후견인 역할이 감소됨에 따라 80년대의 국제그룹 도산, 90년대 후반의 기아그룹 부도 등의 예에서 보듯이 80년대 후반부터 적자생존의 법칙이 한국 경제를 지배하고 있다. 자유경쟁 체제에서 결과에 대한 책임을 지고 경쟁에 임하는 기업이 궁극적으로 승리하는 것은 당연한 이치라 하겠다.

역할 확장

'전략(strategy)이 무엇이냐에 따라 조직의 구조(structure)가 결정되며, 그 구조의 유지를 위해 운영시스템(system)이 정해진다.'[4]는 말만큼 기업세계를 지배해 온 경구는 지금까지 별로 없었다. 오늘날 대부분의 기업들도 이 원칙에 따라 설계되고 경영자의 역할도 이 법칙에 따르고 있다.

그러나 오늘날, 특히 향후의 경영환경은 지금까지와는 크게 다를 것이다. 과잉생산시설 속에서 치열한 경쟁이 범세계적으로 벌어지고, 사업도 지리적으로 분리되어 관리가 어려워졌으며, 정보통신 기술의 급속한 발달과 보급으로 인해 다량의 정보를 처리해야 한다. 경영자 역할의 중요성이 점증하고 있는 것이다. 이러한 환경 하에서 경영자에게 진정으로 필요한 것은 전략, 구조, 시스템의 경영논리를 뛰어넘는 근본적인 변화이다. <표 3.2>는 경영자의 역할에 대해 간단히 정리했다.

표 3.2
경영자의 역할 확장

기존 역할의 심화	역할의 확장
• 전략, 구조, 시스템에 기초한 경영논리 중시 및 이에 따른 역할 수행 • 즉 정책결정자, 격려자, 조직자, 실행자, 결과 책임자의 역할 수행	• 전략, 구조, 시스템의 경영논리에서 나아가 기업의 목적 / 비전 설정, 관리 과정 및 종업원의 능력 개발을 중시 • 보다 신뢰받는 리더십의 발현

예를 들어보자. 3M의 연간 총매출액 중 30% 이상은 지난 5년 내에 새로 개발된 제품으로부터 창출된다. 140억 달러 이상의 규모에도 불구하고 혁신적 능력과 기업가정신을 보유하기 위해 3M의 경영자는 어떠한 역할을 수행하였는가?

또 초기에는 형편없었던 ABB사가 발전장비 산업의 세계적인 선두주자로 발전하게 된 이유는 무엇인가? 캐논사가 어떻게 카메라로부터 전자계산기, 복사기, 컴퓨터까지 사업을 확장하면서 스스로 혁신하고 성장할 수 있었는가? 그것은 바로 이러한 기업의 경영자들이 전략, 구조, 시스템에 기초한 경영논리를 넘어서는 다음과 같은 세 가지 공통적인 철학을 공유하고 있었기 때문이다.[5]

첫째, 이들 기업의 경영자들은 명확한 전략을 수립하는 것 외에 기업의 목적/비전을 설정하는 데 보다 충실했으며, 둘째, 조직구조의 설계보다 효과적 관리과정(management process)을 더 강조해 왔다. 셋째, 종업원의 행위를 통제하는 데 관심을 두기보다는 종업원의 능력을 개발하고 그들의 시야를 확장시키는 데 더 많은 관심을 두었다. 그리고 이러한 세 가지 요소 외에, 이들 내용의 바탕이 되는 개념으로 지금보다 더 효과적인 리더십의 발현이 필요하다는 점을 지적할 수 있다.

계속해서 이들 각각의 내용에 대해 좀 더 구체적으로 살펴보자.

■ 기업 목적/비전 설정의 중시

전략을 수립하고 우선순위를 결정하는 것은 최고경영자의 영역이자 오랜 과업이었다. 그러나 아무리 최고경영자가 수립한 전략이라 하더라도 그것이 전체적 조직목적에 연결되지 않으면 구성원의 자발적 몰입을 유발하기 어렵고 소기의 성과도 창출하기 힘들다.

이러한 기업 목적을 설정함에 있어 경영자가 고려해야 할 세 가지 요소로는 첫째, 기업의 목적/비전을 설정할 때 조직구성원의 적극적 관심과 몰입을 유도할 수 있도록 그들의 관심과 이익에 중점을 두어야 한다는 점, 둘째, 조직이 무엇을 향해 나아가고 있는가를 구성원이 알 수 있도록 조직의 구체적 목표와 성과 등 조직이 추구하는 핵심가치를 명확히 정립하고 가시화시켜야 한다는 점, 셋째, 구성원 개인이 조직의 중요한 일부라고 인식하고 목표의식을 느낄 수 있도록 개인의 자율권과 성과를 인정해 주는 등 구성원의 직무에 경영자가 의미와 관심을 부여해야 한다는 점을 지적할 수 있다.

이러한 사실은 결국, 전략 이전에 기업 목적(purpose)이 제대로 정립되어야 하며, 이러한 목적을 제대로 정의하고 설정하는 것이 바로 경영자의 우선적 역할이라는 것을 의미한다.

■ 관리 과정(management process)의 중시

조직은 일련의 과정(process)들의 집합체이다. 실제로 일부 진취적인 경영자들은 조직을 구조로 파악하지 않고 과정으로 파악하여 수직적 계층구조 중시의 경향에서 탈피, 수평적 정보전달 과정을 중시하고 있다.

성공하는 기업들의 공통적인 핵심과정으로서 ㉠ 구성원들로 하여금 마치 조직이 자기 소유인 것처럼 생각하며 업무에 임하도록 하고 기회를 스스로 찾도록 하는 '창업가 정신 배양 과정', ㉡ 내부적인 단위조직 간의 경계를 초월하여 개별 조직이 지니고 있는 자원들을 서로 연결하고 효과적으로 이용할 수 있도록 함으로써 기술융합 등에 대비하는 '경쟁력 강화 과정', ㉢ 기존의 지식과 기업 관행을 뛰어넘어 새로운 자원과 기회를 만들어 내는 '재창조 과정'을 지적하고 있다.

■ 임직원 역량 육성의 중시

오늘날과 같이 환경이 급변하고 경쟁이 치열해지며 세계화된 경영환경 속에서는 지식(knowledge)을 이용할 줄 아는 능력이야말로 기업의 경쟁우위를 결정하는 중요한 요소 중의 하나가 된다.

자본과는 달리 지식은 조직구성원 개개인에게 체화되어 활용될 때 그 가치가 발휘된다. 이러한 사실이 시사하는 점은 경영자에게 자못 중요하다. 즉 경영자들은 구성원을 단순한 생산요소가 아니라 전략적 자산으로 인식하고 또 육성해야 하며, 나아가서 지금까지 임원들의 몫이었던 직무들이 보다 낮은 계층의 실무자들에게 이양되도록 조직구성원들의 역할과 책임을 재조정해야 하는 것이다.

결국 앞으로의 경영자들은 경쟁우위 확보를 위해 인간 중심의 경영모델을 적극 채택하고 활용해야만 한다. 경영자들의 가장 근본적인 임무는 조직 내에서 가치 있는 구성원들의 특징을 회복시키는 것이며, 그렇게 하기 위해서는 앞서 설명한 목적, 과정, 인재에 기초한 경영철학을 채택할 필요가 있다.

■ 리더십의 발현

급변하는 경영환경, 특히 국경 없는 경쟁상황 속에서 조직 전체의 근본적인 혁신과 변화를 이끌어 내고, 그 결과 기업을 지속적으로 성장시킬 수 있는 바탕은 어디서 비롯되는가? 그것은 바로 신뢰받는 리더십의 발현에서 비롯된다.

구성원들로부터 신뢰받는 지도자가 올바른 목표를 제시하고 그 목표를 달성할 수 있도록 구성원들의 역량을 배양하고 효과적으로 조직화할 수 있을 때 비로소 조직 혹은 집단은 공동목표를 무난히 달성할 수 있다. 따라서 신뢰받는 리더에 의한 효과적인 리더십 발휘는 어떠한 일이 이루어지도록 하는 데 없어서는 안 될 중요한 요소이다. 왜냐하면 리더와 구성원 간에 신뢰감이 형성되지 못하면 구성원들은 최선을 다해 자신의 잠재능력을 개발, 발휘하지 않게 될 것이며, 요구받은 업무를 마지못해 수행하는 결과만을 초래할 것이기 때문이다. 이 경우 발휘되지 않고 개발되지 않은 힘과 자질을 생각해 보자. 또 반대로 신뢰를 바탕으로 리더와 구성원들이 완전히 호응해서 발휘하는 힘과 저력, 그리고 그 결과를 비교해 보자. 이 두 경우의 결과는 시간이 지남에 따라 엄청난 격차로 나타날 것이다.

그렇다면 기업의 리더인 경영자가 구성원들로부터 신뢰감을 획득하기 위해서는 어떻게 해야만 하는가? 무엇보다 기본 자질을 갖추어야 한다. 우리나라의 경우 성공기업의 경영자가 지니는 행동 특성으로는 구성원에 대한 인간적 배려, 즉 인간중시 경영의 강조, 경영자 스스로가 성실과 근면의 모범을 보이며 현장을 중시하는 솔선수범의 자세, 사업에 대한 소명의식과 강한 집념, 내부 구성원과의 돈독한 관계 유지를 포함한 대인관계 능력, 실력주의 등을 지적할 수 있다.[6]

이제 정부 영향력의 감소 그리고 국제적인 여건의 악화와 더불어 몇 년 내에 무(無)에서 일약 대기업으로 등장하고 또 패망하던 청년 실업가들의 스토리는 과거의 신화가 되었다. 건실한 기반 위에서 기대수익과 위험부담을 냉철하게 판단하여 채택된 기회를 적극적으로 추진하는 경영자, 즉 정책 결정자, 격려자, 조직자, 실행자 그리고 결과 책임자의 다섯 가지 역할 외에 새로운 경영논리에 맞는 역할까지도 모두 갖춘 경영자만이 국내외의 도전을 성공적으로 극복하고 기업을 성장시킬 수 있는 시대가 온 것이다.

| 요약 | Summary

- 경영자의 폭: 기업의 인적 구성은 최고경영자, 중간경영자 및 하부경영자의 세 계층으로, 또는 더욱 엄밀히 볼 때 최고경영자층에서 하부경영자층에 이르는 연속체로서 이루어 짐
- 경영의 폭: 최고 · 중간 · 하부경영자로 경영자를 삼분하는 것보다 최고경영자에서 하부경영자에 이르는 하나의 연속체로 이해하는 것이 타당한 것과 같이 경영 역시 전략에서부터 운영에 이르는 하나의 연속체로 보아야 함
- 최고경영자는 경영자의 폭에서 최상단을 점하는 최고경영자층을 지칭하며, 그의 임무는 주로 전략을 담당하나, 관리 및 업무에 대한 것도 포함. 이에 대하여 전반경영자는 기업의 궁극적인 책임자로서 기업목표를 선정하고 이를 달성하기 위한 전략을 담당하는 임무를 가짐. 따라서 전반경영자는 대개의 경우 최고경영자이나, 반드시 최고경영자이어야 할 필요는 없음

PART 2

전략 수립

STRATEGIC MANAGEMENT

CHAPTER 4

전략분석의 투입요소

1부에서 우리는 경영전략의 개념에 대해 살펴보았다. 2부에서는 전략을 논의하는 데 있어 핵심이 되는 전략의 결정요소를 다루기로 한다. 먼저 외부요소에 대해 살펴보겠다. 전통적인 경영학 연구는 기업 내의 모습을 중점적으로 연구하는 폐쇄시스템(closed system)적인 측면이 강했다. 이러한 시각은 기업을 정확하게 이해하는 데 많은 도움이 되지만 충분하지는 않다. 보다 효과적인 기업경영을 위해서 경영자들은 환경의 변화에 대해 알아야 하며, 그 변화에 맞춰 기업활동을 선택하는 개방시스템(open system)적인 시각이 요구되고 있다. 따라서 이 장에서는 외부여건의 다양한 요소들을 살펴보고 이들이 어떻게 기업에 영향을 미치는지 생각해 보기로 한다. 이러한 이해를 돕기 위해 우선 전략분석의 주요 요소들을 살펴보기로 한다.

CASE 손자병법에서의 전략

손자병법의 제 십(十)편인 지형편(地形編)의 결론 부분에는 "故曰, 知彼知己 · 勝乃不殆 · 知天知地 · 勝乃可全"이란 구절이 있다. 즉 직접적인 경쟁 상대를 염두에 두고 "적을 알고(知彼) 나를 알면(知己) 승리를 추구하는 데 있어 결코 위태로워지지 않을 것이며, 그 위에 지리(地理)와 천시(天時)를 알면(知地, 知天) 승리(목표달성)를 가히 보전하리라"는 것이다. 여기서 彼는 현대 경영전략에서는 기업의 외부여건, 己는 내부 여건, 地는 사회적 책임, 天은 기업철학을 뜻한다. 이처럼 손자병법과 현대 경영전략의 네 가지 요소는 서로 그 내용이 일치한다. 특히 손자는 보다 직접적인 경쟁 상대로서의 적과 제3자적인 여건으로서의 환경(地 · 天)을 엄격히 구별함으로써 전략의 경쟁 대응성 · 상대성을 강조하였는데, 이것을 도표화해 보면 다음과 같다.

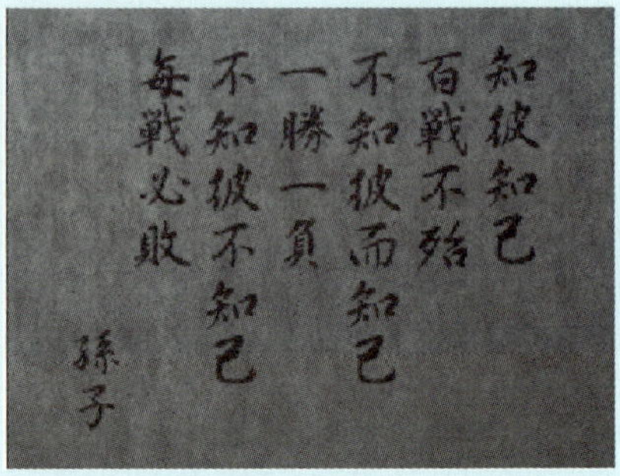

표 4.1
손자병법과 현대 경영전략의 비교

	손자(군사전략)	앤드류스(경영전략)
구성 요소	己	내부 여건
	彼	외부 여건
	地	사회적 책임
	天	기업철학

또한 손자병법의 가장 기본이 되는 사상은 제 삼(三)편 모공편(謀攻編)의 "百戰百勝非善之善者也 · 不戰而屈人之兵 · 善之善者也 · 故上兵伐謀 · 其次代交 · 其次伐兵"이다. 즉 "싸우지 않고 적의 전쟁 의지를 굴복시키는 것이 가장 최선이며,

백번 싸워서 백번 이긴다는 것은 차선책(次善策)에 불과하다. 따라서 적의 계략을 쳐부수어 아예 싸움의 여지를 없애는 것이 최상의 전략이며, 전투를 통해 적을 쳐부수는 것은 하위 전략"이라는 것이다. 여기에서 손자는 전략의 실시에 상당한 손실, 즉 비용이 따른다는 것을 강조함으로써 전략이 얼마나 훌륭한가에 대한 궁극적인 평가는 달성된 결과만을 보고 내릴 것이 아니라 전략 실시에 따른 비용을 고려한 후 내려야 한다는 소위 시스템적인 견해를 시사하고 있다.

1절 전략 분석의 외부요소: 환경

CASE 신화는 계속된다: 고객화를 향한 디지털 포스코의 e-SC[1]

'제철보국' 이라는 생산자 중심적 공기업 문화로 가득했던 포철은 2000년 10월로 예정된 민영화를 눈앞에 두고 변화의 방향과 범위를 깊이 고민했다. 무엇을 바꾸어야 할 것인가? 어떻게 바꾸어야 할 것인가? 논의 끝에 포철은 '고객으로 가자!' 라는 결론을 내리고, 고객화(customization)를 핵심비전으로, 전자적 공급사슬(e-Supply Chain)을 핵심도구로 삼아 혁신을 실행했다. 사명까지 포스코로 바꾼 소리 없는 혁명이 어떻게 이루어졌는지 살펴보자.

고객화에 눈을 뜨게 한 포스코의 내 · 외부환경

민영화가 가져온 패러다임의 변화: 고객으로 가자.

포스코는 '철강은 산업의 쌀' 이며 경제성장을 위한 기본 인프라라는 국민적 인식을 바탕으로 1968년 4월 1일 설립되었다. 창립된 이래 2000년 10월 민영화 이전까지 30년간 포스코는 고도성장 상황에서 공급이 곧 수요를 결정하는 전형적인 공급자시장구조 속에 있었다. 철강산업은 설비투자가 크게 필요한 국가 기간산업이라는 점에서 정부로부터 전폭적인 지지가 있었다. 이런 환경 속에서 포스코는 '제철보국' 이라는 공기업적 기업이념을 가지고, 생산량 확대와 생산성 제고에 전력집중했다.

따라서 생산 효율성 제고가 1차적 관심사였으며, 이를 위해 생산하기 쉬운 제품부터 만들어 생산효율성을 높이고 공급량을 최대한 늘리는 공기업 특유의 공급자 마인드가 기업 문화를 지배했다. 공기업인 만큼 국내산업기반 지원을 위해 생산-공급 과정에서 소량구매건 대량구매건 고객차별화 없이 1물 1가 원칙을 적용할 수밖에 없었던 것도 현실이었다.

이렇듯 독점적 공기업으로 성장하며 굳어져 버린 생산효율성 제일주의라는 생산자 지향적 사고체계로 인해 포스코는 "갑"의 문화, 즉 포스코가 계약의 주체이고 고객에겐 포스코가 이끄는대로 끌려갈 수밖에 없는 "을"의 입장을 강요했다. 이러한 관행으로 인해 고객사들은 포스코에 대해 지속적으로 불만을 누적시켜갔고, 서서히 포스코의 변화를 요구하는 목소리를 높여가고 있었다. 포스코 내부에서도 고객중심적 사고로 과감하게 경영패러다임을 전환해야 한다는 인식이 팽배해져갔다. 기업 내외적으로 패러다임의 대전환, 생산자 중심의 공기업 문화를 소비자 중심의 민간기업 문화로 바꾸기 위한 싹이 트고 있었던 것이다.

민영화! 이것이 그 계기가 되었다.

1998년 7월 민영화를 준비하면서 '민영화 이후 무엇이 핵심방향인가' 를 두고 포스코는 전 임원 및 부 · 실장들을 대상으로 향후 과제 발굴을 위한 조사와 토론을 진행했다. 이를 위해 마이클 트레이시 모형(value discipline model)을 사용하여 제품 우월성(product excellence), 효율적 관리(operational excellence), 고객밀착경영(customer intimacy)에 대해 평가토록 했다. 그 결과 아래 그림에서 보는 바와 같이 원가경쟁력과 생산성을 바탕으로 한 효율적 관리와 제품우월성은 각각 4.3, 3.7로 세계 수준인 3.5를 상회했으나 고객밀착경영에서는 2.7로 집중적인 노력이 필요한 것으로 판단되었다. 고객에게 보다 가까이 다가가는 것! 이것이 지상과제가 되었다. 그 결과 민영화 과정에서 핵심적인 경영과제로 고객밀착도를 높이는 경영체제를 구축하기로 했다. 바야흐로 시장중심적 경영패러다임으로 변화되는 결정적인 기회를 맞이한 것이다.

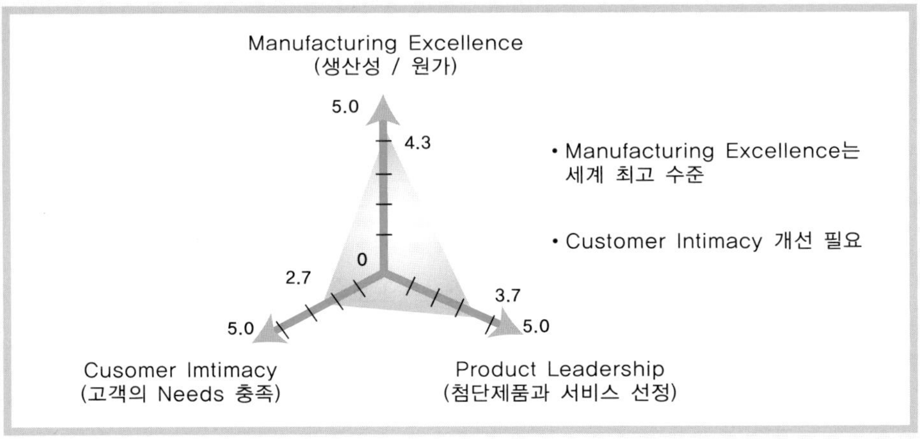

그림
POSCO 자체진단: POSCO 전임원, 부/실장 토론 결과

고객중심으로 가자!

그런데 어떻게 고객밀착도를 높일 것인가? 이는 고객과 포스코 간 유기적인 커뮤니케이션 인프라를 만드는 것에서부터 시작되었다. e-SC, 즉 전자적 공급사슬을 먼저 구축한 것이다. 이것이 계기가 되어 2000년 10월 민영화가 완료된 뒤 2001년 7월 포스피아가 가동되면서 포철은 사명을 포스코로 변경하고 고객밀착도를 높여나갔다.

급변하는 국제환경

21세기의 거대한 수요자이자 공급자인 중국의 급성장은 포스코에게 다시금 고객지향적 경영패러다임을 재촉하는 동기요인이 되었다. 단기적으로 중국이라는 엄청난 철강제품시장이 성장하는 것은 좋은 기회였지만, 동시에 중장기적으로 중국 내 철강회사의 급성장이 예고되는 것은 위협으로 다가왔기 때문이었다.

중국은 과거에는 주로 철강 원료를 대량 수출하고 고부가가치 제품은 한국, 일본 등에서 수입하고 있었지만, 앞으로 강판 등에 있어 고급화된 제품을 중국내에서 자체적으로 생산하게 되면 한국으로부터 수입해오던 강재를 중국 국내산으로 대폭 대체할 것이 확실했다. 원료 · 판매 · 투자 시장의 3박자를 고루 갖추어 무궁무진한 잠재력을 갖춘 중국과의 미래 경쟁에 대한 대응은 포스코에게 더 이상 미룰 수 없는 시급한 문제였다. 결국 중국과 경쟁하기 위한 준비에 있어 최대 과제는 중국업체에 대한 경쟁력 제고였다. 공기업으로서 국내시장 공급에 주력했던 시절에 가졌던 공익성, 공급자 중심 사고로는 이미 큰 변화를 시작한 중국시장에 대응할 수 없었다. 특히 중국 시장을 놓고 벌이는 세계공급망(global supply chain) 간 경쟁에서 우위를 점하기 위한 획기적인 고객연결시스템 도입이 필요했다.

1990년대 후반 이후 2000년에 접어들면서 세계 철강업계는 구조조정이라는 어려운 국면에 접어들고 있었다. 2000년에는 세계 각국에서 철강업체들이 도산하기 시작되었다. 세계 철강경기가 상승세를 한동안 지속할 것이라는 예상에도 불구하고, 세계적인 경쟁 심화로 인해 업체들이 하나 둘 무너져 갔다. 그러면서 세계 경쟁 철강업체 간에 인수합병이 본격화되었다. 유럽에서는 Arbed사와 Aceralia, Usinor가 합병하여 Arcelor사가 탄생했고, 일본에서는 Kawasaki와 NKK가 JFE로 경영통합을 했으며, 미국은 USS와 Bethlehem, National사가 통합하는 등 경쟁력을 확보하기 위해 철강회사 대형화가 이뤄지고 있었다. 세계 최고를 자랑하며 포스코의 스승 역할을 해왔던 신일본제철도 경영난을 호소하기 시작했고, 미국 정부는 2001년 말 자국 철강업계 보호를 위해 Safeguard까지 발동하기에 이르렀다. 이처럼 철강산업은 어려운 국제환경으로 인해 크게 위축되었고, 경쟁은 날이 갈수록 심화되었다.

이같이 탄탄해 보이던 세계 철강업체들마저 변화에 능동적으로 대응하지 않으면 바로 도태되는 상황이었다. 이러한 현실 속에서 포스코는 시장중심 사고로 근본적인 변화와 혁신을 이뤄 국제경쟁력을 높여야 한다는 절박한 상황에 이르렀다. 국제환경 변화가 포스코에게 고객의 욕구를 배려하는 시장 중심의 마인드와 철저한 수익성 중심의 사고로 핵심 경영패러다임을 옮겨야 한다는 깨달음을 준 것이다. 그 결과 포스코는 고객만족을 위해 적극적으로 인터넷베이스 ERP 및 e-SC를 추진하게 되었다.

각주 Notes

1 | e-SC(electronic Supply Chain)으로서 전자적 공급사슬에 의해 수요가 관리되는 시스템을 말한다.

전략분석의 주요 요소

전략 하면 우리는 으레 손자병법(孫子兵法)을 연상하고, 손자병법하면 "지피지기백전백승(知彼知己百戰百 殆)"을 연상하게 된다. 원전(原典)의 제 삼(三)편인 모공편(謀攻編)에서 결론 부분은 "故曰知彼知己 百戰不殆 不知彼知己 一勝一負 不知彼不知己 每戰必敗"로 되어 있다. 즉 상대편이 갖고 있는 강점과 약점을 잘 알고, 또 자신의 능력과 한계를 충분히 알고 난 후에, 자신의 능력을 활용하여 상대방의 약점을 추궁하는 전략을 채택하면 전쟁에서 소위 백전 백승, 조금도 실패함이 없으리라는 것이다. 이에 반해 자기 실력만은 그런대로 알고 있어 아군을 위태로운 지경으로 몰아넣지는 않더라도 상대편 여건에 대한 판단이 허술하여 그 약점을 치고 들어가는 전략을 세우지 못했을 때는 이길 수도 있고 질 수도 있다. 그러나 상대편에 대한 지식도 백지장이고 자기 자신이 갖고 있는 실력도 잘 모르는 상황에서 주먹구구식으로 벌이는 전쟁에서는 결코 이길 수가 없는 것이다.

손자(孫子)의 이와 같은 군사전략은 경영전략에 있어서도 그대로 적용된다. 기업에서 경영전략을 수립하는 데 있어서도 무엇보다 먼저 상대자가 누구인가를 알아야 한다. 여기서 말하는 상대자란 경쟁기업뿐만이 아니다. 기업이 경영활동을 하는 데 있어 영향을 미치는 거시적인 환경요인 즉, 정치, 경제, 기술, 사회문화 등 모든 외적 여건을 포함한다. 기업 외부 여건을 파악하고 나면 기업이 추구할 수 있는 기회는 저절로 포착된다. 다음으로 할 것은 기업 자신에 대한 파악이다. 기업이 가지고 있는 자금 능력을 포함한 재무구조, 생산시설 및 기술, 경영관리능력, 업종 및 제품구조 등에 관한 모든 내부적 능력과 한계점을 명확히 이해해야 한다. 이같이 외부에서 주어지는 기회와 내부에서 가지고 있는 능력을 알게 되면 기업이 택할 수 있는 여러 가지 기회 중에서 자신의 약점을 노출시키지 않으면서도 강점을 십분 살릴 수 있는 가장 좋은 기회를 택할 수 있게 된다.

기업 능력 평가는 상대적인 것이어서 선택하는 기회에 따라 강점이 될 수도 있고 약점이 될 수도 있다. 예컨대 미국 자동차회사 중 가장 규모가 작았던 아메리칸 모터즈에서는 제너럴 모터즈, 포드, 크라이슬러와 같은 대형기업에서 누리는 대량생산과 대량판매 혜택을 보지 못했다. 동등한 조건으로 같은 시장 내에서 비슷한 제품(대형 자동차)을 가지고 경쟁을 하면 낮은 시장점유율은 치명적인 약점으로 노출된다. 그러나 아메리칸 모터즈는 낮은 시장점유율을 무기 삼아 소비자 기호를 대형 자동차에서 소형 자동차로 변화시키는 마케팅 활동을 벌였고, 이에 따라 비록 자동차 1대당 이익은 줄어들었지만 시장점유율은 증대되어 총 이익을 증대시켰다.

대형차에서 큰 이익을 내던 제너럴 모터즈는 자신마저 소형차 시장에 참가할 경우 시장구조가 대형차 중심에서 소형차 중심으로 변할 것을 두려워한 나머지 선뜻 소형차 시장에 참가하지 못했다. 아메리칸 모터즈는 소형차 시장에서 적어도 초기에는 독점적인 위치를 누렸던 것이다. 이같이 낮은 시장점유율이라 할지라도 어떤 전략을 선택하느냐에 따라 약점이 될 수도 있고 안될 수도 있다. 제너럴 모터즈의 강점인 높은 시장점유율이 아메리칸 모터즈의 소형 자동차 판매전략 앞에서는 유연성을 제약하는 약점이 된 것도 같은 이치이다.[1]

아메리칸 모터즈와 같이 기업 능력을 외부 기회에 맞춰 전략을 수립했을 때 비로소 우리는 '경제적 전략(economic strategy)' 을 세웠다고 할 수 있다. 이러한 전략은 기업이 외부 여건과 내부 여건을 객관적으로 그리고 논리적으로 판단하여 결정한 이상적인 전략이다. 그러나 현실에 있어서 전략 결정자는 개인적 가치 판단, 야심, 주관 또는 금기사항을 가지고 있으며 이러한 주관적 가치관이 기업철학이 되어 의사결정에 영향을 미치게 된다.

예컨대 어떤 중장비 자동차 제조회사 사장이 자신이야말로 한국 중공업 발전에 지대한 공헌을 하고 있다는 긍지와 자부심을 가지고 있다면, 그가 경영하는 회사에서는 아무리 기회가 좋고 능력이 있다고 할지라도 개인 편의 또는 사치생활을 조장하는 고급 승용차 생산을 선뜻 시작하지 않을 것이다.

이같이 외적 여건과 내적 요건을 결합하여 수립된 바람직한 전략이 제3의 요소인 기업철학이라는 주관적 가치판단이라는 테스트를 통과할 때 '내부적으로 실천에 옮길 수 있는 전략(internally feasible strategy)' 이 성립된다.

마지막으로 고려되어야 하는 요소는 기업의 사회적 책임이다. 이것은 교과서에서나 다루는 이론적인 규범이라고 생각되기 쉬우나 개인 생활은 물론 기업 활동도 국가 번영 및 사회 안녕과 질서 위에서만 성립된다는 엄연한 현실을 생각할 때 경영자가 기업의 사회적 책임을 망각한다는 것은 자신의 존재를 부정하는 것과 다를 것이 없다 하겠다. 더구나 1991년 두산 그룹이 일으킨 페놀 유출 사건과 같은 환경오염 문제는 사회적 비판에 그치지 않고 장기적으로 기업 생존에도 치명적인 위협을 초래할 수 있는 경우이다. 따라서 오늘날과 같은 다원주의 사회에서 기업의 사회적 책임은 기업이 사회 일원으로 행동하는 선량한 시민 역할뿐만 아니라 기업의 장기적 생존을 위해서도 필수불가결하다는 것을 인식해야 한다. 경제적인 면에서 보더라도 현재 안정이 장래 성장, 현재 성장이 장래 수익을 위한 것이라면 안정 및 성장을 추구하는 기업활동은 장래 수익성을 궁극적인 목적으로 한다. 따라서 경영자는 장기적 기업 수익성을 실현하기 위해서라도 오늘의 사회적 책임을 다해야 한다.

처음 세 개 요소, 즉 외적 여건, 내적 여건 및 기업철학에 의해 구성된 '내부적으로 실천에 옮길 수 있는 전략'은 사회적 책임이라는 네 번째 요소가 추가될 때 비로소 '외부적으로 실천에 옮길 수 있는 전략(externally feasible strategy)'이 된다. 다시 말해 <그림 4.1>에 나타난 네 가지 요소가 모두 고려될 때, 기업에서는 '바람직하면서도 실천에 옮길 수 있는 전략(desirable and feasible strategy)'을 수립할 수 있게 된다.

그림 4.1
전략 결정의 4요소

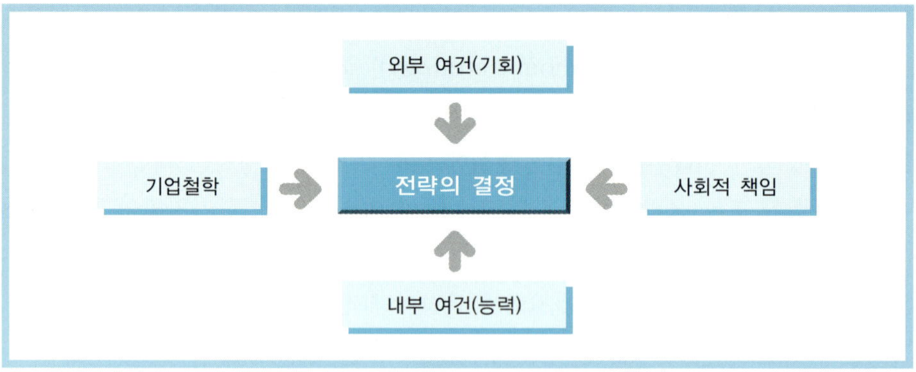

한편 정책결정의 네 가지 요소 중 외부 여건과 내부 여건은 객관적으로 분석이 가능한 반면, 기업철학과 사회적 책임은 주관적인 요소이다. 또한 외부 여건과 사회적 책임은 기업 외부와 관련된 요소인 반면, 내부 여건과 기업철학은 기업 내부적 측면과 관련되어 있다.

앞서 말한 바와 같이, 이번 장에서는 기업 외부 여건에 대해 중점적으로 살펴보고, 나머지 요소들은 다음 장에서 알아보자.

기업 외부 여건(기회)

인간이 그를 둘러싼 가족, 동료, 사회, 국가, 세계와 같은 외적 여건으로부터 영향받듯, 기업 역시 기업을 둘러싼 정치(정부), 경제, 기술, 문화 그리고 인구 특성과 같은 거시적 환경요인이나 기업이 속한 산업, 그리고 경쟁 회사와 고객의 영향을 받는다.

기업 외부 여건은 쉼없이 변화한다. 경영자는 기업을 둘러싼 외적 여건 변화에 대해 항상 주의를 기울여야 한다. 왜냐하면 그가 현재 선택하고 있는 전략은 현재 상황에는 적합할지 모르나 어떤 방향으로 변화할지 모르는 미래 여건 하에서는 수정을 필요로 할 수 있기 때문이다. 또한 이러한 수정은 여건이 변화함에 따라 자동적으로 이루어지는 것이 아니라 경영자가 의식적으로, 그리고 능동적으로 행동에 옮길 때에만 가능하기 때문이다.

미국이나 서유럽에서는 여러 외부 여건 중에서도 기술 변화 템포가 가장 빠르다. 따라서 기술 변화를 경영자가 관심을 집중해야 할 가장 중요한 외부 여건으로 간주한다.[2] 여기서 말하는 기술 변화란 새로운 학문과 기술 발전, 그에 따른 제품 개발, 그리고 자동화 등을 뜻한다.

이하에서는 이러한 기업 환경요소를 크게 기술, 정치(정부), 경제, 문화 그리고 인구 변수라는 거시환경과, 기업이 속한 산업 그리고 경쟁 회사 및 고객 순으로 나누어 살펴보기로 한다.

거시환경 분석

외부환경 분석이란 기업전략 수립 및 핵심 성공요인에 영향을 미칠 수 있는 기회, 위협, 그리고 전략적 의문점 발견을 위한 분석을 말한다.[3]

이 중 거시환경 분석은 변화 추세 및 사건의 발생 가능성을 파악하고 그 영향을 평가하려는 분석이다. 거시환경을 분석할 경우에 대부분 분석의 범위가 지나치게 확대되고, 상황 서술적인 분석이 되기 쉬운데, 실제 유용성 측면에서 볼 때는 기업의 전략개발에 구체적인 영향을 미치는 범위로 분석을 제한할 필요가 있다.

거시환경 분석의 구성요소는 일반적으로 기술, 경제, 문화, 인구 통계, 정치(정부) 등이다.

기술

기술은 오늘날 기업에 가장 큰 영향을 미치는 환경요소라 해도 과언이 아니다. 21세기를 특징짓는 범세계화(globalization)는 결국 운송, 통신수단 등의 급격한 기술발전에 기인한 것이기 때문이다. 이러한 기술발전을 잘 응용하여 성공한 사례 중 대표적인 것으로 베네통(Benetton) 사례가 있다.[4]

베네통사는 회사 설립 10년 만에 79개 국가에 5,000개의 이태리 패션점을 개설하였다. 베네통의 주 상품은 밝은 색깔에 초점을 둔 스포츠 웨어이다. 베네통은 제품의 라이프 사이클이 매우 불안정한 의류시장에서 안정적인 기반을 제공하는 '고객 유인(customer draw)' 시스템이란 독특한 전략을 구사하였다. 이러한 고객 유인(customer draw) 시스템은 전세계에 걸쳐 있는 5,000개의 점포를 공장과 전산망으로 연결하여 주문에서 물건 인도까지 겨우 2주에서 6주밖에 걸리지 않게 하는 시스템이다. 따라서 베네통 대리점 업자는 주문할 제품을 미리 예측할 필요가 없다. 왜냐하면 주문에서 제품 배달까지 시간이 얼마 소요되지 않으므로 잘 팔리는 제품만을 주시하면서 그것을 재주문하면 되는 것이다. 디자인 또한 CAD(computer aided design) 시스템을 이용하므로 대리점에서 요구하는 어떠한 사양의 제품도 즉각 공급할 수 있다. 이처럼 베네통사는 컴퓨터, 통신기술을 잘 활용하여 독특한 경쟁우위를 확보하였다.

위와 같이 오늘날의 기업은 급격한 기술 변화에 직면하고 있으며 이것을 기회로 잘 활용하는 기업은 독특한 경쟁우위로 전환시킬 수 있는 반면에 이러한 기술 변화에 적응하지 못하는 기업은 경쟁에서 밀려나게 된다. 따라서 기업은 항상 자신을 둘러싼 기술환경 변화를 예의 주시하여야 한다.

그렇다면 기술환경을 어떻게 분석할 것인가? 일반적으로 기업 입장에서 가장 초점을 두는 것은 현재 기업이 활용하고 있는 기술이다. 그러나 기술도 제품 수명주기와 같이 기술 수명주기를 갖는다. 따라서 자신이 사용하는 기술이 어떠한 수명주기 단계에 와 있는지 파악하고 미래에는 어떠한 기술이 등장할 것인가에 관심을 가져야 한다. 기술 수명주기에 따른 기업 경쟁우위 변화를 요약하면 <표 4.2>과 같다.

표 4.2
기술 수명주기와 경쟁우위

기술 수명주기 단계	경쟁우위에 대한 기술의 중요성
1. 초기단계 (Emerging technologies)	아직은 경쟁의 기반을 변화시킬 수 있는 잠재력을 보이지 않음.
2. 발전단계 (Pacing technologies)	경쟁의 기반을 변화시킬 수 있는 잠재력을 보임.
3. 핵심단계 (Key technologies)	제품 과정에 사용됨. 가치 창출 (비용, 성과, 품질)에 주요한 영향을 끼쳐 독점적 위치를 차지하게 함.
4. 표준화단계 (Base technologies)	가치 창출에는 소규모 영향, 모든 경쟁자에게 공통적인 기술.

따라서 기업은 미래에 핵심 기술로 변화할 수 있는 현재의 초기단계 기술에 중점을 두고 기술환경을 분석해야 할 것이다.

경제

기업이 수립한 전략이 실제 실행되었을 때 나타나는 결과는 전략 실행 시의 실업률과 경제성장률에 영향을 받게 된다. 예컨대 자본집약적 산업에 대한 막대한 투자는 초기에 당기 순손실이 크다는 점을 고려하여 경제적 여건이 좋은 호경기에 맞추어 이루어져야 한다. 호텔업체라면 건물 신축 시기를 결정할 때, 건물의 준공 시점과 호경기를 일치시키려 할 것이다. 그러므로 경제환경에 대한 분석 또한 전반적인 경제환경보다도 개별 산업에 관계되는 경제환경에 초점을 맞추어야 한다.

투자 결정 또한 현재의 이자율과 미래의 이자율에 대한 예측 결과에 영향을 받을 수 있다. 환율의 예측은 국제 경영활동을 하는 기업에게 특히 중요한 영향을 미치게 될 것이다.

문화

문화의 변화추세는 많은 기업들에게 기회와 위협을 제공한다. 서구식 문화에 익숙한 청소년층의 대폭적인 증가는 '웬디스', '버거킹', '맥도날드'와 같은 패스트푸드 체인점이 번창할 수 있는 기회로 작용하였으며, 반대로 기존의 제과점을 쇠퇴시키는 위협요인으로 작용하였다. 또한 취업 여성의 증가는 '즉석 냉동식품', '유아원', '자동 조리기' 등의 시장을 확대시켰다.

그러나 문화적인 환경의 변화가 현재 기업이 활동하는 시장 모두를 사양화시켜 버리는 것은 아니다. 그러한 위협에 대응해서 새로운 문화에 기존 제품을 적응시킴으로써 성공할 수도 있다. 요컨대 중요한 것은 위협을 위협으로 인정하기보다 위협을 기회로 전환시킬 수 있는 기업경영자의 자세라고 할 수 있다.

인구 통계

인구 통계적 환경은 시장의 규모를 결정하는 가장 기초적인 요인이다. 인구 통계적 변수는 연령, 소득, 교육수준, 주거지역 그리고 인구이동 등을 포함하고 있다.

예컨대 의료, 위생시설의 발전으로 인한 인간의 평균수명 연장과 가족계획으로 인한 청소년층의 감소는 연령 분포상 노인 인구를 증가시켰고, 이는 '실버산업'이라는 새로운 사업 기회를 출현시켰다. 또한 소득수준의 증가는 자동차시장의 규모 확대에 영향을 미쳤으며, 교육수준의 증가는 특히 우리나라와 같이 교육열이 세계적으로 높은 곳에서는 교육관련 사업을 확대시켰다. 주거지역의 아파트단지화는 부도심에 위치한 쇼핑센터 출현의 기회로 작용하였다.

정부

정부는 기업에게 지원자와 규제자의 역할을 동시에 수행하므로 기회요인이 될 수도 있고, 위협요인이 될 수도 있다. 미국의 경영자는 다음과 같은 조크로 미국 정부에 대한 그들의 불만을 나타낸다고 한다. "외국에서 활동하는 미국 기업은 세 명의 적과 동시에 싸워야 합니다. 세 명의 적이란 첫째 외국의 경쟁기업, 둘째 그 외국 경쟁기업의 정부, 셋째 미국 정부입니다." 이 조크를 통해 미국의 경영자는 자기 정부가 그들에게 도움을 주기는커녕 방해만 한다는 것을 꼬집고 있다. 반대로 우리나라의 경우는 정부와 기업 간의 긴밀하고도 상호 협조적인 관계를 보고, 한국주식회사(Korea, Inc.)라고 말하기도 하나, 이는 한국 정부가 기업을 보호해 주고 감싸주는 역할만을 수행하고 있다는 오해에서 비롯된 것이다. 실제 많은 경우에 있어서 한국 정부는 통제, 지시, 행정 명령 등 여러 형태의 규제조치나 관료적인 절차 등을 통하여 기업가의 사업 의욕을 좌절시키고 자유로운 활동을 제약하기도 한다.

그러나 한국과 자주 비교되는 일본에서는[5] 재계, 관계, 정계가 지연과 혈연 그리고 학벌을 통한 인맥에 의하여 마치 거미줄과도 같이 밀착되어 있으며 행정부의 주요 시책은 재계의 영향권을 벗어날 수 없다고 한다. 이러한 점에서 볼 때 일본주식회사(Japan, Inc.)라는 표현은 한국에 그대로 적용되기 어렵다. 한국, 미국, 일본의 경우에서 보듯이 정부와 기업의 관계는 제각기 다른 방향에서 기업 활동의 촉진 또는 제약 요인으로 부각되고 있다. 특히 한국의 경우에는 60년대 이후 관주도형의 경제체제 속에서 기업 기능의 상당부분을 정부가 대신해 주었으며, 오늘날에도 그 정도와 내용은 달라졌으나 여전히 정부는 기업활동에 큰 영향을 미치고 있다. 따라서 한국의 여건에서는 정부의 시책방향을 분석하는 일이 기업의 업무 중에서도 매우 중요한 비중을 차지할 수밖에 없는 것이다.

산업구조 분석

동일한 산업 내에 존재하는 각 기업은 서로를 구체적인 경쟁 대상으로 의식하게 되므로, 기업 간의 경쟁은 필연적으로 존재하게 된다. 이 경우 경쟁은 기업의 생존과 발전을 결정할 뿐만 아니라 슘페터가 말한 '창조적 파괴'의 과정을 유발하여 경제발전의 원동력 역할을 하므로, 기업으로 보나 국가적으로 보나 매우 중요한 의미를 지닌다.

이러한 기업간 경쟁의 본질과 양상 및 그 강도는 기본적으로 경쟁관계에 있는 기업들이 형성하고 있는 산업의 구조적 요인과 이를 반영한 개별 기업의 경쟁전략에 의해 결정된다. 그러므로 전반경영자는 전략을 수립하기에 앞서 산업구조를 분석하고 경쟁기업의 특성과 능력 및 전략을 살펴보아야 한다.

여기에서는 산업조직론적 관점과 기업전략적 관점에서 산업구조의 본질과 그 구성요소 및 다양한 유형을 제시함으로써 기업간 경쟁의 문제에 대한 독자들의 이해를 높이고자 한다.

산업조직론의 관점에서 파악한 산업구조

산업구조에 관한 문제는 전통적으로 경제학에서 수리경제학과 쌍벽을 이루는 산업조직론에서 다루어왔다.[6] 수리경제학을 따르는 학자들이 시장에서 이루어지는 모든 경제현상을 숫자로 바꿔서 분석하고 이해하는 반면, 산업조직론을 택한 학자들은 기업을 현실 경제 안에서 생동하는 유기체로 인식하고 시장 여건에 대해 기업이 조직적 반응을 보이며 투입 산출 과정을 일으키는 것으로 본다.

여기에서 시장(market)이란 재화를 거래하는 판매자(seller)와 구매자(buyer)의 집단을 말하고, 산업(industry)은 보통 시장에서 공급자(supplier) 반대편에 서있는 소비자(consumer)를 의미한다. 일반적으로 시장에서 판매자는 제품의 공급자이고, 구매자는 제품의 소비자이므로, 우리가 분석하고자 하는 산업구조(industry structure)란 시장에 판매자로서 참가하고 있는 기업 간의 경쟁 양상을 결정하는 구조라고 할 수 있다.

그러면 산업구조는 어떤 요인에 의해서 구성되는가? 그와 같은 구성요소들은 서로 어떻게 관련되어 어떤 산업구조 유형을 형성하는가? 시간이 지남에 따라 산업구조는 어떻게 변화하는가? 이러한 세 가지 질문에 대한 답을 이제부터 차례로 살펴보기로 한다.

집중도

산업구조를 기업 수와 규모 관점에서 설명하는 것이 집중도인데, 이는 한 산업 내 주도적 기업들이 공동으로 지배하는 시장점유율로 나타난다. 즉 집중도는 과점(寡占) 정도를 말하는 것으로서, 집중도가 높다는 것은 과점기업들 간 상호 의존성이 높다는 뜻이 된다. 이같이 집중도가 높은 산업에서는 과점기업들이 서로 협조를 하든 치열한 경쟁을 하든, 결합된 시장지배력은 동일한 시장점유율을 지닌 단일기업이 갖게 되는 효과보다 약하게 나타난다.[7]

이처럼 기업 수와 기업규모 분포라는 두 가지 관점에서 집중도 개념에 따라 산업구조를 정의할 때, 집중지수(concentration index)를 구하여 사용하면 산업구조를 수량적 척도로 동시에 계측할 수 있어 산업이 보이는 핵심 형태를 비율 하나만 가지고도 합리적이고 간결하게 파악하는 것이 가능해진다.

여기에서 실증 조사된 자료를 토대로 우리나라 광공업 부문의 기업집중 상황을 살펴보자.

<표 4.3>에서 찾을 수 있는 주요한 특징으로 현저한 과점화 현상을 지적할 수 있다. 공정거래법이 제정된 이후 시장집중 추이를 살펴보면, 출하액 기준 상위 3사 점유율이 50% 이상(CR3≥50)인 생산집중적 시장에서 공급된 품목 비율은 1981년 87.8%에서 1989년 현재 80.6%로 낮아졌으며, 출하액 비율도 1981년 73.9%에서 1989년에는 62.7%로 감소한 것으로 나타났다. 이렇게 볼 때, 우리나라 시장구조는 점차 경쟁적 시장 비율이 증가하고는 있으나 아직도 높은 시장집중적 구조를 유지하고 있음을 알 수 있다.

표 4.3
광공업 부문의 시장 집중의 추이

구분		1981년	1982년	1983년	1984년	1985년	1986년	1987년	1988년	1989년
($CR_3 \geq 50$)	품목수(%)	87.8	88.0	86.3	86.9	85.1	83.9	83.5	82.5	80.6
	출하액(%)	73.9	74.8	74.8	73.9	69.9	68.1	64.8	65.1	62.7
($CR_3 < 50$)	품목수(%)	12.2	12.0	13.7	13.1	14.9	16.1	16.5	17.5	19.4
	출하액(%)	26.1	25.2	25.2	26.1	30.1	31.9	35.2	34.9	37.3

경영자는 이러한 상품 시장집중 외에 산업집중의 일반적 추세를 살펴보고, 자기 기업이 소속한 산업 분야 또는 새로이 진입하고자 하는 분야 집중도 추이와 특성을 파악하며 산업 구조에 관한 이해를 높여야 한다. 그래야 앞으로 언급할 진입장벽이나 제품 차별화에 관한 전략을 결정하고 신규 진입시장을 물색하여 진입장벽을 세우는 것과 같은 전략 수립 시에 도움을 받을 수 있기 때문이다.

진입장벽

한 산업 내에서 기업이 거둘 수 있는 성과는 장기적으로 볼 때 기존 기업간 경쟁뿐만 아니라 이 산업에 참여할 가능성이나 구체적 의사를 지닌 새로운 기업들에 의한 잠재적 경쟁에 의해서도 영향을 받는다. 그런데 현실적으로 산업에는 새로운 기업이 들어오는 것을 어렵게 하는 진입장벽(barriers to entry)이 존재하여 이것이 산업의 구조적 성격을 크게 좌우하며, 기존기업들은 진입장벽 높이에 따라 일정한 범위 내에서 시장지배력을 행사하게 되는 경우가 많다.

이러한 진입장벽은 다양한 경제적 원인에 의해 결정되는데, 가장 우선적으로 고려할 수 있는 것이 절대비용상 우위(absolute cost advantage)이다. 즉 기존기업의 경우 특허를 통해 우월한 생산기법을 지배하거나 생산에 필수적인 자원을 독점 소유하는 반면, 새로이 시장에 진입하려는 기업은 경영 서비스, 노동, 장비, 원료 등 필요한 생산요소나 투자에 필요한 자금을 기존기업만큼 유리한 조건으로 얻을 수 없어 불리한 것이다.

또한 국내 Y양행의 약품사례에서 잘 나타나는 바와 같이, 소비자들은 기존기업 제품 또는 기존 유명 브랜드에 대해 신뢰를 가지는 경우가 있는데, 이러한 현상은 제품차별화(product differentiation)에 의한 진입장벽을 잘 설명해 준다. 이와 같은 제품차별화는 계속적인 광고나 기업 이미지에 따른 구매자 선호현상 외에, 우수한 제품 디자인이나 유통경로 장악을 통해서도 이루어진다. 이처럼 제품차별화를 이룩했을 경우 새로이 진입하는 기업은 기존기업으로부터 소비자를 흡수하기 위해 평균비용 이하로 가격을 책정하거나, 더 많은 판촉비용을 지급하거나, 새로운 유통경로를 개척하는 등 불리를 감수해야 한다.

한편 기존기업의 경우 절대생산량이 늘어남에 따라 제품 단가가 떨어지는 규모의 경제(economy of scale)를 실현하여, 새로이 진입하려는 기업으로 하여금 대규모로 뛰어들어 기존기업들이 강력히 반발하는 속에서 위험을 무릅쓰게 하거나 소규모로 진입하여 원가상의 불이익을 감수하게 하는 두 가지 대안 중 하나를 택하게 함으로써 진입장벽을 형성한다. 다만 규모의 경제는 생산량이 증가함에 따라 한계생산비는 낮아지나 일단 최적생산규모를 초과하면 다시 상승한다는 것을 전제로 한다. 특이하게도 텍사스 인스트루먼트(Texas Instrument)사가 휴대용 전자계산기 가격 책정시 도입하여 큰 성공을 거두었던 경험곡선(experience curve)은 누적된 경험에 따라 한계생산비가 무한히 낮아지는 것으로 상정했는데, 이러한 경험곡선 역시 진입장벽을 설득력 있게 설명해 주고 있다.

이밖에도 특허권, 지적 소유권과 같이 기존기업이 가진 우위를 법률로 보호해 줄 때 나타나는 법률적 진입장벽, 산업으로부터 기존 기업이 철수하는 것을 힘들게하는 철수장벽 등이 진입장벽과 더불어 산업이 가진 구조적 특성으로서 경영자에게 중요한 이슈가 된다.

진입장벽은 앞에서 살펴본 집중도와도 밀접한 관계를 갖는다. 즉 산업의 장래성 여하에 따라 기업들이 진입과 철수를 통해 그 산업 구조를 변화시키게 되는 것이다. 예를 들어 어떤 산업의 진입장벽이 높아 새로운 기업이 시장에 뛰어들지 못하면 집중도에 별 변화가 없지만, 진입장벽이 낮아 새로운 기업의 진입이 자유로우면 산업구조가 변하게 되어 집중도 역시 달라질 것이다. 따라서 경영자는 진입장벽의 높고 낮음에 따라 산업구조를 파악할 수 있다.

지금까지 설명한 집중도와 진입장벽 외에도 산업구조를 형성하는 요인에는 여러 가지가 있다.

그 중 하나는 앞에서 진입장벽을 결정하는 중요한 요인으로 파악한 제품차별화이다. 수요자는 차별화된 제품을 선택하는 경향이 있으므로, 그런 제품을 만드는 공급자들은 어느 정도의 독점력을 행사할 수 있다. 그러므로 제품차별화가 이루어지면 동질적인 제품을 취급하는 산업에서와 다른 양상의 경쟁을 하게 된다는 점에서 제품차별화가 산업구조를 결정하는 독자적인 변수로 간주되기도 한다.

이밖에 기업의 다각화 정도, 정부의 정책, 기업의 수직적 결합 및 수요자 독점 등이 기업간 경쟁의 정도를 나타내므로 산업구조를 파악할 때 어느 정도 고려되어야 할 요소라 하겠으나, 여기서는 설명을 생략하기로 한다.

이상에서 고찰한 산업구조 구성요소의 배합 여하에 따라 몇 가지 산업구조의 유형이 나타날 수 있다. 경제학에서는 기업의 수에 따라 독점, 과점, 경쟁의 3대 기본적 유형으로 나누는 전통적인 방법을 자주 쓴다. 그런데 앞에서 살펴본 바와 같이 실제 세계에서는 과점의 산업구조를 이루고 있는 경우가 많으므로, 기업체의 수와 기업의 상대적 규모를 고려한 집중지수로 산업구조를 분류하는 방법이 널리 쓰이고 있다.

한편 산업구조를 제대로 파악하기 위해서는 시간이 지남에 따라 기업 간의 경쟁관계가 어떻게 변화하는지를 동태적으로 살펴보는 작업이 필요하다.

현실을 자세히 관찰해 보면 많은 산업들은 제품의 개발부터 수요가 급격히 늘어나는 단계를 거쳐 성숙한 산업으로 진화해 나간다. 이때 신제품을 개발한 기업은 초기에 독점적으로 시장을 지배하나, 특허 기간이 지나거나 기술이 표준화되어 널리 퍼지는 단계에 이르러 제품이 폭넓게 알려지게 되면 수요가 증가하게 되고 많은 기업이 이 제품을 경쟁적으로 생산하게 된다. 그래서 제품을 처음 개발하여 시장에 내놓은 기업의 시장점유율은 점차 떨어지게 되며, 이 산업은 성숙단계에 이르러 보다 경쟁적이 된다. 선진국의 경우 자동차, TV수상기, 시계를 비롯한 많은 제품들이 이러한 산업구조하에서 생산되고 있으며, 세라믹 엔진, 레이저 빔 제품 등 고도의 기술이 필요한 산업분야는 아직 초기 성장단계에 있다고 하겠다.

한편 기존상품보다 편리하고 성능이 뛰어난 제품이 개발되어 상업화되면 대체관계에 있는 기존상품은 급격히 사양화된다. 비디오 촬영기에 밀려 무비 카메라 산업이 사양길에 접어든 경우나, 한때 미국 수송산업의 중추적인 역할을 했던 철도산업이 자동차와 항공 수송에 뒤져 침체 일로에 있는 현상이 이를 잘 설명해 주고 있다.

그러므로 현실 세계의 여건을 잘 살펴 전략을 수립해야 할 경영자 입장에서는 산업구조를 파악할 때 단순히 현재의 상태만 살펴서는 안 되며, 제품 또는 산업의 주기에 입각해 산업이 현재 위치한 단계를 동태적인 측면에서도 고려해야 한다.

다른 모든 여건이 동일하다 하더라도 앞으로 수요가 폭발적으로 늘어나리라 예상되는 산업에서 경영자가 취해야 할 투자전략은 수요가 더 이상 늘지 않을 것으로 추측되는 산업에서의 투자전략과 근본적으로 차이가 있어야 한다. 그리고 성장이 예상되는 단계에서 선택하는 투자전략에 산업의 수요가 성숙단계에 이르게 될 때 나타나는 기업 간 경쟁양상과 균형상태가 충분히 고려되어야 함은 물론이다.

예를 들어 수요가 급증하리라 예상되는 산업에서의 경영자는 미래에 나타날 경쟁을 고려하여 남보다 먼저 전략적으로 우월한 위치를 차지하려는 의욕이 앞서 시설투자에 급급함으로써 유휴설비를 만들어 놓는 경향이 있는데, 이러한 양상을 보고 경영자가 잘못하고 있다고 나무랄 수는 없는 것이다. 이와 반대로 수요가 더 이상 늘지 않으리라 추측되는 산업에서 경영자가 시설투자에 총력을 기울였다면 그에 대한 평가는 그다지 좋게 내려지기 어려운 것이다.

결국 합리적인 투자전략이란 현재와 미래에 걸친 수익의 흐름을 최대로 할 수 있어야 하며, 이는 산업구조를 제대로 파악했을 때에만 가능한 것이다. 이렇게 볼 때 다른 기업의 전략을 분석함에 있어서도 어느 한 시점만을 고려하는 단기적 시야에서는 제대로 이해하기가 곤란하며, 그 기업의 의도와 채택한 전략이 앞으로 산업구조에 미칠 영향 등을 폭넓게 분석하여 대응전략을 수립해야 할 것이다.

기업전략적 관점에서 파악한 산업구조

앞에서 우리는 산업조직론의 연구 결과를 통해 산업구조를 파악하는 방법에 대해 간략히 살펴보았다. 그런데 80년대에 들어와서는 산업구조를 기업전략 관점에서 연구하여 경영자에게 보다 현실적이면서 유용한 분석의 틀을 제공하려는 시도가 활발히 이루어지고 있다.[8]

이러한 논의에 의하면, 각 산업의 경쟁도(競爭度)는 우연히 정해지는 것이 아니라 근본적인 산업의 구조와 경쟁자들 간의 상호적 대응방식에 의해 결정된다. 어떤 산업이든 경쟁이 심해질수록 그 산업에 속한 기업의 투자수익률은 일반적으로 낮아지고, 일정 수준 이상의 높은 투자수익률을 보이는 산업의 경우에는 기존기업의 확장이나 신규경쟁자의 진입으로 인해 투자가 증가한다.

이때 산업 내 기업 간의 경쟁도를 결정하여 투자결정 및 이익률에 영향을 주는 요소는 크게 <그림 4.2>에 제시된 잠재적 진출기업, 산업 내 경쟁기업, 공급자, 구매자, 대체품으로 요약될 수 있다.

이처럼 기업전략론적 관점에서 산업구조를 파악할 때에는 고객과 공급자, 대체품, 잠재적 진출기업 모두를 특정 산업에서 활동하는 기업들의 경쟁자로 간주하여 경쟁의 범위를 넓게 잡는 것이 특징이다. 다만 특수한 상황에 따라 이런 경쟁요소들이 두드러지게 나타날 수도 그렇지 않을 수도 있는 것이므로, 전략을 수립할 때에는 서로 어우러져 산업의 경쟁도와 투자수익률을 결정짓는 다섯 가지 경쟁요소 중 보다 큰 영향을 미치는 요소를 중시해야 한다. 예를 들어 잠재적 진출기업이 별다른 위협이 안 될 만큼 특정 산업 시장에서 매우 확고한 기반을 다져놓은 기업이라 할지라도 품질이 더 낫고 값이 싼 대체품이 등장하면 수익률이 저하된다는 것을 우리는 앞에 언급한 미국의 철도산업의 경우에서 잘 알 수 있었다. 또한 유조선산업 분야에서는 주요 경쟁요소가 대규모 석유회사 즉 구매자일 것이라는 점에서 볼 때, 산업에 따라 경쟁 상태를 형성시키는 주도적 요소들이 서로 다르다는 것도 알 수 있다. 그러므로 경영자들은 다섯 가지 경쟁요소를 면밀히 검토하여 자기 기업이 속한 산업구조를 분석함으로써 그 결과 나타난 경쟁요소간의 상호관계를 정책 수립 시에 반영해야 할 것이다.

그림 4.2
기업경쟁을 유발하는 다섯 가지 요인

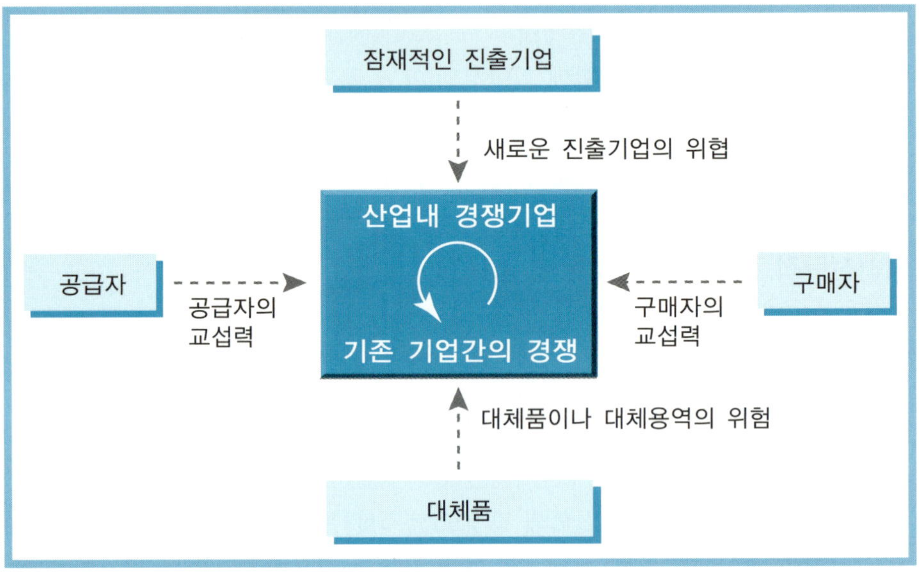

이하에서는 이들 다섯 가지 요소가 산업 경쟁도에 미치는 영향을 차례로 살펴보고, 이에 따라 분석된 강점과 약점에 알맞는 경쟁전략에 대해 알아보기로 한다.

새로운 기업의 진출에 따른 위협

어느 산업에 새로운 기업이 진출할 때 이들은 새로운 능력과 시장을 확보하려는 강한 의욕, 그리고 때로는 상당한 자원을 가지고 뛰어든다. 그럴 경우 가격이 떨어지거나 부대비용이 상승해서 결국 수익성을 저하시킬 가능성이 많다.

어느 산업에 새로운 진출기업이 주는 위협의 폭은 그 산업에 내포된 진입장벽과 그 기업이 예상하는 기존 경쟁기업들의 대응에 따라 결정된다. 즉 장벽이 높고 신규 진출기업이 예상하는 기존기업의 보복적 대응이 높을 경우에는 새로운 기업이 진입할 가능성이 낮아질 것이다.

다시 말해서 기존기업들에 비해 새로이 진입하려는 기업들은 규모의 경제, 제품의 차별화, 투자시 필요한 소요자본의 크기, 구매자가 기존제품에서 공급자의 제품으로 바꿀 때 그 과정에서 부담하게 되는 교체비용(switching costs), 유통경로에의 접근의 어려움, 생산기술, 기존기업의 원자재 독점 및 경험곡선의 작용과 같은 규모와 무관한 코스트상의 불리, 허가요건 및 제안 규정, 대기와 수질오염 규제 기준이나 제품의 안정성 및 효능에 대한 단속 규정 등 정부의 정책에 따른 불리함 등을 겪게 된다. 이러한 진입장벽에 대해서는 앞에서 살펴본 바 있으므로 구체적인 설명은 생략하기로 한다. 다만 기업전략적 관점에서 중요하게 고려되는 진입장벽의 몇 가지 속성에 대해서는 더욱 자세히 알아볼 필요가 있다.

진입장벽은 여건이 바뀌면 형태가 달라질 수 있다. 예를 들어 미국의 폴라로이드(Polaroid)사가 독점한 즉석 사진은 그 특허 시효가 만료되면서 기술독점으로 만들어진 절대적인 진입장벽이 무너졌다. 이에 따라 코닥(Kodak)사가 그 시장에 뛰어든 것은 조금도 놀라운 일이 아니었다.

이처럼 장벽은 기존기업들이 통제할 수 없는 이유로 인해 바뀌는 경우가 흔히 있지만, 이들의 전략적인 결정에 따라서도 큰 영향을 받을 수 있음은 물론이다. 예를 들어 일본의 반도체 생산기업들은 한국의 삼성, 엘지 등의 기업이 64K D램, 256K D램의 양산을 시작하자 가격을 대폭 낮추어 시장의 잠식을 막으려고 노력하였는데, 이는 진입을 억제할 수 있는 가격구조를 설정하여 단기적으로 손해를 보더라도 진입의 위협을 제지하여 시장점유율을 유지하려는 전략의 소산이라고 하겠다.

그러나 일부 기업들은 특수한 자원이나 기술을 지니고 있어 다른 대부분의 기업들보다 훨씬 적은 비용으로 특정 산업의 진입장벽을 넘을 수 있다. 예를 들면 우리나라의 유수한 건설 회사들이 자체 건설한 아파트라는 안정된 수요처를 가지고 가구업에 진출한 경우나, 면도칼과 면도날의 유통경로를 튼튼하게 장악하고 있는 미국의 질레트(Gillette)사가 다른 많은 회사보다 훨씬 적은 비용으로 일회용 가스라이터 산업에 뛰어든 경우가 이를 잘 설명해 준다.

한편 기존기업의 전략적 관점에서 볼 때 규모의 경제성이 오히려 진입장벽으로 작용하는 문제가 발생하기도 한다. 이러한 문제는 규모의 경제를 위해 대규모 설비를 갖추는 경우 제품의 차별화 또는 다양화를 동시에 추구하기 어려우며 신축성이 부족하여 기술적 변화가 필요할 때 신속히 대응하기가 힘든 동시에 규모의 경제에 집착하다 보면 새로운 기술이나 경쟁 방법을 개발하는 데 신경을 덜 쓰기 때문에 나타난다.

새로운 산업에 진입하려는 경영자는 진입장벽을 고려할 때, 반드시 기존 경쟁 기업들이 어떠한 형태의 반응을 보일 것인가를 예상해야 한다. 경영자들은 다음과 같은 현상이 나타날 경우 기존기업들의 보복이 크리라고 생각할 수 있다.

- 신규 진입기업에 대한 심한 보복의 역사가 있는 경우
- 기존기업들이 막강한 자원동원 능력, 잉여생산 능력, 유통경로나 고객들에 대한 막강한 영향력을 갖추어 보복을 할 수 있는 능력이 큰 경우
- 기존기업이 진출대상 산업에 전력을 다하고 있으며, 막대한 고정자본을 이미 가지고 있어 그 산업에서 철수하기 어려운 경우
- 진출대상 산업이 완만하게 성장하여 새로운 기업이 진출할 때 기존기업의 판매량과 수익이 크게 줄어들 가능성이 큰 경우

기존 경쟁기업들 간의 경쟁

기존 경쟁기업들 간의 경쟁은 흔히 유리한 위치를 차지하려는 여러 전술, 즉 가격 경쟁이나 광고 경쟁, 신제품 개발, 소비자 서비스 및 제품 보증 등의 형태로 나타난다. 한 산업 내의 각 기업들은 서로 상호 의존적인 관계를 맺고 있어 어느 한 기업이 경쟁적인 조치를 취할 경우 다른 경쟁기업들에게 두드러진 영향을 미치기 때문에 자연히 보복적인 조치나 대응조치를 불러일으키게 된다.

특히 가격 경쟁의 경우에는 곧 경쟁자의 대응조치를 유발하게 되고, 그 결과 산업에 대한 수요탄력성이 그리 높지 않는 한, 모든 기업들의 수입은 떨어지게 마련이다. 다만 광고 경쟁이 벌어졌을 때에는 시장 자체를 확대시킬 뿐만 아니라 각 기업이 제품차별화에 성공하는 경우 모든 기업에 이익을 가져다줄 수 있다.

그런데 일부 산업에서는 '전쟁 같은', '격심한', '필사적인' 이라는 수식어가 어울릴 만큼 치열한 양상을 보이는가 하면, 다른 산업에서는 '점잖은', '신사적인' 이란 표현이 알맞을 만큼 부드럽게 경쟁이 벌어지기도 한다. 그 이유는 무엇이일까? 이에 대한 해답을 구하기 위해 우리는 치열한 경쟁을 야기하는 산업의 구조적 측면을 살펴보아야 한다.

먼저 어느 산업이나 기업 수가 굉장히 많을 때에는 한 기업의 움직임이 다른 기업들에 의해 발견되지 않으리라고 생각하기 쉬워 경쟁을 유발하는 전략을 채택하는 이단자가 나오게 마련이다. 그리고 기업 수가 많지 않은 산업의 경우 경쟁기업

들이 규모나 외형적인 자원 면에서 비교적 균형관계를 이루고 있을 때는 불안정한 상태가 유발되어 서로 싸움을 벌이기 쉽고 지속적이고 강력한 보복조치를 취하기 쉽다.

또한 성장이 느린 산업에서는 시장점유율을 넓히기 위한 경쟁이 일어나게 되는데, 특히 고정비용이나 재고비용이 높은 산업에서는 더욱 이러한 양상이 두드러지게 나타난다. 이외에도 경쟁상품이 동질적이어서 제품차별화가 곤란하거나 교체비용이 큰 경우, 규모의 경제를 이루기 위해 대규모 시설확충이 필요한 경우, 상이한 경쟁전략을 펴는 다양한 유형의 경쟁기업이 산업 내에 공존하는 경우, 많은 기업들이 특정 산업에서의 성공 여부에 전략적 이해관계가 걸려 있는 경우, 철수장벽이 높은 경우에 경쟁은 치열해지게 마련이다.

그런데 이처럼 경쟁 강도를 결정하는 요인들은 시간이 지남에 따라 변화하게 되는데, 산업이 성숙되면 경쟁이 격화되어 성장률 및 수익률이 떨어지게 되며, 새로운 경쟁자가 산업에 나타날 때에도 새로운 방식의 경쟁을 유도할 수 있다.

대체품의 압력

특정 산업에서 경영활동을 벌이고 있는 기업들은 넓은 의미에서 대체품을 생산하는 산업들과 경쟁을 벌이고 있는 셈이다. 대체품의 존재 및 그 가격 수준은 특정 산업에서 활동하는 기업들이 이윤을 감안한 가격을 결정하는 데 일정한 상한을 설정함으로써 그 산업의 잠재적인 수익을 결정한다. 예를 들어 철강 파이프, 플라스틱 파이프와 동 파이프 또는 기차와 고속버스 간에는 대체성이 존재하고 있으므로 한쪽의 가격 수준은 다른 쪽의 가격 수준에 영향을 주게 된다.

대체품이 있는지를 확인하기 위해서는 기존상품과 동일한 기능을 수행하고 있는 제품을 찾으면 된다고 쉽게 이야기할 수 있지만, 실제 이러한 작업은 상당히 어렵거나 섬세한 분석을 필요로 하며, 때로는 얼핏 봐서는 무관한 듯한 산업이나 영업활동까지 눈여겨 관찰해야 할 경우가 많다.

한편 대체품에 대한 기존상품의 경쟁적 위치는 산업 내의 한 기업이 좌우할 수 있는 것이 아니라 산업 전체의 집단적인 행동에 의해 결정되는 경우가 많다. 얼마 전 모 고속도로의 건설 시에 시멘트업계와 아스팔트 생산업계가 시멘트 포장과 아스팔트 포장 간의 우월성을 놓고 공방전을 벌인 것이 좋은 예라 할 수 있다.

대체품이 기존제품과 가격 및 효능 면에서 대체성을 계속 향상시키고 있거나 이미 높은 이익을 올리고 있는 산업에 의해 대체품이 개발되었을 때, 경영자는 기업의 운명을 걸고 대체품에 예리한 관심을 기울여야 한다. 1950년대까지 미국에서 가장 큰 수동타자기 제조회사였던 언더우드(Underwood)예가 그 중요성을 잘 웅변해 주고 있다. 언더우는 IBM사가 개발한 전동타자기의 대체성을 무시함으로써 타자기 시장에서 혁명을 일으키게 된 IBM의 전동타자기에 대처할 전략을 수립하지 않아 종국에는 군소업체로 전락하고 말았다(언더우드사는 1959년 경쟁기업이었던 올리베티(Olivetti)사에 흡수, 합병되었다).

구매자의 교섭력

구매자들은 가격 인하나 품질 향상 및 서비스 증대를 요구하거나 경쟁기업들을 서로 대립시켜 이득을 보는 행위 등으로 구매대상 산업과 경쟁을 벌이는데, 이러한 행위는 모두 그 산업의 수익성을 감소시키는 결과를 빚는다.

이때 구매자가 다음과 같은 여건을 갖추고 있는 경우 공급자보다 유리하게 된다.

- 집중적인 구매를 하거나 구매자의 구매비중보다 그 구매자에 대한 공급자의 판매비중이 클 때
- 그 산업에서 구매하는 제품이 구매자의 코스트나 구매비의 상당부분을 차지하여 구매자가 유리한 가격으로 또 선별적으로 구매하려는 경향을 가질 때
- 제품이 규격화되어 있을 때
- 교체비용이 거의 들지 않을 때
- 구매자들이 신빙성을 가지고 구매상품을 직접 생산하겠다는 위협을 줄 때

공급자의 교섭력

공급자가 구매자보다 유리한 상대적 위치를 가지고 있다면 가격 인상이나 판매하는 제품 및 서비스의 질을 떨어뜨리겠다는 위협을 통해 교섭력을 발휘할 수 있다. 따라서 유리한 위치에 있는 공급자를 가진 기업은 판매가격에 부품 공급자로부터의 비용 증가를 전가시키지 못하는 경우 자신의 수익성을 낮출 수밖에 없다. 예컨대 한국의 전자 및 기계 산업과 같이 주요 부품을 일본으로부터의 수입에 의존하고 있는 경우 1986년 엔화가 크게 상승하여 부품 구매비용이 증대되었음에도 불구하고 부품의 가격 인하를 거의 성사시키지 못해 엔화 상승분을 모두 추가 부담하게 되었던 것은 바로 공급자의 경쟁력이 얼마나 큰가를 보여주고 있다.

다시 말해서 한국 기업은 산업구조상 일본의 기계와 부품을 사용하지 않을 수 없는 여건에 처해 있어 갑작스런 수입선의 변경이 곤란한 동시에 주요 핵심부품을 국산화하지 못했기 때문에 일본 공급자의 제품이 생산공정이나 제품 품질에 필수불가결하게 되어 결국 일본의 공급자가 유리한 위치를 차지하게 되었던 것이다.

대개 다음과 같은 경우 공급자의 지위는 상대적으로 유리해진다.

- 원료 및 부품의 공급이 소수의 대규모기업에 의해 지배되고 있으며, 구매자가 다수인 경우
- 공급자가 판매하는 제품에 대체품이 없는 경우
- 공급자의 제품이 구매자 제품의 중요한 요소일 경우
- 공급자의 제품이 차별화되어 있거나 교체비용이 막대하게 소요될 경우
- 공급자가 신빙성 있는 전방통합을 위협수단으로 삼는 경우

한편 앞에서 보았듯이 정부의 정책과 간섭은 위에서 말한 다섯 요소에 모두 영향을 미칠 수 있으므로 경영자가 산업구조를 분석할 때에는 정부정책에 대한 조사를 잊어서는 안될 것이다. 이같이 특정 산업의 경쟁에 영향을 미치는 여러 작용들과 이러한 작용을 야기하는 기본적 요인들을 밝혀내고 나면, 경영자는 산업구조와 관련된 기업 자체의 강점과 약점을 파악할 수 있게 된다.

이때 경영자가 전략적인 관점에서 중요시해야 할 강 · 약점은 곧 기본적인 경쟁요소들에 대한 그 기업의 준비태세상의 문제를 말한다. 그러므로 효과적인 경쟁전략이 수립되었다면 다섯 가지 경쟁 요소들에 대응하는 방어적 태세를 갖추기 위해 공세적 또는 수세적 행동을 취하게 마련이다.

넓은 의미에서 본다면 이러한 전략은 다음과 같은 여러 접근 방식을 취할 수 있다. 즉 산업구조를 주어진 것으로 받아들여 경쟁요소에 대항하는 방어 태세를 수립하거나 경쟁요소들이 가장 취약해 보이는 부문에 포진하는 전략이 그 한 예이다.

기업에 따라서는 제품의 차별화를 위해 노력하거나 대규모 설비투자를 하는 등 공세적 전략을 통해 경쟁요소들의 균형에 영향을 미침으로써 기업의 대응태세를 강화하기도 한다. 이때 산업구조 분석은 특정 산업 내의 핵심적인 경쟁유발요인을 밝혀냄으로써, 이의 균형에 영향을 미칠 수 있는 전략적 대응을 통해 최선의 성과를 얻어낼 수 있는 분야를 드러내 준다.

또한 유능한 경영자라면 경쟁요소들의 기본 바탕이 변화할 것을 예상하여 경쟁기업들이 이를 인식하기 전에 변화에 따른 새로운 경쟁적 균형에 적합한 전략을 선택함으로써 상대적으로 유리한 위치를 먼저 차지할 수 있다. 앞에서 언급한 산업의 발전이란 현상은 그 자체에 의미가 있다기보다는 그 현상이 구조적인 경쟁요소에 영향을 미치기 때문에 중요한 것이다. 예를 들어 미국에서 80년대에 접어들어 소형 컴퓨터산업이 성숙단계에 들어가자 IBM, Apple, Wang 컴퓨터사 등 선도적 기업에서는 컴퓨터 제작과 소프트웨어 개발의 양면에서 광범위한 수직적 통합을 이루었다. 이러한 추세는 곧 경쟁에 필요한 자본투자액을 늘리고 진입장

벽을 높이게 되어 군소 경쟁자나 신규 진입자들은 더 이상 버티지 못하고 탈락하는 결과를 빚었다. 이러한 결과를 미리 예측하여 대비하는 것이야말로 경영자의 주요한 과제이며, 산업구조 분석이 중요한 이유도 여기에 있다. 결론적으로 볼 때, 산업구조는 그 산업 내의 경쟁방식을 결정할 뿐만 아니라 각 기업이 선택할 수 있는 전략의 범위도 제한하기 때문에 산업의 구조에 대한 분석과 이해는 경영자가 성공적인 경영정책을 수립하는 데 기본이 되는 것이다.

경쟁기업 분석

경쟁기업 분석의 요소

경쟁기업의 상황은 외부 여건 중에서도 기업의 활동에 가장 직접적으로 영향을 미치는 요소이다. 따라서 경쟁기업들과 구별되는 특정 기업이 지닌 여러 능력의 가치나 장점을 극대화시키는 전략을 수립하기 위해서 경영자는 경쟁자가 누구인가를 파악한 후 각 경쟁자가 취할 법한 전략 변화의 특성과 성공 여부, 다른 기업들이 취할 실현 가능한 전략적 조치에 대한 경쟁자들의 대응 형태, 그리고 앞으로 나타날지 모르는 산업 또는 주변 환경의 변화에 대한 경쟁자들의 대처 방향 등을 개괄적으로나마 분석하는 데 신경을 써야 한다.

이처럼 전략 수립시 면밀한 경쟁기업 분석이 반드시 필요한 데도 그러한 분석이 실제적으로 이루어지지 못하는 경우가 많다. 이에 따라 경영자는 "경쟁기업에 대한 체계적 분석이 사실상 불가능하다" 또는 "매일 경쟁을 벌이고 있는 만큼 경쟁기업들에 대해서는 모르는 것이 없다"는 등 위험스러운 생각을 가지기 쉽다. 이러한 문제는 근본적으로 경쟁기업을 철저히 분석하는 데 수많은 자료가 필요하며, 이러한 자료의 상당 부분은 대단한 노력을 기울여 여러 측면에서 정보를 수집하지 않고서는 찾아낼 수 없다는 현실적인 어려움에 의해 나타난다. 그래서 많은 기업들이 경쟁기업에 대한 정보를 조직적으로 수집하는 대신 경영자나 실무진의 개인적 인상이나 추측, 직관에 의존하려는 경향을 보이기도 한다. 이러한 경우 정밀한 경쟁기업 분석이 힘들므로 경영자는 체계적인 정보수집 분석 체제를 갖추어 경쟁기업을 분석하여야 할 것이다.

이러한 경쟁기업 분석에 있어서 첫 번째 등장하는, 그리고 어떤 의미에서 가장 중요한 질문은 '과연 경쟁기업이 누구냐' 하는 것이다. 이 질문은 얼핏 봐서는 대답이 비교적 쉬운 것같이 느껴진다. 즉 같은 업종에 종사하는 기업 중에서 규모가 비슷하거나 약간 큰 기업체가 경쟁기업이라고 일반적으로 대답하기 마련이다. 대개 자존심이 강한 경영자들이 자기보다 규모가 작은 기업을 경쟁자로 간주하지 않는 경향을 감안하였을 때 이러한 대답은 맞는 것 같다.

그러나 경쟁기업이란 이렇게 쉽게 파악되는 것은 아니다. 예컨대 앞에서 잠깐 언급한 바와 같이 1950년대까지만 해도 미국에서 가장 큰 수동 타자기 회사였던 언더우드(Underwood)사의 사장은 자기의 경쟁자로는 진보된 기술을 갖추고 있는 스웨덴의 화씨트(Facit)사나 이태리의 올리베티(Olivetti)사 정도밖에 없다고 생각하였다. 당시 전동타자기의 개발에 손을 대고 있던 아이비엠(IBM)에 대해 어떤 중역이 우려를 나타냈을 때 그는 전동타자기와 수동타자기는 전혀 그 성격이 다르며 전자(前者)는 고도로 전문화된 사무실에 극히 제한적으로 쓰이는 외에 별로 시장성이 없을 것이라고 단언했다. 그러나 그 후 IBM의 전동타자기가 폭발적으로 팔리게 되자, 언더우드사는 IBM을 경쟁사로 인식하지 못한 경영자의 잘못 내지는 비체계적인 경쟁기업 분석 탓에 군소업체로 전락해 버리고 급기야는 이태리의 올리베티사에게 합병되고 말았던 것이다.

저자가 경험한 또 다른 예를 하나 살펴보자. 일본 유수의 종합상사(Sogo-Shosa) 중에 이토추와 마루베니라는 기업이 있다. 이 두 기업은 배후에 계열그룹도 별로 없이 약 450억 달러 수준의 매출액을 올려 높은 평가를 받고 있는데, 공교롭게도 매출액뿐만 아니라 이익률, 상품 구조, 활동 스타일도 비슷하고 같은 뿌리에서 나온 회사라는 공통점마저 지니고 있었다.

이에 흥미를 느낀 저자는 1981년 어느 날 이토추사의 한 중역에게, 저자가 당연히 이토추의 경쟁자라고 생각한 마루베니사에 대한 경쟁전략을 물어본 적이 있다. 이때 저자는 경쟁자의 이름을 언급하는 것 자체가 실례라고 판단하여, "당신 회사의 경쟁기업은 누구입니까?"라는 질문으로 말을 시작하였는데, 놀랍게도 그 중역은 이토추사의 경쟁자로 마쓰시타, 도요타, 신일본제철을 열거하였다. 이에 놀란 저자는 "마루베니는 경쟁자가 아닙니까?"라고 물었는데, 이에 대해 그는 "마루베니는 이토추의 파트너라고 생각합니다"라는 의외의 대답을 하였다. 사실 1960년대에 같은 질문을 하였다면, 그는 마루베니를 경쟁자로 지적했을 것이다. 그러나 60년대와는 달리 도요타나 신일본제철 등이 종합상사를 통해 수출하는 대신 해외 지사망을 구축하여 직접 판매에 나서게 된 80년대 당시의 상황에서는 과거 제조업체의 물건을 서로 차지하기 위해 싸웠던 종합상사, 특히 이토추와 마루베니는 지나친 경쟁을 지양하고 파트너 체제를 갖추어 서로 공존하는 길을 택할 수밖에 없었던 것이다.

위의 두 예에서 본 바와 같이 경쟁기업이란 항시 변하는 것이므로 경영자는 노출된 경쟁자뿐만 아니라 현재는 표면에 나타나지 않고 있더라도 미래에 강력히 등장할 경쟁자를 예견해야 한다. 이같이 경쟁기업을 파악하고 나면, 경영자는 일정한 틀에 맞춰 경쟁기업 분석을 본격적으로 해야 한다. 경쟁기업 분석에는 미래의 목표, 현재 실행중인 전략, 가정, 능력 등 네 가지 진단요소들이 있으며, 이 네 요소들을 정확히 파악한다면 경쟁기업들의 대응 윤곽을 예측할 수 있다. 그 내용은 <그림 4.3>에 잘 나타나 있다.

그림 4.3
경쟁기업 분석 요소

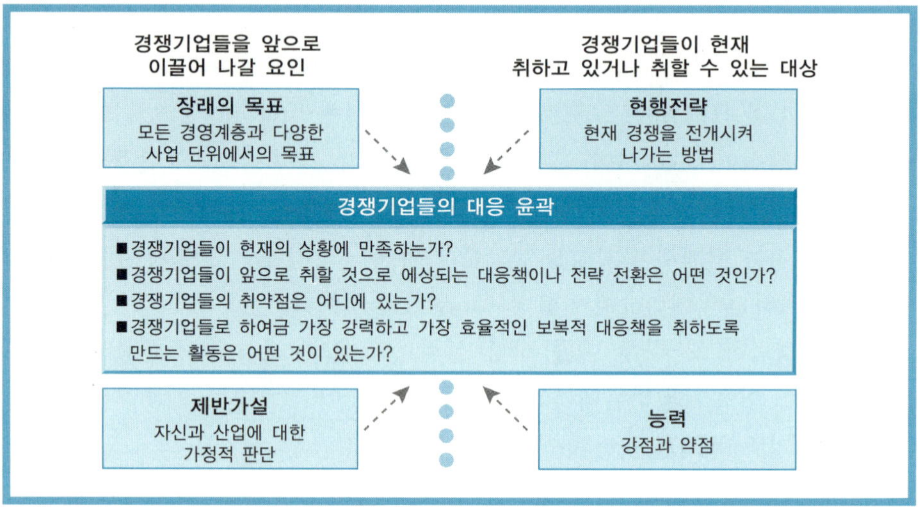

경쟁기업의 여러 목표에 대한 진단은 경쟁기업들이 현재의 상황과 재무구조에 만족하는지 여부와, 그러한 성과를 바탕으로 그 경쟁기업이 기존전략을 수정할 가능성, 경기순환과 같은 외적 상황 및 다른 기업들의 움직임에 대응하는 태도를 예측하는 밑거름이 된다. 예를 들어 경기 하강이나 다른 기업의 시장점유율 증대와 같은 상황 변화에 대해, 안정적인 매출액 성장에 역점을 두는 기업은 투자수익률 유지에 가장 큰 관심을 보이는 기업과는 다른 대응전략을 세우게 될 것이다. 이처럼 경쟁기업의 여러 목표, 예컨대 재무상의 목표나 시장우위 · 기술수준 · 사회적 성취와 같은 목표를 파악하게 되면 전략적인 변화에 대한 그 기업의 대응과 경쟁기업이 취한 선제 조치의 진의를 파악하는 데 도움이 되므로, 경영의 각 수준, 즉 특정 사업단위 및 사업부 수준에서든 모기업 수준에서든 목표의 파악이 먼저 이루어져야 한다.

또한 목표파악과 동시에 경쟁기업이 자기 회사에 대해 가지고 있는 가정과 소속되어 있는 산업 및 그 산업 내의 다른 기업에 대해 지니고 있는 가정과 판단을 알아낼 수 있다면, 그 기업의 활동방식이나 대응태도를 예측하기가 한층 수월해질 것이다. 이때, 특정 사업과 관련한 경쟁기업의 목표와 가정적 판단의 내용은 그 기업의 역사, 즉 사업 경력을 면밀히 분석하고 경영자들의 경력과 성향, 그리고 자료를 구하는 기관과 그 기관의 자문 방향을 파악할 때 더욱 확실히 알 수 있으므로 이에 대한 조사를 잊어서는 안 된다.

경쟁기업을 분석할 때 가장 중요한 것은, 경쟁사의 전략을 파악하는 일이다. 경쟁기업의 전략은 경영활동을 담당하는 각 직능부문의 핵심적인 운영방침과 직능간의 상관성을 헤아려보는 데 가장 유용한 수단이다.

이같이 경쟁기업을 선정하여 그 장래 목표, 가정, 전략 및 능력을 분석한 경영자라면 그 경쟁기업이 어떤 방법으로 대응할지의 윤곽을 대체로 잡을 수 있다. 예를 들어 현재의 상황에 비추어 볼 때 경쟁기업이 전략적 변화를 시도할 가능성은 어느 정도이며, 경쟁기업의 목표나 가정, 능력을 고려해 볼 때 취할 가능성이 짙은 조치는 무엇이고, 그 조치들의 강도와 중요성은 어느 정도일까를 추측할 수 있는 것이다. 또한 경쟁기업 분석을 통해 경쟁기업을 속속 파악했다고 자신하는 경영자라면, 경쟁기업들이 제대로 대비를 갖추지 못하거나 전의가 가장 약한, 또는 경쟁을 벌이기에 가장 불편한 시장 부문이나 전략 차원을 찾아낼 수 있으며, 그 부문에 자기 기업이 상대적 강점을 가지고 있다면 이를 경쟁영역으로 선택하여 전략을 수립할 수 있을 것이다. 그리고 기존 또는 잠재적 경쟁기업을 낱낱이 분석하면 장래의 산업구조를 예측하는 자료를 얻을 수도 있다.

그러므로 이처럼 중요한 경쟁기업 분석을 위해서 경영자는 기업 내에 자료 수집을 효율적으로 할 수 있는 경쟁기업 정보관리 체제를 별도로 구축해야 할 것이다.

전략집단을 활용한 경쟁기업 분석

전략집단의 개념 및 활용

전략집단을 활용하여 산업 내 경쟁구조를 분석하는 첫 번째 단계는 우선 모든 경쟁기업들의 전략을 여러 차원에 따라 유형화시키는 것이다. 이러한 유형화 작업을 통해 산업 내부의 모든 기업들은 '전략집단'들로 분류될 수 있다. 전략집단이란 특정 산업 내에 속해 있는 기업들 중에서 전략적 차원에서 동일하거나 유사한 전략을 추구하는 기업군을 말한다.

어떤 산업 내의 모든 기업들이 기본적으로 동일한 전략을 추구한다면, 그 산업에는 오직 하나의 전략집단만이 있는 셈이다. 이와 반대로 모든 기업이 저마다 각기 다른 전략을 추구한다면 개개 기업 하나하나가 별도의 전략집단이 되는 극단적인 경우도 생각해볼 수 있다. 그러나 일반적으로 산업 내에는 기본적인 전략적 차이 때문에 몇 개의 전략집단들이 존재한다.

예를 들어 1990년대 한국 퍼스널 컴퓨터 산업의 경우, 폭넓은 제품라인, 높은 상표이미지, 넓은 판매망, 재벌그룹의 계열사라는 점 등에서 동일한 특성을 나타내는 삼성전자, LG전자, 대우전자, 현대전자 등이 하나의 전략집단을 이루고 있었다. 그리고 좁은 제품라인, 가전 3사보다 낮은 상표이미지, 중소기업이라는 점에서 비슷한 큐닉스, 갑을전자, 삼보컴퓨터 등과 같은 전문업체들이 다른 하나의 전략집단을 형성하고 있었다. 2000년대 이후의 퍼스널 컴퓨터 산업에서는 스마트폰과 테블릿 PC가 출시되면서 오프라인과 온라인의 벽이 허물어지게 되었는데, 두 제품군을 동시에 출시하는 애플, 삼성전자, LG전자 등이 하이브리드형 전략집단을 형성하였고, 스마트폰에 집중하는 HTC, 후발자 전략을 취하는 마이크로소프트로 전략집단이 나뉘고 있다.

의류업계의 경우도 마찬가지다. 과거에는 삼성물산(에스에스패션), LG패션, 삼풍(캠브리지)처럼 주로 고가격 전략을 펴온 기업들이 있고, 이랜드로 대표되는 기업들처럼 저가격 저마진 전략을 추구하는 기업들도 있었다. 최근 10대 의류업계에서는 제일모직, LG패션, 이랜드그룹이 해외브랜드 라이센스와 자체브랜드 개발에 성공하면서 패션 선도기업으로 자리매김하며 새로운 전략집단을 형성하였고, 나머지 기업들이 이를 벤치마킹하고 있는 구도로 변화되었다.

이처럼 기업들을 유형화시키는 여러 가지 차원들이 있는데 그 중에서 중요하게 부각되는 전략적 차원은 시장 및 고객 차원, 산업 차원, 지역 차원, 수직적 통합 차원이 있다. 기업을 유형화시키는 변수에 관해서는 뒤에서 자세히 설명될 것이다.

■ 전략집단 개념에 관한 기존의 연구

경제학의 산업조직론 분야에서 창안된 전략집단(Strategic Group) 개념은 1972년 헌트(Michael E. Hunt)[3]에 의해 처음으로 실증적 연구가 시작된 이후 뉴만, 포터 등의 후속 연구를 통해 '한 산업은 성격이 다른 전략집단들로 구성되어 있어 동질적이지 못하고 이질적임' 을 증명하려는 목적으로 활용되어 왔다. 그러나 케이브스와 포터(Caves & Porter, 1977)에 의해 이동장벽(mobility barrier) 개념이 제시되면서 전략집단 개념은 논리적 근거를 갖추게 되었고, 그 후 경영학의 전략 연구에 그 개념이 도입되면서 환경과 구조, 그리고 전략과 기업성과에 관한 상황적 모형에 따라 다각적으로 활용되었다. 즉 전략군들이 추구하고 있는 각 전략의 성격, 전략군의 환경적 특성 연구, 각 전략군의 환경과 전략의 조화를 통한 기업성과에 대한 연구들과 전략군들에 속한 기업들 간의 성과를 비교 · 분석하는 연구들이 그 예이다.

헌트는 전략집단 개념에 대한 1972년 박사학위 논문에서 1960년대 미국 가전산업 내 경쟁에 대한 연구를 통해 연구대상 기업들을 그들의 전략적 특성에 따라 제조업체 상표를 가지고 전 품목을 취급하는 기업군(full line national manufacturers' brand producers), 유통업자 상표를 취급하는 기업군(private brand producers), 그리고 전국적인 소매점을 갖고 있는 기업군(national retailers)이라는 세 가지 전략집단으로 구분하였다. 헌트는 이처럼 전략집단의 개념을 이용해 산업을 구분하면 각 전략집단 간에 존재하는 진입장벽(entry barrier)을 설명할 수 있다고 주장했다. 이후 여러 학자들에 의해 연구가 진행되면서 헌트가 제기한 가설, 즉 '동일한 산업 내에도 전략이 다른 집단이 존재한다'는 가설은 점차 보편성을 인정받게 되었다.

이러한 일련의 연구들은 산업조직론에서 신봉되어 온 고전적인 이론에 반하는 결과를 보였다는 점에서 의의를 찾을 수 있다. 사실 1970년대 초까지만 해도 기업의 전반적인 경영형태는 단순히 산업의 구조를 반영하기 때문에 기업들의 성과도 산업의 특성에 의해 결정되는 것으로 보는 고전적인 이론에 입각한 산업 분석이 일반적이었다(<그림 4.4> 참조).

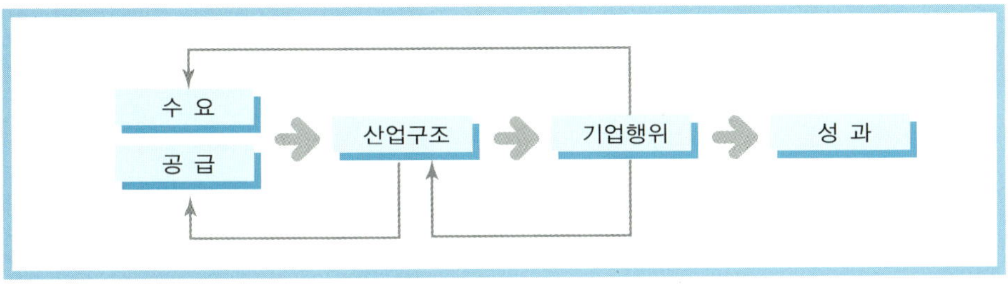

그림 4.4
산업구조와 성과에 대한 고전적 모델

이러한 이론에 따르면 특정 산업 내의 기업들은 모두 동질적인 산업구조를 반영하여 동일한 전략을 구사하게 되므로 전략을 실천하는 기업의 능력 차이만 배제된다면 모든 기업들이 거의 똑같은 성과를 거둘 것이라는 결론에 도달하게 된다. 그러나 헌트를 비롯한 여러 학자들은 현실이 그렇지 못함을 인식하고, 전략집단 연구를 통해 동일한 산업 내에서도 기업들이 동질적인 경영형태를 보이는 것이 아니라 상이한 전략을 구사하는 여러 개의 전략집단이 존재하기 때문에 서로 다른 경영형태를 보인다는 것을 실증함으로써 산업 분석에 새로운 시각을 제시했다(<그림 4.5> 참조).

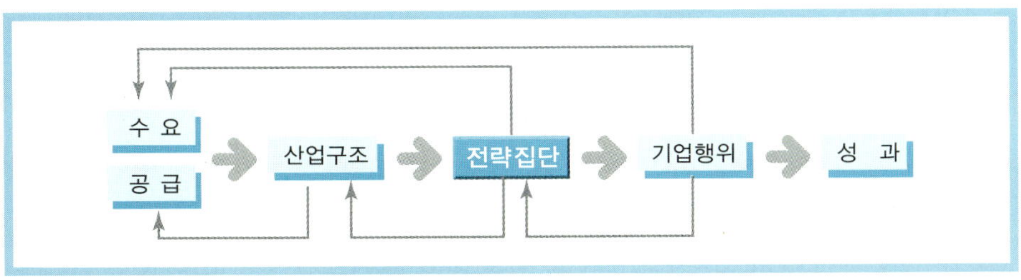

그림 4.5
산업구조와 성과에 관한 새로운 모델

헌트 이후 전략집단에 관한 연구는 케이브스와 포터(Caves & Porter, 1977)가 산업조직론에서 다뤄온 진입장벽 개념을 이동장벽(mobility barrier)의 개념으로 확장시킴으로써 보다 이론적 모습을 갖추게 되었다. 원래 베인(Joe Staten Bain)[4]이 최초로 제기한 진입장벽론에서는 한 산업 내에 속하는 모든 기업이 규모의 차이 외에는 다른 모든 측면에서 동질적이라고 가정함으로써, 진입장벽이 모든 기존기업들을 산업의 진입자들로부터 무차별적으로 보호한다고 보았다. 그러나 케이브스와 포터는 현실적으로 동일한 산업에 속한 기업이라도 기업이 가지고 있는 중요한 특성들이 다르기 때문에, 서로 이질적인 구조를 지닌 하부집단 사이에도 자신들을 보호하는 이동장벽을 갖게 된다고 주장함으로써 전략집단의 존재를 논리적으로 설명하려 했다. 그들의 견해에 따르면 이동장벽이란 한 기업이 특정 전략집단에서 다른 전략집단으로 이동하는 것을 억제시키는 '산업 내의 진입장벽'을 뜻한다. 즉 진입장벽은 어떤 산업에 진출하고자 하는 신규 진입자들로부터 그 산업에 속한 기존기업들을 보호해 주는 기능을 강조한 거시적 개념이고, 이동장벽은 산업 내에 있는 타 집단의 기업들로부터 특정 집단을 보호하는 역할을 중시하는 미시적 개념이다. 그러나 이동장벽도 단지 산업 전체를 분석대상으로 하는지 혹은 산업 내의 하부집단을 분석대상으로 하는지의 차이만 있을 뿐 장벽의 생성원천이나 특성은 진입장벽과 마찬가지다.

이동장벽의 개념을 이용하면 '어떻게 동일 산업 내의 특정 전략집단이 산업 내의 다른 기업들보다 지속적으로 높은 수익을 올릴 수 있는가' 하는 질문에 대한 해답을 얻을 수 있다. 만약 산업 내에 이동장벽이 존재하지 않는다면 특정 전략집단의 성공적인 전략은 다른 전략집단에 속한 기업들에 의해 즉시 모방될 것이므로 동일 산업에 속한 모든 기업의 수익성은 균등해질 것이다. 그러나 각 전략집단 사이에는 전략 변경을 억제하는 이동장벽이 존재하기 때문에 전략집단은 고도의 안정성을 유지할 수 있고 이 때문에 전략집단 간에 성과가 달라지게 된다.

이동장벽의 개념이 도입되면서 전략집단 개념은 이론적인 체계를 갖추게 되었으며, 그 이후 전략집단에 관한 연구는 산업 내의 이질성을 검증하는 산업조직적 연구로부터 보다 미시적인 측면, 즉 전략집단 간의 기업성과를 비교 · 분석하는 연구로 추세가 바뀌고 경영학 연구에 본격적으로 도입되기 시작했다.

■ 전략집단의 활용

경쟁전략에서는 전략집단이 어떤 차원에서 형성되는가 하는 현상 분석도 중요하지만, 형성된 전략집단이 산업구조에 어떤 영향을 미치는가 혹은 어떤 기업이 특정 전략집단에 진출하거나 다른 기업이 우리 기업이 속한 전략집단에 진출할 때 산업구조상에 어떤 변화가 일어나는가와 같은 문제들의 분석도 매우 중요하다.

이번에는 전략집단을 구분하고 개별기업에게 전략적 시사점을 제공할 수 있는 분석도구 전략집단도(strategic group map)를 소개한다. 경쟁전략을 수립하는 데 있어 전략집단의 개념을 활용하는 데 도움이 되기 때문이다.

전략집단도란 산업 내 기업들을 특징지을 수 있는 포괄적인 변수 두 가지를 각각 횡축과 종축에 표시한 후, 산업 내 기업들을 대상으로 이들 두 가지 전략변수의 활용 정도를 측정하여 해당기업들을 몇 개의 전략집단으로 그룹화시킨 것이다. 논리적 엄밀성은 그리 높지 않을 수 있지만 간단한 그림을 통해 많은 전략적 시사점을 얻을 수 있다는 강점이 있어 학계뿐만 아니라 실무에서도 많이 이용되고 있다. <그림 4.6>은 이러한 전략집단의 개념을 활용하여 오디오산업의 전략집단을 유형화한 것이다.

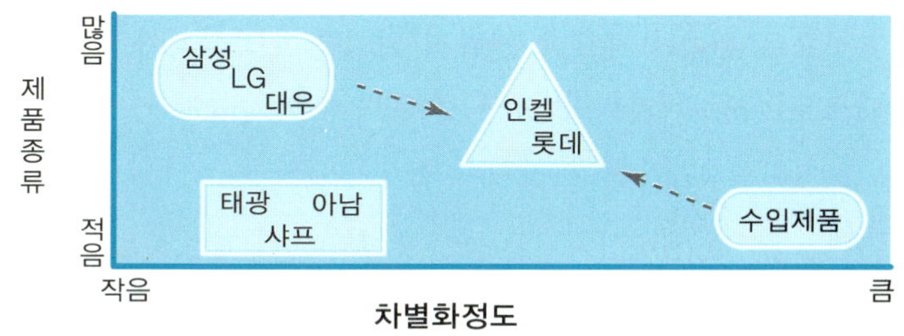

그림 4.6
오디오산업의 전략집단도

기업경영자는 이러한 전략집단 분석을 통해 기업의 장단점과 그 산업이 제공하는 기회나 위협요소를 훨씬 구체적이고 명확하게 가시화할 수 있다. 예를 들어 특정 전략집단의 이동장벽이 폭넓은 제품라인이나 독점적 기술축적에 의한 원가상의 이점이라면, 이러한 이동장벽의 원천은 특정 전략집단에 속한 기업의 중요한 강점을 반영하는 것이다. 또 특정 산업 내에서 가장 유리한 위치에 있는 전략집단이 독점적인 유통경로 및 서비스 조직을 통해 규모의 경제를 누리고 있다면, 그렇지 못한 기업은 바로 그러한 요인이 핵심적인 약점 중의 하나가 될 것이다.

이처럼 전략집단 개념은 경쟁기업들과 비교해 특정 기업의 장단점을 체계적으로 규명할 수 있는 기본 틀을 제시한다. 그러나 한 가지 유의해야 할 것이 있다. 이러한 기업의 장단점은 고정되어 있는 것이 아니라는 점이다. 산업이 진화되어 전략집단들의 상대적 위치가 재편성되거나 혹은 기술혁신이나 대규모 투자가 이루어질 경우 각 기업의 구조적 위치나 장단점이 변화할 수 있는 것이다.

따라서 기업들은 자신이 속한 산업 내에서 다음과 같은 전략적 행동을 함으로써 기업의 위치를 강화하여 수익성을 증대시킬 수 있다.

첫째, 새로운 전략집단을 형성하는 것이다. 기술혁신이나 산업구조의 변화는 종종 전혀 새로운 전략집단을 형성시킨다. 이 과정에서 선견지명이 있는 기업은 경쟁기업들이 인식하지 못하는 사이에 새롭고 유리한 전략집단을 형성할 기회를 포착할 수 있다. 경쟁기업보다 앞서 새로운 전략집단을 형성하는 것이 쉽지는 않지만 산업구조의 동태적 분석을 통해 기업에게 가장 유리한 경쟁영역을 사전에 발견할 수 있는 것이다.

둘째, 특정 산업 내에서 보다 유리한 기반을 지닌 전략집단을 선택해서 파고들어가는 것이다.

셋째, 소속 전략집단의 구조적 기반이나 그 집단 내에서의 입지를 강화시킨는 투자를 하는 것이다. 이동장벽을 높이거나, 대체품에 대비하거나, 판매능력을 키우는 것 등이 있다. 이러한 투자나 조정을 통해 보다 새롭고 경쟁적인 전략집단을 형성할 수 있다.

이같이 구조적으로 유리한 새로운 전략적 위치를 포착하거나, 산업이 진화해서 다른 전략집단으로 이동할 기회가 생긴 것을 미리 파악하여 기업의 전략을 변경한다면 보다 큰 성과를 얻을 뿐만 아니라 경쟁기업보다 전략적 위치를 강화시킬 수 있을 것이다.

한 예로 이랜드라는 의류업체는 기존의 한국 의류 산업구조에 중저가 시장이라는 새로운 세분시장을 창출함으로써 의류업에 성공적으로 진입, 높은 성장을 이룩할 수 있었다. 그리고 현재는 의류산업 내에서 아르가니 제롤라모, 숙녀 캐주얼 로엠 등의 고가 브랜드로 이동을 시도하고 있다.

그 전까지 한국 의류산업은 삼성물산의 에스에스패션, LG패션, 논노, (주)대현(마르조, 페페), (주)나산실업(조이너스, 꼼빠니아), 유럽 등지 유명 브랜드, 전문디자이너에 의한 고급 의류, 수입품 등으로 대표되는 고가시장과, 군소업체들이 생산하여 남대문시장 등의 재래시장과 소규모 의류점에서 유통시키는 저가시장으로 대별되어 있었다.

이랜드가 본격적인 의류업 진출을 시도할 당시, 기존의 고가시장에서는 기존업체의 고급 브랜드 이미지, 전국적 유통망, 대기업이 가진 규모의 경제 등 높은 진입장벽이 있었고, 저가시장은 군소업체가 난립하고 있었으며, 유통망 자체도 전근대적이었다. 게다가 소득 향상에 따른 소비자들의 저가시장 이탈과 재래시장의 침체로 인해 저가시장 진출기업들은 작은 규모와 낮은 수익을 감수해야만 했다.

이러한 상황에서 이랜드는 고가 의류의 매력인 브랜드 이미지를 어느 정도 제공하면서 저가 시장이 가진 가격상의 매력을 동시에 제공할 수 있는 수준에서 중저가 의류시장이라는 의류산업 내의 새로운 전략집단을 구축함으로써 진입장벽을 극복하고 높은 성장을 이룩했다. 그러나 중저가시장은 진입장벽이 높지 않아 에드윈, 제이빔, 시실리안, 웰리스, 브이네스, 체이스 컬트, 카스피 등 신규진입자가 늘어났고 경쟁이 치열해졌다. 이랜드는 이러한 중저가시장의 경쟁을 탈피하고 장기적으로 의류업체로서의 경쟁력을 확보하기 위해서는 고가 시장으로의 진출이 필요하다는 판단에서 아르가니 제롤라모, 로엠 등의 브랜드로 산업 내 이동을 시도했다. 하지만 기존 고가의류시장이 가지고 있던 고급 이미지, 전국 유통망, 많은 광고비의 부담 능력, 규모의 경제 등의 산업 진입장벽이 여전히 산업 내 이동장벽으로 작용하여 고전을 면치 못했다.

고객분석

기업들은 현재 또는 잠재적 소비자들의 욕구를 파악한 다음 이러한 욕구를 충족시켜 줄 수 있는 수단으로 기업활동을 수행해야 한다. 기업이 소비자의 욕구에 얼마나 부응하느냐에 따라서 기업의 경쟁력이 결정되기 때문이다. 따라서 생산된 제품의 판매보다 소비자의 욕구와 필요를 사전에 파악하여 경쟁기업보다 차별적으로 이들의 욕구에 부합함으로써 기업은 경쟁우위를 확보할 수 있는 것이다.

즉 기업의 제품을 구매하는 고객은 기업의 경쟁력을 좌우하는 중요한 요인이다. 우리와 치열한 경쟁을 벌이는 경쟁자 못지 않게 중요한 것이 바로 우리 기업의 제품을 구입하는 고객이다. 왜냐하면 경쟁자와 대비한 경쟁우위를 최종적으로 인정해 주는 것이 바로 고객이기 때문이다. 넓은 의미에서 보면 경쟁요인의 범주 속에 고객이 포함되기 때문에 앞에서 설명한 산업구조 분석의 틀을 이용하면 고객에 대한 개략적인 분석도 가능할 것이다.

그러나 고객은 기업경영 활동에 너무나 중요하고 또 앞에서 언급한 기본 분석보다 정교한 분석이 필요하기 때문에 좀 더 상세히 다룰 필요가 있다. 왜냐하면 경쟁사의 반응에만 신경을 쓰다가 고객 욕구의 변화와 같은 중요한 추세를 발견하지 못해 낭패를 보는 수가 많기 때문이다. 그러므로 경쟁자 분석과 함께 고객 분석도 경쟁전략 수립에 반드시 필요하다. 경쟁자 분석, 자사 분석 그리고 고객 분석의 3박자가 맞아야 경쟁우위를 가져다주는 경쟁전략을 수립할 수 있다. 자사가 아무리 경쟁사보다 원가우위를 가지고 있다 하더라도 고객이 가격이 아니라 차별화된 독특한 특징을 원한다면 경쟁우위를 획득할 수 없는 것이다. 기업이 경쟁자와 고객 중 어디에 중점을 두느냐에 따라 기업전략을 <그림 4.7>과 같이 4가지 유형으로 나눌 수 있다.

그림 4.7

기업 지향성에 따른 전략 유형

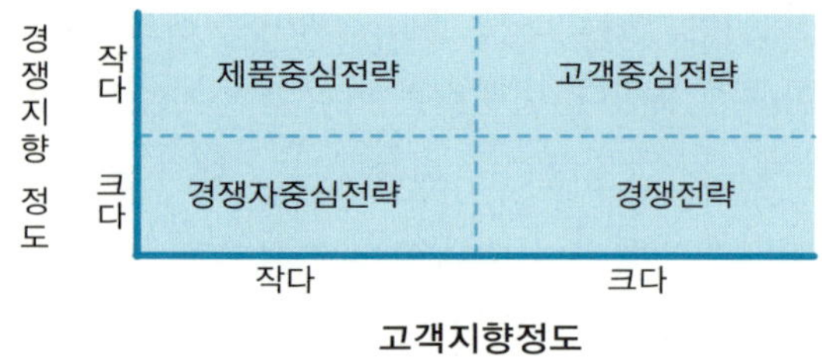

<그림 4.7>에서 보는 바와 같이 경쟁자와 고객에 대한 분석이 동시에 이루어져야만 비로소 바람직한 경쟁전략이 수립될 수 있다. 경쟁자에게만 비중을 두는 기업은 기본적으로 경쟁업체의 행동과 반응에 따라 행동하는데, 이와 같은 방식으로 경쟁에 대응하면 경영자들이 경쟁자의 행동에 매우 민감해지므로 경쟁지향적이 되고 경쟁자에 대비한 자사의 위상과 강 · 약점을 잘 파악한다는 장점이 있다. 그러나 지나치게 경쟁자의 행동에 수동적으로 반응하는 패턴을 가지게 되어 일관된 대고객 전략을 수립하지 못하고 경쟁자의 행동에 따라 우왕좌왕하는 부정적인 결과를 빚기 쉽다. 반면에 고객에게만 비중을 두는 기업은 고객 욕구의 변화 동향을 잘 파악함으로써 특정 고객집단이나 새로이 생긴 고객 욕구를 일정한 자원과 목적으로 잘 충족시켜 이윤을 올릴 수 있다는 장점이 있으나, 경쟁자의 행동에 무감각하고 변화에 탄력적으로 반응하지 못해 치열한 경쟁상황을 극복하지 못하는 단점이 있다.

대체적으로 시장이 계속 성장하고 있을 때는 고객 중심적인 전략만으로도 버틸 수 있으나, 시장의 성장이 정체되거나 계속적인 신규기업의 진출로 경쟁이 격화될수록 고객 중심 전략만으로는 부족하고 대 경쟁자전략이 반드시 필요하다. <그림 4.8>에서 보는 바와 같이 일반적으로 경쟁이 치열해짐에 따라 기업의 중심 전략이 바뀌게 되는데, 경쟁이 심하지 않을 때는 제품 중심으로 전략을 수립하다가 경쟁이 심화되면 될수록 그 중심점이 고객, 경쟁자로 옮겨가서 마침내는 두 가지(고객, 경쟁자)를 모두 중시하는 경쟁전략으로 귀착되게 된다.

그림 4.8

제품의 성장과 전략의 변화

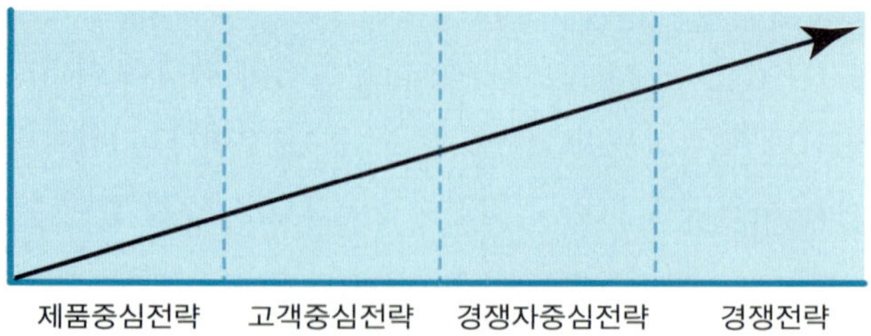

고객 분석의 중요성

기술이 발전하고 경제가 고도화되며 인구증가율이 낮아지고 소비자 욕구는 다양해지고 기업간 경쟁도 치열해지면서, 기업이 공급하는 제품이 소비자의 수요를 초과하게 되었다. 이에 따라 오늘날의 시장도 판매자 시장이 아닌 구매자 시장이 되었다.

소비자는 어느 의미에서 소비자 주권을 가진 환경적 존재이므로 기업은 이들 고객의 욕구를 만족시키기 위해 기업활동을 전략적으로 전개하지 않으면 안 된다. 이러한 관점에서 경쟁전략 수립과정에 고객 분석이 꼭 필요한 이유를 정리하면 다음과 같다.

첫째, 시장의 급격한 변화가 기업들에게 커다란 위협과 기회를 제공하고 있다. 따라서 고객의 욕구와 필요의 변화를 이해하지 못하면 경쟁에 뒤지게 된다. 이미 기술 변화, 에너지 위기, 국제화, 개방화, 지역 전쟁 등 거시적 환경변화가 제품에 대한 소비자의 욕구, 선호도를 변화시키고 있다. 예를 들면 1차, 2차 오일쇼크라는 거시적 환경변화 때문에 자동차에 대한 고객의 욕구가 바뀌었다. 오일 쇼크 이전에는 대형차에 대한 수요가 많았고 자동차의 경제성에 대해서는 무관심했다. 그러나 두 차례의 오일 쇼크로 원유값이 폭등하자 고객은 예전에 무관심했던 경제성을 중시하기 시작했으며 따라서 대형차보다는 소형차를, 소형차 중에서도 연료가 적게 들고 연료 효율이 높은 차를 선호하게 되었다. 이같이 거시적 환경의 변화는 고객의 욕구를 일시에 변화시킨다.

둘째, 사회 · 문화적 환경의 변화를 들 수 있다. 사회 · 문화적 환경의 변화는 시장 변화의 기본적 출발점이고 기존의 사업이나 제품으로는 충족되지 못하는 사회적 욕구를 낳는다. 바로 여기에서 신제품과 새로운 사업의 기회가 발견된다. 한국의 인구증가율은 70년도에 1.99%였다가 87년도에는 0.94%로 변화되었다. 이는 양적(量的) 내수시장 규모의 정체와 함께 가처분소득의 증가로 인한 질적(質的) 고급화가 진행됨을 의미한다. 연령구조의 변화를 보면 유년인구(0~14세)는 70년에 42.2%에서 85년에는 29.9%로 감소한 반면, 노년인구(65세 이상)는 3.3%에서 4.3%로, 경제인구(15~64세)는 54.4%에서 65.7%로 증가했다. 이는 유년인구를 대상으로 하는 사업과 시장은 양적으로 급속히 축소되고 있으나 소득 증대와 유년인구의 가정에서의 발언권 강화 등으로 인해 질적으로는 유년층의 소비가 고급화, 개성화되고 있으며 노년인구를 대상으로 하는 시장이 양적으로 확대, 질적으로 고급화되고 있음을 뜻한다.

현대는 '감각 시대(high-touch)' 라고 표현될 정도로 소비자의 욕구가 다양하다. 10대와 20대를 중심으로 하는 청소년들이 MP3 산업이나 주니어 화장품 산업, 팬시 산업 등의 중심 고객으로 등장하고 있으며, 이들을 목표고객으로 하는 시장 세분화와 제품 개발도 활발히 이루어지고 있다. 또한 인구의 노령화로 노인층을 주요 고객으로 하는 산업, 즉 '실버산업'이 발전하고 있다. 이 모든 것이 사회 · 문화적 환경의 변화에 따른 새로운 욕구의 창출이므로 이를 잘 활용하면 새로운 제품 개발과 함께 새로운 시장을 개척할 수 있다.

셋째, 사회 · 문화적 요인이다. 국민 소득 증가에 따른 소비자 욕구의 변화는 제품의 수요 측면에서 기업 간의 경쟁을 심화시킨다. 소득 수준 향상에 따라 소비자들의 욕구와 소비 패턴은 양 중심에서 질 중심으로 바뀌고 있으며, 변화 속도가 이전보다 훨씬 빨라지고 있다. 이러한 변화는 과거 저가격 소품종 대량생산체제의 기업을 고가격 다품종 소량생산체제로 변모시키고 있다. 다양한 소비자들의 욕구는 시장 세분화를 촉진시키고 새로운 기업들의 시장참여 기회를 늘려주어 경쟁상태를 심화시킨다. 따라서 고객 욕구에 잘 부응하지 못하는 기업은 경쟁에서 살아남을 수가 없는 것이다.

이상에서 살펴본 바와 같이 고객을 분석하는 목적은 고객에 대한 이해를 충분히 하여 경쟁사보다 더 잘 고객의 욕구에 부응하는 데 있다. 철저한 고객 분석을 통해 최소한의 고객 욕구를 충족시키면 경쟁사보다 훨씬 효과적으로 원가를 관리할 수 있을 뿐만 아니라, 독특하고 표출되지 않은 고객 집단의 욕구를 충족시켜 경쟁사와 차별화를 이룩할 수도 있다. 또한 고객 분석을 통해 신제품을 시장에 소개하는 타당성을 확인하고 기존제품의 위상도 개선시킬 수 있다.

고객분석의 내용

기업이 경쟁전략을 수립하려면 소비자가 왜, 언제, 어떻게 구매하고 재화나 서비스를 소비하는가를 포괄적으로 설명해 주는 체계가 필요하다. 이를 위해 소비자의 복잡한 행동을 이해해야 한다. 고객 분석에 앞서 우선 시장을 구성하는 소비자에 대한 이해가 필요한 것이다. 기업을 둘러싸고 있는 거시적 환경변화를 정확히 파악하고 소비자에 대한 이해를 충분히 해야만 목표시장의 선택이 가능하다. 따라서 고객 분석의 출발점은 고객 행동의 이해에서부터 시작한다. 고객 행동에 대한 이해가 끝나고 나면 이를 바탕으로 다음과 같은 세 가지 질문에 대답할 수 있어야 한다.

첫째, 우리의 고객은 누구인가? 우리 기업의 고객을 알기 위해서는 시장을 세분화하고 이 자료를 바탕으로 우리 기업이 만족시키고 있는 고객층을 발견해야 한다.

둘째, 고객이 재화나 서비스를 구매하는 동기는 무엇인가? 제품이나 서비스의 특성 중에서 실제로 고객들에게 중요한 것은 무엇인가? 고객의 현재 구매동기나 앞으로 일어날 구매동기의 변화를 파악하면 우리 제품의 상대적 위치를 평가하는 데 매우 유용하다.

셋째, 고객들이 인식하지 못한 채로 존재하는 충족되지 않은 욕구가 있는가? 고객들이 현재의 제품과 서비스에 만족하고 있는가? 고객의 충족되지 않은 욕구를 파악하면 새로운 사업 기회를 발견하게 되는 셈이다.

고객 분석은 이상의 세 가지 질문에 답하는 것을 의미한다. <그림 4.9>는 고객 분석의 절차를 도식화한 것이다.

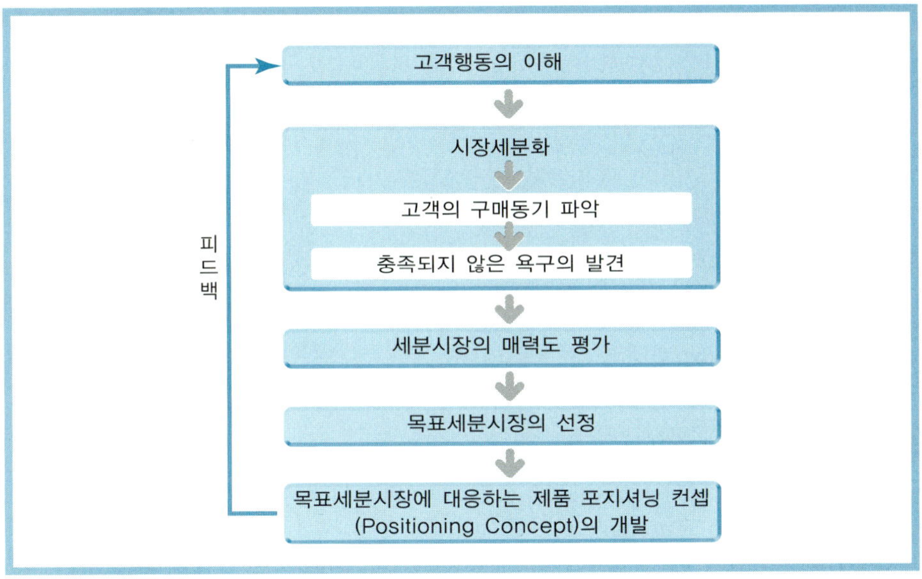

그림 4.9
고객분석의 절차

2절 전략 분석의 내부요소 1: 자원

CASE 엔씨소프트의 설립과 위기, 그리고 발전

엔씨소프트의 성공은 그들의 온라인 게임 '리니지'의 성공으로 요약할 수 있다. 사업의 큰 틀은 기업 Solution 분야와 온라인 게임 산업 분야로 나누어져 있지만, 엔씨소프트의 본격적인 성공 가도는 '리니지'의 성공 이후부터라고 할 수 있기 때문이다.

순탄치만은 않은 과정이었다. 1998년 찌는 듯이 더웠던 그 해 여름에 창업 1년이 채 안 된 엔씨소프트에 처음이자 최대의 위기가 닥쳤다. 리니지 개발이 끝나고 서비스를 시작할 무렵, 그동안 벌어들인 돈을 모두 리니지 개발에 투자해 자금이 바닥났다.

엔씨소프트의 두 번째 위기는 게임아이템 현금 거래, 현실과 사이버 세계의 혼동 유발 등 '리니지' 게임의 각종 폐해가 사회 문제화되던 때였다. 청소년들 사이에서 아이템 현금 거래로 폭력사고가 발생하고 리니지 게임에 푹 빠져버린 청소년들이 사회생활에 제대로 적응하지 못하는 문제가 불거진 것이다. 그러나 우수한 기술력과 시의 적절한 전략으로 엔씨소프트는 이 위기를 극복했다.

엔씨소프트의 '리니지'는 국내의 원작만화를 틀로 만든 그래픽 머드 게임으로, 기존 온라인 게임에 강력한 게임 요소인 그래픽을 가미함으로써 텍스트만으로 즐기던 게이머들에게 새로운 활력을 불어넣었다. 당시 온라인 머드 게임은 대부분 텍스트 중심이었고 게임의 중요한 요소인 그

래픽이 빠져 있었다. 설사 그래픽으로 구현되는 게임이라 할지라도 그 수준이 매우 열악하여 옛날 286 시대의 그래픽만을 구현할 뿐이었고, 그것은 당시의 비온라인 게임과 비교할 때 큰 단점으로 지적되던 부분이었다. 그 예로 지금은 리니지를 따라 그래픽이 보완되었지만 당시만 해도 열악한 그래픽과 텍스트만으로 이루어져 있던 온라인 게임의 선점업체 넥슨의 '바람의 나라'를 들 수 있다.

당시에는 물론이고 지금도 돋보이는 그래픽과 캐릭터, 배경화면 처리의 섬세함은 기존 온라인 머드 게임에 실망을 느끼던 사용자들의 관심을 리니지로 돌리기에 충분했다. 즉 한정된 수요자들 중 다른 게임의 유저들을 리니지 유저(User)화시키는 데 성공했던 것이다. 아이디어 창출의 귀재인 송재경 이사와 이를 구현해내는 데 세계 최고라고 하는 이희상 이사를 중심으로 김택진 사장은 10여 년의 구상을 리니지를 통해 구현했고, 리니지는 98년 하반기에 등장해 스타크래프트 일색이던 국내 게임시장에 지각변동을 가져왔다. 이후 PC방에서는 스타크래프트 못지않게 리니지를 하는 유저들의 모습이 보였고, 이는 국내 게임 시장의 다양화를 촉진했다.

아무리 게임이 뛰어나고 유저의 관심이 많다 하더라도, 게임의 특성상 인터넷을 이용할 수 있는 인프라의 구축이 이루어져 있지 않다면 성공할 수 없는 산업이 바로 온라인 게임이다. 지금의 우리나라가 세계 최고의 인터넷 인프라를 구축할 수 있게 해준 주역인 PC방은 또한 엔씨소프트의 오늘을 있게 한 주역이었다. 98년 스타크래프트의 폭발적인 인기를 등에 업고 확산되어 현재 13,000여 개에 이르는 PC방은 리니지와 사용자가 손쉽게 만날 수 있는 장이 되었고, 리니지의 성공을 가능케 하는 역할을 했다. 또한 엔씨 측은 PC방에 일반 개인사용자에 비해 훨씬 저렴한 가격으로 게임을 공급하여 PC방과 엔씨소프트 양 측에 같이 이익이 될 수 있는 Win-Win전략을 구사함으로써 9,000여 개 이상의 가맹업체를 확보할 수 있었다.

우리나라는 세계 최고의 소프트웨어 복제국이라 불릴 정도로 저작권 개념이 희박하다. 따라서 우수한 게임이라 하더라도 불법 복제로 인해 제대로 된 수익을 올리기 어렵다. 이런 상황에서 기존의 다른 PC용 게임들이 소프트웨어를 판매하여 수익을 올리는 구조를 가진 데 비해, 리니지는 소프트웨어를 무상으로 제공하고 게임을 이행하는 데 필요한 콘텐츠의 제공에 사용료를 받는 수익 모델을 가지고 있었다. PC방이나 개인 사용자들에게 사용시간에 대한 사용료를 선불로 받고 있기 때문에 사용료의 회수율이 거의 완전하며, 이를 통해 안전한 수익모델을 갖추었다고 할 수 있다.

한편 게임 산업은 천연자원이 부족한 반면 우수한 인적 자원이 풍부한 우리나라에 매우 적합한 기술집약적 산업이다. 또 개발비용에 비해 월등한 수익을 올릴 수 있는 고부가가치 산업이다. 특히 우리나라의 경우 PC방이 널리 보급되어 있고 인터넷 인프라가 잘 구축되어 있기 때문에, 게임 산업이 발전하기 좋은 조건을 갖추고 있다. 그러나 향후 국내 게임 산업의 지속적인 발전을 위해서는 해외 진출이 필수불가결하며, 이것이 기업의 성장을 이끌어내는 관건이 될 것이다. 국내 시장의 확장에는 한계가 있기 때문이다. 이러한 상황 속에서 엔씨소프트는 세계 무대에서의 무한한 가능성과 기회를 포착하고, 그들의 역량과 잠재력을 마음껏 발휘하기 위해 적극적인 해외 진출을 꾀했다.

외부에는 잘 알려지지 않은 사건이지만, 엔씨소프트에는 아픔이 하나 있다. 바로 미국 진출의 실패이다. 2000년 대만 진출에 앞서, 이미 지난 1999년에 엔씨소프트는 미국에 직접 투자를 통한 현지 법인 형태로 진출을 꾀했었다. 하지만 아무런 도움이 없는 상황에서 단독 투자를 통한 진출은 현지 사정에 대한 정보 부족과 현지인에 대한 마케팅 능력의 부족으로 이어졌고, 결국 미국 현지 법인은 실패하여 잠정 폐쇄에 들어갔다. 그래서 엔씨소프트는 두 번째 해외 진출의 타깃 지역으로서 대만을 선택했다. 우리와 비슷한 게임시장 구조를 지니고 있었기 때문이었다.

엔씨소프트의 대만 진출과 그 성공의 과정을 보면서 엔씨소프트의 해외 진출에 대한 하나의 철학, 즉 경쟁전략을 알 수 있다. 그것은 현지화(Localization)이다. 현지에 맞는 투자, 현지에 맞는 마케팅, 이를 위한 우수한 현지 파트너의 선정이 소프트웨어 자체의 우수성만으로는 성공할 수 없는 게임 산업의 해외 진출에 대한 엔씨소프트의 경쟁전략이었다.

온라인 게임 리니지로 큰 성공을 거둔 엔씨소프트는 리니지의 성장세를 계속 이어감과 동시에, 리니지에만 매출액의 90%를 의존한다는 약점을 보완하기 위해 후속 모델을 개발하고 있다.

온라인 게임 시장의 세계 재패를 위해 한 발씩 내딛고 있는 김택진 사장과 엔씨소프트의 직원들. 그들은 오늘도 무한한 kNowledge와 Creativity를 바탕으로 불가능을 현실로 바꾸는 꿈, 바다를 건너는 달팽이를 꿈꾸고 있다.

출처: 엔씨소프트 인터뷰자료, www.ncsoft.co.kr, www.kinds.re.kr

지금까지 우리는 일반 산업 및 경쟁자 환경에 대해 살펴보았다. 이와 같은 환경에 대한 인식과 이해를 바탕으로 기업은 시장기회를 파악하고 이에 상응하는 제품과 서비스를 제공할 수 있다. 지금부터는 기업 자체에 초점을 두고 전략 결정을 살펴보고자 한다. 기업의 내부여건 분석을 통해 기업은 자신이 무엇을 할 수 있을지 알 수 있다. 즉 기업의 행동은 기업이 소유한 자원과 능력, 또한 핵심역량에 의해 결정되는 것이다. 할 수 있는 것(can do)과 해야 할 것(might do)의 부합(match)을 통해 기업은 목표를 설정하고 전략적 계획을 수립하며 목표와 계획을 실행에 옮길 수 있다. 따라서 여기에서는 이러한 기업의 내부여소에 대해 보다 자세히 알아보고 아울러 기업의 철학과 사회적 책임에 대해서도 살펴본다.

내부자원의 중요성

외부 여건의 분석에 의하여 여러 개의 기회가 포착되었을 때 그 중 하나를 선택하기 위하여 경영자가 해야 할 첫 번째 일은 자신의 기업이 이러한 기회를 성공적으로 현실화할 수 있는 능력이 있는가를 판정하는 것이다.

기업의 내부 여건 분석의 일차적 목적은 기업이 보유한 자원(resource)과 능력(capability)을 평가하여 경쟁우위의 원천이 되는 강점과 약점을 파악하는 데 있으며, 보다 궁극적으로는 외부기회에 대해 강점을 활용하거나 핵심역량이나 능력의 개발과 축적을 통해 강점을 계속 유지하고 약점은 보완하는 데 있다.

어떤 조직에게도 강점과 약점은 동시에 존재한다. 따라서 그 기업의 약점을 가능한 한 나타내지 않고, 강점만을 효과적으로 발휘하게 할 수 있는 전략이 수립되어야 한다. 이를 위해서는 기업이 가지고 있는 자원과 능력을 파악하여 강점과 약점을 분석할 수 있어야 한다. 그러나 자기 회사의 능력, 그리고 한계점을 파악한다는 것은 변화하는 외부 여건을 살피는 것만큼이나 어려운 일이다. 왜냐하면 자신이 속한 기업의 강·약점을 이해하는 데 있어서 자신의 주관적 편견을 배제하기 어려울 뿐만 아니라 기업에서 어떤 기회를 선택하느냐에 따라 강·약점의 판정 자체가 달라질 수 있기 때문이다.

종류와 특성

종류

내부자원이란 기업이 전략을 수립하고 실행하는 데 있어 도움이 되는 것으로 기업이 보유하고 있는 모든 자산, 능력, 정보, 지식 등을 포함하고 있다.

기업이 누리는 경쟁우위의 원천이 무엇인가를 정확하게 파악하기 위해서는 내부자원의 종류와 개념에 대한 정확한 이해가 필수적이다. 기업이 보유한 자원을 크게 분류한다면 유형자원과 무형자원으로 나눌 수 있다. 유형자원은 기계 · 장비와 같은 물질적 자산과 재무적 자원 등 가시적 자원을 의미하며, 무형자원은 기업의 명성, 기술, 노하우와 같은 비가시적 자원을 의미한다.

기업 내부자원에 대한 분류는 내부자원의 종류만큼이나 다양하나, 여기서는 콜리스(Collis)의 분류를 기준으로 설명하기로 한다. 콜리스는 전략 결정에 있어 핵심적 역할을 하는 내부자원으로 핵심역량, 조직능력, 관리적 유산을 지적하고 있다.[9]

핵심역량(core competency)

핵심역량은 경쟁기업에 비해 특별히 뛰어난 자원이나 능력을 의미한다. 즉 핵심역량이란 특정 기업이 보유하고 있는 우월적 내부역량으로 경쟁사와 차별화될 뿐만 아니라 사업성공의 핵심요인으로 작용하기도 하는 힘을 의미하다. 이러한 핵심역량은 자원준거관점(resource based view)에서 특히 강조되는 개념이다.

기업의 내부자원에서 핵심역량이 차지하는 비중이 매우 크므로 핵심역량은 다음 절에서 좀 더 구체적으로 살펴보기로 한다.

조직능력(organizational capability)

조직능력이란 조직이 습득한 동태적 일상성(dynamic routine)으로서의 무형자산을 의미한다. 구체적으로는 기업의 효율성과 효과성을 지속적으로 개선하고 증진시킬 수 있는 경영능력을 의미한다.

일반적으로 성공보다는 실패를 거듭하는 기업에서 발견되는 특징의 하나로 들 수 있는 것이 조직의 타성(inertia)이다. 타성은 환경변화에 원활하게 적응하지 못하여 결과적으로 비생산적이거나 비효율적인 행동양식이나 일상성을 조직 내에 고착시킨다. 이에 비해 성공기업의 특징은 지속적으로 기업을 개선시키는 방향으로 외부변화를 수용하고 혁신하는 조직능력을 보유하고 있다는 것이다. 이러한 조직능력은 진화론적 관점(evolution perspective)에서 특히 강조하고 있는 개념이다.

관리유산(administrative heritage)

관리유산은 전략 선택에 있어서 조직의 제약조건으로 주로 작용한다. 왜냐하면 관리유산은 누적적인 성격을 가지고 있어 기업의 자산구성을 외부환경 요인에 맞추어 한순간에 최적화할 수 없게 하기 때문이다. 관리유산은 무형적 문화유산과 물질적 유산으로 나눌 수 있다.

무형적 문화유산은 최고경영자의 리더십과 비전, 조직문화, 조직구조 등을 의미하며, 전략을 변화시키려는 기업의 의도적 노력에도 불구하고 전략 변화의 속도와 방향을 제약하는 타성으로 작용하기도 한다.

한편 물질적 유산에는 공장의 입지, 사무시설, 통신시스템, 장비 등이 포함된다. 초기공장의 입지가 후속설비의 입지 결정에 영향을 미치는 것처럼 물질적 유산도 역시 전략 결정에 영향을 미친다. <그림 4.10>은 지금까지 설명한 기업의 보유자원 유형을 나타낸 것이다.

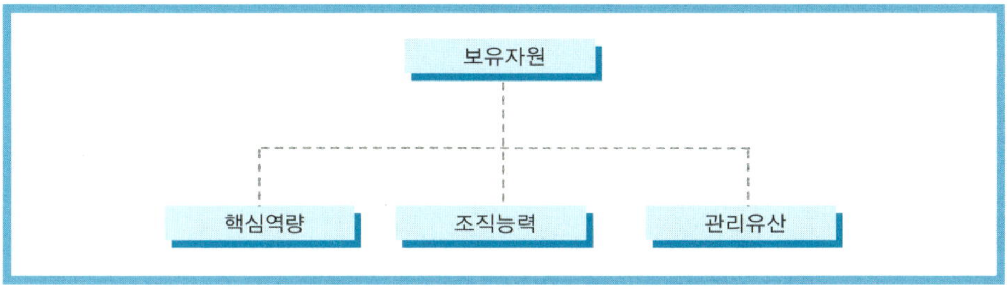

그림 4.10
내부자원의 유형

특성

바니(J.B. Barney)는 기업의 자원이 성공적인 전략 수행의 원천이 되기 위해서는 다음의 네 가지 특성, 즉 유용성(utility), 희소성(rareness), 불완전한 모방성(incomplete imitability), 불완전한 대체성(incomplete substitutability)을 갖춰야 한다고 주장했다.[10]

자원의 유용성

보유한 자원이 유용성이 있을 때 그 자원이 지속적인 경쟁우위의 원천이 될 수 있다. 자원이 유용하다는 것은 기업의 효율성과 생산성을 증대시키기 위한 전략을 수립하고 실행하는 데 도움을 줄 수 있다는 것을 의미한다.

자원의 희소성

어떤 기업이 보유한 자원을 다수의 경쟁기업과 잠재적 경쟁기업이 보유하고 있다면 이 자원은 경쟁우위의 원천이 될 수 없다. 즉 어떤 자원의 유용성이 높다고 하더라도 희소성이 없을 경우 그 자원은 경쟁우위의 원천이 되기는 어려운 것이다. 이런 점에서 다른 기업이 그 자원을 보유하고 있지 않을수록 자원의 희소성이 증대되고, 그러한 자원을 보유한 기업은 보유하지 않은 기업에 비해 경쟁우위를 가질 것이다.

불완전한 모방성

유용하면서도 희소한 자원이라 하더라도 장기적으로 다른 기업들이 이들 자원을 획득할 수 없어야만, 즉 완전하게 모방할 수 없어야만 비로소 경쟁우위를 지속적으로 유지시킬 수 있다. 모방의 불완전성에 영향을 주는 요인으로는 다음의 세 가지가 특히 중요하다.

- 특정 자원을 획득하기 위해서는 독특한 역사적 조건(기업의 독특한 성장과정과 기업문화 조성)이 갖추어져야 할 때
- 기업이 보유하고 있는 자원과 기업의 지속적 경쟁우위 간의 연관성에 대한 인과관계가 모호할 때
- 경쟁우위가 기업이미지, 기업의 대외적 유대관계 등 사회적 복잡성에 의해 나타날 때

불완전한 대체성

기업의 자원이 경쟁우위의 원천이 되기 위해서는 대체자원이 존재하지 않아야 한다. 즉 기업이 보유하고 있는 유용하고 희소하고 모방이 어려운 자원과 동등하게 취급될 수 있는 대체재가 존재하지 않을 때 비로소 그 자원이 지속적인 경쟁우위를 가질 수 있는 것이다. 아무리 유용한 자원이라도 그것을 동등하게 대체할 수 있는 자원이 있다면 상대적으로 경쟁력을 잃게 된다.

지금까지 설명한 자원들의 특성과 경쟁지위 간의 관계를 간단히 요약하면 <표 4.4>와 같다.

표 4.4
자원의 특성과 경쟁지위

자원의 특성				경쟁지위
유용성	희소성	불완전한 모방성	불완전한 대체성	
X	X	X	X	경쟁열위
O	X	X	X	동등한 경쟁
O	O	X	X	일시적 경쟁우위
O	O	O	X	동등한 경쟁
O	O	O	O	지속적 경쟁우위

핵심역량

개념

기업을 한 그루의 나무라 할 때 줄기와 큰 가지들은 핵심제품이 되고 잎과 꽃 그리고 열매는 최종제품이 될 것이다. 기업의 핵심역량이란 바로 이들 제품에 영양을 보충해 주고 더욱더 튼튼히 자랄 수 있는 토대를 마련해 주는 뿌리이다. 따라서 기업의 꽃과 열매인 최종제품들의 풍성하고 알찬 수확을 위해서는 그 기업의 뿌리인 핵심역량, 즉 전략적 자산의 확보와 증식이 이루어져야 한다.

핵심역량(core capability)이란 가치사슬 상의 특정 요소에 대한 기술 및 생산능력을 강조하는 핵심능력(core competence)과는 달리 가치사슬 전체를 포괄하는 광범위한 개념이다. 핵심능력의 개념에서 보면, 오토바이에서 잔디 깎는 기계, 소형선박용 모터, 자동차 등과 같은 상이한 사업분야로 진출한 혼다(Honda)의 성공요인은 엔진과 동력 전달기관에 대한 핵심능력의 보유 때문으로 설명될 수 있다. 그러나 혼다의 엔진에 대한 핵심능력이 중요하기는 하지만 이것만으로 이 회사가 과거 20년에 걸쳐 광범위한 사업분야에서 성공을 거두어온 사실을 모두 설명할 수는 없다. 왜냐하면 GM과 같은 경쟁기업도 엔진에 관해서는 탁월한 디자인 및 제조 능력을 확보하고 있기 때문이다. 혼다가 이러한 기업과 구별될 수 있는 것은 바로 핵심능력 외에 '대리점 관리능력', '제품 구현능력'과 같은 보다 광범위한 핵심역량을 강조하고 있기 때문이다. 즉 핵심역량은 하드 스킬뿐만 아니라 소프트 스킬(마케팅, 고객 서비스 등)까지도 포함하는 특정회사만의 차별적 강점을 의미하는 것으로 이해되어야 한다. 핵심역량은 남들이 쉽게 모방할 수 없는 차별적 능력이기 때문에 시장에서의 리더십 장악을 가능하게 해주며, 또한 기업이 특정 사업분야뿐만 아니라 그것을 바탕으로 관련된 사업 분야에서도 성공할 수 있는 기회를 제공해준다.

이상을 종합해 볼 때 핵심역량은 본질적으로 최종제품이나 사업단위의 시장전략 및 제품믹스에 구애받지 않는 보다 근본적인 조직능력이라고도 할 수 있으며, 기존의 자원준거관점에서 말하는 협의의 핵심역량 외에 조직능력까지도 포함하는 광의의 개념으로 이해해야 한다.

확보 방안

핵심역량은 남이 개발해 놓은 제품을 뒤쫓아가는 시장 추종적 차원이 아닌 신수요 창조, 시장 포지션의 주도적 개선 등 시장 창조의 차원으로 기업활동을 격상시켜 주는 역할을 한다. 이러한 점에서 핵심역량은 적극적으로 환경을 개척해 나가는 초일류 선진기업으로 발전하기 위해 갖추어야 할 필수 요건이라 하겠다. <그림 4.11>은 이러한 핵심역량을 바탕으로 한 기업의 성장원리를 보여주고 있다.

그림 4.11 핵심역량을 바탕으로 한 성장

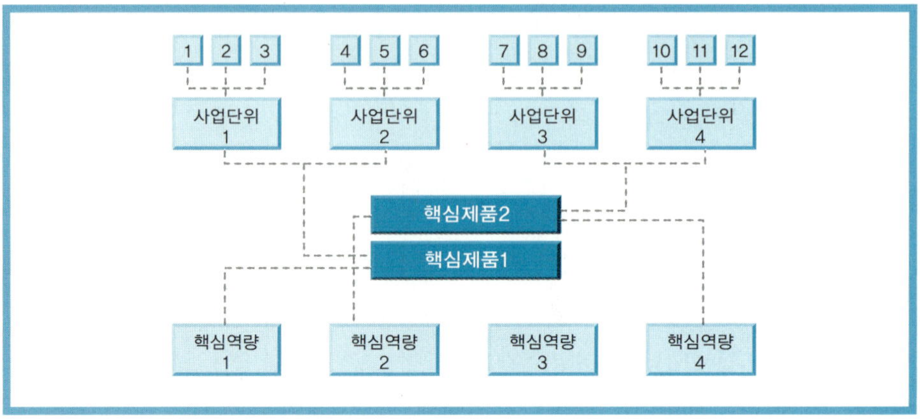

그렇다면 과연 어떻게 핵심역량을 구축할 수 있을 것인가?

첫째, 자사의 내부역량에 대한 치밀한 분석과 투자가 이루어져야 한다. 기업전략 수행의 주 대상은 제품이나 시장이 아니라 비즈니스 시스템이다. 따라서 내부역량을 강화하기 위해서는 반드시 자사의 핵심적인 비즈니스 시스템을 파악하여 장기적인 관점에서 집중적으로 투자해야 한다. 이때 특히 주의해야 할 점은 관리시스템, R&D, 생산, 마케팅과 같은 포괄적이고 일반적인 개념이 아닌 구체적인 기능을 도출해야 한다는 것이다. 세계적 GMS업체인 월마트(Wal-Mart)의 경우를 예로 보면, 월마트는 비즈니스 시스템 중 적하장(積荷場) 교차연결(cross docking)이란 재고 보충 시스템에 집중 투자함으로써 최소의 재고를 유지하면서 가장 효율적으로 제품을 공급할 수 있는 역량을 갖출 수 있었다.

둘째, 전략적 비전과의 정합성을 고려해야 한다. 전략적 비전이 먼저 명확해져야 이에 따른 핵심역량의 구축 방향이 도출되기 때문이다. 다시 말해 전략적 비전은 자사가 선택한 사업 영역 내에서 경쟁우위 확보를 위해 어떤 핵심역량을 어떻게 육성, 발전시켜 나가야 하는가를 제시할 수 있어야 하며, 기업경영자는 이러한 전략적 비전과 차별화된 핵심역량을 연계 · 조화시키는 데 각별한 노력을 기울여야 한다.

셋째, 최고경영자를 포함한 관리자들이 핵심적인 역할을 해낼 수 있어야 한다. 핵심역량은 기업의 전 기능, 전 부문과 관련이 있다. 그래서 이들만이 고객에게 최선의 제품 · 서비스를 제공케 하는 핵심역량의 창출을 위한 전 조직인의 관심을 결집시킬 수 있으며, 동시에 핵심역량 창출을 위한 하부 지원시스템에 대한 체계적 투자를 가능케 한다.

넷째, 인내심이 필요하다. 핵심역량은 단기간에 획득할 수 없기 때문이다. 단기적이고 근시안적인 계획은 유망한 기술 개발 등 핵심역량 확보 노력을 저해할 우려가 높다. 기업의 미래 경쟁우위 원천인 핵심역량을 확보하는 데는 그만큼 많은 시간과 노력이 소요된다는 점을 간과해서는 안 된다.

특히 경쟁에서의 성공 여부는 고객에게 가치를 제공해 주는 비즈니스 시스템의 전략적 역량을 제고시킬 수 있느냐에 달려 있다. 여기서 중요한 것은 고객의 관점에서 고객의 욕구를 잘 충족시킬 수 있도록 역량을 제고시켜야 한다는 것이다. 즉 내부역량에 기초하여 경쟁하는 기업이 되기 위해서는 조직을 고객의 욕구를 발견하는 것에서부터 시작하여 충족시키는 것으로 끝나는 피드백 시스템으로 이해하는 것이 필요하다. 그리고 이러한 비즈니스 시스템이 복잡하고 길수록 이들의 역량을 제고시키는 데 투입되는 자원과 시간은 더욱 많아진다. 그러나 일단 역량이 어느 정도 수준 이상으로 향상되고 나면 경쟁자가 모방하기 어렵기 때문에 고객에게 차별적 가치를 제공해줄 수 있게 된다.

내부자원 중시 이론

기업의 내부능력을 전략 결정의 핵심으로 보는 이론은 크게 자원준거관점(resource- based theory)과 진화론(evolutionary theory)이 있다.

자원준거관점

개념

기업의 차별적 성과를 설명하는 최근의 관점은 개별기업의 특이성에 중점을 두는 자원준거관점이다. 자원준거관점의 이론적 핵심은 기업을 유형자원과 무형자원의 독특한 집합체(unique bundle)로 파악하는 것이다. 즉 기업은 장기간에 걸쳐 나름대로 독특한 자원과 능력을 결합하고 구축해 가는데, 바로 이들 자원과 능력의 차별적 역량에 근거하여 경쟁우위를 얻을 수 있다는 것이다.

특히 자원준거관점은 기존 연구들이 상대적으로 등한시하였던 조직능력, 핵심역량, 기업문화, 경영자의 능력 등과 같은 무형자산을 중요하게 다루고 있다. 이러한 자산은 대부분 무형적이고 암묵적(intangible & tacit)이므로 경쟁기업이 쉽게 구입하거나 모방하기가 어렵다. 따라서 기업의 경쟁우위는 바로 이러한 특징을 지닌 자원과 능력에 의해서 뒷받침될 때만 지속될 수가 있다는 것이다.

자원준거관점은 또한 경쟁우위의 원천이 되는 자원에 있어서 기업간 동질성과 이동성을 인정하지 않는다. 즉 자원준거관점은 우선 기업이 동일산업에 속하는 기업 간에도 통제 가능한 전략적 자원에 있어서 이질적이라는 것을 전제로 하며, 두 번째로 이들 자원은 기업 간에 완전하게 이동할 수는 없다고 본다. 이러한 이유로 자원의 이질성은 장기간 지속될 수 있으며, 이것이 경쟁우위의 지속성을 뒷받침한다고 본다. 자원준거관점은 경쟁우위의 지속성에 있어서 이상의 두 가지 가정, 즉 자원의 이질성과 자원이동의 불완전성이 어떤 의미를 갖는가 하는 점에 초점을 맞추어 이론을 발전시키고 있다.

■ 자원의 이질성

자원준거관점의 첫 번째 전제는 기업이 보유하고 있는 자원의 조합과 능력이 기업 간에 다르다는 자원의 이질성이다. 자원의 이질성이란 본질적으로 개별 기업이 보유한 자원이 효율성과 생산성에 있어서 차이가 발생한다는 것을 의미한다. 개별 기업이 보유한 자원은 각 기업의 특성에 따라 그 자원의 효율성 측면에서 수준의 차이가 남을 알 수 있다. 경쟁기업보다 효율성이 뛰어난 자원과 능력을 보유한 기업이 고객의 요구를 충족시키는 데 있어서 보다 유리한 것은 주지의 사실이다.

■ 자원이동의 불완전성

개별 기업에 있어 경쟁기업의 성공적인 전략을 모방하는 가장 쉽고 일차적인 방법은 성공적인 전략의 수행에 필요한 자원이나 능력을 요소시장에서 구입하는 것이다. 이때 중요한 개념이 자원의 이동성이다. 즉 자원과 능력의 이동이 용이하면 그만큼 모방이 쉽고 빠르다. 그러나 어떤 자원은 쉽게 모방되지 않는다. 즉 경영자의 탁월한 리더십, 종업원의 학습능력, 독특한 기업문화 등과 같은 자원은 기업 특유의 자원이므로 기업간 모방이 용이치 않다. 이같이 자원이나 능력이 독특하여 모방이나 구입이 어려워 기업간 자원의 이동이 제약을 받는 것을 자원의 비이동성이라 한다.

자원의 비이동성은 본질적으로 자원의 이질성에 의해서 초래된다. 화폐, 단순원재료같이 이질적이지 않은 자원의 이동성이 제한되는 경우는 드물기 때문이다. 즉 자원이 독특하고 기업 특유적 속성을 지닐수록 기업 간의 이동성은 제한을 받는 것이다.

내용: 이질성과 렌트

자원의 불완전한 이동성은 요소시장의 불완전성에 기인한다. 자원준거관점에서 볼 때 기업이 얻는 초과이익은 공급이 제한된 우월한 자원에 대한 렌트(rent)를 의미한다. 과거 전략에 관한 기존의 논의가 제품시장의 판매자 입장에서 기업행동을 설명하고 있는 데 반해, 자원준거관점은 요소시장에서의 구매자 관점에서 요소시장의 불완전성과 초과이익(rent)의 발생을 설명하고 있다.

자원의 이질성은 공급이 제한된 효율적인 자원이 존재한다는 것을 의미한다. 여기서 공급이 제한된다는 것은 자원을 다른 기업이 개발하거나 모방할 수 없다는 것을 의미한다. 특히 무형자원의 경우 단기간에는 모방이 불가능하므로 단기적으로 볼 때 이들 자원은 수요를 전부 충족시킬 수 없는 희소자원이라고 하겠다. 이런 자원을 확보하지 못한 기업은 이 자원보다 비효율적인 자원을 투입할 수밖에 없다. 즉 비효율적인 자원을 보유하고 있는 기업은 효율적인 자원을 보유하고 있는 기업에 비해 생산원가가 높을 것이다.

우월한 자원의 공급을 단기간에 증가시킬 수 없다면 이들 자원을 투입하여 생산된 제품의 시장가격이 아무리 높다 하더라도 공급곡선은 비탄력적이다. 제품에 대한 수요가 증가하여 제품의 시장가격이 높아지면 다른 비효율적인 기업이 산업에 참가할 수 있게 된다. 이들 기업은 가격이 한계비용을 초과하는 한 그 산업에 진입하여 생산활동을 계속할 것이다. 산업 내의 공급과 수요가 균형을 이루어 비효율적인 자원을 보유한 기업이 손익분기(P=AC)에 이르더라도 효율적인 자원을 보유한 기업은 초과이익(P>AC)을 누리게 된다. 이때의 초과이익은 희소한 자원에 대한 렌트이다[11] (<그림 4.12> 참조).

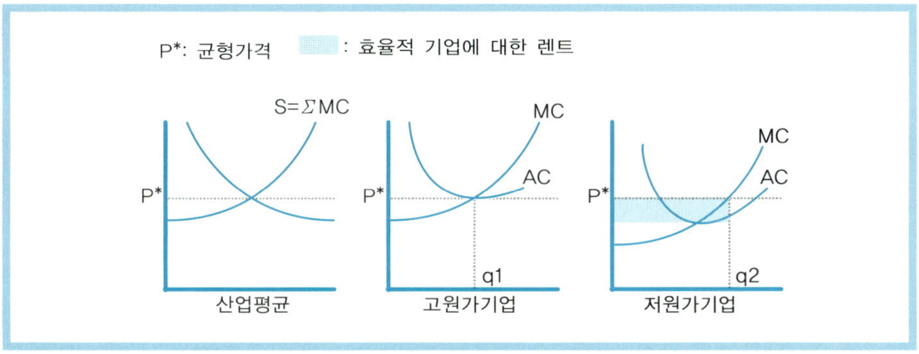

그림 4.12
자원의 이질성과 렌트의 발생

이상에서 알 수 있는 결론은 우수기업이 누리는 초과이익은 산업조직론의 일반적인 주장인 생산량에 대한 인위적 제한이나 시장지배력의 결과가 아니라, 보다 효율성이 높은 자원을 보유한 기업이 얻을 수 있는 것이다. 이러한 초과이익을 공급이 제한된 상황에서 발생하는 효율성이 높은 자원에 대한 렌트라고 한다. 따라서 효율적 기업은 그들이 보유한 자원의 공급이 제한되거나, 다른 기업에 의해 모방되기 어려울 때 경쟁우위를 지속적으로 유지할 수 있다는 것이 자원준거관점의 주된 내용이다.

전략적 의미

제품시장에서 판매자 입장의 기업행동을 주로 설명하고 있는 산업조직론의 산업 구조 모형은 많은 장점에도 불구하고 두 가지 측면에서 취약점을 가지고 있다.

첫째, 기업이 누리는 초과이익을 기업 외부적 요인으로 설명하려 한다는 점이다. 즉 산업구조모형은 산업매력도에 영향을 주는 산업의 구조적 특징을 이용해 기업의 초과이익을 설명하고 있어 상대적으로 기업의 내부적 특징에 대한 고찰이 빠져 있다.

둘째, 산업구조모형은 같은 산업에 속한 기업 간에 발생하는 성과의 차이에 대한 설명이 미흡하다. 산업구조모형은 산업의 매력도를 평가함으로써 그 산업에 속한 기업의 수익성을 예측하는 데 도움을 준다. 그러나 이러한 설명은 그 산업의 대표적 기업(representative firm)이 얻을 수 있는 수익성을 설명할 뿐이지 각 기업의 수익성 차이를 설명하지 못하고 있다.

위와 같은 산업구조모형의 한계 때문에 가치사슬(value chain)모형과 가치활동으로 대표되는 포터의 경쟁우위모형이 등장하였다. 이들 모형은 기업의 성과를 기업내부적 요인으로 설명하려고 노력했고 산업구조모형이 개별 기업의 수익성을 설명하지 못하였던 것을 어느 정도 보완할 수 있었다. 하지만 경쟁우위모형도 경쟁우위가 창출되는 과정과 지속되는 과정에 대해서는 근본적인 설명을 하지 못한다. 즉 어떤 기업이 가치활동을 저원가로 수행하거나 차별적으로 수행할 수 있는 원인과 과정에 대해서는 설명하지 못하는 것이다.

그런데 이러한 문제점을 해결한 것이 바로 자원준거관점이다. 자원준거관점은 경쟁우위의 원천이 무엇인가를 설명해 주며, 경쟁우위가 창출되고 지속되는 과정을 설명해 준다. 기업이 보유하는 독특한 내부자원이 경쟁우위의 원천이 되는 이유를 설명하고, 경쟁우위가 지속되는 이유를 설명할 수 있으며, 자원의 특성과 렌트 발생을 연결시킴으로써 개별 기업이 누리는 초과이익의 근거를 설명할 수 있다.

진화론

최근의 경영전략 연구의 또 다른 흐름 중의 하나는 기업간 이질성을 창출하는 동태적 일상성(dynamic routines)을 분석하는 진화론적 관점이다. 진화론(evolutionary theory)에서는 기업을 경로의존적인 지식기반을 바탕으로 한 "일상성"들의 결합체(bundles of hierarchically arranged "routines")로 보고 있다. 즉 기업 내부의 자원은 암묵적인 집단적 지식에 체화되어 있어서 인과관계가 모호하고 경로의존적이므로 쉽게 모방되지 않는다고 생각하여 이러한 암묵적인 일상성(routine)에 많은 관심을 기울이고 있다.

조직능력의 본질에 관한 가장 의미 있는 연구결과 중의 하나는 넬슨과 윈터(Nelson & Winter)의 조직 일상성이란 개념이다. 조직 일상성이란 개인들의 조화된 행동들로 구성된 규칙적이고 예측 가능한 행동유형을 의미한다.

특히 진화론적 관점에서는 이러한 일상성이 형성되어 가는 과정에 많은 관심을 가지고 있으며 이들 무형자산의 습득과 전수 및 개발 과정에서 발생하는 암묵적인 내용을 가시적인 것으로 전환하여 이해하려는 데 많은 노력을 기울이고 있다.

<표 4.5>는 지금까지 설명한 두 이론의 주요 항목을 비교한 것이다.

표 4.5
자원준거관점 VS. 진화론적 관점

	진화론적 관점	자원준거관점
배경이 되는 경제이론	과정(Process)	균형(Equilibrium)
분석수준	주로 산업수준	기업수준
분석단위	일상성(Routine)	자원(Resource)
공헌한 학자	Nelson & Winter Metcalfe & Gibbons	Wernerfelt, Barney Dierickx & Cool, Rumelt
주요 설명대상	기술적인 진보와 경쟁	경쟁우위의 원천, 다각화
중심자원	무형자산	모든 자원
중심자원	이익창출을 위한 routine의 명확화	모방이 불가능한 자원의 개발과 축척을 통한 초과이익의 달성

내부자원의 전략적 활용: 제품전개전략

오늘날 많은 기업들은 단일제품(single product)을 신속히 개발, 출시하는 데만 큰 관심을 보이는 경향이 있다. 그러나 이러한 제품개발 방식은 두 가지 문제점을 내포하고 있다. 첫째는 기술 및 마케팅 자원 등의 중복투자를 유발할 수 있다는 점이며, 둘째는 장기적 관점에서 자원투입의 일관성과 집중성을 저해할 수 있다는 점이다. 따라서 이러한 문제점을 극복하기 위해서는 제품군(product family)의 관점에서 핵심자산과 부품 등 핵심역량을 개발하고 공유하는 것이 무엇보다 중요하다. 다각화를 비롯한 신제품의 지속적인 창출도 바로 이러한 핵심 역량을 육성 · 공유함으로써 가능하게 되는 것이다.

제품군이란 각각의 고객이 요구하는 독특한 기능과 특징을 가지면서도 공통의 플랫폼(platform)을 사용하고 있는 제품들을 의미한다. 여기서 제품 플랫폼이란 일련의 제품에 의해 공유되고 있는 디자인, 부품 등을 포괄하여 일컫는 말로서, 관련 제품들로 구성되는 제품군의 성공적인 창출에 중핵(中核)이 된다. 예로서 크라이슬러사의 세 가지 차종(Chrysler Concorde, Eagle Vision, Dodge Intrepid)으로 구성된 새로운 제품군은 기본 프레임, 현가장치(suspension), 드라이브 트레인(drive train)을 플랫폼으로 하여 개발된 것이다. 결국 신제품 창출은 이러한 플랫폼의 확장과 개량에 의해 가능하게 되며, 공통의 플랫폼을 사용하여 개발된 일련의 신제품들이 바로 제품군을 형성하게 되는 것이다. 이렇게 형성된 제품군은 또한 세분시장을 창출하게 되고, 제품군 내의 이들 개별제품은 세분시장 내에서 니치 마켓을 공략하게 된다.

이러한 제품군과 플랫폼에 대한 이해를 돕기 위해 소니(Sony)의 워크맨을 예로 들어보자.

소니는 1980년에서 1990년 사이에 160여 종류의 워크맨을 출시하였다. 소니가 출시한 이들 제품은 네 가지 기술혁신을 통해 개발된 제품 플랫폼을 기초로 하여 제조되었다. 즉 소니는 이러한 제품 플랫폼의 토대 위에서 점진적 개선을 통해 높은 품질과 기능을 가지면서도 생산원가가 저렴한 다양한 신제품을 지속적으로 개발할 수 있었던 것이다.

이처럼 제품군 내의 개별 제품들은 제품 플랫폼에서 탄생하고, 제품 플랫폼은 다시 기업의 핵심역량에서 비롯된다. 따라서 제품군 분석을 통해 우리는 특정 기업의 핵심역량이 시간이 지남에 따라 어떻게 성장, 쇠퇴, 통합되어 왔는지를 알 수 있게 된다.

3절 전략 분석의 내부요소 2: 기업철학, 목표, 비전

위에서 우리는 기업이 외부 여건에서 기회를 포착하고, 이를 기업 자신이 가지고 있는 내부적인 능력과 한계점에 의하여 선별함으로써 경제적인 전략, 즉 객관적으로 가장 바람직한 전략을 결정하게 되는 것을 살펴보았다. 여기에서는 이와 같은 바람직한 전략을 현실적으로 실천하기 위하여 고려해야 하는 세 번째 요소인 기업철학과 비전 등에 대해서 구체적인 분석을 시도하기로 한다.

의미와 관계

기업철학

기업철학이란 창업자를 포함한 역대 · 현재의 최고경영자들의 가치철학 · 세계관을 융합한 하나의 체계 또는 최고경영자가 기업의 경영과 관련하여 가지는 기본적인 가치, 태도, 신념이나 행동기준이다.

이상적으로 볼 때 기업의 전략은 조직구성원 모두에게 공유되는 가치관에 의해 결정되어야 하지만, 현실적으로 특정 주체에 의해 의식적으로 주도되는 경우가 많다. 이때 특정 주체란 주로 기업의 의사결정 과정에서 핵심역할을 수행하는 사람들을 말한다. 특히 최고경영자의 철학은 기업의 의사결정에 지대한 영향을 미친다.

목표

기업목표는 기업활동과 경영시스템의 근간이 된다는 의미에서 날로 중요성이 부각되고 있다. 즉 기업활동과 관련하여 그 활동의 방향을 설정해 주고 외부로부터 그 활동이 정당화될 수 있도록 하기 위한 가치체계가 필요한데, 그 가치체계가 바로 기업목표이다. 우리 회사는 무엇 때문에 존재하는가, 그리고 우리 기업을 어떤 목적으로, 어떤 방식으로 경영해 나가야 할 것인가에 대한 대답을 포괄적으로 제시해 주는 것이 바로 기업목표이다.

또한 기업목표는 구성원을 하나로 응집시키는 상징적인 작용을 한다. 기업철학이 과거로부터 축적되어 온 것이라면 기업목표는 현재 기업이 당면한 시대의 좌표인 것이다. 기업철학이 기업문화에 내재된 암묵적인 면이 많은 반면, 기업목표는 전 구성원들이 쉽게 공유할 수 있도록 명시적으로 나타나 있다. SK의 "합리적인 경영", LG의 "고객을 위한 가치창조" 등이 예가 될 수 있다.

비전

기업비전은 기업이 미래에 달성하고자 하는 기업상이며, 사회 속에서 기업의 위상과 미래를 향한 기업의 꿈을 실현시키기 위해 기업이 갖추어야 할 역할과 기본방향을 기업목표보다 더 구체화시킨 것을 의미한다.

기업비전은 현재의 기업목표를 토대로 형성되지만 아울러 새로운 기업목표설정에도 영향을 미친다. 즉 비전은 기업목표의 초기 설정단계보다는 기업목표 형성 후에 이를 새로 정비하는 과정이나, 기업목표가 구체적으로 경영계획이나 경영전략의 설정에 영향을 주는 과정에서 기업목표에 영향을 미치게 된다. 현대의 "Global Top Ten", 삼성의 "세계 초일류기업" 등이 이러한 기업비전의 예가 될 수 있다.

기업철학 · 목표 · 비전의 관계

이상의 내용을 종합해 보면 기업철학과 기업목표, 기업비전의 관계는 다음과 같이 요약될 수 있다. 즉 기업철학은 경영자의 철학이 기업의 성장과 더불어 축적되어 현재의 기업 의사결정의 배경 사상이 되고, 기업목표는 현재의 기업이 수행해야 하는 과업을 함축적으로 표현한 것이며, 기업비전은 기업이 미래에 나아가야 할 방향을 제시한 것으로 볼 수 있는데, 이들은 상호 밀접한 관련을 가지고 서로 영향을 미친다(<그림 4.13> 참조).

그림 4.13
기업철학 · 목표 · 비전이 전략 및 경영성과에 영향을 미치는 과정

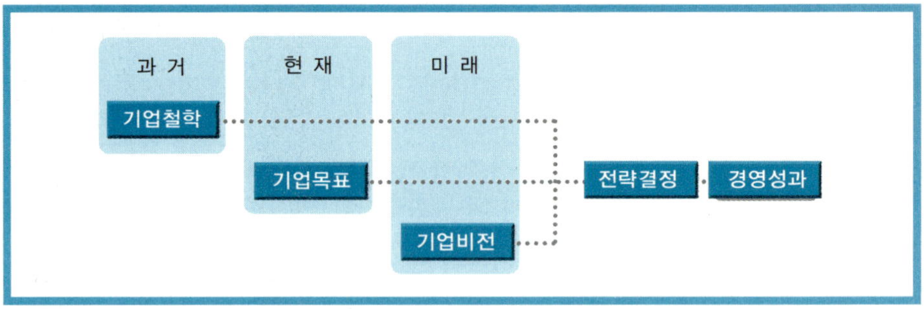

전략 결정에 있어서의 기업철학 · 목표 · 비전의 의미

1950년대 아메리칸 모터즈 자동차 회사의 사장이었던 조지 롬니는 판매부진에 따른 경영 위기를 극복하기 위하여 고정비 부문을 극소화해서 손익분기점을 대폭 낮추고 경제적인 소형차를 개발하여 판매를 촉진하였다. 이러한 그의 전략은 성공적인 결과를 가져와서 부채를 완전히 청산할 수 있었고, 그는 기업의 외부 여건과 내부 여건을 훌륭히 조화시킨 가장 유능한 경영자라는 평을 받게 되었다.

그러나 아메리칸 모터즈를 살리기 위한 전략으로 부채를 말끔히 청산하는 대신에 소형 자동차의 개량을 위한 기술 개발에 투자를 할 수도 있었고, 자동차의 경제성을 강조하는 대신에 소비자의 기호를 추구할 수도 있었으며, 고정비 감소 대신에 부품생산 등의 수직적 결합에 과감한 투자를 할 수도 있었으리라는 점을 생

각해 볼 때 롬니 사장이 개인적으로 소비자 기호보다는 경제성, 부채보다는 유동성 확보, 그리고 높은 수익보다는 낮은 위험부담을 더 선호하였으리라는 추측을 하게 된다.

이같이 경영자의 철학(또는 인생관, 가치관, 편견, 고집 등과 같이 개인적인 속성을 나타내는 어떤 표현이라도 가능하다)과 목표, 비전이 기업의 전략에 영향을 미치는 예는 많이 발견된다.

여기서 한국의 경영자 중에서 A그룹의 甲 회장과 B그룹의 乙 회장을 비교해 보자. 甲 회장은 행정 권력이 영향을 미치지 않는 진공 상태에서 수익성과 위험부담을 냉철하게 비교 검토하여 전략을 구성하는 데 반해서, 乙 회장은 정부의 지원이라는 발판을 토대로 하여 불도저와도 같은 추진력을 아낌없이 쏟음으로써 위험성이 높은 사업을 이끌어가는 전략을 채택하고 있다. 따라서 A그룹 내에는 높은 수익성을 가진 회사도 없지만 그렇다고 큰 손실을 내는 회사도 없는 데 반해서, B그룹 내에는 높은 수익성을 갖는 기업과 큰 문제점을 안고 있는 기업의 두 종류가 공존하고 있다. 이같이 A그룹의 계열회사 구성과 B그룹의 계열회사 구성이 큰 차이를 보이는 이유는 결국 甲 회장과 乙 회장이 서로 다른 기업철학과 목표 · 비전을 가지고 있고, 그것이 그대로 현실화되었기 때문이다.

이처럼 기업의 최고경영자가 어떠한 성격과 전략적 의도를 지닌 경영자인가에 따라 전략을 선택하는 스타일이 구분되는 경우가 많다.

일반적으로 대규모 기업의 전문경영자는 자신이 가진 분석 능력과 스태프가 제공하는 계량적인 보고서를 근거로 하여 경제적 최선의 전략을 선택하려는 경향을 보인다. 이에 대해서 교육이나 자아의 인식보다는 개인적인 에너지와 추진력을 더 많이 가진 경영자는 객관적 판단보다 주관적인 직관에 더 많이 의지한다. 물론 서로 다른 두 가지의 경영자 스타일 중에서 어떤 것이 더 좋은가를 가릴 수는 없는 일이다. 기업 내부 여건의 강약점과 마찬가지로 기업철학도 기업이 어떠한 외부 여건하에서 어떠한 기회를 포착하려고 하는가에 따라 그 좋고 나쁨이 가려질 것이기 때문이다.

그러나 최고경영자 개인의 가치관만으로 모든 기업의 성격을 파악할 수는 없다. 물론 창업자 또는 창업자의 성격과 인생관을 그대로 물려받은 2세 경영자에 의하여 지배되는 기업에서는 최고경영자 개인의 가치관이 절대적인 영향을 미친다. 하지만 최고경영자의 가치관이 반복적인 의사결정과 경영활동을 통해서 조직 내에 깊숙이 스며들어 체질화된 회사에서는 최고경영자 개인의 의사보다도 조직 전체의 풍토에 의해서 형성된 기업문화(corporate culture)에 의하여 기업의 철학이 대변되는 경우도 있다.

지금까지 설명한 기업철학 · 목표 · 비전이 전략 결정에 영향을 미치는 과정을 정리하면 앞의 <그림 1.13>과 같다.

4절 전략 분석의 내부요소 3: 기업의 사회적 책임

기업의 경영전략을 결정하는 네 번째 요소로는 기업이 가진 사회에 대한 윤리적인 책임을 들 수 있다. 우리는 지금까지 기업의 외부 여건을 살핌으로써 어떤 기회가 있는가, 기업의 내부 여건을 살핌으로써 어떤 기회를 추구할 수 있는 능력이 있는가, 그리고 기업철학을 살핌으로써 어떤 기회를 추구하고 싶어하는가를 알아보았다. 여기에서는 사회적 책임을 살핌으로써 어떤 기회를 추구해야 하는가를 알아보기로 하자.

사회적 책임의 개념

인간과 달리 기업이 존재할 수 있는 권리, 다시 말해서 사업을 영위할 권리는 하늘 또는 자연이 절대적으로 주는 것이 아니라 인간이 모여서 만든 국가가 법률을 통해서 주는 것이다. 따라서 기업은 직접적으로 법률에 의해서 구속을 받게 되나 근본적으로는 그 법률을 채택한 국가, 더 나아가서 국가를 구성하고 있는 인간에 대해서 궁극적인 책임을 진다. 즉 기업은 사업을 하는 권리를 보장받기 위해서 그 권리를 부여한 국가와 그 구성원인 인간에 대한 의무를 다해야 하는 것이다.

그러나 일반 대중은 기업가들이 사회로부터 혜택을 받는 만큼 사회에 대한 공헌을 하지 않는다고 불평한다. 이러한 일반인의 사고방식은 비단 우리나라에만 국한된 것이 아니라 기업가가 존재하는 어떤 나라에도, 특히 자본주의의 메카라고 일컬어지는 미국에서도 볼 수 있는 현상이다. 예컨대 기업에게 가능한 한 최대의 자유를 보장하고 규제가 필요한 경우에는 주정부에게 위임하는 것을 원칙으로 삼는 미국의 연방 정부에서도 1962년부터 1974년의 13년 동안 기업에 대한 규제 법안을 무려 37개나 제정한 것이다.

물론 산업화 초기에 있어서 기업의 사회에 대한 책임은 공공기관이 사회에 기여하는 것과는 달리 이해되었다. 즉 어떤 사회단체가 사회제도라는 일종의 규범에 의하여 제약을 받는다고 할 때, 이러한 사회제도상의 제약에 따라 기업이 책임져야 할 대상은 주주나 채권자, 소비자와 같은 직접적인 이해관계자에 국한되어 있었으나 공공단체는 전체 사회의 복지에 대하여 직접적인 책임을 지고 있었다. 그러나 고도산업사회로의 발전과 함께 기업이 사회의 주역으로 등장함과 동시에 기업의 사회에 대한 영향력이 증대함에 따라 공공단체에 비하여 자기중심적인 경향을 보이던 기업의 책임의식은 일반 대중들에 의하여 비판을 받게 되었다. 이제는 기업의 경제활동이 전체 사회생활의 큰 부분을 차지하고 있기 때문에 일반 대중들은 기업이 공공단체와 비슷한 수준, 심지어는 동등한 수준의 사회적 책임을 수행하여야 한다고 보는 것이다.

기업 책임론

그렇다면 기업이 가진 사회적 책임은 무엇일까? 앤드류즈(Kenneth R. Andrews) 교수에 의하면 기업의 사회적 책임은 인류 생활의 향상을 도모하기 위하여 개인과 기업의 행동을 제약하는 지적이면서도 객관적인 모든 역할을 포함한다. 그러나 여기에서 기업의 행위가 사회에 대하여 나쁜 영향을 미치지 않는 한 기업은 자유를 갖는다고 보는 소극적인 견해와 기업의 행위는 사회에 좋은 영향을 미쳐야 한다는 적극적인 견해로 나뉘게 된다.

소극적인 견해는 자유 기업 제도하의 모든 가능한 수단을 합리적으로 동원하여 이윤을 극대화하는 것을 기업의 유일한 책임으로 여겨 왔다. 즉 고전적 기업관에 따른 기업 경제 기능의 발휘가 기업이 수행해야 할 사회적 책임인 것이다. 기업은 이러한 결과를 얻기 위해 회계, 생산 등의 구체적인 업무를 수행하는 데 있어서 성실하고 정직한 태도를 취하고 법규를 준수함으로써 사회적 책임을 다할 수 있다고 본다.

밀튼 프리드만을 비롯한 고전적 기업관을 대변하는 보수주의 학자들은 기능주의의 관점에서 이러한 소극적 책임론을 정당화하려 하고 있다. 즉 기업은 자기 고유의 기능만을 수행하여야 하며, 정부가 책임져야 할 공익의 추구와 같은 사회적 기능까지 담당하게 될 경우, 궁극적으로는 기업 스스로가 정부의 통제 아래 놓이게 되는 결과를 초래하게 되리라는 우려를 표명하였다.

따라서 기업이 선량한 관리자로서의 의무를 다했는데도 불구하고 사회에 나쁜 영향을 미쳤다면 그 나쁜 영향을 제거하는 책임은 기업에 있는 것이 아니라 국가에 있게 된다. 이러한 견해는 애덤 스미스의 『국부론(國富論, The Wealth of Nations)』에 근거를 두고 있다. 즉 고전적인 경제이론에 의하면 시장경제체제에 있어서 자원의 최적 배분과 일반 대중의 극대 만족을 도모하기 위해서는 '보이지 않는 손'에 의거한 완전경쟁이 가장 바람직하다고 한다. 이러한 완전경쟁은 시장의 구성원인 생산자와 소비자, 즉 기업과 일반 대중이 모두 자신의 경제적 이익의 극대화를 추구할 때 이루어진다. 따라서 기업이 이윤의 극대화가 아닌, 예컨대 사회적 책임과 같은 동기를 추구한다면 완전경쟁이 이루어질 수 없고, 그 결과 자원의 최적 배분과 일반 대중의 극대 만족은 기대할 수 없다는 것이 바로 소극적인 견해의 골자이다.

그러나 고전적 경제학자들이 기대했던 바와 달리, 기업은 완전경쟁하에서 시장에 영향을 주지 못하는 존재가 아니라 독점적인 위치에서 시장에 절대적인 영향력을 행사하는 엄청난 조직으로 발전하였다. 이에 대하여 소비자는 시장에 대한 완전지식을 가지지 못하고 기업에게 조종당하는 위치로 전락하였다. 우리나라에서는 1960년대와 1970년대의 경제발전 정책을 통해서 국제적 경쟁력을 갖기 위한 방편의 하나로 기업의 대형화가 이루어졌다. 이에 따라 각 산업에서는 독점적인 생산체제가 이루어졌으며, 생산능력이 소비량을 따라 가지 못하는 판매자 시장(販賣者 市場)의 여건하에서 기업의 소비자에 대한 횡포가 커다란 사회 문제로 등장하게 되었다.

이같이 경쟁원리에 입각한 자본주의 체제를 채택하고 있음에도 불구하고 그 기본 전제인 완전경쟁이 이루어지지 못하는 우리나라에서는 기업의 사회적 책임이 이윤의 극대화에 있다는 소극적인 견해보다 기업이 사회에 대해서 적극적인 책임을 져야 한다는 적극론이 더 타당하다고 보아야 할 것이다.

이러한 적극론은 이론보다는 현실에 바탕을 두고 있다. 적극론의 논리 전개는 사회적, 정치적, 경제적 현상이 상호 불가분의 관계에 있다는 인식으로부터 출발한다. 사기업(私企業)은 그 규모가 커짐에 따라 사회와 국가의 공적(公的)인 조직으로서의 성격을 갖게 되고, 따라서 사기업의 경영자는 공적 조직의 책임자 역할도 동시에 갖게 된다. 만일 기업이 다른 공적 조직과 마찬가지로 국가의 철저하고 완벽한 법적 규제를 받는다면 경영자는 그 테두리 안에서 행동함으로써 사회에 대한 책임을 다할 수 있을 것이다. 그러나 국가는 다른 공적 조직과 달리 기업에 대한 철저하고도 완전한 규범을 만들 수 없다. 왜냐하면 자본주의 체제하에서의 기업은 다른 공적 조직과 달리 법규에 의하여 그 존재가치를 보장받는 것이 아니라 경쟁기업과의 부단한 경쟁에서 패배하지 않음으로써만 생존할 수 있기 때문이다. 다시 말해서 국가가 법률로 기업의 독점성을 부여하지 않는 한 법률로 그 존재가치를 보장할 수도 없다. 따라서 현실적으로 기업이 독점성을 갖고 있다 할지라도 자본주의 체제를 채택하고 있는 국가에서는 법규로 기업의 활동을 완벽하고 철저하게 규제할 수 없게 된다. 이러한 모순을 해결하기 위하여 기업으로 하여금 사회에 대한 책임을 적극적으로 수행하게 해야 한다는 적극론이 나오는 것이다.

특히 우리나라와 같이 자본주의 체제를 근본적으로 부정하고 있는 북한을 휴전선 건너편에 두고 있는 여건하에서 기업은 안정된 국가와 사회를 유지하기 위한 적극적인 노력을 해야 한다. 안정적인 국가 사회를 이룩하기 위해서는 소위 방위성금과 같은 기부금을 출연하는 직접적인 방법이 있으나 이것으로 기업의 사회적 책임이 끝나는 것은 아니다. 일차적으로 현재 우리나라 사회의 불치병이 되다시피 한 官權과의 결탁에 의한 부정부패나 탈세부터 시작해서 근로자의 反感을 조장시키는 임금제도 및 복지후생의 미비, 소비자를 우롱하는 불량제품의 남발과 그 결과에 대한 책임 회피, 공장 주변의 주민을 괴롭히는 각종 공해물의 유출과 같이 사회적 불안을 야기하는 모든 행위를 경영자들이 솔선수범하여 근절하여야 한다. 여기서 한 걸음 더 나아가 기업의 활동이 근로자, 소비자, 공급자, 채권자, 일반 대중 등 기업과 직접·간접으로 관계를 갖고 있는 모든 이익집단에 대하여 생활 수준과 복지 향상, 기타 그들이 원하는 모든 바람을 증진시키고 충족시키는 방향으로 나아갈 때 기업의 사회적 책임은 적극적으로 수행될 것이다.

기업의 사회적 책임에 관한 연구발전

전통적 시각

기업의 사회적 책임(CSR, corporate social responsibility)은 많은 세월을 거치면서 진화한 개념이다. 1940년대 무렵 윌키(W. Wilkie)가 기업가들이 사회적 책임감과 같은 새로운 감각을 익히도록 교육해야 한다고 주장한 것이 CSR의 시발점이었다. 이후 현대적 관점에서의 사회적 책임은 보웬(H. R. Bowen)의 저서인 "기업가의 사회적 책임(Social Responsibilities of the Businessman)"에 CSR에 관한 일반적인 정의가 명시되면서 관련 연구들이 시작되었다. 보웬을 필두로 이후 사회 곳곳(정부, 공공기관, 연구단체, 사회단체 등)에서 사회적 책임에 관한 많은 연구와 주장들이 쏟아져 나왔고, 1950년대에 경영학 관점에서 피터 드러커(Peter Drucker) 교수가 당시 경영자들의 방만한 경영행태를 꾸짖으며 기업의 사회적 책임에 관한 논의가 활성화되었다. 기업을 중심으로 한 사회적 책임에 관한 수많은 저서와 논문들이 사회학과 경영학을 넘나들면서 동시다발적으로 출판되었는데, 그 연구의 시작에는 위에서 언급된 밀튼 프리드만이 자리잡고 있다. 주요 개념에 관한 논의의 전개과정을 간단히 표로 정리하면 아래와 같다.

표 4.6
전통적인 CSR에 대한 연구발전

저자	년도	관점
프리드만 (Friedman)	1962	순수 이익추구 Profit making only
데이비스, 백맨 (Davis, Backman)	1960, 1975	순수 이익추구의 극복 Going beyond profit making
맥귀르 (McGuire)	1963	경제적/법적 요구의 극복 Going beyond economic and legal requirement
맨느 (Manne)	1972	자발적 활동 Voluntary activities
스테이너 (Steiner)	1972	경제적/법적/자발적 활동 Economic, legal, voluntary activities
데이비스, 블롬스트롬 (Davis and Blomstrom)	1975	동심원적 순환, 지속적 확산 Concentric circles, ever widening
일스, 왈튼 (Eells and Walton)	1961	광의의 사회적 체계에 관한 우려 Concerns for the borader social system
헤이, 게이, 게이츠 (Hay, Gray, and Gates)	1976	다양한 사회적 문제에의 책임감 Responsibility in a number of social problem area
애커맨, 바우어, 세시 (Ackerman and Bauer, Sethi)	1975, 1976	사회적 대응에 대한 양도 Giving way to social responsiveness

현대적 시각

기업의 사회적 책임에 관한 연구를 집대성하고 발전시킨 인물로는 아치 캐롤(Archie B. Carroll)이 있다. 그는 1979년 Academy of Management Review에 “A Three-Dimensional Conceptual Model of Corporate Performance”라는 제목으로 논문을 기고했는데, 연구의 핵심적인 질문은 1) 기업의 사회적 책임에는 어떠한 것들이 포함되어야 하는가? 2) 조직이 분명히 밝혀야할 사회적 이슈는 어떤 것들이 있는가? 3) 사회적 대응 방식이나 조직의 철학이란 무엇인가? 등과 같다. 캐롤은 기업의 사회적 책임을 경제적(economic), 법적(legal), 윤리적(ethical), 자유재량적(discretionary) 책임으로 구분하면서, 각 범주는 서로 배타적인 의미를 지니고 기업의 사회적인 책임을 통해 이루어진 성과도 이 범주의 한정된 영역 내에서 발생한다고 설명하였다.

캐롤은 위의 4가지 범주를 조금 더 발전시켜 피라미드 형태를 지니는 기업의 사회적 책임(The Pyramid of Corporate Social Responsibility: Toward the

Moral Management of Organizational Stakeholders)을 비즈니스 호라이즌(Business Horizons)에 발표했다(<그림 4.14>). 그의 1979년 논문이 시발점이 되어 많은 연구가 진행되었고, 다양한 연구를 종합해본 결과 경제, 법, 윤리의 범주는 변함이 없으나 자유재량의 범주는 자선(Philanthropic)의 영역을 상당수 포함한다는 것과, 각 범주는 동일선상에서 행해지는 것이 아니라 일정한 위계(hierarchy)가 존재한다는 것이 발견되었다.

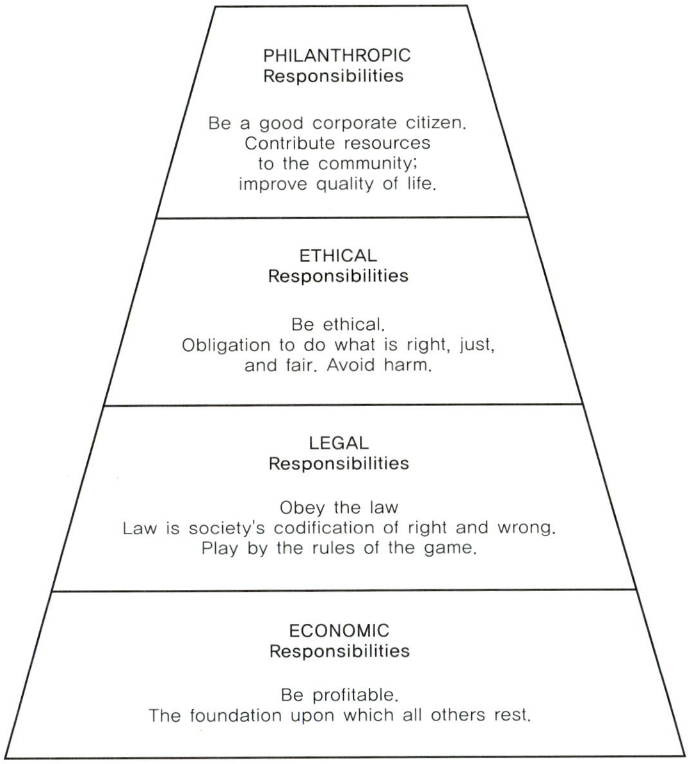

그림 4.14
CSR 피라미드

경영환경의 변화

20세기의 좋은 기업

기업의 사회적 가치가 중요해지게 된 배경을 이해하기 위해서는 '좋은 기업'에 대한 이론과 현실의 괴리에 대한 설명이 필요하다. 성장 지상주의가 대세이던 1970년대만 해도 매출액이 크지만 이익이 작은 회사와 매출액이 작더라도 이익이 큰 두 기업 중에서 더 좋은 기업을 선택하라고 한다면, 경영자들은 매출액이 더 큰 기업을 선택했다. 그런데 1980년대가 되자 매출액보다 이익에 더욱 초점을 맞추기 시작했고, 1990년을 지나면서 미래이익(시가총액)의 극대화를 추구하는 기업이 더 좋은 기업으로 각인되기 시작했다. 이론에서 말하는 좋은 기업과 현실에서의 좋은 기업 간에 발생하는 괴리가 점차 좁아지면서 균형을 이루게 된 것이다.

결국 우리는 좋은 기업을 평가할 때 시장지배력을 보여주는 매출액, 기업가치를 과거 이익 실적으로 보여주는 이익, 기업가치를 미래 이익 흐름의 현가로 보여주는 시가총액과 같이, '좋은 기업'을 바라보는 시점에 따라 그에 맞는 해답을 귀납적으로 찾아왔던 것이다.

21세기의 좋은 기업

21세기로 접어들면서 20세기에 주류를 이루던 좋은 기업에 대한 평가요소가 바뀌기 시작했다. 좋은 기업에 대한 이론과 현실에서의 괴리가 또다시 나타났으며, 매출액과 이익보다 더 중요한 기업의 목표가 등장했다. 예컨대, A사는 100억 원 매출액에 10억 원 이익을 내는 기업이고 B사는 100억 원 매출액에 5억 원 이익을 내는 기업이라고 했을 때, 전통적인 견해에서는 A사가 더 좋은 기업으로 인정받아야 한다. 하지만, 위의 상황에 더해 A사는 국민으로부터 경멸과 비판을 받는 대신, B사는 국민으로부터 존경과 사랑을 받는 기업이라고 하자. 과연 21세기를 살아가는 우리는 어떤 기업이 더 좋은 기업이라고 생각해야 하는가?

많은 기업들이 과거의 전통적인 잣대에 의지한 나머지 변화된 경영환경을 읽지 못한 채, 방만한 경영으로 인해 존재 자체가 사라지거나 큰 위험에 빠지는 경우가 발생했다. 즉, 많은 사람들의 부러움 속에 잘 나가던 기업이 하루아침에 종적도 없이 사라지거나 파산 위기에 처하기도 하는 것이다. 이들 불행한 기업이 가진 공통적인 특징은 바로 경영 윤리의식 및 기업에 대한 고객의 이미지 결여에 있었다. 반면, 경영위기에 처했으나 여러 방면의 윤리적 문화 정착과 이미지 쇄신을 통해 회생에 성공한 기업도 있었다.

1910년대 이후 형성된 현대 경영이론은 이론을 일반화하는 과정에서 실증분석을 통해 현실을 반영하는 방향으로 발전했다. 미국에서는 포춘(Fortune) 500[12]이 다양한 실증연구 중에서도 미국의 대기업을 중심으로 기업정보와 재무정보를 공개했고, 이를 중심으로 실증연구가 활발히 진행되었다. 하지만, 포춘 500에 등록된 기업들은 대부분 일정 수준의 경영능력을 가진 기업들이었으므로 현실을 적극적으로 반영하기란 어려웠다. 당시 기업주소(corporate address)를 명확히 밝히고 사업을 영위하는 기업들이 많지 않았기 때문이다. 그리고 포춘 500은 미국을 중심으로 한 연구이므로 전 세계에 분산되어 있는 모든 기업을 대상으로 실시한 것도 아니었다. 연구대상에 대한 편의(bias)가 있다는 것이다. 따라서 미국을 넘어 전 세계에 존재하고 있는 다양한 기업에게 적용이 가능한지, 또한 포춘 500에 등록이 되면 좋은 기업으로 인정받을 수 있는 것인지에 대해서도 지속적으로 의구심을 가져야 한다.

그렇게 함으로써, 매출액과 이익이 많은 "큰 기업"을 위한 경영이론(正)과 더불어 존경과 사랑을 받는 "좋은 기업"을 위한 경영이론이 필요함을 인식(反)하고, 궁극적으로 변증법적인 사고방식을 통해 두 조건을 모두 충족시킬 수 있는 좋은 기업에 관한 연구(合)를 지속적으로 발전시켜야 할 것이다.

기업의 사회적 책임

좋은 기업이란 사회로부터 존경과 사랑을 받는 기업이며, 사회로부터 부여 받은 역할, 즉 사회적 책임을 잘 수행하는 기업을 의미한다. 그렇다면 기업의 사회적 책임이란 무엇인가? 기업의 사회적 책임이란 기업이 경제적인 목적(이윤 창출)과 사회적 목적(사회 봉사)을 동시에 만족시키는 것을 의미한다. 기업이 사회적 책임을 이행해야 한다는 주장을 이해하기 위해 <그림 4.15>를 살펴보자.

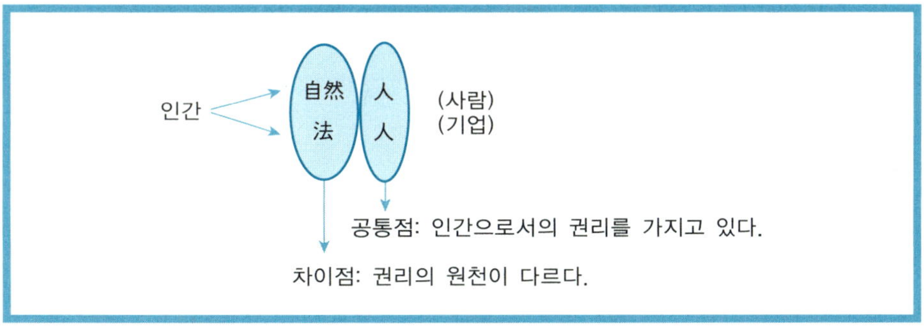

그림 4.15
사람과 기업의 권리와 원천

우선, 기업의 역할은 사회의 틀 안에서 그 권리(power)가 정당성을 지닐 때, 사회적으로 올바르다고 판단된다. 즉 사회의 가치사슬 속에서 행동과 법칙이 자연인(自然人)을 따르게 되면 사람이며, 법인(法人)을 따르게 되면 기업이라는 것이다. 두 사회적 존재는 인(人)이라는 공통분모에서 인간으로서의 권리를 가지고 있지만, 자연과 법이라는 권리의 원천이 다르다.

2007년 1월 18일에 발표된 대한상공회의소의 기업호감도(CFI) 조사 결과에 따르면, 기업 활동의 우선순위가 '이윤창출'이라는 의견은 첫 조사 때 53.5%에서 57.3%로 높아지고, '사회 환원'이라는 의견은 46.5%에서 42.7%로 낮아져 기업의 역할에 대한 인식이 변화되고 있는 것으로 나타났다고 한다. 그렇다면 기업의 역할에 대한 정답은 "사회 환원"이 아니라 "이윤창출"이라는 것일까? 이것은 현재 국민들이 겪고 있는 경제상황을 반영한 것이다. 신문지상에 나타나고 있는 지표들은 대부분 현실의 일부분을 비춰주기 때문에, 기업 역할에 대한 본질을 이해하려면 기업의 사회적 책임이 어디에서 출발했는가를 살펴보아야 한다.

사회의 가치사슬(social value chain)은 <그림 4.16>과 같이 나타낼 수 있다. 즉, 자연인(사람)은 자연(하늘)로부터 부여받은 자연과 환경에 대해 책임을 져야 하며, 사후적으로 발생되는 규칙(regulation)에 의해 사회가 형성이 된다. 사회에서는 법인(기업)이 법(상법)에 귀속되므로 기업은 사회적 책임을 져야 한다. 요약하자면, 사람과 기업은 권리의 원천이 다르기 때문에 책임을 져야 하는 원천이 다르다는 것이다.

그림 4.16
사회의 가치사슬 (social value chain)

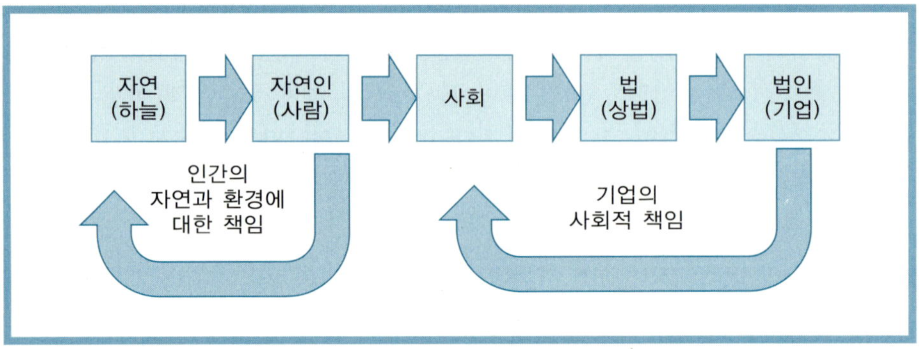

사람은 아주 오래전부터 자연으로부터 위협을 느꼈기 때문에 안정적이고 안전한 삶을 살아가기 위해 자연의 법칙에 도전하며 살아왔다. 사람의 권리는 위에서 설명된 바와 같이 하늘로부터 주어진 것이기 때문에 중세시대에는 자연권(또는 천부인권설)을 토대로 시민을 억압하려는 왕에게 대항하기도 했다. 이후, 이러한 자연권은 프랑스 인권선언(1978년)의 정신으로 계승되어 사람의 권리는 권력이 있는 사람으로부터 받은 것이 아니므로 권리를 수여한 자연에게 책임을 져야 한다는 논리로 발전했다.

자본주의가 발달하면서 '사회'라는 틀이 자연스럽게 형성되었고, 특수한 목적을 지닌 집단이 생기기도 하고 특정 주제에 관해 다른 의견을 가진 사람들이 생기면서 사건과 사고들이 무질서하게 발생하게 되었다. 사회 안에서 가해자와 피해자가 생기가 되자 사람들은 '법'을 통해 많은 문제를 제재하고 해결하고자 했다. 그 법 중 특히 상법은 법인인 기업에게 적용된다. 결국 규칙이나 법이라는 것은 모든 사람의 행복을 위한 규제수단일 뿐 그 자체가 목적은 아니라는 것이다.

따라서 기업은 사회 안에서 존재하므로 사회에 대한 책임을 져야 한다. 책임이라는 것도 강도가 존재하기 때문에 적극적인 것과 소극적인 것으로 나눌 수 있는데, 기업은 소극적으로 사회에 대해 피해를 안 주면 된다는 사고방식을 가지면 안 되고 적극적으로 사회에 대해 공헌을 해야 한다. 결국 기업이 사회에 존재하는 목적은 "이윤 창출"이 아니다. 이윤 창출은 사회적 책임과 공헌을 위한 수단일 뿐이다.

| 요약 | Summary

- 기업에서는 외부 여건, 내부 여건 및 기업철학에 의하여 구성된 '내부적으로 실천에 옮길 수 있는 전략'은 사회적 책임이라는 네 번째 요소가 추가될 때 비로소 '외부적으로 실천에 옮길 수 있는 전략(externally feasible strategy)'을 수립할 수 있음
- 각 산업의 경쟁도(競爭度)는 우연히 결정되는 것이 아니고 근본적인 산업의 구조와 경쟁자들 간의 상호적 대응방식에 의해 결정됨. 따라서 전략을 수립할 때에는 서로 어우러져 산업의 경쟁도와 투자수익률을 결정짓는 다섯 가지 경쟁요소(산업 내 경쟁기업, 잠재적인 진출기업, 구매자 공급자, 대체품) 중 보다 큰 영향을 미치는 요소를 중시해야 함
- 경쟁기업이란 항시 변하는 것이므로 경영자는 노출된 경쟁자뿐만 아니라 현재는 표면에 나타나지 않고 있더라도 미래에 강력히 등장할 경쟁자를 예견함. 이러한 경쟁기업 분석에는 미래의 목표, 현재 실행중인 전략, 가정, 능력 등 네 가지 진단요소들이 있음
- 케이브스와 포터(Caves & Porter, 1977)에 따르면, 이동장벽이란 한 기업이 특정 전략집단에서 다른 전략집단으로 이동하는 것을 억제시키는 '산업 내의 진입장벽'을 뜻함. 즉 진입장벽은 어떤 산업에 진출하고자 하는 신규 진입자들로부터 그 산업에 속한 기존기업들을 보호해 주는 기능을 강조한 거시적 개념이고, 이동장벽은 산업 내에 있는 타집단의 기업들로부터 특정 집단을 보호하는 역할을 중시하는 미시적 개념
- 바니(Barney, 1991)는 기업의 자원이 성공적인 전략 수행의 원천이 되기 위해서는 다음의 네 가지 특성, 즉 유용성(utility), 희소성(rareness), 불완전한 모방성(incomplete imitability), 불완전한 대체성(incomplete substitutability)을 갖추어야 한다고 주장
- 핵심역량은 본질적으로 최종제품이나 사업단위의 시장전략 및 제품믹스에 구애받지 않는 보다 근본적인 조직능력이라고도 할 수 있으며, 기존의 자원준거관점

에서 말하는 협의의 핵심역량 외에 조직능력까지도 포함하는 광의의 개념으로 이해해야 함

- 과거 전략에 관한 기존의 논의가 제품시장의 판매자 입장에서 기업행동을 설명하고 있는 데 반해, 피터라프(Peteraf, 1993)는 자원준거관점에서 볼 때 기업이 얻는 초과이익은 공급이 제한된 우월한 자원에 대한 렌트(rent)를 의미하며, 자원준거관점은 요소시장에서의 구매자 관점에서 요소시장의 불완전성과 초과이익(rent)의 발생을 설명하였음
- 기업철학은 경영자의 철학이 기업의 성장과 더불어 축적되어 현재의 기업 의사결정의 배경 사상이 되고, 기업목표는 현재의 기업이 수행해야 하는 과업을 함축적으로 표현한 것이며, 기업비전은 기업이 미래에 나아가야 할 방향을 제시한 것으로 볼 수 있는데, 이들은 상호 밀접한 관련을 가지고 서로 영향을 미침

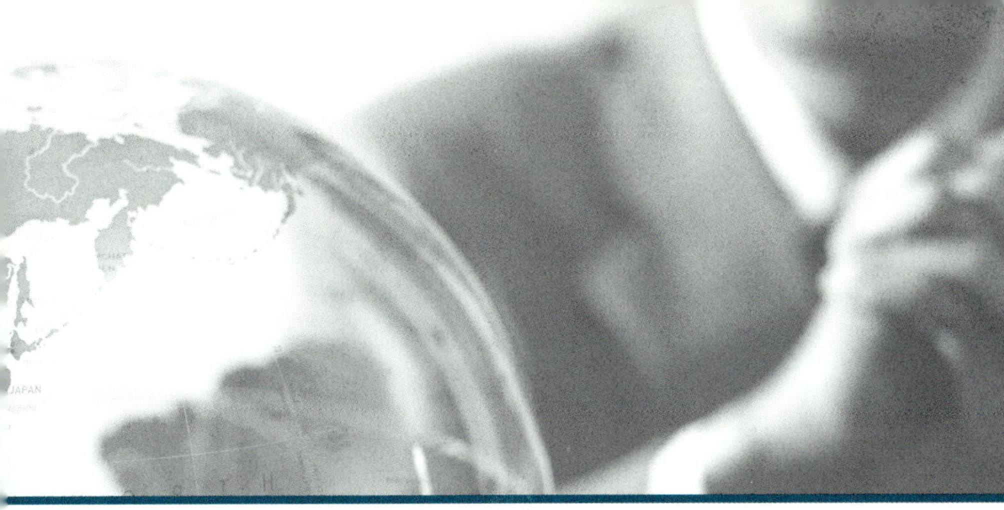

CHAPTER 5

전략 개발의 프로세스: 메커니즘

우리는 1부 제2장에서 기존 경영전략이론이 가지는 한계를 발견하고 메커니즘이 새로운 경영전략 패러다임을 형성하고 있음을 확인하였다. 이 장에서는 두 번째 전략개발 구성요소인 프로세스에 대해서 설명하고자 한다. 프로세스는 메커니즘을 설명하는 중요한 인자일 뿐만 아니라, 전략 계획 수립을 위한 첫 번째 구성요소인 투입요소(input)와 마지막 구성요소인 결과요소(output)를 연결하는 매개체(mediator)이기도 하며, 흔히 전략 경영을 설명하는 데 있어서는 블랙박스(black-box)로 표현되곤 한다.

이번 장의 초반부에서는 메커니즘을 내용차원(content)과 과정차원(process)으로 나누어 살펴보고, 후반부에서는 메커니즘을 형성하는 프로세스(process)를 시스템적인 시각으로 집중조명하여 분석하고자 한다. 우선 전략 대안은 전략 개발을 위해서 투입된 요소들이 기업 목표와 일관된 과정을 거치면서 선택된다. 각 대안은 광의에서는 성장전략과 안정전략으로 나뉘며, 대분류, 중분류, 소분류, 세분류 등의 과정을 거치면서 정교해진다.

전략 대안은 전략 대안 분석에 투입되는 핵심요소에 따라 분석 모델이 점차 진화해왔다. SWOT모델은 두가지 요인–내부(강점과 약점)와 외부(기회와 위협)요인–을 이용하였고, 앤드류스 모델은 네 가지 요인–내부(강점과 약점), 외부(기회와 위협), 주요 전략 실행자의 개인적 가치, 사회적 가치–를 이용하였다. 메커니즘 모델은 앤드류스 모델에 메커니즘을 추가하여 주요 전략요소들(주체, 환경, 자원)이 메커니즘을 통해 프로세스를 거쳐 성과로 이어지는 과정을 보여준다.

메커니즘이 기존 경영전략을 보완할 수 있는 프레임이 되기 위해서는 투입요소와 결과요소 간의 상호관계를 전통적인 분석 방식보다 더욱 간결하고 명확하게 밝혀야 한다. 따라서, 이 장에서는 메커니즘에 대한 정의를 밝히고, 유사개념에 대한 부연설명을 하였으며, 개념적인 형성과정을 도출하였다.

전략 개발

전략 대안과 선택

전략이라고 하는 것은 의사결정체계를 통해서 최종적으로 선택되는 대안 중 하나이다. 예를 들어, 전략이 사업부차원에서 혹은 기업차원에서 선택이 될 때, 사업부전략 혹은 기업전략으로 흔히 불리는 이유가 바로 결정되는 의사결정의 체계와 적용의 목적지에 따라 접미사격으로 "–전략"이 붙는 것을 확인할 수 있다. 이와 비슷하게 우리는 일상생활에서 '–화(化)'라는 개념으로 많이 사용하고 있다. 영어로 직역을 하자면 '-ation' 정도로 이해될 수 있을 것이다. 즉, 우리 주위에는 수많은 전략이 무분별하게 그 체계와 최종 목적지를 구분하지 않고 사용되고 있다.

표 2.1 다양한 전략

경영화 프로세스화 계획화 목적화 이론화 형성화 전략화 구성화 요소화 이윤화 관계화 전통화 간결화 명확화 형성화 두출화 설명화 결정화 최종화 단일화 기업화 사업화 적용화 유사화 사례화 과정화 변화 도입화 배경화 특성화 사상화 지식화 기술화 역할화 분석화 내용화 설립화 내부화 …

전략 분석의 재료인 주요 요소를 살펴본 뒤에 우리가 해야 할 것을 그 요소들이 어떠한 방식을 통해 "전략"이라고 불리는 세부단계까지 완성이 되지는지를 살펴보는 것이다. 하나의 전략을 선택하는 것은 한 기업의 미래를 결정짓는 일이기 때문에, 전략적 대안이 생성되는 프로세스를 단계적으로 나누어보고, 각각의 옵션들이 선택되었을 때 도출되는 전략은 무엇이 있는가를 확인하는 절차는 중요하다.

전략 대안의 범위

전략 대안의 범위는 기업에게 주어진 상황과 기업이 나아가고자 하는 방향을 고민하는 것에서 시작한다. 즉, 기업이 사업을 전개시키는 방향을 전략적 대안으로 본다면 전략적 대안의 범위는 기존전략과 미래전략 사이에 존재하고 있다. 현재의 이익흐름과 시장에서 나타나는 신호들을 분석한 결과, 현재의 전략에 더욱 치중할 것인지 아니면 미래의 전략을 위해 현재 전략을 조금 포기할 것인지 등을 고민해야 하며, 이는 성장전략(growth strategy)과 안정전략(survival strategy)으로 구분이 가능하다.

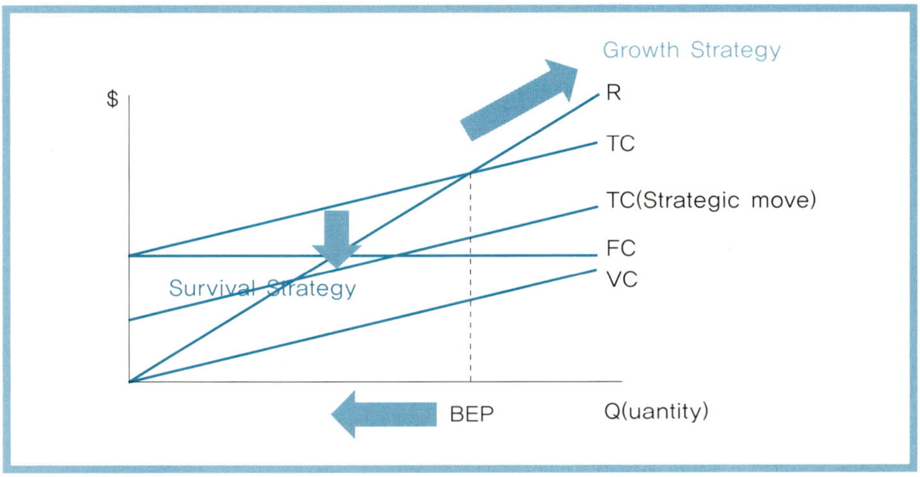

그림 5.1
성장전략(Growth Strategy)과 안정전략(Survival Strategy)

전략적 대안의 범위를 살펴보면, 크게 대분류, 중분류, 소분류, 세분류로 구분이 가능하다. 대분류는 기업의 목적관점(objective)에서 살펴보는 방법이다. 기업의 목적함수(profit)는 수익(revenue)에서 비용(cost)을 차감한 것인데, 수익을 극대화하는 전략을 우리는 성장전략으로 지칭하고 비용을 최소화하는 전략을 안정전략이라고 한다. 중분류에서는 성장전략과 안정전략이 각각 다른 접근법을 통해 대안을 선택하게 되는데, 각각을 시장(market)과 제품(product)으로 구분하고 과거의 시장이나 제품에 집중을 하거나 새로운 시장이나 제품에 집중을 했을 경우로 나누면 성장전략에 대한 4가지 유형을 발견할 수 있다. 소분류에서는 성장전략의 대안들을 좀더 자세히 분석하여 각각의 유형에 대한 구체적인 전략프로세스를 개발한다. 마지막 세분류에서는 본원적 전략(generic strategy)을 적용하여 소분류에서 선택된 대안을 추구하는 전략으로부터 제품차별화(differentiation)와 비용우위(cost leadership) 중 하나를 명확히 선택해야 한다.

안정전략에서는 성장전략의 유형분류와 다른 접근법을 시도하는데, 비용을 고정비용(fixed cost)과 변동비용(variable cost)으로 구분하고 각 비용의 상승과 하락을 메트릭스로 나열하여 발생되는 대안 중 하나를 선택하는 것이다. 많은 종류의 전략 대안들을 살펴보면, 고정비용을 올리고 변동비용을 동시에 낮추는 전략과 고정비용을 낮추고 변동비용을 올리는 전략이 선택되는 경우를 자주 발견하게 된다. 그 이유는 나머지 전략들이 진정한 의미에서 전략이라고 볼 수 없는 것이기 때문이다. 아래 <그림 5.2>에 나와 있듯이, 고정비용과 변동비용을 낮추는 것은 단순히 운영적인 측면(maganerial operation)이며, 두 비용을 높이는 것은 전략이나 운영 중 어느 쪽에도 속하지 않는다.

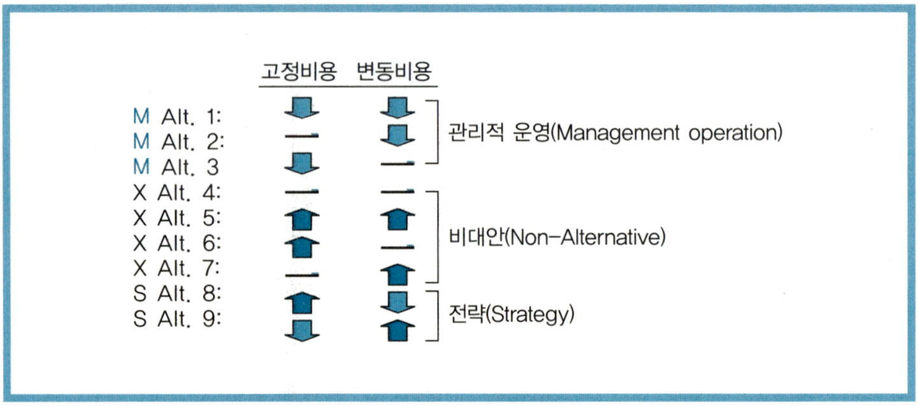

그림 5.2
생존전략의 대안

전략 대안의 분석

전략 대안은 앞에서 나온 바와 같이 고정비용과 변동비용의 상승과 하락이라는 메트릭스 조합에 따른 안정과 성장전략으로 나뉜다. 전략 대안이 실질적으로 분석에 적용이 되기 위해서는 기업의 어떤 요소를 살펴보는지에 따라 분석모델이 달라진다. 전략분석에 사용되는 요소는 다양하지만, 여기에서는 2개를 사용한 SWOT 분석모델, 4개를 사용한 앤드류스 분석모델, 그리고 5개를 사용한 메커니즘 분석모델을 살펴보고자 한다.

SWOT 분석모델

SWOT은 전략을 도출하기 위해 사용되는 수많은 분석도구들 중에서 업계나 학계에서 가장 빈번히 사용된다. 이는 기업의 내부적인 요인인 강점(Strength)과 약점(Weakness), 외부적인 요인인 기회(Opportunity)와 위협(Threat)을 분석하는 전략적 기획방법이다. 기업이 신규사업에 뛰어들려고 할 때 사전에 기업의 비전과 일치하는지를 판단하려는 차원에서 발전된 개념으로, 스탠포드 교수였던 알버트 험프리(Albert Humphrey)가 포춘 500대 기업을 상대로 분석한 결과에서 시사점을 얻어 만들어졌다. SWOT 분석에서 말하는 좋은 전략은 성장할 기회를 포착하면서 현저한 위협은 완화시키고, 회사의 강점을 지렛대(leverage)로 활용하면서 약점은 회피하거나 축소시키는 방향으로 수립되는 것이다(<그림 5.3>).

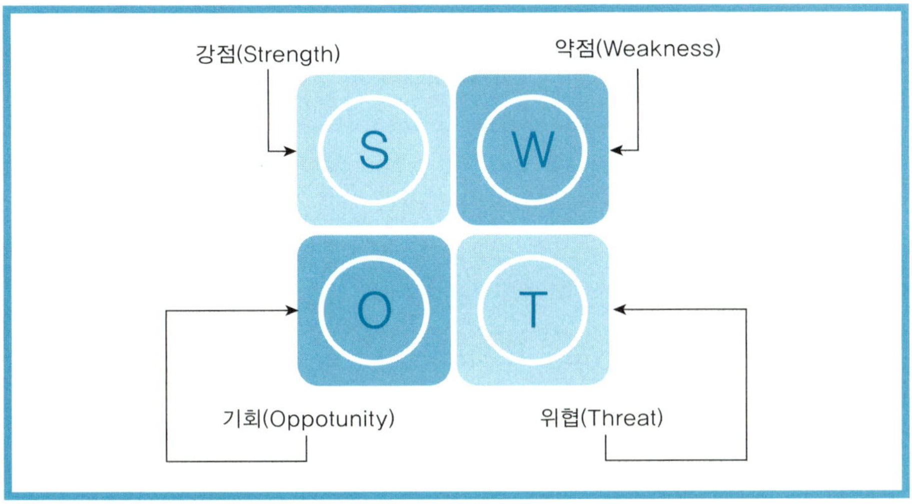

그림 5.3
SWOT 분석모델

앤드류스 분석모델

케네스 앤드류스는 기업전략의 본질(The concept of Corportate Strategy)에서 기업의 전략을 분석할 때 기존 전략가들이 주장해온 기업의 강점과 약점, 환경의 기회와 위협 외에 기업 내부와 외부의 요소를 포함해야 한다고 주장했다. 전략을 결정하는 주요 전략 실행자의 개인적 가치와 기업을 둘러싸고 있는 사회의 가치가 반영되어야 한다는 것이다. 앤드류스의 전략 분석 방식은 최근 이슈가 되고 있는 기업의 사회적 책임으로 발전되었다(<그림 5.4>).

여기서 눈여겨 보아야 하는 것은 SWOT 분석모델과 앤드류스 분석모델의 차이점이다. SWOT 분석모델은 앤드류스 분석모델에서 제시하고 있는 2가지 요소만을 강조하고 있으므로 참된 전략이라고 보기가 힘들다. SWOT은 기업에게 바람직한(desireable) 요소인 외부의 기회와 위협, 그리고 바람직하면서 실현가능한(feasible) 요소인 내부의 강점과 약점만을 제시하고 있다. 앤드류스 모델은 전

그림 5.4
앤드류스 분석모델

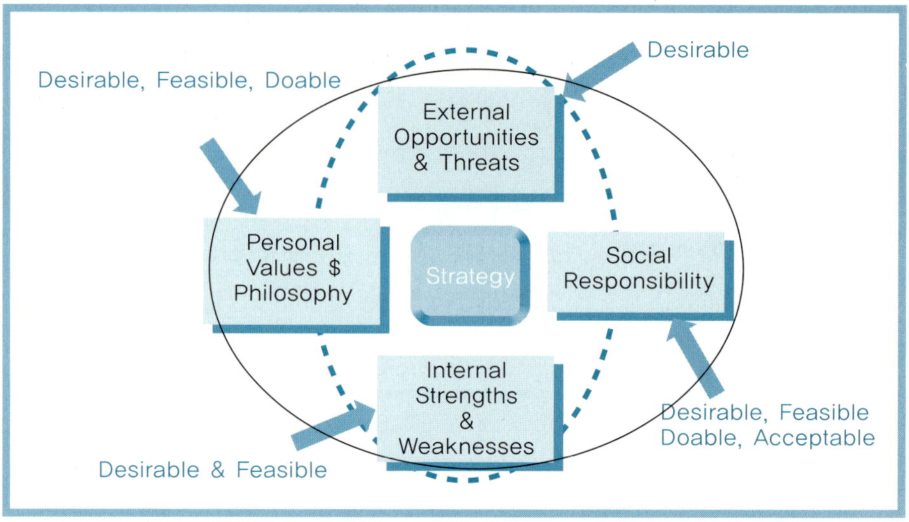

략을 선택하고 실행하는 주요 개인들의 가치나 철학이 반영되면서 실행가능한(doable) 요소가 추가되고 동시에 기업을 둘러싼 사회가 그러한 전략을 수용가능한(acceptable) 것으로 받아들이는지를 제시하고 있다.

메커니즘 분석모델

저자가 연구해온 메커니즘 관점 역시 내용연구와 과정 연구라는 두 가지 차원의 결합을 통해서 접근할 수 있다. 저자는 1973년 하버드경영대학원(Harvard Business School)에서 전략과목을 수강하면서 메커니즘에 대한 관심을 갖게 되었고, 그 후 1992~1993년 반도체 산업에 대한 연구를 수행하면서 처음으로 메커니즘을 변수로 선택해서 실증적 연구를 시작했다. 그 후 2010년에 이르기까지 메커니즘에 대한 저자의 연구는 몇 차례 변화를 하면서 발전해왔다.

과정으로서의 메커니즘

메커니즘 연구의 초창기에는 메커니즘을 과정으로 보았다. "메커니즘"보다는 "ser-M"이란 표현을 주로 사용하여 주체(s), 환경(e), 자원(r)이라는 내용변수를 메커니즘(M)이라는 과정변수로 설명하는 방법을 모색했다. 서문에서도 설명했듯이 s, e, r을 소문자로 처리한 것은 전략의 소재인 s, e, r 보다는 이 세 가지를 연결하고 포함하는 과정으로서의 메커니즘(M)이 더 중요하다고 보았기 때문이었다(Cho & Lee, 1998). 다시 말해서 저자는 <그림 5.5>에서 보듯이 메커니즘을 내용으로 보지 않고 주체와 환경, 자원을 결합하는 단순한 과정으로 보고 있었다.

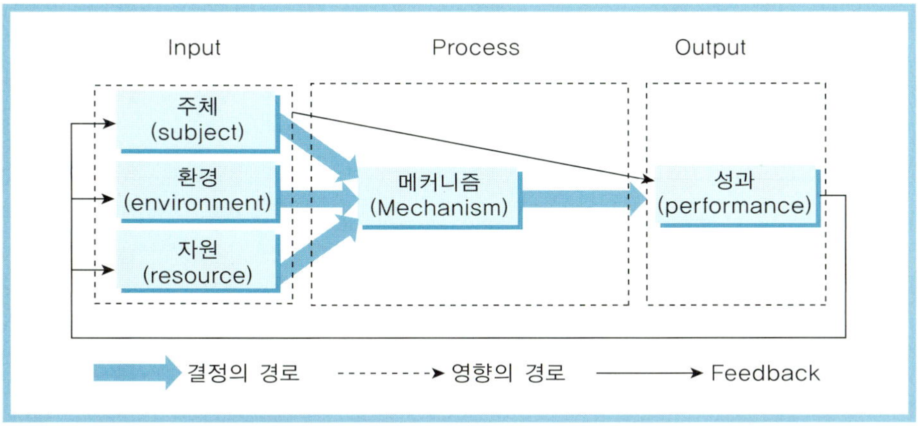

그림 5.5
과정으로서의 메커니즘 관점

2004년에는 통계적 기법을 사용하여 메커니즘에 대한 실증분석을 시도하였다. 즉 매개변수(mediating variable)로서의 메커니즘(M)이 주체(s), 환경(e), 자원(r)을 통합하는 과정으로서의 변수인 동시에 이 3가지 변수의 대위변수(proxy variable)로서 ser보다 설명력이 더 강한 독립변수가 될 수 있다는 것을 국제화 메커니즘에 대한 실증분석으로 확인하였다(정진섭, 2004). 즉 s, e, r을 사용하지 않고 M만으로도 3가지 변수를 포함한 것 못지 않은 설명력을 갖는다는 것을 증명한 것이다.

내용으로서의 메커니즘

2005년 듀크대학 후쿠아 경영대학원(Fuqua School of Business, Duke University)에서 초청교수로 재직하던 저자는 그 대학의 경영 전략 교수들과 세미나와 강의실에서 대화와 토론을 하면서 메커니즘 자체에 대한 연구, 다시 말해서 메커니즘을 과정(process)으로 보는 것이 아니라 내용(content)으로 보아야 한다는 충고를 듣고 이에 대한 연구를 시작하였다. 특히 메커니즘을 s, e, r과 별도로 존재하는 네 번째 요소라고 보고, 이 요소를 만들어 내기 위해서는 s, e, r을 단순히 합치는 데 그치는 것이 아니라 s, e, r 내부에서 찾을 수 없는 독특한 논리를 찾아야 한다고 보았다. 이를 찾는 과정에서 서문에서 설명했듯이 라면을 가지고 요리하는 방법을 벤치마킹했다. 즉 <그림 5.6>에서 보는 바와 같이 경영자가 원하는 내용의 메커니즘(M)을 만들어내기 위해서 s, e, r을 조합하고(Combination), 이들 간의 순열을 정하며(Permutation), 각 요소의 활용시점을 결정하는(Timing) 원리(Logic)를 찾아낸 것이다.[1]

이 연구를 계기로 기업의 지속적인 경쟁우위는 바니(Barney, 1991)가 주장하는 내용으로서의 자원에서 나오는 것이 아니라는 것을 깨달았다. 기업의 경쟁우

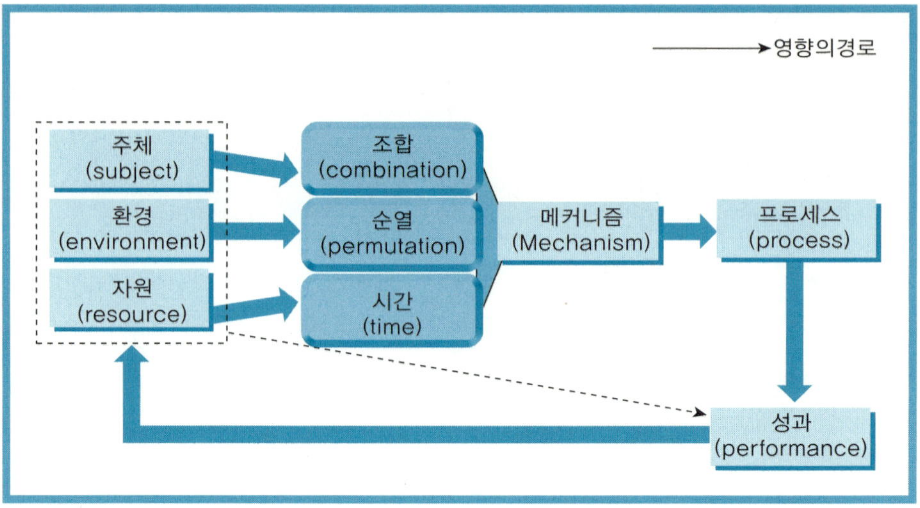

그림 5.6
내용으로서의 메커니즘 관점

위는 주체, 환경, 자원을 활용하는 조화, 순열, 시간이라는 과정에서 만들어지는 메커니즘에서 나오는 것이다.

이러한 논리를 설명하기 위해 작성한 저자의 논문(Cho, 2006)은 바니(Barney, 1991)가 주장하는 VRIN이라는 특정 조건을 갖추지 않은 자원으로도 자원의 조합, 순열, 시간을 어떻게 정하느냐에 따라 얼마든지 차별화된 역량을 구축할 수 있다는 논리를 메커니즘으로 설명한 것이었다.

메커니즘의 정의

위 연구를 진행하면서 찾아낸 조화, 순열, 시간은 메커니즘을 만들어내는 과정에 해당한다. 따라서 조화, 순열, 시간을 강조하면 과정에서 경쟁우위가 나온다고 볼수 있고, 그 과정의 결과로 만들어지는 메커니즘을 강조하면 내용에서 경쟁우위가 나온다고 볼수 있다. 따라서 경쟁우위는 과정과 내용이라는 두 가지 측면에서 동시에 접근할 때 비로소 포괄적인 이해가 가능하다. 이는 마치 빛이 가진 입자와 파장이라는 두 가지 속성을 동시에 이해해야 빛에 대한 포괄적인 이해를 할 수 있는 것과 같다.

이같이 메커니즘에 대한 인식의 변화과정을 거치면서 저자는 메커니즘을 "과정"인 동시에 "내용"으로 보고 다음과 같이 정의하였다. **"메커니즘은 프로세스를 반복적으로 일으켜서 유기체의 목적을 달성하려는 주체, 환경, 자원의 동태적 결합, 즉 조합, 순열, 시간의 원리이다."**

메커니즘의 중요성을 강조하는 전략패러다임이인 메커니즘 관점은 1930년대에 형성된 주체관점, 1970년대에 형성된 환경관점, 1980년대 후반에 형성된 자원관점에 뒤이은 제 4의 전략 패러다임이다.

메커니즘 창조과정 – 기존 이론과의 차이점[2]

이 절에서는 이러한 메커니즘의 창조과정을 파악하는 것이 어떤 의미를 갖는지, 그리고 메커니즘의 창조과정이 설명하는 것이 기존의 이론과 어떤 점에서 차이를 갖는지 고찰함으로써 자원기반 관점과 메커니즘기반 관점을 심층적으로 비교해 보고자 한다. 이를 통하여 기존의 자원기반 관점이 주장하는 경쟁의 원천인 VRIN이 다루지 못하는 현실의 사례를 제시하고 이를 설명하기 위한 대안으로 메커니즘기반 관점이 견지하는 메커니즘의 창조과정을 결정하는 요소인 조합, 순열, 시간을 제시함으로써 기업의 경쟁우위 창출과 메커니즘의 관계를 설명하고 궁극적으로 메커니즘기반 관점의 학문적 독자성을 제안하고자 한다.

자원기반 관점의 기본적 가정

자원기반 관점은 기업이 갖고 있는 경쟁우위를 설명하기 위하여 자원에 대해 두 가지 기본적인 가정을 한다. 첫째, 펜로즈(Penrose, 1959)가 언급한 "기업은 자원의 집합체"라는 기본가정을 취하고 있다. 본질적으로 기업마다 보유하고 있는 자원은 모두 이질적인데, 이것으로부터자원의 집합체인 기업은 결국 각각 특징적인 성격을 갖게 되어 이질적이 될 것이라는 생각을 도출할 수 있다. 이를 통하여 자원기반 관점은 자원의 이질성(Heterogeneity)이라는 전제를 채택했다. 둘째 셀즈닉(Selznick, 1957)과 리카르도(Ricardo, 1817)가 취한 관점으로, 기업이 보유한 자원 중 특정 자원은 모방에 소요되는 비용이 매우 높거나 공급 채널이 한정되어 비탄력적인 성격을 갖는다고 가정하였다. 이를 통하여 기업이 갖고 있는 자원은 비이동성(Immobility)를 갖고 있다는 가정을 취했다.

바니(Barney, 1991)는 이러한 두 개의 기본적인 가정을 결합하여 만약 (1) 기업이 소유하고 있는 자원이 그 기업으로 하여금 기회를 활용하게 하거나 위협을 감소시킬 수 있게 해 준다면, (2) 이러한 자원들이 소수의 경쟁기업에 의해서만 소유된다면, 그리고 (3) 이 자원들에 대한 모방비용이 높거나 공급에서 비탄력적이라면, 이러한 자원들은 기업의 강점이 될 수 있으며, 따라서 경쟁우위의 잠재적 기반이 될 수 있다고 주장했다.

경쟁우위 자원의 특징

자원기반 관점을 지지하는 학자들은 자원을 다음과 같이 재무자원, 물적 자원, 인적 자원, 조직자원의 4가지로 분류하고, 이들 자원이 경쟁우위의 요소로 작용하기 위한 조건을 제시하고 있다(Barney, 1991).

첫째, 재무자원은 기업이 전략을 수립하고 실행하기 위하여 사용할 수 있는 모든 금전적 자원들을 지칭한다. 기업가로부터의 자본, 주식 소유자로부터의 자본, 채권 소유자로부터의 자본, 그리고 은행으로부터의 자본, 유보이익 등이 포함된다.

둘째, 물적 자원은 기업에서 사용되는 물리적 기술을 포함하는 것으로 공장, 설비, 입지조건, 원재료에 대한 접근성을 포함한다. 나아가 기업이 보유한 컴퓨터 소프트웨어 등의 기술도 포함되어 있다.

셋째, 인적 자원은 기업 내 경영자들과 종업원들 각각의 훈련, 경험, 판단, 지능, 관계, 통찰력 등을 포함한다. 인적 자원은 기업가 또는 최고경영층에만 한정되는 것이 아니다. 기업의 모든 구성원들이 지식을 습득하고 역량을 높임으로써 인적 자본으로서의 가치를 높일 수 있다.

넷째, 조직자원은 개인들의 집합이 가진 속성으로서, 기업의 보고체계, 공식 및 비공식적 계획, 통제 및 조정 시스템, 문화와 명성, 기업 내 집단 간의 비공식적인 관계, 기업 간 관계 및 기업과 환경과의 관계 등을 포함한다.

바니(1991)는 자원, 능력, 역량을 이론적으로 구분할 수는 있지만 현실에서 이들을 나누는 것은 거의 불가능하다는 전제하에 유사한 개념들을 통합하여 "자원"으로 일원화시키고 있으며, 이렇게 통합적으로 사용되는 자원이 가진 특징을 가치, 희소성, 모방가능성, 조직화(Value, Rareness, Inimitability, Organization: VRIO)라는 네 가지 요소로 구성된 분석틀로 설명하고 있다. 즉 네 가지 개념을 기반으로 하는 질문을 통하여 각 자원이 기업의 지속적인 경쟁우위의 요소가 될 수 있는지를 판단하는 것이다. 또한 VRIN이라는 개념을 자원의 특징분석에 사용한다. VRIN은 VRIO에서 조직(organization: O)을 빼고 대체불가능성(no-substitutability: N)을 경쟁우위를 가진 자원이 가져야 할 특징으로 포함시킨 것이다. 이 절에서는 VRIN을 사용하여 메커니즘기반 관점과 비교한다(<표 5.2> 참조).

표 5.2
VRIN를 통한 경쟁우위 요소 파악

VRIN 구분	분석 질문
가치(Value)	기업의 자원과 능력이 환경 위협과 기회에 대응하게 해 주는가?
희소성(Rareness)	얼마나 많은 경쟁기업들이 가치 있는 특정의 자원과 능력을 이미 소유하고 있는가?
모방불가능성 (Inimitability)	자원이나 능력을 가지고 있지 않은 기업이 자원이나 능력을 이미 가진 기업에 비하여 자원과 능력을 획득하는 데 비용열위에 직면하는가?
대체불가능성 (Non-Substitutability)	기업이 소유하고 있는 자원과 능력이 대체 자원을 통하여 경쟁 기업들의 쉬운 추격을 허용하는가?

바니(Barney, 1991)는 'VRIN' 이야말로 기업이 지속적인 경쟁우위를 유지하는데 필요한 자원이 갖추어야 할 필수적인 특징이라고 주장한다. 자원 기반 학자들은 바니의 주장을 일관되게 받아들여왔다. 자원의 차별적 가치는 프라할라드와 하멜(Prahalad & Hamel, 1990)의 핵심역량에 대한 연구나 노나카(Nonaka, 1991)의 지식경영 연구에서도 기본적인 전제로 사용되었다. 즉 다른 기업에 비해 차별적인 가치를 지닌 자원을 보유해야만 지속적인 경쟁우위를 확보할 수 있다는 생각이 자원기반 관점의 기반이 된 것이다. 1990년대 말에 등장한 동태적 역량 역시 결국 기업이 지속적인 경쟁우위를 달성하기 위해서는 자사의 자원, 역량을 환경의 변화에 맞춰 항상 차별화할 수 있어야 한다는 자원의 가치 차별화를 전제로 한다.

즉 자원기반 관점은 자원의 가치를 우선적으로 판단한 다음, 이 가치가 희소성, 모방불가능성, 대체불가능성(이하 'RIN')을 가지고 있는가에 대한 분석을 통해 해당 자원의 경쟁우위 요소 가능성을 파악하려는 관점이다. 자원기반 관점의 특징은 기업이 초기에 동일한 또는 유사한 자원을 보유하는 경우, 'RIN' 의 전제를 훼손하기 때문에 해당 기업은 다른 경쟁 기업들보다 높은 성과를 거두기 어려우며, 지속적인 경쟁우위를 확보할 수도 없다는 판단을 내리게 해준다.

자원기반 관점과 메커니즘기반 관점의 차이점

기업들이 사업 초기에 유사한 자원을 갖고 있는 경우, 'RIN' 조건에 부합하지 않기 때문에 경쟁우위를 확보할 수 없다고 단언할 수 있는가?

자원기반 관점과 메커니즘기반 관점의 차이점에 대한 설명은 이 질문으로부터 시작된다. 모든 자원은 차별성 보유 여부를 떠나 자원으로서 순수한 가치를 갖고 있다. 이를 기업 특유의 것으로 만들어주는 것이 'RIN' 조건의 역할이다. 그러나 메커니즘기반 관점은 자원의 가치를 차별화해주는 'RIN' 조건의 역할에 관계없이 자원이 유사하거나 동일한 상황에서도 메커니즘의 창조과정을 결정하는 세 가지 요소, 즉 메커니즘 구성요소의 조합, 구성요소의 순열, 각 구성요소를 집행하는 기간을 달리함으로써 제각기 다른 메커니즘을 구축할 수 있고, 이를 통하여 궁극적으로 기업의 경쟁우위를 창출할 수 있다고 본다.

자원기반 관점에서 보았을 때 조합, 순열, 시간의 특징을 갖는 메커니즘은 자칫 기업 내부 프로세스로 인식될 수 있다. 그러나 메커니즘은 프로세스를 만들어내는 원동력이기 때문에 자원기반 관점에서 바라보는 자원과는 다르다. 기업은 특유한 메커니즘을 창조하는 세 가지 요소를 통하여 유사한 자원을 가진 상황에서도 기업 경쟁우위의 원천을 확보할 수 있고, 그 결과 기업 특유의 성장과 발전을 이루어 낼 수 있다. 즉 메커니즘기반 관점은 자원의 차별적 우위가 기업 경쟁우위의 근원이 된다는 자원기반 관점의 주장만으로는 미처 설명하지 못하는 현상, 즉 차별적 우위를 가진 자원이 없는 기업도 경쟁력을 가질 수 있는 현상을 메커니즘을 가지고 설명하는 새로운 관점을 제시해주고 있다.

메커니즘과 유사 개념의 비교: 프로세스, 루틴, 시스템

메커니즘이 추상적인 개념을 표현하는 용어이기 때문에 프로세스(process), 루틴(routine), 시스템(system)과 같이 다른 일반적이면서 추상적인 용어와 혼동되는 경우가 많다. 이들 용어는 일반적인 상황에서라면 메커니즘 대신에 사용해도 전혀 어색하지 않다.

또 경영전략학자, 그중에서도 자원관점 학자들은 자원이 가진 한계, 즉 "자원은 물고기에 불과하기 때문에 경영자에게 물고기를 잡는 방법을 가르쳐주어야 한다"는 자원관점에 대한 비판론을 극복하기 위해 자원이란 개념을 확장해서 "자원을 만들어내는 역량(resource-creating capability)"을 자원에 포함시키거나 자원과 역량을 병렬적으로 묶어서 "자원과 역량(resource and capability)"이라는 용어를 쓰고 있다. 자원관점학자들은 여기서 더 나아가 "역량을 만들어내는 역량"을 "동태적 역량(dynamic capability)"이라고 표현해서 자원의 범주를 넓혀가고 있다. 그러다 보니 이들은 저자가 내세우는 메커니즘도 역량, 또는 동태적 역량의 하나가 아니겠는가 하는 입장을 취하는 것이 보통이다. 따라서 메커니즘이 가진 구조적 특징을 이해하고 이 개념에 과학적으로 접근하기 위해서는 이러한 비슷한 용어, 또는 관련 개념과 엄밀하게 구별할 필요가 있다.

프로세스, 루틴, 시스템과의 차이

메커니즘과 프로세스

메커니즘이란 조직의 주체가 변화하는 환경에 대응해서 자원을 결합하여 조직이 목적을 달성하도록 반복적인 과정을 일으키는 핵심원리이다. 반면 프로세스는 메커니즘이 조직 안에 구축되면 자연스럽게 이 메커니즘으로부터 창출되는 일련의 활동이다. 따라서 메커니즘은 조직에서 일어나는 모든 프로세스를 발생시키는 원천이다.

공학적인 측면에서 메커니즘의 개념과 프로세스의 개념을 대비해 보면 프로세스는 작업의 순서 또는 일이 이루어지는 과정이고 흐름의 개념이 강하며 통제를 통하여 원하는 결과를 생성하는 데 초점을 맞추고 있는 데 반해, 메커니즘은 상호작용과 구동원리가 보다 강조되고 프로세스와 같이 과정 하나하나를 거쳐 가면서 진행한다기보다는 전후 과정의 짜임새와 상호작용이 일어나는 원인을 제공한다.[3]

프로세스는 어떤 원인으로부터 나와서 다른 문제나 활동의 결과에 도달하는 활동들의 순차적인 흐름이라면, 메커니즘이란 특정 시스템 내에서 발생하는 프로세스가 그렇게밖에 일어날 수 없는 이치이다. 자동차에는 동력 메커니즘이 있다. 이 메커니즘은 휘발유가 폭발하면서 생기는 공기의 팽창을 이용해서 피스톤을 상하로 움직이게 만든다. 이 동력 메커니즘은 일련의 프로세스로 나타난다. 즉 휘발유가 실린더에 주입된 다음 스파크 플럭이 발화해서 폭발을 시키면 실린더 안에 있는 공기가 팽창해서 실린더를 밀어내린다. 밀려난 실린더로 인해 공기구멍이 열리면 폭발된 배기가스가 실린더 밖으로 나간다. 그러면 실린더 내의 공기밀도가 낮아져서 피스톤을 다시 끌어올린다. 그리고 또다시 휘발유가 실린더에 주입되어 똑같은 프로세스를 반복적으로 일으키게 된다. 이처럼 프로세스가 시간의 흐름에 따른 행동의 변화를 보여주는 일련의 과정이라고 한다면 메커니즘은 시간의 순서에 따른 변화보다 특정 프로세스가 일어나도록 하는 조직의 다양한 요인들 간의 역학과 조직의 운영원리를 보여준다는 점에서 다차원적이고 전체론적인 접근방법이다.

메커니즘과 루틴

루틴은 조직행동을 설명하는데 있어서 광범위하게 사용되고 조직행태를 설명하는 데 강점을 갖고 있다. 루틴은 조직에 있어서 반복되는 행위나 개인적인 기술, 혹은 조직이나 개인이 올리는 성과의 일상적인 효과성을 의미하기도 한다(Nelson & Winter, 1982). 매번 반복되는 상황임에도 불구하고 매번 대응을 해야 한다면 비용 부담이 커지게 된다. 이러한 비용 부담을 줄여주는 것이 바로 루틴이다. 즉 조직이 특정 상황에 대한 경험을 축적하여 유사한 상황이 발생하는 경우 신속하게 그 경험을 활용할 수 있게 된다면 루틴이 형성된 것이다. 따라서 루틴이 없다면 조직은 집단행위를 위한 효율적인 구조가 될 수 없다. 결국 루틴이란 프로세스를 반복하는 가운데 형성되는 경험의 축적물이다.

루틴은 조직 내 행동의 반복된 패턴을 의미하지만, 메커니즘은 그러한 루틴을 발생시키고 변화시키는 조직의 근본동력을 의미한다는 점에서 차이가 있다. 즉 주체, 환경, 자원의 결합인 메커니즘은 루틴의 형성과 변화를 가능하게 하는 원천이다. 또한 루틴은 한 번 형성되어 지속되다가 환경에 적합하지 않게 되면 사라지는 반면, 메커니즘은 기업의 영속적 발전을 포함한 변화를 가능하게 한다.

메커니즘과 시스템

시스템은 서로 관련된 부분들 또는 요소들로 구성되어 있다. 이는 기계시스템이든 생물시스템이든 사회시스템이든 모든 시스템에 다 적용되는 사실이다. 모든 시스템은 적어도 2개 이상의 요소로 구성되어 있으며 이들 요소는 서로 관련되어 있다. 시스템에는 폐쇄시스템과 개방시스템이 있는데, 폐쇄시스템은 외부환경으로부터 절연된 상태에서 내부 자원만을 활용하는 데 반해, 개방시스템은 정보, 에너지, 물질들을 외부환경과 서로 교환한다. 이같이 환경과 역동적인 관계를 갖는다는 점에서 개방시스템은 투입(input)모델로 이해될 수 있다. 시스템은 특정의 목적을 달성하기 위한 자체 메커니즘을 가지며, 특정 시스템 내에는 다양한 목적을 가진 상호보완적 메커니즘이 있다.

메커니즘과 동태적 역량(dynamic capability)의 관계

자원기반관점에서 발전된 동태적 역량 이론은 기업의 이질성이나 그에 따른 지속적 경쟁우위를 설명하는 데 핵심적인 이론으로 각광을 받고 있으며, 동태적 시장에서의 지속적인 경쟁우위를 설명하고 있다. 동태적 역량의 개념에 관해서는 학자별로 서로 다른 표현을 사용하고 있다. 아이젠하트(Eisenhardt, 2000)는 동태적 역량을 동태적 시장에서 지속적인 경쟁우위를 창출하는 능력이라고 정의하였고, 졸로(Zollo, 2002)는 자원을 획득하는 역량이라고 정의하여 기업의 성과를 개선하기 위하여 일정한 생산과정을 정형화하고 수정해나가는 통합적 활동의 전략적 형태로 표현하였다. 또한, 헬펫과 피터래프(Helfat & Peteraf, 2003)는 변화하는 시장 상황에 대응하여 신제품과 새로운 프로세스를 창출하는 능력으로 "역량을 만들어내는 역량"이라고 동태적 역량을 정의하였다. 이같이 학자들마다 다양한 표현을 통하여 동태적 역량을 정의하고 있다. 그러나 지속적인 경쟁우위를 창출하는 능력이든 역량 획득을 위한 역량이든 또는 전략적 형태이든 관계없이, 동태적 역량의 기본적인 정의는 기업이 보유하고 있는 내·외부 자원을 통합하고 구축하며 재구성하여 급변하는 환경에 대처하는 기업의 역량이다(Teece,

Pisano & Shuen, 1997).

기업의 지속적인 경쟁우위의 바탕이 된다는 측면에서 동태적 역량은 메커니즘과 종종 혼동을 가져오기도 한다. 그러나 동태적 역량과 메커니즘의 개념은 엄연히 다르다. 동태적 역량은 기업의 가시적 성과 및 지속적인 경쟁우위의 바탕으로 작용하며, 메커니즘은 이러한 동태적 역량 자체를 존재하게 하는 원천으로 작용하는 것이다. 이와 같은 기본구조에 따라 메커니즘은 기업의 동태적 역량이 담겨 있는 프로세스를 통하여 기업의 성과로 그 모습을 나타내게 된다.

메커니즘-지속가능한 경쟁우위(sustainable competitive advantage)의 원천

<그림 5.5>과 <그림 5.6>는 모두 지속가능한 경쟁우위는 메커니즘에서 창출된 프로세스가 성과를 낳고 그 성과가 다시 주체, 환경, 자원에 영향을 주어 새로운 메커니즘을 만들어나갈 때 비로소 가능해진다는 것을 설명하고 있다. 다만 두 그림의 차이점을 보면 <그림 5.5>은 주체, 환경, 자원이 결합되는 원리인 메커니즘을 프로세스로 파악하는 반면에 <그림 5.6>는 주체, 환경, 자원이 결합되는 과정을 조합, 순열, 시간이라는 개념으로 파악하고, 메커니즘은 이 과정에서 나오는 결과물로 표현하고 있다. 그리고 이 메커니즘이 프로세스를 창출하는 원천이 된다. 즉 프로세스는 특정 메커니즘에 의하여 주체, 환경, 자원이라는 투입물(Input)이 결합되어 이루어지는 산출물에 해당하는 활동이다. 기업의 경우 이러한 프로세스를 경영활동, 또는 경영프로세스라 할 수 있고, 이것이 바로 기업의 경영성과를 이끌어내는 것이다(Cho, 2004).

반면 주체, 환경, 자원은 메커니즘으로 결합되어 프로세스로 나타남으로써 비로소 성과를 가져온다. 물론 이들이 각각 성과에 간접적인 영향을 주겠지만, 이러한 영향은 어디까지나 보조적인 역할을 하는데 그칠 뿐이다.

주체, 즉 새로운 지도자가 기업의 경영성과에 미치는 영향을 보면 그 역할이 보조적인데 그침을 알 수 있다. 스티브 잡스(Steve Jobs)가 자신이 1976년 창업했던 애플컴퓨터(Apple Computer)의 CEO로 1997년 금의환향했을 때 증권시장에서는 잡스 회장의 창조적 능력을 긍정적으로 평가했다. 당시 25달러 하던 애플 주가는 잡스 회장의 취임으로 인해 35달러까지 올랐다. 그러나 그 효과는 오래 가지 않았고 연말에는 오히려 21달러 수준으로 떨어졌다. 잡스 회장은 이에 아랑곳않고, 1998년에 아이맥(iMac) 컴퓨터, 2001년에 휴대용 미디어플레이어인 아이팟(iPod), 2003년에 디지털음악판매시스템인 아이튠스(iTunes), 2007년에 휴대폰인 아이폰(iPhone), 2010년에 휴대용 전자스크린인 아이패드(iPad) 등 지속적으로 매력적인 제품을 시장에 출시해서 소비자들의 마음을 샀다. 그 결과 1997년 당시 23억 달러에 불과하던 애플의 시가총액은 2010년 4월 15일 2,227억 달러로 97배 올라갔다. 이러한 성과는 잡스 회장 혼자서 올린 것이 아니다. 잡스 회장이란 주체가 급변하는 디지털환경 속에서 애플의 내부 자원인 디자인능력을 이용해서 새로운 트렌드에 열광하는 신세대의 기호를 충족시킬 수 있는 제품 시리즈를 출시하면서 성공적인 마케팅을 할 수 있는 메커니즘을 구축했기 때문이다.

환경 변화도 마찬가지로 보조적인 역할에 그친다. 2001년 중국이 WTO에 가입하였다는 사실은 수많은 기업의 경영성과에 간접적으로 영향을 미쳤겠지만, GE가 2001년부터 중국시장에서 높은 경영성과를 올린 이유는 잭 웰치(Jack Welch) 전임 회장과 제프리 이멜트(Jeffrey Imelt) 현 회장이 GE의 총 투자예산 중 절반이 넘는 재원을 중국에 투자하면서 중국 정부로부터 긍정적 평가를 받고, 중국 소비자에 밀착하는 시장 메커니즘을 구축했기 때문이다.

자원 변화도 마찬가지로 보조적인 역할을 할 뿐이다. 일본 벤처캐피탈업계 1위인 핸디소프트가 풍부한 벤처자금을 가지고 있다고 해서 성공적으로 벤처기업을 발굴한 것은 아니다. 핸디소프트의 창업자인 손정의(일본명 손 마사요시) 회장이 창업자 40%, 창업팀 30%, 엔젤 20%, 사업모델 10%라는 독특한 벤처사업발굴모델을 가지고 잠재력이 높은 벤처기업을 발굴하는 메커니즘을 구축했기에 높은 경영성과를 올릴 수 있었던 것이다.

델(Dell), BMW, 노키아(Nokia) 등의 제조기업을 비롯하여, 세븐일레븐(Seven Eleven), 스타벅스(Starbucks)와 같은 서비스 기업은 R&D를 비롯해서 생산, 마케팅, 기획, 서비스, 품질관리 등 다양한 배경을 가진 사람들로 연구개발팀을 구성하여 신제품 및 서비스 개발단계를 통합적으로 운영하고, 관련 산업과의 밀접한 관계를 통하여 공동으로 프로젝트를 운영하면서 새로운 제품과 서비스를 지속적으로 시장에 출시하였다. 이러한 성공사례는 지식활용과 지식탐색을 조화시키는 메커니즘이 기업 성공에 이바지할 것이라는 가설을 뒷받침하고 있다.

반면 무선전화기를 처음 시장에 내놓은 모토롤라(Motorola)는 혁신적인 제품개발로 시장에서 선도적인 위치를 확보했지만, 그 후 많은 경쟁자들이 비슷한 제품을 출시하는 바람에 경쟁우위를 계속 유지할 수 없었다. 다시 말해서 모토롤라의 신제품 개발과정이 메커니즘으로 회사 안에 체화되기도 전에 노키아, 삼성 등의 경쟁자들이 벤치마킹이나 리버스 엔지니어링(Reverse-engineering) 등을 통하여 모토롤라가 가진 제품개발에 대한 경쟁우위를 모방하고 궁극적으로 추월한 것이다.

한국에서 1991년 이래 가장 성공적으로 성장하고 있는 삼성전자는 2010년 4월 15일을 기준으로 시가총액 1,259억 달러를 돌파함으로써 경쟁사인 일본 소니의 371억 달러보다 3배 이상 되는 기업가치를 가지게 되었다. 삼성전자가 이러한 성과를 얻게 된 핵심에는 메모리 반도체 사업이 있다. 이 사업의 성공 원인으로 주체관점론자들은 작고한 삼성그룹의 창업자 이병철 회장이 가졌던 미래에 대한 비전과 현 이건희 회장이 가진 반도체산업에 대한 감각, 그리고 혁신적인 자세를 든다. 반면 반도체 산업의 전문가들로 구성된 환경관점론자들은 시대환경을 원인으로 지적한다. 1986년 인텔 CEO로 취임한 앤디 그로브(Andrew Grove) 회장은 메모리 반도체를 포기하고 마이크로프로세서를 중심으로 한 비메모리 반도체로 영역을 특화하기로 하였다. 1991년에는 미국 정부의 압력으로 일본 정부가 메모리 반도체 회사들로 하여금 자율적수출규제(Voluntary Export Retraint) 조치를 받아들이도록 하였고 그 결과 일본으로부터 수입된 메모리 반도체 물량이 급격히 감소하였다. 반면 당시 미국 컴퓨터 시장은 퍼스널 컴퓨터의 수요가 폭발적으로 증가하던 때였다. 이같이 미국 시장에서 메모리 반도체 공급은 급감하고 수요는 급증하는 상황이었던 1991년 삼성전자는 메모리 반도체의 대량생산을 개시하였다. 그 결과 삼성전자는 1995년까지 부르는 게 값인 상황에서 그때까지의 모든 투자액을 상환하고도 남는 성과를 올렸다.

재벌 전문가들인 자원관점론자들은 삼성그룹이 가지고 있는 독특한 지배구조를 이유로 든다. 반도체 산업은 무어의 법칙(Moore' s Law)과 황의 법칙(Hwang' s Law)에서 보듯이 매 18개월, 그리고 최근에는 매 12개월마다 신세대 제품을 출시하는 특징을 가지고 있다. 그러나 신제품이 개발되는 정확한 시점은 아무도 모른다. 반도체 제조업체들은 신제품이 나오는 즉시 이를 생산할 수 있는 공장을 짓기 위해 2~4조원의 자금을 조달해야 하지만, 현금을 항상 확보할 수 없기 때문에 이를 조달하는 과정에서 최소한 3~6개월을 소모하게 된다. 그러나 삼성전자는 삼성그룹의 계열사인 삼성생명을 비롯한 여러 금융사업에서 필요한 자금을 즉각적으로 조달할 수 있기 때문에 시간을 낭비하지 않고 공장을 지어서 신제품을 다른 경쟁자보다 빨리 출시할 수 있다.

그러나 내부 경영자들은 메커니즘 관점에서 삼성전자의 성공원인을 찾는다. 즉 삼성전자는 신제품 개발을 위해 태스크포스 팀을 하나가 아니라 둘을 두고 신제품개발에 먼저 성공하는 팀에게 승진을 포함한 모든 혜택을 줌으로써 두 팀 간의 치열한 경쟁을 유도한다. 이와 동시에 삼성그룹의 독특한 경영철학인 철저한 평가를 기반으로 한 메커니즘이 작동하기 때문에 팀 구성원들은 신제품 개발기간 동안 모든 개인적 삶을 포기하고 제품 개발에 매달리게 된다. 이런 경쟁메커니즘,

보상메커니즘 속에서 삼성전자가 신제품 개발에서 메모리 제품명 286을 시발점으로 해서 1992년부터 지금까지 선도적인 위치를 고수하고 있는 것은 너무나 당연하다.

삼성전자 반도체사업 부문 사례는 기업의 성공원인이 초기의 주체에서 환경, 자원으로 넘어온 다음 메커니즘으로 귀착되는 모습을 적나라하게 보여주고 있다. 종합해 보면, 경쟁우위의 원천으로서의 메커니즘은 기존의 자원기반관점 연구에서와 같이 특수한 조건을 갖춘 자원으로 경쟁우위를 설명하는 것뿐만 아니라 각 기업들이 보유한 차별화되지 않은 자원을 가지고도 남다른 성과를 보이는 이유를 설명해주고 있다. 이유는 다른 것이 아니다. 각 기업이 보유한 메커니즘이 서로 다르기 때문이고, 메커니즘이야말로 경쟁우위의 원천이기 때문이다.

메커니즘 창조과정

메커니즘 관점을 적용해 특정 기업이 높은 성과를 낸 원인, 또는 경쟁우위를 창출하게 된 원인을 탐구하려면, 해당 기업의 특정 활동이나 프로젝트에서 주체(Subject), 환경(Environment), 자원(Resource) 간의 상호작용 원리를 고찰하여 그 특징을 찾아내는 접근 방식을 취해야 한다. 메커니즘의 창조과정을 결정하는 요소란 바로 이러한 요소들 간의 다양한 상호작용의 방식을 설명하기 위하여 상호작용의 근본을 이루는 단위 요소들을 개념화한 것이다.

기업의 메커니즘을 형성하는 주체, 환경, 자원의 상호작용을 하는 원리는 첫째, 조합(Combination), 둘째, 순열(Permutation), 셋째, 시간(Time)으로 설명할 수 있다.

조합(Combination)은 메커니즘을 구성하는 각 요소들의 결합을 지칭한다. 메커니즘 관점에서는 단위 메커니즘의 형성 조건으로 주체, 환경, 자원의 상호작용을 전제로 한다. 메커니즘의 조합(Combination)이란 이러한 개별 메커니즘을 구성하는 주체, 환경, 자원의 각 요소의 내용을 파악하는 과정으로 이다.

순열(Permutation)은 주체, 환경, 자원의 각 요소들의 상호작용에서 우선순위를 지칭한다. 기업의 메커니즘 구성에서 주체, 환경, 자원 중 무엇이 앞서고 무엇이 뒤따르는지 각 요소들의 작동 순서를 파악하는 개념이다. 즉 주체, 환경, 자원의 어느 요인이 가장 먼저 변화하였으며, 그 다음으로 변화한 요인은 무엇이며 가장 나중에 변화한 요인이 무엇이었느냐에 따라 각 메커니즘의 순열(Permutation)을 파악할 수 있다. 이러한 순서의 차이에 의해 기업들은 동일한 속성을 가진 요소를 활용하더라도 각기 다른 메커니즘을 만들어 내게 된다.

시간(Time)은 순열(Permutation)가 정해진 후 이러한 순서가 작동하는 데 관계되는 시간에 관련된 이슈를 지칭한다. 즉, 기업이 나름의 순서를 결정한 이후 어느 시기에 진행하느냐, 어느 기간의 관점에서 진행하느냐, 어느 속도로 진행하느냐, 시간 간격을 얼마나 두고 진행하느냐의 문제이다. 이러한 시간 개념을 4가지로 구분해 보면 아래와 같다.

1) 장단기 전망(Time Perspective): 메커니즘의 구성과 메커니즘 효과의 지속기간의 장, 단기 여부. 예컨대 2009년 미국 오바마 대통령이 AIG를 비롯한 투자은행들에게 정부자금 870억 달러를 긴급융자해준 것은 당장의 금융위기가 파국으로 가는 것을 막고자 한 단기적 목적의 메커니즘이었다. 반면 미국 정부가 클린턴 대통령이 1999년에 폐기한 글래스–스티걸 법(Glass-Steagal Act: 상업은행이 투자은행과 합병되는 것을 막는 장치로 은행예금을 보호하기 위한 법)을 다시 살리려는 시도는 미국 금융산업의 재무건전성을 도모하기 위한 장기적 목적의 메커니즘이다.
2) 속도(Speed): 메커니즘이 작동, 실행되는 속도. 현대그룹의 창업자인 정주영 회장은 "속도 경영(management by speed)"으로 유명하다. 그는 아침 4시 반에 출근하여 5시에 중역회의를 소집한다. 중역들은 6시에 부하들을 모아 중역회의 결정사항을 알려주고, 부하직원들은 즉각 업무를 진행하면 근로자들이 출근하는 8시 전, 그리고 경쟁기업들이 회의를 시작하는 9시보다 훨씬 전에 업무진행 사이클이 한 차례 끝난다. 이런 메커니즘에 입각하여 현대그룹내의 건설이나 조선 부문은 경쟁기업보다 빨리 공정을 진행하여 최종제품을 조기에 납품함으로써 고객에게 큰 가치를 제공해준다. 26만톤급의 유조선을 건조하는데 걸리는 기간이 일반 조선회사들의 경우 40개월인 반면, 현대중공업은 이를 24개월에 끝낸다. 이러한 속도 경영을 통해 고객에게 단가를 완성된 배를 16개월 일찍 납품하게 되면 배를 짓는 과정에 잠겨있는 원자재 재고 비용을 줄일 뿐 아니라 고객들이 배를 그만큼 먼저 현장에 투입함으로써 사업성과를 향상시킬 수 있게 된다.
3) 시작시점(Timing): 메커니즘이 작동, 실행되는 시점. 메커니즘이 작동, 실행되는 시점. 지체없이 즉각적으로 작동되는 메커니즘이 있는가 하면 시간을 두고 신중하게 뜸을 들인 후 작동되는 메커니즘도 있다. 두 번째의 '속도'가 이미 진행중인 메커니즘이 추진되는 속도가 어떠한가를 나타내는 개념이라면, '시점'은 추진하려는 메커니즘이 실제로 진행되는 시점이 추진 결의를 한 직후인지 혹은 시간이 어느 정도 흐른 후인지 나타내는 개념이다.
4) 종료시점(Termination): 메커니즘은 작동, 실행된 다음 무한히 지속될 수도

있고, 일정 시점에 종료될 수도 있다. 전자는 자연스럽게 만들어져 작동하는 메커니즘에서 볼 수 있고, 후자는 주체가 의도적으로 만든 메커니즘에서 볼 수 있다. 예컨대 조직 구성원들이 가진 생각과 보이는 행동으로 구성된 문화는 무한히 지속된다. 반면 한시적인 태스크포스 팀과 같은 부서에서 형성되는 메커니즘은 그 부서의 종료와 함께 사라지게 된다.

5) 시간간격(Time interval): 메커니즘이 작동, 실행되는 간격. 연속적으로 작동되는 메커니즘이 있는가 하면, 단속적으로 작동되는 메커니즘도 있다. 전자는 일상적인 업무에서 발견되는 반면, 후자는 거대 프로젝트와 같은 경우에서 나타난다. 거대 프로젝트가 일단 완료되면 해당 메커니즘은 비활성화되지만 유사한 프로젝트가 새로 시작될 때는 다시금 활성화될 수도 있다. 이러한 경우를 특히 단속적이라 칭한다.

요리법(Recipes)의 예

메커니즘의 창조과정이 무엇을 의미하는지를 쉽게 이해하기 위하여 요리를 예로 들어보자. 우리가 요리를 하기 위해서는 일반적으로 레서피(recipe)라 부르는 요리 설명서를 참조하게 된다. 요리 설명서에는 요리를 만들기 위하여 필요한 재료와 이들을 첨가하는 순서, 그리고 현재 순서에서 다음 순서로 진행해야 되는 시간 등이 표시되어 있다.

라면 요리법은 앞서 설명한 메커니즘의 창조과정을 결정하는 조합, 순열, 시간의 3가지 요소를 모두 포함하고 있다. 조합은 요리에 필요한 재료를 구비함과 동시에 요리 과정에서 이들이 한데 어우러지는 것을 의미한다. 즉 라면을 끓이기 위한 물, 면, 수프, 파 등의 재료의 구성을 지칭한다. 순서는 요리가 완성되기 위하여 넣어야 하는 재료의 순서를 설명한다. 라면의 경우 처음에 물을 끓이고, 그 다음에 면을 넣고, 수프를 넣고, 계란을 넣고, 마지막에 파를 넣는 순서로 진행되는데 이것이 바로 순열이다. 시간은 요리 도중 현재의 순서에서 다음 순서로 진행하는 시간을 말한다. 한 순서에서 오래 있거나 빠르게 지나가는 것에 따라서 음식의 맛은 판이하게 변한다. 이렇게 음식을 만들기 위해서는 삼박자가 상호작용하여야 하며, 특히 요리사별로 이 삼박자가 차이를 보이게 되면서 나름의 독특한 조리 메커니즘을 만들어 내고 그 결과 음식의 맛이 틀려지게 되는 것이다. 또한 같은 요리지만 요리의 재료를 다르게 하고, 이들을 추가하는 순서와 시간을 기존의 것과 달리하는 경우 요리의 맛은 새롭게 변할 수 있다.

기업이 궁극적으로 갖게 되는 고유의 프로세스를 완성된 요리라고 본다면 이를 완성하기까지는 요리나 마찬가지로 일련의 구성요소들의 상호작용이 일어나는 데 이러한 상호작용의 원리를 규정하는 것이 메커니즘의 창조과정이다. 요리를 만드는 과정에서 사용하는 결합, 순열, 시간에 따라 요리의 맛이 달라지듯이 기업의 경영활동에 있어서도 이러한 메커니즘의 창조과정에 따라 메커니즘의 내용이 달라지고, 그 결과 메커니즘에서 나오는 경영프로세스가 달라져, 궁극적으로 조직의 성과가 달라지게 된다.

자원 조합(Combination)

한국과 일본 기업들 모두 설립 이후부터 서로 상이한 자원 구성을 바탕으로 궁극적으로는 같은 자원을 보유하게 되었으나, 획득 순서와 획득 시점에서 차이를 보였다. 미츠이와 미츠비시의 경우, 초기 사업모델은 달랐으나, 나중에는 인적, 물적으로 유사한 자원을 보유했다. 미츠이는 글로벌 유통망 확보를 우선적으로 선택하면서 이를 위한 자원을 확보하게 되었고, 미츠비시는 제품의 다양성을 우선적으로 선택하면서 이를 위한 자원을 확보하게 되었다. 그러나 종국에 이 두 기업은 상호간에 부족한 요소를 확보하기 위한 행동에 들어가게 되고 미츠이는 제품라인을, 미츠비시는 글로벌 유통망을 확보하려고 노력하게 되면서 둘 다 궁극적으로 성공적인 기업 성과를 얻을 수 있었다. 한국 기업들도 이와 유사한 상황을 보이고 있다. 인적, 재무적, 조직적 자원의 구비는 동일하였다. 기업들의 성과 차이는 자원 자체에 있다기보다는 순서와 시점이 함께 작용할 때 좌우되는 것으로 확인할 수 있었다. 즉 구성자체는 정해진 자원의 결합이므로 그 자체에 차별적인 우위가 존재한다고 볼 수 없으며, 기업의 경쟁우위에 결정적인 영향을 미친다고 보기도 어렵다.

자원 획득 순열(Permutation)

기업이 어느 한 시점에서 동시에 다양한 자원을 한번에 흡수하는 것에는 한계가 있다. 그러므로 특정한 자원에 대하여 선택적 흡수에 집중하면서 다른 자원들의 흡수는 잠시 유보하게 된다. 이러한 과정에서 기업 특유의 독특한 자원 결합 순서를 형성하게 된다. 그리고 자원 결합 순서가 진행되면서 한계효용체감 법칙이 작용하기 때문에 기업이 결합 순서에 따라 자원의 흡수를 진행하는 과정에서 형성되는 역량은 이질적이며, 이로 인한 각 기업 경쟁우위의 차이가 발생한다. 즉, 자원의 차별적 우위가 아닌 자원 결합 순서로 인해 경쟁우위가 생성되는 것이다. 이는 자원기반관점이 설명하지 못하는 부분이며, 앞서 말한 것처럼 메커니즘 관점의 속성인 자원 결합 순서의 개념으로만 설명할 수 있다.

그러나 획득 순서 자체의 개념은 이질적인 자원들의 집단에서 특정한 방법에 의지하지 않고 임의로 구조화시키는 개념이기 때문에 가치중립적인 성격을 갖는다.[4] 그러므로 순서는 자원기반 관점이 경쟁우위의 원천이 되는 자원의 속성으로 제시한 'RIN'의 속성을 갖지 않는다. 그러나 순서가 적절한 조합을 따르는 경우 지속가능한 경쟁우위를 달성할 수 있도록 하는 강력한 기반이 될 수 있는데, 이는 한국 4개 재벌의 성장 사례에서 1997년 외환위기 이후의 상황을 보면 잘 알 수 있다.[5] 자원기반 관점은 자원의 'VRIN'을 통해서만 지속가능한 경쟁우위를 창출할 수 있다고 주장한다. 하지만 메커니즘 관점은 그 한계를 넘어 그런 자원이 없어도 경쟁우위를 창출하는 새로운 가능성을 제시하고 있는 것이다.

자원 획득 시점(Time)

자원 획득 시점은 순서에 영향을 미친다. 순간순간 자원의 획득 시점이 적절하게 맞아 들어가서 전체적인 조화를 이루어야 한다.

대우를 제외한 삼성, 현대, LG는 정부의 적극적인 산업 육성 정책 시점에 발맞춰 자사의 획득 순서를 형성했다. 또한 모든 기업들이 크게 시련을 겪었던 1998년도 외환위기는 기업들에게 극단적인 위기 상황이었던 반면 자사의 자원 획득 순서를 통해 형성된 역량을 발휘할 수 있는 절호의 찬스이기도 했다. 이 시점을 제대로 활용한 기업들은 현재 성공적인 글로벌 기업으로 성장했다.

그러나 시점은 순서와 적절한 관계를 갖고 있을 때만 그 효과를 발휘할 수 있다. 대우의 경우 3개 기업과 같은 출발선 상에 있지 않았다. 하지만 후발 주자임에도 불구하고 CEO의 적극적인 리더십과 글로벌 경영이라는 화두를 제시함으로써 스스로 시점을 만들어가는 행동을 통해 급속도로 성장할 수 있었다. 그러나 외환위기라는 시점을 만나자 제대로 갖춰지지 못한 순서의 한계를 드러내며 몰락하고 말았다.

기업은 구성, 순서, 시간으로 구조화된 메커니즘을 통해 고유의 경쟁력이 배어 있는 프로세스를 만들어낸다. 기본적으로 메커니즘의 구조를 이루는 세 개의 축은 가치중립적이다. 그러나 사례에서 보았듯 이러한 중립적 요소는 변한다. 즉, 가치중립적인 메커니즘이 결국 어느 시점에 이르렀을 때 정(1)이든 부(2)든 가치를 만들어내게 되는 것이다. 이는 메커니즘의 구조가 한계효용체감의 법칙에 의해 영향을 받게 되기 때문이다. 즉, 각 기업의 자원 획득 순서 차이에 따라 각 자원의 효용성이 감소하는 것이다. 이는 자원의 차별성이 감소하는 것과는 다른 개념이다. 결국 궁극적으로는 같은 자원으로 구성되어도 순서와 시점에 따라 기업이 갖게 되는 경쟁우위 요소가 달라지게 되는 것이다.

자원활용 사례

이 절에서는 한국과 일본 재벌의 성장 과정에 대한 사례를 통하여 모델을 실제적으로 적용함으로써 메커니즘 관점의 타당성을 확인하고자 한다. 사례의 대상이 되는 기업들은 동일하거나 유사한 자원의 상황에서 결국 다른 성과를 내었다. 또한, 이들 기업 중 몇몇은 다른 기업들에 비해 월등히 높은 성과를 보였다. 즉 이 절에서는 메커니즘이 가진 구성, 순서, 시점을 활용해서 기업이 지속적인 경쟁우위를 창출하는 사례를 통하여 메커니즘이라는 새로운 관점을 이용한 지속적인 경쟁우위의 연구 가능성을 제시하고자 한다.

기업 자원 활용 모델

먼저 메커니즘의 구조를 이루는 세 개의 축을 통합한 모델을 제시함으로써 동일한 출발점, 즉 자원의 차별적 우위가 존재하지 않은 시점에서 자원의 구성, 자원의 획득 순서, 각 자원을 획득하는 시점의 차이에 따라 다양한 경쟁역량을 구축하는 과정을 체계화시켜 보자. 기업들의 행동을 체계화하기 위하여 다음과 같은 3차원의 정육면체를 통하여 기업 자원 활용 모델을 고안하였다. 기업의 출발점은 하나의 꼭지점(O)에서 출발하고 이후의 자원 선택은 세 개로 나누어지는 모습을 하고 있다. 이들 자원은 조직적 자원, 재무적 자원, 인적 자원으로 크게 나누었다.

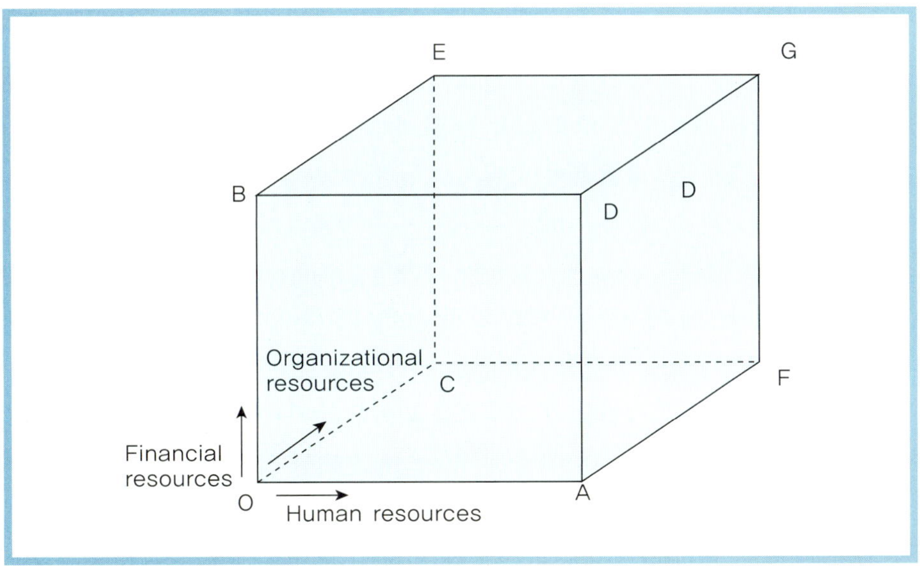

그림 5.7 기업 자원활용의 순차적 활용 모델 I

기업 자원 활용 모델의 전제

기업 자원 활용 모델에서 기업들의 순차적인 경로를 확인하기 위하여 다음과 같은 몇 가지 전제들을 설정했다.

1) 기업 자원 활용 모델이 적용되는 모든 기업들은 하나의 출발점에서 시작한다. 이 출발점에서 기업들은 어떠한 자원에 대해서도 활용 경험을 갖고 있지 않다.
2) 기업 자원 활용 모델이 적용되는 모든 기업은 출발점에서 정확하게 같은 종류와 규모의 자원을 보유하고 있다. 이를테면, 각각 한 단위의 인적, 재무적, 조직적 자원을 보유하고 있는 것이다.
3) 각각의 자원들은 그 속성에 관계없이 한 단위 상승에 따른 성과가 동일하게 나온다.
4) 각각의 자원 단위들이 가진 속성의 차이에 관계없이 단위를 높이기 위한 경영자 노력은 시간의 제약을 받는다.
5) 기업들이 사업을 발전시키는 과정은 세 개의 기간으로 구성되어 있다. 각각의 기간에서 경영자는 시간적 제약을 받기 때문에 한 기간에서 경영자는 하나의 자원만을 사용할 수 있고, 이어지는 다음 기간에서도 하나의 자원만을 사용할 수 있다.
6) 기업은 더 좋은 성과를 내기 위하여 어떤 자원을 사용할지에 대해 지식을 갖고 있지 못하다. 그러므로 기업은 각각의 기간에서 무작위적으로 자원을 선택하게 되며, 이때 목적과 관계없는 자원을 선택할 수도 있다.
7) 각 기업들은 자원을 흡수하고 이를 자사의 역량으로 전환시키는 능력에 한계를 갖고 있다. 다시 말해 자원 전환과정에 한계효용체감의 법칙이 적용된다. 이는 기업의 능력에 대해 동질적인 자원이나 이질적인 자원 모두에 적용된다. 예를 들어 육즙이 풍부한 스테이크를 처음 한 입 먹을 때가 배부른 상태에서 먹을 때보다 그 맛을 더욱 잘 느끼게 된다. 즉 배가 부른 상태에서 먹는 음식의 가치는 그 효용이 떨어지게 된다. 이전의 자원을 100% 흡수하였다면 다음 기간에서 흡수하는 자원은 이전 자원의 영향으로 인하여 100% 흡수되기 어렵다.
8) 기업은 기간 1에 제시된 세 개의 자원 중 하나를 사용한다. 이와 동일하게 기간 2, 기간 3에서도 하나의 자원만을 사용하게 된다. 기업의 한계역량 내에서 흡수된 세 개의 자원은 각 자원들을 획득한 순서에 따라 상대적인 효용성 차이가 존재한다. 첫 번째 기간에 처음으로 선택된 자원이 기업의 경영활동 방식에 가장 큰 영향을 미치며, 이 영향력은 자원이 선택된 순서대로 크기가 결정된다. 또한 나중에 흡수된 자원들은 선행 자원의 50% 수준의 흡수율을

갖는다.

9) 각각의 기업들은 정육각형의 변을 따라 움직인다. 기업의 한 꼭지점에서 다른 꼭지점으로 이동하는 경우 더 높은 경영 역량을 보유하게 되는 것을 말한다. 시점 1에서 기업은 처음 시작점인 꼭지점 'O' 에서 3개의 꼭지점으로 이동할 수 있다(A, B, C). 시점 2에서 기업은 시점 1로부터 이동한 3개의 꼭지점에서 각각 두 개의 다른 꼭지점으로 이동할 수 있다(A → D, E; B → E, F; C → F, D) 시점 3에서는 모든 기업들이 꼭지점 'G' 를 향하게 된다. <그림 5.8>은 3차원의 정육면체에서 한 기업이 꼭지점 O에서 꼭지점 G로 이동하는 데 거치게 되는 각각의 시점을 보여주고 있다.

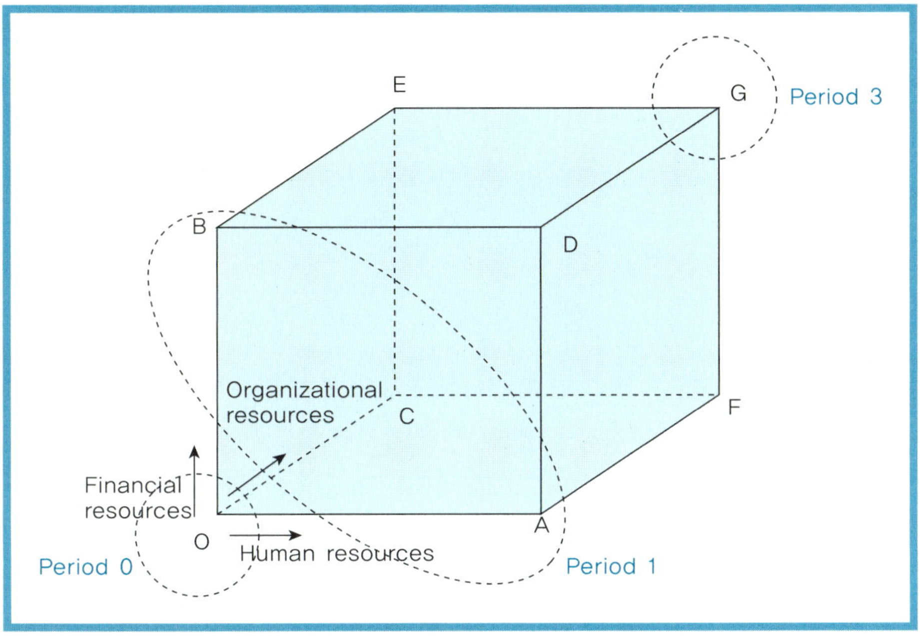

그림 5.8
기업 자원 활용 모델 II

위의 내용을 정리하면, 우리는 꼭지점 O에서 꼭지점 G로 이동하는데 거치게 되는 6개의 경로를 생각해 볼 수 있으며 이는 다음과 같다.

—O—A—D—G

—O—A—F—G

—O—B—D—G

—O—B—E—G

—O—C—E—G

—O—C—F—G

이를 일반화하면 경로의 개수(P)는 자원의 개수(n) 또는 기간의 개수(n)와의 관련이 있다는 것을 알 수 있으며, 다음과 같이 표현할 수 있다.

$P = n!$

P: 기업이 조합할 수 있는 모든 경로의 수

n: 자원의 수 또는 기간의 수

앞서 제시한 전제를 기반으로 기업이 취할 수 있는 6개의 성장 경로에 따라 기업 역량의 속성은 다음과 같이 변화하는 것으로 예측할 수 있다.

표 5.3
기업 역량 속성의 변화

선택	자원 배분	경로	역량 배분
1	H:1, P: 1, O:1	O—A—D—G	H:1, P: 1/2, O:1/4
2	H:1, P: 1, O:1	O—A—F—G	H:1, P: 1/4, O:1/2
3	H:1, P: 1, O:1	O—B—D—G	H:1/2, P: 1, O:1/4
4	H:1, P: 1, O:1	O—B—E—G	H:1/4, P: 1, O:1/2
5	H:1, P: 1, O:1	O—C—E—G	H:1/4, P: 1/2, O:1
6	H:1, P: 1, O:1	O—C—F—G	H:1/2, P: 1/4, O:1

제시된 가정적 모델은 기업이 취하는 어떤 특정 경로가 다른 경로에 비해 더 우월하다는 것을 보여주기 위한 것은 아니다. 6개의 경로 중 어느 경로도 기업에게 있어 가장 높은 수준의 지속적인 경쟁우위를 가져다 줄 가능성이 있다. 이 모델은 기업이 획득한 자원을 자사의 역량으로 바꾸는 과정이 일정한 경로와 순서를 따르고 있으며, 기업의 성과에 다음과 같은 두 가지 제약을 통하여 영향을 미친다는 것을 보여주고 있다. 첫째, 기업은 다양한 자원을 완전하게 흡수할 수 있는 역량을 갖고 있지 못하다. 둘째, 기업은 경영 역량을 구축하는 과정에서 자원에 대한 한계효용체감의 법칙을 경험하게 된다. 즉, 기업은 순차적으로 자원을 획득하며, 이 과정에서 한계효용체감으로 인해 흡수된 자원의 효과가 차이를 보이게 되고 이로 인하여 각 기업의 경쟁 역량이 달라지게 되는 것이다. 이 모델에서 한 기업의 자원은 자원의 'RIN' 충족 여부에 관계없이 적용될 수 있다.

한국 재벌의 성장과 발전

한국에서 1960년대 이후 40년이 넘는 시간 동안 재벌 집단은 급속한 성장을 경험하였다. 특히 이들 중에서 삼성, LG, 현대, 대우는 가장 크게 성장한 재벌들이었다. 이들 재벌은 각각 다른 출발점을 가졌다. 삼성의 설립자인 고(古) 이병철 회장은 1938년 27세의 나이로 정미소 운영을 통하여 처음 사업을 시작하였다. LG의 창립자인 고(古) 구인회 회장은 1947년 40세의 나이로 화장품 제조를 통하여 사업을 시작하였으며, 현대의 설립자인 고(古) 정주영 회장은 1947년 32세의 나이로 건축사업을 시작하였다. 재벌 기업 중 가장 짧은 역사를 가진 대우의 설립자인 김우중 전(前) 회장은 1967년 31세의 나이로 국제 무역 사업을 시작하였다. 이러한 한국 재벌 기업들의 성장 유형은 정부가 경제 발전에 있어서 주도적인 역할을 하였다는 것과 60년대 초 변화의 시작점에서 적은 양의 자원을 보유하고 있었다는 점에서 동일한 자원의 구조로 시작한 기업들이 이러한 자원의 구성, 획득 순서, 시간 요소에 따라 어떻게 다른 성과를 낼 수 있는 지에 대한 좋은 사례를 제공하고 있다. 아래에서 이를 자세히 고찰해보자.

박정희 대통령을 수반으로 하는 한국 정부는 경제 성장에 많은 관심을 기울였다. 때문에 정책적인 지원을 하기 위하여 경제 개발 5개년 계획을 수립하여 지속적으로 추진하였다. 1868년 일본의 메이지 정부와 유사한 방법으로 국내 기업가들을 동원하여 경제발전을 이끌어가는 원동력으로 삼았던 것이다. 각각의 경제 개발 5개년 계획에서 정부는 국가 경쟁력을 위한 전략 산업으로 2개의 산업을 선택하여 이를 집중적으로 육성하였다. 1962년에서 1966년까지 처음으로 시행된 5개년 계획에서 정부는 비료와 정유 산업을 국가 전략 사업으로 선정하였다. 당시 한국에 있어 농산물과 석유 제품의 수입을 대체하는 것이 한국 경제 성장에 매우 중요한 사안이었다. 정부는 2개 사업에 대해 세제혜택을 제공하고, 최저가격을 유지할 수 있도록 보장하였다. 또한 정부에 의해 선택된 각각의 독점사업에 투자할 수 있는 필요 자본을 추가적으로 지원하였다. 이후 시행된 두 번째 경제 개발 계획(1967~1971)에서는 섬유와 신발 산업이 정부의 수출 장려 산업으로 선택되었다. 세 번째 경제 개발 계획(1972~1976)에서는 전자산업과 자동차산업이 전략적으로 집중 지원을 받았다. 네 번째 경제 개발 계획(1977~1981)에서는 중공업 및 석유화학 제품 산업이 선택되었다. 모든 기업은 성장과 이윤이 확실하게 보장되는 절호의 기회를 얻기 위하여 앞다투어 지원하였다. 자연스럽게 한국 내 역량 있는 모든 기업들은 사업기회가 제시될 때마다 지원서를 제시하게 되었다. 그러나 기업들은 사업자 선정에 있어 오로지 정부의 선택에만 의존하는 상황이었으며 그 누구도 정부 지원의 최종 수혜자를 예상하거나 결정할 수 없었다.

1962년 첫 경제 개발 5개년 계획이 시작된 이후 20년 동안 삼성, 현대, LG, 대우는 정부가 제안하는 모든 사업에 적극적으로 참여하였다. 이들 4개의 재벌 기업들은 사실상 정부가 지원하는 사업을 독식하였다. 어떤 사업이 한 재벌 기업에게 할당되면 나머지 사업은 다른 재벌 기업들에게 할당되는 식이었다. 경제 개발

정책의 가장 큰 수혜자는 바로 이들 4대 재벌 기업이었던 것이다. 정부의 정책적 산업지원의 첫 수혜자는 삼성이었다. 삼성은 비료와 섬유 부문에서 사업권을 획득하였다. 이후 전자산업과 석유화학산업에서도 사업권을 얻었다. 현대는 자동차와 중공업, 전자, 석유화학의 사업권을 확보하였다. LG는 전자와 석유화학 산업에서 사업권을 제공 받았으며, 대우는 자동차와 중공업 분야의 사업권을 부여 받았다. 정부의 사업 할당 정책의 결과로 인해 4개 재벌 그룹은 1950년대 국제적인 기준에 크게 못 미치던 자사의 역량을 획기적으로 개선시킬 수 있었으며, 한국 경제의 중추적인 역할을 감당하는 주도 세력으로 성장하였다. 그리고 결과적으로 글로벌 시장에서도 역량을 확보할 수 있었다. 이렇게 국가 주도적인 경제 개발 계획이 추진되는 상황에서 기업의 성장에 필요한 자원은 다음과 같이 충원되었다. 재무적인 자원은 정부에 의해 지원되거나 정부의 보증을 통하여 해외 차관을 들여올 수 있었으며, 인적 자원은 국가적으로 풍부하였다. 현재도 그렇지만 당시에도 유교문화의 영향을 받은 한국의 부모들은 높은 교육열을 갖고 있었기 때문에, 자녀들에게 대학 수준의 교육을 시키는 것이 일반적이었다. 고등학교 졸업생의 80%가 대학교에 진학할 정도였다. 조직구조자원은 군대에 기반을 둔 정권인 박정희 대통령 정부의 관리들이 군에 있던 시절 미군 사관학교에서 전수받았던 현대적인 관리 기술과 노하우를 민간기업들에게 전달하면서 확보되었다.

삼성, 현대, LG, 대우는 설립 당시에 각각 다른 모습을 갖고 있었다. 그러나 이러한 차이는 이후 한국 사회와 정부로부터 지원받은 재무적, 인적, 조직적 자원을 통하여 급속한 성장과 발전을 달성한 것을 감안했을 때 매우 미미한 차이였다. 다시 말해 정부에 의해 주도된 한국의 사업 환경은 4개의 주요 재벌 그룹에게 완전히 동일하지는 않지만 현실적으로 같은 사업 기회와 자원을 제공하였다. 물론 재벌 그룹의 설립자들이 1960년대 초반 한국 경제 성장을 일깨울 수 있었던 기업가 정신과 재능을 갖고 있던 것은 사실이다. 그러나 정부가 경제 개발 5개년 계획을 통하여 5년마다 특정한 재벌 기업을 선택하여 전략적인 산업을 육성할 수 있는 책임과 권한을 준 것 또한 사실이었으며, 일단 한 재벌 기업이 선택되는 것은, 정부로부터 기업의 성장과 이윤에 대한 보장을 해주는 포괄적인 지원과 특혜를 암묵적으로 제공받는 것을 의미하는 것이었다.

그러나 이렇게 정부에 의해 선택된 4개의 재벌들은 1976년부터 이후 15년 동안 성장 전략에 있어 각각의 다른 유형을 보였다. 박정희 정권의 혜택을 가장 많이 받은 재벌 기업은 현대였다. 정부의 특혜로 인해 조선, 자동차, 원자로와 같은 중공업 분야 및 건설과 플랜트 설비 분야와 같이 자본의 집약도가 높은 특징을 가진 산업 분야에 폭넓은 확장을 할 수 있었다. 삼성은 박정희 정권의 관심을 그

다지 받지 못하였다. 그러므로 기업의 확장 과정에서 자본의 집약도가 높은 산업에 진출하지 못하였다. 대신 소비재 산업에 주로 진출하였는데 식품 및 섬유 제조와 같은 경공업 분야에서 집중하였다. 또한 백화점 운영 및 국제 무역과 같은 인적 자원의 집약도가 높은 산업에 진출하였다. 구씨와 허씨 일가의 협업으로 출발한 LG는 전통적으로 기업 운영에 시스템적인 접근과 인화를 강조하였다. 이는 LG가 한 명의 리더가 소유한 개인적 창의성보다 강력한 조직력을 바탕으로 하는 구조적인 역량을 중요시한다는 것을 보여주었다. 이러한 성향으로 인해 LG는 자연스럽게 석유정제산업, 전자 및 석유화학과 같이 시스템적 접근에 기반을 두고 사전 계획과 역량의 활용을 필요로 하는 산업으로 확장하면서 다른 재벌과는 차별적인 성장 경로를 선택하였다. 4개의 재벌 그룹 중에서 가장 낮은 선호를 받은 대우는 국제 무역, 섬유, 중공업 및 자동차 산업에 인수합병을 통하여 진출하였다. 인수합병이 진행될 때마다 대우는 정부의 승인을 얻기 위하여 많은 노력을 하였다. 이는 CEO의 역량에 의존하는 기업의 특성이라고 볼 수 있었다.

1970년대 중반에 들어선 뒤 20년 동안 한국 정부는 정책을 점차 바꾸었다. 1973년과 1979년의 두 차례 에너지 위기를 경험하면서 한국 정부는 특정 산업에만 독점과 과점을 허용하는 제한된 경쟁체제를 도입하였다. 이때 각 재벌들은 자신들의 사업 영역을 넘어 다른 재벌의 사업 영역으로 진입하기 시작하였다. 삼성은 전자산업에 신중하게 진입하였고 이후 반도체, 자동차, 중공업, 석유화학, 국제 플랜트 설비 및 건설 사업으로 진출하였다. 현대는 전자, 반도체, 석유화학, 석유정제 산업에 진입하였다. LG는 반도체 산업으로의 확장에 집중하였고, 대우는 전자, 원자로, 국제 플랜트 설비 및 건설 산업으로 새롭게 진출하였다. 1990년대 중반에 들어서 4개 재벌은 거의 같은 사업 포트폴리오를 갖게 되었다. 국제 무역, 건설, 전자 산업 부분은 4개 재벌 모두가 서로 경쟁하고 있었으며, 석유화학과 반도체 산업에서는 삼성, 현대, LG가 경쟁하였다. 자동차와 중공업 산업에서는 삼성, 현대, 대우가 경쟁하였다. <그림 5.9>과 <그림 5.10>는 이들 4개 재벌 그룹이 1960년대 초반부터 40년간 걸어온 성장 경로의 차이를 보여주고 있다. 1990년대 중반에 들어 4개 재벌 그룹은 전체적인 사업 형태에서 같은 모습 보이고 있었다. 다양한 산업으로 확장하는 가운데 거의 모든 산업의 진입에 있어 정부 지원이 제공되었다. 한국 경제에서 4개 재벌의 비중이 급격하게 증가하면서 국내의 어떤 기업도 이들에게 감히 도전할 수 없게 되었다. 결국 4개 재벌 기업은 각각 지속적인 경쟁우위를 만들어 낸 것이었다(Chang & Hong, 2000).

그림 5.9
한국재벌그룹의 경쟁우위 구축경로 I

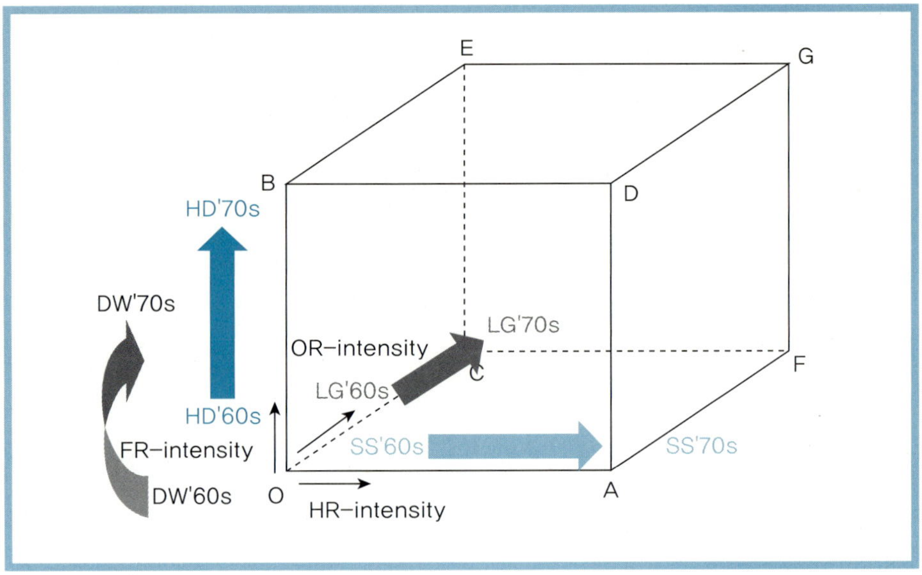

그림 5.10
한국재벌그룹의 경쟁우위 구축경로 II

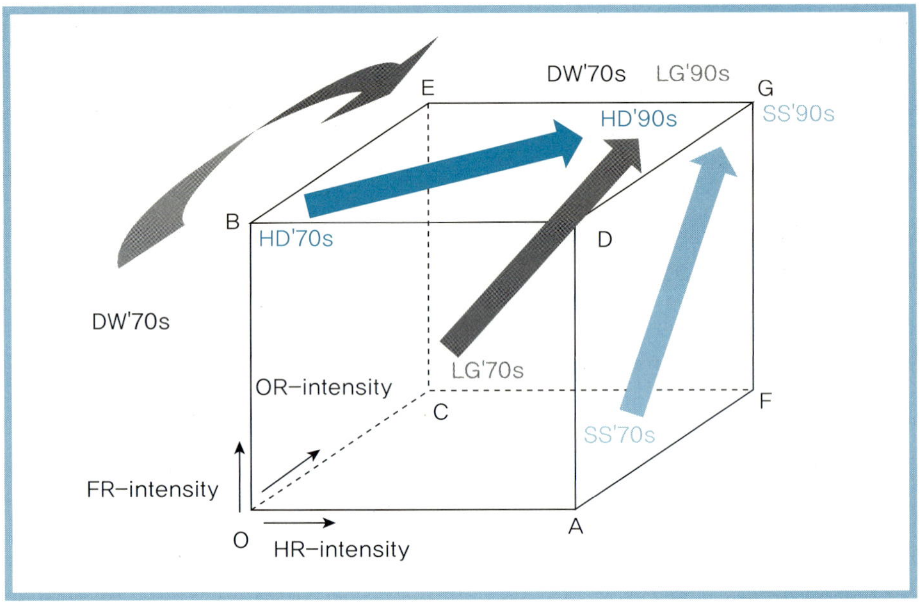

4대 재벌의 성장 과정은 자원기반관점이 취하는 경쟁우위 창출 자원에 대한 정의에 보완이 필요함을 보여준다. 1990년대 초반까지 급속한 발전을 이루어낸 4개 재벌 기업들이 각각 사업 초기에 보유했던 자원과 이후 발전과정에서 선택한 인적 자원, 재무적 자원, 조직구조적 자원들은 모두 그 성격이 특별히 자원기반관점의 'RIN' 조건을 갖는다고 볼 수 없기 때문이다.

1997년 말 한국이 경험한 경제 위기는 이들 재벌 기업이 지속 가능한 경쟁우위를 갖고 있을 것이라는 일반적인 생각을 뒤엎었다. 정부가 해외 기업들의 국내 시장 진입에 대한 규제를 완화하고 보조금 지원 정책을 철회하면서 해당 산업에서 재벌들의 시장 지배력이 사라지기 시작하였다. 이로 인해 이듬해인 1998년부터 재벌들의 계열사들이 시장에서 퇴출되기 시작하였다. 결국 재벌들이 정부의 지원과 폐쇄적인 시장 구조를 등에 업고 독점과 과점의 지위를 누리고 있었음이 밝혀졌다. 이러한 자원은 특정 시점에서만 유효했고, 환경의 변화, 즉 시장 개방과 정부의 보호 완화와 같은 새로운 환경에서는 결코 경쟁우위를 제공해줄 수 있는 자원이 될 수 없었다. 1997년과 2004년의 기간 동안 4개의 재벌은 환경적으로 동일한 어려움을 겪었다.

그러나 위기에 직면했을 때 재벌들의 대응은 너무나도 달랐으며 그 결과도 천차만별이었다. 4대 재벌 중 대우가 가장 큰 피해를 입었다. 결국 대우는 파산하였으며, 그룹이 완전히 분해되었다. 단지 각 시장에서 경쟁력을 보유하고 있는 몇 개의 계열사만이 대우의 명맥을 유지하였다. 하지만 생존한 계열사들은 현재 재벌의 계열사로 있을 때보다 더욱 강력한 기업으로 시장을 선도하고 있다. 대우 건설, 대우 중공업, 대우 전자가 그들이며 이들 모두 합리적인 경영에 기반을 두고 있는 기업이다. 현대 또한 많은 어려움을 겪었다. 파산을 면하기는 했지만 기업의 경영진이 교체되었다. 창업자인 정주영 회장의 유고로 구심점이 사라지면서 그룹은 3개로 분할 되었다. 이 중 하나인 현대 자동차 그룹은 위기를 벗어나 현재 한국에서 삼성 그룹과 함께 국내 경제를 대표하는 기업이 되었다. LG는 위기 상황에서 자사의 반도체 사업 부문을 현대에 매각함으로써 안정적인 관리에 성공하였다. 이후 지주회사로 전환하면서 재무적인 안정성을 도모하는 전략을 선택하였다. 삼성은 경제위기를 그룹 전체가 회생하기 위한 절호의 기회로 활용하여 재빠른 구조조정 프로세스를 진행하였으며, 전자, 금융, 유통의 3개 산업을 기업의 중심 축으로 삼아 그룹을 재편성하였다. 그 중 삼성전자는 2004년 총 매출 520억 달러, 순익 103억 달러를 기록하면서 전자산업계에서 가장 성공적인 기업이 되었다. 또한 삼성전자의 브랜드 가치는 126억 달러 평가되면서 세계 100대 브랜드에서 21위를 차지 하였다. 이는 일본 소니(SONY)사의 브랜드 가치인 128억 달러와 비슷한 수준이어서 삼성전자의 위상을 다시 한 번 새롭게 각인시켜 주었다. 기업이 건실한 성장과 이윤을 지속시킬 수 있는 단계에 도달했는지 여부를 판단하기 위해서는 적어도 몇 년의 관찰이 필요하다. 1997년 경제위기 이후 2004년에 이르는 기간 동안 앞서 언급한 기업들은 모든 지표들을 통하여 완전히 회생하였으며, 글로벌 시장에서 잠재력을 보유한 경쟁자 또는 마켓 리더로 부상하고 있음을 확인 할 수 있었다.

어떻게 이런 일이 가능했을까? 삼성그룹, LG그룹, 현대 자동차 그룹 그리고 대우의 독립회사들이 7년이라는 짧은 시간 동안 지속 가능한 경쟁우위의 원천이 되는 새로운 자원을 발견할 수 있었다는 것은 납득하기 어렵다. 이에 대한 해답은 이들 재벌이 선택한 자원 결합 순서를 통하여 찾을 수 있다. 한국 정부는 기업의 설립자들에게 정부가 제시하는 경로를 따라 올 것을 명령하였다. 정부는 기업들에게 정부의 정책적인 지원이 보장된 매력적인 사업 기회를 제안하였고 이 사업의 할당 권한을 보유함으로써 기업의 사업 성장 프로세스에 전반적으로 개입할 수 있다. 결국 이 당시 설립자들은 정부의 하수인이었던 것이다. 이러한 정부 주도형 사업 할당이 지속되면서, 각 재벌들은 사업 실패나 파산에 대한 걱정을 하지 않아도 되었다. 필요한 자금은 얼마든지 정부가 제공하는 융자와 외국 자본에 대한 보증을 통하여 동원할 있었기 때문이다. 설령 파산한다 하더라도 정부가 부채의 절반을 지불해 줄 정도였다. 그러다 1970년대 중반 이후 정부 정책의 변화가 시작되어 각 재벌들이 상대 재벌들의 고유 사업영역에 진출하기 시작하였다. 이러한 현상을 통하여 4개 재벌 기업은 같은 형태의 기업 구조를 형성하게 되었다. 큰 규모와 국민총생산(GNP)의 2~5%를 차지하는 경제적 비중, 정부의 전략적 육성 산업으로 지정된 모든 사업으로 진출하는 성향 등은 4개 재벌 기업에서 공통적으로 드러나는 모습이었다. 이러한 양상은 결국 이들 기업이 1960년대와 1970년대에는 각자의 고유 산업 영역을 할당 받아 분산되었다가 1980년대와 1990년대 초반에는 동일한 산업 영역을 공유하면서 유형이 동질화 되는 모습을 보였다. 그러나 이들 재벌 기업이 취한 자원 결합 순서는 매우 상이하였다. 'RIN' 이 적용되지 않는 평범한 자원 여건에서는 자원 결합 순서의 차이에 따라 각 재벌의 성과가 결정된다.

삼성은 창업 초기 인적 자원에서 튼튼한 기초를 갖고 있었다. 그리고 이후 삼성이 재무적, 조직구조적 자원에 의존하게 되는 상황에서도 인적 자원이라는 고유의 경쟁우위로서 그 위치를 지켜왔다. 비록 삼성의 인적 자원이 자원으로서 가치는 갖고 있었지만 다른 재벌들이 이를 따라 할 수 없을 정도로 'RIN' 조건을 만족하는 것은 아니었으며, 자원기반관점에서 말하는 경쟁우위를 창출하는 자원이라고 볼 수 없었다. 그러나 삼성은 다른 재벌 기업보다 앞서서 인적 자원을 자사에 내재화 시킴으로써 우위를 확보할 수 있는 요소로 활용하였다.

이와는 달리 LG는 조직구조적 자원에 대해 지속적인 관심을 가져왔다. 이러한 성향은 변화하는 환경에 적응하기 위하여 자사의 지배구조를 재편성하는 결정을 자연스럽게 받아들일 수 있게 하였다. LG의 조직구조적 자원 또한 자원으로서 가치는 갖고 있었지만 다른 재벌들이 이를 따라 할 수 없을 정도로 'RIN' 조건을 만족하는 것은 아니었으며, 자원기반관점에서 말하는 경쟁우위를 창출하는 자원이라고 볼 수 없었다. 그러나 LG는 다른 재벌 기업에 앞서 조직구조적 자원을 자사에 내재화 시킴으로써 우위를 확보할 수 있는 요소로 활용하였다.

현대는 사업 초기부터 재무적 자원에 의존하는 형태를 갖고 있었다. 이러한 사업 구조는 정부의 재정적 지원과 보호가 사라지게 되자 경쟁력을 급속하게 잃어버리게 되는 원인이 되었다. 파산위기를 넘기기 위하여 현대는 그룹 분할을 선택하였다. 현대의 재무적 자원 또한 자원으로서 가치는 갖고 있었지만 다른 재벌들이 이를 따라 할 수 없을 정도로 'RIN' 조건을 만족하는 것은 아니었으며, 자원기반관점에서 말하는 경쟁우위를 창출하는 자원이라고 볼 수 없었다. 그러나 현대는 다른 재벌 기업보다 앞서서 재무적 자원을 자사에 내재화시킴으로써 우위를 확보할 수 있는 요소로 활용하였다. 기업 시스템에 내재화되는 첫 자원으로 재무적 자원을 선택한 것은 판단의 적절성에 대해 생각해 봐야 할 문제이다. 그러나 1960년대 현대 그룹이 조선, 자동차, 중공업과 같은 자본 집약적인 산업 분야에서 다른 재벌들을 따돌리고 정부의 선택을 받을 것이라는 것과 이 선택이 40년 후에 현대에게 좋지 못한 상황을 초래하리라는 것은 누구도 하지 못한 결과이다.

대우는 역동적인 CEO였던 김우중 회장의 통찰력과 리더십에 의존하는 기업이었다. 결국 경제위기 상황에서 리더십이 무너지면서 파산에 이르게 되었다. 몇몇 건실한 계열사들이 채권단에 의해 남겨졌다. 대우가 보유한 CEO 자원 또한 자원으로서 가치는 갖고 있었지만 다른 재벌들이 이를 따라 할 수 없을 정도로 'RIN' 조건을 만족하는 것은 아니었으며, 자원기반관점에서 말하는 경쟁우위를 창출하는 자원이라고 볼 수 없었다. 그러나 대우는 초기에 CEO 자원을 기업 시스템에 내재화시킴으로 경쟁우위를 확보할 수 있었다.

<그림 5.9>는 4개 재벌이 1960년에 정부 지원을 통하여 사업확장을 시작하던 당시 기본적으로 같은 환경에서 같은 자원을 보유하고 출발했음을 말한다. 이후 그들은 4개의 다른 경로를 따르게 된다. 이들 4개의 경로를 통하여 선택된 자원들은 'RIN' 조건을 충족하는 성격의 것이 아닌 보편적인 자원이었다. 자원의 선택에 영향을 미친 것은 한국 정부의 선택과 지원이었다. 지난 1975년부터 기업들의 유형이 동질화 되기 시작한다. 그러나 기업들은 각자가 밟아온 경로와 자원 결합 순서가 달랐기 때문에 겉모양은 유사할지 모르나 산출되는 성과나 지속적인 경쟁우위의 보유 여부 등에서 많은 차이를 보였다. 그러므로 이들 재벌 기업의 지속적인 경쟁우위의 원동력은 성장의 출발 단계나 성장 과정에서 얻은 자원이 'RIN' 조건을 갖고 있었기 때문으로 볼 수 없다. 즉 삼성과 LG가 소규모의 기업에서 재벌로 성장하게

된 것과 지속적인 경쟁우위를 확보하게 된 원동력은 기업의 확장과정에서 취한 자원 획득 순서에서 찾을 수 있다.

기업 스스로의 의지와 한국정부의 지원에 의해 삼성은 인적 자원에 집중하는 경영으로 창업했으며, 이를 기반으로 확장 순서를 구축하였다. 즉 삼성은 인적 자원 이후 조직구조자원과 재무적 자원을 포함시켰으며, 이러한 경로는 가장 좋은 결과를 제공하였다. LG는 조직구조자원에 집중하는 경영을 토대로 사업을 시작하였으며, 이를 출발점으로 확장 순서를 만들어 갔다. 이후 LG는 재무적 자원과 인적 자원을 순차적으로 자사의 경영에 내재화시켰다. 이러한 LG의 확장 순서 또한 적절한 것으로 보인다. 현대는 재무적 자원에 집중하는 경영을 통하여 사업을 시작하였다. 이후 인적 자원과 조직구조적 자원을 경영자원으로 포함시켰다. 현대의 순차적 확장과정은 하나의 과정으로 인정할 수 있지만, 개선의 여지가 있다. 대우의 경우 CEO에 집중된 경영 방식을 토대로 기업을 시작하였고 순차적인 발전을 하였다. 그러나 대우의 파산이 증명하듯 이러한 순차적 발전 과정은 그 적합성이 떨어진다.

표 5.4
한국재벌그룹의 순차적 발전과정

Chaebol Group	Sequence	Performance
Samsung	HR → FR, OR	Best
LG	OR → FR, HR	Second best
Hyundai	FR → HR, OR	Split
Hyundai	FR → HR, OR	Split
Daewoo	CEO → HR, FR, OR	Dissolution

일본 종합상사의 발전(1870~)

다음은 일본 산업이 급속한 변화를 거치는 가운데 동일한 자원을 가진 기업들이 취한 자원 구축 과정의 실례를 제시하고자 한다. 1868년 메이지 유신 이전의 일본은 200년이 넘도록 쇄국정책을 지속해왔으며, 일본을 이끌어 가고 있던 막부의 정치적 영향력은 계속해서 약화되고 있었다. 이런 와중에 페리(Ferry) 제독의 미국함대가 도쿄 근처 요코하마 항구에 접근하여 강압적인 문호 개방 및 수교가 이루어지면서, 이후 15년 동안 일본은 국제교역량의 95.4%가 미국과 영국의 기업들에 의하여 독점되고 열강에 의해 경제적 종속국이 되어버렸다. 1868년 일본의 신진 세력들이 무력해진 막부정권을 전복시키고 메이지 천황을 옹립하면서 새로운 정부를 구성하였다. 이 새로운 정부는 미국과 유럽의 무역회사들과의 식민주의적인 관계를 청산하고 경제적 독립을 추구하기 위하여 노력하였고, 이러한 노력의 일환으로 추진한 정책은 유럽의 식민지 교역회사의 유형을 그대로 모방한 기업을 세우는 것이었다. 이 정책은 일본 내 전통적인 국내 교역에 기반을 둔 상인들이 일본판 국제 교역 상사인 종합상사(Sogo-shosha)로 탈바꿈하는 기회를 제공하였다. 종합상사로 전환되는 과정에서 미츠이(Mitsui & Co.)와 미츠비시(Mitsubishi Corporation)가 주요한 종합상사로 떠올랐다. 이 두 기업은 메이지 유신 이전부터 일본 내 시장에서 강력한 세력을 유지하고 있었으며, 곡식과 포목 산업을 장악하고 있었다. 그러나 정부는 이들 기업에게 시장 영역을 국제 시장으로 바꾸고 사업 영역을 모든 제품과 서비스로 확대할 것을 요구였으며, 이후 1세기가 넘는 시간 동안 이 두 기업은 연 매출 1,500억~2,000억 달러를 올리는 일본의 대표적인 기업으로 성장하게 되었다.

역사적 관점에서 이 두 기업은 유사한 모습을 갖고 있을지 모르나 실제로는 상당한 차이를 보인다. 미츠이는 79개가 넘는 국가에 564개의 지점을 확보하여 광범위한 지정학적 시장을 확보하였으며, 이를 통하여 국제 시장에 대한 축적된 지식과 전문가를 보유한 것으로 알려졌다. 반면에 미츠비시는 제품 포트폴리오의 다각화 차원에서 유명세를 얻었다. "라면에서 미사일까지"는 일본의 종합상사가 가진 제품 포트폴리오의 범위가 얼마나 넓은지 잘 설명해준다. 이 두 기업의 19세기 말엽 확장 전략은 <그림 5.11>와 같이 요약할 수 있다.

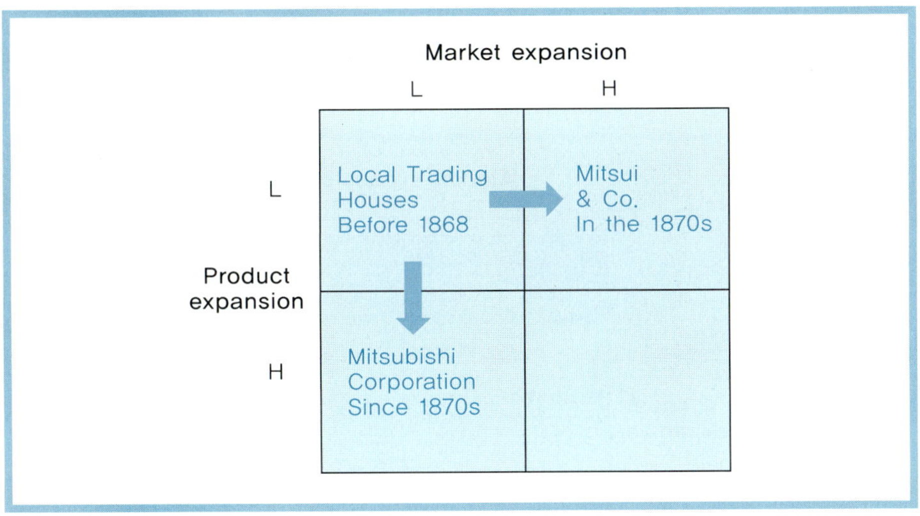

그림 5.11
일본 종합상사의 확장전략의 변화 I

이 두 기업은 20세기에 들어 일본을 대표하는 종합상사로서 확고부동한 위치를 차지하였다. 중요한 것은 이 두 기업이 20세기에 들어서면서 19세기에 진행했던 확장 형태를 서로 맞바꾸어 진행한 것이다. 미츠비시는 80개국에 500개의 영업소를 거느린 기업으로 성장하였다. 미츠이는 섬유제품에 집중된 자사의 거래 품목을 미츠비시처럼 모든 제품과 서비스로 확장시켰다. 그러나 이러한 표면적 변화는 두 기업의 실제적인 특성이나 이들 기업의 최고 경영진에 의해 선택된 각각의 확장 전략을 제대로 드러내는 것으로 볼 수 없다. 이들의 변화 과정에서 빠질 수 없는 것이 정부의 정책적인 지원과 개입을 통한 산업 발전 정책 이었던 것이다.

종합상사로 아직 변화하지 않은 1870년대 이전에 미츠이와 미츠비시는 서로 상이한 리더십 스타일과 자원을 갖고 있었다. 그러나 이는 기업의 존립을 위한 필수적 자원을 보유했던 것일 뿐, 두 기업이 이후 130년간 정부의 지원이라는 특혜를 통하여 일본 정부와 사회로부터 획득한 막대한 자원에 비하면 너무나도 작은 규모였으므로 1870년대 당시 두 기업의 자원은 동일했다. 단지 다루는 제품에 차이가 있었을 뿐이다.

두 기업은 국내 시장의 소규모 상인에서 다국적 종합상사로 전환하면서 각각 지정학적 시장의 확장 또는 제품 포트폴리오의 확장이라는 서로 다른 두 개의 방향을 선택하였다(<그림 5.12> 참조). 두 기업의 최고경영자 중 어느 누구도 앞날에 펼쳐질 급속한 변화를 예측할 수 없었다. 그리고 그들은 더 좋은 성과를 가져올 수 있는 기업의 성장과정을 알 방법도 없었다. 이러한 정황을 감안했을 때 두 기업은 기본적으로 같은 경영상황에서 그들의 시작했다. 즉 같은 자원의 양과 같은 외부환경을 보유한 상태에서 전환이 이루어진 것이다. 그러나 이 두 기업의 현

그림 5.12
일본 종합상사의 확장전략의 변화 II

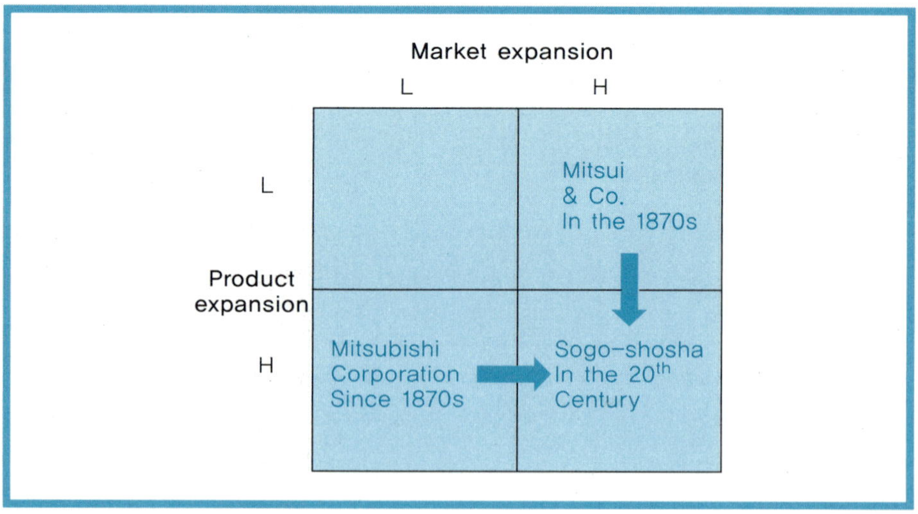

재 경영 방식은 매우 다른 모습을 보이고 있다. 매출액 차원에서 이들의 성과는 비슷하게 보인다. 그러나 이윤은 환경에 따라 달라진다. 그 예로, 미츠이의 성과는 글로벌 시장의 트렌드에 따라 바뀌지만 미츠비시의 성과는 산업성향에 따라서 정해진다. 두 기업은 확실히 지속적인 경쟁우위를 갖고 있다. 그러나 경쟁우위의 근원은 매우 달랐다.

즉 일본의 미츠이와 미츠비시는 사업 초기부터 자원기반관점에서 지속 가능한 경쟁우위의 원천으로 주장하는 'RIN' 의 요소를 갖고 있는 자원을 보유하고 있지 않았다. 그들이 보유하고 있는 자원 중 정부 정책적인 지원이 가장 중요한 자원이었다. 정부의 자금 지원은 이 두 기업에게 모두 주어지는 동일한 자원이었다. 두 기업은 이를 토대로 자신이 보유한 자원의 배열 순서를 계획하였다. 미츠이와 미츠비시가 처음으로 흡수한 자원은 각각 시장포트폴리오와 제품포트폴리오였다. 이후 미츠이는 제품포트폴리오 확대를 추진하였고, 미츠비시는 시장포트폴리오의 확장을 추진함으로써 두 기업 나름대로 자원 배열 순서를 구축하였다. 자원 배열 순서가 내부에서 각 단계로 전환된 시점은 정부의 정책이 변한 시점과 같다. 두 기업은 정책의 변화 시점에서 자원의 적절한 변화를 추진하였다. 즉, 미츠이와 미츠비시는 동일한 초기 자원 상황과 이후 획득한 자원에 대해 'RIN' 조건이 성립하지 않는 상황에서 자원의 구성, 자원 획득 순서와 자원 획득 시점을 통하여 각자의 차별적인 경쟁우위를 확보할 수 있었으며, 현재와 같은 지위에 오른 것이다.

|요약| Summary

- 기업의 목적함수(profit)는 수익(revenue)에서 비용(cost)을 차감한 것인데, 수익을 극대화하는 전략을 성장전략으로 지칭하며 비용을 최소화하는 전략을 안정전략이라 함
- 전략분석에 사용되는 요소는 다양하지만, 구성요소 2개를 사용한 SWOT 분석모델, 4개를 사용한 앤드류스 분석모델, 그리고 5개를 사용한 메커니즘 분석모델이 존재
- 메커니즘은 프로세스를 반복적으로 일으켜서 유기체의 목적을 달성하려는 주체, 환경, 자원의 동태적 결합, 즉 조합(combination), 순열(permutation), 시간(time)의 원리임

CHAPTER 6

전략결정의 대안: 사업부 수준의 경쟁전략

사업부 수준의 전략은 기업 내의 특정 사업부문의 유효성을 극대화시키기 위하여 수립되는 전략이며, 시장에서 어떻게 경쟁하여야 할 것인가, 어떠한 제품을 판매할 것인가, 어떠한 고객집단을 대상으로 할 것인가, 혹은 기업의 각 기능들은 어떻게 관리되어야 할 것인가 등에 관련된 문제를 다룬다.

인수분해 문제에서 정답을 도출하기 위하여 인수분해 공식을 사용하듯이 전략결정요소의 분석(문제)에서도 가장 적절한 전략방안(정답)을 도출하기 위해서 일정한 기법을 사용할 필요가 있다.

군사전략론의 이론적 규범이자 최고서(最古書)로 손자병법(孫子兵法)을 들 수 있다. 손자병법의 가장 기본이 되는 사상은 제 삼(三)편 모공편(謀攻編)의 "百戰百勝非善之善者也 · 不戰而屈人之兵 · 善之善者也 · 故上兵伐謀 · 其次代交 · 其次伐兵"이다. 즉 "싸우지 않고 적의 전쟁 의지를 굴복시키는 것이 가장 최선이며, 백번 싸워서 백번 이긴다는 것은 차선책(次善策)에 불과하다. 따라서 적의 계략을 쳐부수어 아예 싸움의 여지를 없애는 것이 최상의 전략이며, 전투를 통해 적을 쳐부수는 것은 하위 전략"이라는 것이다. 여기에서 손자는 전략의 실시에 상당한 손실, 즉 비용이 따른다는 것을 강조함으로써 전략이 얼마나 훌륭한가에 대한 궁극적인 평가는 달성된 결과만을 보고 내릴 것이 아니라 전략 실시에 따른 비용을 고려한 후 내려야 한다는 소위 시스템적인 견해를 시사하고 있다.

여기에서는 기업이 전략을 수립할 때 어떠한 방향으로 정책결정을 하는지와 현대 경영이론에서 개발된 여러 기법 중에서도 가장 체계적이고 적용성이 높다고 생각되는 두 가지 기법에 대하여 알아보기로 한다.

그 중 하나는 '제품 포트폴리오 관리(Product Portfolio Manageme-nt: PPM)기법' 으로서 연역적인 추론에 의거한 선험적인 기법이고, 또 다른 하나는 '시장전략의 기업이윤에 대한 효과분석(Profit Impact of Market Strategy: PIMS) 기법' 으로서 귀납적인 통계분석에 의거한 경험적인 기법이다.

애플의 재기 CASE

한 때 '매킨토시'로 명성을 날렸던 애플은 1996년과 1997년에 각각 13억8천3백만 달러와 10억7천만 달러의 순손실로 파산 지경까지 몰렸었다. 그러던 애플이 '아이팟(iPod)'이라는 MP3 플레이어의 대히트를 시작으로 부활에 성공했다.

애플(Apple Computer)은 1976년 4월 1일, 모험정신이 뛰어난 두 청년 Stephen Wozniak과 Steve Jobs가 만든 회사이다. 1977년 개인용 컴퓨터를 세상에 처음 선보였으며, 1984년에 이미 GUI(Graphical User Interface)[1]를 내놓아 컴퓨터 최대의 혁명을 일으켰다. 그러나 IBM 호환기종 컴퓨터가 제품을 모방하면서부터는 과거처럼 시장에서 독점적인 우위를 향유할 수가 없었다. 게다가 Newton이라는 멀티미디어 PDA(Personal Digital Assistant)를 개발하였으나 시장에서 외면당하면서 애플사의 성장은 둔화되기 시작하였다. 이렇듯 애플의 기술은 너무나 선도적이었지만 소비자에게 어필하기는 어려웠다. 고객을 무시하고 기술 자체에만 치중해 있었을 뿐만 아니라 폐쇄적인 시스템을 가지고 있었기 때문이다. 실제로 애플은 주로 고가 사양의 컴퓨터에 집중하면서 '매킨토시' 마니아만으로 만족해 왔다. 조금 더 대가를 요구하더라도 최고의 컴퓨터만을 제공하겠다는 애플의 오랜 고집에서 비롯된 결과였다.

애플의 전략은 스티브 잡스가 CEO에 복귀한 2000년대 초부터 확연히 달라졌다. 제품의 기술보다 시장성을 앞세워 일반 대중을 상대로 한 시장에 더욱 치중한 것이다. 이를 위해 애플은 기존의 맥매니아를 위한 고가의 전문가용 '파워북', '파워맥'에서부터 일반 대중용으로 저가의 '아이북'과 500달러의 '맥미니'까지 다양하고 저렴한 버전의 제품들을 내놓으며 고객층을 확대시켰다. 아이팟도 아이팟 미니 · 포토 · 셔플 등 다양한 제품 시리즈로 성공을 이어가고 있다.

판매에 있어서도 '애플 스토어' 라는 직영 유통망을 개설하였다. 2001년에 첫선을 보인 이 매장은 현재 미국, 영국, 일본, 한국 등에 110여 개가 있는데, 매주 1백만 명이 다녀가고 있으며, 전 세계 분기 매출의 16%를 담당하고 있다.

또한 애플은 이제 기술뿐만 아니라 디자인도 중시하고 있다. 이를 위해 애플은 전문가에게 디자인 개발의 전폭적인 재량권을 부여했다. 'CDO(최고 디자인 책임자)' 라는 직위까지 두어 전문성과 독립성을 보장했다. 어떤 기업보다도 차별화되고 매력적인 디자인의 제품들을 시장에 내놓으며 애플은 연이은 성공을 거두게 된다. 애플 재탄생의 주역인 아이팟, 아이맥 등이 대표적인 히트작이다.

외부와의 협력은 또 하나의 주목할 변화상이다. 과거 애플은 기술적 우위에도 불구하고 지극히 폐쇄적인 시스템에 머물렀다. 1985년 당시 운영체제 중 유일하게 그래픽 인터페이스를 갖춘 애플의 맥OS의 시장점유율은 16%까지 치솟기도 했다. 그러나 폐쇄형을 고집하는 사이 MS에게 그 자리를 넘겨주고 말았다. 최근 애플이 시장의 흐름에 맞춘 개방적 협력을 통해 성공한 대표적인 예는 음반업계 메이저 회사들과 맺은 윈-윈 계약이다. 이들과의 협력으로 애플의 뮤직스토어가 존재할 수 있었으며 아이튠즈가 성공을 거둘 수 있었다.

한편 디지털 컨버전스의 중심에 서려면 PC의 활용가치를 높여야만 했다. 디지털 허브로서 차세대 PC를 확고하게 자리매김하기 위해서는 혁신적인 '킬러 애플리케이션' 의 개발이 필요했다. 이렇게 탄생한 것이 바로 음악 내려받기 프로그램인 아이튠즈이며, 아이팟은 아이튠즈 보급을 위한 수단인 셈이다. 현재 애플은 아이팟과 아이튠즈를 통해 각각 MP3플레이어와 음악 다운로드 서비스 시장에서 세계 1위 업체로 올라섰다. 아이팟과 아이튠즈의 히트는 매출에도 직접 영향을 주었지만, 결국 '아이팟 후광효과' 라고 할 만큼 매킨토시 PC 판매도 동반 상승시켰다.

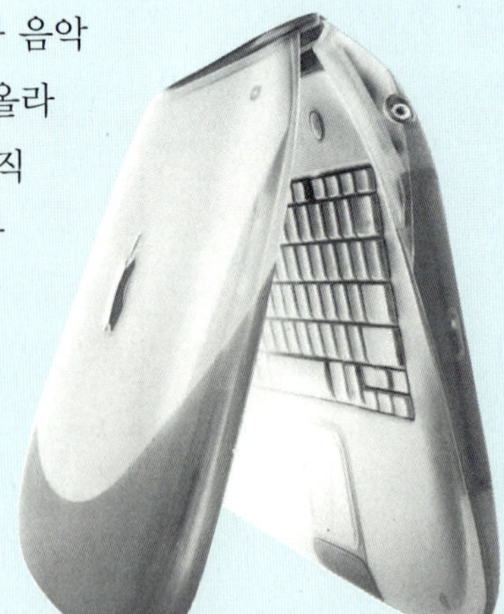

컴퓨터 분야에 있어서도 1990년대 말, 컴퓨터 프로그램 제작과 운영에 필요한 소스코드를 내놓으며 기업용 리눅스 운영체제로 선정될 수 있었다. MIT가 매킨토시 운영

체제를 채택한 것도 코드 공개 덕이었다. 2000년 새롭게 선보인 맥OS텐에서도 기존의 애플 운영체제와는 확실히 달라졌다. 개방형 표준에 기반을 두고 있어, MS 오피스나 포토샵 등 주요 상용 소프트웨어와 호환이 가능하게 되었다.

마지막으로 애플의 가장 근본적인 변화는 자사의 비즈니스 영역을 더 이상 PC 만으로 한정하지 않는다는 점이다. 과거에는 애플 하면 'PC 메이커' 가 떠오를 정도로 PC에만 매달리는 모습이었다. 여전히 전체 매출의 절반 이상이 컴퓨터에서 일어나지만, 애플은 디지털 음악 산업의 리더로도 우뚝 섰을 뿐만 아니라 오디오에 그치지 않고 동영상, 콘텐츠 등을 PC 기반에서 활용할 수 있는 다양한 애플리케이션도 개발 중이다. 하드웨어, 소프트웨어, 온라인 뮤직 스토어 사업 간 시너지를 통해 새로운 수요를 창출해 낸 애플은 비즈니스 모델의 혁신에 더욱 박차를 가하고 있다.

각주 Notes

1 | 그래픽 인터페이스와 마우스를 사용하여 아이콘 클릭만으로 프로그램을 여는 것

기업목적의 설정

목적과 목표의 관계

경영이란 경영자가 조직의 목적을 설정하고, 그 목적을 달성하기 위하여 전략을 결정하며, 그 전략을 효율적으로 수행하기 위하여 관리와 운영을 하는 동태적 과정을 말한다. 따라서 경영을 잘 하기 위해서는 조직에 적합한 목적(objective)을 설정하고, 설정된 목적에 부합하는 방향으로 전략 대안을 설계해야 한다. 그런데 2부 제4장에서 고찰한 바와 같이 전략이란 달성하여야 할 목표(goal)를 수립하고, 수립된 목표를 달성하기 위하여 자금 · 인력 등의 자원을 배분하는 과정으로 구성되어 있다. 그러므로 전략 대안을 작성함에 있어서 전략 수립의 전제로서의 목적(objective)과 전략 대안의 일부분을 구성하는 목표(goal)의 개념을 명확히 하는 것이 필요하다.

그러면 목적과 목표는 어떻게 구분할 수 있는가? 목적이란 궁극적으로 달성하려고 의도하는 성과 내지 결과로 정의할 수 있는데 가치판단에 의해 결정되는 추상적인 성격을 지니고 있다. 이에 비해 목표란 측정이 가능하고 보다 구체적인 질적 · 양적인 성과 내지는 결과로서 구체적인 기업활동의 관리 기준이 된다는 특성을 지니고 있다. 다시 말해서 목표는 경영자로 하여금 기업활동을 수행하는 과정에서 자신의 업적을 구체적으로 평가함으로써 목적의 달성 가능성을 판단하게 하는 기준으로서의 역할을 수행한다. 따라서 목적은 목표에 비해 상위 개념으로 목표설정 시의 기준이 되며, 목표는 기업의 자원을 배분하고 이를 관리, 운영하는 경영활동의 기준이 되는 체계를 지니고 있다.

다양한 조직의 목적

오늘날 경영의 대상이 되는 조직은 다양한 형태로 분화되어 왔는데 크게 정부, 기업, 가계로 구분한다. 정부, 기업, 가계는 각기 다른 목적을 지니고 있다. 정부의 경우에는 대외적으로 사회와 그 구성원을 외부의 침략으로부터 보호하고, 대내적으로는 구성원 간의 이해관계를 조정하여 질서를 유지하고 공공복리의 증진을 도모한다는 목적하에 공공성의 극대화를 추구한다. 가계의 경우는 가족원의 욕구를 최대한 충족시킨다는 목적하에 사회에 노동력을 제공하고, 그 대가를 가지고 소비활동을 수행한다.

한편 기업의 경우에는 일률적으로 그 목적을 규정하기가 어려우며 다양한 기업의 형태에 따라 그 목적을 이야기하여야 할 것이다. 기업에 대한 분류는 학자에 따라 차이가 나기는 하지만 여기에서는 공사(公社), 영리기업(營利企業), 비영리기업(非營利企業)으로 구분하여 각각의 기업 형태의 목적을 살펴보기로 하자.

먼저 공사는 사회 대중에게 운송 · 방송 · 통신 · 전기 · 수도 · 가스 등의 공공재(公共財)를 공정하면서도 효율적으로 생산하여 분배하는 한편, 정부 및 지방 자치 단체의 재정 자금을 조달한다는 목적을 지니고 있다. 다시 말해서 공사는 대규모 자본이 필요하여 개인이 추진하기 어려운 사업이나 영리를 추구하는 사기업이 맡을 경우 공익성이 침해될 우려가 있는 사업 내지는 영리성이 적어 영리기업이 진출하기를 꺼리지만 국가 경제 및 국민 복지를 위해서 필요한 사업을 담당함으로써 공공재를 공급하고 재원을 조달한다는 목적을 추구한다.

또한 학교, 병원 등 비영리 재단 법인의 목적은 각 기관의 특성에 맞게 설정된다. 예컨대 학교는 사회와 국가에 기여할 인재를 양성하는 동시에 학생이 인간으로서 조화롭게 발전하도록 하기 위한 교육과 수련의 장(場)을 제공하는 데 그 목적이 있다. 이와는 달리 영리를 추구하는 사기업의 목적을 파악하기 위해서는 기업의 주인, 즉 궁극적으로 기업이 봉사하고자 하는 대상이 누구인가를 살펴보아야 한다.

따라서 여기에서는 기업의 목적 설정에 영향을 미칠 수 있는 주체를 주주, 경영자, 종업원, 소비자와 전체 사회로 나누어 보고 그들이 각각 기업을 통해 추구하고자 하는 바를 파악함으로써 사기업의 목적을 도출하여 보기로 하자.

주주

기업의 대부분이 주식회사인 오늘날에는 주주가 곧 기업의 소유주이다. 우리나라의 경우 주주는 소유경영자인 대주주와 기업 경영에 직접 참여하지 않는 소액주주인 일반 주주로 대별할 수 있는데, 최근에는 정부의 압력과 내외 환경 변화에 대처하기 위해 기업 공개와 유상증자가 늘어나고 있어 대주주인 소유경영자의 소유 지분이 점차 감소하고 있다. 그러므로 앞으로 우리나라에서도 소액 주주인 일반 주주가 기업에서 주인의 지위를 차지하리라고 보이는데, 이에 따라 기업의 주인인 일반 주주와 일반 주주의 대리인인 경영자간 의 입장의 차이에서 오는 갈등의 문제가 발생할 소지가 있다.

일반 주주는 배당 수익과 주가 상승에 의한 시세 차익을 얻기 위해 특정 주식을 보유한다. 이때 배당 수익은 당해연도의 이윤과 배당률에 의하여 결정되며, 주가는 현재 및 장래의 수익성에 의해 결정되고 장래의 수익성은 기업의 성장 및 안정을 위한 전략에 따라 달라지게 된다. 따라서 일반 주주의 입장에서 보면 기업의 목적은 장단기 수익성의 극대화, 다시 말해서 이윤을 극대화하는 것이다.

이에 비해 대주주인 소유경영자의 입장에서 보면 기업의 목적은 다르게 규정된다. 소유경영자는 매슬로우(A.H. Maslow)의 욕구단계설에 준거하여 볼 때 4단계인 존경 욕구와 5단계인 자아실현 욕구를 추구한다. 즉 소유경영자는 존경과 자아실현을 얻기 위해서 기업의 매출액 규모가 업적 평가의 사회적 척도가 되는 상황에서 성장을 기업의 목적으로 인식하는 경향이 있다.

그런데 기업이 공개되고 소유가 분산되면 주주와 경영자의 기능이 분리되어 경영자는 의사결정 기능을, 주주는 위험부담 기능을 담당하게 된다. 이때 소유경영자는 소수의 지분만을 보유하여 일반 주주의 대리인으로 지위가 바뀌게 마련이다. 이 경우의 소유경영자는 다음에 설명되는 전문경영자와 같은 성격을 갖게 된다.[1]

경영자

80년대에 들어와 한국 대기업의 지배구조는 소유경영 체제에서 전문경영 체제로 서서히 전환되고 있다. 이러한 현상은 기업 내부적으로 대규모화와 다각화가 추진되고 창업 1세가 경영 일선에서 퇴진하는 한편, 기업 외부적으로는 여신 규제와 상호출자 규제가 실시되고 기업 공개와 유상증자 압력이 증대되어 대주주인 소유경영자의 지분이 점차 감소되어 가는 등 기업 내외의 환경이 변화함에 따라 앞으로 더욱 증가될 전망이다.

그런데 전문경영자의 입장에서는 기업이 추구해야 할 목적을 이윤의 극대화로만 단순화시키는 것 같지는 않다. 그보다는 오히려 국내 최대의 기업, 더 나아가 국제적으로 정평 있는 기업을 지향하고자 하는 경우가 많다. 이는 자산규모 1,000억 원의 기업이 100억 원의 자산을 가진 기업에 비하여 명목상으로는 10배가 더 큰 기업이지만 외부자금 조달 시의 신용조건이나 대외교섭 능력과 같은 실질적인 기업 활동상의 우위를 고려한다면 20배 혹은 100배의 차이가 날 수 있다는 경제 현실을 볼 때 수긍이 갈 만한 것이다. 또한 전문경영인 자신의 개인적인 입장을 생각하더라도 소유경영자의 경우와 마찬가지로 존경이나 자아실현의 욕구가 강한데 이와 관련이 깊은 것이 기업의 외형이므로 매출액 규모나 자산 규모의 증대를 통한 기업의 상장에 목적을 두는 것이 일반적이다.

한편 전문경영자의 등장과 소유의 분산은 소유경영자인 대주주 내지는 일반 주주와 이들의 대리인인 전문경영자 간의 이해 상충에서 오는 대리인 문제를 발생시킬 수 있다.

종업원

기업의 구성원으로서 종업원은 비록 그들이 기업을 소유하고 있는 주인은 아닐지라도 실제로 기업을 유지하고 운영하는 기업의 주체이다. 따라서 기업은 종업원이 요구하는 바를 파악하여 그들이 기업에 몸담고 있는 목적을 달성할 수 있는 기반을 제공하여야 한다. 이때 종업원들은 구체적으로 첫째, 급료나 임금의 인상, 둘째, 고용의 안정성, 셋째, 근무 환경의 개선, 넷째, 직무 만족도의 증진을 기업에 요구하게 된다.[2]

따라서 기업에서는 종업원이 자신과 가족의 생활을 보다 알차게 영위할 수 있도록 급료나 임금의 수준을 높이고, 그들의 생활을 안정시킬 수 있도록 고용을 안정시키며 기업이 단순한 작업장이 아닌 기업구성원의 공동체가 되어 동고동락을 할 수 있는 분위기를 조성하도록 노력하여야 한다. 실제로 이러한 종업원의 요구를 받아들인 독일을 비롯한 일부 서유럽의 기업들은 기업의 존립 목적 중 기업구성원의 복지 증진을 가장 중요한 것으로 삼고 있으며, 이를 위하여 종업원의 중역회의 참여 등 제반 조치를 마련하고 있다.

소비자

기업은 그들이 생산하는 제품이나 서비스를 소비자들에게 판매함으로써 유지된다. 즉 소비자는 기업이 판매한 상품이나 서비스를 최종적으로 구매함으로써 기업이 존립할 수 있는 기반을 제공하여 준다. 따라서 기업에서는 소비자의 요구를 잘 파악하여 그들이 바라는 바를 충족시켜 줌으로써 그 기반을 확고히 해야 할 것이다. 이때 소비자의 상품이나 서비스 구입 목적은 그들의 효용을 극대화시키기 위한 것이므로 기업에서는 소비자에게 더욱 높은 효용을 제공하기 위한 방안을 강구하여야 한다. 이에 따라 기업이 판매하는 상품이나 서비스의 효용이 소비자가 그것을 구입하기 위해 지출하는 화폐의 가치에 비해 더욱 크게 나타나도록 기업에서는 가능한 한 상품의 질을 높이고 가격을 낮추어야 할 것이다.

사회 전체

사람이 자연인으로서의 인격을 지니듯이 기업은 법인으로서의 인격을 가진다. 이와 같은 법인격의 소유는 기업이 상행위의 주체로서 사람과 마찬가지의 권리와 의무를 갖는다는 것을 의미한다. 그러나 법인은 그의 인격이 무엇에 의하여 부여되었는가 하는 점에서 자연인과 다르다. 자연인은 천부 인권, 즉 하늘로부터 인격을 부여받았기 때문에 인간으로서의 기본권은 어떠한 사회나 국가라 할지라도 함부로 제한할 수 없는 반면에, 법인은 사람과 사회, 그리고 국가가 구체적으로 법에 의하여 그 인격을 부여한 존재이기 때문에 자연인과 달리 사회에 대한 포괄적이고도 궁극적인 책임을 져야 한다.

따라서 기업에서는 사회가 기업에게 법인격을 부여한 목적이 무엇인지를 파악하여 그 목적에 적합한 활동을 수행하여야 한다. 일반적으로 사회는 기업이 주어진 경영자원을 최선의 방법으로 조달 · 배분해서 새로운 가치를 창조함으로써 사회 전체의 가치를 극대화시키도록 요구하고 있다. 이에 기업에서는 그 활동이 사회 전체에 긍정적인 효과를 내도록 함은 물론, 그 효과가 가장 극대화될 수 있도록 노력하여야 할 것이다.

다만 수익성을 고려하지 않고 사회의 이익을 위해 생산량, 종업원 수를 증대한다거나, 기업이 지역 사회사업에 참여하여 도산을 하는 경우가 발생한다면 이는 사회 전체의 입장에서도 바람직하다고 볼 수 없다. 따라서 기업이 사회적인 요구에 충실히 부응하기 위해서도 이윤의 창출은 반드시 필요하다.

이처럼 기업이 추구해야 하는 목적은 기업에 대해 이해관계를 가지는 주체에 따라 다양하게 표현된다. 그러나 다음과 같은 몇 가지 이유에서 현대 기업이 추구하여야 할 여러 목적 중에서 이윤극대화 목적이 가장 우선적인 것으로 인식되고 있다.

먼저, 앞에서 살펴본 바와 같이 현대 기업의 소유주가 주주라고 할 때, 기업은 주주의 이익을 우선적으로 보장해 주어야 할 책임이 있으며, 이를 위해서는 이윤을 극대화하여 배당을 많이 하고 주가를 높여야 한다.

또한 기업이 도산을 하게 되는 경우 잔여재산에 대한 청구권이 채권자에 비해 열위에 있는 주주는 큰 피해를 입게 되고 사회 전체적으로도 실업 등의 문제를 유발시키므로, 기업은 이윤을 창출하여 '계속 기업(going concern)' 으로 존속해야 할 책임이 있는 것이다.

따라서 기업의 목적은 장단기에 걸쳐 이윤을 극대화하는 데에 있다고 볼 수 있다. 다만 앞에서 본 바와 같이 오늘날의 기업은 주주뿐만 아니라 경영자, 종업원, 소비자, 사회 등 다양한 이해관계자와의 협동적인 노력에 의해 운영되고 있으므로 기업은 이윤의 극대화를 달성한 기반 위에서 여러 이해관계자들의 이익을 증진시키는 데 최선을 다해야 할 의무를 지니게 되는데 이러한 노력은 장기적으로 이윤을 극대화하기 위한 활동의 일환이다.

이와 같은 이윤극대화 목적을 달성하기 위해서 기업에서는 구체적이고 계량적인 목적의 대위변수로 납세 후 순이익, 자본 이익률, 매출액 성장률, 매출액 이익률 등을 목표로 삼고 경영활동을 수행하게 된다.

지금까지 설명한 기업의 다양한 목적을 구체적으로 정리해보면 <그림 6.1>과 같다.

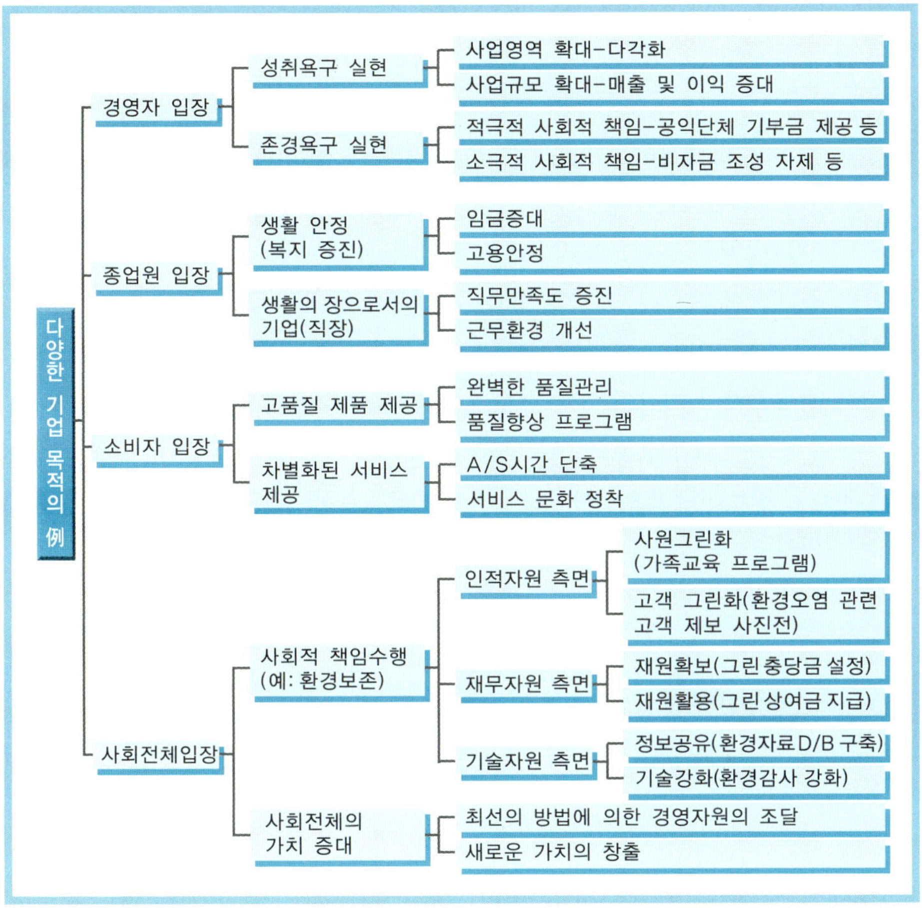

그림 6.1
기업 목적의 다양성

경쟁우위

기업이 소기의 목적을 달성하기 위해서는 경쟁기업과 싸워 승리할 수 있는 경쟁우위를 확보하고 있어야 한다. 따라서 여기서는 위에서 설명한 기업의 목적을 달성함에 있어 그 원천이 되는 경쟁우위에 대해 살펴보기로 하자.

개념

경쟁우위란 특정 기업이 제공하는 제품이나 서비스가 시장에서 우선적으로 선택될 수 있도록 하는 능력, 즉 경쟁에서 승리할 수 있는 힘을 의미한다. 이러한 경쟁우위는 다음과 같은 특징을 지녀야 한다. 첫째, 경쟁우위는 시장에서의 핵심적 성공요인을 포함해야 한다. 둘째, 경쟁우위는 사실상의 차이를 가져올 정도로 구별되어야 한다. 셋째, 환경변화나 경쟁자의 대응조치에도 불구하고 지속될 수 있어야 한다.

이렇게 볼 때, 고객이 시장에서 특정 기업의 제품이나 서비스를 선택한다 하더라도 이 교환이 일회적인 것으로 그치거나, 기업에 불리한(원가 이하) 교환이 되어서는 경쟁우위를 확보하고 있다고 말할 수 없다. 자사제품을 선택하는 고객의 수가 많을수록(매출 증대), 그리고 이로부터 창출되는 이익의 많은 부분을 기업이 향유할수록(이윤 증대) 기업의 성과(수익성)는 증대될 것이다.

따라서 고객이 어떤 기업의 제품이나 서비스를 경쟁기업의 그것에 비해 더 가치 있다고 평가하고 원가 이상의 가격으로 그 제품이나 서비스를 구매하려 할 때 비로소 그 기업은 경쟁우위를 확보하게 된다. 기업이 창출할 수 있는 경쟁우위의 종류에는 원가우위(cost advantage)와 차별화우위(differentiation advantage)의 두 가지가 있다.[3]

그림 6.2
경쟁우위의 종류

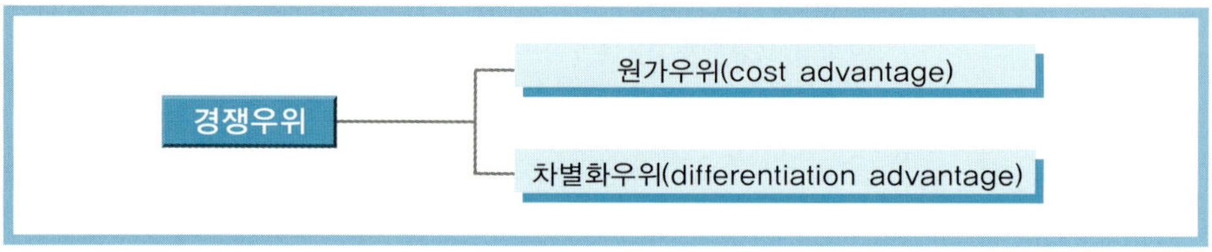

경쟁우위의 원천과 인과관계 사슬

가치사슬

기업의 차별적 성과 내지 성공은 그 기업이 속한 산업의 구조적 매력도와 산업 내에서의 상대적 지위(relative position)에 의해서 결정된다. 즉 기업의 성과는 산업효과(industry effect)와 기업효과(firm effect)의 두 가지에 의해 결정된다. 그런데 산업 매력도에 의한 산업효과는 그 산업에 속한 모든 기업에 공통적으로 적용되므로, 동일 산업 내의 기업 간 성과 차이는 기업효과, 즉 기업의 상대적 지위에 의해 달라지게 된다(<그림 6.3> 참조).

그러면 이러한 기업의 상대적 지위는 어디서 비롯되는가? 기업의 우월한 지위

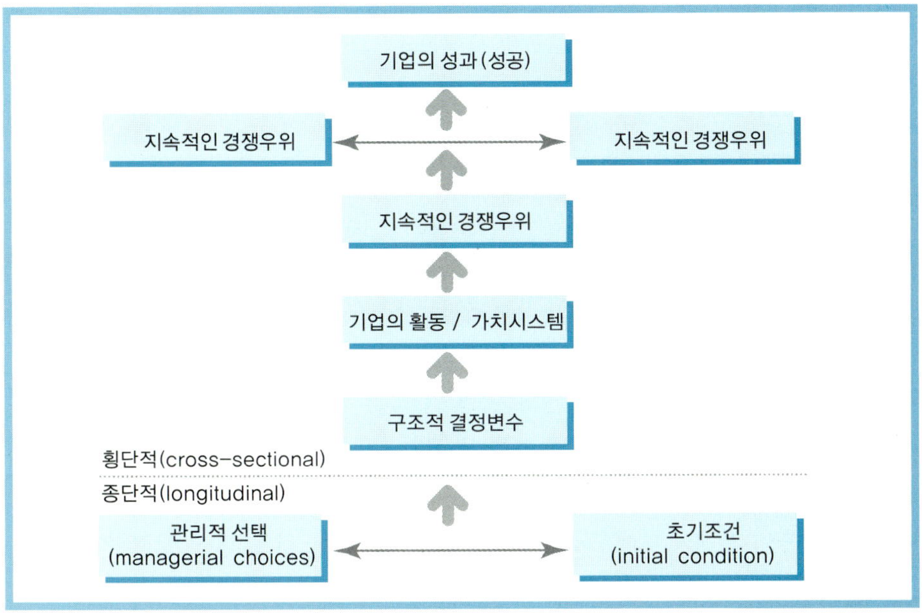

그림 6.3
경쟁우위 원천과 인과관계 사슬

는 바로 경쟁우위에 의해서 뒷받침된다. 그런데 원가우위와 차별화우위로 대별되는 경쟁우위는 기업의 상대적 지위를 결정하는 원인임과 동시에 또 다른 어떤 요인의 결과물인 것이다. 따라서 기업은 경쟁우위를 어떻게 확보할 수 있는가, 즉 경쟁우위 원천은 무엇인가 하는 의문이 여전히 남게 된다.

이러한 경쟁우위 원천은 바로 기업의 활동(activity)이나 가치시스템(value system)에서 비롯된다. 즉 기업의 경쟁우위는 경쟁자보다 낮은 비용으로, 또는 프리미엄 가격을 받을 수 있는 차별화된 방법으로 여러 활동들을 구성하고 수행할 수 있는 능력(ability)에서 창출되는 것이다. 이런 점에서 볼 때 경쟁우위의 기본 단위는 기업의 분리된 가치활동이다. 그리고 이러한 분리된 활동들은 서로 연계되어 다른 활동에 영향을 미치는 동시에 스킬(skill), 조직 루틴(routine), 지식 등의 무형자산을 창출한다. 이하에서는 기업이 수행하는 가치활동, 즉 가치사슬에 대해 좀 더 구체적으로 살펴보자.

가치사슬의 개념

가치사슬은 『경쟁전략』의 저자인 하버드 경영대학원(Harvard Business School)의 포터(Michael E. Porter) 교수가 『경쟁우위(Competitive Advantage)』[4]에서 기업 가치 분석의 틀로 사용한 것이다.

그림 6.4
가치 사슬

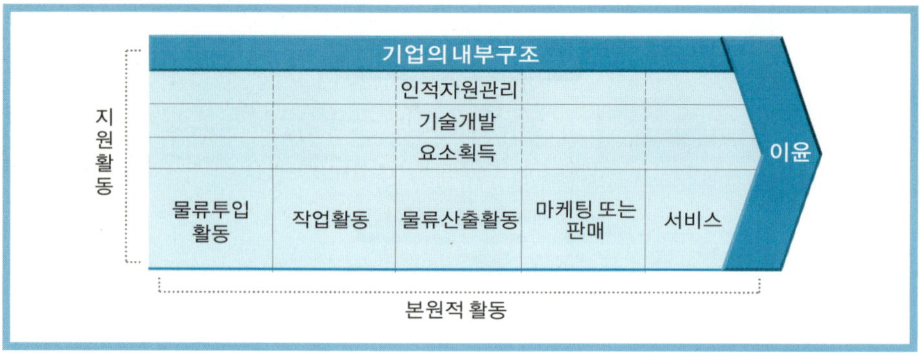

기업의 경쟁우위를 살피기 위해서는 기업의 모든 구성요소를 몇 개의 범주로 세분하여 분석하여야 한다. 따라서 이러한 분석을 위한 세분화는 상호 비교를 위해 기본적 틀이 필요하며, 이러한 필요에 따라 기업의 거의 모든 활동을 전략적 단위활동으로 구분해 놓은 그림이 바로 가치사슬인 것이다. <그림 6.4>는 일반적인 가치사슬을 보여준다.

우리는 가치사슬을 통해서 그 기업이 원가 또는 차별화에서 우위를 형성할 수 있는 요소들을 체계적으로 파악하여 경쟁우위의 원천을 찾을 수 있다. 그러면 가치사슬에서의 가치의 개념과 가치사슬의 구성요소들을 차례로 살펴보자. 가치란 기업이 공급하는 제품에 대해 구매자가 기꺼이 지불하려고 하는 금액을 말한다. 가치사슬은 총 가치(total value)로 구성되며, 다시 총 가치는 가치활동(value activity)과 이윤(margin)으로 구분된다. 가치활동은 소비자에게 가치 있는 제품을 제공하기 위해 기업이 수행하는 활동이며, 이윤은 총 가치에서 가치활동 수행시 필요한 원가를 뺀 차액이다. 기업의 일반적 목적은 총 가치가 원가를 초과하게 하는 것이다. 따라서 우리가 분석해야 하는 것은 가치를 창조하는 가치 활동(value activities)이며, 이 부분이 기업의 경쟁우위를 성립시키는 요소이다.

가치활동은 다시 본원적 활동(primary activities)과 지원활동(support activities)으로 구분된다.

본원적 활동(primary activities)

본원적 활동은 제품의 물리적 산출과 판매, 소비자에게 전달, 사후 관리 등을 말한다. 일반적으로 다음 5단계로 구성된다.

- 물류 투입활동(inbound logistics): 투입요소의 구입, 저장, 유통에 관련된 활동을 말하며, 자재 관리, 저장, 재고 관리, 장비 사용 계획, 공급자에게 재주

문 등이 포함된다.

- 작업활동(operations): 투입요소를 최종제품 형태로 만드는 활동을 말하며, 기계작업, 포장, 조립, 설비 유지, 검사, 인쇄, 설비 가동 등이 포함된다.
- 물류 산출활동(outbound logistics): 제품을 구매자에게 유통시키기 위한 수집, 저장, 물적 유통과 관련된 활동을 말하며, 완성품 보관, 자재 관리, 운송 장비 작업, 주문 처리, 유통계획 등이 있다.
- 마케팅과 판매(marketing & sales): 구매자가 제품을 구입할 수 있게 하고, 또한 그러한 행동을 유도하는 수단을 제공하는 활동을 말하며, 광고, 판촉, 판매원 고용, 판매량 할당, 유통경로 선택, 유통경로와의 관계 증진, 가격 설정 등이 포함된다.
- 서비스(service) : 제품 가치를 유지, 증진시키기 위한 활동을 말하며, 정착, 보수, 훈련, 부품 공급, 제품 조정 등이 포함된다.

지원활동(support activities)

지원활동은 본원적 활동과 다른 활동에 대해 구입 요소, 기술, 인적 자원, 기타 다양한 기능을 공급하며 지원하는 것을 말한다. 일반적으로 4개의 범주로 구성되는데, <그림 3.4>에서 점선은 전체 가치사슬뿐만 아니라 특정의 본원적 활동에도 지원할 수 있음을 나타낸다.

- 획득활동(procurement): 획득활동이란 기업의 가치사슬을 이용하여 기계, 실험 설비, 사무 장비, 건물 등의 자산과 원재료, 소모품 등의 요소를 구입하는 기능을 말한다. 획득활동은 개별적 본원활동 및 전반적 가치사슬을 모두 지원할 수 있다. 여기서 구매(purchasing) 대신 획득이라는 용어를 사용하는 것은 구매가 관리자에게 협소한 의미를 주기 때문이다. 획득이 경쟁우위에서 핵심적인 산업으로는 초콜릿 제조업, 전기 설비업 등을 들 수 있다.
- 기술 개발(technology development): 기술 개발은 제품과 공정을 향상시키기 위한 노력을 말하며, R&D(연구 개발) 대신 이 용어를 사용하는 것은 획득의 경우와 동일한 이유 때문이다. 기술 개발도 개별적 활동과 전반적 가치사슬 모두를 지원할 수 있다. 기술 개발은 특히 엔지니어링 개발 부문과 깊이 연결되어 있으나, 사실 기업의 거의 모든 부문에서 발생되고 있음에도 명백히 인식되고 있지 않을 뿐이다. 철강산업에서는 기술 개발이 경쟁우위의 가장 중요한 요소이다.
- 인적 자원 관리(human resource management): 인적 자원 관리는 모집, 고

용, 훈련, 개발, 보상 등의 활동을 말하며 개별적, 전반적 활동을 모두 지원한다. 인적 자원 관리가 중요한 산업은 고도의 전문지식을 요하는 산업들이다.

- 기업의 하부구조(firm infrastructure): 기업의 하부구조는 일반 관리, 계획, 재무, 회계, 법률, 정부 관계 등으로 구성된다. 이것은 개별적 활동을 지원하지 못하고 전체 가치사슬만 지원할 수 있다. 하부구조 활동은 사업단위와 기업단위의 활동으로 분리할 수 있으나 대부분 두 곳에서 모두 발생한다. 전화, 통신회사에서는 하부구조가 경쟁우위의 중요 요소가 된다.

여기서 가치활동을 분리하는 방법에 대해서 살펴보자. 활동 분리는 그 활동이 직면하고 있는 경제적 상황과 가치사슬의 이용 목적에 따라 그 정도를 달리 한다. 그리고 활동 분리의 기본원칙으로는 다음의 세 가지를 들 수 있다. 첫째, 서로 다른 경제적 상태를 지닐 것, 둘째, 차별화에 대한 높은 잠재적 영향력을 지닐 것, 셋째, 원가의 상당 부분을 점할 것이다. 또 활동에 대한 적절한 범주를 선택하기 위해 각 활동이 어떤 범주에 가장 큰 영향을 주는가를 판단하여 분류하여야 한다. 이와 같은 정확한 판단하에 기업의 가치사슬을 작성하면, 기업의 내적 여건을 분석하기가 훨씬 수월한 것이다.

마지막으로, 이러한 가치사슬은 기업뿐만 아니라 공급자, 유통업자, 구매자에 대해서도 작성할 수 있으며, 이 네 가지 사슬의 흐름을 가치체계라 한다.

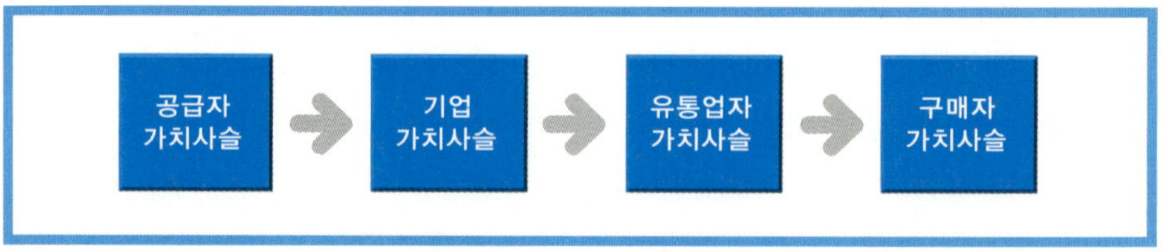

그림 6.5
가치체계

정보가치사슬

■ 가치사슬에 스며든 정보기술

정보기술은 가치사슬(value chain)의 모든 분야에 스며들어 기업의 가치창조 활동의 수행방식을 변화시킨다. 과거에는 기업의 가치창조 활동이 물적 측면에 의해 큰 영향을 받았다. 그러나 오늘날에는 물적 측면보다 정보 측면에서의 기술 변화 속도가 훨씬 빠르다. 정보기술이 일반기술보다 훨씬 빠른 속도로 발전하고 있는 것이다. 이러한 정보기술의 발전은 기업의 업무영역을 확대시키고 경영자들에게 새로운 사업 기회를 제공해 준다. 즉 기술개발에서의 CAD에서부터 설비에 대한 원격서비스에 이르기까지 가치창조 활동의 전반에 영향을 미치고 있는 것이다(<그림 6.6> 참조).

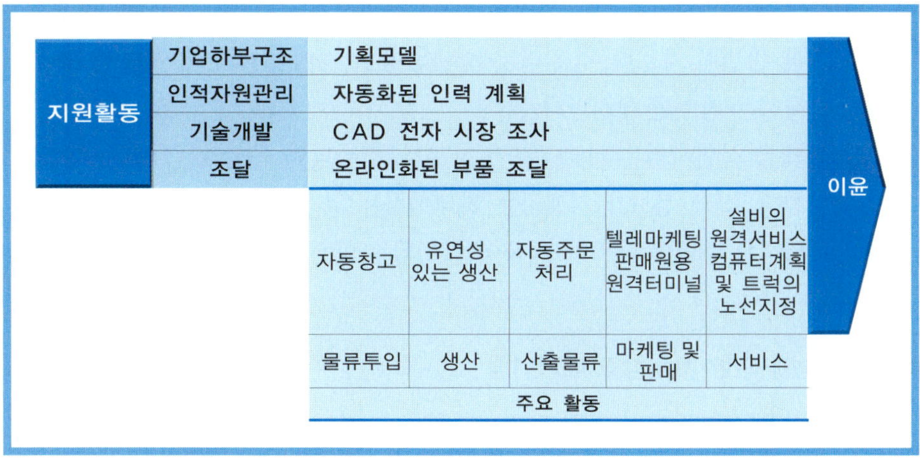

그림 6.6
가치사슬에 스며든 정보기술

한편 정보기술은 제품의 개념도 변화시킨다. 역사적으로 볼 때 제품의 물적 측면이 정보 측면보다 중시되어 왔다. 그러나 정보기술의 발달로 인해 제품의 물적 측면 못지 않게 정보 측면도 기업 경영에 중요한 역할을 하게 되었다. 예를 들면 GE의 가정용품 서비스 DB는 소비자들에게 자사의 A/S 등 소비자보호 시스템이 다른 경쟁사보다 우수함을 알려주고 있다.

이러한 정보기술이 경영방식에 어떠한 변화를 초래하는지를 일본 중고차 도매상들의 경우를 통해 좀 더 구체적으로 살펴보자. 80년대 중반까지 중고 자동차들은 매주 몇 개의 집결지로 수송되어 거기서 경매를 통해 소매상에게 판매되었다. 그러나 이러한 방법을 통해 판매되는 자동차 수는 재고량의 45% 정도에 불과하였으며, 그 결과 도매상들은 많은 재고를 부담하지 않을 수 없었다.

이러한 비효율을 제거하기 위해 한 도매상 경영자는 오크네트(Aucnet)라는 컴퓨터 및 위성통신 시스템을 만들어 사업을 운영하였다. 즉 중고차를 팔 사람들이 오크네트에 차의 리스트를 입력하면 오크네트의 검사원들은 자동차 소재지에 가서 제시된 정보를 확인하고 차량을 검사하며 사진을 수집한다. 이렇게 수집된 정보는 레이저 디스크로 옮겨져 이 시스템에 가입한 소매상들에게 배포된다. 그리고 매주 말에 전국에 걸쳐 컴퓨터 스크린을 통해 경매가 이루어진 뒤 구매된 차량은 해당 차고지로 배달된다. 이와 같이 오크네트 시스템의 출현으로 인해 차량의 소재지와 구매가 이루어지는 장소가 전혀 별개의 것이 되었다. 즉 물건을 실제로 팔고 사는 사람 사이의 시장접촉이 사라진 것이다.

이러한 새로운 형태의 거래 방식은 다음 세 가지 면에서 전통적 거래 방식과 차이가 있다.

첫째, 거래 내용이 다르다. 자동차 자체가 아니라 자동차에 관한 정보가 자동차를 대신한다.

둘째, 거래 방법이 다르다. 컴퓨터 스크린을 통한 경매가 매매 당사자 간 얼굴을 보면서 진행하는 경매를 대신한다.

셋째, 거래를 성립시키는 하부구조가 다르다. 컴퓨터와 통신라인이 자동차 전시장을 대신한다. 결국 정보가 지배하는 거래에서는 고객이 제품에 관한 정보를 입수하고 구입하는 방법이 다르며, 제품이 인도되는 방식도 달라지게 되는 것이다.

■ 정보기술에 의한 가치창조 메커니즘

이제 이러한 정보기술이 어떤 메커니즘으로 가치를 창조하는가를 전통적인 방식과 비교하여 살펴보자. 전통적으로 고객이 인식하는 가치는 제공되는 가치의 내용(content)과 가치 제공 방법/형식(context)의 결합에 의해서 형성된다. 예를 들어 신문은 내용(뉴스, 경제, 스포츠, 날씨 등 각종 정보)과 제공 형식(구성, 편집 스타일 등), 하부구조(인쇄기, 트럭, 가판대, 가정배달 등)의 활동들이 하나의 가치체계 속에서 종합적으로 엮어져야만 독자들이 그 가치를 인식할 수 있다. 그러나 정보기술의 발달로 인해 내용과 형식/방법, 하부구조가 각각 독자적으로 가치를 창조할 수 있게 되었다. 디젤연료를 트럭 운수업자들에게 판매하고 있는 퍼시픽 프라이드(Pacific Pride)사의 경우를 살펴보자.

이 회사는 고속도로변에 무인주유소를 설치하는 독특한 유통방식을 도입했다. 이 시스템을 통해 트럭 운전기사들은 일반 소비자들이 자동출납기에서 현금을 인출하는 것과 유사한 방법으로 주유소에서 연료를 구입할 수 있게 되었다. 즉, 24시간 급유할 수 있을 뿐만 아니라 길게 줄지어 서서 기다리는 일 없이 연료를 신속하고 효과적으로 조달하게 된 것이다. 한편 운수회사는 트럭 운송시스템 전반에 걸쳐 개별 트럭과 운전기사의 연료 효율성을 모니터하는 부가가치를 향유할 수 있었다.

퍼시픽 프라이드사가 제공하는 이러한 가치구조를 내용, 방법, 하부구조의 관점에서 살펴보면, 디젤연료 및 부가가치 정보서비스는 가치의 내용, 주요 트럭 운송로의 자동 급유 주유소는 가치 제공의 방법, 자동 재고파악이 가능하고 트럭을 위해 특별히 설계되어 적소(適所)에 위치하고 있는 주유소는 가치 제공을 가능케 하는 하부구조에 해당된다.

이처럼 기업의 가치창조 활동은 두 가지 측면에서 이루어지고 있다. 하나는 전통적인 물(物)의 흐름과 관련되는 가치사슬(physical value chain)상에서, 다른 하나는 정보흐름과 관련되는 가치사슬(information value chain)상에서 창조되고 있는 것이다. 경영자들은 물적 측면뿐만 아니라 정보 측면에서도 어떻게 가치가 창조되는지를 정확히 이해하고 있어야만 앞서 예시한 가치들을 향유할 수 있다.

■ 정보가치사슬의 활용

일반적으로 정보가치사슬(IVC)을 통해 기업이 가치를 창조해 내는 과정은 그 정도에 따라 IVC의 기반 마련 단계, IVC의 구축 및 활용 단계, 새로운 시장 및 새로운 고객관계의 창조 단계 등 3단계로 구분할 수 있다(<그림 3.7> 참조).

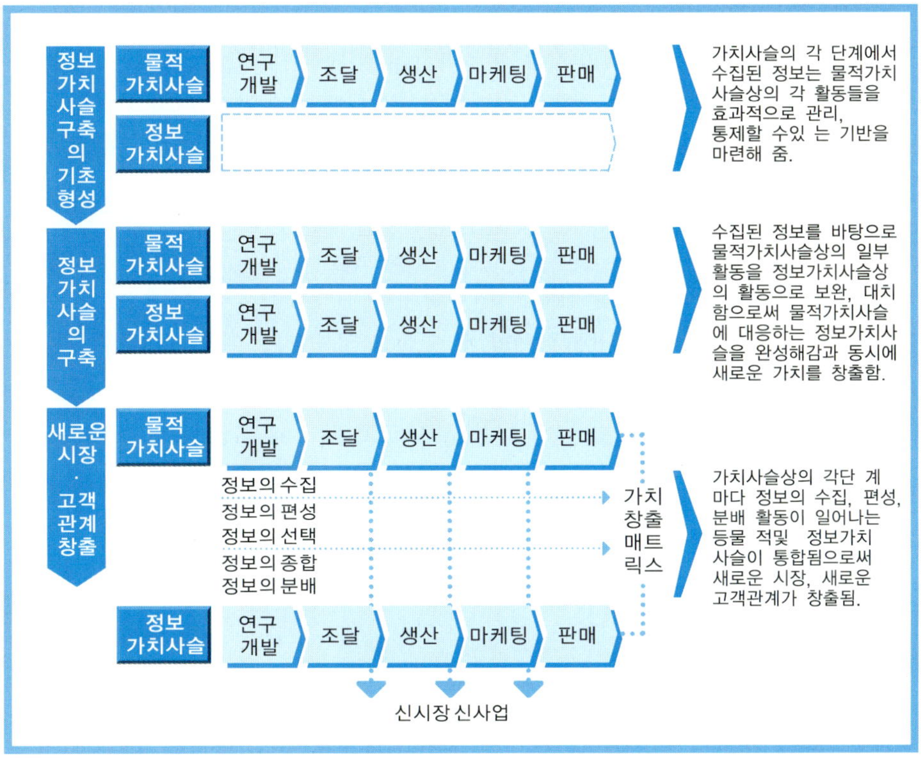

그림 6.7
정보가치사슬의 구축 단계 및 특징

∗1단계: 정보가치사슬의 기반 마련

기업이 정보를 활용해 보다 효과적으로 物의 흐름, 즉 물적 가치사슬(PVC)을 통제할 수 있는 능력을 확보하는 단계이다. 이 단계에서는 물적 가치사슬 상의 활동들을 효과적으로 관리하기 위해 대규모 정보기술체제를 구축하고 사용하는 기초를 다진다. 이렇게 구축된 정보기술은 PVC를 별개 활동들로 구성된 단순한 집합체가 아니라 통합된 시스템으로 인식할 수 있도록 해줌으로써, PVC 관리에 필요한 통찰력을 제공해준다.

프리토 레이(Frito-Lay)사는 이러한 통찰력을 경쟁우위로 연결시킨 대표적 기업 중 하나로 손꼽힌다. 프리토 레이는 자사 브랜드 스낵제품의 효율적 생산, 유통 등을 위해 탄탄한 정보시스템을 구축하고 있는데, 이 시스템은 제조, 물류, 마케팅, 판매 등 모든 활동을 통합 관리할 수 있게 해줄 뿐만 아니라, 고객, 공급자, 경쟁자에 대한 정보도 제공해준다. 즉, 동사의 종업원들은 현장에서 자사 및 경쟁사의 판매, 판촉활동과 관련된 매일매일의 정보를 입력하고, 본사 차원에서 이러한 정보를 PVC상의 각 단계별로 결합, 분석함으로써 원자재 조달, 생산스케줄 관리, 배송 관리 등을 매우 효과적으로 수행하고 있는 것이다.

＊**2단계:** 정보가치사슬의 구축 및 활용

가치사슬상에서 물(物)의 흐름을 정보흐름으로 대체해가는 단계이다. 특정 기업이 정보 인프라를 구축한 경우, 그 기업은 PVC에서 뿐만 아니라 IVC에서도 가치를 창조할 수 있는 기반을 확보했다고 할 수 있다. 즉 PVC 상의 어떤 활동들이 IVC 상의 활동들로 대체될 수 있고 이때 어떤 가치가 창조될 수 있는가를 알 수 있게 된다.

포드(Ford)사는 제품 개발이라는 PVC상의 핵심활동을 IVC상에서 통합 · 조정함으로써 세계시장에 동시에 소개할 수 있는 글로벌 자동차를 개발했다. 즉, 동사는 전 세계에 걸친 엔지니어링, 디자인, 마케팅 전문가들을 정보기술로 상호 연결시킴으로써, 시간과 공간의 제약을 극복하고 전 세계에 산재해 있는 개발팀원들로 하여금 24시간 정보와 디자인을 공유하고 컴퓨터를 통해 시뮬레이션할 수 있게 했다. 결국 포드는 PVC 상에서 수행되던 일부 활동을 IVC 상에서 수행함으로써 전세계 소비자의 욕구를 반영한 제품을 보다 신속히, 그리고 효과적으로 개발할 수 있었다.

＊**3단계:** 새로운 시장, 새로운 고객관계의 창출

일단 기업이 PVC 및 IVC 상의 가치 창조 활동들을 모두 관리할 수 있게 되면 고객과의 새로운 관계를 창조할 수 있는 여건을 확보한 셈이다.

DEC사는 인터넷을 통해 고객에게 서비스하는 새로운 방법을 개발했는데, 이렇게 함으로써 고객들은 PC를 사용해 판매관리자와 접촉하고 제품과 서비스를 주문하여 DEC 설비의 각종 명세서를 검토할 수 있게 되었다. DEC는 이를 통해 고객과 관련된 대부분의 가치 창조 활동을 IVC 상에서 수행함으로써 관련 비용과 시간을 절감시켰을 뿐만 아니라, 고객과의 관계 개선을 통해 자사 제품의 사용

을 증가시키는 효과까지 향유했다.

이처럼 정보기술의 중요성은 이제 더 이상 논쟁의 대상이 아니다. 문제는 정보기술이 언제, 어떤 방법으로 우리 기업의 경쟁적 위치에 영향을 미칠 것인가 하는 점이다. 정보기술의 발전에 제대로 대응하지 못하는 기업은 경쟁기업이 주도하는 변화에 순응하고 따를 수밖에 없으며, 결국 경쟁우위를 상실하고 마는 처지로 전락하게 될지도 모른다.

구조적 결정요인

지금까지 기업의 경쟁우위는 기업이 가치사슬상의 활동을 구성하고 수행하는 능력에서 나온다고 설명했다. 그렇다면 이러한 활동수행 능력은 또 어디서 나오는가? 왜 특정 기업은 다른 기업에 비해 가치활동을 보다 잘 수행할 수 있는가? 이는 경쟁기업 간 원가상의 차이를 가져오거나 고객의 가치를 창조하는 방법상의 차이를 낳게 하는 동인들(drivers), 즉 구조적 결정변수로 설명할 수 있다.

가치활동에 있어 경쟁우위를 결정짓는 중요한 변수로는 활동의 규모, 누적 학습(cumulative learning), 활동 간 연계성, 타사업 단위와의 활동공유 능력, 생산시설의 가동률, 활동의 입지, 투자 의사결정 시기의 적절성, 수직적 통합의 정도, 정부규제와 같은 제도적 요인, 가치활동의 구성과 관련된 기업의 정책결정 등을 들 수 있다.

이하에서는 이들 변수를 원가우위 원천과 차별화 원천이라는 두 측면에서 살펴보자.[5]

원가우위의 원천

■ 기업활동 간 관련성

특정 기업활동의 원가는 그 기업에서 수행하는 다른 활동이 어떻게 수행되는가에 따라 영향을 받는다. 기계의 사용과 보수유지 활동, 품질검사와 애프터서비스 활동, 부품구매 활동과 생산 활동 등에서 볼 수 있듯, 이 경우에는 의도적으로 한 활동에서 원가를 높임으로써 다른 활동에서의 원가를 낮출 수 있을 뿐 아니라 총원가도 절감할 수 있는 경우가 많다. 예컨대 품질검사활동과 애프터서비스 활동의 경우를 보면, 품질검사가 엄격하면 자연히 애프터서비스 활동 원가가 적게 들 것이다. 그러므로 품질검사활동을 강화하면 애프터서비스 활동에 드는 원가를 절감하고 나아가 소비자들에게 좋은 제품 이미지를 심어주어 더욱 많은 제품을 판매할 수 있게 된다.

복사기산업에서는 구입 부품의 품질이 조립 후 조정활동과 관련 깊은데, 대표적인 복사기 제조업체 캐논(Canon)사에서는 보다 정밀한 부품을 구입함으로써 개인 복사기 라인의 조립 후 조정단계를 생략해버릴 수 있었다.

■ 사업부 간의 상호 관련성

기업 내 다른 사업단위와의 상호 관련성도 원가에 영향을 미친다. 특히 어떤 활동을 기업 내 다른 사업단위와 공동으로 수행되는 경우 상당한 원가절감을 할 수 있다. 즉, 한 사업부가 다른 사업부와 공동의 브랜드나 유통경로, 부품 등을 사용하면 원가절감 효과를 거둘 수 있는 것이다.

■ 수직적 통합

수직적 통합 정도도 원가에 영향을 미친다. 기업이 자체적으로 컴퓨터와 소프트웨어를 갖고 있는 경우, 외부 용역회사를 이용하는 것보다 주문처리 시스템을 운영하는 비용을 줄일 수 있고, 자체 운송차량을 갖고 있는지에 따라 원재료 투입활동과 수송활동 비용도 달라질 수 있다.

통합이 이루어진 경우에는 각 활동을 결합함으로써 경제적 이익을 향유할 수 있다. 예컨대 강철 생산과 단조 공정이 같이 있는 경우 철을 다시 가열하지 않아도 된다. 그러나 통합은 유연성을 해치거나 철수장벽을 높임으로써 오히려 원가를 상승시킬 수도 있다.

■ 규모의 경제

규모의 경제는 많은 제품을 생산함으로써 기업활동들을 다른 방법보다 효과적으로 수행할 수 있는 능력, 또는 광고 활동이나 R&D 활동 등에서 발생한 원가를 보다 많은 생산량에 분산시킬 수 있는 능력에서 비롯된다. 규모의 경제는 제품 생산량이 증가함에 따라 생산에 부수되는 간접비가 제품 생산량에 비해 적게 증가하거나 기업 활동이 보다 효율적으로 변하는 경우에도 나타날 수 있다.

한편 규모가 증가함에 따라 나타나는 복잡성 때문에 기업활동에서 규모의 비경제가 나타날 수도 있다. 예를 들어 금속 캔(can) 공장의 경우 생산라인 수가 15개를 넘으면 공장관리의 복잡성이 갑자기 증가하게 된다. 규모의 비경제는 환경변화에 빨리 반응해야 하는 패션산업이나 전문 서비스업과 같이 큰 조직에서 능률이 저하되는 특성을 보여주는 곳에서 많이 나타난다.

■ 학습효과

기업활동은 학습효과에 의해 효율이 증대되므로 시간 경과에 따라 각 활동의 원가는 감소한다. 학습효과로 원가를 낮출 수 있는 방법은 다양하다. 예컨대 설비

배치의 변경, 일정계획의 개선, 노동생산성 향상, 생산을 용이하게 만드는 제품설계의 변경, 공정에 적합한 원자재 구매 등이 있다.

학습효과는 학습의 원리가 다양하고 산업에 따라 상이하기 때문에 각 활동에 적합한 학습효과 수준이 다르다. 예를 들어 학습이 종업원의 능률 향상을 통해 원가구조에 영향을 미치는 경우라면 학습효과는 그 활동의 누적량과 관련이 깊을 것이다. 그러나 학습이 보다 효율적인 설비의 도입을 통해 이루어지는 경우라면 학습효과는 기업의 누적생산량과 무관할 것이다.

■ 경험곡선 효과

어떤 기업이 다른 기업보다 낮은 원가를 갖게 되는 이유 중 하나로 경험곡선 효과를 들 수 있다.

<그림 6.8>의 왼편 그림은 누적된 경험이 두 배로 늘 때마다 생산원가(더욱 정확히 표현한다면 부가가치의 원가)가 20%씩 감소되는 것을 보여주고 있다. 이러한 생산원가와 경험 누적 간의 관계를 X축과 Y축이 모두 로그 스케일로 되어 있는 방안지에 나타내면, <그림 6.8>의 오른편 그림과 같이 직선이 된다. 이 선을 경험곡선이라 한다.

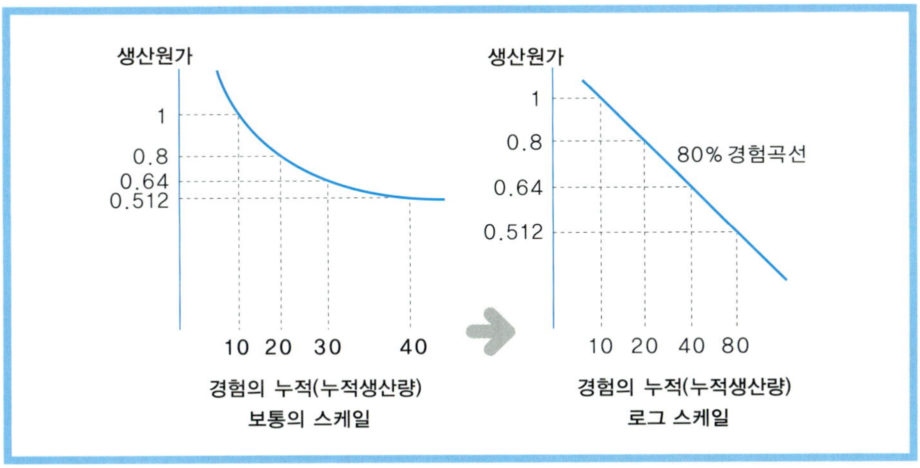

그림 6.8
경험곡선

경험곡선이란 이름은 1966년에 경영전략 컨설팅회사인 보스턴 컨설팅그룹(Boston Consulting Group: BCG)에서 처음 사용했다. 경험곡선은 학습곡선(learning curve)과 구별될 필요가 있다. 직공이 반복적인 작업을 계속함에 따라 제품 1단위에 필요한 노동시간이 감소되는 현상을 학습곡선이라 하는데, 대체적으로 한 직공의 누적된 작업량이 두 배가 될 때마다 그가 제품 한 단위에 소모하는 노동시간은 약 10~15% 줄어든다고 한다. 이 관계는 이미 여러 예를 통해 증명되었으며, 실생활에도 많이 이용되고 있다. 예컨대 미국정부는 군납계약 시 학습곡선에 의한 단가 조정을 부대 조건으로 붙이는 것이 보통이다.. 그러나 학습곡선은 직접비 중에서도 임금에만 적용된다. 따라서 그 적용에는 한계가 있다.[6] 이에 반해 경험곡선은 직접비와 간접비를 망라한 총 생산원가가 감소하는 패턴을 설명하므로 그 적용범위가 훨씬 넓다.

경험곡선 개념은 이론적으로 정립된 것이 아니라 여러 사례를 통해 경험적으로 개발되었다. 1960년대 초 BCG는 고객사인 제너럴 일렉트릭에서 컨설팅에 필요한 자료를 수집하던 중, TV 생산원가가 하락 추세를 보이고는 있으나 흑백 TV보다 컬러 TV가 더 빨리 하락하고 있는 것에 대해 의문을 갖게 되었다. 즉 같은 공장, 같은 노동력, 같은 조립 시설을 사용하는데도 불구하고 컬러 TV의 단위당 생산원가는 지난 1년 동안에 약 20% 하락했음에 반해 흑백 TV는 5%밖에 하락하지 않았던 것이다. 이러한 의문은 전자공업의 기본 요소인 반도체에 대한 연구에서 또다시 제기되었다. 여러 종류의 반도체를 비교해보니 원가의 변화가 제각기 다른 패턴을 보여주었던 것이다. 이 의문을 규명하기 위해 BCG의 연구자들은 각 반도체의 생산원가와 관계가 있을 만한 모든 변수를 조사해 보았다. 이러한 연구 끝에 결국 반도체의 누적생산량이 생산원가와 일정한 상관관계를 갖고 있다는 결론을 얻게 되었다. 즉, 어느 반도체를 막론하고 누적생산량이 두 배가 되면 불변가격으로 표시된 생산원가는 약 25%씩 감소한다는 것이 경험적으로 증명된 것이다.

이러한 통계적 결론은 우리가 아는 경제학 이론과 모순되는 면을 보여준다. 우선 고전 경제학에서는 생산비를 생산규모의 함수로 인정하되 그 관계는 U형으로 나타낸다. 생산량이 증가함에 따라 한계생산비는 낮아지나 일단 최적생산규모를 초과하면 다시 상승한다는 것이다. 그러나 경험곡선에 의하면 한계 생산비는 무한히 하락하게 된다. 또한 고전 경제학은 완전경쟁에 의한 자유경제체제 내에서 모든 경쟁자가 동일한 한계생산비를 갖는 것을 전제로 한다. 그러나 경험곡선에 의하면 어떤 경쟁체제건 각 회사의 누적생산량이 많고 적음에 따라 한계생산비가 달라진다. 특히 완전경쟁시장에서 모든 참가자가 극히 미세한 점유율만을 갖는 경우에는 한계생산비의 차이가 오히려 심화될 따름이었다.

이러한 차이점이 있음에도 불구하고 경험곡선은 차츰 그 객관적 타당성을 인정받게 되었다. 또한 여러 종류의 제품에 적용해본 결과 그 제품의 성격에 따라 원가절감의 속도[7]가 제각기 다르다는 것도 발견되었다. 예컨대 자동차산업에서는 누적생산량이 2배 증가함에 따라 한계생산비가 23%, 제철공업에서는 18% 감소한다는 식이다.

이러한 경험곡선은 경영자에게 다음과 같은 아이디어를 제공하고 있다.

- 시장점유율: 생산비는 시장점유율과 역비례 관계를 갖는다. 따라서 높은 시장점유율은 낮은 생산비를 가능하게 한다.
- 성장성: 경쟁자보다 높은 성장률을 유지하는 회사에서는 생산비도 상대적으로 낮아진다.
- 기채능력(起債能力): 시장점유율이 증가할수록 안정성을 해치지 않고도 기채능력을 높일 수 있다.
- 경험의 공유: 유사한 제품을 많이 생산하는 회사는 생산비의 하락 속도가 빨라진다.
- 생산비 통제: 생산비 하락에 대한 예측이 가능해짐에 따라 이에 대한 통제도 가능해진다.
- 직접생산과 구매: 부품을 직접 생산할 것인가 구매할 것인가 하는 문제도 부품 판매자에게 이미 축적된 경험을 따라잡을 수 있는가에 의해 결정될 수 있다.
- 시장의 장래성: 시장의 장래성 역시 소비자의 가격탄력성과 생산비 하락 속도를 비교함으로써 평가될 수 있다.

경험곡선은 기업이 전략을 결정하는 데 있어서도 큰 도움을 준다. 예를 들어 텍사스 인스트루먼트사에서는 경험곡선의 경험적 이론에 따라 휴대용 계산기의 생산량을 증가시키면 그 생산원가가 하락할 것이라는 전제하에 1970년대 초 1대당 50달러 이상 하던 휴대용 계산기의 판매가격을 30달러 수준으로 크게 내렸다. 이에 따라 텍사스 인스트루먼트의 시장점유율은 급증하였고, 회사에서는 수요를 감당하기 위하여 생산량을 대폭 증가하였으며 결국 원가는 30달러 이하로 하락되었다. 텍사스 인스트루먼트는 그 전략을 실시하는 동안 초기에 원가보다 낮은 가격으로 인하여 큰 손실을 입었으나 경험곡선에 근거를 둔 과감한 판매가격 인하 전략이 그대로 적중함에 따라 70년대 중반 이후 휴대용 계산기 시장의 최강자로 군림하였다.

이같이 경험곡선은 회사마다 생산원가가 다른 이유로 누적생산량의 차이를 들고 있다. 만일 생산원가가 낮은 회사일수록 능력이 많은 회사라고 한다면 누적생산량이 많은 회사일수록 그리고 그 결과 시장점유율이 높은 회사일수록 능력이 많은 회사가 되는 셈이다.

그러나 제품원가는 기업이 가질 수 있는 능력의 일부이지 결코 그 전부는 아니다. 특히 제품수명주기상의 성숙기 또는 쇠퇴기에 있는 제품에 대해서는 원가가 큰 의미를 갖지만 그 이전의 도입기 또는 성장기에 있는 제품을 취급하는 기업에게는 원가, 즉 생산보다 연구 개발과 마케팅이 더 중요한 능력으로 부상된다. 예컨대 새로운 기술 개발이나 시장의 성장이 기대되지 않는 제철산업에서는 효율적인 생산에 의한 원가 절하가 기업의 생명이지만 급속한 기술 진보가 이루어지고 제품의 변화가 빠른 컴퓨터산업에서는 연구 개발 능력이, 그리고 최근 국내에 도입되어 계속 성장을 확대하고 있는 위스키를 비롯한 양주 제조판매업에서는 마케팅 능력이 기업에서 가장 중요한 능력이 되는 것이다.

■ 조업도

특정 활동에서 발생하는 고정비가 클 경우 그 활동의 원가는 조업도에 큰 영향을 받는다. 고정비가 클 경우에 조업도가 낮으면 원가가 급상승하기 때문에, 총원가에 대한 고정비의 비율(고정비/총원가)은 기업활동의 조업도에 대한 민감도를 나타낸다.

■ 입지(location)

기업활동이 이루어지는 지리적 입지조건이 원가에 영향을 미치기도 한다. 입지 선정이란 대체로 전략적 선택의 결과이지만 기업의 성장배경이나 주요 투입요소의 소재지, 기타 다른 요소의 영향을 받기도 한다.

입지는 여러 가지 방법으로 원가에 영향을 미친다. 즉 입지에 따라 근로자의 인건비, 경영자의 인건비, 연구개발요원의 인건비, 원자재, 에너지 및 기타 요소들의 가격이 다르다. 그리고 같은 항목이라 하더라도 임금수준과 세율은 나라마다 도시마다 큰 차이를 보인다.

또한 그 지역의 사회간접자본이 얼마나 잘 갖추어져 있는가에 따라 그곳에 입지한 기업의 원가가 달라진다. 기후, 문화적 규범, 취향 등도 입지에 따라 달라지는데, 이러한 요인은 제품에 대한 소비자의 요구에 직접 영향을 미치기도 하지만 기업이 활동을 수행하는 방법까지도 바꿔놓을 수 있다.

차별화의 원천

■ 일반적인 차별화정책

기업은 어떤 활동을 수행할 것이며, 그 활동을 어떻게 수행할지에 대한 전략적 의사결정을 하는데, 이러한 정책의 선택이 가장 일반적인 차별화의 원천이 될 수 있다.

차별화우위를 창출하기 위해 기업이 선택할 수 있는 전형적인 정책에는 제품의 외양, 성능이나 서비스(예: 신용, 배달, 수리) 등과 같은 보편적인 것들뿐만 아니라 투입물의 품질, 종업원들의 기술, 경험 및 교육 · 훈련수준, 기계장비의 정확성, 공장의 자동화 정도와 같은 것들이 포함될 수 있다.

■ 수직적 통합

기업의 수직적 통합수준 또한 차별화우위의 원천이 될 수 있다. 예컨대 외부공급 대신에 내부공급으로 서비스를 제공한다면, 그 기업은 경쟁자에 비해 독특한 서비스를 제공할 수 있을 것이다. 이처럼 기업이 통합을 시도할 때는 공급자나 유통경로 상의 거래처 활동뿐만 아니라 구매자들에 의해 수행되고 있는 활동까지도 통합의 대상에 포함시킬 수 있다. 예컨대 미국의 American Hospital Supply사는 병원들을 그들의 컴퓨터 시스템에 연결시켜 온라인망을 통해 필요한 물건을 주문시킬 수 있도록 함으로써, 기존 병원이 수행해오던 구매활동까지 대신 수행하는 방향으로 차별화를 이룩했다.

이러한 차별화의 원천들은 각 활동별로 다르기 마련이며, 동일한 활동이라도 산업에 따라 차별화의 원천이 달라진다. 따라서 기업은 그들의 사업영역 내에서 어떤 요인들이 차별화를 이루는가를 면밀히 살펴보아야 한다. 경쟁사가 미처 생각하지 못했던 분야에서 차별화의 원천을 발견할 수도 있기 때문이다.

■ 기업활동 간의 관련성

만약 한 가지 활동을 수행하는 방법이 다른 활동의 성과에 영향을 준다면 이러한 관련성을 통해 차별화우위를 창출할 수 있다.

예컨대 배달시간은 주문처리 속도와 주문을 받는 빈도에 따라 결정되므로, 이 두 가지 활동을 잘 조정함으로써 배달시간을 단축할 수 있다. 이와 마찬가지로 판매원과 서비스 조직 간의 조정은 소비자들에게 보다 높은 수준의 서비스를 제공해줄 수 있다. 예컨대 일본의 복사기나 반도체 기업들은 불량품 검사와 같은 단일 가치활동에만 의존하지 않고 불량품에 영향을 주는 모든 활동을 조절함으로써 불량비율을 급격히 낮출 수 있었다.

■ 입지

기업이 선점한 입지로부터 차별화우위가 창출되기도 한다. 예컨대 시중은행은 고객의 입장에서 가장 편리한 장소에 지점이나 자동 현금 출납기를 설치해야 할 것이다.

■ 사업단위 간의 상호 관련성

차별화우위는 계열회사끼리 활동을 서로 공유함으로써 창출될 수도 있다. 예컨대 금융업의 경우 보험과 다른 금융상품 판매를 동일한 판매조직에서 담당함으로써, 판매원들은 구매자들에게 보다 나은 서비스를 제공할 수 있다.

인과관계의 동태성

이상에서 설명한 구조적 결정변수를 고려함으로써 경쟁우위의 구축과 지속성을 설명할 수 있다. 즉, 경쟁우위의 지속성은 기업이 보유한 가치사슬상의 경쟁우위의 수와 독특한 결정변수에 의해 결정된다. 예컨대 학습에 근거한 경쟁우위의 지속성은 그 학습을 자사만의 전유물로 만드는 능력에 의해 결정되며, 생산요소에 대한 지위(factor position)에서 비롯되는 경쟁우위의 지속성은 요소시장의 불완전성에 의해 결정된다.

이처럼 경쟁우위의 잠재적 원천을 파악하기 위해서는 구조적 결정변수를 알아야 한다. 즉 어떤 기업이 경쟁우위로서 브랜드 명성을 확보하고 있다고 할 경우, 이 기업이 브랜드 명성을 어떻게 구축하였으며, 그것이 왜 경쟁우위가 될 수 있는가를 알기 위해서는 그 동인(driver)을 알아야 한다는 것이다. 예를 들면 시기적으로 어떤 기업이 광고를 일찍 시작하였기 때문(광고 투자시기의 적절성)에 경쟁기업과 차별화할 수 있었으며, 이렇게 시기적으로 앞선 광고와 누적적 광고를 통해 확보한 명성은 현재의 광고비 지출을 줄여주거나(원가우위), 고가격 정책을 수행할 수 있도록 해준다(차별화우위)는 것 등의 설명이 필요하다. 이러한 사실은 결국, 구조적 결정요인의 수준에서만 경쟁우위의 원천이 규명될 수가 있다는 것을 의미한다.

그런데 여기서 인과관계의 사슬을 거슬러 올라가 보면 또 다른 의문에 직면하게 된다. 어떤 기업이 경쟁기업보다 일찍 광고를 해서 경쟁우위를 확보했다면, 그 기업은 어떻게 해서 경쟁기업보다 일찍 광고를 하게 되었는가? 이러한 물음에 답하기 위해 포터는 초기 조건(initial conditions)과 관리적 의사결정(managerial choices)이라는 변수를 제시하고 있다(<그림 3.3> 참조).

초기조건이란 기업이 과거로부터 물려받은 유형 · 무형의 자원으로서 기존(preexisting)의 명성, 스킬, 입지 등을 의미하며, 관리적 의사결정이란 기업활동의 배열, 자산이나 스킬에 대한 경영자의 투자결정 등을 의미한다. 여기서 관리적 의사결정은 초기의 강점이 없더라도 경영자의 창의력 등을 기반으로 하여 기업을 성공으로 이끌 수 있도록 해주는 특징을 지닌다.

이렇게 볼 때, 어떤 기업이 경쟁기업보다 일찍 광고를 할 수 있었던 것은 초기조건(풍부한 자금)에 의한 것이거나, 경영자의 과거 의사결정에 의한 것이다. 그리고 풍부한 자금(초기조건)은 또 어떻게 축적되었는가에 대한 대답 역시 과거로부터 물려받은 초기조건이나 그 전단계의 경영자가 내린 의사결정의 결과로 설명할 수 있다.

이상의 사실을 종합해 보면, 어떤 단계의 원인은 앞선 단계에서 보면 결과이며, 따라서 기업의 성공원인이나 경쟁우위의 원천을 설명하고자 할 때에는 인과관계 사슬을 고려해야 한다. 그리고 이를 위한 방법으로는 횡단분석(cross-sectional analysis)과 종단분석(longitudinal analysis)의 두 가지가 있다. 횡단분석은 현 시점에 주어진 역량에서 전략 선택과 성공원인을 분석하는 것으로, 경쟁우위를 확보하는 과정에 대해서는 설명하지 못한다. 반면 종단분석은 특정 기업이 왜 우월한 지위를 확보하고 또 유지해가는가를 설명해 준다. 그런데 종단분석도 무한정 인과관계 사슬을 거슬러 올라갈 수는 없기 때문에 적절한 분석기간을 선정해야 한다.

이제 지금까지 설명한 경쟁우위의 종류와 원천을 바탕으로 기업이 선택할 수 있는 여러 가지 전략 대안에 대해 살펴보기로 하자.

본원적 경쟁전략

기업은 경쟁자에 대해 수많은 강점과 약점을 가지고 경쟁을 하지만 거기에는 두 가지 기본적인 유형의 경쟁우위가 있다. 원가우위와 차별화우위가 바로 그것인데, 기업이 가진 강점과 약점도 크게 보면 상대적 원가 및 차별화와 밀접한 관계가 있다.

또한 이러한 두 가지 기본유형의 경쟁우위는 기업이 산업 내에서 평균 이상의 성과를 얻기 위해 본원적 전략, 즉 원가우위와 차별화전략을 수행하는 경쟁 범위와 연계되어 있다.

아래에서는 마이클 포터(Michael E. Porter) 교수에 의해 제시된 본원적 경쟁전략을 검토하여 보기로 하자.

대두 배경과 유형[8]

다음 절에서 설명될 PPM기법은 시장점유율이 높을수록 누적생산량이 많아지고, 그에 따라 생산원가가 낮아지며, 그 결과 기업의 경쟁력이 높아진다는 경험곡선을 기본 전제로 하고 있다. 즉 시장점유율이 높아질수록 기업의 투자수익률(return on invest-ment)이 높아진다는 <그림 6.9>와 같은 관계를 전제로 하여 "복권" 사업은 "태양" 사업으로, "고물차" 사업을 "돈주머니" 사업으로 이행시키는 것을 전략 수행의 목표로 삼도록 기업경영자를 유도하고 있는 것이다. 그러나 현실에 있어서는 기업의 수익성을 높이기 위해 반드시 업계 제일의 시장점유율을 가져야 하는 것은 아니다. 아메리칸 모터즈 자동차 회사 사례에서 본 바와 같이 기업의 능력을 100% 활용하는 방향으로 전략을 수립하고, 그 전략을 효과적으로 수행할 수만 있다면 업계에서 10%도 안되는 적은 시장점유율을 갖고도 얼마든지 높은 수익률을 올릴 수 있는 것이다. 따라서 최근에는 <그림 6.10>에서 보는 바와 같이 투자수익과 시장점유율간에 획일적인 관계가 존재하는 것이 아니라 각 기업이 수립하고 실시하는 전략이 얼마나 효과적인가에 따라 투자수익률이 결정된다고 가정하고 있다.

이러한 시각에서 포터는 투자수익률을 높이는 한편 장기적으로 산업 내에서 자신의 위치를 지키며 경쟁우위를 누리기 위한 본원적 전략을 제시하였는데 원가우위(overal cost leadership)전략과 차별화(differentiation)전략이 바로 그것이다.

그림 6.9
PPM의 기본 전제

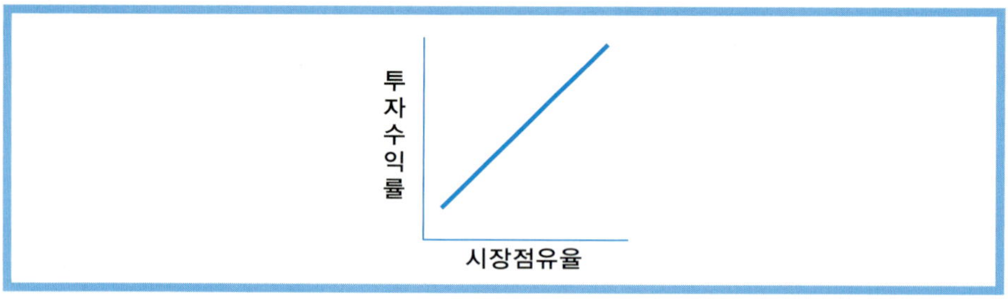

그림 6.10
현실적인 시장 점유율과 수익률 간의 관계

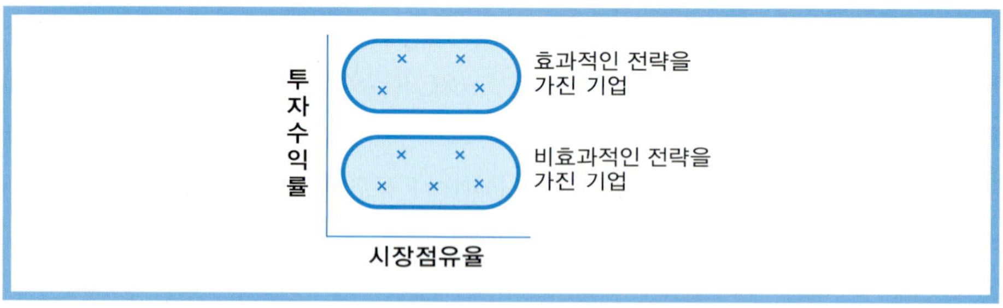

원가우위전략

원가우위는 경험곡선의 개념을 기본 전제로 하여 보편화된 것으로, 특정 기업에서 원가를 낮추기 위한 일련의 기능별 정책을 통하여 산업 내에서 원가상의 우위를 달성하는 것이다. 이때 원가상의 우위를 확보하기 위한 구체적인 방법으로는 적정규모 설비의 건설, 경험에 의한 원가절감 추구, 원가와 총경비에 대한 엄격한 통제, 한계고객과의 거래 회피, R&D · 서비스 · 영업인력 · 광고 등에 있어서의 원가 최소화 등을 생각할 수 있다. 이와 같은 여러 가지 기능 분야에서 공통적으로 원가절감의 목표를 달성하기 위해서는 원가 통제에 대한 경영자의 계속적인 관심이 필요하다. 물론 경영자들이 품질, 서비스 등의 기타 영역을 완전히 무시해도 좋다는 것이 아니라, 경쟁기업에 비하여 낮은 원가를 달성하는 데 초점을 두어야 한다는 것이다.

원가상의 우위를 확보한 기업은 경쟁이 심한 경우에도 산업 전체의 평균보다 높은 수익을 얻게 된다. 즉 과도한 경쟁으로 인하여 경쟁기업이 이익을 남기지 못할 때에도 원가상의 우위를 가진 기업에서는 상대적으로 수익을 올릴 수 있다. 또한 구매자들도 두 번째로 원가가 낮은 기업의 수준으로밖에 가격을 끌어내릴 수 없기 때문에 저원가 선도기업은 강력한 구매자들로부터도 보호된다. 이러한 기업은 투입비용 증가에 대해서도 탄력성을 갖기 때문에 강력한 공급자들로부터도 보호될 수 있다. 원가를 낮게 만드는 요소들은 규모의 경제 혹은 원가상의 이점의 형태로 그 기업에게 강력한 진입장벽을 제공하여 잠재적 경쟁자의 진입을 막기도 한다. 마지막으로 원가우위를 가진 기업은 대체품에 대해서 경쟁기업들보다 우월한 위치에 서게 된다.

이상과 같이 원가우위전략은 경쟁기업, 구매자, 공급자, 잠재적 경쟁자, 그리고 대체품과 같은 다섯 가지의 경쟁력 결정요소로부터 기업을 보호한다. 구매자 또는 공급자와의 협상(bargaining)은 두 번째로 효율적인 경쟁기업이 제거될 때까지만 이익을 깎아 내릴 뿐이고 경쟁적 압력에 직면하여 가장 먼저 시련을 겪게 될 기업도 효율적이지 못한 경쟁기업이기 때문이다.

원가우위전략은 그 이전의 경쟁 형태가 다른 것이었거나 경쟁기업이 원가 최소화의 필요성을 인식하지 못한 경우, 또는 이러한 준비가 갖춰지지 않은 산업에서 혁신을 불러일으킬 수도 있다. 하니쉬훼거(Harnischfeger)사는 1979년 원가우위전략을 수행함으로써 기중기산업에서 혁신을 불러일으켰다. 회사에서는 우선 부품의 규격화, 외형의 변화, 원자재의 감소 등을 통하여 제조와 서비스가 쉽도록 기중기를 새로 디자인하였다. 그리고 나서 조립 체계를 확립하고 조립 공정을 컨베이어 벨트화하였다. 이것은 당시 이 산업에서 지켜온 관행으로부터 커다란 변화를 보인 것이다. 또한 원자재를 대량으로 주문하여 원가를 절감하였다. 이러한 전략의 결과로 하니쉬훼거사에서는 우수한 제품을 생산하면서도 가격을 15% 가량 내릴 수 있었고 시장점유율도 15%에서 25%로 늘어났던 것이다. 이 회사의 한 경영자는 다음과 같이 말하고 있다.

"우리는 다른 기업보다 우수한 기계를 개발하려고 했던 것이 아니라 단지 조작하기 간편하고 값이 싼 기계를 개발하고 싶었던 것입니다."

하니쉬훼거사의 경쟁기업들은 시장점유율이 늘어나는 대신 이윤이 떨어지는 결과를 초래하였다고 투덜댔지만 이 회사에서는 이러한 비판을 부인하고 있다.

차별화전략

두 번째의 본원적 전략은 기업이 제공하는 제품이나 서비스를 차별화함으로써 산업 전반에 걸쳐서 그 기업이 독특하다고 인식될 수 있는 그 무엇을 창조하는 것이다. 차별화에는 고객에 대한 서비스, 디자인, 상표이미지와 기술 등 여러 방법이 있을 수 있다. 또한 한 기업이 여러 가지 분야에서 차별화할 수도 있다. 그러나 차별화전략을 채택한다고 해서 원가를 무시해도 좋다는 것은 아니다. 단지 원가가 제일의 전략적 목표가 아니라는 것뿐이다.

원가우위전략과는 상이한 방법에 의하기는 하지만, 차별화도 일단 성취되기만 하면 산업 경쟁을 유발하는 다섯 가지 요소에 대항하여 기업을 보호해 주기 때문에 산업 평균 이상의 수익을 제공해 준다. 고객에 의한 상표 충성도와 가격의 비탄력성으로 인하여 경쟁에 시달리지 않아도 되며, 이윤을 증가시키므로 낮은 원가체계를 반드시 가져야 할 당위성이 없어진다. 또한 고객의 충성도 및 경쟁기업이 차별화된 기업의 특성을 극복해야 하는 필요성 때문에 진입장벽은 점점 더 높아진다. 구매자는 비교할 만한 대체품이 없기 때문에 가격에 대하여 비탄력적이 되고 협상 능력을 행사하지 못한다. 차별화전략을 채택하여 고객의 충성도를 높인 기업의 제품은 경쟁기업의 대체품보다 나은 지위에 있게 된다.

예컨대 일본의 소니(Sony)사는 컬러 TV 부문에서 독자적인 트리니트론(Trinitron) 방식의 전자총을 개발하여 화질을 향상시킴으로써 RCA 방식을 사용하는 경쟁사 제품에 비해 높은 가격을 받으며 고가품 시장에서 확고한 지위를 확보했다. 다른 예로서 브렌닥스(Blendax) 치약은 차별화전략을 통해 LG화학이 구축해 놓은 치약 시장 독점의 신화를 붕괴시키면서 고급 치약으로서 지위를 굳혀가고 있고, 제일모직이 생산하는 VIP 양복지도 모헤어라는 고급 양모를 섞어 제품을 차별화한 결과 고가 시장에서 높은 부가가치를 획득하고 있다.

그런데 차별화전략과 높은 시장점유율과는 서로 양립되지 못하는 수가 있다. 차별화는 배타성을 의미하는데 그것은 높은 시장점유율과 어울릴 수 없는 개념이기 때문이다. 그 이유를 좀 더 분석해 보면 다음과 같다. 우선 차별화를 이룩하기 위하여 요구되는 활동이 광범위한 시장 조사, 제품 설계, 높은 품질의 원자재, 집중적 고객 지원 등 많은 비용을 수반하는 것이라면 제품 및 서비스에 대한 원가는 올라갈 수밖에 없게 된다. 그러나 비록 그 기업의 우수성을 인정한다 하더라도 높은 원가에 상응한 높은 가격을 기꺼이 지불할 고객은 그리 많지 않은 법이다. 따라서 차별화전략을 추구하는 기업에서는 시장점유율을 올리는 데 일정한 한계가 있게 되는 것이다. 다만 산업에 따라서는 차별화전략을 추구하는 기업이라 할지라도 경쟁기업과 비슷한 수준의 가격을 갖는 것이 불가능하지 않은데, 이러한 기업에서는 시장점유율을 증가시키는 것이 가능할 것이다.

이러한 본원적 전략은 또한 서로 다른 지도자 유형을 요구하며, 서로 다른 조직문화와 분위기, 그리고 서로 다른 종류의 인재를 필요로 한다. <표 6.1>은 지금까지 설명한 두 가지 본원적 전략의 특징을 요약한 것이다.

표 6.1
두 가지 본원적 전략의 특징

본원적 전략	기술과 자원	조직요건
원가우위	• 지속적인 자본조달과 자본투자 • 공정 공학 기술 (process engineering skills) • 노동력에 대한 집중적 감독 • 제조에 용이하게 설계된 제품 • 유통 시스템의 원가 절감	• 철저한 원가 관리 • 빈번하고 자세한 통제보고 • 구조화된 조직과 책임 • 양적 목표 달성 정도에 기초한 자극 임금제도
차별화	• 강력한 마케팅 능력 • 제품공학 • 창의적 재능 • 기초 연구 분야의 우수한 능력 • 질적 또는 기술상의 기업 명성 • 동 산업에서의 오랜 역사나 타 산업에서 얻은 기술의 독특한 결합 • 유통경로로부터의 협동	• R&D, 제품 개발, 마케팅 분야의 상호 조정 • 양적 측정에 대신한 주관적 측정과 자극 임금제도 • 고도로 발달된 기술, 과학자, 창의적인 인재를 유인할 수 있는 좋은 분위기

어중간한 상태

두 가지 본원적 전략은 경쟁력 결정요소에 대응하여 생존하고자 하는 상호 대체적 전략이다. 반면 본원적 전략 중 어느 하나도 수행하지 못하는 어중간한 상태에 있는 기업은 아주 보잘것없는 전략적 상황에 놓여 있는 셈이다. 즉 그 기업은 시장점유율, 자본투자, 원가우위, 차별화 등이 결여되어 있는 상태인 것이다.

어중간한 상태에 놓여 있는 기업은 대부분 낮은 수익성에 시달린다. 그들은 낮은 가격을 요구하는 대규모 고객을 잃거나 원가우위를 확보하고 있는 경쟁기업에 밀려 이익을 포기하여야 한다.

적재용 트럭산업에 있어서 미국 내에서 뿐만 아니라 세계적으로도 높은 시장점유율을 점하고 있었던 클라크 장비회사(Clark Equipment Co.)가 이러한 어중간한 상태에 빠졌다. 토요타(Toyota)사와 고마쯔(Komatsu)사 등 일본 제조업체가 대량 고객만을 대상으로 생산원가를 최소화하고, 수송비를 상쇄하고도 남았던 일본의 저렴한 철강가격을 이용하여 최저가격으로 침투하는 전략을 채택했기 때문이다. 클라크사는 다양한 제품라인과 낮은 원가절감에 대한 관심 부족으로 인하여 높은 시장점유율을 점하기는 하였지만 원가우위를 확보하지 못하고 있었다. 반면 대형 적재용 트럭에 중점을 두고 R&D에 많은 투자를 아끼지 않았던 하이스터(Hyster)사에서는 기술상의 명성과 제품 차별화를 통하여 강력한 위치를 구축했다. 따라서 클라크사의 수익이 하이스터사에 비하여 낮게 나타난 것이다.

또한 대한전선의 가전사업 부문의 경우, LG전자나 삼성전자처럼 막대한 자본투자와 이미지 구축을 기반으로 저원가전략에 의해 높은 시장점유율을 확보하지도 못하고, 아남전자이나 동원전자처럼 차별화 내지 집중화전략을 통해 높은 수익률을 추구하지도 못한 어중간한 상태에 놓여 있었기 때문에 결국 대우그룹에 가전사업 부문을 팔아 넘기지 않을 수 없었다.

어중간한 상태에 처한 기업은 근본적인 전략적 의사결정을 내려야 한다. 원가우위나 적어도 경쟁기업과 동일한 원가수준을 유지하는 조치를 취하든지 아니면 특정 목표에 집중하거나(집중화), 기업의 특이성을 가져야(차별화) 하는 것이다. 그리고 이러한 본원적 경쟁전략을 채택하기가 힘든 경우에는 대한전선의 예에서 보듯이 소속 산업에서 철수하는 방안도 고려해야 한다.

집중화나 차별화는 시장점유율의 저하나 절대 판매액의 감소까지 초래하므로 본원적 전략 중에서 어떤 것을 선택하느냐 하는 문제는 필연적으로 기업의 능력과 한계에 달려 있다. 각 본원적 전략을 성공적으로 수행하는 데는 서로 다른 자원과 능력, 조직 관리 스타일이 적용되어야 하며, 두 전략에 모두 적합한 능력을 가진 기업은 극히 드물다.

일단 어중간한 상태에 빠져들게 되면 그 상황에서 벗어나기 위하여 많은 시간과 지속적인 노력이 소요된다. 어려움에 처한 기업은 두 가지의 본원적 전략 사이에서 우왕좌왕하는 경향을 보일 수 있고, 그러한 일관성의 결여로 말미암아 실패의 가능성이 더욱 높아진다.

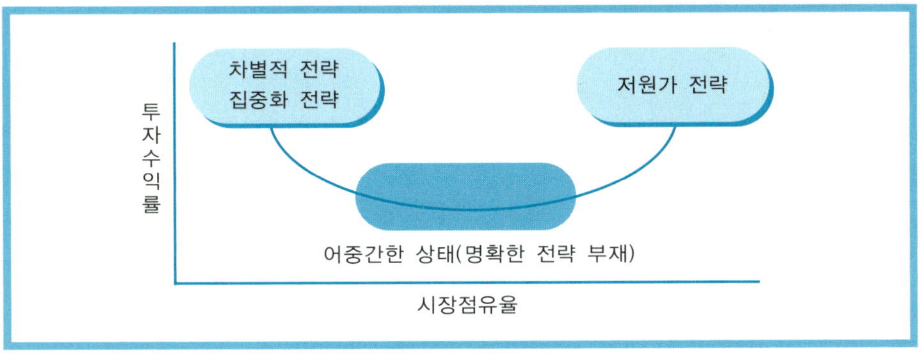

그림 6.11
본원적 전략, 시장점유율과 투자수익률 간의 관계

이러한 점에서 우리는 시장점유율과 수익성의 관계를 알 수 있다. 일반적으로 집중화되거나 차별화된 기업과 원가우위를 지닌 기업의 수익성이 가장 높고, 어중간한 상태에 빠진 기업은 수익성이 낮다. <그림 6.11>에서 보는 바와 같은 U자형의 관계가 있는 것이다. 전 세계적 관점에서 볼 때 <그림 6.11>에 나타난 U자형의 관계는 자동차산업에도 적용될 수 있을 것이다. GM은 저원가전략으로, 메르세데스(Mercedes)사는 차별화전략으로 높은 수익을 올리고 있다. 반면 크라이슬러(Chrysler), 브리티쉬 리이랜드(British Leyland), 피아트(Fiat)사 등은 원가우위도 차별화도 이룩하지 못한 어중간한 상태에 있다.

그러나 <그림 6.11>과 같은 U형의 관계가 모든 산업에 다 적용되는 것은 아니다. 곡물이나 석유제품과 같은 원자재산업의 경우 차별화의 기회는 없고 가격경쟁만이 존재한다. 또 다른 산업에서는 구매자 특성과 제품 특성으로 인하여 원가가 상대적으로 덜 중요시되는 경우가 있다. 이러한 산업에서는 종종 시장점유율과 수익률 사이에 역의 관계가 성립된다. 예컨대 미국의 철강산업과 같이 경쟁자의 수가 많고 경쟁이 치열하여 평균 이상의 수익을 올리는 단 하나의 방법으로 차별화전략을 택할 수밖에 없는 경우도 있다.

저원가는 반드시 높은 시장점유율이 아니더라도 이룰 수 있다. 그 예로 적재용 트럭에서 2위를 달리고 있는 하이스터사는 동종 산업의 많은 소규모 제조업체보다 높은 수익을 올리고 있다. 소규모 기업들은 원가우위를 이룩할 만큼 큰 시장점유율을 갖지도 못하고 원가우위를 상쇄시킬 만큼 충분한 제품 차별화도 이루지 못하고 있기 때문이다.

따라서 가장 중요한 것은 특정 기업에 가장 적합한 전략이 무엇인가를 판단하고 선택하는 것이다. 그리고 전략을 선택할 때는 기업의 능력에 가장 적합한 동시에 경쟁기업이 쉽사리 모방할 수 없는 전략을 선택해야 한다.

본원적 전략의 위험부담

본원적 전략을 채택하고 수행하는 데에는 두 가지 위험이 존재한다. 첫째는 전략을 수립하지 못하거나 수립된 전략을 지속적으로 수행하지 못하는 것이고, 두 번째는 전략을 채택하여 얻는 이점이 산업의 발전과 함께 점차 사라지는 것이다. 두 가지 전략은 경쟁력 결정요소에 대하여 각각 다른 유형의 방어를 제공하고 있으며, 그 결과 서로 다른 위험을 내포하고 있다. 따라서 기업이 최적 전략을 선택할 때에는 이러한 위험요인들을 명확히 파악해야 할 것이다.

원가우위에 따르는 위험요인들

원가전략을 채택하는 기업에서는 장비를 현대화하고, 진부화된 자산을 미련 없이 폐기 처분하고, 제품라인을 확대하지 않고, 기술진보에 항상 주의를 기울이는 등 자신의 지위를 지키려는 노력을 계속해야 한다. 수량이 늘어난다고 해서 자동적으로 원가가 하락하는 것은 아니다. 치밀한 계획과 함께 상당한 관심을 쏟지 않으면 규모의 경제를 달성할 수 없다.

원가우위전략을 채택하는 기업은 진입장벽으로 규모와 경험에 지나치게 의존하는 경우가 많아 다음과 같은 위험에 직면하기 쉽다

- 과거의 투자나 교육훈련을 헛되이 만드는 기술상의 변화
- 모방에 의해서 또는 최신 시설에 대한 투자에 의해서 산업에의 신규 진입자나 추종자들이 저원가 기술이나 묘책을 터득하는 경우
- 원가에 지나치게 주의를 기울여서 생산과 마케팅의 변화를 깨닫지 못하는 경우
- 경쟁기업의 상표 이미지나 기타의 비가격경쟁 요소를 상쇄하기에 충분한 가격 차이를 보장해 주던 기업 능력의 감소

원가우위전략의 위험을 가장 잘 나타내 주는 것은 1920년대의 포드 자동차 회사의 사례이다. 포드사는 모델과 차종을 제한하고 적극적인 후방 통합, 고도로 자

동화된 설비, 보다 저렴한 원가의 적극적인 추진을 통하여 타의 추종을 불허하는 저원가 체제를 이룩하였다. 그러나 이미 차를 소유하고 있던 구매자들은 수입이 늘어남에 따라 점차 스타일, 모델의 변화, 안락성 등에 관심을 보이기 시작하였다. 고객은 그러한 특징을 가진 차를 구입하기 위하여 대가를 기꺼이 지불하였다. 당시 포드보다 후발업체이던 제너럴 모터즈사의 알프레드 슬로언(Alfred P. Sloan) 사장은 이러한 구매자 욕구의 변화를 파악하여 다양한 모델을 시장에 내놓았다. 당시 포드사는 진부한 모델의 원가 최소화에 막대한 비용을 투입하였으므로 전략의 재조정에 또다시 거대한 비용을 필요로 하게 되었고, 이에 따라 제너럴 모터즈의 전략에 기민하게 대처하지 못하였던 것이다. 그 후 포드사는 제너럴 모터즈에게 빼앗긴 업계 제1위의 위치를 한 번도 되찾지 못하였다.

차별화에 따른 위험요인들

차별화전략도 다음과 같은 위험을 수반한다.

- 저원가전략을 채택하고 있는 경쟁기업과의 가격 차이가 너무 커서 상표 충성도가 제 역할을 못하게 되는 경우, 구매자는 낮은 가격에 이끌려 차별화전략을 채택하는 기업의 제품 특성, 서비스, 제품 이미지 등의 일부를 포기하게 된다.
- 차별화 요소에 대한 구매자의 욕구가 줄어들 수 있다. 이러한 현상은 구매자가 더욱 많은 정보에 의해서 합리적인 판단을 하게 될수록 현저하게 나타난다.
- 모방에 의하여 차별화는 더욱 줄어든다.

이 중 첫 번째 위험은 매우 중요하다. 한 기업이 차별화를 이룩하는 데는 그만큼의 가격 차이가 따르게 마련이다. 그리하여 차별화된 기업이 기술상의 변화나 단순한 무관심으로 원가 면에서 크게 불리한 위치에 놓이게 된다면 원가우위전략을 사용하는 기업에 의하여 시장을 쉽사리 잠식당하게 된다. 예를 들면 카와자키(Kawasaki)를 비롯한 일본의 오토바이 제조업자들은 구매자에게 엄청나게 낮은 가격을 제공함으로써 할리 데이빗슨(Harley Davidson)과 트라이엄프(Triumph)와 같이 차별화전략을 추구하는 업체를 성공적으로 공략할 수 있었다.

본원적 전략의 동태적 결합[9]

원가우위와 차별의 동시 달성

원가우위와 차별화는 동시에 달성될 수 있는가? 포터의 주장에 의하면 두 가지 본원적 전략인 원가우위전략과 차별화전략은 양립될 수 없다. 왜냐하면 원가우위전략은 낮은 원가를 유지하기 위해 추가적인 제품 특성이나 서비스를 없앤 표준화된 제품을 소비자에게 제공해야 하는 반면, 차별화전략은 소비자에게 특별한 혜택을 제공하기 위해 추가적인 비용이 소요되기 때문이다.

그러나 현실적으로 컴퓨터산업의 IBM, 가전산업의 GE와 Sony, 자동차산업의 Toyota와 Honda, 담배산업의 Philip Morris 등은 원가우위전략뿐만 아니라 차별화전략도 추구해서 원가우위와 차별화를 모두 달성하였다.

이러한 현상을 고려한 듯 포터는 금속 컨테이너산업에서 원가우위와 차별화를 동시에 달성한 크라운코크앤실(Crown Cork and Seal)사의 예를 들면서 상황에 따라서는 기업이 원가우위와 차별화를 동시에 달성할 수 있다고 주장했다. 포터가 제시한 특정 상황이란 첫째, 경쟁자가 두 가지 전략 대안 중 어느 하나도 수행하지 못하는 어중간한 상태에 빠진 경우, 둘째, 원가절감에 영향을 미치는 여러 요인들 중에서 시장점유율이나 상호 관련성이 원가절감에 절대적 영향을 미치는 경우, 셋째, 기업이 중요한 기술혁신의 선두주자일 경우 등이다.

그러나 포터는 비록 두 가지 본원적 경쟁우위를 동시에 달성한 기업이라 할지라도 경쟁자에 의해 상호 관련성이나 기술혁신 등이 모방당하거나 한 가지 경쟁전략만을 추구하는 강력한 경쟁자가 나타날 경우에는 두 가지 경쟁우위를 지속적으로 추구하는 것이 어렵다고 주장했다.

이러한 포터의 주장을 요약하면, 결국 기업이 상황에 따라 두 가지 본원적 경쟁우위를 동시에 달성할 수도 있지만, 이는 단지 일시적 현상일 뿐이며 경쟁자의 끊임없는 위협 때문에 두 가지 경쟁우위를 계속 유지한다는 것은 불가능하다는 것이다.

반면 원가우위와 차별화를 동시에 달성할 수 있다고 주장하는 연구들이 있는데 이는 크게 몇 가지 부류로 구분할 수 있다.

첫째, 앞서 이야기한 포터의 주장과 달리 특정 상황에서는 두 가지 본원적 전략을 일시적이 아닌 지속적으로 추구할 수 있다. 예컨대 산업에서는 차별화전략이 수요를 증가시키고, 수요 증가는 다시 원가를 절감시키기 때문에 두 가지 본원적 전략은 동시에 달성될 수 있다. 둘째, 특정 상황이 아니더라도 차별화전략, 예를 들면 품질개선을 통한 차별화를 달성한 경우에 불량으로 인한 제반비용을 절감할 수 있는 것과 같이, 가치활동상의 연계에 의해 원가가 절감될 수도 있다. 셋째, 차별화와 시장점유율 간에는 正의 관계가 있어 차별화를 달성한 기업은 시장점유율을 높일 수 있고, 시장점유율이 높아지면 규모의 경제효과에 의해 다시 원가를 낮출 수 있기 때문에 결국 차별화전략은 원가를 절감시킨다는 것이다.

그러나 이러한 주장들은 두 전략의 동시 추구가 가능한 특정 상황만을 언급하고 있거나, 원가우위와 차별화전략 간에 상충관계가 있다고 가정하여 차별화전략에 필요한 원가 부담분이 이로 인한 효익을 초과할 경우에는 원가우위와 차별화를 동시에 달성할 수 없다고 한다. 이 외에도 차별화전략을 추구하면서 원가우위를 달성하는 경우는 설명하고 있지만 그 반대의 경우는 설명하지 못하고 있다.

동태적 관점에서의 본원적 전략의 결합

진화론적 기업이론에서는 기업의 성장과정을 기업이 보유한 특유의 자원이나 능력을 활용하는 계획과정과 새로운 자원이나 능력을 개발하는 학습과정으로 설명한다. 그러나 이 두 가지 과정은 기업의 적응적 변화를 설명할 뿐 급격한 변화는 충분히 설명하지 못한다. 민츠버그와 웨슬리(Mintzberg & Westley)에 의하면, 최고경영자는 각자가 지닌 독특한 비전을 통해 불확실한 미래에 대응하는데, 바로 이러한 비전의 차이가 기업간 전략의 차이를 가져오고 기업에 급격한 변화를 유발시킨다는 것이다.[10]

이렇게 볼 때 기업의 전략적 행동은 그림에서와 같이 크게 비전, 계획, 학습의 3단계로 구성된 순환과정에 의해 이루어지며, 최고경영자에 의해 수립된 비전은 계획과정을 통해 실현되고 학습과정을 통해 재정립(revisioning)된다.

이러한 기업진화의 동태적 모델을 본원적 전략과 결합해 보면, 결국 기업이 수립한 본원적 전략은 비전, 계획, 학습, 다시 비전으로 이어지는 순환과정 속에서 변하게 되고, 이러한 전략의 변환과정에서 두 가지 본원적 경쟁전략은 다시 통합된다(<그림 6.12> 참조).

그림 6.12
진화론적 관점에서 본 전략 프로세스

<그림 6.13>에서 보는 바와 같이 원가우위를 성공적으로 실행해서 원가우위를 획득한 기업은 자신의 전략을 모방하는 경쟁자나 차별화를 추구하는 경쟁자로부터 자신을 보호하기 위해 계속 원가절감에 주력하든지 아니면 차별화를 추구하게 된다. 마찬가지로 차별화를 달성한 기업도 차별화를 계속 추구하거나 가치창조활동의 연계, 규모의 경제, 학습효과 등에 의해 원가를 절감할 수 있다. 이처럼 두 가지 본원적 전략은 특정 시점에서 보면 양립하기 어렵지만 동태적으로 보면 비전, 계획, 학습으로 이어지는 순환과정에 의해 서로 결합될 수 있다.

그림 6.13
본원적 전략의 네 가지 패턴

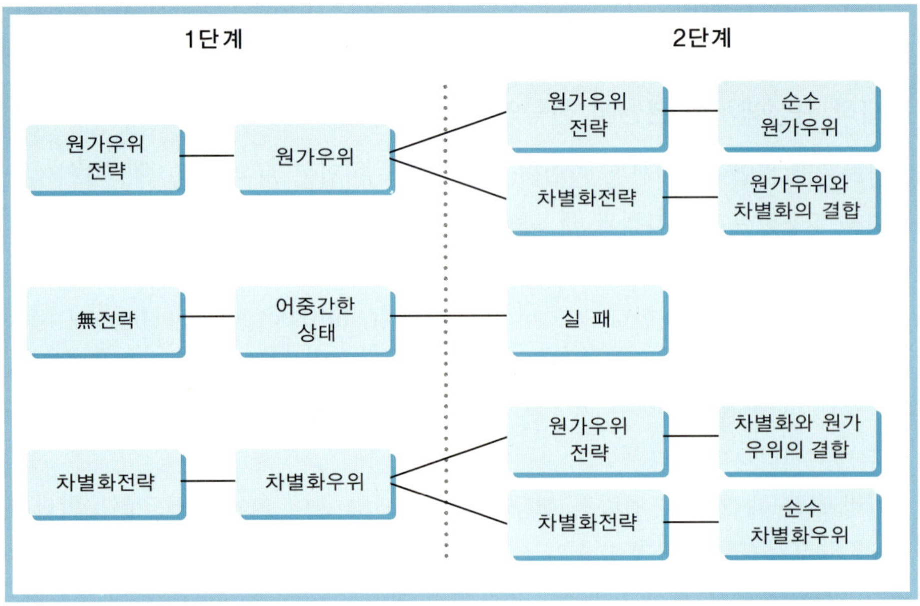

미국의 자동차기업들은 가격에 민감한 고객을 중심으로 대량 생산, 대량 판매 전략을 사용해 한때 세계 자동차산업의 선두 위치를 차지했었다. 그러나 석유파동이라는 환경변화를 맞아 함께 원가우위전략을 추구한 일본 자동차업계의 공격에 적절히 대응치 못했다. 미국 기업들은 일본 기업에 맞서 원가를 더 절감하거나 차별화전략을 추구했어야 했던 것이다. 반면 토요타, 닛산 등 일본 기업들은 원가우위전략과 함께 차별화에도 노력을 기울여 이들 두 가지 전략을 동시에 달성할 수 있는 린 생산방식(lean system)을 개발, 정착시켰다. 이러한 본원적 전략의 통합은 비전-계획-학습이라는 순환과정에 의해 가능했다. 예컨대 토요타의 경우, 에이지처럼 린 생산방식에 대한 확실한 비전을 가지고 이의 정착을 지속적으로 추진한 최고경영자가 있었다. 그는 린 생산방식이라고 하는 독특한 경영시스템을 완성하기 위해 기술, 유통, 조직, 하청업체 등 모든 기업활동에 걸쳐 일관성 있는 전략을 추진했으며, 이러한 전략의 추진과정에서 나타나는 문제점들을 끊임없는 학습과정을 통해 수정, 보완했던 것이다.

제품 포트폴리오 관리(PPM)

개념과 도표의 작성 방법

우리는 2부 제4장에서 기업의 외부 여건을 분석하기 위하여 제품수명주기(Product Life Cycle) 개념을 사용했다. <그림 6.14>에서 보는 바와 같이 제품의 시장규모는 도입기에서 성장기에 이르기까지 계속 커지다 성숙기에서 쇠퇴기로 접어들며 줄어든다.

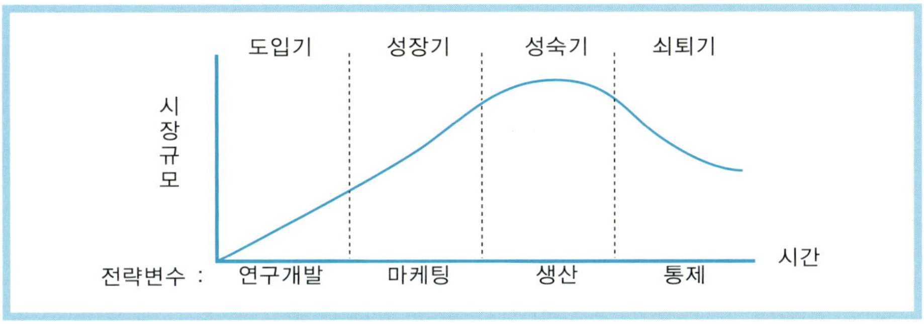

그림 6.14
제품수명주기

도입기에서 가장 중요한 전략 변수는 연구개발(Research & Develop ment R&D)이다. 초기에 신제품이 일반 소비자에게 적응되기 위해 여러 차례의 시행착오를 반복하는 과정에서 필수적인 능력이기 때문이다. 이러한 과정을 거쳐 제품이 일단 소비자가 만족하는 품질을 갖추면 시장이 급격히 커지게 된다. 따라서 성장기에 가장 필요한 경영 능력은 마케팅이다. 이 시기는 경쟁기업이 나타나기 전이고 제품을 처음 개발한 기업이 독점적인 시장지배권을 행사하는 까닭에 가격은 그동안 투입된 연구개발비, 시설비 등의 고정비를 회수하기 위해 비교적 높게 책정된다. 따라서 생산과정의 합리화로 인한 변동비의 절감은 아직 문제점으로 등장하지 않는다.

그러나 제3단계인 성숙기로 넘어가면서 시장 모습이 달라진다. 우선 후발기업이 경쟁에 참가하면서 가격경쟁이 일어나고, 어느 정도 포화상태에 이른 시장은 신규소비자에서 반복소비자로 구성이 바뀌게 된다. 따라서 마케팅 활동의 가치가 상대적으로 사라지고, 가격경쟁에서 이기기 위한 원가 절감이 중요 문제로 대두하면서 경영의 초점이 생산으로 옮겨가게 된다.

마지막 쇠퇴기에서는 이미 새로운 대체제품의 개발 및 시장조건의 변화로 그 제품에 대한 소비자가 급격히 줄어들게 된다. 따라서 이 시기에는 무엇보다도 철저한 통제를 통한 원가관리로 단기적인 수익성의 침체를 저지하고, 궁극적으로는 제품의 생산 자체를 포기하기 위한 전략이 필요하게 된다. 여기에서는 시장규모의 성장이라는 외부 여건 하나만으로 전략의 방향이 결정된다는 것을 주의해야 한다.

이번엔 이러한 외적 여건에 내적 여건을 연결시켜서 생각해보기로 하자. 여기에서 시장성장률이라는 외적 변수와 시장점유율이라는 내적 변수를 각기 Y축과 X축에 놓으면 <그림 6.15>가 된다. 이 그림을 제품 포트폴리오 도표(Product Portfolio Matrix)라 하며, 제품 포트폴리오 관리(Product Portfolio Management: PPM) 기법에서 핵심적으로 활용된다.

그림 6.15
제품 포트폴리오 도표

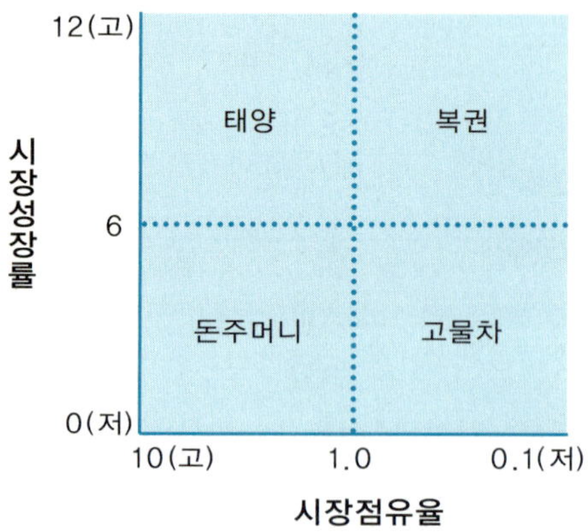

우리나라의 경우 1990~1999년 사이의 경제성장률이 6.12%이고 2000년대의 기대성장률 역시 6% 수준으로 가정하면 6%를 Y축의 중간점에 위치시킬 수 있을 것이다. 따라서 기업이 생산하는 제품 중에서 그 제품에 대한 국내의 시장성장률이 6% 이상인 경우에 <그림 6.15>에 있는 사각형의 상단에 표시되고 그렇지 못한 경우에는 하단에 표시된다.

다음으로 X축의 시장점유율은 전체 시장에서 그 기업의 제품이 점하는 절대적 비율이 아니라 동종 산업에 있는 경쟁기업 중 가장 큰 기업의 규모와 비교되는 상대적 시장점유율로 나타낸다. 예컨대 2005년 갑(甲) 제품에 대하여 제일 큰 시장점유율을 갖고 있는 A기업의 판매액이 10억 원이었고 두 번째로 큰 B기업의 판매액이 5억 원이었다면 A기업의 시장점유율은 2.0, B기업의 시장점유율은 0.5가 된다. 따라서 1.0보다 적은 시장점유율은 그 기업이 시장 내에서 제일 큰 점유율을 갖고 있지 않음을 뜻하며, 반대로 1.0보다 큰 점유율은 그 기업이 시장 내에서 제일 큰 점유율을 갖고 있음을 뜻한다.

또 한 가지 X축에 대하여 주의할 점은 스케일이 Y축과 달리 로그 스케일(log scale)이라는 것이다. 즉 1.0을 중심으로 하여 오른편에 0.1을 나타내는 점이 있다면 왼편에 그 대칭되는 위치에는 1.9가 아니라 10.0을 나타내는 점이 찍혀야 한다. X축에 로그 스케일을 쓰는 이유는 상대적 점유율의 성격상 0~1 사이의 구간과 1~무한대 사이의 구간에 1대1의 대칭관계(one-to-one correspondence)가 있기 때문이다. 즉 위의 A기업과 B기업 간의 예에서 보는 바와 같이 A기업의 2.0에 반대되는 수치는 0(산술적인 스케일에서 1을 중심으로 했을 때 2에 대칭되는 수치)이 아니라 0.5이므로 이러한 2와 0.5 또는 10과 0.1 간의 대칭관계를 나타내기 위해서는 로그 스케일을 써야 하는 것이다. 물론 1을 X축의 중간지점에 놓았을 때 현실적으로 생길 수 있는 10 또는 100 등의 수치를 산술적인 스케일에 의한 그래프에 나타내기 어려운 점도 로그 스케일을 쓰게 되는 이유이다.

X축의 시장점유율을 나타내는 데 있어서 절대적인 점유율을 쓰지 않고 최대 경쟁기업과의 상대적 위치를 쓰는 것은 60%와 40%의 시장점유율을 가진 두 기업으로 구성된 甲제품 시장과 30% 시장점유율을 가진 한 회사와 10% 점유율을 가진 7개 회사, 도합 8개 회사로 구성된 乙제품 시장을 비교해 볼 때 甲제품 시장의 40% 시장점유 기업보다는 乙제품 시장의 30% 시장점유 기업이 훨씬 높은 경쟁력을 갖고 있기 때문이다.

시장성장률과 시장점유율을 나타내는 Y축과 X축을 각각 이분(二分)하면 <그림 6-15>와 같이 4분면으로 나눌 수 있다. 여기에서 우상방(右上方)의 1/4분면은 고성장 · 저점유, 좌상방(左上方)의 2/4분면은 고성장 · 고점유, 좌하방(左下方)의 3/4분면은 저성장 · 고점유, 우하방(右下方)의 4/4분면은 저성장 · 저점유를 나타내는데 각 분면의 특징에 따라 별(star), 자금 젖소(cash cow), 개(dog)라고 비유하거나, 물음표(?), 별(☆), 돈($), ×표(×) 등의 부호로 나타내기도 한다. 이 책에서는 그 속성을 가장 잘 표현한다고 생각되는 "복권", "태양", "돈주머니", "고물차"로 나타내기로 한다.

기업은 자신이 취급하는 각 제품을 성장성과 시장 내에서의 위치에 따라 <그림 6.15>에 있는 사각형 안에 그려 넣을 수 있다. 그리하여 제품은 사각형 안에 점으로 표시되거나 제품 매출액에 비례한 크기를 가진 원으로 표시된다. 특히 후자의 방법은 매출액이 다른 여러 제품들을 시각적으로 비교할 수 있게 하므로 더 좋은 방법이라 하겠다.

그러면 <그림 6.15>에 나타난 네 분면을 자금 수지 측면에서 살펴보기로 하자.

PPM의 특성

1/4분면(복권)

복권은 일반적으로 확률은 지극히 낮으나 요행히 경제성 있는 유전을 발견하면 한몫 잡을 수 있는, 마치 실제 복권과 같은 사업이다.[11] 1/4분면에 위치한 사업은 현재 시장 내에서의 위치가 미약하기 때문에 점유율을 높이고 단위원가를 내림으로써 경제성을 확보하기에는 많은 어려움이 따르지만, 성공만 한다면 시장 자체의 성장성이 높기 때문에 좋은 수익성을 올릴 가능성을 갖고 있다. 따라서 이 사업을 유지하고 성장하기 위해서는 많은 자금이 필요한 반면 시장점유율은 낮은 까닭에, 조속한 시간 내의 자금 회수는 곤란하다.

2/4분면(태양)

이것은 성장률도 높고 점유율도 높은 사업이다. 자금을 자급자족할 수도 있고 그렇지 못할 수도 있다. 그러나 장기적으로 볼 때 많은 수입을 가져오는 사업이 될 것이다.

3/4분면(돈주머니)

시장점유율은 높으나 이미 제품수명주기상의 성장기를 넘어선 사업이다. 많은 자금을 창출할 수 있는 능력을 가지고 있다.

4/4분면(고물차)

이 사업은 성장률도 낮고 점유율도 낮은 까닭에 수익이 많지 않을 뿐 아니라 앞으로 전망도 별로 없기 때문에 재투자도 필요 없다.

이러한 4분면 간의 자금 수지를 보면 <그림 6.16>에서 보는 바와 같이 3/4분면(돈주머니)에서 1/4분면(복권)으로 자금이 흐르는 것이 가장 적절하다고 보겠다. 다만 2/4분면(태양)의 자금 필요성에 따라, 그리고 4/4분면(고물차)의 수익성에 따라 부분적인 자금의 이동이 가능할 것이다.

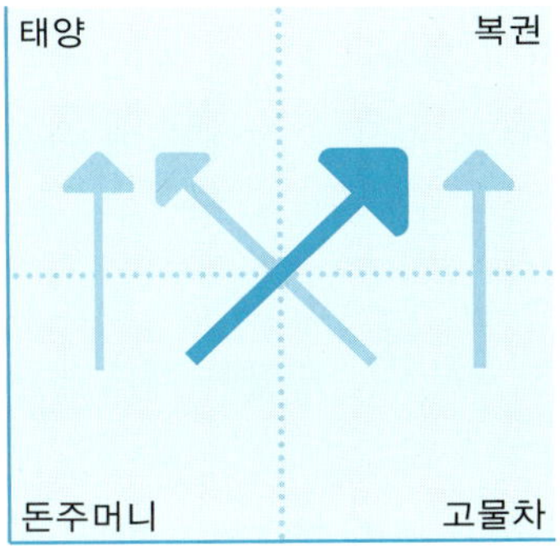

그림 6.16
제품 포트폴리오 도표에서의 자금이동

각 사업은 기업이 채택한 전략의 성패 여부에 따라, 외부 여건인 제품수명주기에서 시장성장률이 변화함에 따라, 제품 포트폴리오 도표 내에서의 위치가 바뀐다. 예컨대 기업이 1/4분면에 있는 "복권" 사업에 손을 대기도 전에 성장률이 떨어진다면 이 사업은 4/4분면의 "고물차" 사업이 될 것이다. 이와 반대로 기업이 적극적인 전략 활동을 성공적으로 수행하여 시장점유율을 높인다면 이 사업은 "태양" 사업으로 자리를 바꾸게 된다. 2/4분면에 있는 "태양" 사업은 장기적으로 성장률이 둔화됨에 따라 필연적으로 "돈주머니"로 변화한다. 여기에서 기업이 "돈주머니" 사업의 쇠퇴를 감안하여 적극적인 투자활동을 삼가고 있을 때 경쟁업체가 생산시설 확장 및 마케팅 활동을 적극적으로 벌인다면, 이 사업은 결국 "고물차" 사업으로 변모할 것이다. <그림 6.17>은 제품 포트폴리오 도표 상에서 사업이 변화하는 과정을 보여주고 있다.

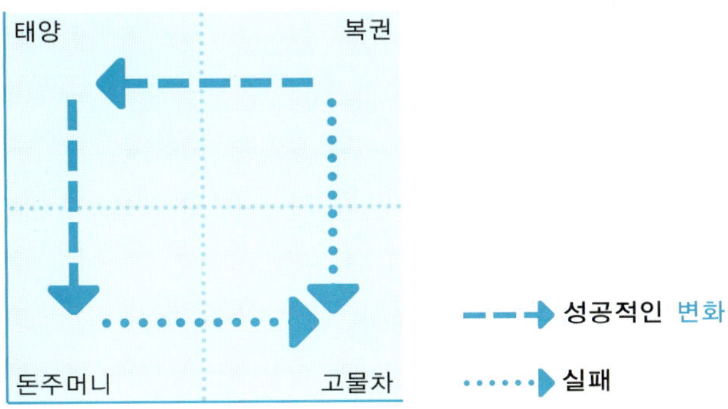

그림 6.17
제품 포트폴리오 도표에서의 사업 위치 변화

이같이 각 분면의 특성과 관계를 정의할 때 가장 좋은 전략은, "돈주머니" 사업에서 나온 자금을 "복권" 사업 중에서도 가장 잠재경쟁력이 큰 사업에 투자해 그 사업을 "태양" 사업으로 만드는 것이다. 이 투자에 의해 이루어진 "태양" 사업은 다시 "돈주머니" 사업으로 변해 또 다른 "복권" 사업에 대한 투자 지원을 하게 될 것이다. 반면에 잠재경쟁력이 없다고 인정되는 "복권" 사업은 투자를 멈추고 "고물차" 사업으로 만들거나 도태시키는 전략이 채택되어야 한다. "고물차" 사업은 자금이 창출되는 한 유지시켜야 하겠으나, 이 사업을 매각하여 나오는 자금이 더 효과적으로 쓰일 수 있다면 한시 바삐 처분해야 한다.

PPM 분석

기업의 제품을 포트폴리오 도표에 나타내면 다음과 같은 다섯 단계 분석을 할 수 있다.[12]

내부 균형

포트폴리오의 4분면 각각에 제품이 적절히 배치되었는지 검토되어야 한다. 가장 많은 매출액(가장 큰 원)을 갖는 제품은 "태양"이나 "돈주머니" 분면에 위치해야 한다. "복권" 분면에는 제품을 거의 배치하지 말아야 한다. 왜냐하면 "복권" 분면의 제품들을 "태양" 분면으로 옮기기 위해서는 많은 자금이 필요하고 조금이라도 잘못되면 큰 손실을 입을 것이기 때문이다. 대부분의 제품들은 "돈주머니" 분면에 위치해야 한다. 그 이유는 "돈주머니"에서 나오는 자금으로 다른 제품에 대한 투자 지원을 해야 하기 때문이다. "고물차" 분면에 자리잡게 될 제품도 거의

그림 6.18

비교적 견실하고 다각화된 기업의 전형적 제품 포트폴리오 도표

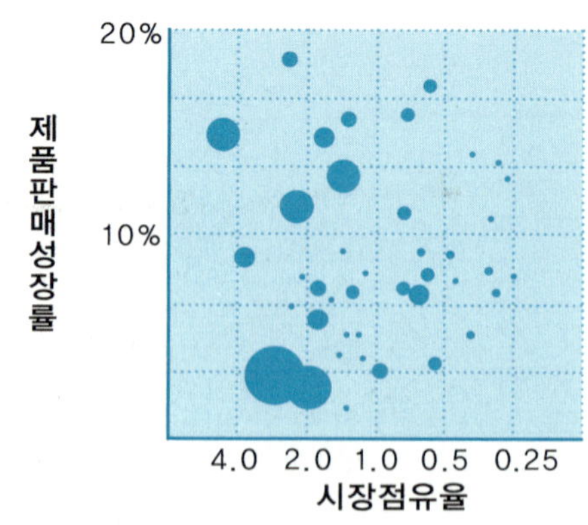

없어야 한다. "고물차" 분면의 제품들이 창출해 내는 얼마 안 되는 자금은 그 사업의 경영에 필요한 노력에 비하여 볼 때 큰 가치가 없기 때문이다. <그림 6.18>는 성공적으로 다각화된 기업의 전형적인 포트폴리오이다.

추세

3년 내지 5년 전에 포트폴리오 도표를 작성한 경우, 이것을 현재의 그림과 비교해 봄으로써 각 제품이 움직이는 방향과 속도를 알 수 있다. 이 두 그림을 비교했을 때 주요 제품의 변화가 발견되면 현재의 변동 방향을 정확히 파악하기 위해 변동된 제품들의 변동 궤적을 연도별로 추적해봐야 한다. 이러한 추세에 비추어 다가오는 5년 후를 예측하면 현재 정책이 그 기간 동안 유지될 때 각 제품이 어디에 위치하게 될 것인가를 알 수 있다.

이 전망 도표로부터 바람직한 포트폴리오를 나타내는 목표 도표를 도출할 수 있다. 목표 도표를 작성함으로써 다음 단계에서 현재와 미래의 경쟁 상태와 재무조건 하에서 과연 이 목표가 달성될 수 있는가를 검토할 수 있게 된다.

경쟁도(競爭度)의 분석

이 단계에서는 주요 경쟁회사의 제품 포트폴리오 도표가 도출되어야 한다. 일반적으로 이것은 자기 기업에 대한 도표만큼 믿을 만한 것은 못되지만 경쟁자에 대한 최대로 이용 가능한 정보로 작성하는 한 산만한 데이터보다는 유용한 자료가 될 수 있다. 경쟁도의 분석에 있어서는 한 번에 한 제품만을 택해야 한다. 점유율 증가에 대한 가능성을 검토하기 위해서는 각 기업 간에 경쟁의 강도가 평가될 수 있도록 도표가 작성되어야 한다. 예를 들어 저성장 부분에서, 즉 "돈주머니"와 "고물차" 분면에서 점유율을 높이기 위한 시도는 점유율 면에서 최대 경쟁기업과 자기 기업이 대충 비슷한 위치에 있거나 자기 기업이 가장 높은 점유율을 가지고 있을 때, 또는 현재 점유율이 낮더라도 추세 도표에서 좌향(坐向) 추세가 분명한 경우에만 해야 한다. 따라서 "복권" 또는 "고물차" 부문에 있으면서도 시장점유율이 특히 낮은 제품은 적극적인 점유율 증가 전략을 포기해야 한다. 반면에 "복권" 분면상에서 상대적 시장점유율이 1.0에 가깝고 최대 경쟁기업과 경쟁할 만큼 충분한 판매량을 가진 제품이나 좌향 추세가 뚜렷이 보이는 제품, 그리고 시장에서 선도적 지위에 있는 "태양" 제품은 적극적인 점유율 증가 전략을 시도할 가치가 있다.

이 단계에서 제품은 잠정적으로 네 개의 전략그룹으로 나누어지게 된다. 즉 점유율 증가 전략이 시도될 수 있는 성장 제품(제1그룹), 점유율 유지 제품(제2그룹), 자금 창출에 이용될 고갈 제품(제3그룹), 그리고 제거대상 제품(제4그룹)이 있다. 이 분류는 다음 단계에서 목표 포트폴리오를 재조정하는 데 활용된다.

산업에서의 위치

Y축에는 시장성장률을 그대로 사용하고 X축에는 시장점유율 대신 그 기업에 한정된 제품성장률을 나타내는 <그림 6.19>와 같은 성장률 도표를 작성해 보자.

<그림 6.19>에서 대각선을 중심으로 좌상방(左上方)은 시장 성장이 제품 성장보다 높은 제품을 나타내는데, 이는 결국 시장점유율의 감소를 가져온다. 기업에서 거액의 자금 유출을 하려는 경우(제3그룹)나 제품을 시장에서 제거하려는 경우(제4그룹)를 제외하고는 어떤 제품도 대각선 윗부분에 위치하지 않는 것이 바람직하다. 만약 현재 상황이 그렇지 못하다면 위의 세 번째 단계에서 확립된 제품의 전략적 분류를 재조정해야 한다.

그림 6.19
성장률 도표

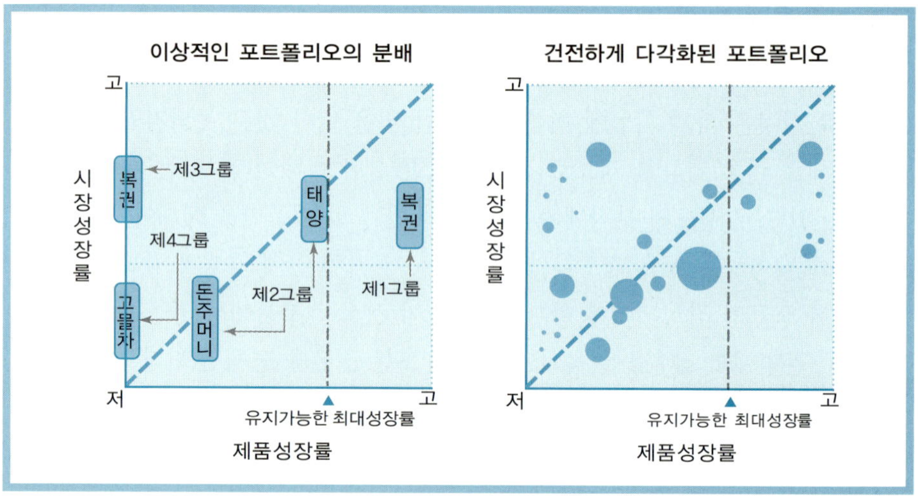

이 단계에서의 분석은 보통 제2단계에서 행했던 추세 분석의 결론을 그림으로 확인하는 역할을 한다. 특히 이 단계에서는 유지 가능한 '최대성장'의 개념을 분석에 도입할 수 있다. 만약 공식으로부터 계산된 유지 가능한 최대성장률[13]이 도시(圖示)된 바와 같이 Y축에 평행하는 사출선(· — · —)으로 표시된다면, <그림 6.19> 왼쪽에 그려진 '이상적' 포트폴리오 형태를 기준으로 제품의 위치를 변화시키는 제품전략이 개발될 수 있다. <그림 6.20>을 보면, 유지 가능한 최대성장률선 근처에 위치한 "고물차" 제품은 잠재력에 비해 지나친 성장을 추구하고 있다. 따라서 이 경우에는 시설 확장을 금지하여 시장점유율을 떨어뜨림으로써 이상적인 제로 성장축 근처에 재위치시킬 수 있다. 이러한 전략을 수확(harvesting)이라 한다.

<그림 6.19>에 나타난 것처럼 제품들은 성질에 따라 그룹을 이룬다. "고물차"는 Y축 근처에 집중되어야 한다. 왜냐하면 시설 확장을 하지 않는 것이 이 제품에 대한 전략이기 때문이다. 그리고 "돈주머니"는 대각선을 따라 밀집해야 한다. 시장성장률과 제품성장률을 동일하게 유지하여 시장점유율을 계속 유지해야 되기 때문이다. "태양"은 계속 시장점유율을 증가시킬 수 있기 때문에 대각선에서 좌하방(左下方)에 집중되어야 한다. "복권"은 통상 두 가지 그룹을 이룬다. 하나는 성장을 위한 지원을 거의 받지 않는 그룹이고, 다른 하나는 매우 많은 지원을 받는 그룹이다.

이런 분석의 목적은 유지 가능한 최대 성장선에 대한 제품 간의 균형이 이루어졌는가를 알아보는 것이다. 적절히 조정되고 균형잡힌 포트폴리오는 <그림 6.19>의 오른쪽 도표처럼 성격에 따라 제품들이 알맞게 자리잡고 있는 형태를 이루게 된다.

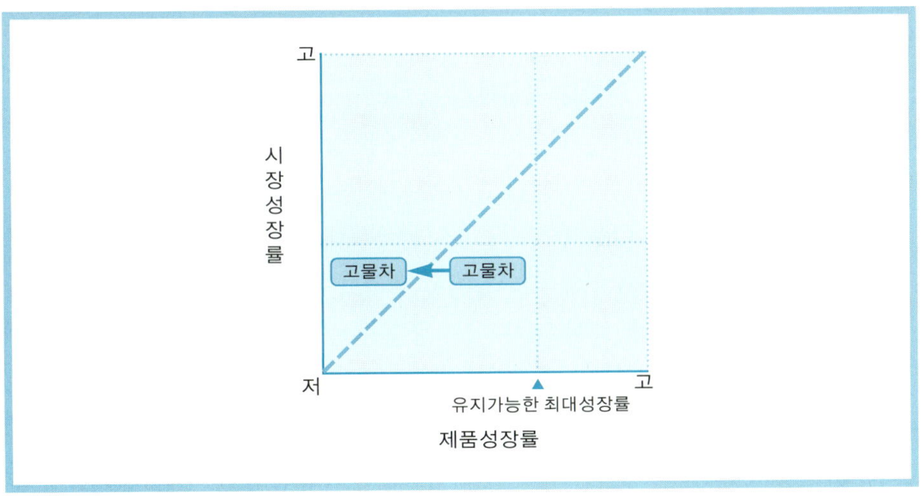

그림 6.20
성장률 도표에 의한 제품 전략 개발

재무적 균형

이 마지막 단계에서 그동안 검토된 전략이 자세한 자금 수급 계산에 의거해 확정된다. 전 단계에서 도출된 잠정적 제품 분류를 참고해 모든 제품에 대한 자금의 수요 또는 공급이 추정된다. 즉, "고물차"와 일부의 "복권"은 극히 소량의 자금을 공급하고 나머지 대부분은 "돈주머니"와 일부의 "태양"에 의해 공급된다. 그리고 시장점유율 증가가 목표인 일부의 "복권"과 "태양"은 공급된 자금을 모두 소요하게 된다. 그러고도 자금의 수요가 공급을 초과한다면 외부로부터 공급될 수 있는 자금이 궁극적으로 자금 수급의 균형을 유지하는 데 사용될 것이다. 만일 외부로부터의 자금 확보가 어렵다면 몇 가지 제품이 재분류되어야 한다. 예를 들어 현재 포트폴리오에서 자금 부족이 발생한다면 더 많은 "고물차"와 "복권"이 처분되어 자금 공급의 원천으로 이용되어야 할 것이다.

PPM에 의한 전략 개발

이상과 같은 전사적 차원의 분석과 전략 개발이 끝난 다음에는 구체적으로 각 제품 및 제품 그룹에 대한 전략을 수립, 실시해야 한다. 일반적으로 다음과 같은 전략 방안이 제시될 수 있다.

- "복권" 제품은 가능한 한 빨리 "태양" 제품으로 육성해야 한다. 물론 모든 "복권" 제품을 육성할 자금 능력이 없으므로, 가장 유망한 제품만을 선택하고 나머지는 그대로 두거나 처분해야 한다.
- "태양" 제품에 대해서는 시장점유율을 계속 늘리기 위해 집중적인 투자를 해야 한다. 여기서는 수익성보다도 시장점유율이 더욱 중요한 목표이다.
- "돈주머니" 제품에 대해서는 자금 공급을 극대화하기 위해 시설의 유지와 생산원가 절감에 도움이 되는 투자만을 행하고, 나머지 연구개발, 선전 광고, 신규 시설 투자 등에 대한 투자는 일체 금지해야 한다. 동시에 경쟁기업에 대해 원가 면에서 유리한 위치를 차지하기 위해 고정비에 대한 감가상각을 빨리 끝내야 한다.
- "고물차" 제품에 대해서는 가능한 한 빨리 처분을 하는 것이 유리하다. 신규 시설 투자는 물론 시설 유지비에 대한 투자도 억제해야 한다. 만일 다른 기업에 이 부분을 팔 수 없다면 결손 처분을 하는 것이 더 현명할 수도 있다. 그러나 경영자들은 이러한 "고물차" 제품 사업에 대해서도 미련을 갖고 연연해 하는 경향이 많은 것 같다.

PPM에 대한 문제점은 어느 경영자도 "고물차" 사업은 물론 "돈주머니" 사업도 맡기 싫어한다는 사실이다. 성장성이 낮고 장래에 대한 전망이 나쁜 사업보다는 성장성도 높고 전망도 좋은 사업을 맡고 싶은 것이 당연하다 하겠다.

이 문제는 사업 성격에 따라 적절한 능력과 성격을 가진 경영자를 배치하는 인사관리로 해결될 수 있다. "복권" 사업은 과감하고 도전적이며 모험심이 강한 창업가적 정신을 가진 경영자에게 맡겨야 한다. 또 "태양" 사업은 연구개발 능력과 마케팅 능력을 갖춘 경영자가 적합할 것이다. 반면 "돈주머니" 사업은 생산관리의 배경과 경영의 합리화에 대한 능력을 갖춘 경영자를 필요로 한다. 마지막으로 "고물차" 사업은 종업원을 해고하고 기업 자산을 처분하는데 주저 없이 결단을 보일 수 있는 강인하고 냉정한 성격의 소유자만이 이끌어 갈 수 있다.

동시에 인사 고과에 있어 "복권"에는 성공에 대한 높은 보너스 제도, "태양"에는 시장점유율 증대와 연결된 보너스 제도, "돈주머니"에는 자금 공급의 극대화에 연결된 보너스 제도, 그리고 "고물차"에는 높은 고정급과 기업 처분 시기에 연결된 보너스 제도를 채택하는 방법도 생각할 수 있을 것이다.

PPM의 응용과 변형

로얄 터치 셀 기법과 GE 매트릭스

PPM 기법은 경험곡선 개념을 개발한 보스턴 컨설팅그룹에서 창안했다. 이 기법을 효과적으로 활용하기 위해 흔히 채택되는 조직제도가 전략사업단위제도인데, 다양한 제품에 의한 다각화가 이루어져 있는 외국 기업에서는 물론 국내의 S그룹, L그룹, D그룹 등에서도 성격이 다양한 여러 업종에 대한 전략을 각각 효과적으로 개발하기 위해 채택하고 있다.

사업에 대한 전망 \ 기업의 경쟁능력	고	중	저
고	선두주자 (leader)	조금 더 노력 (try harder)	노력 배가 또는 포기 (double or quit)
중	성 장 (growth)	보 류 (custodial)	단계적 철수 (phased withdrawal)
저	자금 공급 (cash generator)	단계적 철수 (phased withdrawal)	처 분 (disinvest)

그림 6.21 제품 포트폴리오 도표의 변화도 (로열 더치 셸의 기법)

세계 제2의 석유회사인 로열 더치 셸에서는 제품 포트폴리오 도표를 수정하여 <그림 6.21>과 같이 3 × 3 = 9, 즉 9개로 분리된 도표를 사용하기도 한다. 또 제너럴 일렉트릭에서는 <그림 6.22>과 같이 9개로 나뉜 도표를 사용하여 해외시장의 분석을 행하기도 한다.

그림 6.22
제너럴 일렉트릭의 해외시장 분석표

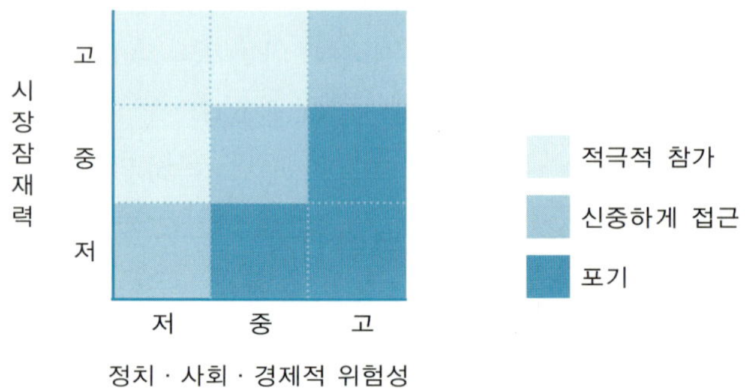

다만 <그림 6.22>에서는 Y축과 X축에 모두 기업의 외부 여건인 시장의 잠재력과 정치 · 사회 · 경제적 위험성을 변수로 채택하고 있으며, 이러한 관점에서 볼 때 보스턴 컨설팅그룹의 PPM과는 사각형을 쓴 것만이 같을 뿐이므로 둘을 엄격히 구별해야 할 것이다. 여기서 사각형이 갖는 의미는 무수히 많은 독립변수 중에서 가장 중요한 2개의 변수만을 골라 2차원의 평면에서 정렬해 놓은 것에 불과하다. 이러한 사각형을 보스턴 컨설팅그룹은 외적 여건인 시장성장률과 내부 여건인 시장점유율로 규정한 반면, 제너럴 일렉트릭에서는 2개의 외부 여건으로 규정한 것이다. 따라서 경영자는 위와 같은 기준의 양식에 얽매일 것 없이 각기 자신에게 가장 중요한 전략 변수라고 판단되는 2개를 골라 고유한 전략 모델을 개발할 수도 있다.

예컨대 우리나라 기업의 국제화 전략 방안으로 <그림 6.23>과 같은 전략 모델을 구성할 수 있다. 이 그림에서 Y축은 우리나라 기업의 외부 여건 중에서도 국제적으로 가장 심각한 애로사항으로 대두되고 있는, 한국 제품에 대한 수입 규제 또는 생산설비 투자에 대한 투자비율 규제와 같은 진출 대상국이 우리나라 기업에 대해 취하는 규제 조치의 강도를 나타낸다. 그리고 X축은 기업의 내부 여건인 재무능력, 국제경영 관리능력, 해외 마케팅 등에 대한 능력을 나타낸다.

X축과 Y축을 2등분할 때 기업의 외부 및 내부 여건이 각각 상이한 4분면으로 나누어진다. 그 중 1/4분면은 약한 외적 규제와 약한 내적 능력을 나타내며, 이러

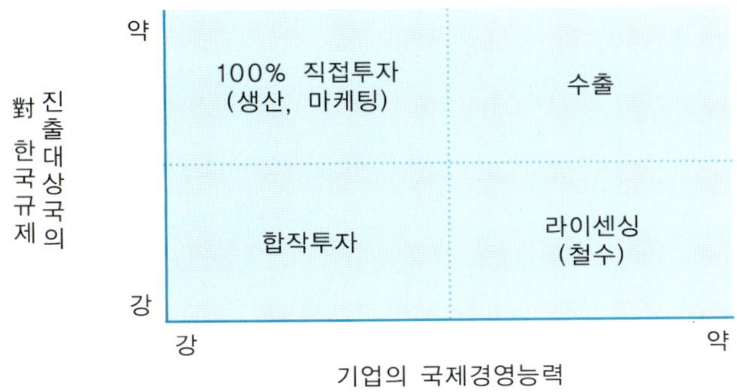

그림 6.23
한국 기업의 국제화 전략 모델

한 여건에서는 수출이 가장 적절한 국제화 전략이 된다. 2/4분면은 약한 규제하에서 강한 능력을 가지고 있는 경우이다. 이럴 때는 현지 시장에 적극적으로 침투하여 부가가치를 높이기 위해, 100% 직접투자를 통한 마케팅 활동 그리고 궁극적으로 현지 생산활동까지도 시도할 수 있을 것이다. 그러나 3/4분면과 같이 진출대상 국가의 현지 직접투자에 대한 규제가 강화되면, 기업은 한 발 후퇴하여 현지인과의 합작투자를 모색해야 한다. 문제는 우리나라 기업의 국제 경영 역량이 갖추어지지 못한 상황에서 등장하는 수입 규제로 말미암아 4/4분면의 여건이 닥치는 경우이다. 이때 기업이 축적한 기술이 있다면 현지 생산자에 대한 기술의 라이선싱(licensing)으로 해외 진출 전략을 바꿀 수도 있다. 그러나 기업이 아무런 기술 축적 없이 그동안 저렴한 생산비에서 나오는 국제 경쟁력만을 바탕으로 수출활동을 해왔다면, 어쩔 수 없이 진출 시장에서 철수해야 하는 딱한 처지에 놓이게 될 것이다. 이렇게 2차원으로 나타나는 두 개 변수에 만족하지 못하는 경영자는 세 개 변수에 의한 3차원의 입체적 전략 모델을 개발해 볼 수도 있겠다.

대안적인 보스턴 컨설팅그룹 매트릭스[14]

'대안적인 보스턴 컨설팅그룹 매트릭스'는 매트릭스의 차원을 경쟁 가능한 방법들의 수와 경쟁우위의 규모로 나누어 분석한 본원적 전략을 제시한다. 이러한 두 차원에 따라 그려진 매트릭스를 보면 <그림 6.24>와 같다.

경쟁 가능한 방법이란 한 기업이 경쟁우위를 성취하는 방법이 다양한지에 관한 것으로, 대개 산업 내에서 그 기업의 차별화 가능성에 의해 결정된다. 또한 경쟁우위의 규모는 경쟁우위 정도의 대소에 대한 것이며 대개 특정 산업에 대한 진입장벽의 크기에 따라 결정된다.

그림 6.24
대안적인 보스턴 컨설팅그룹 매트릭스

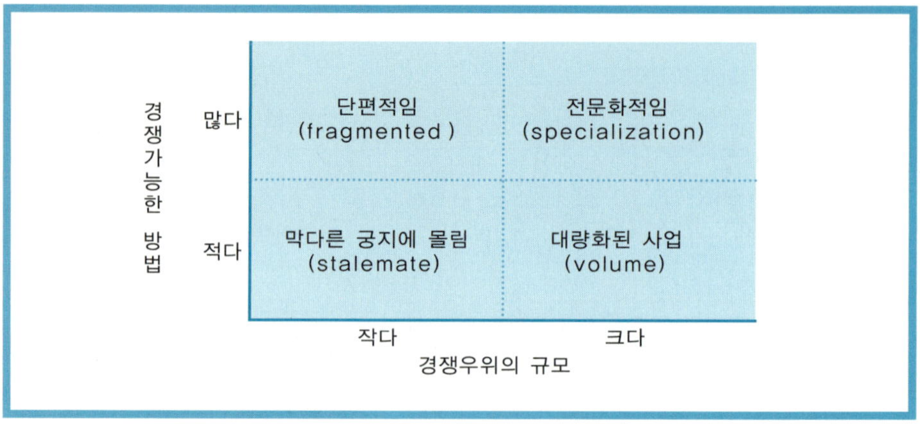

이러한 두 가지 변수를 가지고 작성된 '대안적인 보스턴 컨설팅그룹 매트릭스'가 제시하는 본원적 전략들은 <표 6.2>와 같다.

표 6.2
본원적 전략

사업의 범주	본원적 전략
대량화된 사업	원가우위 선도
전문화적임	차별화된 제품으로 적소 시장을 추구하거나 전 시장을 커버
단편적임	경쟁 가능한 많은 방법들이 존재 자신의 상대적 강점과 독특한 능력을 찾음
막다른 궁지에 몰림	생존, 비용 감소, 생산성을 추구

수명주기 포트폴리오 매트릭스[15]

수명주기 포트폴리오 매트릭스는 '아더 디 리틀 회사(Arthur D. Little, Inc.)' 에서 개발되었으며, 매트릭스의 형태와 수명주기별 특징을 보면 각각 <그림 6.25>, <표 6.3>과 같다.

여기서 매트릭스의 한 축을 형성하는 경쟁적 위치는 다음과 같이 6단계로 구분할 수 있다.

- 지배적(dominant): 지배적인 경쟁자가 거의 없다. 지배적인 기업이 있다 해도 대개 의사 독점(quasi monopoly)이거나 강력히 보호된 기술우위로부터 나온다.
- 강력함(strong): 모든 산업에 지배적이거나 강력한 경쟁자가 존재하는 것은 아니다. 하지만 이런 강력한 경쟁자는 대개 자신이 선택한 전략을 방해없이 추구할 수 있다.

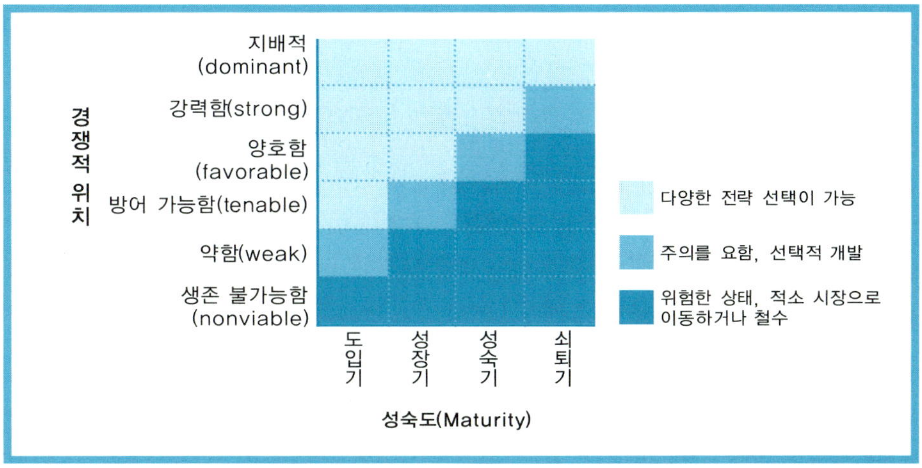

그림 6.25
수명 주기 포트폴리오 매트릭스

- 양호함(favorable): 산업이 세분화되어 있고 명백한 경쟁자가 없는 경우, 선도 기업은 양호한 위치에 있을 수 있다.
- 방어 가능함(tenable): 방어 가능한 위치는 작거나 보호되는 적소 시장에서 수익을 올림으로써 유지된다. 지역적 전문화나 제품 전문화 등이 있을 수 있다.
- 약함(weak): 약한 경쟁자는 규모가 너무 작아 장기적으로는 생존할 수 없다. 산업 경쟁조건이 호전되어 대규모의 강력한 경쟁자가 될 수 있으나 결정적인 약점이나 과거 비용상의 실수로 인해 고통을 받을 수 있다.
- 생존 불가능함(nonviable): 여기에 속하는 기업은 현재와 미래에 있어 어떤 강점도 가지고 있지 않다. 특정 산업들에서는 철수가 유일한 전략 대안이다.

위에서 설명한 경쟁적 위치와 성숙도 두 가지 변수에 따라 '수명주기 포트폴리오 매트릭스'가 제시하는 본원적 전략을 보면 다음과 같다.

표 6.3
발전단계별 특징

평가 요소	발전단계			
	도입기	성장기	성숙기	쇠퇴기
시장점유율 성장	지속적으로 증가하나 기본 성장률이 적으므로 의미 있는 성장률을 계산하지는 못함	GNP보다 빠르나 증가 속도는 일정하거나 감소함	GNP와 같거나 느린 속도	장기적으로 쇠퇴함
산업 잠재력	결정하기 어려움	예기치 못한 개발로 인하여 산업 전체 규모를 넘어섬	잘 알려진 주요 시장은 포화 상태에 접근해 감	포화기에 이름, 잠재 시장의 개발 여지가 없음
제품 라인의 폭	기본 제품라인	제품라인의 빠른 확대	제품라인의 폭은 변화없음	제품라인이 감소함
경쟁자의 수	급속히 증가함	경쟁자의 수가 절정에 이름	안정적임	경쟁자의 수가 줄어듦
시장점유의 안정성	자주 바뀜	소수 기업이 주요 점유율을 가지나 순위 변동 가능, 소수 점유 기업이 주요 점유 기업이 되기는 어려움	주요 점유를 가진 기업들이 시장을 주도	한계 기업들이 철수함에 따라 시장 집중이 나타나거나 소수 기업들로 시장점유가 분산됨
구매패턴	근소하거나 없음	약간 존재, 구매자는 공격적임	공급자들이 잘 알려져 있어 구매패턴이 정착됨	대안의 수가 감소하므로 구매패턴이 강함
진입의 용이	쉬우나 기회가 명백히 보이지는 않음	쉬움, 경쟁자의 출현은 급속한 성장에 의해 영향이 없음	어려움, 경쟁자들이 포진하고 있고 성장이 늦어짐	어려움, 인센티브가 없음
기술	개념 개발, 제품 엔지니어링	제품라인의 정교화와 확장	과정과 자재의 정교화: 성장을 위한 신제품 라인 개발	역할이 미비함

시장점유

	도입기	성장기	성숙기	쇠퇴기
지배적임	점유 확보를 위해 전력 투구	점유율 유지, 산업내 위치 유지	산업 내 위치 유지, 산업 내에서 성장	산업 내 위치를 유지
강력함	산업 내 위치 개선을 시도, 점유 확보를 위해 전력 투구	산업 내 위치 개선 시도, 점유 확보 추구	위치 유지, 산업 내에서 성장	위치유지 또는 수확
양호함	점유 확보를 위해 전력투구하거나 선택적으로 추구, 위치 개선을 선택적으로 추구	제품라인의 빠른 확대, 위치 개선을 시도, 점유 확보를 선택적으로 추구	제품라인의 폭은 변화없음, 현상태 유지, 적소 시장 발견 및 보호	제품 라인이 감소함, 수확 또는 점진적 철수
방어 가능함	위치를 선택적으로 추구	적소 시장 발견 및 보호	적소 시장에 매달리거나 점진적 철수	점진적 철수 또는 포기
약함	점유율을 돌리거나 철수	관망을 하거나 포기	관망을 하거나 점진적 철수	포기

투자

	도입기	성장기	성숙기	쇠퇴기
지배적임	시장 성장보다 약간 빠르게 투자	새로운 경쟁자 방지 및 성장 유지를 위한 투자	필요한 만큼 재투자	필요한 만큼 재투자
강력함	시장 성장 속도만큼 투자	위치를 개선시키기 위해 투자	필요한 만큼 재투자	최소한의 재투자 또는 유지
양호함	선택적으로 투자	위치 개선을 위한 선택적 투자	최소한 또는 선택적 재투자	투자 회수
방어 가능함	매우 선택적으로 투자	선택적 투자	최소한의 재투자 또는 투자 회수	투자 회수 또는 철수
약함	투자 또는 철수	투자 또는 철수	선택적 투자 또는 철수	철수

수익성과 현금 흐름

	도입기	성장기	성숙기	쇠퇴기
지배적임	수익성은 있으나 반드시 그렇지는 않음. 순현금 차입자 입장	수익성이 있음. 현금 창출자이나 반드시 그렇지는 않음.	수익성 있음. 순현금 창출자 입장	수익성 있음. 순현금 창출자 입장
강력함	수익성 없음. 순현금 차입자 입장	수익성 있음. 순현금 차입자 입장	수익성 있음. 순현금 차입자 입장	수익성 있음. 순현금 차입자 입장
양호함	수익성 없음. 순현금 차입자 입장	수익성 조금 있음. 순현금 차입자 입장	수익성 보통임. 순현금 차입자 입장	수익성 보통임. 현금흐름 균형 상태
방어 가능함	수익성 없음. 순현금 차입자 입장	수익성 없음. 순현금 차입자 또는 현금흐름 균형 상태	최소한의 수익성 유지. 현금흐름 균형	최소한의 수익성 유지, 현금흐름 균형
약함	수익성 없음. 순현금 차입자 입장	수익성 없음. 순현금 차입자 또는 현금흐름 균형 상태	수익성 없음. 순현금 차입자 또는 순현금 창출자 입장	수익성 없음.

전략 계획에 있어 포트폴리오 접근법의 공헌과 이에 대한 비판

포트폴리오 접근법은 전략계획의 발전에 다음과 같은 중요한 공헌을 했다.

첫째, 포트폴리오 접근법은 기업의 활동들을 잘 정의된 사업의 집합으로 분해하는 데 간단하고 효과적인 방법이다. 또한 매트릭스의 두 차원으로 사업들을 분류하는 과정에서 사업들의 장점을 재검토할 기회들이 나타나기도 한다. 최고경영자는 산업 매력도와 경쟁 위치를 바탕으로 특징을 명확히 인식함으로써 사업의 잠재력과 개발 필요성에 따라 적절한 전략을 수립할 수 있다.

둘째, 포트폴리오 접근법은 전략적 분석의 본질을 이해하는 데 실용적인 방법이다. 사업들을 포트폴리오로 간단히 도식화했기 때문에 기업이 직면한 전략적 대안의 중요한 특성을 쉽게 이해할 수 있다.

셋째, 최고경영자는 기업 전체 수준에 포트폴리오 접근법을 적용함으로써 사업 전략 평가와 자원 할당에 대한 통찰력을 얻을 수 있으며 구체적으로 다음과 같은 이점이 있다.

- 포트폴리오 매트릭스 내의 사업 위치에 따라 투자 우선순위를 설정할 수 있다.
- 개별사업이 필요로 하는 자원과 전체 사업 포트폴리오 위치에서 나오는 필요 사이의 일관성을 검토하는 메커니즘을 제공한다.
- 기업의 사업부 사이에 현금 요구와 현금 공급에 대한 적절한 균형을 촉진시킨다.
- 각 사업의 성과를 통제, 감독하는 수단을 제공한다.

넷째, 포트폴리오 접근법은 사업부 수준의 전략 수립과정에도 적용될 수 있다. 이때의 초점은 사업부가 아니라 사업부를 구성하는 제품시장 단위이다.

다섯째, 기업의 전체 사업들을 고려함으로써 잠재적인 취득(acquisition)과 철수(di-vesture)를 고려하는 유용한 메커니즘을 제공한다.

여섯째, 포트폴리오 접근법은 경영자가 전략적 관심을 가지는 데에도 큰 역할을 한다. 왜냐하면 포트폴리오 접근법은 경쟁자에 대한 정보를 수집하고 이들의 경쟁우위에 대해 검토하는 것을 가능케 할 뿐만 아니라, 경쟁자의 잠재적인 반응과 동기도 예측하게 만들기 때문이다.

위와 같은 포트폴리오 접근법의 공헌에도 불구하고 비판도 따른다. 그중 가장 자주 등장하는 비판은 포트폴리오 접근법은 전략적 사고를 단순하고 기계적인 작업으로 간주하며, 또한 제공하는 결과도 상당히 의심스럽다는 것이다. 또 포트폴리오 접근법은 경영자의 업무인 전략적 분석과 전략적 사고를 기획부서의 업무로 만들어 버렸다는 비판도 받고 있다.

이러한 비판들은 나름대로 타당성을 가지지만 이들이 간과하고 있는 것은 매트릭스가 단지 수단일 뿐이지 잘 설계된 전략계획과정의 최종 결과는 아니라는 것이다. 어떤 도구를 사용하든 도구의 최종 가치는 사용자의 재능에 달려 있다. 포트폴리오 매트릭스는 포트폴리오 관리라는 복잡하고 딱딱한 문제에 대해서 의사소통의 기회들을 제공한다. 매트릭스의 각 분면은 복잡한 문제를 과도하게 단순화시킨 면도 있지만, 포트폴리오 매트릭스는 전 사업들을 모두 포함하기 때문에 한 사업에만 신경을 집중시킴으로써 시야가 협소해지는 것을 막아주며, 전체적인 자원 할당에 큰 도움을 주는 것이다.

시장전략의 기업이윤에 대한 효과분석(PIMS)

1960년대 중반, 당시 제너럴 일렉트릭 부사장이던 보르슈는 기업의 수익성에 가장 큰 영향을 주는 요소가 무엇인가에 대해 흥미를 갖게 되었다.[16] 예를 들어 제너럴 일렉트릭에서 팔고 있는 전구와 냉장고는 매출액이나 시장점유율 면에서 비슷한 수준인데도 투자수익률(Return On Investment: ROI)이 전혀 달랐다. 또, 동일한 제품을 생산하는 A사와 B사는 똑같은 15%의 시장점유율을 가졌는데, 두 회사의 수익성에 큰 차이가 있었다. 보르슈는 이런 상황이 발생하는 이유가 무엇인지 궁금했던 것이다.

보르슈는 수익성에 결정적인 영향을 주는 요소를 찾아내어 그것을 통제하면, 제품 계열 그리고 더 나아가 제너럴 일렉트릭 전체의 수익성을 향상시킬 수 있을 것이라고 생각했다.

이 연구는 그 후 하버드경영대학원(Harvard Business School)과 마케팅 사이언스 인스티튜트(Marketing Science Institute)에 인계되어 시장전략의 기업이윤 효과분석(Profit Impact of Market Strategy: PIMS)이라는 이름으로 참가 회사를 대폭 확대해서 진행됐다. 현재 미국과 서유럽 그리고 일본에 있는 60여 개 기업의 약 600여 개 제품 계열로부터 수익성에 관계가 있으리라고 생각되는 100여 개의 사업전략 변수를 수집하여, 이중에서 어떤 것이 수익성에 가장 큰 영향을 미치고 있는가를 중회귀 분석에 의해 찾아내는 것이 이 프로젝트의 내용인데, 구체적으로는 다음의 두 질문에 대한 해답을 찾아내는 것이 목적이었다.

- 투자수익률(세금공제 전 순영업이익/평균투자: return on investment)에 영향을 미치는 변수는 어떤 것인가? 또 그 변수는 얼마나 큰 영향을 미치는가?
- 단기 및 장기전략의 변화는 투자수익률에 어떠한 영향을 미치는가?

PIMS는 과거의 경험을 통계적으로 처리하여 다음과 같은 일곱 가지의 중요 변수를 알아냈다.

- 시장환경(예: 산업성장률, 구매자의 집중도)
- 경쟁도(예: 시장점유율, 제품의 품질)
- 자본 구성(예: 자본집약적 산업 또는 노동집약적 산업과 같은 투자밀도)
- 생산공정 구성(예: 수직적 결합의 정도, 부가가치의 매상액에 대한 비율)
- 예산 분배(예: 각 기능에 대한 예산 배분)
- 기업의 특성(예: 규모, 다각화 정도)
- 위의 변수들에 대한 변화를 가져오는 요소

위에 열거한 일곱 가지 변수 그룹 안에서 30여 개의 특정 변수가 투자수익률에 영향을 미치는 것으로 밝혀졌고 이들은 종합적으로 수익성 변화에 대해 80%의 설명력을 갖고 있는 것으로 중회귀 분석에서 나타났다. 이러한 분석의 결과 PIMS는 다음과 같은 사실을 밝혀냈다.

첫째, 상당수의 기업이 올바르지 못한 전략을 채택하고 있다.

둘째, PIMS에서 밝혀낸 결론 중 여러 개가 경영자의 직관과 반대되고 있다.

PIMS 분석의 결론 중 몇 개의 예를 들어보자.[17]

- 제품수명주기상 성숙기에 있는 산업에서는 부가가치가 높을수록, 즉 수직적으로 결합이 많이 이루어진 기업일수록 높은 투자수익률을 보인다. 그러나 도입기 또는 성장기에 있는 산업에서는 수직적 결합도가 낮을수록 높은 투자수익률을 보인다(<그림 6.26> 참조). 특히 후자의 경우는 결합이 강한 기업이 수익성도 높으리라는 우리의 직관과 배치되는 결과이다. 기업의 성격이 급격히 변화하는 성장기에는 신축성이 높은 기업이 변화에 더 쉽게 적응하리라고 볼 수 있겠다.

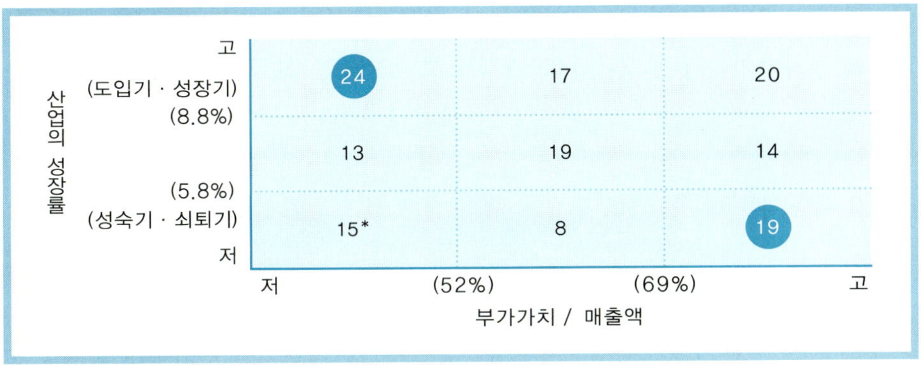

그림 6.26
수직적 결합도가 투자수익률에 미치는 영향력

- 도입기나 성장기에 있는 기업에서는 종업원 1인당 매출액으로 표시된 상대적 생산성이 높을수록 높은 투자수익률을 보인다(<그림 6.27> 참조).

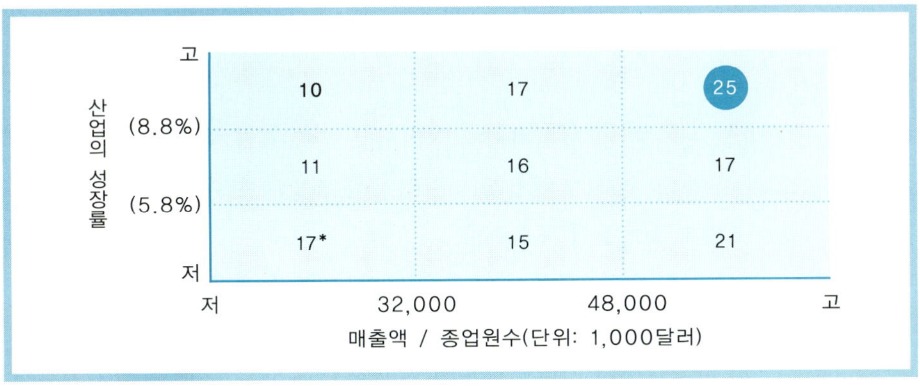

그림 6.27
상대적 생산성이 투자수익률에 미치는 영향력

- 단기적으로 볼 때 시장성장률은 수익성에 큰 영향을 미친다. 특히 성장성이 높은 기업에서는 생산시설의 가동률을 가능한 한 높이는 것이 효과적이다.
- 단기적으로 볼 때 연구 개발에 대한 높은 투자비율은 성장성이 낮은 기업에서 수익성에 더 큰 영향을 미친다.
- 높은 상대적 시장점유율은 수익성을 극대화하는 데 가장 효과적인 무기이다. 그러나 우수한 품질을 갖고 있는 기업은 시장점유율이 낮더라도 높은 수익성을 유지할 수 있다.
- 우수한 품질과 서비스는 성장성이 높은 기업에서 수익성에 대한 효과가 가장 좋다. 반면 품질이 낮은 수준인 경우에는 마케팅 비용이 높을수록 수익성은 낮아진다.
- 생산시설의 가동률은 기업이 가진 시장점유율의 크기가 작을수록 투자수익률과 높은 상관관계를 가진다. 반면 시장점유율이 높은 기업에서는 가동률과 투자수익률 간에 높은 상관관계를 보이지 않는다(<그림 6.28> 참조).

그림 6.28
가동률이 투자수익률에 미치는 영향력

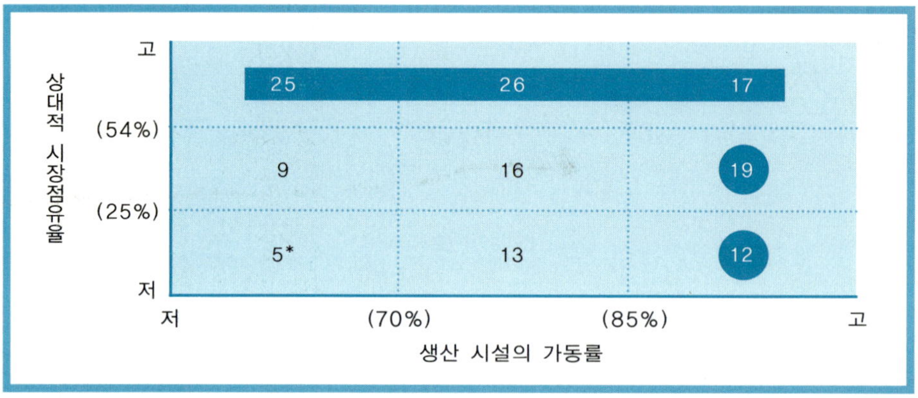

<그림 6.28>은 시장점유율이 투자수익률에 절대적인 영향을 미친다는 것도 함께 보여주고 있다.

- 시장점유율은 성장기 및 성숙기에서 수익성에 대한 효과가 가장 높다.
- 시장점유율이 높을 때의 고가정책은 수익성에 유리하고, 시장점유율이 낮을 때의 고가정책은 수익성에 불리하다.
- 단기적으로 볼 때 시장점유율이 낮은 경우에는 연구 개발 비용이 높을수록 수익성이 낮아진다.
- 고정자산에 대한 부담이 낮을수록 투자수익률은 높아진다. 다만 고정자산에 대한 부담이 높을수록 생산시설의 가동률이 투자수익률에 미치는 영향력은 커진다(<그림 6.29> 참조).

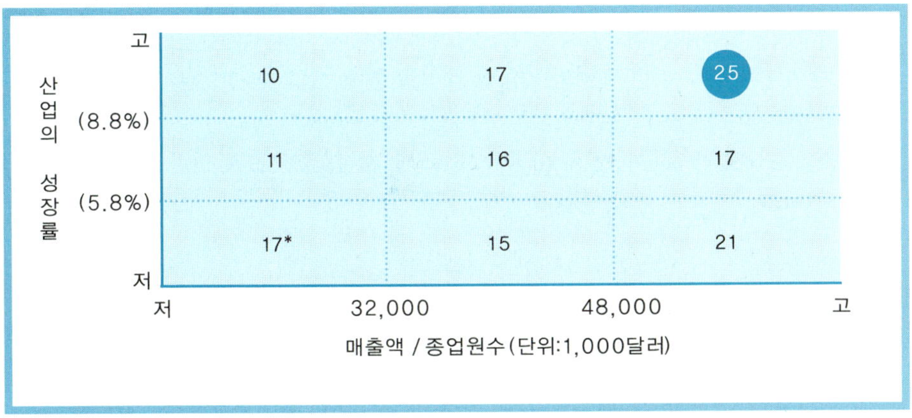

그림 6.29

고정자산 부담이 투자수익률에 미치는 영향력

- 가장 최악의 전략은 자본회전율이 낮은 기업에서 마케팅 활동에 적극적인 투자를 하는 것이다.

기업에서는 이러한 PIMS 결과를 기초로 해 앞으로의 사업계획을 수립할 수 있다. 물론 PIMS와 같은 일반적인 자료만으로 의사결정을 내리는 것은 위험한 일이나 참고 자료로서의 가치는 있다 하겠다.

PIMS의 결과는 특히 다음과 같은 사업에 효과적이다.

- 최고경영자가 자신을 가지지 못하는 사업
- 원가구조의 변화, 경쟁의 심화와 같이 외부 여건이 급격히 변하고 있는 사업
- 최근 기대 이하의 성과를 보이는 사업
- 돌이킬 수 없는 중대한 결정을 내려야 하는 사업

|요약| Summary

- 경쟁우위란 특정 기업이 제공하는 제품이나 서비스가 시장에서 우선적으로 선택될 수 있도록 하는 능력, 즉 경쟁에서 승리할 수 있는 힘을 의미
- 가치사슬을 통해 그 기업이 원가 또는 차별화에서 우위를 형성할 수 있는 요소들을 체계적으로 파악하여 경쟁 우위의 원천을 찾을 수 있음
- 기업의 일반적 목적은 총 가치가 원가를 초과하게 하는 것이기 때문에 분석의 대상은 가치를 창조하는 가치 활동(value activities)이며, 이 부분이 기업의 경쟁우위를 성립시키는 요소. 또한, 가치활동은 다시 본원적 활동(primary activities)과 지원활동(support activities)으로 구분됨
- 원가우위(Cost Leadership)와 차별화우위(Differentiation)는 기업이 산업 내에서 평균이상의 성과를 얻기 위해 본원적 전략, 즉 원가우위와 차별화전략을 수행하는 경쟁 범위와 연계되어 있음

- 원가우위는 경험곡선의 개념을 기본 전제로 하여 보편화된 것으로, 특정 기업에서 원가를 낮추기 위한 일련의 기능별 정책을 통해 산업 내에서 원가상의 우위를 달성하는 것
- 차별화란 기업이 제공하는 제품이나 서비스를 차별화함으로써 산업 전반에 걸쳐 그 기업이 독특하다고 인식될 수 있는 그 무엇을 창조하는 것. 차별화에는 고객에 대한 서비스, 디자인, 상표이미지와 기술 등 여러 방법이 있음
- 본원적 전략 중 어느 하나도 수행하지 못하는 어중간한 상태에 있는 기업은 아주 보잘것없는 전략적 상황에 놓여 있는 셈. 즉 그 기업은 시장점유율, 자본투자, 원가우위, 차별화 등이 결여되어 있는 상태임
- 시장성장률이라는 외적 변수와 시장점유율이라는 내적 변수를 2 X 2 매트릭스형태로 나타낸 것을 제품 포트폴리오 도표(Product Portfolio Matrix)라 하며, 이는 제품 포트폴리오 관리(Product Portfolio Management: PPM)기법의 핵심임

CHAPTER 7

전략결정의 대안: 기업 수준의 전략

기업 수준의 전략은 주로 최고경영층에 의해서 수립되는데, 그것은 두 개 이상의 사업부를 가지고 있는 기업의 경우에 개별 사업부의 활동을 기업경영의 전반적인 관점에서 파악하여 조정하고 통제할 필요성이 있기 때문이다. 따라서 이 수준의 전략에서는 기업이 어떤 사업을 수행할 것인가, 그리고 각 사업부에 자원을 어떻게 배분할 것인가 등에 관련된 문제를 비롯하여 자원의 획득, 기업이 사용할 신기술의 결정, 목표고객의 결정, 시너지효과의 극대화, 기업 활동의 통제방법 등과 같은 주요사항을 다룬다. 즉 기업 수준의 전략은 기업이 앞으로 나아가야 할 방향을 제시하고, 각 사업부가 수행하여야 할 역할을 정의해 준다.

이전 장에서는 사업부 수준에서의 전략을 살펴보았다. 이번에는 기업이 기업경영의 전반적인 관점에서 전략을 수립할 때 어떠한 방향으로 정책결정을 할 것인지, 즉 기업의 목적을 어떠한 전략적 방법을 통하여 달성할 것인지 생각해 보기로 한다.

CASE SK그룹의 경영전략

"현재 선경그룹이 노력을 기울이고 있는 것은 SUPEX 추구 운동이다. 다시 말해 세계 일류기업 수준을 뛰어넘는 목표를 설정하고 이를 달성하여 21세기에는 선경그룹을 세계 일류기업으로 만들겠다는 것이다. 세계 최고의 기업을 지향한다는 목표 측면에서는 '세계 제1위, 2위의 사업만 보유한다'는 비전을 설정한 미국의 GE사와 비슷하지만 그 실천방안은 전혀 다르다. GE사가 기업 매수와 처분을 통해 세계 최고의 사업구조를 구축하겠다는 데 반해 선경은 종업원의 능력을 극대화시키고 이를 결집하여 기존사업을 비약적으로 성장시키겠다는 것이다."

1994년 8월 8일, 일본에서 최대 판매 부수를 자랑하는 경제지 NIKKEI BUSINESS는 선경그룹이 역점을 두고 추진하고 있는 SUPEX 추구 운동을 GE의 경영혁신 운동과 비교 · 설명하면서, 21세기 한국 경제를 이끌어갈 대표적 기업으로 선경그룹을 소개했다.

1953년, 6 · 25 전쟁으로 폐허가 된 수원의 한 직물공장에서 직기 15대와 종업원 50여 명으로 직물사업을 시작한 선경은, 그 후 성장을 거듭하여 94년 현재 정유, 화학, 무역, 유통, 건설, 호텔, 제약, 금융 등 31개 계열사를 거느린, 종업원 수 22,857명, 매출액 15조 원의 다각화된 기업집단으로 변모했다. 특히 선경그룹은 1980년에 걸프사가 철수하면서 매각한 대한석유공사의 지분 인수를 계기로, 1976년 매출액 기준 재계 35위 기업에서 1980년 5위 기업으로 급부상했다.

그러나 21세기에 대비해 선경이 적극적으로 추진하고 있는 정보통신사업은 지금까지 선경그룹의 주력사업인 석유화학사업이나 무역업과는 성격이 다른 새로운 사업이었다. 최종현 선경그룹 회장은 20년 동안의 꾸준한 노력으로 석유에서 섬유까지 수직적 계열화(vertical integration)를 완성했듯, 선경 특유의 경영기법인 SKMS와 SUPEX를 잘 활용한다면 정보통신사업에서도 높은 국제경쟁력을 확보할 수 있을 것이라 확신했다.

선경그룹의 기본 전략은 수직계열화 전략으로 요약할 수 있다. 50년대 직물에서 출발한 선경그룹은 60년대 직물의 원료를 생산하는 화학섬유사업에 진출했고, 80년대에는 화학섬유의 원료를 생산하는 석유화학산업에 참여했다. 이렇듯 선경그룹의 주요 사업은 상류부문(upstream)으로 사업을 확장하면서 구성되었다. 80년대에는 유공을 중심으로 한 관련다각화가 집중적으로 이루어졌고, 90년대에는 금융, 정보통신 등 비관련사업으로의 진출이 활발했다.

수직계열화 전략 : 석유에서 섬유까지

수직적 계열화 전략은 창업자인 최종건의 갑작스런 죽음으로 선경그룹 2대 회장에 취임한 최종현 회장이 1975년 새해를 맞이해 '석유에서 섬유까지'라는 비전을 제시하면서 구체화되었다.

"나는 선경을 국제적 규모의 기업으로 부각시키기 위해 두 가지 목표를 분명히 제시하고자 합니다. 첫째 목표는 석유로부터 섬유에 이르는 완전한 수직적 계열화를 확립시키는 것입니다. 나는 선경그룹이 그동안 구축해 온 섬유분야의 경쟁력을 강화하는 동시에 21세기에도 계속 그룹의 경쟁력을 확보하기 위해서는, 석유화학산업으로 진출하는 것이 불가피하며 더 나아가서는 석유정제산업까지 진출해야 한다고 믿습니다. 그것이 바로 섬유산업에 필요한 원료를 안정적으로 공급받고 저렴한 코스트를 보장할 수 있는 길이기 때문입니다. 둘째 목표는 기업 확장과 더불어 경영능력을 배양시키는 것입니다. 섬유사업에서 석유정제사업에 이르는 방대한 규모의 기업을 성공적으로 운영하기 위해서는, 자본력과 고도의 기술도 필요하지만 이에 못지 않게 국제적 기업으로서 손색없는 경영능력을 갖추어야 한다고 생각합니다."

표

선경그룹의 매출액 구성

(단위 : 억 원)

사업 \ 연도	1962	1972	1979	1981	1987	1993
무역*(직물 포함)	3.5	63	2,048	10,179	17,342	30,294
합섬		103	869	1,758	2,118	5,617
화학			52	261	2,797	6,476
건설			187	374	1,868	6,972
호텔			165	126	355	721
석유**				28,840	30,359	69,840
해운					921	5,647
금융						919
기타			383	158	19	1,765
매출액 합계	3.5	166	3,704	41,696	55,779	128,251

* 1976년 선경직물이 종합무역상사로 지정되고 상호도 (주)선경으로 바뀌면서 직물생산보다는 무역업무가 (주)선경의 주업무가 되었다.

** 원유정제와 석유판매, LPG 가스 포함.

<표 4.1>에서 볼 수 있는 것처럼 직물회사에서 출발한 선경그룹은, 70년대 직물의 원료를 생산하는 화학섬유 부문에 진출하고 80년대 화학섬유의 원료를 생산하는 석유화학 분야로 사업을 다각화함으로써, '섬유에서 석유까지' 라는 수직계열화를 완성했다.

관련다각화 전략

1980년 유공을 인수한 선경은 우선 여러 사업에 흩어져 있는 그룹 자원의 수직계열화를 완성시키는데 집중하기 위해, 83년까지 4년 동안 식품, 목재, 기계, 반도체 등 경영실적이 부실한 11개 계열사를 처분했다. 처분한 11개의 계열사는 80년 선경그룹이 갖고 있던 22개 계열사 중 절반에 해당하는 숫자였다.

계열사 정비를 통해 전열을 가다듬은 선경은 1980년 석유제품 판매회사인 (주)흥국상사 인수를 시작으로 82년에는 원유수송을 위해 (주)유공해운을 설립했고, 85년에는 LPG 공급을 위해 (주)유공가스를, 87년에는 미국의 ARCO Chemical사와 합작으로 (주)유공아코화학을 설립하는 등 석유화학 관련산업을 중심으로 활발한 사업다각화를 전개했다. 80년대에 설립하거나 인수한 총 13개 신규계열사 중 11개 회사가 (주)유공과 직접적으로 관련 있는 기업이었다.

(주)유공 외에도 (주)선경인더스트리, (주)SKC 등 주력사업을 중심으로 한 관련다각화도 이루어졌는데, 1978년 국내 최초로 폴리에스텔 필름을 개발한 (주)SKC는 1980년 미국, 독일, 일본에 이어 세계 네 번째로 비디오테이프를 자체 개발하는 데 성공했고, 81년에는 컴퓨터용 플로피디스크 생산을 시작했다. (주)SKC는 폴리에스테르 필름을 오디오테이프를 생산하는 계열사 (주)SKM에 공급했다.

폴리에스테르 원사를 주로 생산하던 (주)선경인더스트리는 화학 분야에서 축적한 핵심능력을 바탕으로 정밀화학, 첨단섬유, 신소재, 생명과학 분야 등으로 사업을 다각화했고, 90년 들어 생명과학 분야의 연구성과를 기반으로 제약산업에 진출했다.

비관련다각화 전략

1980년대 들어 주력사업을 중심으로 한 다각화와 비주력사업 처분을 통해 사업구조를 재구성(restructuring)한 선경그룹은, 90년대 들어 석유 · 화학사업에 편중된 사업구조를 개선하기 위해 새로운 분야로의 다각화를 시도했다. 91년 태평양증권을 인수해 선경증권으로 회사명을 변경함으로써 금융산업에 진출했고, 정보통신사업을 선경그룹의 주력사업으로 정했다.

90년대 들어 새로 설립하거나 인수한 10개 기업 중 3개 기업을 제외한 나머지 7개 회사가 금융, 정보통신, 물류 등 새로운 기업이었다. 이와 같은 선경그룹의 노력에 의해 석유 · 화학사업이 그룹 전체 매출액에서 차지하는 비중도 81년 74%에서 93년 64%로 낮아졌다.

전략 대안의 결정

앞에서 설명한 본원적 경쟁전략은 기업이 사업 활동에서 성공할 수 있는 핵심적 요인이다. 따라서 이때 기업에게 주어지는 질문은 '어떤 경쟁우위로, 어떤 방향으로 사업을 전개시킬 것인가' 라는 것이다. 이하에서 설명할 전략 대안이란 바로 기업이 사업을 전개시키는 방향에 대한 대안이다.

그러므로 기업 자신이 수행하는 사업에서 성공하기 위해서 요구되는 필요충분조건은 바로 어떤 경쟁우위에 기초하여 어떤 방향으로 사업을 전개할 것인가에 대한 해답을 가지고 있어야 한다는 것이다.

이때 기업이 영위하는 사업들의 성격에 따라 각각 여러 개의 전략을 선택한다고 하더라도 그들이 기초하는 경쟁우위는 원가우위, 차별화우위 중 하나로 설명할 수 있다(여기에 바로 "본원적(generic)"의 의미가 있는 것이다).[1]

기업의 목적이 설정되고 나면 경영자는 목적에 부합하는 방향으로 구체적인 목표를 수립하고 자원을 배분하기 위한 전략 대안을 결정해야 한다.

기업의 목적함수를 이윤(profit)의 극대화라고 할 때, 이윤은 매출액과 매출원가의 차액, 더 정확히 말하면 <공식 1>에서 보듯 수익(revenue)과 비용(cost)의 차액이다.

〈공식 1〉 이윤 = 수익 − 비용

따라서 이윤을 극대화하기 위해서는 <공식 2>와 같이 수익을 증대시키거나 비용을 감소시켜야 한다.

〈공식 2〉 Max 이윤 ← Max 수익 − Min 비용

<공식 2>에서는 '이윤극대화' 라는 기업의 목적을 달성하려면, 수익을 극대화하기 위해 매출액을 증대시키거나 비용을 극소화시키기 위해 매출원가를 최소화시켜야 한다는 두 가지의 전략이 도출된다.

따라서 여기서는 매출액을 극대화시키는 외형 추구적 전략 대안을 성장전략으로, 매출원가를 극소화시키는 내실 추구적 전략 대안을 생존전략, 즉 안정전략으로 포괄함으로써 전략 대안의 체계를 형성하여 논의를 전개하기로 한다.

성장전략

기업이 이윤을 지속적으로 증대시키기 위해서는 매출액의 지속적인 성장이 필수이다. 따라서 기업의 경영자들은 일반적으로 성장을 통한 이윤극대화를 위해 매출액 성장률이나 시장점유율 등을 양적 목표로 설정해 자원을 배분하는 성장전략을 채택하려는 경향이 있다.

그런데 성장전략에서 핵심적인 전략 변수인 매출액은 매출 단가와 매출 수량의 곱이므로, 매출액을 증대시키기 위해서는 매출 단가를 높이거나 수량을 늘려야 한다.

매출 단가를 높이기 위해서는 제품을 혁신하거나 품질 내지는 이미지를 개선시켜야 하며, 매출 수량을 늘리기 위해서는 기존시장에서의 매출 규모를 확대시키거나 새로운 시장을 개척해야 한다. 따라서 기업의 성장전략은 앤소프(I.H. Ansoff)가 제시한 제품과 시장의 매트릭스 모델을 통해 네 가지 유형으로 구분할 수 있다.[2] 즉 제품과 시장의 두 가지 변수를 각각 기존제품과 신제품, 기존시장과 신시장으로 구분하여 <그림 7.1>과 같은 매트릭스로 모델화했을 때, 성장 추구를 위해 기업이 선택할 수 있는 전략은 그림에서와 같이 기존시장 심화 전략, 신제품 개발 전략, 신시장 개척 전략 및 다각화 전략의 네 가지로 제시된다.

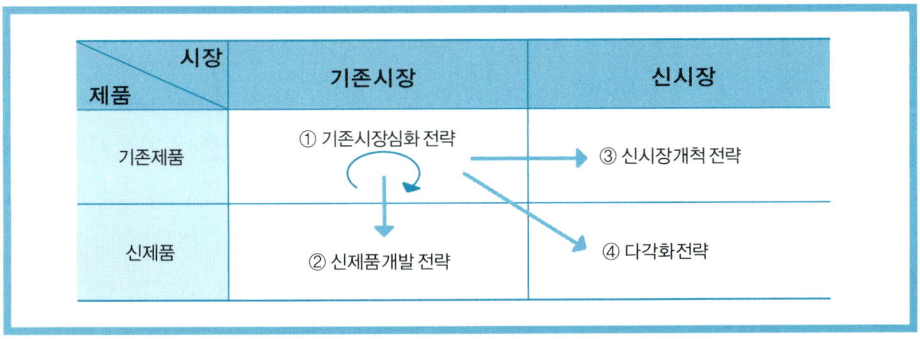

그림 7.1
성장전략의 유형

예컨대 IBM의 경영 사례에서는 위의 네 가지 성장전략 대안이 모두 나타난다. IBM에서는 제조원가 절감, 유통구조 단축 등을 통해 경쟁자에 대한 가격 경쟁력을 높이는 동시에, 소비자에게 가까이 다가감으로써 기존제품의 기존시장에서의 점유율을 증대시켰고, 대형 컴퓨터에서 소형 컴퓨터로, 그리고 같은 기종 내에서 계속적으로 품질 개선을 통한 신제품 개발을 추구했다. 또한 기존제품을 가지고 세계 각국에서 새로운 시장을 계속 개척하는가 하면, 동남아시아라는 특수한 새로운 시장을 겨냥하여 이 시장 여건에 적합한 IBM 5550 시리즈를 개발했다.

한편, 경영자가 자신이 경영하는 기업의 특성에 적합한 전략을 선택하기 위해서는 각각의 성장 전략 대안을 좀 더 구체적으로 살펴보아야 한다.

기존시장 심화 전략

어떤 기업이 기존시장을 심화시키는 방법에는 시장점유율 확대와 기존고객의 제품 사용률을 증가시키는 두 가지 방법이 있다. 이중 기존시장에서 성장할 수 있는 가장 좋은 방법은 시장점유율의 증대인데 이는 마케팅의 4P 중 촉진에 의해 달성될 수 있다. 하지만 이러한 방법은 시장 참여자 간의 치열한 경쟁을 불러일으키는 단점을 가지고 있다.

다른 한 가지 방법인 기존고객의 제품 사용률을 증대시키는 것은 경쟁자와의 경쟁이 그리 심하지 않지만 시장점유율 증대 전략보다 훨씬 더 수행하기 어렵다. 제품 사용률을 증가시키는 방법으로는 사용빈도의 증가, 사용량의 증가, 새로운 용도의 개발 등이 있다.

앞에서 소개한 기존시장의 심화 전략이란 미래에도 현재와 동일한 제품 구성을 유지하고 판매시장의 범위 또한 변화를 주지 않으면서, 단지 그 제품의 시장점유율을 높이기 위해 마케팅 측면에 중점을 둔 기본적인 전략 대안이다. 기술적으로 비교우위가 있는 새로운 제품이 빠른 속도로 개발되어 기존상품의 수요를 대체해 나가는 동시에 제품의 수명주기가 점차 짧아지고 있는 오늘날의 기업환경에서는, 새로운 경쟁자들이 계속 시장 진입 기회를 노리고있고 기존 경쟁자들의 시장점유율 확대 또는 유지 전략 역시 강화되고 있기 때문에, 기존제품으로 기존시장을 공략하는 전략 대안만으로는 장기간 성장을 지속하여 이윤을 극대화시키는 데 어려움이 존재한다. 따라서 이같이 동태적으로 변화하는 환경에 적응하여 기업의 성장을 지속시키기 위해서는, 신제품 개발, 신시장 개척, 다각화 등의 전략 대안이 모색되어야 한다.

신제품 개발 전략

먼저 신제품 개발 전략에 대해 고찰해 보면, 앤소프는 기존제품을 대체할 만한 신제품을 개발하여 기존시장의 시장점유율을 새로운 제품으로 유지 또는 확대하는 전략을 신제품 개발 전략으로 보고 있으나, 보다 넓은 의미에서 생각하면 <그림 7.2>에서 보듯 제품수명주기(product life cycle) 상의 성숙기 내지는 쇠퇴기에 나타나는 한계를 극복하기 위해 기존제품을 개량하거나 제품의 새로운 용도를 찾아내어 새로운 수요를 창조하는 재순환(recycling)전략까지 포괄하는 의미로 해석해야 할 것이다.

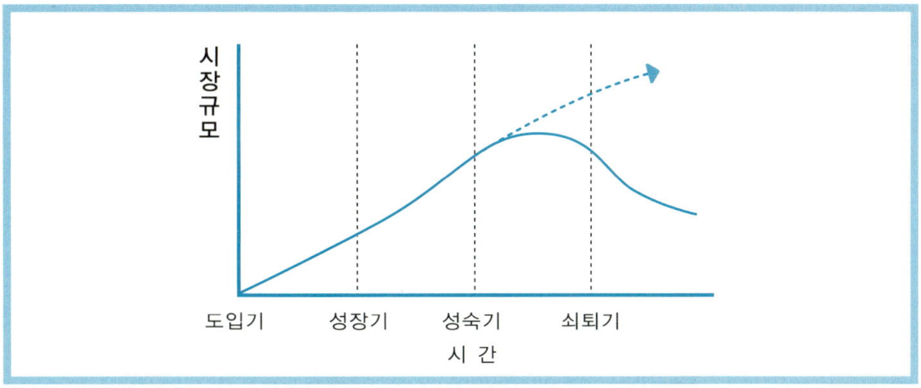

그림 7.2
제품수명주기에 대응한 신제품 개발 전략

다시 말해서, 여기서 말하는 신제품이란 기업이 연구 개발 활동을 통해 기획 ·
다시 말해, 여기서 말하는 신제품이란 기업이 연구 개발 활동을 통해 기획 · 개발한 제품은 물론 기존제품을 개량 내지 수정하거나 새로운 용도를 개척한 제품까지 모두 뜻하는데, 이는 소비자가 어떤 품목을 '새것(new)'으로 보느냐 보지 않느냐에 따르는 것이다.[3]

따라서 신제품 개발 전략은, 이미 시장에서 지위를 확보한 기업이 주체가 되는 기존제품 수명주기의 연장 및 개량 외에, 사회나 시장의 잠재수요를 포착한 기술 창업인(technical entrepreneurs)에 의해서도 채택될 수 있는 전략이다.

선진국의 예에서 보면 과거의 제품과는 획기적으로 다른 새로운 기술의 제품이나 이에 의한 새로운 산업의 창시는, 기술창업인이 자기가 가진 새로운 아이디어나 기술을 활용하기 위해 기술집약적 소기업을 조직하고 창의적 아이디어를 개발하여 기업화함으로써 이루어진다. 또 대기업 내에서도 기존 조직으로부터 분리 독립하여 기술집약적 소기업과 비슷한 여건하에서 새로운 아이디어를 개발하고 실용화하려는 모험적 사업(venture business)으로 시작되는 경우가 많다.[4]

예컨대 탁상 전자계산기는 1962년에 전동계산기를 생산하던 몬로(Monroe)나 프라이덴(Friden)과 같은 대기업이 아니라, 전자적 방식에 의한 계산기 개발 아이디어를 가지고 설립된 소규모 기업인 영국의 섬록(Sumlock)사와 미국의 와일러(Wyler)사에 의해 실용화되었던 것이다. 이같이 신제품 개발에 성공하여 대기업이 기존제품으로 유지해왔던 과점적 시장에 성공적으로 진입한 예는 국내외에서 많이 찾을 수 있다.

일반적으로 신제품을 개발하기 위해 기업은 자체적으로 기술을 개발하거나 외부로부터 기술을 도입하는 방식을 택한다. 최근에는 우리나라의 기술 수준도 많이 향상되어 자체 연구개발에 의한 신제품이 나오고 있지만, 아직도 우리 기업은 외국 기업으로부터 기술을 도입하여 신제품을 개발하는 빈도가 높은 편이다. 그러면 우리 기업이 신제품을 개발함에 있어서, 기술 도입과 자체 기술개발 방식을 어떻게 조화시키는 것이 바람직할까? 물론 각 기업이 처한 상황과 능력에 따라 일률적으로 말할 수 없는 문제이기는 하지만, 어느 정도 초기적 기술을 갖춘 기업의 경우 기술 도입을 통해 신규기술에 접하는 한편 자체의 연구개발 투자를 통해 기술 소화 능력을 갖춤으로써 도입 기술을 보다 빨리 자체 기술로 흡수하고 궁극적으로는 자체 기술에 의해 신제품을 개발하는 체제를 갖추어야 할 것이다.

특히, 최근 경제규모의 급격한 신장과 숙련 노동력의 임금 인상으로 인해 그동안 우리나라가 누려왔던 노동집약적 비교우위가 점차 상실되어 가고 있으며, 선진국의 보호무역주의에 따르는 수입 규제와 후발 개도국의 추격이 가속화되고 있는 상황하에서, 우리 기업이 국제경쟁에서 우위를 차기하기 위해서는 좀 더 기술집약적인 분야로 산업구조를 개선시키지 않으면 안 되게 되었다. 이에 따라 부가가치가 더 높은 제품을 개발하거나 첨단산업으로의 진출을 시도해야 하는데, 이를 위해서는 첨단기술의 도입이 절실하게 요구된다. 그런데 이러한 기술의 도입은 다음과 같은 면에서 우리 자신의 기술능력 개발을 요구하고 있다.[5]

첫째, 우리가 도입하려는 기술은 선진국에서도 과도기에 있는 것이기 때문에 기술 도입이 어려워진다. 즉 선진국은 과도기에 있는 기술을 상당 기간 동안 독점하여 높은 부가가치를 향유하려고 하기 때문에, 이러한 기술을 우리나라에 제공해 경쟁 상대를 키우려고 하지 않을 것이다. 이 경우 과도기 기술을 도입하기 위해서는 자체 기술 능력을 높여 선진국과의 기술적 격차를 줄임으로써, 기술 교섭력을 향상시키고 필요한 기술을 도입할 수 있는 여건을 조성해야 하는 것이다. 또한 상당한 수준의 기술 능력을 갖추게 되면 상업적 계약에 의한 방법 말고도 개인에 체화시켜 이전하거나(선진국의 유능한 기술자를 스카우트하는 등) 기술 정보의 형태로 이전할 수 있으며, 더 나아가 장비나 시설에 체화시켜 이전(최신 제품을 입수하여 분해 · 재조립 과정에서 기술 습득)할 수도 있다.

둘째, 우리가 도입하려는 기술은 정태적 기술이 아니라 선진국에서도 지속적으로 개발하고 있는 동태적 기술이기 때문에, 혹 기술을 도입했다 하더라도 자체의 연구개발을 통한 지속적인 기술혁신 없이는 기술 이전이 일시적인 효과만으로 그치게 된다. 즉, 시장의 변화 추세에 대응하여 도입 기술을 스스로의 능력으로 개량 · 진보시켜 생산성을 제고하고 신제품을 개발해야 하는 것이다.

따라서 기업이 신제품 개발 전략을 원활히 수행하여 기업의 지속적인 성장을 통한 이윤극대화를 달성하기 위해서는, 자체적으로 연구개발 능력을 양성해 나가야 함을 알 수 있다.

신시장 개척 전략

신시장 개척 전략은 기존 제품의 판매 지역을 새로 개척하거나 고객층을 다양화함으로써 잠재적인 수요시장을 창출하려는 전략이다. 즉, 보다 적극적인 마케팅 활동으로 새로운 판로나 고객을 확보하고 기존제품에 대한 새로운 수요를 불러 일으켜 기업 성장을 도모하는 전략인 것이다. 특히 어떤 이유에서건 기존시장에서 매출액이 떨어지기 시작할 때 수요가 줄고 있는 상품을 대체할 만한 신제품이 개발되지 않았다면, 기존의 제품을 지속적으로 판매할 수 있는 새로운 시장을 확보하는 일이 무엇보다도 필요할 것이다.

이러한 신시장 개척 전략은 시장의 다변화로 표현할 수 있는데, 이는 기업의 목표시장이 되는 세분시장(market segment)을 기존시장 내에서 확대하는 것도 포함하나, 엄밀한 의미에서는 목표시장을 다른 지역으로 확장하는 것을 말한다.

기업이 처음 창설되고 나면 일반적으로 자금력이나 경영능력과 같은 내부적 능력에 한계가 있기 때문에 정보의 수집이 용이하고 친밀감이 있는 좁은 범위의 지역에서 기업 활동을 시작할 것이다. 그러나 기업의 규모가 점차 커지고 경험이 축적되다 보면 그 대상 지역이 확대되기 마련인데, 우리나라의 경우 국내 시장이 협소하기 때문에 몇몇 대기업이 이미 국내 시장 전체를 장악하고 있는 경우가 많다. 따라서 우리나라의 기업들은 시장을 개척 또는 확대하기 위해 해외 시장으로 눈을 돌리지 않을 수 없다. 즉 국내 시장을 이미 장악한 대기업에서 내부적으로 더 높은 성장을 이룰 수 있는 잠재력을 보유하고 있다면 그 여력을 해외 시장 진출에 활용하려 할 것이고, 새로 진출을 시도하는 기업 또한 이미 포화 상태에 있는 국내 시장에서의 격한 경쟁을 피해 상대적으로 진입장벽이 낮아 보이는 해외 시장 개척에 더 큰 매력을 느낄 것이다. 따라서 우리나라에 있어서 시장의 다변화란 기업의 해외 시장 진출, 즉 기업의 국제화[6]를 의미한다.

물론 해외 시장의 무궁무진한 성장 가능성을 인식하면서도 기업의 능력이 부족하다고 생각하거나, 불확실성과 불편 불리성이 높은 해외 시장으로의 진출을 일종의 도박으로 간주하고, 국내 시장에서의 안정적 성장을 선호하는 경영자들도 많이 있다. 그러나 생산 자원이 부족한 우리나라의 현실을 고려할 때 국가 경제적 차원에서 기업의 해외 시장 진출이 권장되고 있기도 하거니와, 산업별로 차이는 있을지라도 기업이 어느 정도 규모 이상으로 성장하기 위해서는 해외 시장으로의 적극적 진출이 불가피하다. 따라서 우리나라의 기업들은 항상 기업의 국제화에 대한 인식을 새롭게 하고 보다 적극적인 차원에서 고려하며 그 중요성을 간과하지 말아야 한다.

기업 국제화전략의 형태

특정 기업이 국제화전략을 고려할 때는 제반 여건에 따라 무역, 기술 이전, 직접투자 등 여러 가지 방안 중 하나를 선택해야 한다. 이러한 국제화전략을 이전되는 대상을 기준으로 분류해 보면 <표 7.1>와 같다.

여기서 제시된 여러 가지 전략 형태 중 현실적으로 가장 많이 사용되는 것은 무역과 해외 직접투자이다. 이 두 가지 방법에 따라 국제화를 추구한 전형적인 예를 미국과 일본의 기업에서 발견할 수 있다. 미국의 경우에는 방대한 국내 시장을 통해 어느 정도의 규모를 달성한 다음 이를 기반으로 하여 해외로 직접 진출하는 다국적 기업이 형성되어 왔다. 반면 일본에서는 근래까지 국내 시장의 규모가 별로 크지 않았던 탓에 독자적으로 국제화해 나갈 경제적 규모를 갖추지 못한 국내 제조업체들을 대신해, 이들의 무역 업무를 대행해 주는 이른바 소고쇼사(綜合商社, SogoShosha)가 크게 발전했다.

이같이, 일반적으로 기업이 국제화를 추구하기 위해서는 기업마다 자신의 능력에 따라 다음의 두 가지 방법 중 하나를 선택하게 된다. 하나는 국내 시장을 대상

표 7.1
이전 대상을 기준으로 한 국제화전략의 형태

(국제적 이전의 대상)			(전략형태)	
완제품			무역	
생산요소	단일요소	원자재	무역	
		기술	기술 이전	
		자본	간접투자(포트폴리오 참가)	
		인력	해외 건설(초기 하청단계)	
	복합요소	원자재, 기술, 자본, 인력 등의 시스템	플랜트 수출 및 해외 건설(원청단계)	
		기술, 자본, 상표, 경영 등의 시스템	직접투자	단독투자
				합작투자
		기술, 자본, 경영, 수요 확보 등의 시스템	해외 자원 개발	

으로 한 영업활동을 통해 어느 정도 규모를 갖춘 기업이 이를 기반으로 하여 제품 수출이나 생산요인의 해외 직접투자를 통해 해외로 직접 진출함으로써 소위 다국적기업(多國籍企業, MNC; Multinational Corporation)을 지향하는 방법이고, 다른 하나는 독자적인 해외활동을 벌일 경제적 규모나 경영 여건을 갖추지 못한 기업이 그 역할을 대신해 주는 종합상사(綜合商社, GTC; General Trading Company)[7]를 활용하여 간접적으로 해외에 진출하는 방법이다.

기업 국제화의 대표적인 예인 미국의 다국적 기업과 일본의 소고쇼사가 국제화의 길을 걷게 된 동기는 무엇이며 그에 따른 구체적인 전략 방식은 어떤 것이었는지를 좀 더 상세히 보면 기업 국제화전략에 대한 이해를 도모할 수 있을 것이다.

우선 미국에 기반을 두고 있는 기업의 경우를 살펴보면, 국내 시장 규모가 워낙 큰 까닭에 다른 나라의 경우와 같이 국내 시장규모의 협소성이 기업 성장의 제약 요소로 등장하지 않았다. 따라서 미국 기업은 언어, 풍속, 제도, 습관 등이 모두 다른 해외 시장에 관심을 가질 까닭이 없었다.

그러면 이들이 해외로 진출하게 된 동기는 무엇이었는가? 물론 1800년대 후반과 1920년대에 기업이 급성장을 추구할 때 해외 시장을 개척하여 성장성을 높이는 방법을 썼으나, 전통적으로 특히 1950년대 이후 미국 기업경영자에게 가장 중요한 경영전략은 국내 시장에서 점유율을 최대한 확보하는 것이었다. 여기에 관건이 된 것은 제조원가의 절감이었고, 따라서 이들은 가장 저렴하게 제품을 생산할 수 있는 곳을 찾아다니게 되었다. 즉 국내 시장에서의 우위를 확보하기 위해 제조원가를 최대한 절감할 수 있는 지역으로 자본, 생산시설과 기술 등의 생산요소를 이전하여 상대적으로 생산성을 높이려는 시도가 미국의 기업들로 하여금 국제화의 길을 걷도록 했던 것이다.

이러한 미국 기업들의 해외 진출은 2차 세계대전이 끝난 1950년대 초반 유럽과 일본의 전후 복구를 위한 경제 재건과 맞물려, 상대적으로 저렴한 원가로 제품을 생산할 수 있었던 그 지역에 생산설비를 갖추고 완제품은 본국으로 수출하는 해외 직접투자 방식을 채택하도록 유도했다. 그 후 유럽과 일본의 임금이 급격히 상승하자, 1960년대를 지나면서 진출 대상 지역을 세계 각지의 개발도상국가로 확산시켰으며, 전반적인 세계 경제 발전에 따라 미국 기업들의 선진 기술을 바탕으로 한 제품의 수요처 또한 확대되었고,[8] 이것이 다국적기업이 문자 그대로 국제화되는 계기가 된 것이다.

반면 일본 기업은 미국의 경우와 달리 거의 무제한의 성장을 수용할 수 있는 국내 시장을 갖고 있지 못했다. 따라서 일본 기업은 내수시장의 형성이 어느 정도 이루어진 1890년대 이후 대외 팽창 정책에 편승하여 해외 시장을 개척, 완제품의 수출을 확대해 나감으로써 기업 성장을 달성했다.

식민지 시장이 없어진 1950년대 이후에도 일본 기업은 정부로부터의 적극적인 지원에 힘입어 일본 제품의 수출시장을 확대하는 데 총력을 기울여 왔다. 다만 정부와 달리 기업에서는 수출 자체의 증가를 목표로 삼는 대신, 생산에 필요한 원자재를 저렴한 값에 수입하여 생산원가를 낮추고 이를 통해 수출 경쟁력을 강화하는 데 초점을 두었다.

이때 수입된 자재의 가격 인하에는 수요 독점(monopoly)에 의한 대량구매가 가장 효율적이어서, 제조 기업에서는 독자적인 원자재 수입을 피하고 무역 업무를 전문으로 하는 대형 상사로 수입 창구를 일원화시켜 이들이 저렴하게 수입한 원자재를 나누어 쓰는 방식을 취했다. 이러한 과정에서 생산 원자재의 수입과 완제품의 수출이라는 무역활동을 전담함으로써 일본 기업의 국제화 작업을 대행해 주는 소고쇼샤가 국제화 기업의 형태로 정립된 것이다.

그러나 무역과 해외 직접투자만이 국제화를 위한 전략 형태는 아니며, 기술 이전이나 해외 건설 등도 산업 특성이나 기업 능력, 진출 대상 지역의 규제 정도 등 여러 가지 변수에 따라 선택되어야 할 것이다.[9]

시장 다변화의 장점과 한계

기업이 시장 다변화 전략을 채택함으로써 얻을 수 있는 장점은, 장기적인 성장의 잠재력을 갖게 된다는 점과 지역적인 기업 환경의 갑작스런 변동에 의한 매출액 격감과 같은 위험으로부터 벗어날 수 있다는 점이다.

기업은 현 상황 하에서 침투할 만한 가치가 있는 시장뿐만 아니라, 비록 당장은 부족함이 많지만 성장 잠재력이 큰 시장도 개척하여 시장을 다변화함으로써, 이들의 성장에 힘입어 기업도 성장할 수 있는 잠재력을 보유할 수 있게 된다. 즉 아직 미개발지로서 경제 규모는 작지만 성장 가능성이 큰 국가나, 제반 여건의 불비로 말미암아 경영활동에 어려움이 있되 중요한 자원을 보유하고 있는 국가, 또는 우리나라와 외교관계가 없어 시장 침투에 어려움이 따르지만 관계 개선이 희망적인 국가 등으로의 진출을 촉진함으로써 지속적인 성장의 발판을 얻게 된다.

물론 기존의 시장만을 고수함으로써 독점 상권을 획득하고, 독점의 우위를 통해 높은 부가가치를 얻을 수도 있겠으나, 막상 독점 상권 형성을 위해 기업이 총력을 기울인 시장의 정치적 · 경제적 제반 환경이 바뀌게 된다면 그 기업은 심각한 타격을 받을 수도 있다. 예컨대 이란의 타이어 시장에서 높은 시장점유율을 보이던 H물산은 회교 혁명으로 인한 정권교체와 대미관계 악화로 말미암아 큰 어려움을 경험한 바 있다.

또한 시장의 다변화를 통해 세계 각지에 정보망을 구성하여 효율적인 자원의 배분을 이룰 여건이 조성되거나 수입 쿼터제 등 규제조치에 묶여 일정량만을 수출할 수밖에 없을 때는, 새로운 시장의 개척이 필연적이라 하겠다.

그러나 시장을 다변화하다 보면 기업의 마케팅 능력을 분산시키게 되며, 만약 분산적인 조직을 효율적으로 관리 · 통제할 수 없다면 지역적인 최적화(local optimization)만을 달성하게 될 뿐 기업 전체 수준에서 최대의 성과를 올릴 수 없다는 점이 그 한계로 지적될 수 있다.

더구나 세계 각지로 시장을 다변화하기 위해서는 방대한 조직과 더불어 엄청난 자금 지원이 필요한데, 기업이 보유하고 있는 한정된 자원을 여기저기에 배분하다 보면 자칫 어느 한 지역에서도 우위를 점할 수 없는 결과를 초래할 수 있다. 이미 독점적인 지위를 확보한 경우라도 기득권을 유지하기 위해서는 더 많은 지원이 필요할 수 있으므로, 새로운 시장 개척에는 다양한 측면을 고려한 세심한 배려가 요구된다.

다각화전략

성장전략 중 보다 적극적이며 성장 지향적인 전략 대안은 다각화전략이다. 그런데 다각화의 개념과 범위에 대해서는 학자들 간에 의견의 일치를 보지 못하고 있다.

앤소프가 제시한 다각화전략은 신제품 개발과 신시장 개척을 동시에 추구하는 데 비해, 루멜트(R.P. Rumelt)는 제품 계열의 확장 과정으로 다각화의 과정을 파악하여 제품과 시장을 각각 독립된 다각화로 보는 보다 광의의 다각화 개념을 제시하고 있다.

양자의 견해는 본질적으로 큰 차이를 지니고 있지는 않다. 루멜트가 말한 바와 같이 제품 계열을 확장하여 새로운 사업 분야에 진출한 것을 다각화로 보더라도, 이는 새로운 고객층을 대상으로 신제품을 판매한다는 점에서 새로운 시장으로의 진출을 의미하기 때문이다.

따라서 다각화의 개념을 확장하여 규정한다면, 이와 같은 제품 · 시장 중심의 다각화와 더불어 금융 기능이나 정보의 수집 분석 기능과 같은 서비스 측면의 기능을 다각화시키는 기능 다각화를 포함시키는 것이 올바른 방향일 것이다.

이같이 기능 다각화를 광의의 다각화 범주에 포함시키는 것은 다음과 같은 이유로 설명될 수 있다. 만일 다각화를 신제품 개발과 신시장 개척 방향으로만 국한시킨다면, 제품을 생산하여 직접 판매하는 제조 기업의 경우에는 정책 적용상의 문제가 없고 다양한 수준과 형태의 전략 대안을 분석하기에도 용이하겠으나, 다양한 기능 면에서 서비스를 제공하는 것을 목적으로 하는 제3차 산업 기업에 대해서는 전략 방향으로서 충분한 설득력을 갖지 못한다. 특히 종합상사를 비롯한 대규모 서비스 기업들은 복잡하고 다변화된 기업 환경 속에서 수요자와 공급자를 적재 · 적소에 적절한 조건으로 연결시키는 기능의 다양성 여부가 기업의 능력을 좌우하는 중요한 요소이기 때문에, 여러 가지 기능을 종합적 · 복합적으로 수행함으로써 기능 다각화를 이루는 것이 기업 성장을 위한 전략 대안으로 중시되어야 하는 것이다.

따라서 여기에서는 다각화를 제품 · 시장 중심의 다각화와 기능 중심의 다각화로 나누어 고찰해 보기로 한다.

제품–시장 다각화 개념

제조 기업이 추구하는 제품 · 시장 중심의 다각화는 앤소프와 루멜트가 제시한 다각화전략에 잘 나타나 있다.

앤소프가 제시한 다각화전략이란 제품 개발과 시장 개척을 동시에 추구하는 종합화의 개념을 갖고 있다. 그는 다각화전략을 이미 살펴본 기존시장 심화 전략, 제품 개발 전략, 시장 개척 전략과 차원을 달리하는 성장을 위한 또 다른 전략 형태로 파악하여, 제품 · 시장 전략 매트릭스를 확장전략과 다각화전략으로 양분하면서[10] 기업이 두 가지 전략안 중에서 다각화전략을 선택하게 되는 경우를 다음과 같이 열거했다.[11]

- 기존시장의 심화, 제품 개발 혹은 시장 개척 전략 중 어느 하나만으로는 기업의 성과가 목표치에 미달할 경우, 다각화전략을 채택함으로써 기업목표를 달성하고자 할 것이다.
- 확장전략만으로 목표 달성이 가능할 경우 확장전략 선택 후에도 기업에 여유 능력이 있다면, 기업은 다각화전략을 채택하고자 할 것이다.
- 확장전략보다 다각화전략이 더욱 높은 수익성을 보장할 경우, 기업은 당연히 다각화전략을 선택하게 될 것이다.
- 일반적으로는 다각화보다 확장전략 채택시 필요한 정보를 얻기 쉬운데, 만약 많은 정보를 수집하여 다각화 전략 채택 시에 이용할 정보의 양과 질이 확장전략 채택 시와 비교하여 손색없다고 여겨지면, 기업은 다각화전략을

채택하고자 할 것이다.

이에 대해 루멜트는 제품 계열의 확장으로 사업분야가 확대되는 과정을 다각화의 과정으로 인식하면서, 계수적인 측정기준에 따라 모든 기업을 몇 개의 다각화 집단으로 나누었다.

즉, 기업이 진출한 사업분야를 특화율(SR; Specialization Ratio), 수직비율(VR; Vertical Ratio), 관련비율(RR; Related Ratio)이라는 세 가지 정성적(定性的) 척도로 측정하여 다음과 같이 7개 집단으로 구분하고 있는 것이다.[12]

- 전업형(S; single)
- 수직형(V; vertical)
- 본업집약형(DC; dominant-constrained)
- 본업확산형(DL; dominant-linked)
- 관련집약형(RC; related-constrained)
- 관련확산형(RL; related-linked)
- 비관련형(U; unrelated)

<그림 7.3>의 분류체계에 따르면 기업은 크게 전업형과 다각화형으로 나누어지고 다각화형은 다시 수직형, 본업형, 관련형, 비관련형으로 나누어진다. 수직형은 원료에서 최종제품에 이르는 전 생산공정을 일괄적으로 연결시켜 각 공정 사이의 이동을 내부화(internalization)시킨 기업을 의미한다. 본업형은 본업이라 할 수 있는 중심된 제품분야가 있는 동시에 다소의 다각화가 이루어진 기업이다.

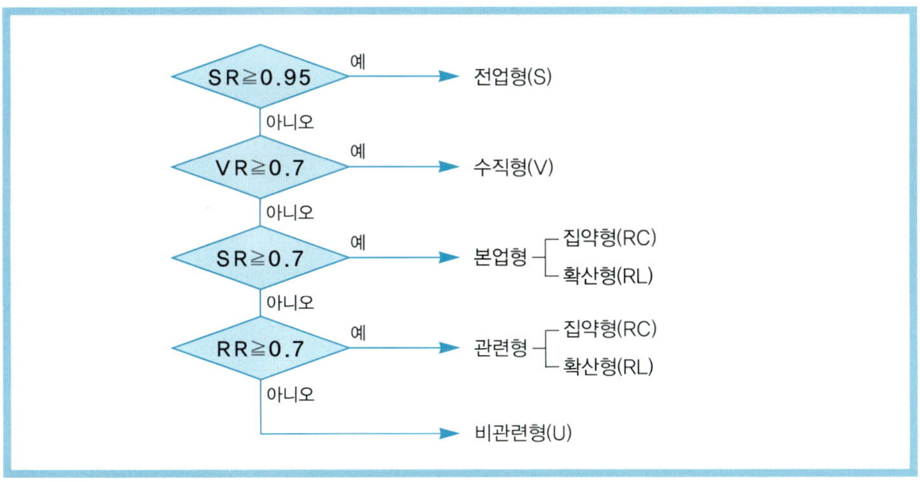

그림 7.3
사업 분야의 다양성에 따른 기업 집단의 분류 체계

자료 : Rumelt, 『Strategy, Structure and Economic Performance』, Harvard Univ. Press, 1974, p.3.

관련형은 본업이라 할 수 있을 정도로 비중이 절대적으로 큰 분야는 없지만, 대부분의 분야가 시장, 기술 등의 면에서 어느 정도 관련성이 있는 경우이다. 비관련형은 관련성이 있는 분야를 합해도 기업 전체의 매출액에서 점하는 비중이 작은 기업이다. 이중에서 본업형과 관련형은 각 분야 간 상호관계의 밀접성에 따라 각각 집약형과 확산형으로 나누어진다. 여기에서 집약형은 특정한 경영자원을 여러 분야에서 공통적으로 이용하는 것이고, 확산형은 한 분야의 경영자원을 지렛대로 이용하여 새로운 분야로 계속 진출하는 것이다.

<그림 7.4>는 집약형과 확산형의 차이를 상징적으로 보여 주고 있는데, 여기에서 ○표는 각 제품분야를, ○표를 연결하는 실선은 각 분야 간의 관련성을 나타낸다.

그림 7.4
집약형과 확산형

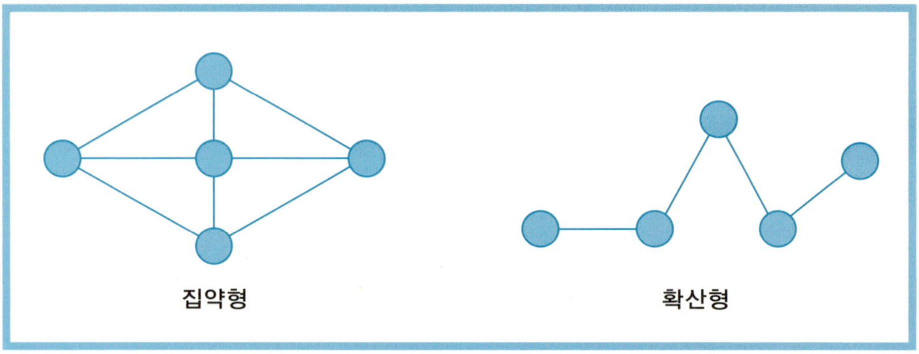

자료 : 吉原英樹,『日本企業 の 多角化戰略』, 東京 : 日本經濟新聞社, 1981, p.15.

여기서 제시된 일곱 가지 기업집단은 각각 특징적인 제품 계열 확대 전략의 형태이다. 이러한 기업집단의 유형별 분류는 제품 다양화를 추구하는 기업의 경영자에게 어느 정도까지 제품 계열을 확대할 것인지에 대한 시사점을 제공하고 있다. 즉, 기업 전체의 능력과 기존의 사업분야가 속해 있는 산업의 특성에 따라 제품 계열을 확대해야 한다는 것이다. 예컨대 원사에서 섬유, 직물, 봉제로 이어지는 의복 분야의 경우 원료 조달과 거래선의 확보가 기업의 경쟁력을 결정하는 중요한 요인이 되므로 수직형의 전략을 사용하는 것이 유리할 것이나, 음 · 식료품 분야에서는 캔디 · 껌 · 비스킷 · 초콜릿 · 아이스크림 등 제품 원료 및 유통 면에서 서로 관련이 깊은 제품에 집약하는 관련집약형 전략이 더욱 바람직할 것이다.

다각화의 동기

현대 기업은 한 산업에서 하나의 제품만을 생산, 판매하거나 하나의 사업분야에서 활동하는 것이 아니라, 다품목 혹은 다사업 부문에서 경영활동을 수행한다. 이러한 다각화의 동기가 무엇인가에 대해서는 선진국 기업, 특히 미국 기업의 다각화가 활발하게 추진된 70년대의 경영전략 분야에서 다양하게 논의되었다.

이중에서 중요하게 언급되었던 다각화 동기로는 기업가적 동기로서의 '지속적 성장 추구', '위험 분산', 범위의 경제 추구와 거래비용 절감을 통한 '시장지배력 강화' 등을 들 수 있다.[13]

■ 지속적 성장의 추구

기업은 지속적 성장을 위한 수단으로 다각화를 추진할 수 있다. 즉, 기존제품이나 사업이 사양산업에 들어 성장률이 계속 떨어지는 경우에는 기업이 생존하기 위해 새로운 산업으로 진출하는 전략을 선택하게 된다. 또한 기존 사업의 전망이 나쁘지 않다 하더라도 새로운 유망분야에 미리 진출함으로써 얻는 선발기업의 이점(first mover advantage)을 향유하기 위해서도 다각화한다.

그리고 기업의 시장 지위가 규모에 의해서 결정되거나, 경영자의 업적 평가가 수익성보다는 매출액에 의해 평가받는 경우 경영자가 성장을 극대화하기 위해 다각화를 추구하려는 동기가 더욱 커진다.

■ 위험의 분산

위험을 분산시키고자 하는 것도 다각화의 중요한 동기가 된다. 기업이 한 사업에만 진출해 있을 경우 경기순환(business cycle)에 의해 그 사업의 경기가 하락하면 손실이 크므로, 이러한 위험을 보전하기 위해 다른 사업으로 다각화하는 전략을 택하게 되는 것이다. 이렇게 볼 경우 특히, 관련 다각화보다는 비관련 다각화(conglomerate형)가 위험분산 효과가 크다.

이러한 위험분산 동기는 대리인이론(agency theory)에 의해 잘 설명된다. 대리인이론에 의하면, 경영자는 자신의 지위를 안정적으로 유지하기 위해 다각화를 한다. 즉 이익 수준이 일시적으로 낮아진 경우에는 자금 조달이나 자신의 지위 유지에 나쁜 영향을 줄 수 있기 때문에, 경영자들은 다각화를 통해 이러한 위험을 회피하려는 동기를 가진다.

한편 투자자나 주주, 종업원의 입장에서도 위험이 감소하는 것은 긍정적인 효과를 지닌다. 평균수익률이 높아지지는 않는다 하더라도 이익의 변동 가능성이 줄어들면 투자 매력도는 높아지고 따라서 주가도 향상될 수 있다. 또 종업원의 경우에도 이익의 변동 폭이 감소됨에 따라 고용의 안정성이 증가되는 등의 장점이 존재하게 된다.

■ 시장지배력의 강화

다각화는 범위의 경제와 거래비용 절감을 통해 궁극적으로 시장지배력을 강화하기 위해 이루어지기도 한다.

기업이 생산, 판매활동을 수행하는 과정에서 행하는 R&D 투자나 광고활동 등에 의해 기업 내 무형자산(기업 명성, 제품의 브랜드명, 기업 특유의 기술 등)이 축적되고, 이러한 자산은 새로운 제품의 생산에 유용하게 활용된다. 즉 한 사업의 생산, 판매활동에서 얻은 노하우가 다른 사업으로의 진출에 경제적인 효율성을 제공하는 범위의 경제로 인해 다각화를 할 수 있는 것이다.

한편 기업이 생산 활동을 수행하기 위해서는 생산에 필요한 원료, 중간재 등을 전방기업으로부터 구입해야 한다. 그런데 최종생산재의 생산에 필요한 요소를 공급하는 전방기업이 너무 멀리 떨어져 있어 수송비가 많이 소요되거나, 전방기업이 독점적인 지위를 활용하여 높은 가격을 책정하는 경우에는 이러한 전방으로 다각화를 함으로써 거래비용을 절감할 수 있다.

이처럼 기업은 범위의 경제 효과와 거래비용 절감 등을 위해 다각화를 추구함으로써 궁극적으로 시장지배력을 강화시킬 수 있게 된다.

다각화의 평가기준 및 가치창조 가능성

다각화가 기업의 목적을 달성하는 데 도움이 되는가를 평가하는 방법으로, 포터는 매력도 테스트(attractiveness test), 진입비용 테스트(entry cost test), 발전성 테스트(improvement or better-off test)라는 세 가지 조건을 제시하고 있다.[14]

■ 매력도 테스트

이는 다각화할 산업이 구조적으로 매력적이거나 매력적으로 될 가능성이 있어야 한다는 것을 의미한다.

매력도 테스트는 포터의 산업구조 분석 모델을 적용하여 평가할 수 있다. 일반적으로 투자수익률이 높은 매력적인 사업이란 진입장벽이 높고 공급자와 구매자의 교섭력이 적으며, 대체가능성이 있는 제품이나 서비스가 없고 경쟁기업 간 경쟁 상태가 안정적인 경우를 의미한다.

■ 진입비용 테스트

이는 새로운 산업에 진입하는 데 소요되는 진입비용이 그 산업에서 얻게 될 총

이익을 초과해서는 안 된다는 것이다.

진입비용 테스트는 특정 산업의 매력도가 그 산업에 이미 진입해 있는 기업과 진입 예정인 기업에게 서로 다르게 작용한다는 것을 전제로 하고 있다.

어떤 산업의 매력도가 높다는 것은 진입예정 기업에 대한 진입장벽이 높다는 것을 의미한다. 즉 산업이 매력적일수록 신규진입 기업의 진입비용은 높아진다는 것이다. 그러므로 경우에 따라서는 특정 산업에 진입하려는 기업이 이들 장벽을 극복하고 지위를 구축하는 데 소요되는 비용이 그 산업에서 얻을 수 있는 이익을 초과할 수도 있으며, 이 경우 다각화의 이점은 사라지게 된다.

■ 발전성 테스트

이는 새로운 사업단위가 기존사업과의 연관을 통해 경쟁우위를 확보하거나, 또는 기존사업이 새로운 사업과의 연관을 통해 경쟁우위를 얻을 수 있어야 한다는 것을 의미한다.

이러한 발전성 테스트는 다각화를 통해 시너지 효과를 향유할 수 있는가를 평가하기 위한 것이다. 즉 기업이 새로운 사업단위에 어떤 의미 있는 경쟁우위를 제공하거나 새로운 사업단위가 기업에 경쟁우위를 제공할 잠재력을 지녀야 한다는 것이다. 예컨대 새로운 사업단위가 기존 사업단위의 유통시스템을 활용할 수 있다면, 다각화는 계속적인 경쟁우위를 낳을 가능성이 높아지게 된다.

이러한 관점에서 볼 때, 비관련 다각화는 발전성 테스트를 적용하기 곤란한 점이 있다. 기존사업과 전혀 관련이 없는 사업이 있을 수 있는지 의문을 제기할 수는 있으나, 일반적으로 비관련 다각화는 다른 사업과의 관련성을 확보할 수 없기 때문이다.

한편, 포터는 이상과 같은 다각화 평가기준을 제시한 후 다각화전략이 새로운 가치를 창조해내는 과정을 <그림 7.5>와 같이 네 가지로 구분했다. 그림에서와 같이 포터는 다각화전략이 포트폴리오 관리에서 리스트럭처링, 핵심 스킬의 이전, 중요 기업 활동의 공유로 이행할수록 점점 더 높은 가치를 창조한다고 했다.

다각화전략의 첫째 유형은 포트폴리오 관리로 부르는 콩글로머리트에 의해 이루어지는 다각화이며, 둘째 유형은 비효율적인 경영을 하는 기업을 인수하여 회생시키거나 핵심역량과 관련이 없는 사업을 매각하여 사업영역을 재조정하는 리스트럭처링이다. 그리고 셋째 유형은 기존의 핵심 스킬을 새로운 사업으로 이전하여 활용하는 다각화이며, 한 기업이 여러 사업부 간에 경영자원을 공유함으로써 비용절감과 차별화를 확보하는 다각화 유형도 있다.

그림 7.5
다각화전략의 가치 창조 가능성

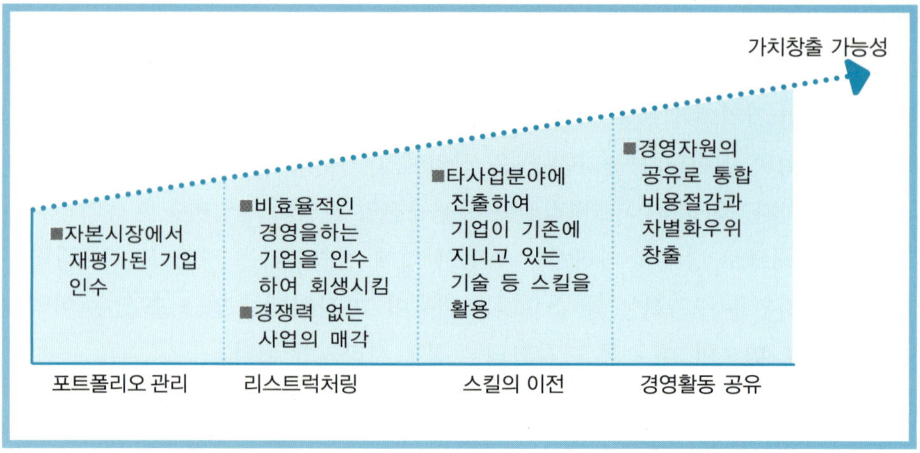

제품 - 시장 중심 다각화의 장점과 한계

기업이 업종을 다각화시킨다면 그들은 안정적인 성장을 지속하기가 용이하다. 각 업종 간의 상호 보완적 성장을 통해 기업 성과를 안정화시키면서 위험을 줄일 수 있기 때문이다. 보다 구체적으로 살펴보면, 주요 제품의 수명주기별 단계에 다른 매출액의 분산 정도가 크고 계절 간의 변동이 심한 경우나, 산업 간의 파행적인 경기변동에 따른 판매액과 그에 따른 이익의 불안정성이 큰 경우, 다각화에 따른 품목의 상호 보완작용으로 이런 어려움을 극복할 수 있다는 것이다.

특히 최근과 같이 제품 수명주기가 짧아지는 상황에서 신보호무역주의에 편승한 세계 각처의 수입 규제나 수입 쿼터제의 피해를 줄이기 위해서는, 한 두 가지 제품에만 주력하는 것보다 업종을 다각화시키는 것이 위험 경감 차원에서 기업의 강점이 될 수 있다.

물론 다각적이고 광범위한 조사작업을 통해 시장환경의 정확한 예측이 가능하고 경영자가 가장 합리적인 의사결정을 할 수만 있다면, 사업분야를 다각화시켜야 한다는 논리는 의미를 잃게 된다. 그러나 아무리 방대하고 철저한 정보망을 갖추고 있어도 장기적으로 미래 환경을 항상 정확하게 예측한다는 것은 불가능한 일이다. 그러므로 인간 능력의 한계에 기인한 '제한된 합리성(bounded rationality)' 을 극복하기 위해서는, 어느 한 제품에만 집착하여 단기적 성과를 노리는 것보다 유망한 다수를 선별하는 것이 장기적으로 유리하다.

반면 다각화전략이 갖는 한계도 검토해야 한다. 우선 기업이 보유한 인적 · 물적 자원은 한계가 있게 마련이고 이처럼 유한한 자원을 적절히 배분함으로써 기업의 경영 성과가 나타나는 것이므로, 기업 전체의 능력 혹은 기업의 생산능력을 과도하게 분산시켜 하나하나의 제품이 모두 경쟁력을 잃게 되는 우를 범하지 말아야 한다. 만약 시장에서 독점적으로 우위에 있는 제품을 만들려고 원한다면 기업 능력의 집중이 필요하며, 일단 시장에서 우위를 얻었다 하더라도 이를 유지하기 위한 노력이 지속적으로 필요함은 당연하다. 따라서 무조건적인 다각화만을 추구하게 되면 전통적으로 갖고 있던 전문성과 독점성도 유지하기 어렵게 되고 말 것이다.

또한 진출 분야를 계속 늘려나가다 보면 적자요인 발생에 의해 한계 수익성이 떨어지게 마련이며, 이는 결국 기업의 단기적 수익성 하락의 원인이 되기도 한다. 이와 같은 부분적 수익성의 하락은 장래의 급격한 수익성 악화를 모면하기 위한 코스트이므로 완전히 없애기는 어려우나, 가능한 한 이 코스트를 줄이면서 제품 다양화를 통해 소기의 성과를 달성하려면 무차별적인 제품 다양화는 지양되어야 함이 마땅하다.

안정전략

개념 및 필요성

기업이 무한한 생명을 갖고 이윤을 창출하려면 그 과정에서 아무리 어려운 고비를 만나더라도 망하지 않아야 한다. 따라서 경영자 입장에서 보면, 기업 내부에서 내실을 다지며 갑작스러운 경기변동 등 어떤 환경 변화에도 이겨낼 수 있는 체질을 길러내기 위한 전략 대안이, 외부적으로 성장의 기회를 추구하는 성장전략 못지않게 중요한 것이다.

또한, 기업의 목적함수인 'Max 이윤 = Max 수익 − Min 비용'의 관점에서 보더라도, 이윤을 극대화하기 위해서는 성장전략의 수립 · 실행을 통해 수익을 극대화시키는 방향과 함께, 비용을 극소화시키기 위해 기업 내부의 비용 구조를 설계하는 방향의 전략 대안이 도출되어야 한다.

외부환경의 영향을 많이 받는 성장전략은 그 실천 과정에서 불확실성이 크고 제대로 통제하기가 곤란하며, 설정한 목표를 달성하지 못한 채 자칫 기업을 위기에 빠뜨릴 수도 있다. 따라서 경영자 입장에서는 불확실성이 적고 관리할 여지가 큰 기업 내부 각 부문을 효율적으로 조정하여 내실을 추구하는 전략 대안 쪽으로 우선 눈길이 가기 쉽다.

이같이 기업 내부에서 기업 체질을 강화하는 전략 대안을 일컬어 성장에 대비되는 개념인 안정을 도모한다는 뜻에서 안정전략이라고 명명하기로 하자. 그러면, 이러한 안정전략은 구체적으로 어떤 목표 하에 자원을 배분하는 전략 대안인가? 안정전략은 매출액에 관계없이 매출원가를 절감하거나, 설사 매출액이 감소하더라도 매출원가를 더 높은 비율로 절감하면, 이윤이 발생하여 기업의 안정을 다지고 계속 존속할 수 있다는 기본적인 사고 하에 손익분기점(break-even point)의 하락을 그 목표로 한다.

손익분기점이란 기업의 생산 및 판매 활동에서 총수입과 총비용이 같아지는 점, 즉 순이익이 0이 되는 점을 말한다. 기업의 매출액이 손익분기점 이하일 때는 기업이 손실을 보게 되는 반면, 기업의 매출액이 손익분기점을 넘어서면 기업은 이익을 보게 되는 것이다.

그런데 손익분기점을 고려하려면, 고정비 및 변동비 개념에 대해 먼저 이해를 해야 한다. 고정비는 기업의 조업도나 매출량에 관계없이 일정하게 발생하는 비용이고 변동비는 조업도나 매출량의 변동에 직접 비례하여 발생하는 비용으로, <그림 7.6>에서 보는 바와 같이 고정비와 변동비가 합쳐져 기업의 총비용이 된다.

그림 7.6
조업도와 비용간의 관계

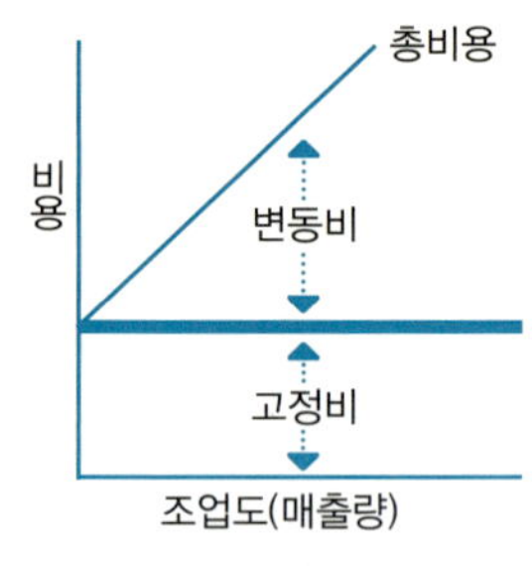

기업에서 발생하는 모든 비용이 변동비라면 손익분기점의 문제가 발생할 수 없다. 그러나 기업의 경영과정에 있어서는 필연적으로 고정비가 발생하게 되기 때문에, 조업도나 매출량이 어느 정도 수준, 즉 손익분기점의 조업도 내지 매출량에 이르지 못하면 기업은 손실을 보게 되어 안정과 생존을 위협받게 되는 것이다.

따라서 시설 투자 등으로 인해 고정비가 많이 지출된 기업의 경우 손익분기점이 높아져 이에 상응하는 조업도와 매출량을 실현해야만 이익을 낼 수 있는데, 경기가 좋을 때는 손익분기점에 이르기 위해 필요한 조업도 수준이 높아도 별 문제가 없으나 불경기가 닥쳐와 조업도가 떨어졌을 때에는 손실을 보기 쉽다.

그러므로, 안정전략에서 설정한 손익분기점의 하락 목표를 달성하려면, <그림

7.7>에 나타나 있는 바와 같이 고정비 수준을 낮추는, 즉 고정비를 변동비로 대체하는 방향으로 기업의 자원을 배분하고 효율적으로 관리해 나가야 할 것이다.

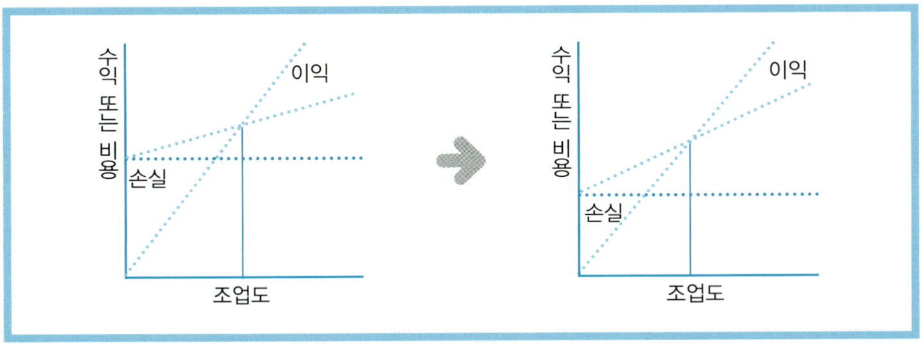

그림 7.7
안정 전략과 손익분기점의 관계

안정전략을 구체적으로 실천에 옮기기 위해서 경영자는 생산, 재무, 인사, 마케팅 등 각 관리부문에서 주요한 고정비와 변동비 항목을 선정한 후, 각 고정비 항목을 변동비로 대체시킬 수 있는 방향을 도출해야 한다.

예컨대, 생산부문 측면에서 보면, 부품이나 중간재를 자체 생산(make)하느냐 외부로부터 구매(buy)하느냐 여부는 안정전략에 의거해 의사결정을 내릴 수 있다. 자체 생산을 하기 위해서는 시설투자가 필요하고 고정비가 많이 발생하는 데 비해, 외부 구입 시에는 고정비는 별로 없이 변동비가 주로 발생하기 때문이다. 앞에서도 이야기했듯 경기가 좋을 때는 손익분기점 수준의 조업도 달성이 용이하고, 일단 조업도가 손익분기점 수준을 넘어섰을 때에는 영업 레버리지 효과에 의해 고정비 수준이 높을수록 이익이 증대되는 폭이 더 커지므로, 부품이나 중간재를 자체 생산하는 것이 유리하다. 그러나 경기가 악화되었을 때는 앞서 말한 영업 레버리지 효과에 의해 고정비 수준이 높을수록 손익분기점 아래에서 손실이 증대되는 폭이 더 커지는 반면, 고정비가 별로 없는 경우에는 손익분기점이 낮아 조업도가 어느 정도 하락하더라도 이익을 낼 수 있고 최악의 사태에도 손실이 적어 기업의 생존을 유지할 수 있다. 불경기가 도래했을 때에는 부품이나 중간재를 외부로부터 구입하여 고정비를 최소화하고 변동비를 늘리는 것이 올바른 의사결정일 것이다.

또한 재무 측면에서 보면, 자본을 조달할 때 자기 자본으로 할 것인가 외부로부터 자본을 조달할 것인가의 의사결정을 함에 있어 안정전략이 준거의 틀이 될 수 있다. 여기에서 자기자본은 주식의 형태로 조달되고 주주에게는 배당금이 지급된다. 그런데 배당금의 경우 영업실적 등에 의해 매년 배당률이 다르게 책정되므로 변동비적 성격을 띠게 되는 데 비해 이자는 고정적으로 지급해야 할 의무가 있으므로 고정비의 성격을 지니게 된다.

예컨대 자본금이 100억 원인 어떤 기업이 300억 원의 신규투자를 계획하고 있다면, 호경기일 때에는 외부 차입금을 중심으로 자본을 조달하는 것이 바람직하고, 불경기일 때는 증자를 통해 자본을 조달하는 편이 낫다. 다시 말해 안정전략하에서는 변동비 성격의 배당금을 지급해야 되는 자기자본을 중심으로 투자 자금을 조달하는 것이 하나의 지침이 될 수 있다.

한편 인사 측면에서 보면, 기본급은 고정비의 성격을 지니고 있으므로, 전체 임금 중 기본급의 비중을 줄이고 보너스를 늘리는 것이 안정전략이다. 예컨대 AMC 사례에서 보면, 낮은 손익분기점을 유지함으로써 불경기일 때 발생하는 피해를 최소한으로 줄이자는 회사의 기본 정책 아래 1961년 '진보적 분배' 라고 하는 노동계약을 체결했는데, 그 골자는 높은 수준의 기본급 대신에 최소한의 기본급에 회사의 영업수익을 보너스의 형태로 크게 할당하여 고정비 부문을 감소시키는 것이었다.

주의해야 할 것은, 기본급은 종업원의 생계 보장 측면과 직결되므로 노사 간의 완전한 타협에 의해서 기본급을 적절히 줄이는 방향으로 임금관리를 해야 한다는 점이다. 만일 노조나 종업원들의 충분한 이해를 얻지 못한 채 불경기 내지는 기업 경영 수지 악화에 대응하기 위해 기본급을 조정한다면, 근로자들의 반발을 사 노사분규의 원인이 될 수 있으며, 이때 기업의 안정과 생존은 결정적인 위협을 받을 것이기 때문이다.

마케팅 차원의 의사결정 시에도 안정전략은 의사결정의 기준이 될 수 있는데, 대리점과 자사 판매원을 통한 판매 경로 중 어떤 것을 택할 것인가에 대한 의사결정이 전형적인 예이다. 즉 경로의 통제 가능성과 같이 경로 선택에 기준이 될 수 있는 여타 요소는 고려하지 않고 원가 측면만을 본다면, 대리점을 통한 판매비용이 변동비가 되므로 불경기로 인해 판매액이 감소했을 때에는 대리점을 통한 판매 경로의 선택이 안정전략의 관점에서 볼 때 타당한 것이다.

결국 안정전략은 경기변동, 보다 정확히 말하자면 불경기에 대응하여 기업의 안정과 생존을 도모하고 이윤을 창출한다는 사고에 입각하여 고정비를 변동비로 대체시킴으로써 손익분기점을 하락시킨다는 목표를 설정하고, 각 관리 부문별로 손익분기점을 하락시키는 방향으로 의사결정을 하는 데 준거의 틀을 제공하여 주는 전략 대안이다.

이하에서는 안정전략의 대표적 수단인 수직적 통합전략과 아웃소싱전략에 대해 설명하기로 한다.

수직적 통합전략[15]

개념

수직적 통합이란 기술적으로 구분되는 생산, 유통, 판매 그리고 그 밖의 경제적 과정들을 단일기업 내부에서 통합함을 의미한다. 즉 전방 혹은 후방 부문의 사업을 통합함으로써 시장거래보다는 내부거래를 통해 자체의 경제적 목적을 달성하고자 하는 기업의 의사결정을 말한다.

이러한 수직적 통합은 수요와 공급의 불확실성을 감소시키고 가격 변동으로부터 기업을 보호해주며, 시장에서 발생하는 판매 · 협상 · 계약 등의 비용을 절감시켜 주는 긍정적 역할을 한다.

그러나 반대로 기업의 고정비 비율과 철수장벽을 높이고 거래 상대를 교체할 수 있는 탄력성을 감소시키는 등 부정적 효과도 동시에 내포하고 있다.

필요성

일반적으로 수직적 통합은 다음 네 가지 경우에 주로 이루어진다. 첫째, 시장의 불확실성이 커 거래 자체가 위험하거나 예측하기 어려울 때, 둘째, 사업의 전방 또는 후방 분야에 종사하는 기업의 교섭력이 클 때, 셋째, 기존시장이 도입기 혹은 쇠퇴기에 있어 새로운 시장을 개척할 필요가 있을 때 등이다.

■ 시장실패(market failure)의 극복

시장실패는 시장에서의 거래 위험이 높거나 이러한 위험을 제거하기 위한 계약이나 관리가 불가능할 때 발생하는 것으로, 구매자와 공급자의 수, 거래 빈도, 자산의 특화 정도에 영향을 받는다.

- 구매자와 공급자의 수: 시장에 참여하고 있는 공급자와 구매자의 수가 시장실패를 결정하는 가장 중요한 요인이 된다. 즉 구매자와 공급자가 하나일 경우 이들은 독점적 지위를 활용, 서로 유리한 위치를 점하려고 시도하게 되며, 소수일 경우에도 이들 사이에 보다 복잡한 조정 과정을 거치게 됨으로써 시장실패가 발생하게 된다.
- 자산 특성: 한편, 시장에 참여하고 있는 구매자와 공급자의 수가 많은 경우라 할지라도, 이들이 자신의 독특한 설비를 이용해 독과점그룹을 형성함으로써 교체비용(switching cost)을 증가시킬 경우에는 시장실패가 발생하게 된다. 자산의 특화로부터 야기되는 이러한 시장실패는 그 자산이 자본집약적이거

나 기업의 고정비용 구조를 높이는 경우에 더 강하게 나타난다.

- 거래 빈도: 소수의 구매자 · 공급자 간에 이루어지는 빈번한 거래 역시 거래 비용을 높여 시장실패를 유발하는 또 다른 요인이 된다. <그림 7.8>은 이러한 거래 빈도와 자산의 특성에 따른 시장거래 조정 메커니즘을 나타내고 있다.

그림 7.8
시장거래 조정 메커니즘

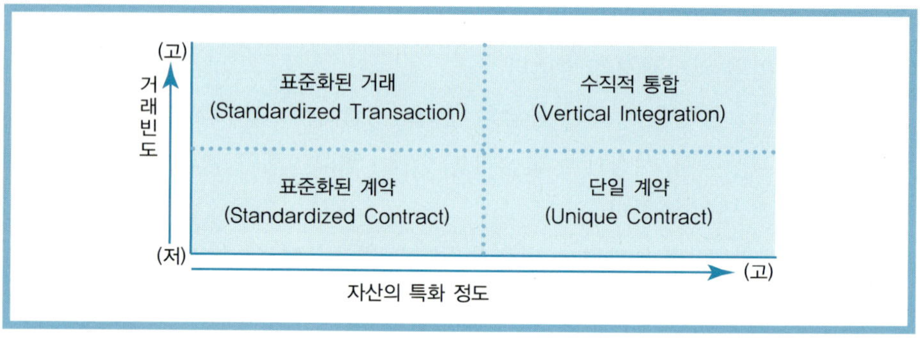

자료 : Stuckey & White, "When and When Not Vertically Integrate", Sloan Management Review, Spring 1993.

공급자와 수요자 간의 거래 빈도가 많지 않을 경우에는 자산의 특성에 관계없이 수직적 통합의 필요성이 낮다. 즉 자산의 특화 정도가 낮은 경우에는 리스, 신용판매 협정 등과 같은 표준화된 계약을 통해 시장거래를 효율적으로 성사시킬 수 있으며, 반대로 자산의 특화 정도가 높은 경우에도 계약 자체는 다소 복잡해질 수 있으나 수직적 통합의 필요성은 여전히 높지 않다. 그러나 거래 빈도가 높은 경우에는 거래 비용과 거래 위험이 커지므로 수직적 통합의 필요성도 높게 나타난다.

■ 타 기업의 시장 지배력 행사에 대한 대응

수직적으로 연관된 전후방 사업의 어느 한 분야에 참여하고 있는 기업이 특정 기업에 대해 강한 교섭력을 행사함으로써 시장에서 높은 수익을 향유하고 있을 때, 이에 대응하기 위해 수직적 통합을 하게 된다. 한 예로 오스트리아 콘크리트 사업자의 경우를 살펴보자. 오스트리아의 콘크리트산업은 낮은 진입장벽, 잦은 수요 변화 등으로 인해 경쟁이 치열할 뿐만 아니라, 손익구조도 채석 산업의 공급 가격에 크게 영향을 받는다.

이에 반해 콘크리트산업에 모래와 돌을 공급하는 채석 산업은 제한된 채석장 수, 높은 수송비 등으로 진입장벽이 높아 커다란 수익을 향유한다. 따라서 이러한 불리한 시장 상황을 타개하기 위해 오스트리아의 한 콘크리트 사업자는 합병이란 방법을 사용, 채석 산업으로의 후방 통합을 실시함으로써 채석 사업자의 시장지배를 방지하고 양 산업 모두에서 높은 시장 지위를 확보할 수 있었다.

■ 시장지배력의 유지 · 강화

수직적 통합은 또한 진입장벽을 형성하여 시장 지위를 보다 강화시키는 역할을 한다. 대다수의 경쟁자가 산업 내에서 수직적 통합을 하고 있을 경우 수직적 통합을 하지 않은 잠재적 시장 진입자는 사업의 모든 단계에 참여해야만 경쟁이 가능하기 때문에, 수직적 통합은 기존시장을 방어할 수 있는 진입장벽 역할을 하게 된다.

자동차산업의 경우를 예로 들어보자. 자동차 메이커들은 일반적으로 전방 통합을 통해 독점적 유통망을 확보하게 된다. 이 때문에 신규 진입자는 새로운 광범위한 유통망을 확보하는 데 많은 시간과 비용을 투자해야 하므로 경쟁에서 불리할 수밖에 없다. 만약 GM이 독점적인 유통망을 확보하지 못했다면 일본 기업에게 더 많은 시장을 내주었을 것이라는 데는 의심의 여지가 없다.

이 외에도 특정 세분시장을 목표로 한 전방 통합은 가격 차별화를 가능케 하여 시장지배력을 강화시켜 준다. 시장이 세분화되어 있을 경우 기업들은 가격민감도가 낮은 시장에는 높은 가격을, 가격 민감도가 높은 시장에는 낮은 가격을 책정함으로써 총수익을 최대화하려고 할 것이다.

그러나 이러한 판매전략은 낮은 가격의 시장에서 높은 가격의 시장으로 상품이 재판매될 가능성이 있어 실패할 위험이 높다. 따라서 이 경우 저가격 시장으로의 전방 통합을 실시함으로써 기업은 재판매의 가능성을 제거하고 높은 시장 지위를 창출, 유지할 수 있게 된다.

■ 신시장의 창조

수직적 통합은 산업이 도입기에 있을 때 시장을 창조하기 위해 이루어지기도 하는데, 이 경우의 수직적 통합은 경쟁자가 모방할 수 없는 독자적 기술이나 강력한 브랜드 이미지를 바탕으로 이루어질 때만 성공 가능하다.

수직적 통합은 또한 쇠퇴기에 있는 사업의 시장 창조를 위해서도 이루어진다. 주로 시장에서 철수하는 제조 또는 유통업자의 몫을 보다 많이 확보하기 위해 전방 통합이 이루어지는 경우가 이에 해당된다.

차원(dimension)

수직적 통합전략은 수직적 통합의 단계(stage), 폭(breadth), 정도(degree), 형태(form)의 네 가지 차원으로 구분된다.[16]

■ 수직적 통합의 단계

이것은 원재료에서 최종 고객에 이르기까지 가치사슬 상의 각 활동단계 중에서 기업이 어느 단계에 참여하고 있는가를 나타낸다.

<그림 4.9>에서 기업 A와 B는 7개의 통합된 활동에, 기업 C는 3개의 통합된 활동에 참여하고 있음을 알 수 있다.

■ 수직적 통합의 폭

이것은 수직적 통합의 특정 단계 내에서 기업이 자체적으로 수행하는 활동의 수를 의미한다. 그림에서 B3, B5, C3, C5 등과 같이 광범위하게 통합된 SBU는 타 SBU보다 기업 내에서 많은 활동을 수행하게 된다.

통합의 폭이 지나치게 넓으면, 특정 제품라인을 생산하는 공장에 있어 규모의 경제 효과의 향유를 어렵게 만들 수도 있다.

■ 수직적 통합의 정도

이것은 특정 SBU가 타 SBU로부터 얼마나 많은 아웃풋을 구매하는가를 의미한다. 일반적으로 한 SBU가 기업내 다른 SBU로부터 구매하는 특정 부품의 비율이 총 구매량의 95%를 초과할 경우, 두 SBU는 완전히 통합되어 있다.

수직적 통합의 정도는 전방 또는 후방 통합시 공장의 최소효율규모(minimum efficient size) 결정에 영향을 미친다는 점에서 그 중요성을 지닌다.

■ 수직적 통합의 형태

이것은 완전소유에 의한 통합인가, 아니면 의사통합(疑似統合)인가를 의미한다. 실제로 수직적 통합의 효익을 향유하는 데 반드시 완전소유에 의한 통합이 필요한 것은 아니다. 의사통합 방법을 통해서도 그 효익을 충분히 향유할 수 있다. 의사통합에 대해서는 다음 '의사통합의 활용' 에서 다루기로 한다.

의사통합의 활용

수직적 통합 전략은 중요한 경영전략 중 하나이긴 하나, 너무 많은 자원이 소모되고 일단 실행되면 돌이키기 힘들다는 커다란 위험성을 내포하고 있다. 따라서 꼭 필요한 경우가 아니면 수직적 통합을 자제하고 다른 방법을 사용해야만 하는

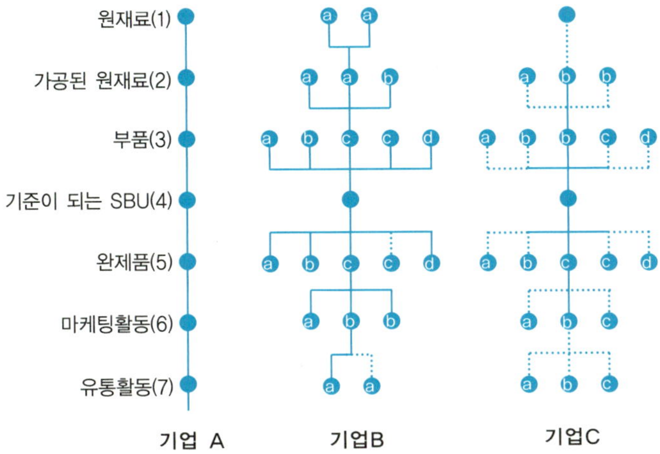

범례 : ——— 기업내 거래(intrafirm transfers)
.... 외부 조달 또는 판매
a, b, c 각 단계의 input

기업 A : 이 기업은 수직적으로 통합된 많은 활동단계에 참여하고 있으나 각 단계마다 하나의 input을 제공함으로써 통합의 폭은 매우 좁다. 그리고 이 기업은 각 단계의 output을 외부에 판매하지 않고 모두 다음 단계에 제공함으로써 완전소유의 통합형태를 취하고 있다.

기업 B : 이 기업은 수직적 통합의 3단계와 5단계에서 input a, b, c, d를 자체 조달하고 있으며, 3단계와 5단계에서 특히 광범위한 통합이 이루어지고 있다. 이 기업은 통합의 7단계 중 일부에서 외부 조달을 하고 있기 때문에 기업 A에 비해 통합의 정도는 낮다.

기업 C : 이 기업은 단지 2, 3단계에서 input b, 5단계에서 input c만을 자체 조달하고 있어 소수의 통합된 활동에 참여하고 있으며, 통합의 폭도 좁다.

그림 7.9
수직적 통합 전략의 차원

자료 : Harrigan, "Vertical Integration and Corporate Strategy", Academy of Management Journal, Vol.28, 1985.

데, 그 대안이 바로 의사통합(quasi-integration)이다.

의사통합은 수직적으로 관련된 사업들 사이에 외부시장 거래도 아니고 완전한 통합(소유)도 아닌 어떤 관계를 설정하는 것으로, 수직적 통합에 부수되는 부작용을 감소시키면서도 수직적 통합의 혜택 대부분을 실현시켜 준다.

이러한 의사통합의 일반적 형태로는 장기계약, 합작투자, 전략적 제휴, 라이선싱계약, 특화된 자산 보유, 공동 연구개발 등이 있다.

여기서 특화된 자산 보유에 의한 의사통합이란 특정 기업이 인접 사업 분야에 특화된 자산의 소유권을 보유하고 기타 다른 것은 하청계약을 함으로써 인접 사업 분야를 통제하는 것을 의미한다. 예를 들면 자동차 제조업자들은 그들의 핵심 부품에 맞는 특유한 금형 등의 설비를 보유하고 하청계약을 통해 부품을 제조하게끔 하는데, 이때 제조업자들은 특화된 자산을 무기화하여 공급자들의 기회주의로부터 자신을 보호하는 것이다.

접근법

수직적 통합 전략은 시장구조 변화에 따라 수정되어야 하는데, 이러한 시장구조를 변화시키는 가장 중요한 요인으로 구매자와 공급자의 수, 그리고 특화된 자산의 중요성 정도 등을 들 수 있다.

예로 1960년대 중반 세계 원유시장을 보면 수요, 공급의 양 측면에서 상위 4개사가 총 거래액의 59%, 상위 8개사가 84%의 점유율을 각각 차지했고 거래도 매우 빈번히 이루어지는 등, 전형적인 시장실패의 모습을 보였다. 그 결과 시장에 대한 조정 메커니즘도 시장실패로 인한 거래위험과 비용을 제거하기 위해 주로 수직적 통합과 장기계약(10년)이 사용되었다(<그림 7.10> 참조).

그림 7.10
원유산업의 시장구조 변화

	1966년	1985년
공급자 수	상위 4개사 = 59% 점유 상위 8개사 = 84% 점유	상위 4개사 = 26% 점유 상위 8개사 = 42% 점유
구매자 수	공급지와 마찬가지로 집중화 됨	구매자 집중도가 감소됨
거래 빈도	매우 빈번	매우 빈번
조정메커니즘	■ 수직적 통합이나 장기 계약(10년)에 의한 거래가 대부분 ■ 현물시장이 활용 안됨	■ 수직적 통합에 의한 내부 거래 감소 ■ 거래의 절반이 현물 시장에서 이루어짐

자료 : Stuckey & White, "When and When not vertically intergrate", Sloan Management Review, Spring 1993.

그러나 1980년대 중반에는 상위 4개 공급자의 시장점유율이 26%, 상위 8개 공급자의 시장점유율이 42%를 차지했고, 구매자의 집중도도 현저히 감소했다. 뿐만 아니라 기술 발전으로 인해 자산의 특화 정도가 낮아져 교환비용(switching cost)이 감소하는 등 시장구조면에서 급격한 변화를 보였다.

이러한 시장구조의 변화로 인해 수직적 통합의 필요성이 감소함에 따라, 85년에는 수직적 통합에 의한 거래비율이 감소하고 대신 현물시장을 통한 거래비율이 상승했다.

이같이 통합전략은 시장 상황에 적합하게 선택 · 활용되어야 하며, 이 경우에는 분석적 접근법을 통해 최선의 전략을 선택해야 한다. 수직적 통합전략을 구사하는 데 필요한 전반적 분석 절차와 각 단계별 핵심 내용은 <그림 7.11>과 같다.

단계		주 요 내 용
비즈니스 시스템 (혹은 industry Chain)분석		■ 사업 단위의 세분화
비즈니스 시스템의 각 단계에 참여하고 있는 기업의 수, 규모와 거래관계분석		■ 비즈니스 시스템의 각 단계에 참여하고 있는 여러 기업의 규모와 수를 측정 ■ 상이한 비즈니스 시스템에 속한 기업간의 거래 형태(현물거래, 내부거래 등 분석)
정적 요인 분석	시장실패 사례조사	■ 자산의 특유화 정도를 분석, 측정 ■ 과점,독점 등의 규명 ■ 거래빈도 측정 ■ 시장의 불확실성 저동(수요 · 공급의 변화 등)측정
	수직적 통합에 의한 시장 지배력 변화 조사	■ 비즈니스 시스템 각 단계의 부가가치 측정 ■ 수요, 공급의 독 · 과점 등 시장지배력의 불균형 사례 분석 ■ 수직적 통합에 의한 시장 지배력 강화 여부조사
동적 요인 분석	산업구조의 변화가능성 예측 시장지배력 결정요소의 변화가능성 예측	■ 향후의 산업구조 변화예측 ■ 비즈니스 시스템 상 각 단계의 지배력 ■ 구매자, 공급자의 수요규모 ■ 기술적 변화 등에 기인한 자산의 특유화 정도 ■ 거래빈도 ■ 경쟁자의 수직적 통합관련 행위 예측
최적의 수직적 통합전략 및 지원 조직 선택		■ 수직적 통합관련 메커니즘의 선택을 위한 기준마련 ■ 의사통합 고려 ■ 순현가법, 위험정도, 실현가능성 등의 판단기준을 사용하여 최적전략선정 ■ 수직적 통합 전략을 지원할 구조, 시스템의 마련

자료 : Stuckey & White, "When and When Not Vertically Intergrate", Sloan Management Review, Spring 1993.

그림 7.11
수직적 통합을 위한 분석적 접근법

아웃소싱전략

중요성

"고객에게 차별적 가치를 제공토록 하는 핵심역량의 육성에 경영자원을 집중하라. 그리고 전략적 중요성이나 차별적 우위를 지니지 못한 다른 활동들은 외부에서 조달하라."

기업은 이 두 가지 전략을 적절히 조화시켜 활용함으로써 내부역량을 최대화하고 경쟁우위를 보다 효과적으로 확보할 수 있다. 즉, 경영자원을 자사가 가장 자신있는 분야에 집중 투자하여 핵심역량을 육성함으로써, 투자 효율성을 높일 수 있을 뿐만 아니라 현재 및 미래 경쟁자에 대한 강력한 진입장벽을 형성하여 자사의 시장 지위를 확보, 유지할 수 있는 것이다.

세계 최대의 운동화 제조업체인 나이키는 운동화의 핵심요소인 '나이키 에어시스템' 만을 내부에서 생산하고 나머지는 모두 외부에서 조달함으로써 지난 10년간 연평균 31%의 투자수익률과 20% 이상의 높은 성장세를 유지해왔다. 나이키는 연구개발과 같은 생산 전 단계와 마케팅, 유통 등의 생산 후 단계에 집중함으로써 최대의 가치를 창조해내고 있는 것이다.

외부자원의 전략적 활용 방안

그러면 나이키처럼 핵심역량의 육성과 외부자원의 활용을 효과적으로 결합함으로써 최대의 성과창출을 도모하려면 어떻게 해야 하는가?

이를 위해서는 다음 세 가지 사항을 유념해야 한다. 첫째, 자사의 경쟁우위 확보에 핵심이 되는 내부역량의 파악과 이의 육성이 체계적으로 이루어질 수 있어야 한다. 둘째, 장기적이고 전략적인 관점에서 비즈니스 시스템 상의 어떤 활동들을 외부에서 조달하고 어떤 활동은 내부에서 생산할 것인가를 결정해야 한다. 셋째, 외부자원 활용의 이점과 비용을 정확하게 평가하고 언제 외부자원을 활용하는 것이 바람직할 것인가를 정확히 분석해야 한다.

■ 핵심역량의 파악 및 육성

장기적이고 전략적인 관점에서 외부자원을 활용하고자 할 경우 가장 먼저 할 일은 자사의 핵심역량이 무엇인지 파악하는 것이다. 비즈니스 시스템 상의 특정 활동이 핵심역량이 되기 위해서는 다음의 몇 가지 조건이 충족되어야 한다.

첫째, 핵심역량은 최종 제품이나 단위기능이 아닌, 자사에 지속적인 경쟁우위를 가져다 줄 수 있는 스킬이나 지식의 집합체여야 한다. 왜냐하면 제품은 그것이 비록 특허에 의해 보호받고 있다 하더라도 경쟁사에 의해 쉽게 모방될 수 있으며, 동시에 원재료 조달, 생산 등과 같은 기능도 그 하나만으로는 경쟁우위 확보에 크게 기여할 수 없기 때문이다.

둘째, 여러 제품에 장기적이고 공통적으로 활용됨으로써 다양한 시장에 접근할 수 있는 특성을 지녀야 한다. 즉, 고객의 욕구 변화에 신속히 대응할 수 있을 만큼 유연성이 있으면서 여러 제품라인에도 응용되는 시너지효과를 발휘할 수 있어야 한다는 것이다.

셋째, 핵심역량은 기업의 미래사업 전개에 핵심이 되는 비즈니스 시스템 상의 소수 활동들로 구성되어야 한다. 3M의 경우 6만 종 이상의 다양한 제품을 생산, 판매하고 있으나 그 뿌리는 바로 도장 · 접착 기술이란 핵심기술과 이러한 기술개발을 지원하는 혁신시스템에 있다. 3M은 이러한 핵심역량을 바탕으로 창업제품인 샌드페이퍼에서 시작하여 스카치테이프, 셀로판테이프, 인화지 등을 개발해 세계시장을 석권하고 있는 것이다.

이같이 비즈니스 시스템 상의 활동들 중 일부만을 핵심역량으로 집중 육성하는 이유는 한정된 자원으로는 모든 분야에서 우위에 서기가 불가능하기 때문이다. 즉 활동이 많아질수록 자원이 분산되고, 그 결과 전략적으로 중요한 활동에서조차 경쟁사에 뒤처질 가능성이 높아진다는 것이다.

넷째, 핵심역량은 대고객 서비스와 연결될 수 있어야 한다. 머크사의 경우 자사의 핵심역량인 신약개발 관련 기초기술과 마케팅 노하우를 결합함으로써 업계 평균(66%)을 상회하는 72%의 매출이익률을 기록하고 있다.

마지막으로 핵심역량은 기업 내의 어느 특정 개인이나 부서 단위에 존재하는 것이 아니라 기업 전체의 차원에서 조직 내에 체화되어 있어야 한다. 맥킨지의 인재 확보 · 육성 시스템, 맥도널드의 종업원 훈련 시스템, 3M의 혁신 시스템, 서비스 마스터사의 동기부여 시스템 등이 바로 조직 내에 체화되어 있는 핵심역량의 예이다.

기업은 이상과 같은 제반 조건을 지닌 중요 활동들이 장기적인 경쟁우위 요소, 즉 핵심역량으로 작용할 수 있도록 지속적으로 보호하고 육성해야 한다.

■ 가치창조활동의 경쟁력 분석

경쟁환경이 급변하는 오늘날 한 기업이 비즈니스 시스템 상의 모든 활동을 전부 수행한다는 것은 불가능에 가깝다. 따라서 앞에서 설명한 핵심역량의 조건에 부합하는 전략적 중요성과 부가가치가 높은 활동들에 우선적으로 집중투자하고, 그 외의 활동들은 외부에서 조달하는 것이 합리적이다. 즉, 내부에서 자체적으로 모든 활동을 수행하기보다는 외부의 전문업체들을 활용함으로써, 핵심역량을 육성함은 물론 규모의 경제 달성, 유연성 증대, 전문화된 서비스 이용 등의 이점을 누릴 수가 있는 것이다.

물론 이를 위해서는 가치창조활동의 경쟁력 분석이 필수적이다. 즉, 비즈니스 시스템 상의 각 활동 단위별로 기업 내부에서 조달하는 것이 유리한지 외부에서 조달하는 것이 경쟁력이 있는지를 파악해야 하는 것이다. 이때 주의해야 할 것은 해당 기업이 속해 있는 산업만을 대상으로 분석해서는 안 되며, 향후 경쟁 가능성이 있는 모든 공급자와 산업을 대상으로 각 활동의 경쟁력을 분석해야 한다는 점이다(<그림 7.12>참조).

그림 7.12
비즈니스 시스템상의 가치창조 활동 분석 예

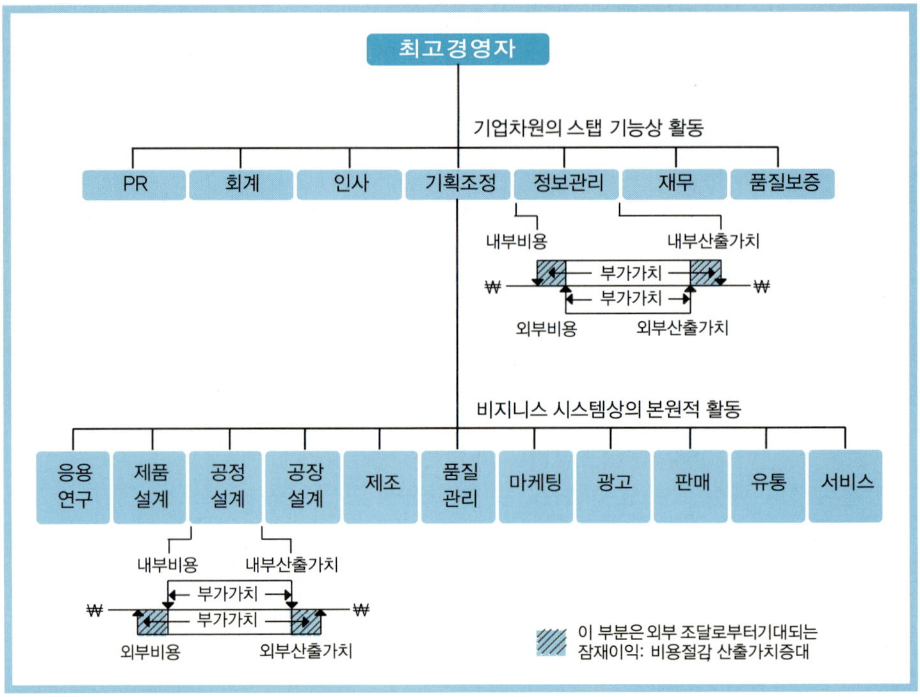

이러한 분석을 통해 특정 활동이 고객서비스 수준 제고에 핵심적이고 또 자체적으로 수행하는 것이 외부에 의존하는 것보다 경쟁력이 있다고 판단될 때, 비로소 그 활동을 내부에서 조달해야만 한다.

보다 구체적으로 보면, 비즈니스 시스템 상의 특정 활동의 중요성 정도와 이 활동이 외부에서 수행될 경우의 위험 정도를 엄격히 평가하여 외부조달 여부를 결정해야만 한다. 즉, 비즈니스 시스템 상의 특정 활동이 경쟁우위 확보에 필수적이고 외부 조달 시에 위험도가 높을 경우에는 통제의 필요성이 크므로 내부에서 수행하는 것이 유리하며, 그 반대일 경우에는 외부에서 조달하는 것이 효율적이라는 것이다(<그림 7.13>참조).

실제로 많은 기업들이 외부의 전문 서비스업체를 활용함으로써 비용우위와 부가가치 증대를 도모한다. 그 예를 ADP Service사를 통해 살펴보자. ADP Service사는 급료 처리 시스템, 은행의 일상적인 회계처리 시스템을 개발하여 저렴한 비용으로 서비스하고 있는데, 기업들은 이러한 ADP Service사로부터 전문

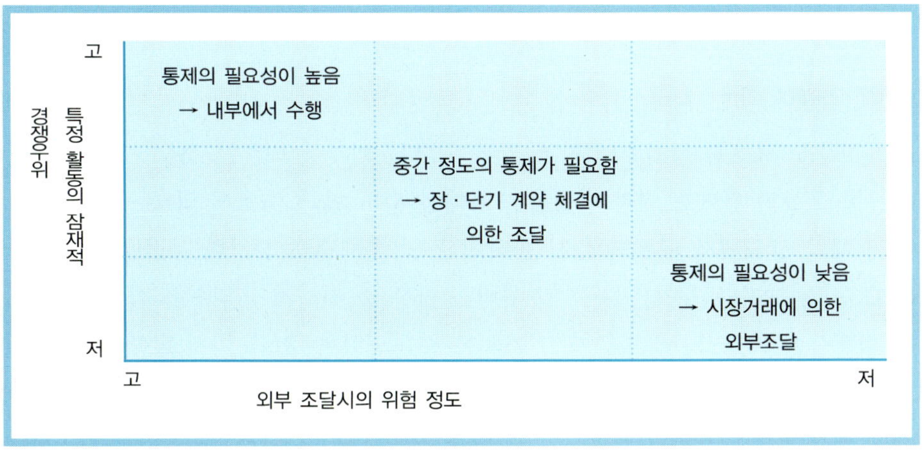

그림 7.13
통제의 필요성 정도에 따른 가치창조 활동 수행 방법

적 서비스를 제공받아 간접비용을 줄이는 한편, 나머지 분야에 경영자원을 집중함으로써 규모의 경제효과도 달성하고 있다.

■ 거래비용 분석

한편, 거래비용 면에서도 내부 거래비용과 외부 거래비용을 면밀히 분석해야 한다. 만약 특정 활동을 내부에서 수행키로 결정했다면 외부의 공급업체와 경쟁해서 이길 수 있을 정도로 제반 투자가 뒷받침되어야 하며, 그렇지 못할 경우에는 장기적 경쟁우위 확보에 실패하게 된다.

따라서 내부조달을 함에 있어서는 이에 수반되는 제반 비용, 즉 투자 등의 직접비용과 내부활동을 관리하는 데 소요되는 간접비용을 모두 고려해야 한다. 일반적으로 외부조달과 관련된 비용은 파악하기 쉬워 철저하게 분석되나 내부조달 비용의 경우에는 관련비용을 파악하기가 힘들어 제대로 분석되지 못하는 경우가 많다는 점에 주의해야 한다.

기업들은 이상과 같은 논리에 따라 핵심적인 활동 이외의 활동을 외부에서 조달함으로써 다음과 같은 효과를 기대할 수 있다. 즉, 어떤 부문이 최소 단위로 축소되거나 외부에서 조달되어야 하는지, 또 어떤 부문이 경쟁우위 원천으로 집중투자되어야 하는지 명확해짐에 따라, 부가가치가 높은 전략적 활동에 대한 집중관리가 가능해지고 조직 내부의 비용발생이 감소하게 되어, 기업 전체의 가치를 보다 효과적으로 증대시킬 수가 있게 된다.

성공적 아웃소싱전략을 위한 전제조건

■ 핵심역량에 대한 지배

비즈니스 시스템 상의 가치창조 활동 일부를 외부에 의존할 경우 자칫 기업의 공동화 현상과 전략적 역량의 상실을 초래할 수도 있다. 아울러 외부 공급자에 대한 통제력 상실에서 비롯되는 시장 잠식 등의 문제점도 심각한 부작용으로 지적되고 있다. 그러나 기업은 생산 및 서비스 활동 중 전략적 우위점을 확보할 수 없는 활동들을 최소화시킴으로써 그 가치를 증대시킬 수 있다. 다시 말해 전략적 우위점을 확보하는 데 필요한 핵심부문들에 대한 지배권을 가짐으로써 이러한 문제점을 제거하고 경쟁우위를 확보할 수 있는 것이다.

여기서 한 가지 주의할 점은 만약 특정 부문에서 기업이 전략적 우위성을 지니지 못하고 있거나 그 부문이 전략 목표 달성에 필수적 요소가 아니라면 그 활동을 외부에 의존할 필요가 있지만, 이 경우에도 외부 공급업자에게 전적으로 의존하거나 지배되지 않도록 해야 한다는 것이다.

그리고 핵심역량의 지배를 위해 필요하다면 비즈니스 시스템 상의 핵심활동을 중심으로 하류부문과 상류부문의 활동까지도 내부에서 수행함으로써, 경쟁사가 자사의 핵심스킬을 모방, 습득하는 것을 방지해야 할 것이다.

혼다는 핵심역량인 엔진제조와 관련된 스킬뿐만 아니라 소형 모터 설계와 관련된 활동들까지도 내부에서 수행함으로써 핵심역량을 보호하고 있다. 이러한 사실은 바로 전략적 중요성이 낮은 활동들은 외부에서 조달하더라도 사업에 중요한 영향을 미치는 요소, 즉 핵심역량에 대해서는 다각적인 보호책을 수립해야 한다는 것을 의미한다.

이같이 사업운영에 필요한 핵심역량을 제대로 지배할 수만 있다면 그 기업은 목표시장을 대상으로 다각적이고 공격적인 전략을 구사할 수 있게 된다.

■ 가치창조 활동에 대한 전략적 접근

오늘날 많은 기업들이 과거 비즈니스 시스템 상의 핵심활동이라고 여기던 활동들을 외부에서 조달하고 있다. 사업의 내용이 복잡화, 전문화되고 기술의 발전 속도가 빨라짐에 따라 내부에서 모든 활동들을 수행하는 것보다 각 분야에서 강점을 지니고 있는 외부 공급업자를 활용하는 것이 보다 효과적이기 때문이다. 즉, 특정 제품에 대한 지식보다 특정 활동에 대한 지식의 중요성이 더해감에 따라, 모든 활동을 내부에서 수행하는 기업보다 특정 활동에 특화되어 있는 외부 공급업자가 더 저렴한 비용으로 높은 부가가치를 창조할 수 있는 여건이 조성된 것이다.

이러한 환경 하에서 기업은 비즈니스 시스템 상의 각 활동에 대해 전략적으로 접근함으로써 커다란 이익을 획득할 수 있다. 그러나 이를 위해서는 먼저 해당 기업이 특정 분야에서 최고의 경쟁우위를 지니고 있는지, 그렇지 않다면 외부조달이나 합작투자 등을 통해 최고의 서비스를 제공받을 수 있는지를 결정해야 한다. 어느 방법으로도 핵심적인 활동 분야에서 경쟁우위를 확보할 수 없다면, 그 기업은 시장에서 도태될 수밖에 없다는 점을 명심해야 한다.

수평적 전략

개념 및 필요성

이전 장에서 설명한 PPM은 기업을 구성하는 사업부들을 기업 전체 입장에서 관리 · 조정하는데 유용한 수단이 된다. 그런데 이와 마찬가지로 앞에서 설명한 전략 대안에 따라 결정된 사업전략들도 기업 전체 입장에서 상호 일관성과 보완성을 유지해야 한다. 예컨대 기업이 단일 사업만을 영위한다면 사업전략이 곧 기업의 전체전략이 되어 조정의 필요가 없지만, 만일 기업이 여러 개의 사업을 가지고 있다면 각각의 사업단위 전략은 기업 전체 목적과 목표를 위해 공헌할 수 있도록 상호 연결관계를 가진 기업 전체전략으로 묶여야 한다.[17]

이같이 기업 전체 성과가 사업단위 성과의 단순한 합을 넘어설 수 있도록 사업전략 간에 시너지(synergy) 효과를 도모하는 것을 수평적 전략(horizontal strategy)이라 한다. 이러한 수평적 전략은 현대에 기업전략을 수행함에 있어 빠뜨려서는 안 되는 중요한 전략 대안 중 하나이다.[18]

사업단위 간의 상호 관련성과 이것을 이용할 수 있는 전략 능력은 70년대부터 그 중요성이 증대되어 왔고, 1980년대와 1990년대에 이르러서는 기업 경영에서 빠뜨릴 수 없는 위치를 점하게 되었다. 수평적 전략을 점점 더 중요하게 만드는 요인으로는 다음의 네 가지를 들 수 있다.

다각화 철학(diversification philosophy)의 변화

많은 기업의 다각화를 이끌어 왔던 철학이 1970년대 초 급격히 변화되어 오늘날 대부분의 기업이 관련형 다각화를 강조하고 있다. 즉, 다각화된 기업이 전략수립 시 상호 관련성을 추구하는 데 관심을 두게 되면서 포트폴리오적 다각화에 따른 기업 처분이 많이 이루어지고 있으며, 기업은 이렇게 함으로써 증권시장에서 그들의 주가를 올리고 있다. 예컨대 화물운송 회사인 보든(Borden)사, 스코빌

(Scoville)사, 트랜스 월드 코퍼레이션(Trans World Corporation)사, 그리고 아이 유 인터내셔날(I. U. International)사가 그렇다.

성장에서 성과로 강조점의 변화

대부분의 선진 국가에서 전개되고 있는 환경변화는 범세계적 경쟁의 증가, 성장의 둔화 등으로 요약될 수 있는데 이것은 과거와 판이하게 다른 환경의 변화이다. 이러한 환경변화로 기업전략 수립 시의 강조점이 성장에서 경쟁우위 향상으로 옮겨지게 되었다. 지금까지 독립된 사업단위는 성장을 추구하는 데 유용한 도구 역할을 해 왔지만, 오늘날의 복잡다단한 환경은 독립된 사업단위보다 여러 사업단위의 상호 관련성을 이용하는 데 보다 역점을 두게 했다.

구매자들은 종종 사업단위 간의 조정을 촉진시키는 원동력 역할을 하기도 한다. 예를 들면 병원들이 보다 꼼꼼하게 의약품을 구매하게 되자, 존슨 앤드 존슨(Johnson & Johnson)과 아메리칸 호스피탈 서플라이(American Hospital Supply)사 등은 경쟁우위를 유지하기 위해 병원에 의약품을 공급하는 각 사업단위의 판매조직과 유통 시스템을 통합시키지 않을 수 없었는데, 이들 두 기업은 과거에는 분권화의 가장 강력한 옹호자였다.

상호 관련성 요인을 증가시키는 기술 변화

기술은 산업 간의 장벽을 없애주는데, 대표적으로 컴퓨터, 통신 기술이 많은 산업에서 산업간 기술을 공유하도록 촉진하고 있다. 이러한 기술은 많은 제품이나 생산과정에 이용되어 기술 개발, 기술 획득, 기술사용의 공유성을 증가시키고 있다.

또한 정보 시스템의 정교성이 높아질수록 상호 관련성이 추구될 가능성이 높아진다. 복잡한 온라인 데이터를 처리하는 능력이 증대됨에 따라 정보 기술은 자동 주문처리 시스템, 자동 재고관리 시스템, 자동 창고관리 시스템 및 기타 가치활동 자동화 시스템의 발전에 일익을 담당하고 있는데, 이러한 시스템들은 관련 사업단위간 공유가능성이 매우 높다.[19]

정보기술은 또한 보험과 은행 같은 산업에 있어서 공유를 증가시키는 방향으로 유통 경로 내지 판매 경로를 재편성시키고 있다. 기술은 상호 관련성을 형성시킴과 동시에 기업으로 하여금 상호 관련성을 활용하는 데 필요한 원가를 절감시켜 주기도 한다. 예컨대 정보통신 분야의 편이성이 급격히 향상됨과 동시에 통신비용도 격감됨으로써 사업단위 간의 조정비용이 크게 줄어들었다.

이처럼 가치활동상의 신축성 부여가 가능해짐에 따라 과거에는 관리가 거의 불가능했던 복잡성을 관리하거나 엄청난 비용을 수반했던 가치활동의 공유 작업이 보다 단순하고도 적은 비용으로 이루어질 수 있게 되었다.

다점 경쟁(multipoint competition)의 심화

기업에게 수평적 전략 수립을 요구하는 네번째 동기는 다른 세 가지 동기에서 유도되어 나온 결과의 성격을 띠고 있다. 점점 더 많은 기업들이 상호 관련성을 가지게 됨에 따라 포터가 이름 붙인 '다점 경쟁자(multipoint competitors)'가 점차 늘어나게 되었다. 다점 경쟁자란 관련 있는 많은 사업단위의 경쟁기업들이 하나의 사업단위에서만 경쟁하는 것이 아니라 여러 부문에서 경쟁하는 것을 말하는데, 예를 들면 프록터 앤드 갬블(Procter & Gamble), 킴벌리 클락(Kimberly Clark), 스코트 제지(Scott Paper), 존슨 앤드 존슨(Johnson & Johnson)은 1회용 기저귀, 종이 수건, 생리대, 화장지 등 관련 있는 여러 가지 제품에서 동시에 경쟁하고 있다. 전기제품에 있어서도 제너럴 일렉트릭(General Electric), 웨스팅하우스(Westinghouse), 스퀘어 디(Square D), 에머슨 일렉트릭(Emerson Electric)사는 다점 경쟁관계를 이루고 있다. 이처럼 기업이 다점 경쟁자를 가지고 있을 때 그 기업은 한 사업단위의 수준보다 훨씬 광범위한 수준에서 경쟁자를 보아야 하는데, 이는 경쟁우위가 보다 광범위한 수준에서 결정되기 때문이다.

많은 산업부문들이 위에서 언급한 네 가지 요소의 영향을 받고 있다. 금융 서비스는 정보 기술에 의해 만들어진 상호 관련성과 규제의 해제로 인해 혁명적인 변화 과정을 겪고 있다. 예를 들면 아메리칸 익스프레스(American Express), 시티코프(Citicorp), 시어즈(Sears), 프루덴샬 바쉬(Prudential-Bache), 그리고 메릴 린치(Merrill Lynch)와 같은 기업들은 분리되어 있던 금융 서비스 산업을 통합하고 있다. 보건사업에 있어서도 많은 기업이 이미 병원, 육아원, 양로원이나 가정 내 치료 서비스와 같은 수요에 대응하기 위해 상호 관련성을 적극적으로 활용하고 있다.

포터의 기존 연구에서도 이러한 경향이 나타났는데, 1971년과 1981년의 시점에서 포춘(Fortune)지 선정 500대 기업 중 75개의 다각화된 기업을 추출하여 본 결과 수천 개 사업단위를 71년에는 3,000개의 그룹으로, 그리고 81년에는 315개 그룹으로 통합한 실적이 있었으며, 각 그룹의 새로운 잠재적 상호 관련성도 10년 동안 그 수와 강도 면에서 증가되었다.

이처럼 점증하는 수평적 전략의 중요성이 여러 요인으로부터 입증되고 있는 반면, 과거의 시너지 개념을 활용하려고 시도하는 과정에서의 경험으로 볼 때 시너지 개념이 미래에 별 도움을 주지 못할 것이란 점도 드러나고 있다. 동시에 많은 기업이 그들의 잠재적 상호 관련성을 경쟁우위의 원천으로 만들고 있지 못하다는 점도 지적되어야 한다. 관련 사업단위의 그룹화를 이루고 있는 기업조차도 상호 관련성을 제대로 관리하지 못하고 마치 포트폴리오를 관리하듯 그룹을 경영하는 경향이 있다. 그러므로 다각화된 기업은 상호 관련성을 어떻게 관리하느냐에 대해 알고 있어야 하며, 동시에 계속적으로 새로운 상호 관련성을 찾아 관리할 수 있도록 해야 한다.

다각화기업의 관련성 관리

상호 관련성 관리의 중요성

신제품, 신시장 진출로 표현되는 사업 다각화는 기업의 미래 성장성과 수익성에 중대한 영향을 미친다. 그러나 다각화전략은 새로운 사업영역에 뛰어드는 것이라 대단히 위험한 전략 중 하나임에 틀림없다. 70년대에 다각화를 행한 33개 대기업 중 50% 이상이 그 사업에서 철수하거나 사업을 매각했다는 포터 교수의 조사결과를 보더라도 이를 잘 알 수 있다.

이러한 경향을 반영이라도 하듯 1980년대 이후부터는 기존의 내부역량을 바탕으로 시너지 효과를 향유할 수 있는 방향으로 다각화가 이루어져 왔다. 그러나 최근 학자들의 연구결과에 의하면 시너지 효과를 향유할 수 있을 것으로 판단하여 이루어진 다각화 중에서도 실패하는 경우가 자주 발생하는 것으로 나타나고 있다.

이같이 시너지 효과의 추구에 바탕을 둔 사업 다각화가 실패하는 이유 중 하나는 바로 사업간 시너지 또는 상호 관련성의 측정이 어려운 관계로 시너지 효과에 대한 막연한 기대나 피상적 분석에 의존하여 다각화를 전개했기 때문이다. 따라서 이러한 문제점을 해결하고 다각화의 성공 가능성을 높이기 위해서는 먼저 상호 관련성 내지 시너지가 무엇인가부터 파악해야 한다.

상호 관련성의 개념

일반적으로 상호 관련성(시너지 효과)은 사업단위 간의 기술, 마케팅 등의 활동을 공유할 수 있을 때 발생한다. 그러나 시너지의 개념을 보다 잘 이해하기 위해서는 '시너지 효과가 사업성과에 영향을 미치는 과정/방법'과 '경영자가 사업을 개념화하고 자원을 배분해가는 지배적 경영논리(dominant logic of management)' 에 대한 완전한 이해가 필요하다.

포터 교수는 시너지가 다각화 과정에서 어떻게 가치를 창조하는가를 '관련성' 이란 개념으로 설명하고 있다. 즉, 사업단위들의 가치사슬 간 상호 관련성을 자원 공유 측면(동일한 제조설비, 동일한 유통경로 등)과 운영스킬 공유 측면(제품/공정기술의 공유, 마케팅기법의 공유 등)의 두 가지 형태로 규정하고 있다(<그림 7.14> 참조).

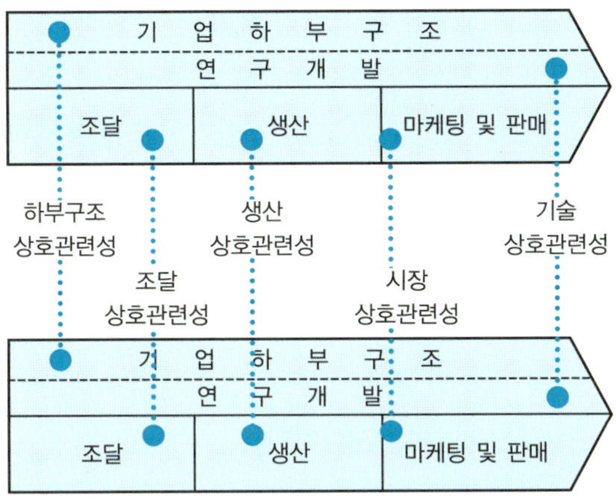

그림 7.14
상호 관련성의 종류 예

포터 교수에 의하면, 상호 관련성이 효과를 발휘한다는 것은 자원이나 운영스킬을 공유함으로써 연관산업의 경쟁우위 확보에 도움을 줄 수 있다는 것을 의미하며, 이러한 논리에 따라 사업을 다각화할 경우 각 사업단위가 독립적으로 창출할 수 있는 것보다 더 많은 성과를 창출할 수 있게 된다는 것이다.

한편, 경영스킬 역시 다각화를 함에 있어 고려해야 할 요소 중 하나이다. 다각화된 사업을 영위하는 경영자는 각각의 사업을 성공적으로 운영하기 위해 다양한 경영역량을 지니고 있어야만 하는데, 이것이 바로 다각화의 성공 여부를 결정짓는 또 다른 요인인 지배적 경영논리인 것이다. 여기서 지배적 경영논리란, 경영자들이 기존사업과 관련된 환경이나 조직형태에 익숙해져 그에 적합한 의사결정 패턴을 보일 수밖에 없다는 것을 의미한다.

상호 관련성의 종류

이상을 정리해 보면, 관련성에는 두 가지 차원이 있음을 알 수 있다. 경영차원의 관련성(기존 경영스킬의 전파, 공유)과 운영차원의 관련성(자원 및 운영스킬의 공유)이 바로 그것이다.

■ 경영 차원의 관련성

다양한 사업을 영위하는 데 필요한 경영역량은 '지금까지 경험해 온 기존의 경영논리' 와 '새로운 경영논리를 습득하는 능력' 의 두 가지 요소에 의해 영향을 받는다. 즉, 경영자의 의사결정 과정은 기존사업의 환경적, 조직적 특성에 적합한 경향을 지니는데, 다각화를 하는 경우에는 이러한 기존 경영방식들이 신사업에 그대로 적용되기 어려운 경우가 종종 발생한다.

따라서 다각화의 성공 가능성을 높이기 위해서는 기존의 경영방식을 그대로 적용할 수 있도록 경쟁구조와 사업의 성공요인이 기존사업과 유사한 분야로 다각화를 하든가, 아니면 신사업에 적합한 새로운 경영방식을 습득해야 한다.

■ 운영 차원의 관련성

운영 차원의 상호 관련성에는 두 가지 관점이 있을 수 있다. 하나는 기존사업에서 활용되고 있는 자원/스킬이 신사업에 전파, 공유될 수 있는가 하는 관점이며, 다른 하나는 신사업에서 활용될 자원/스킬이 기존사업으로 전파되어 기존사업의 경쟁력을 향상시킬 수 있는가 하는 관점이다.

결국 다각화의 성공 가능성을 높이기 위해서는 경영적, 운영적 차원의 상호 관련성을 면밀히 평가하여 가능한 한 정(正: +)의 레버리지 효과를 향유할 수 있도록 하는 것이 중요하다. 다만 시너지 효과를 추구하는 데는 조정비용, 비융통성 비용 등이 수반된다는 점을 고려해야 한다. 이는 상호 관련성이 존재함으로써 각 사업단위들이 여러 방식으로 그들의 행동을 수정해야 하기 때문이다.

전략적 제휴

필요성

지금까지 경쟁전략에서는 기존 경쟁기업뿐만 아니라 공급업자, 구매업자도 경쟁자로 간주하여, 어떻게 하면 이들 기업에 비해 절대우위에 설 수 있으며 이들 기업보다 강한 협상력을 유지할 수 있는가에 관심을 쏟았다.

그러나 글로벌화의 가속화, 소비자 욕구의 다양화, 업종간 경계를 초월한 빠른 기술혁신, 기술과 시장의 급속한 확산 등 경영환경이 급변함에 따라 이와 같은 경쟁논리는 그 설득력을 잃고 있다.

따라서 글로벌화된 세계시장을 상대로 해야 하는 기업들은 원하든 원하지 않든 간에 제휴업체를 필요로 하게 되었으며, 여기서 바로 기업 간 제휴의 필요성이 대두된 것이다. 다시 말해 공급업자와 구매업자는 물론 기존의 경쟁기업과도 협력함으로써 보다 강한 경쟁우위를 확보하고자 하는 제휴전략이 이러한 시대상황과 맞물려 그 어느 때보다도 설득력 있게 받아들여지고 있다.

<그림 7.15>는 기업간 경쟁을 유발시키는 다섯 가지 요인을 이러한 제휴 전략 관점에서 재해석한 것이다. 그림에서 보는 바와 같이 수직축은 경쟁의 축으로서 기존기업과의 경쟁뿐만 아니라 잠재적 경쟁에도 대응할 수 있는 효과적인 경쟁전략이 필요한 부분이다. 반면 수평축은 협력의 축으로서 기존의 경쟁기업과도 필요시 제휴함으로써 기업이 경쟁우위 확보를 도모하는 전략적 제휴가 필요한 분야이다. 결국 경쟁과 협력은 기업으로서 경쟁력을 높이기 위해 항상 전략적인 관점에서 주시할 필요가 있는 두 개의 수레바퀴가 되는 셈이다.

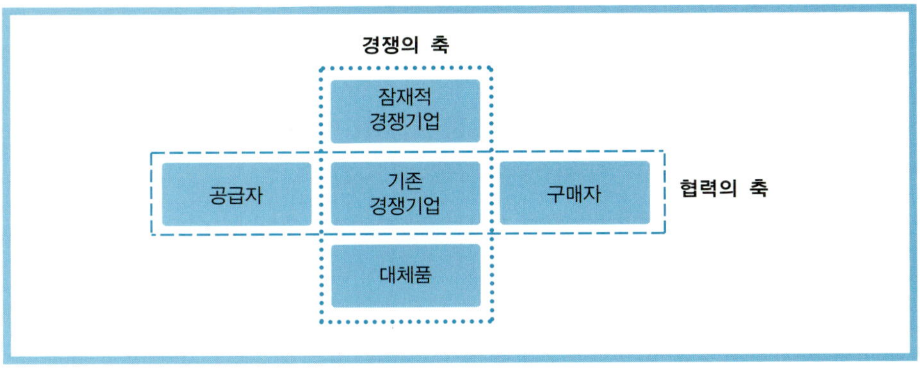

그림 7.15
기업간 경쟁의 축과 협력의 축

개념 및 유형

전략적 제휴란 2개 이상의 기업이 기술, 스킬, 제품 등을 상호 제공함으로써 자사 전략의 효과를 높이기 위해 형성하는 파트너십을 의미한다.

기업 간에 형성하는 파트너십이 전략적 제휴가 되기 위해서는 다음의 필요충분조건을 충족해야 한다.[20] 첫째, 제휴 당사자가 제휴를 맺은 후에도 상호 독립성을 유지할 것, 둘째, 제휴 당사자 간에 제휴의 성과와 관련 업무에 대한 통제권을 공유할 것, 셋째, 제휴 당사자가 기술, 제품 등 전략적으로 중요한 분야에서 상호 간에 지속적으로 공헌할 수 있을 것 등이다.

이상의 필요충분조건을 바탕으로 하여 전략적 제휴의 유형을 범주화해 보면 <그림 7.16>과 같다.

그림 7.16

전략적 제휴의 범주

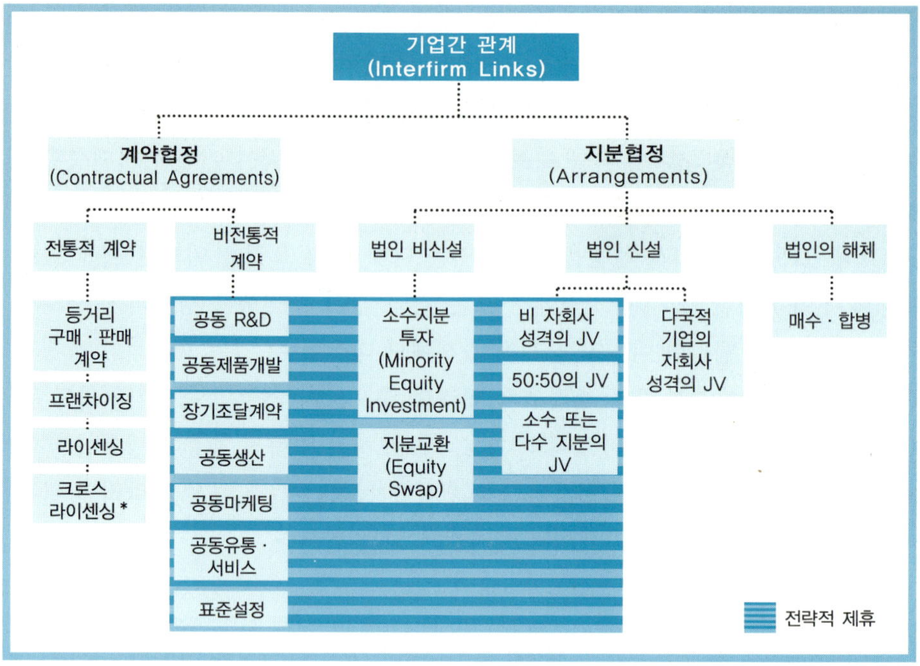

* 라이센싱 대상이 되는 기술 등에 대한 통제권을 파트너가 보유하지 못하므로 전략적 제휴에 포함되지 않음.

한편, 전략적 제휴는 제휴 당사자 간 잠재적 갈등의 정도 및 상호 작용 정도에 따라 <그림 7.17>과 같이 네 가지 유형(precompetitive alliance, competitive alliance, procompetitive alliance, noncompetitive alliance)으로 구분할 수도 있다. 이러한 전략적 제휴의 네 가지 유형과 유형별 특징 및 목표를 정리하면 다음 <표 7.2>와 같다.

그림 7.17

전략적 제휴의 유형 (경쟁 vs 협력의 정도)

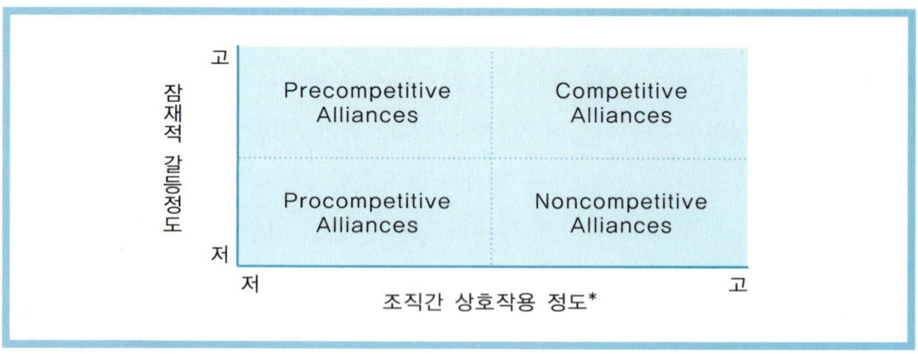

* 파트너간 상호작용 빈도, 상호 작용하는 기능의 종류 및 강도 등을 의미함.

표 7.2
전략적 제휴 유형별 특징 및 목표 삽입

특징 및 목표 / 전략적 제휴의 유형	특징	전략적 목표			
		유연성 확보	핵심역량 보호	지식 습득	가치 증대
Procompetitive Alliances	• 산업간 제휴(GM–히타찌) • 공급자, 판매자 등 Value Chain상 수직적 관계에 있는 기업간 제휴	***	**	*	****
Noncompetitive Alliances	• 동일 산업내 제휴(GM–ISUZU) • 동일 산업내 기업간 제휴이나 서로를 주경쟁자로 보지는 않음.	**	*	****	***
Precompetitive Alliances	• 이종, 비관련산업간 제휴(듀퐁과 소니의 광메모리 제품 공동 개발) • 어느 기업도 독자적으로 개발할 수 없는 신기술 등을 개발하기 위한 제휴	****	***	**	*
Competitive Alliances	• 최종 제품 시장에서의 직접적인 경쟁자간 제휴(GM–토요타)	*	****	***	**

주 : *의 개수는 전략적 목표의 중요성을 나타냄.

실태

일반적으로 전략적 제휴는 R&D 및 신공정에 대한 막대한 투자가 소요되고 기술혁신 속도가 빠른 반도체, 컴퓨터, 자동차 등과 같은 첨단산업 분야에서 가장 활발히 이루어지고 있다. 이들 분야의 선진기업들은 전략적 제휴를 신기술 습득 등 경쟁우위 확보의 기반으로 활용하고 있다. 즉, 국내외 시장에서의 경쟁력 제고 및 점유율 확대를 위해 경쟁기업과의 제휴를 적극 이용하고 있는 것이다. 한 예로 미국 반도체 기업들은 일본 기업의 제조 기술을 이용하기 위해, 그리고 일본 기업들은 제조 설비에서 규모의 경제 달성과 신기술 습득을 위해 상호 간에 제휴를 하는 경향이 강하게 나타나고 있다.

반면 우리나라 기업의 경우를 보면, 국내 기업간 제휴는 업종별 중복투자로 인해 기업간 경쟁이 치열하고 협력 관행이 정확하지 않아 아직 초보단계에 불과한 실정이며, 주로 각 사가 보유하고 있는 특허의 공유, 국내 가전업체를 중심으로 한 공동생산, 공동연구 및 교환 판매, 각 사가 독자적으로 개발한 제품 및 부품의

표 7.3
우리나라 기업의 전략적 제휴

업 종	제휴 형태	제휴 업체	제휴 내용
자동차 산업	기술, 자본제휴	현대-미쯔비시	자본참여 및 기술도입
	기술제휴	대우-이스츠-닛산	상용차관련 기술제휴
	복합제휴	기아-마쯔다-포드	생산-기술-판매의 복합제휴
전자산업	기술제휴	삼성전자-마이크론	메모리 분야 기술교환
	생산제휴	LG반도체-히다찌	D램 생산계약
	기술, 생산제휴	삼성전자-美 TI	자본, 기술제휴로 반도체 공동생산
	기술제휴	삼성전자-도시바	메모리반도체 공동개발, 특허 공유
	기술, 생산제휴	LG전자-히다찌	기술, 생산설비의 효율적 결합
	자본제휴	LG전자-제니스	자본제휴로 공동 기술개발 및 도입
	기술, 생산제휴	현대전자-후지쯔	반도체 생산 및 기술 개발

상호 구매 등의 방향으로 추진되고 있다.

한편 외국 기업과의 제휴 면에서는 자동차 및 전자, 반도체 등 일부 산업에서 대기업을 중심으로 기술 및 자본 제휴 등이 추진되고 있다. 제휴 방법 면에서도 단순한 기술 도입을 위한 제휴에서 벗어나 향후 유망제품을 중심으로 하여 생산, 판매 제휴 및 자본 참여 등 보다 적극적인 형태의 제휴가 증가하고 있다. 그러나 우리나라 기업들이 대부분 기술적 기반이 취약한 데다 제휴를 기술도입의 수단으로만 간주하는 경향이 강해 제휴에 따른 실질적 효과가 아직 가시화되지 못하고 있는 실정이다.

장단점

이상의 예에서와 같이 전략적 제휴는 한 기업이 독자적으로 달성하기 어려운 문제의 해결이나 신기술, 신시장에 대한 신속한 접근 등 자사의 경쟁우위 확보를 위해 이루어진다. 그러나 반대로 전략적 제휴를 통해 자사의 경쟁우위를 확보하고자 하는 기업이 제휴의 부작용을 고려하지 않고 지나치게 의존할 경우, 자칫 자사의 역량 육성을 소홀히 하거나 역량을 상실할 위험도 존재하게 된다.

다시 말해 전략적 제휴가 여러 가지 이점을 지니고 있기는 하지만, 스킬, 기술 및 노하우의 유출 등 그 위험 역시 무시하지 못할 만큼 크다는 것이다.

특히 기술 개발에 바탕을 둔 제휴는 해당 기술이 유사한 기술적 특성을 가진 타 제품에 응용될 가능성이 높기 때문에 관리하기가 훨씬 까다롭다. 즉, 제휴 당사자 간 제조관련 기술, 경험 등의 공유는 상대방에게 그 기술을 활용, 신시장에 진출할 기반을 제공해 주는 반면, 자사의 내부 기술개발 노력을 저하시키는 부작용을 낳기도 한다. 이는 결국 전략적 제휴가 의도하지 않은 또다른 강력한 경쟁자를 탄생시킬 가능성도 크다는 것을 의미한다고 하겠다.

성공 방안

그렇다면 이러한 부작용을 최소화하고 전략적 제휴를 성공적으로 수행하기 위해 어떻게 해야 하는가? 무엇보다 기술변화 등 급변하는 경영환경이 자사의 경쟁우위를 확보하는 데 어떤 영향을 미칠 것인가 등에 대한 포괄적 이해가 필요하다.

일반적으로 전략적 제휴에 수반되는 위험 요인, 즉 기술, 스킬 등의 유출, 파트너와의 부조화, 내부역량의 상대적 저하 등은 경영자들이 전략적 제휴에 지나치게 의존하여 기술 개발 등과 같은 내부역량 육성을 소홀히 했기 때문에 발생한다. 즉, 전략적 제휴를 협력과 선의의 경쟁이 공존하는 것으로 인식하지 않고, 역량 육성에 많은 시간과 노력이 소요된다고 해서 제휴에만 지나치게 의존하게 되면, 결국에는 기업의 기술 및 스킬 등 내부역량의 기반이 약화될 수밖에 없다.

전략적 제휴를 통해 자사의 경쟁우위를 확보하기 위해서는 다음과 같은 몇 가지 사항을 명심해야만 한다.

핵심역량의 명확한 파악 및 육성

자사의 기술과 스킬 등 핵심역량을 명확히 파악하고 있어야 한다. 기업은 최종 제품의 집합체가 아니라 이들 제품을 지속적으로 창출할 수 있는 역량의 집합체로 인식되어야 한다. 따라서 기업의 미래 경쟁우위를 확보하기 위해서는 이러한 내부역량을 심화시킬 수 있는 방향으로 제휴 파트너와 제휴 대상 분야를 선정해야 한다.

또한 제휴 파트너와 대등한 관계를 유지할 수 있도록 특정 분야에서만이라도 탁월한 강점을 지니고 있어야 한다. 상대방에게 매력적인 가치를 제공함으로써 전략적 제휴의 중심에 설 수 있도록 자사의 차별적인 핵심역량 확보에 각별한 노력을 기울여야 하는 것이다. 이렇게 함으로써 우리나라 기업들도 대등한 위치에서 선진기업과 전략적 제휴를 형성, 치열한 경쟁에 효과적으로 대처해 나갈 수 있을 것이다.

상호 보완적 파트너 선정

상호 간에 기술과 지식 및 시장 등을 보완적으로 제공해줄 수 있는 파트너를 선정해야 한다. 제휴 상대방에 대한 지나친 의존이나 제휴 상대방과의 잠재적 경쟁 가능성을 제거하기 위해서는 자사가 취약한 분야를 보완해줄 수 있는 파트너를 선정해야 한다. 왜냐하면 이렇게 상호 보완적인 기업이 제휴관계를 맺어야 기존 사업에서의 경쟁 가능성을 줄일 수 있을 뿐만 아니라 기존기술의 결합 및 신기술의 개발을 통한 신규사업 진출도 가능해지기 때문이다.

이러한 상호 보완적 형태의 제휴를 한 예로 코닝사를 들 수 있다. 코닝사는 전통적인 유리 제조업체로서 세라믹 기술과 산업용 효소(enzyme) 제조업체 및 전기, 전자업체에 이르기까지 다양한 분야에서 상호 보완적인 제휴관계를 형성함으로써, 자사의 핵심기술을 배양하는 한편, 제휴업체의 자사 시장 진입에 의한 경쟁 가능성을 제거해가고 있다.

이 외에도 각 제휴선이 상이한 시장에서 상이한 제품, 기술을 제공함으로써 강력한 제휴관계를 형성한 예로 도시바와 모토롤라사의 경우를 들 수 있다. 도시바는 D램 기술과 일본의 유통망을 제공하고, 모토롤라는 마이크로프로세서 기술과 미국의 유통망을 제공함으로써 안정적인 제휴관계를 형성하고 있다.

자사 전략 방향과의 일치

전략적 제휴를 자사의 전략 방향과 일치시켜야 한다. 과거 많은 미국, 유럽 기업들이 제조 기술에 대한 투자비용 절감 등 저비용을 추구하기 위해 일본 업체들과 제휴했으나, 결국에는 자신의 기술과 노하우 유출이라는 부정적 결과를 낳았다.

이러한 현상은 바로 전략적 제휴의 위험과 전략적 제휴가 자사의 기술혁신 등에 어떤 영향을 미칠 것인가 하는 전략적 의도에 대한 치밀한 분석이 결여된 결과이다. 다시 말해 단순히 자사의 제품라인 수를 증대시키거나 시간과 노력이 많이 소요되는 어려운 문제를 회피하기 위해 제휴하는 것은, 결국 자사의 역량 육성 기반을 약화시켜 장기적 관점의 경쟁우위 확보에 장애가 된다는 것이다.

장기적 관점에서 자사의 전략적 의도를 고려하여 제휴관계를 형성하고 있는 대표적인 기업으로는 IBM을 들 수 있다. IBM은 자사의 핵심 기술을 방어하고 일본 시장에 진출하고자 하는 공격적, 방어적 목적으로 전략적 제휴를 추진했다. 즉, IBM은 우수한 기술을 보유하고 있는 SSI, Eteg, 마이크로 테크놀로지 등의 중소기업이 일본 기업에 의해 지배, 잠식당하는 것을 방지하기 위해, 그리고 신제품, 신기술의 공동 개발을 위해 미국, 유럽 기업과 제휴관계를 체결한 것이다. 또한 IBM은 후지쓰, NEC, 히다치 등 일본 기업과도 제휴함으로써 일본 시장으로의 진출 기반을 확대하는 한편, 신기술 · 신제품의 개발 및 응용의 장을 마련했다. 특히 도시바와 제휴함으로써 IBM은 최첨단 기술인 평판 디스플레이(Flat-Panel Display) 기술을 이용한 랩탑 컴퓨터를 공동으로 설계, 개발하는 등 신기술, 신시장의 동시 접근을 추구하고 있다.

자사 인력에 노하우 체화 기회 부여

전략적 제휴를 통해 필요 기술과 스킬을 습득할 수 있도록 제휴에 관여하고 있는 핵심 인력에게 충분한 기간을 부여해야 한다.

과거 서구 기업들이 일본 기업들에 비해 제휴에서 얻은 효익이 적었던 이유 중 하나는 핵심 인력이 제휴에 개입하는 기간이 짧았기 때문이다. 일본 기업들은 경영자와 엔지니어들로 하여금 지속적으로 제휴에 관여할 수 있도록 함으로써 제휴선의 기술과 스킬을 효과적으로 습득할 수 있도록 한 데 반해, 서구 기업들은 핵심 인력을 빈번히 교체하는 등 전략적 제휴를 통한 기술 및 스킬의 습득에 상대적으로 소홀한 면을 보여 왔다.

따라서 전략적 제휴의 효익을 충분히 향유하기 위해서는, 제휴에 직접 관여하고 있는 핵심 경영자와 엔지니어들이 필요 기술과 스킬을 습득할 수 있을 만큼 충분한 기간을 부여하는 것이 중요하다.

제휴 전 테스트 기간 필요

제휴를 원하는 업체 간에 사전 협력활동을 수행해보는 것이 필요하다. 제휴 파트너와 정식 제휴관계를 맺기 전에 상호 경쟁관계에 있지 않는 비관련제품이나 시장을 대상으로 비공식적인 협력활동을 수행해 보는 것이, 미래에 발생할지도 모를 제휴 실패 가능성을 줄일 수 있는 좋은 방법이 된다.

이러한 사전 협력활동은 제휴 당사자들이 서로 주요 관심사와 경영관습 및 문화 차이 등을 파악, 상호 조율할 수 있는 기회를 가질 수 있게 한다.

상호 작용의 제도화

끝으로 전략적 제휴가 이루어진 후 이에 대한 효과적 관리와 운영을 위해 제휴기업간 계층별 인터페이스 체제를 구축하는 것이 필요하다.

인터페이스는 크게 전략 차원의 인터페이스와 운영 차원의 인터페이스로 나눌 수 있으며, 전략 차원은 다시 기업 차원과 제휴관리 차원의 인터페이스로, 운영 차원은 기능 차원과 감독 및 실행 차원의 인터페이스로 세분화할 수 있다.

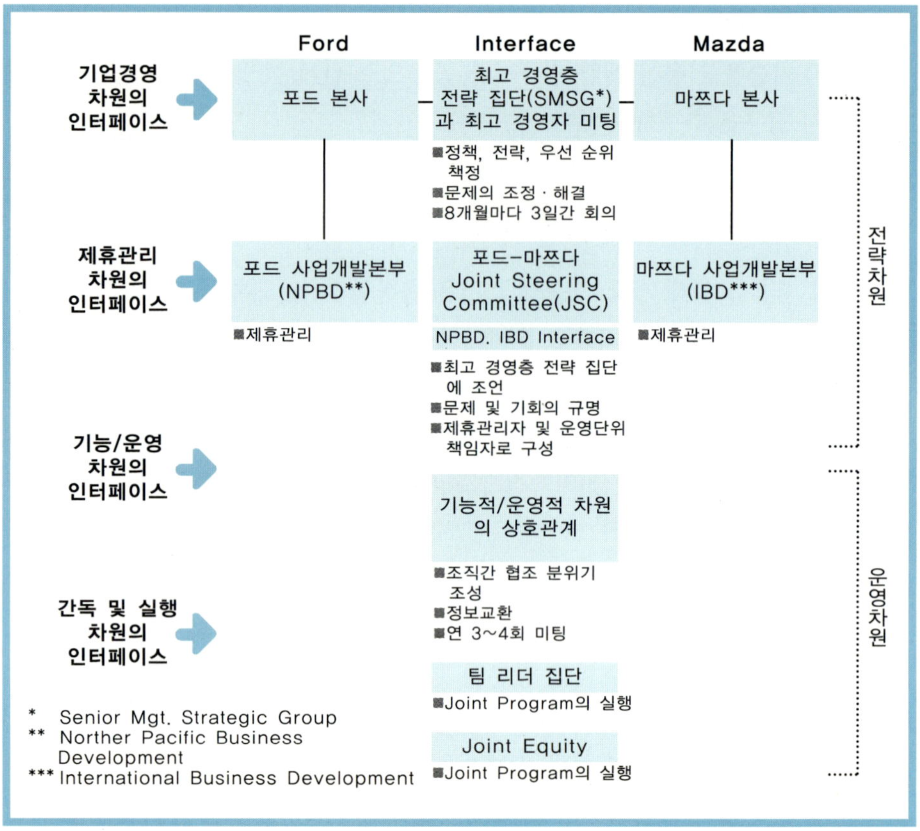

그림 7.18
전략적 제휴에 있어서의 상호작용의 제도화 사례

<그림 7.18>은 포드와 마쓰다의 전략적 제휴에서 상호 작용을 제도화한 사례이다. 이들 두 기업은 이러한 인터페이스 체제를 바탕으로 전략적 제휴를 효과적으로 관리, 운영해 나가고 있다.

대내외적으로 격화되는 경제 전쟁, 즉 선진국 중심의 신국제기술질서 태동과 가격 경쟁력을 앞세운 후발개도국의 추격에 대응하기 위해서는 기술력을 바탕으로 한 국제 경쟁력 확보가 필수적이다.

특히 기술 인력, 투자 등 기술 하부구조가 취약한 우리나라 기업들로서는 선진기업과의 전략적 제휴가 경쟁우위 확보의 훌륭한 수단임을 인식, 이를 적극적으로 추진함으로써 첨단기술 개발은 물론 국제 경쟁력 제고에도 힘써야 할 것이다.

|요약| Summary

- 기업의 성장전략은 앤소프(Ansoff, 1965)가 제시한 제품과 시장의 매트릭스 모델을 통해, 제품과 시장의 두 가지 변수를 각각 기존제품과 신제품, 기존시장과 신시장으로 구분하여 기존시장 심화 전략, 신제품 개발 전략, 신시장 개척 전략 및 다각화 전략의 네 가지로 제시됨
- 경영자 입장에서는 불확실성이 적고 관리할 여지가 큰 기업 내부 각 부문을 효율적으로 조정하여 내실을 추구하는 전략 대안 쪽으로 우선 눈길이 가기 쉽기 때문에, 기업 내부에서 기업 체질을 강화하는 전략 대안을 일컬어 성장에 대비되는 개념인 안정을 도모한다는 뜻에서 안정전략이라 칭함
- 안정전략에는 기술적으로 구분되는 생산, 유통, 판매, 그리고 그 밖의 경제적 과정들을 단일기업 내부에서 통합하는 수직적 통합전략과, 전략적 중요성이나 차별적 우위를 지니지 못한 다른 활동들을 외부에서 조달하는 아웃소싱전략이 있음
- 기업 전체 성과가 사업단위 성과의 단순한 합을 넘어설 수 있도록 사업전략간에 시너지(synergy) 효과를 도모하는 것을 수평적 전략(horizontal strategy)이라 칭함
- 글로벌화의 가속화, 소비자 욕구의 다양화, 업종 간 경계를 초월한 빠른 기술혁신, 기술과 시장의 급속한 확산 등 경영환경이 급변함에 따라 단순한 경쟁논리는 그 설득력을 잃고 있기 때문에, 글로벌화된 세계시장을 상대로 해야 하는 기업들은 그들이 원하든 원하지 않든 간에 제휴업체를 필요로 하게 되었으며, 여기서 바로 기업 간 제휴의 필요성이 대두됨

PART 3

전략 실행

STRATEGIC MANAGEMENT

CHAPTER 8

전략 실행의 고려사항: 조직구조

기업을 구성하는 모든 사업들은 기업 조직이라는 구조 위에 놓여 있다. 우리는 흔히 건축 공사를 할 때 기초가 튼튼해야 한다고 한다. 마찬가지로 기업도 조직이 튼튼해야 다른 기업보다 더욱 나은 성과를 발휘할 수 있을 것이다. 다시 말해 전략적 목적에 적합한 조직의 구축이야말로 성공적 전략 실행의 필요조건에 해당한다. 이 장에서는 전략과 조직의 관계, 성장 기업의 조직 설계 및 한국 기업조직의 역사적 발전과정에 대해 알아보기로 한다.

CASE 고객 중심 경영혁신으로 다시 일어선 IBM

80년대 초 「포춘」지가 4년 연속으로 초우량 기업 1위로 선정했던 IBM은 80년대 중반 이후 다운사이징 추세와 그에 따른 고객의 변화된 기대에 제대로 부응치 못한 끝에 90년대 초반에는 수십억 달러 적자를 내는 위기에 처했었다. 오늘날 IBM은 세계 최대의 서비스 및 컨설팅 회사, 세계 최대의 기술회사, 세계 최대 규모의 e-비즈니스 회사라는 평가를 받으며 업계를 다시 선도하고 있다.

IBM의 극적인 재기의 비결은 고객중심의 경영혁신에 있었다. 인터넷이 주도하는 새로운 시장을 미리 예측하고 과감한 구조조정과 전략혁신, 그리고 프로세스의 재구축 및 기업문화 혁신을 통해 고객의 기대에 신속하게 대응하며 고객을 만족시키는 데 성공한 것이다.

IBM 80여 년 역사상 최초로 외부에서 영입된 CEO였던 루 거스너 전회장의 강력한 리더십 아래 IBM이 오늘날까지 추진해온 고객중심의 경영혁신은 구조조정(Restructuring), 사업전략 혁신(Repositioning), 핵심업무 프로세스 혁신(Reengineering), 그리고 기업문화 혁신(Revitalizing)을 이루어 고객만족을 구현한 결과이다.

과감한 구조조정과 재통합

위기에 처한 당시의 IBM에게 최우선 과제는 우선 살아남는 것이었다. 따라서 IBM은 핵심사업이 아니라고 판단되는 사업과 자산을 신속히 처분했다. 명예퇴직제도를 시행하여 인력을 감축했으며, 관리자의 수와 단계를 줄이고 핵심인력을 외부에서 영입하여 효율성을 높였다. 그 결과 IBM은 첫해 65억 달러의 비용을 절감하며 기사회생의 발판을 다질 수 있었다. 고비용 구조도 꾸준히 개선해 한때 매출 대비 38%까지 이르던 비용 비율이 오늘날에는 22%까지 낮아졌다.

또한 모든 제품분야와 전 세계적으로 분산된 나라별 조직을 하나의 글로벌 IBM 조직으로 통합했다. 이는 IBM의 장점이 우수한 기술력과 IT에 관련된 통합적 서비스 능력, 그리고 광범위한 고객기반에 있으며, 이러한 장점은 IBM이 강력한 하나의 단일 조직으로서 시너지를 발휘할 때 가치가 있다는 루 거스너 회장의 확신에 기반한 것이었다. 이와 더불어 전사적 지식경영 인프라와 최고경영자의 사내 커뮤니케이션을 크게 강화하여, 각 나라의 조직 및 IBM 직원들에게 일체감과 소속감을 심어주었다.

최대의 서비스 및 토탈 솔루션 업체로 변신

구조조정에 성공한 다음 IBM은 변화된 시장에 맞추어 핵심역량과 사업전략을 혁신하는 데 집중했다. 우선 전 세계에 분산된 영업조직을 고객의 입장에서 주요 산업별 솔루션 조직으로 재구성했다. 이는 고객의 산업을 더 깊이 알고 고객을 만족시키는 기술력과 경험을 축적하여 고객에게 차별화된 가치를 제공하고자 시행된 것이었다.

나아가 IBM은 하드웨어 중심의 회사에서 '서비스 회사'로 변신하였다. 모든 면에서 시장 중심의 고객 요구와 기대를 최우선으로 한다는 원칙아래, 고객에게 end-to-end 솔루션과 서비스를 제공하기 위해 힘썼다. 그 결과 IBM은 93년 당시 총매출의 27%에 불과하던 IBM의 서비스 사업 비중을 2002년에는 총매출의 45%를 차지하는 364억 달러 규모로 끌어올려 업계 최대 '서비스 회사'로 변신하는 데 성공했다.

IBM은 또한 로터스를 인수하여 협업 및 지식경영 솔루션을 확보했고, 티볼리 인수를 통해 시스템 관리분야의 경쟁력을 키웠고 최근에는 업계 1위의 소프트웨어 개발 툴 업체인 래쇼날 인수를 통해 e-비즈니스 시대의 통합 솔루션 서비스 회사로서 입지를 강화했다.

이와 더불어 마케팅 기능을 대폭 강화하고 비즈니스 파트너사 및 소프트웨어 개발업체와의 협력관계를 적극 강화하여 글로벌 협업체제를 이루었다.

프로세스 중심의 업무 혁신

IBM은 전 세계 160여 개국에 산재한 방대한 고객지원조직과 슈퍼컴에서 PC 및 프린터에 이르는 하드웨어, 서비스, 소프트웨어 등 다양한 사업 조직을 효율적으로 관리하기 위해, 공통의 관리시스템을 도입해 최적화를 이루었다. 나아가 IBM은 1997년 업계 최초로 'e-비즈니스'를 주창하면서 회사의 모든 핵심역량 및 인프라를 개방형 표준에 맞게 재구축함으로써 스스로 대표적인 e-비즈니스 회사로 변신했다.

제품 개발, 공급사슬, 구매, 생산, 고객관리, 재무, 인사, 정보기술, 자산관리 등 10개 핵심 업무프로세스를 웹에서 재통합하고 시장과 고객 중심으로 재설계함으로써, 어떤 고객의 요구에도 언제든 유연하게 대처할 수 있는 체제를 갖춘 것이다.

그 결과 IBM은 500억 달러에 달하는 구매물량을 전자구매 프로세스로 바꾸고 매출 부분의 30%를 전자상거래화했다. 또 내부교육의 50%를 온라인교육으로 바꾸고 웹을 통해 고객을 지원하는 방법을 획기적으로 개선함으로써 수십억 달러의 비용을 절감했다. 나아가 제품개발 주기를 절반 이하로 단축하고 적기출하율을 95% 이상으로 유지하면서 중복구매율을 최소화 하는 등, 효율화를 통해 지속적으로 고객만족도를 높일 수 있었다.

앞선 기술로 고객을 위한 가치창조

IBM의 최대 강점은 바로 세계 최고의 기술과 인력을 보유한 기업이라는 데 있다. 전 세계 8개 연구소에 3천여 명의 과학자와 엔지니어가 종사하고 있고, 전세계 24개 제품개발 연구소에서 12만 5천 명의 연구원이 제품개발 연구에 몰두하고 있다. 5명의 노벨상 수상자를 배출했고 지난 9년 연속 미국내 최다 특허등록기업이 되었다. 참고로 2002년 미국에서 IBM이 획득한 3,411개의 특허는 IT부문 특허 보유 기업 2위에서 13위까지의 특허 등록을 모두 합친 것과 같은 수준이다.

IBM은 또한 최대 규모의 기술인력과 고객 지원 경험을 축적해온 기업이다. 최근 IBM은 앞선 기술이 기술로만 끝나지 않고 고객을 위한 가치로 전환되도록 하는 데 주력하고 있다. IBM은 기술을 경영에 접목시켜 고객을 위한 가치를 창조하고 고객만족을 구현하겠다는 의지를 다짐하고 있다.

source: http://www-903.ibm.com/kr/ibm/global/overview_mgmt.html

전략과 조직의 관계

조직은 기업의 장래를 설계하는 전략 선택에 한계를 설정하고 실행을 가능케 하는 수단이 되기도 한다. 한국에서 출판된 대부분의 경영전략 교재에서는 조직에 대해서 그다지 언급을 하지 않지만, 서양의 경영전략 교재는 대부분 전략의 결정에 대한 논의를 끝낸 후에 전략과 조직의 관계를 한두 장(章)에 걸쳐서 언급하고 있다.[1] 이러한 차이는 경영전략이라는 학문의 기원과 발달 과정의 차이에도 기인하겠으나, 외국과 국내의 경영활동 방식이 다른 데서도 그 원인을 찾을 수 있을 것이다.

예를 들어 "제너럴 모터즈 자동차회사는 자동차의 수명을 10년 이상 유지할 수 있는 제반 기술을 가지고 있음에도 불구하고, 자신의 이윤을 극대화하기 위해 고의적으로 표면이 쉽게 녹슬고 엔진을 5만 마일 이상 사용할 수 없는 자동차를 생산하여 일반 소비자로 하여금 몇 년 되지 않아 다시 새 자동차를 사도록 유도하는 계획적 진부화(built-in obsolescence)라는 전략을 쓴 적이 있다."라는 표현에서 나타나는 바과 같이, 미국 또는 서구의 기업에서는 기업구성원의 개성에 관계없이 기업을 인격화하여 제너럴 모터즈라는 개체가 의사결정과 행동을 하는 것처럼 표현한다.

이에 대해 우리나라의 기업활동을 보면, 회사를 소유한 개인이 기업의 의사결정을 좌우하거나, 그룹의 의사를 존중하는 것과 같이 보이는 기업의 경우에도 기업 소유자가 뒤에서 절대적인 영향력을 행사하고 있는 경우가 많았다. 즉, 우리나라에서는 개인의 의지가 기업조직의 의지보다 훨씬 큰 영향력을 발휘하고 있는데, 미국 등지의 기업에서는 전략적 의사결정에 있어서 일반적으로 기업의 조직구조, 특히 내부조직 상호 간의 의견 충돌 또는 화합이 절대적인 영향을 미치고 있다. 따라서 외국의 경우 전략을 거론하는 데 있어서 조직의 문제점은 피할 수 없는 중요한 이슈인 것이다.

기업을 하나의 건물에 비유할 때, 조직이란 그 건물의 내부에 들어가는 철근 콘크리트와 같은 것이다. 철근 콘크리트가 들어가지 않으면 고층빌딩을 지을 수 없듯이 조직이 없거나 약한 기업에서는 그 성장에 한계가 생길 것이며, 이와 반대로 조직의 구조를 제대로 갖춘 기업에서는 조직이 허용하는 범위 내에서 성장을 추구할 수 있게 된다.

최근 우리나라에서도 조직의 중요성에 대한 인식이 점차 증가하고 있다. 1970년대에 들어오면서 창립 경영자 세대로부터 제2세 경영자 세대로 전환한 LG, 금호, 대한전선, 효성과 같은 기업에서는 전환 과정에서 기업조직의 체제를 대폭 정비했으며, 80년대에도 한국화약 등이 그러한 조직 정비의 노력을 진행했다. 90년대 들어서도 이러한 노력은 계속되었는데, 조직을 자율경영 체제로 전환한 LG그룹과 사업부제 조직을 더욱 공고히 한 삼성그룹[2]이 그 대표적 예이다. 뿐만 아니라, 2000년대에 들어서면서 대기업들의 조직체계는 전략적 사업부 형태로 진화됨에 따라 사업부 단위에서 운영되던 영역들이 기업의 핵심전략에 맞춰서 그 형태가 바뀌게 되었다.

또한 기업의 규모가 대형화되면서 개인 소유 및 지배의 한계가 노출됨에 따라 기업의 개인적인 지배 및 경영이라는 기존의 양식에서 탈피하여 조직에 의한 기업활동을 강조하는 기업체가 속속 등장하고 있다. 앞으로는 우리나라에서도 기업활동과 정책 결정의 측면에서 조직의 중요성이 더욱 부각되리라고 전망된다.

전략과 조직의 관계

기업활동의 주체인 동시에 정책 결정의 기반인 조직의 문제를 살펴보기 위해서는, 전략과 조직의 관계를 파악하는 작업이 선행되어야 한다. 즉, 이들 중 무엇이 독립변수이고 무엇이 종속변수인가 하는 문제가 먼저 논의되어야 하는 것이다.

전략과 조직의 관계에 대한 연구의 대부분은 챈들러(A.D. Chandler, Jr.)가 미국 기업의 발전사를 70개 기업에 대한 연구를 통해 제시한 '조직의 구조는 전략을 따른다(The structure follows strategy)' 라는 가설에 영향을 받아 이루어진 것이다.[3]

챈들러는 이러한 연구를 기반으로 하여 조직구조는 기업의 성장전략을 따르는 경향이 있으며, 미국 기업에 있어서 전략과 구조는 일련의 발전 과정을 거쳐왔다고 주장했다. 이러한 관점에서 보면, 근본적으로 조직이란 시장을 최대한 공략하기 위해 채택되는, 전략을 효과적으로 수행하기 위한 도구인 것이다. 시장의 구조와 상황이 변함에 따라 기업은 그에 상응하는 성장전략을 추구하게 되고, 조직 역시 수정된 전략에 맞춰져야 하는 것이다. 이렇게 볼 때 가장 효과적인 조직구조를 이루려면 전반적으로 기업의 전략 수행에 맞는 골격을 갖추어야 한다는 특성이 있다.

이러한 논의의 결과로, 종래의 조직이론 학자들 간에는 전략이라는 신체가 성장함에 따라 조직이라는 옷을 더욱 큰 것으로 바꿔 입어야 하는 것처럼, 조직구조란 전략 변화에 대해 수동적으로 따라가는 것이라는 주장이 주류를 이루어 왔다.

그러나 마치 잘못 재단된 옷이나 구두를 사용하면 신체가 비정상적으로 성장할 수 있듯, 기존의 조직 체제가 어떠냐에 따라 앞으로 채택될 전략의 한계가 규정된다는 견해도 있다.[4] 이러한 견해는 기본적으로 경영자가 자신의 재량으로 기존 조직의 틀을 전략에 맞춰 변경시키는 데는 어려움이 수반되기 때문에, 현실적으로는 오히려 기존 조직체제의 성격에 의해 특정 전략의 채택 여부가 결정될 수도 있다는 사실을 염두에 둔 것이다. 따라서 오늘의 조직은 내일의 전략을 형성하는 데 중요한 영향을 미치고, 내일의 전략은 다시 내일의 조직을 규정한다고 볼 수 있겠다.[5]

이상에서 보면 전략이 조직에 영향을 미치는가, 아니면 조직이 전략에 영향을 미치는가 하는 의문은 명확한 결론을 내리기가 어렵다. 다만 조직이 전략이라는 독립변수에 의해 수동적으로 결정된다기 보다는 조직과 전략이 서로 꼬리를 물며 변화한 결과이다. 그러므로 조직과 전략이 서로 일관성 내지는 적합관계를 이루어야 기업이 지속적인 성장을 할 수 있게 된다.

전략, 조직, 인사의 삼각관계

기업의 조직은 원칙적으로 그 기업에서 선택한 전략에 부합되도록 설계되어야 한다. 그러나 우리나라와 같이 기업 내에서 인간적인 요소가 결정적인 영향을 미치는 여건 하에서는, 조직이 기업의 전략을 염두에 두고 구성되는 경우보다 어떤 인물이 어떤 자리를 차지해야 할 것인가를 미리 결정한 후 그러한 인물과 자리를 중심으로 조직과 전략을 사후적으로 설정하는 경우를 더 자주 볼 수 있다.

서울에 있는 한 특급호텔의 경우, 이 호텔의 소유자는 외국에서 호텔 관리에 대해 전문적인 교육과 경험을 습득한 인물을 총지배인으로 스카웃할 때 그가 요구하는 대로 호텔 경영의 모든 의사결정 권한을 총지배인에게 집중시키도록 <그림 8.1>과 같이 조직을 변경시켜 주었다. 그러나 전문가들이 보는 우리나라 호텔 경

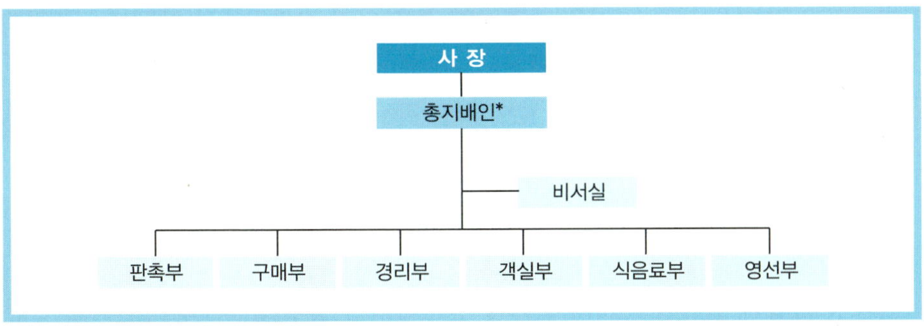

그림 8.1
전략 실행 기반으로서의 조직 : 개편 전

* 외국에서 스카웃된 호텔 관리의 전문가.

영의 특징은 객실부와 식음료부 및 판촉부를 중심으로 한 영업부문과 이와는 성격을 달리하는 구매, 경리 및 영선(營繕)을 담당하는 관리부문간의 견제와 균형에 있다. 영업을 중심으로 한 선진국의 호텔 경영 교육과 경험을 습득했다고는 하나, 한국적인 특수한 여건 하에서 구매 및 경리부문 관리에 허점을 드러낸 총지배인은 여러 차례의 시행착오 끝에 결국 직책에서 물러나게 되었고, 호텔은 그 후 <그림 8.2>와 같은 조직으로 개편되었다.

그림 8.2
전략 실행 기반으로서의 조직 : 개편 후

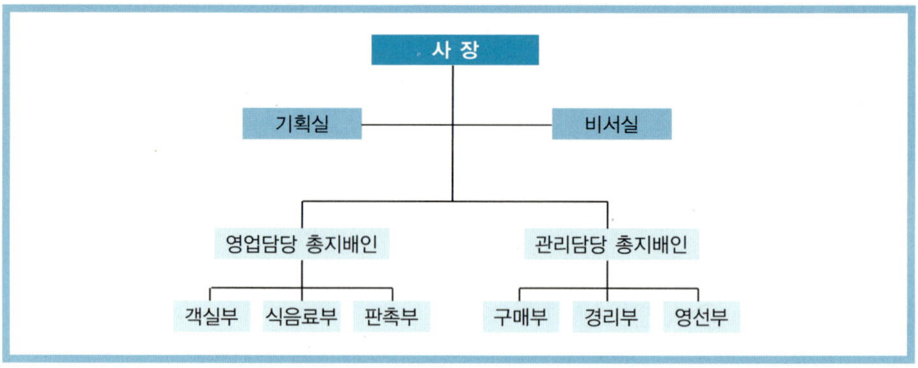

이와 같은 인물 중심의 조직구조 설정이 반드시 한국적인 현상만은 아니다. 외국의 경우를 보더라도 오일 메이저 중 하나였다가 1984년 다른 메이저인 소칼(SOCAL; Standard Oil of California)이란 회사에 흡수 합병된 걸프오일회사(Gulf Oil Corporation)의 경우, 본사에서는 1975년 자회사들에게 전략결정에 대한 자체권한을 부여하는 전략사업부 제도를 실시하는 과정에서 그룹 자회사 중 하나인 걸프 석유화학회사(Gulf Petrochemical Company)의 장래가 가장 불투명하고 위험스러운 것을 확인하고 이 회사의 경영진을 보강할 필요성을 인식했다. 그러나 이 회사의 사장으로 있던 로어(W.C. Rohr) 씨는 비록 전략적인 감각 면에서 부족한 점이 없지 않았으나 걸프오일의 석유화학 사업에 평생을 바친 공로자였으므로, 그를 다른 회사로 전출시킬 수도 없고 사장직을 박탈할 수도 없는 처지였다. 본사에서는 이러한 딜레마를 해결하기 위해 다른 자회사에서 볼 수 없는 회장직을 걸프석유화학회사에 도입했다. 이는 로어 사장 위에 데이비드 보너(David Bonner) 씨를 회장으로 선출하여 최고경영권을 행사하도록 하기 위한 것이었다. 이 결과 걸프석유화학회사에서는 이사회를 갖지 못한 회장이라는 특수한 직위가 창조되었다.

전략이 기업의 장기적인 기업 목표를 달성하기 위한 수단이라고 볼 때 효과적인 인사관리 역시 전략의 중요한 요소가 된다. 그러므로 이러한 인간 위주의 조직

구성이 옳지 않다고 일률적으로 규정할 수는 없다. 다만 조직을 인간에 맞춘 결과 그 기업이 선택한 전략에 부적합한 조직이 초래될 때 비로소 문제가 되는 것이며, 이같이 전략적 판단에 근거를 두지 않은 조직과 인사의 일방적인 결정, 또 이에 따른 조직과 전략의 괴리는 마땅히 시정되어야 한다.

기업성장에 따른 전략과 조직의 변화 모델

성장에 따른 전략과 조직 변화의 당위성

앞에서 말한 바와 같이, 기업은 시장구조와 상황 변화에 따른 성장을 추구하게 되고, 이를 위해 전략을 변경하게 된다. 이때 변경된 전략과 조직 사이에 적합 관계가 유지되어야만 전략의 원활한 실행이 가능할 것이다. 예를 들어 특정 지역에 집중하여 판매하는 전략을 채택한 소규모 특수강회사에 적합한 조직구조와, 그 회사가 광범위한 지역에서 판매활동을 벌이는 대규모 철강회사로 성장했을 때 채택할 전략과 조직구조는 다를 것이다. 또한 환경 · 기술 · 규모 · 업종 등이 유사한 두 기업의 경우도, 채택하는 전략의 차이에 따라 조직구조가 달라지는 일이 발생하기도 한다.

이같이 전략과 조직은 서로 밀접한 관계를 갖고 변화해야 함에도 불구하고, 현실 세계에서는 챈들러를 비롯한 여러 연구자들이 지적한 바와 같이 전략의 변화가 기업의 조직구조 변화로 즉시 이어지지 않는 경우가 많다. 이러한 현상이 조직의 타성이나 역학관계에 의한 것이든, 구조 변화에 따른 상대적 비용에 대한 평가 결과에 따른 것이든, 전략 수행시 나타나는 수익성 증가분과 매출액 증가분 사이의 괴리가 심화되지 않는 한 기존 조직은 급격한 재설계 없이 그대로 유지될 것이다.[6] 다만, 시간이 경과함에 따라 성장의 결과 나타나는 경영상의 문제 해결이 절실해지게 되면, 기업은 전략과 조직을 부합시키기 위해 조직의 변화를 시도하지 않을 수 없게 된다. 따라서 이 책에서는 기업이 성장을 하면서 등장하게 되는 전략과 조직을 각 성장 단계별로 파악하기 위한 조직의 수명주기 모형을 살펴보기로 한다.

조직의 수명주기 모형

인간은 태어나서 유년기, 소년기를 거쳐 성숙해지고 어른이 되어 늙고 죽어가는 생(生)의 사이클을 그려간다. 제품도 도입기, 성장기, 성숙기, 쇠퇴기의 제품 수명주기를 형성한다. 마찬가지로 조직도 창조되고 성장하여 퇴화하는 조직 수명주기(Organization Life Cycle)를 이룬다. 여기서 중요한 것은 인간이 자손을 통해, 제품은 후속되는 신제품을 통해 그 맥을 유지하듯, 조직 또한 새로운 형태로의 변화를 통해 계속 그 맥이 유지되어야 한다는 점이다.

조직의 붕괴, 즉 기업의 몰락은 인간 또는 제품의 죽음과는 달리 내부적으로는 감원, 신용 감퇴, 재고 누적 등과 같은 문제를 야기하는 한편, 외부적으로는 소비자, 거래선, 공급자 등에 큰 영향을 미치기 때문에 조직은 그야말로 지속적(going concern)으로 유지되어야 한다.[7] 이렇게 볼 때 조직 변화의 동태적 측면을 보여주는 조직의 수명주기를 파악하는 것은 기업 성장시 나타나는 경영상의 문제점을 이해하는 데 도움을 줄 뿐만 아니라 기업의 생존과도 직결되는 중요성을 지니고 있다.

그림 8.3
전략 실행 기반으로서의 조직 변화

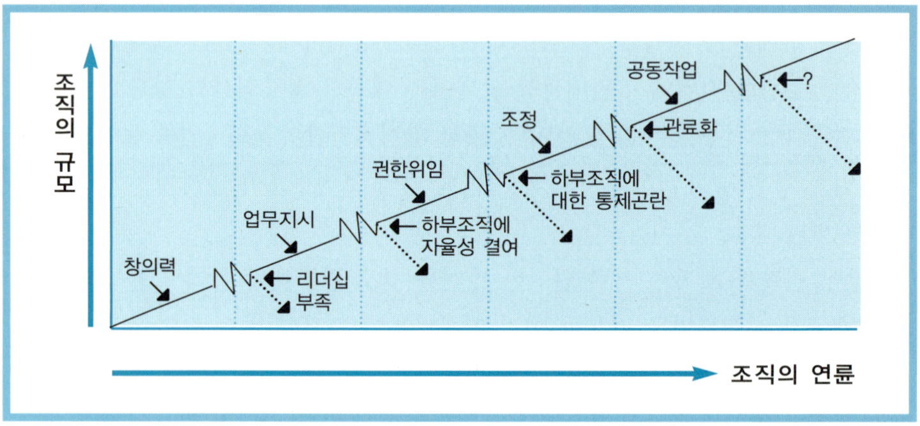

이러한 관점에서 조직의 수명주기를 기업이 성장하면서 등장하는 전략과 조직의 유형 단계별로 제시하면 <그림 8.3>과 같이 나타낼 수 있다.[8] <그림 8.3>의 특징은 기업의 성장이 제1기 또는 제2기와 같이 실선(—)으로 표시된 성장기(evolution stage)와, 제1기와 제2기 사이 또는 제2기와 제3기 사이에 지그재그선(VVVV)으로 표시된 변혁기(revolution stage)의 반복으로 이루어진다는 것이다. 여기에서 각 성장기는 기업이 성장 과정을 성공적으로 이끌어 나가는 과정에서 사용되는 대표적 기능(창의력, 업무 지시, 권한 위임 등)으로 특징지어지고 있다. 반면에 각 변혁기는 성장의 결과 나타나는 경영 문제 중에서도 다음 성장기로 접어들기 위해 해결해야 될 특정한 문제점(리더십 부족, 하부조직의 자율성 결여, 하부조직에 대한 통제 곤란 등)으로 특징지어지고 있다. 물론 기업이 변혁기를 성공적으로 극복하지 못한다면 점선(……………)으로 표시된 몰락의 과정을 걷게 될 것이다.

여기에서 각각의 단계는 전 단계의 결과인 동시에 다음 단계의 원인이다. 예를 들어 제3성장기의 특징은 권한 위임에 의한 성장이다. 이것은 제2변혁기의 특징인 하부조직 자율성의 위기를 극복하기 위한 방안이다. 그러나 제3성장기에서 채택한 권한 위임이 지나치게 되면 하부조직의 통제가 어려워지고, 이에 따라 제3변혁기의 특징적 현상, 즉 하부조직에 대한 통제 곤란의 원인이 될 수 있다.

<그림 8.3>에 표시한 바와 같이 각각의 성장기를 대변하는 경영적 특징은 바로 전 단계에서 발생한 문제점을 해결하기 위한 처방이므로 그 단계에서만 적용될 수 있다. 즉, 제3성장기에서 채택한 권한 이양에 한계가 생겼을 때 다시 중앙집권적 체제에 의한 업무 지시 또는 창의력에 의한 성장전략으로 되돌아 갈 수는 없으므로, 기업이 성장 추세를 회복하기 위해서는 새로운 경영체제를 도입해야 할 것이다.

제1성장기 : 창조력에 의한 창업과 초기성장

기업의 초창기에는 생산과 판매가 주된 목표이다. 따라서 물적 · 인적 노력은 제품의 제조 및 판매에 주로 집중되며, 경영활동의 효율성과 같은 문제는 후순위가 되기 마련이다. 종업원 사이의 의사 전달은 비공식적이며 필요에 따라 수시로 이루어진다. 또한 종업원의 보수는 기업주가 주로 정하는 방식에 따라 적당히 결정되며, 이익에 따라서도 수시로 변할 수 있다. 마지막으로 모든 경영활동 현상에 대한 조정 및 통제는 판매활동, 즉 고객의 반응에 따라 변화한다.

■ 제1변혁기 : 리더십 부족에서 비롯되는 위기

개인적이고 창조적인 경영활동은 초창기 기업에게 필수적이다. 그러나 기업이 성장함에 따라서 제품 생산량이 증가되면 생산성 및 관리 효율성을 높이기 위한 지식이 요구된다. 종업원의 수가 증가함에 따라서 비공식적 의사전달만으로는 업무처리가 곤란해지며, 종업원은 기업 목표에 의욕적으로 부응하지 않을 수 있다. 자본금이 더 필요해지고 재무활동을 위한 새로운 회계 절차가 필요해진다. 한편, 경영자의 관리책임은 증가하지만 과거에 해왔던 방식대로 경영을 하려고 할 수도 있다. 여기서 마찰이 생기게 되고, 종업원은 경영자의 리더십에 대한 불만을 갖게 되기도 한다. 따라서 경영관리에 대한 많은 지식과, 이러한 지식을 행동화할 수 있는 강력한 지도자가 필요하게 된다. 그러나 기업주는 그들이 지도자로서 부적격함에도 불구하고 물러나기를 주저한다.

여기서 기업은 첫 번째 위기를 맞게 된다. 이 때 기업주가 능력 있는 경영자를 과감히 고용한다면, 그 기업은 제1변혁기로부터 벗어나 다음 성장 단계로 들어가게 된다. 이와 같은 탈바꿈을 못하는 기업은 내부조직의 균열과 갈등에 의해 천천히 몰락하게 될 것이다.

제2성장기 : 업무 지시에 의한 성장

유능한 경영자를 고용함으로써 첫 단계의 위기에서 벗어난 기업은 그의 지도력 아래 지속적이고 순탄한 성장기에 들어가게 된다. 이 성장 단계의 특징은 다음과 같다.

- 최고경영조직, 관리조직, 업무조직 등으로 각 경영기능을 분담할 수직적 계층이 형성되고, 판매활동과 제조활동이 분리되는 수평적 분화가 이루어진다(중앙집권적 기능별 조직).
- 재고관리 및 구매를 위한 회계제도가 도입된다.
- 경영활동에 필요한 인적, 물적 자원을 최대로 활용하기 위한 작업 표준이 설정된다.
- 경영목표 및 경영정책의 구체화, 종업원 경영활동의 통제, 고용안정 및 물적 시설의 효과적인 사용을 위한 예산제도가 도입된다.
- 인사 고과를 통한 장려 임금제가 도입된다.
- 경영방침의 결정, 조직의 직무와 권한이 명확히 됨으로써, 의사전달과정이 공식화된다.
- 최고경영자는 대부분의 시간을 능동적 업무 지시에 사용하는 반면, 중간관리자는 자치화된 의사결정 관리자보다 기능적 전문가로 취급된다.

■ 제2변혁기 : 하부조직의 자율성 결여에서 비롯되는 위기

비록 업무 지시라는 경영방식이 종업원의 노력을 기업 성장에 훨씬 효과적으로 공헌하도록 유도한다 할지라도, 그와 같은 수직적인 방식은 기업활동이 방대해짐에 따라 다양해지고 복잡해지는 조직을 조정 · 통제하는 데 적합하지 못하게 된다. 동시에 각 기능이 전문화됨에 따라 하부조직의 관리자들은 최고경영층보다 시장에 대한 직접적인 지식을 더 많이 소유하게 된다. 여기서 하부관리자는 더 많은 자치권을 요구하게 되고, 두 번째 성장기는 또 다시 한계에 이르게 된다. 이를 해결하기 위한 방안은 권한의 위임이다. 그러나 하부관리자들은 권한의 위임을 요구하면서도 의사결정을 수행하는 데 익숙하지 못하며, 최고경영층 또한 권한의 위임을 주저하기 때문에 많은 기업체들이 혼란 상태를 겪게 된다.

제3성장기 : 권한 위임에 의한 성장

제3성장기는 집권적 관리로부터 분권적 관리로 전환함으로써 이루어진다. 여기에서는 최고경영층의 의사결정 권한이 사업부의 책임자에게 대폭 위임되고, 사업부는 마치 독립회사와 같이 자주적이고 독립 채산적인 경영을 실시한다. 최고경영자는 일상적인 업무에 대한 결정권은 하부조직에 이양하고, 주로 신규 사업 또는 돌발 사고의 수습과 같이 기업의 방향을 변경시키는 중대한 사항에 대한 결정만을 책임진다. 제3성장기에서 나타나는 권한의 위임은 하부계층에 경영의욕을 불러일으키고, 이것은 시장 확대를 가져온다. 왜냐하면 결정권을 대폭 위임받은 각 관리자들은 고객의 반응에 신속하게 대응하고 신제품을 개발해 시장 확대를 쉽게 할 수 있기 때문이다.

■ 제3변혁기 : 하부조직에 대한 통제의 곤란에서 비롯되는 위기

권한 위임에 따라 조직이 고도로 분화되면, 최고경영자가 하부조직을 조정, 통제하는 것이 곤란해지므로 일련의 문제들이 발생하게 된다. 즉 권한을 위임받은 각 사업부의 관리자들이 사업 계획이나 재정, 기술, 인력 등 여러 사항에 대해 다른 부서와 상호 조정, 협동함이 없이 독자적으로 자신의 능력을 과시해 지나친 자유가 오만한 태도를 낳는 결과를 초래하는 것이다. 따라서 최고경영층은 전사적인 조정, 통제를 하려고 하며, 심지어는 중앙집권적인 관리체제로 되돌아가려고 하기도 한다. 그러나 조직은 이미 방대해져 있고 계획, 조직, 지휘, 통제, 조정에 대한 관리 직능은 최고경영자 한 사람의 힘만으로 수행될 수 없다. 여기서 제3변혁기에 들어가게 된다. 이 위기를 탈피해 새로이 성장하려고 하는 기업은 각 부서를 효과적으로 조정할 수 있는 경영능력을 개발해야 한다.

제4성장기 : 조정에 의한 성장

이 단계의 성장은 제3성장기에서 이룩된 사업부 조직을 파괴하지 않고 부서 간의 조정, 통제를 좀더 원활하게 수행할 수 있는, 기획을 중심으로 한 스태프 제도를 본사 조직에 도입함으로써 가능해진다. 이 단계의 경영기능 면의 특징은 다음과 같다.

- 잡다하게 분산된 조직은 각 제품을 중심으로 통합된다.
- 공식적인 계획제도가 도입되어 집중적으로 활용된다.
- 최고경영자의 관리 직능 수행을 돕기 위해 많은 스태프들이 고용된다.
- 자본의 지출은 그 효과를 상호 비교해 결정되며 예산 통제가 전반적으로 실시된다.

- 각 제품그룹에 대한 투자는 투자수익률을 기준으로 결정된다.
- 정보 처리와 이에 의한 의사결정과 같은 특수한 기능은 최고경영층에 집중되지만 반복업무는 하부조직 관리자들이 계속 담당한다.
- 종업원지주제도 및 이익 분배제도 등이 종업원의 사기를 높이기 위해서 채택된다.

위에 열거된 조정 및 통제 제도는 제한된 자원의 효율적 분배를 통한 기업 성장을 달성하는 데 있어 상당히 유용하다. 이러한 제도를 통해 각 부서의 관리자는 자기 부서의 기회 또는 문제점만을 지엽적으로 보는 것을 지양하고 전반적인 안목에서 자신의 주장을 정당화할 수 있는 능력을 배양한다.

■ 제4변혁기 : 조직 및 의사결정의 관료화에서 비롯되는 위기

제4성장기에서 스태프 부문이 강화되어 각 라인 부서의 업무를 조정, 통제하게 됨에 따라, 라인과 스태프 부문 사이에 그리고 상부와 하부 담당자들 사이에 신뢰가 상실되기 시작한다. 또 제도와 계획이 그 효용성에 비해 지나치게 많아지고 경직화된다. 즉, 조직과 의사결정이 관료화됨에 따라 불필요한 업무가 발생하게 된다. 예를 들어 라인 부문에서는 실제 상황을 잘 모르는 스태프의 지나친 간섭에 반발을 느끼게 되는 반면, 스태프 부문은 비협조적이고 일률적인 업무만을 수행하려고 하는 라인 부문을 비난하게 된다. 이와 같은 마찰을 피하기 위해 관청식으로 문서를 첨부해야 하는 번거로운 제도가 등장한다. 따라서 형식을 내용보다 앞세우고, 절차를 문제 해결보다 중요시하며, 독창성보다 규칙의 준수를 고집하게 된다. 이같이 형식적이고 의례적인 프로그램으로는 이미 방대해지고 복잡해진 조직을 더 이상 효율적으로 관리할 수 없게 된다.

제5성장기 : 공동작업 및 협동에 의한 성장

마지막 단계는 조직의 지나친 관료화를 극복하기 위해 조직 구성원 사이에 강력한 협동관계를 형성하는 시기이다. 제4성장기는 고정화된 조직과 절차를 유지하면서 성장이 이룩된 반면, 제5성장기에서는 여기에서 탈피함으로써 성장이 이룩된다. 즉, 이 단계에서는 개인 능력의 다양성을 활용할 수 있는 경영체제를 강조하게 되며, 팀을 통한 경영활동을 전개하게 된다. 형식적인 통제가 사라지고 개별적 수준의 통제와 개발이 이루어진다. 이와 같은 변화에 예전 제도에 익숙한 구성원들이나 라인 부문 관리자들은 쉽게 적응하기 어렵다.

과거 제1성장기에서 제4성장기까지 이르는 동안 조직은, 그 내용은 다를지라도 모두 조직의 정점에 최고경영자가 있고 그 밑에 그의 명령 및 통제를 받는 하부

구조가 마치 피라미드와 같이 체계적으로 존재했다. 그러나 이러한 조직은 급격한 환경 변화에 대처할 수 있는 유연성을 갖고 있지 못하다는 단점이 있다.

따라서 제5성장기에서는 이를 극복하기 위해 구성원의 조직 내 위치보다 개인의 능력을 활용할 수 있는 프로젝트 팀 또는 태스크포스(task force)와 같이, 목적이 달성될 때까지만 일정 기간 존속하는 조직 형태가 필요하게 된다. 이러한 조직을 매트릭스 조직(matrix organization) 또는 그리드 체제(grid structure)라고 한다. 제5성장기의 특징은 다음과 같다.

- 경영활동의 초점은 팀을 통해서 신속히 문제를 해결하는 데 있다.
- 팀은 여러 기능을 망라하여 종합적으로 구성된다.
- 본사의 스태프는 축소되고 라인에 대한 업무 지시가 아니라 자문 역할만을 담당한다.
- 새로운 문제점을 해결하기 위해 중요 간부 간에 자주 모임을 갖는다.
- 팀 구성원 간의 협동을 도모하기 위해 인간관계에 대한 교육을 실시한다.
- 개인 능력보다 팀의 목적 달성 여부를 급여제도의 기준으로 삼는다.
- 창의적이고 혁신적인 아이디어를 장려한다.

■ 제5변혁기

현재 미국의 많은 기업들이 제5성장기에 있다고 한다. 따라서 제5변혁기에는 구체적으로 어떤 문제점이 등장하게 될지 아직 미지수이다. 다만 혁신적인 아이디어와 집중적인 팀워크에 대한 부담이 조직구성원에게 극심한 정신적, 육체적 피로를 가져다 줄 것으로 예측되고 있다. 이러한 위기를 극복하기 위해서는 구성원이 업무 수행에서 오는 긴장과 피로를 완화시킬 수 있도록 종업원에 대한 복지가 중요하다. 다른 방법으로는 기업을 일상적인 업무를 수행하는 부문과 창의적, 혁신적인 사고에 의한 목적 달성을 담당하는 부문으로 분리하는 것이 있다. 이 경우, 종업원의 정신 또는 육체적인 여건에 따라 이동이 가능해 질 것이다. 또한 기업은 종업원의 장기근무 후에는 피로 회복을 위한 휴가를 부여할 수 있다.

위에서 살펴본 5단계의 성장기와 변혁기는 <표 8.1>로 정리될 수 있다. 이와 같은 기업 성장의 유형화에서 경영자가 배울 점은 다음과 같다.

첫째, 당신의 기업이 현재 어느 단계에 있는가를 확인하라. 대부분의 기업은 그 조직과 경영활동에 있어 위 다섯 단계에 나타나는 여러 특징 중에서 설명될 수 있다. 경영자의 임무는 자신의 기업이 어떤 단계에 와 있으며 앞으로 어떤 문제점이 닥쳐올 것인가를 파악하는 것이다. 다만 이때 명심할 것은 성급해진 나머지 단계를 건너뛰어선 안 된다는 것이다. 각 단계에서 기업은 그 단계에서 제공하는 기

표 8.1
기업 성장에 따른 경영 조직의 변화

경영기능단계	제1단계	제2단계	제3단계	제4단계	제5단계
경영의 초점	제품의 생산 및 판매	경영활동의 능률 향상	시장 확대	조직의 통합	문제 해결 및 혁신적 사고
조직구조	조직의 未分化	중앙집권적 기능별 조직	분권적 조직, 사업부 제도	스태프의 강화, 전략 본부 제도	task-force와 같은 팀의 구성
최고경영자의 역할	창의력 발휘 (개인주의적)	업무 지시 (능동적)	권한의 위임 (소극적)	조 정 (객관적)	참 가 (적극적)
경영활동의 평가 기준	고객의 반응	비용 감소, 매출 증가	이익의 극대화 개인별, 능력별	투자효과의 극대화, 기획과 결과 비교 분석	설정된 목적의 달성
보수제도	개인의 자의	인사 고과 제도의 활용	보너스 지급	종업원 지주제, 이익 분배제	팀에 대한 단체적 보너스 지급

회에 따라 내부적 능력을 길러야 하며, 이러한 능력의 배양은 다음 단계를 성공적으로 이끌어 가기 위해 필수적인 조건이 된다. 경영자가 다음에 닥쳐올 위기가 무엇인지를 알고 있다고 해서 그것을 회피할 수는 없다. 이러한 위기는 회피할 것이 아니고 오히려 다음 차례의 성장 단계에 필요한 아이디어를 제공해주거나 새로운 성장이 필요하다는 인식을 조직구성원에게 주지시키는 계기이므로, 긍정적으로 받아들여야 할 것이다.

둘째, 경영자는 변혁기가 너무 고질적이 되기 전에 현재의 조직체제를 개혁할 준비를 갖추어야 한다. 만일 경영자가 자기 자신의 능력이 기업을 성장시키는 데 더 이상 적합하지 못하다는 것을 깨닫는다면, 과감히 자기 자신을 기업조직에서 내몰아야 한다. 예컨대 제2성장기에서 능력을 나타낸 경영자라면 제3성장기로 진행하고 있는 기업에 그대로 남아 있기에 연연하는 것보다, 제2성장기에 있는 다른 기업으로 옮겨가는 것이 자신의 능력 발휘를 위해 더욱 현명한 처사일 수도 있다.

셋째, 당신이 선택한 문제 해결 방법이 새로운 문제를 가져오리라는 것을 인식하라. 권한 위임이 종국에는 통제 곤란이라는 문제점을 야기하듯, 경영자는 자신이 선택한 경영 방법이 머지 않아 한계에 부딪칠 것이라는 것을 이해하고 사전에 이러한 변혁기에 대처할 준비를 해야 한다. 또한 이러한 인식의 기초가 있어야 경영 위기에 대한 책임소재를 당시의 경영자에게만 묻게 된다.

물론, 기업 성장이 경영의 위기를 가져온다는 필연성을 의식한 나머지 성장을 포기하는 기업도 있을 수 있다. 예를 들어 소규모 램프 제조회사인 텐서주식회사(Tensor Corporation)의 먼로우(J.B. Munroe) 사장은, 기업규모가 4천만 달러 정도의 매출규모를 넘어서게 되는 경우 전문경영자에 의해 자신의 위치가 도전받을 것을 고려한 나머지 의도적으로 기업의 성장을 제한했다. 그러면서 체계적인 경영교육을 받지 못한 간부사원들과 함께 가족적인 분위기에서 비록 소극적이나마 견실하고 안정적인 기업활동을 영위하고 있다.

성장기업의 조직 설계

앞에서 살펴본 바와 같이, 한 기업이 지속적으로 성장하고 존속하기 위해서는 조직이 변화하는 환경과 전략뿐만 아니라 조직의 수명주기에도 부합되도록 설계되어야 한다. 특히 오늘날 환경의 급변화에 따른 조직의 변화가 신속히 이루어지도록 하기 위해서 전략적 관점에 입각한 조직 설계가 중요하다.

그러므로 여기에서는 기업조직의 변화에 대한 역사적 고찰을 토대로 기업가형 조직, 중앙집권적 기능별 조직, 사업부 조직, 전략 사업단위, 매트릭스 조직 등 다섯 가지 대표적인 조직유형을 살펴보고, 최근 새로이 등장하고 있는 수평형 조직과 가상기업 형태의 조직에 대해 살펴보기로 하겠다.

기업가형 조직

기업의 초창기에는 생산과 판매에 모든 노력을 기울여 효율적인 경영활동을 위한 공식적 조직구조가 마련되어 있지 않은 경우가 보통이다. 그러므로 <그림 8.4>의 제1형에서 보듯이 창업자와 소수의 종업원으로 구성되어 있는 조직을 기업가형 조직(entrepreneurial organization)이라 한다. 이러한 조직은 기업활동의 통제가 용이한 동시에, 신속한 의사결정과 시장 환경의 변화에 대한 융통성이 크다는 장점이 있다. 반면에 기업주에 지나치게 의존함으로써 나타나는 업무상의 비효율로 인해 기업 규모 확대에 부적합하다는 단점을 지닌다. 그러므로 기업가형 조직은 기업의 초창기에 알맞은 형태이다.

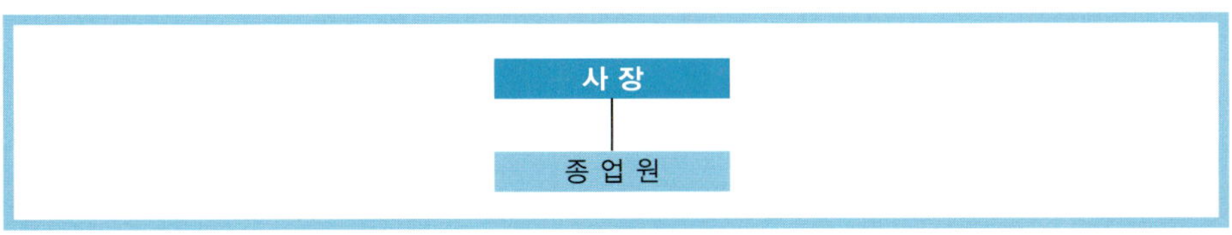

그림 8.4
기업가형 조직

기능별 조직

미국 기업의 발달사는 기업가형 조직에서 출발하여 공장과 노동자를 감독하는 지배인과, 재무, 구매 또는 판매 대리인과의 관계를 담당하는 사장으로 분화한 조직체제(<그림 8.5>의 제1형)를 보여주고 있다. 그러나 19세기 후반, 이후 대량생산 체제의 성립에 의해 새로운 유통구조를 만들 필요가 생기자, 재무를 담당하는 사장 밑에 생산과 판매를 각각 담당하는 2인의 책임자가 위치하는 조직(<그림 8.5>의 제2형)으로 바뀌었음을 알 수 있다. 이처럼 기업활동의 확대에 따라 분화되어 가던 기업조직은 점진적으로 구매, 수송, 원자재 조달 생산, 판매, 인사 등의 수직적 기능으로 분화되었다(<그림 8.5>의 제3형). 특히 이 시기에 기업조직의 모델이 된 것은 19세기 중반에 이미 대기업으로 성장한 펜실베니아 철도회사(Pennsylvania Railroad Company)였다. 이 회사는 복잡한 기업활동을 체계적으로 조정하기 위해 라인과 스태프의 분화를 꾀했는데, 여기에서 라인은 사람을 관리하고 스태프는 객 · 화차와 같은 물건의 관리를 담당했다.

그림 8.5
기능별 조직

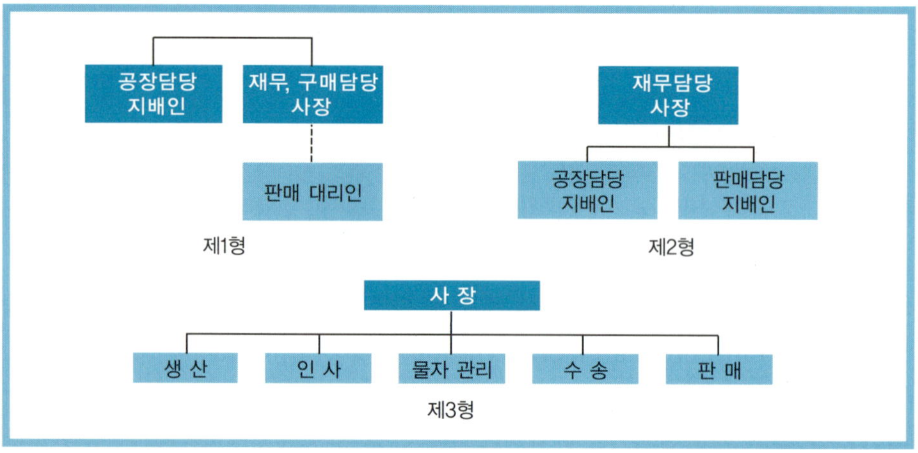

이같이 기업의 활동을 기능별로 통합하여 독립된 조직단위를 이루게 한 형태가 기능별 조직(functional organization)이며, 이는 상당수의 우리 기업이 채택하고 있는 조직 형태이다. 기능별 조직에서는 관료제의 원칙을 수용하여 조직의 위계질서를 강조함으로써, 경영기능이 최고경영조직, 관리조직, 업무조직 등 수직적 기준으로 분화된다. 이에 따라 의사결정 권한이 최고경영층에 집중되는 동시에, 명령 통일과 조정을 위해 조직의 직무와 권한이 명확해지고 의사전달 과정이 공식화되는 특성이 나타나게 된다. 또한 규모가 커지고 제품의 수가 많아지면 라인 기능만으로는 모든 업무 수행이 불가능해지므로 스태프기능의 분화가 나타난다. 이러한 기능별 조직은 정책 수립과 시행 과정에 대한 통제가 용이한 동시에 각 기능분야에 전문가를 기용함으로써 효율을 증대시키는 장점을 지녀, 단일 제품을 생산하고 판매하는 중규모의 기업에 적합한 조직 형태이다. 이는 앞의 성장 단계 모형에서 볼 때에는 제2성장기에 채택될 수 있는 형태이다.

그러나 기업규모가 커지고 경영활동이 다각화되며 환경 변화가 예측하기 어려워지면, 이러한 조직구조로는 혼란과 비능률이 증대되게 된다. 즉, 하부조직에 권한 이양이 되어 있지 않은 결과 상급자가 일상적 업무까지 처리하면서 과도한 부담을 지게 되는 반면, 하급자는 자율성이 결여되어 경직화되는 관료제의 역기능이 발생하는 것이다. 동시에 과도한 기능별 분화로 인해 각 부문의 담당자들은 기업의 전략을 다른 부문, 더 나아가 기업 전체의 목표와 관련짓지 않고, 단지 자기 전문분야의 관점에서만 파악하게 된다.

이러한 라인부문 간의 갈등 외에도 라인부문과 스태프부문 간의 갈등이 심화되어 조직의 역기능 현상이 나타나게 되면 문제는 더욱 심각해진다. 그러므로 기능별 조직이 제 구실을 하기 위해서는 최고경영층의 리더십과 조정 및 통합 노력이 전제되어야 한다. 이에 따라 최고경영층의 업무는 더욱 과중하게 되어, 합리적 경영을 위해 새로운 조직의 변화를 모색하지 않을 수 없게 된다.

사업부 조직

1차 대전 중 군수품과 같은 새로운 제품 생산이나 기존제품의 시장 확보에 있어, 미국 기업들은 기존의 중앙집권적 기능별 조직의 한계에 직면한다. 그래서 이들은 제품의 다각화에 효과적이며 광대한 지역을 관리하고 새로운 유통경로와 고객을 확보하는 데 유용한 새로운 조직 형태를 창조해냈다(<그림 8.6>의 제1형). 하나의 제품계열을 담당하는 부문 하에 생산, 판매, 관리 및 기술 개발을 포함시켜, 최고경영층이 의사결정 권한을 대폭 이양하고 각 사업부가 독립채산적인 경영을 하도록 했는데, 이를 사업부 조직(divisional organization)이라 한다.

다시 말해, 사업부 조직이란 전통적인 기능적 · 집권적 조직 형태와는 달리, 사업부 단위가 독자적인 생산, 마케팅 및 관리 권한을 가지고 이익 중심점(profit center)이 되어 독립채산제를 실시할 수 있도록 해준다. 이러한 조직은 다음과 같은 장점으로 인해 성장기업, 특히 조직 성장 단계 모형의 제3성장기에 진입하려는 기업의 조직설계에 유용하게 쓰인다.

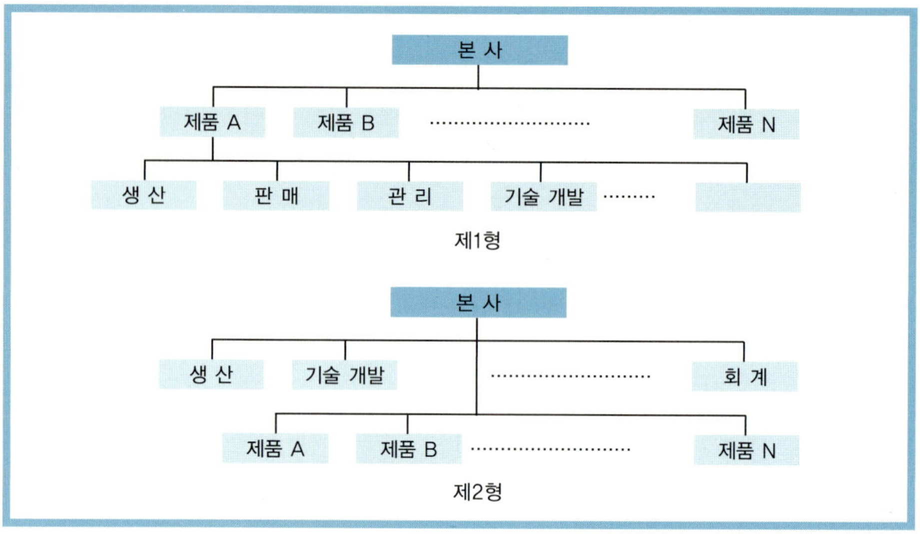

그림 8.6
사업부 조직

- 사업부는 본사로부터 자금의 지원을 손쉽게 받는 동시에, 본사는 사업부의 이윤을 새로운 사업에 투자함으로써 기업의 계속적인 확장을 꾀하는 데 유용하다.
- 사업부 단위는 제품별로 구분되고 사업부 단위의 책임자는 결과에 대한 모든 책임을 지게 되어, 조직 목표의 명확성을 높여주는 동시에 책임 경영 체제를 확립할 수 있다.
- 사업부 단위의 전략적 경영을 가능하게 하기 위해 의사결정 권한을 대폭 이양함으로써, 변화하는 경쟁 환경에 적응하기 위한 주요 의사결정이 신속하게 이루어질 수 있다.
- 사업부의 독특한 환경에 부합하는 전략의 개발과 수행이 용이해지며, 장기적이고 거시적인 계획과 전략에 주의를 기울일 수 있다.

그러므로 이러한 사업부 조직은 특히 최고경영자의 업무량을 경감시키려 하거나, 제품 · 지역의 확대를 통해 생산과 판매 능력을 증대시키려 하거나, 예측하기 어렵고 혁신적인 문제를 해결해야 할 성장기업에서 유용하게 사용될 수 있다. 성장기업이 사업부 조직을 설계하기 위해서는 최소한 다음의 조건들이 충분히 검토되어야 한다.

- 기업의 규모(매출액 · 자본 · 종업원 수), 제품계열의 수, 소비자 집단에 대한 의존성, 시장 조건, 기술 조건과 같은 "실질적 조건"이 갖추어져 있는가?
- 소유 경영자가 개별 사업부 운영에 수반되는 권한을 위양하려고 하는 의사

가 어느 정도인가? 또한 사업부 단위를 독자적으로 운영할 수 있는 사업부의 관리 능력이 어느 정도인가?

- 사업부 조직에 필요한 이익 책임 단위, 목표 관리, 업적 평가제도, 보상제도, 본사의 스태프 활용도, 관리자 육성책 등이 어느 정도 충족되어 있는가?[9]

이와 같은 사업부 조직의 도입에 필요한 조건들을 고려하지 않았을 때는, 사업부 조직을 채택하더라도 기대했던 성과를 달성하지 못하고 관리비만 증가시키게 된다. 실제로 우리나라 기업의 경우 사업부 조직을 도입한 상당수의 기업이 이러한 문제로 고민하고 있다. 이는 사업부 조직이 되기 위한 여건을 충분히 감안하지 않고 기존의 조직체계만 형식적으로 변경한 데 그 원인이 있다. 다시 말해 최고경영자는 지금까지 그가 경영을 도맡아온 기업을 계속 지배하려고 하는 타성에서, 다른 한편으로는 그 동안 대부분의 우리나라 기업은 최고경영자가 의사결정을 독점해왔기 때문에, 사업부 단위를 운영할 능력을 갖춘 경영자가 부족하다는 현실적인 사정이 있음에도 불구하고 사업부 조직의 핵심을 이루는 실질적인 경영 위임이 이루어지지 않고 있는 것이다. 또한 기업의 규모, 업종, 기술 조건 등의 실질적 조건을 고려하지 않은 채 수용 능력이 없는 하위단위까지 이익 책임 단위로 설정하여, 오히려 관리비만을 증가시키는 문제가 나타나고 있는 것이다.

그러므로 이러한 문제들을 해결하기 위해서는 최고경영자의 지배 욕구를 충족시켜 주는 동시에, 사업부의 요청에 따라 지원과 자문을 해 줄 수 있는 본사 스태프진의 강화가 있어야 한다. 또한 사업부를 담당할 자질을 갖춘 유능한 인재 양성이 시급하게 실행되어야 한다. 아울러 사업부 조직을 도입할 때는 실질적 조건이 갖추어진 제품 단위부터 단계적으로 실시해야 할 것이다. 그런데 사업부 조직이 성공적으로 정착된 경우에도 다음과 같은 문제는 발생하게 된다.

- 분권적인 조직형태로 인해 최고경영자가 하부조직을 통제하고 조정하는 데 어려움이 따르며, 이로 인해 사업부 간 경쟁이나 정책의 불일치가 종종 발생하여 자원과 노력의 낭비가 나타난다.
- 사업부 단위는 독립적으로 운영하는 경쟁회사와 비교해 볼 때, 경영 다각화에 의한 원가 면의 혜택이 없으며, 거대한 스태프 조직 등으로 인해 관리비용이 커지는 문제를 가지고 있다. 그래서 미국 기업에서는 이러한 문제를 해결하기 위해 기술개발, 생산 또는 회계같이 부서 간에 공통성을 갖고 있는 하부 구조를 통합하는 경향이 있다(<그림 8.6>의 제2형).

전략사업단위(SBU)

미국 기업조직의 발달사를 돌이켜 보면, 1950년대와 60년대의 순탄한 경제여건과 지속적인 시장 확대에 따라 1970년대 이후 많은 기업체들이 사업부 조직을 바탕으로 경영 다각화와 함께 대형화를 이루게 되었다. 이 결과 조직의 복잡화와 권한의 지나친 분산에 따른 경영의 통제 불능이 여러 기업에서 심각한 문제점으로 등장했다. 이러한 문제점을 해결하기 위해 전략사업단위(SBU; Strategic Business Unit)라고 불리는 새로운 기업조직이 설계되기 시작했다. SBU란 원활한 조정과 통제, 업무의 효율성을 위해 각 단위에 공통적인 주요 전략 요소를 기준으로 각 사업단위를 통합한 조직형태로, 다음과 같은 요건을 지녀야 한다.

- SBU는 분명한 경쟁자를 가져야 하며 독자적인 능력을 가진 경쟁자로서의 자격이 있어야 한다.
- SBU는 제품, 시장, 시설, 조직 등의 면에서 다른 SBU와 별개로 독자적이고 종합적인 전략계획을 수립할 수 있어야 한다.
- SBU의 경영자는 기술, 생산, 마케팅, 자금 등의 수단을 사용하여 SBU 사업의 성과를 올릴 수 있는 여건을 갖춰야 한다.

SBU는 기업조직의 어느 수준에서든 구성될 수 있다. 예컨대 비행기 또는 가전제품과 같은 것은 그룹 차원의 SBU이고, 의료 기기, 전기제품 부품과 같은 것은 사(社) 차원에서의 SBU이며, 흑백 TV, 냉장고와 같은 것은 부(部) 차원에서의 SBU이다.

기업의 전략을 가장 작은 단위로 나누었을 때, SBU는 그 전략 단위의 주체가 된다. 따라서 SBU의 책임자는 전략계획의 기능을 가지나, SBU의 한 부분의 책임자는 다만 일반 관리 계획의 기능만을 가질 뿐이다. 또한 SBU보다 한 단계 위에 있는 조직의 책임자는 전략계획의 직접 결정이 아니라 평가에 대한 기능을 가질 뿐이다. 따라서 기업의 최고경영자라 할지라도 하향식으로 SBU의 전략 결정에 직접적으로 간섭을 하는 것이 아니라, SBU 책임자에게 목표를 제시하고, 기업 전체 차원에서 입안한 전략에 대한 평가와 조정에 대한 역할만을 담당한다.

그러므로 SBU는 앞에서 언급한 사업부 조직의 장점을 대부분 그대로 유지하면서, 사업부 조직의 단점으로 지적되는 조정 및 통제 기능을 보완하는 한편, 사업부 간의 기능적 업무를 통합하고 전략의 불일치와 경쟁으로 인한 자원과 노력의 낭비를 보완하므로 제4성장기에 적합한 조직유형이다.

SBU를 채택한 예는 여러 성장기업에서 찾아볼 수 있는데, 그 대표적인 경우로 제너럴 일렉트릭을 살펴보면 다음과 같다.

제너럴 일렉트릭은 1968년에 다섯 명의 사장단과 10개의 그룹, 50개의 사(社), 그리고 170개의 부(部)에 달하는 조직을 형성하게 되었다. 이와 같은 조직의 지나친 팽배에 따라 170개에 달하는 각 사업부에 대한 본사의 통제는 그 기능을 잃고, 각 사업부의 활동을 기업의 장기전략계획에 연결시키기도 불가능한 지경에 이르게 되었다. 이러한 문제점을 해결하기 위해 존스(Reginald H. Jones) 회장은 기업조직을 43개의 SBU로 나눈 뒤, 각 SBU로 하여금 시장, 제품, 서비스, 설비 및 조직에 대한 책임과 권한을 갖고 다른 SBU에 관계없이 제너럴 일렉트릭 전체의 목표와 전략 범위 내에서 독자적인 전략계획을 수립하도록 했다. 이러한 SBU 조직을 채택한 후 제너럴 일렉트릭은 그 동안의 부진했던 경영풍토를 쇄신하고, 성장성이 유망한 SBU에는 집중적인 자원을 지원하는 반면 성장성이 감퇴한 SBU에 대해서는 과감한 정리와 처분을 하는 등, 43개 SBU에 대한 능동적이고도 효과적인 자원의 배분을 통해 1970년대의 가장 우수한 기업체로 평가받게 되었다.

매트릭스 조직

2차 대전 이후 미국은, 전쟁으로 인해 생산시설의 파괴와 같은 피해를 본 서구 및 일본에 비해, 상대적으로 팽창된 생산능력과 이에 따른 기업 간의 경쟁 격화 및 국민소득의 증가 그리고 소비자의 증대된 욕구를 만족시키기 위한 마케팅의 부각을 경험했다. 따라서 2차 대전 이전의 기업조직이 제품을 중심으로 해서 구성되고 제품관리 담당자가 담당 제품의 판매를 책임진 데 비해, 전후에는 소비자층을 중심으로 조직을 구성하고 기업의 활동도 제품을 판매하기 위한 것이 아니라 소비자 욕구를 충족시키기 위한 제품을 개발해 판매해야 한다는 개념이 확립되었다.

더욱이 60년대 이후 70년대에 들어오면서 점차 기업을 둘러싼 환경의 변화가 심해지게 되자, 기존의 기능별 조직, 제품별 사업부 조직은 신속한 상황 변화에 대처할 수 있는 유연성을 갖고 있지 못한 단점을 드러냈다. 그러므로 소비자 중심의 시장 상황과 급변하는 환경 변화에 적응하기 위해 과거의 조직 유형과 근본적으로 다른 조직의 설계가 필요하게 되었다. 그래서 제품별 조직과 기능별 조직을 결합하여 이중의 명령체계와 책임, 평가 및 보상체계를 갖춘 매트릭스 조직(matrix organization)이 등장했던 것이다.

매트릭스 조직의 가장 두드러진 특징은 프로그램 위주의 조직 라인과 기능 위주의 조직 라인이 겹쳐져서 매트릭스를 형성하기 때문에, 기능 중심의 경영자와 프로그램 위주의 경영자는 조직에 소속한 개인 또는 소수의 그룹에 대한 명령 및 통제 권한을 공유하게 된다는 점이다. 따라서 조직의 구성원은 프로그램 위주의 업무와 함께 기능 위주의 업무를 동시에 담당하게 되고, 여러 기능을 망라하여 종합적으로 구성된 팀이 조직되어 경영활동이 수행된다.[10] 그러므로 매트릭스 조직을 채택한 기업은 다음과 같은 장점을 지니게 된다.

- 융통성을 가지게 되어, 제품이나 시장에 대한 고객들의 다양한 요구에 부응할 수 있게 된다.
- 경영활동이 팀을 통해 이루어짐으로써, 조직구성원의 협동관계가 형성된다.
- 개인의 창의력 및 능력을 발휘할 기회가 주어지고, 전략적인 문제에 대한 시야의 확대가 가능하게 되어, 전략적 사고를 갖춘 유능한 경영자가 양성된다.

이러한 장점으로 인해 매트릭스 조직은 기존의 기능별 조직과 제품별 사업부 조직 각각의 장점을 받아들인 진보된 조직 형태로 각광받고 있다. 특히 다각적인 협력을 필요로 하고 전략적 가치가 높은 혁신적이고 창조적인 업무가 요구되는 기업이거나, 고도로 전문화된 재화나 용역을 개발하여 판매하는 기업에 적용될 때 그 장점이 크게 나타날 수 있다.

그러나 이러한 조직 형태에서는 이중의 명령구조로 인해, 기능 부문과 프로그램 부문 간에 갈등이 발생할 가능성이 높다. 예를 들어 기능 부문의 경영자는 일반적으로 기존질서를 유지하며 이미 개발된 제품을 판매하는 전략을 선호하는 데 반해, 프로그램 중심의 경영자는 시장과 소비자를 염두에 두고 신제품 개발을 위한 전략을 구사하는 경향이 있어 갈등이 발생할 가능성이 있다. 이러한 갈등은 양 부문 간 세력 다툼으로 번질 우려가 있으므로 제대로 이해되고 정착되기까지 많은 시간이 걸리게 마련이다. 그러므로 매트릭스 조직이 적절한 기능을 발휘하기 위해서는 다음과 같은 조건들이 충족되어야 한다.[11]

- 매트릭스 조직을 능숙하게 운영할 경영자를 선발해 훈련해야 한다.
- 각 구성원의 역할이 이중적으로 되는 만큼 그 성과를 평가할 제도적 장치가 마련되어야 한다.
- 역할의 이중성에 따른 역할 모호성을 감소시킬 대책을 준비해야 한다.
- 기능 부문 경영자의 권한 이양 자세가 확립되어야 한다.
- 기능 부문과 프로그램 부문 간의 세력 균형이 이루어져야 한다.
- 개방적이며 협동적인 조직 분위기가 전개되어야 한다.
- 매트릭스 조직에 제대로 적응하지 못하는 구성원에 대한 처리 방법이 마련

되어야 한다.

미국 기업을 살펴보면, 텍사스 인스트루먼트, 셸오일, 시티뱅크 등이 이러한 매트릭스 조직을 성공적으로 도입하여 발전시켰다.

텍사스 인스트루먼트(Texas Instruments)는 <그림 8.7>에 나타나 있듯 1972년 당시 소비자의 관점에서 재료(materials), 부품(components), 설비(equipment), 서비스(service)의 네 개로 구성된 기능별 조직과, 각자 독립된 회계 책임을 지는 77개 제품 소비자 센터(PCC; Product Customer Center) 프로그램을 결합하여 매트릭스 조직을 운용했다. 이와 동시에 기능 중심의 경영자와 프로그램 중심의 경영자를 따로따로 임명하는 것이 아니라, 개인 또는 소수의 그룹에게 기능을 중심으로 한 업무관리자(operating manager)와 프로그램을 중심으로 한 전략 관리자(strategic manager)의 역할을 동시에 부여하고 그로 하여금 장기적 성장과 단기적 이익을 동시에 추구하도록 했다.[12]

석유산업계에서 가장 잘 운영되는 기업으로 정평이 나 있는 셸오일(Shell Oil)의 경우 석유산업 이외의 분야로 다각화를 시도하는 경쟁 기업들과 달리, 에너지 자원의 개발과 석유화학 분야에만 초점을 맞추는 전략을 채택했다. 이러한 전략에 따라 이 회사는 성과를 높이기 위해 매트릭스 조직 설계를 수행함으로써 성공적으로 전략을 실행할 수 있었다.[13]

지금까지 전통적인 기업가형 조직 및 기능별 조직부터 기업 성장에 따른 전략 변화에 따라 새로이 대두된 사업부 조직, 전략 사업단위, 그리고 매트릭스 조직에 대해 살펴보았다. 이하에서는 최근에 그 관심이 고조되고 있는 새로운 조직형태인 수평형 조직과 가상기업 형태의 조직에 대해 살펴보기로 한다.

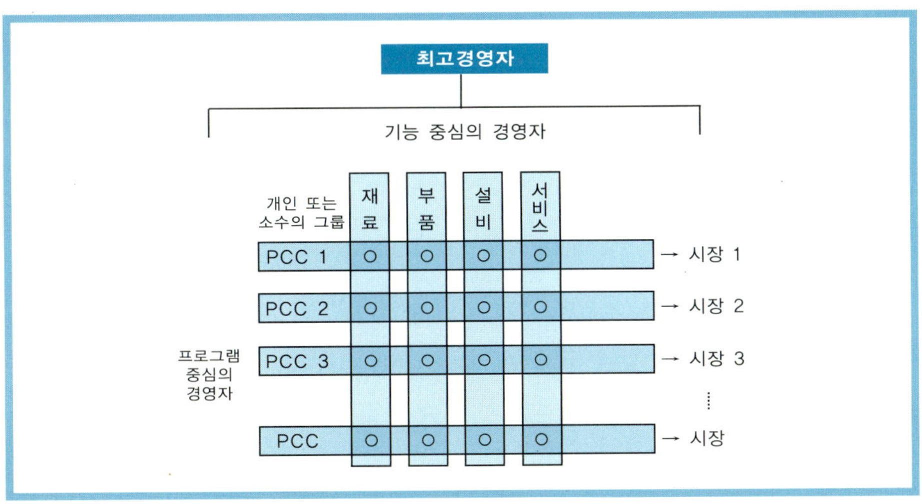

그림 8.7
텍사스 인스트루먼트 회사의 조직 형태

수평형 조직

기업의 환경이 급격히 변함에 따라 피라미드식 수직적 조직은 많은 문제점을 드러냈다. 수직형 조직은 규모가 비대화되어 감에 따라 조직 자체를 유지하기 위해서, 고객 만족보다 기업 내부의 효율성을 중시하게 되어 내부 프로세스를 조정하는 데 불필요한 자원을 낭비하는 경우가 많다. 또한 사소한 일을 처리하는 경우에도 많은 의사결정 단계를 거치기 때문에, 신속한 결정이 이루어지지 못하는 경우가 다반사이다. 이 외에도 수직적 조직에서는 개인이 자신의 능력을 충분히 발휘할 기회를 갖지 못할 가능성이 높고 부문간 정보 교류의 미비로 조직 전체의 목표를 망각하는 경우도 많이 발생하고 있다.

이와 같은 수직적 조직의 문제점을 극복하고 급변하는 환경에 신속하게 대응할 수 있는 새로운 조직개념인 수평형 조직이 최근 미국 기업들 사이에서 널리 활용되고 있다. 예컨대, 아메리칸 익스프레스, GE, 모토롤라, 포드, AT&T 등 미국의 대표적 기업들이 수평형 조직을 도입하여 좋은 성과를 내고 있다.

그림 8.8
수평형 조직의 개념

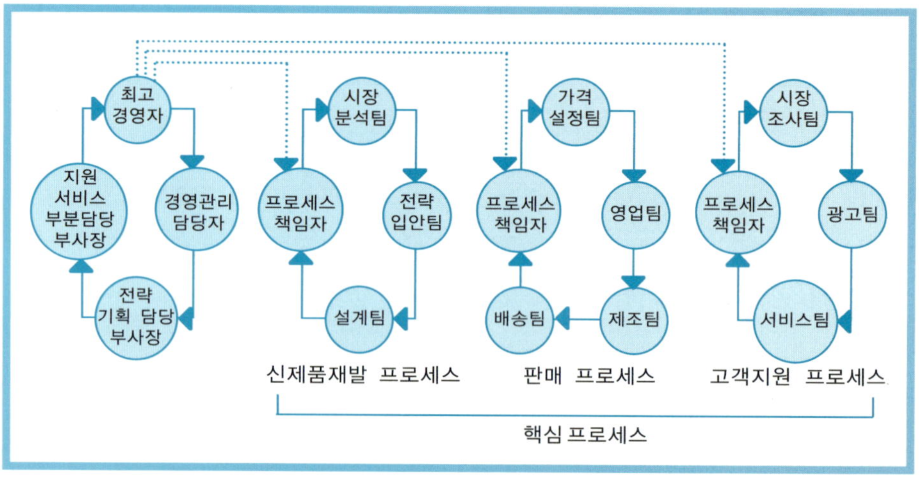

자료 : Business Week, 1993.12.20.

수평형 조직이란 한 마디로 피라미드식 계층 없이, 기업활동을 고객 관점에서 몇 개의 핵심 프로세스로 나누어 책임자의 지휘 아래 각 프로세스별로 팀 활동을 영위함으로써 업무를 수행하는 조직을 말한다.

<그림 8.8>은 수평형 조직의 개념을 예를 들어 설명한 것이다. 그림에 따르면 핵심 프로세스는 신제품 개발 프로세스, 판매 프로세스, 고객 지원 프로세스로 구성되며, 각각의 프로세스 책임자는 최고경영자가 임명한다. 그리고 이러한 시스

템을 운영하기 위해서 각 프로세스별로 전사 차원의 팀을 조직한다. 예를 들면 신제품 개발 프로세스의 경우 시장분석팀, 전략입안팀, 설계팀을 구성하여 프로세스 활동을 하고 있는 것을 알 수 있다.

그러나 완전한 수평형 조직으로 이행하기 위해서는 몇 가지 중간 단계를 거쳐야 한다. 이를테면 수평형 조직으로 진행하는 초기 단계에는 태스크포스팀의 형태로 나타날 수 있으며, 이것이 점차 발전하여 신제품 개발 프로세스 모두를 수행하는 다기능팀이 되고, 전사 차원으로 발전하면 마침내 완전한 수평형 조직이 될 수 있는 것이다.

수평형 조직 구축 시의 핵심 포인트는 크게 여섯 가지로 설명할 수 있다.

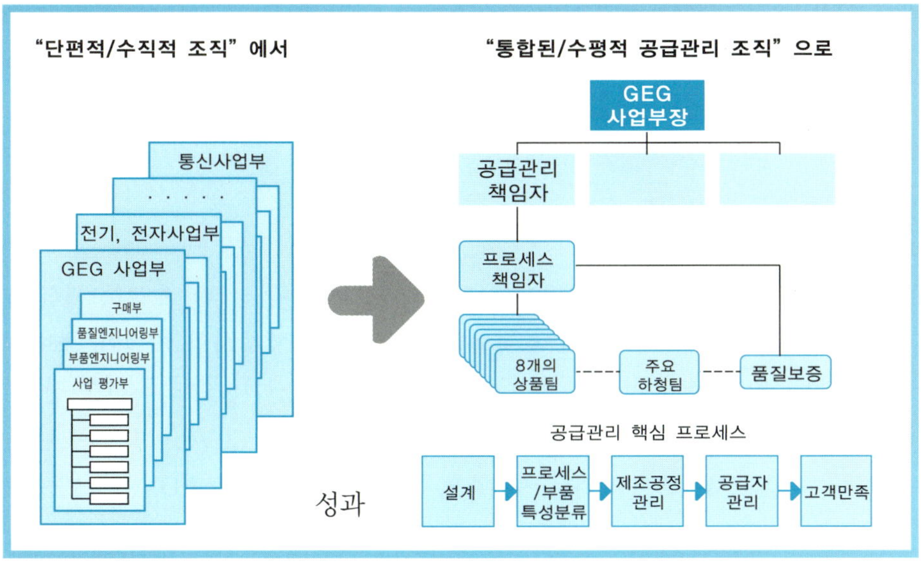

그림 8.9
모토롤라의 수평형 공급관리 조직

자료 : Motorola-GEG(Government Electronics Group)

- 업무를 기능 중심이 아닌 프로세스 중심으로 조직화하라. 조직의 업무를 고객 관점에서 정의하고 핵심 프로세스별로 조직화하여, 책임자를 임명하고 그가 모든 책임과 권한을 갖고 담당 프로세스를 운영하도록 한다. 예를 들면, 모토롤라의 GEG 사업부는 공급관리 부문을 설계, 프로세스/부품특성 분류, 제조공정 관리, 공급자 관리 등으로 핵심 프로세스를 나누어, 고객이 원하는 바를 가장 빠른 시간 내에 저비용으로 제공할 수 있도록 함으로써 고객만족 극대화에 기여하고 있다. 이러한 모토롤라 GEG 사업부의 수평적 공급관리 조직을 보면 <그림 8.9>와 같다.
- 계층을 최소화하라. 내부 운영 프로세스의 통제 및 관리로 인한 비효율을 줄

이기 위해, 단순 업무들은 결합하고 가치가 없는 작업은 제거하여 각 프로세스의 활동을 최소화한다.

- 핵심 프로세스를 운영하기 위해 팀 제도를 활용하라. 팀은 수평형 조직의 중요한 축이다. 프로세스 책임자들은 팀이 자율적으로 운영되게 함으로써 관리 및 통제의 역할을 최소화하고, 팀 스스로 측정 가능한 목표를 수립하게 한다.
- 고객만족을 성과의 측정기준으로 잡아라. 수익성보다는 고객만족이 성과 측정의 주요 요인이 되어야 한다. 왜냐하면 고객이 만족하면 기업에 자연스럽게 이익이 생길 것이고 주가도 오를 것이기 때문이다.
- 보상은 개인 단위가 아니라 팀 성과에 따라 하라. 개인 성과보다는 팀이 이룩한 성과를 높이 평가하는 방향으로 기업의 평가 및 보상시스템을 변화시킨다.
- 모든 조직구성원들을 교육시켜 스스로 의사결정하고 성과를 높이도록 동기를 부여하라. 프로세스 책임자는 팀원에게 완전한 해결책을 제공하지 말고 데이터만을 제공하여, 팀원이 스스로 해결책을 찾도록 동기를 부여시킨다.

가상기업 형태의 조직

과거 기업들은 지속적인 경쟁우위를 확보하기 위해 기업경영상의 모든 핵심 분야에서 절대우위를 차지하려고 노력해왔다. 그러나 글로벌화의 가속화, 소비자 요구의 다양화, 업종간 경계를 초월한 빠른 기술혁신, 신기술의 급속한 확산 등 급변하는 경영환경 속에서 기업들은 과거와는 다른 새로운 경영논리를 추구해 가고 있다. 나날이 치열해져만 가는 경영환경 하에서 한 기업이 R&D, 생산, 마케팅 등 비즈니스 시스템 상의 모든 분야에서 경쟁력을 확보, 유지하기란 불가능하기 때문이다. 이러한 경영환경의 변화와 더불어 최근에 새로이 등장하고 있는 조직 형태가 바로 가상기업 형태의 조직이다. <그림 8.10>은 경영환경의 변화와 이에 따른 조직형태의 변화 과정을 나타낸 것이다.

얼마 전까지만 해도 이러한 가상기업 개념은 몇몇 비즈니스 이론가들의 상상 속에서만 존재하는 것으로 알려져 왔다. 하지만 최근에 컨텐츠를 다루는 서비스업에서 가상기업의 성과와 효과성을 인정받기 시작했다. 일례로, 영화제작이나 건설 등 몇몇 분야의 기업들은 특정 프로젝트를 위해 수년 동안 협력하다 해당 프로젝트가 완료되면 해체되는 가상기업과 같은 행태를 취해왔다. 여기서 가상기업이란 디자인업체, 공급업체, 생산업체, 유통업체, 심지어는 경쟁업체 등과 같은 독립적인 기업들이 전략적 제휴나 합작관계를 통해 형성하는 기업 네트워크로서, 주로 특정 목적을 달성한 후에 해체되는 한시적 기업형태이다.

	과거 ——————→ 미래
환 경	Stable Dynamic ——→ Unstable, (가변성, 신속성)
조직형태	수직 계열화 내부화 ——→ 제 휴 ——→ 가상기업

그림 8.10
경영환경의 변화에 따른 조직 형태의 변화

순수한 의미에서의 가상기업은 비용과 핵심기술을 공유하는 등 각 기업의 최강점을 접합시켜 이의 상승효과까지 도모함으로써, 단일기업으로는 얻을 수 없는 최고의 성과 창출을 추구한다. 이러한 가상기업은 기업조직이 거대하고 복잡해지면 환경변화에 대한 신속한 대응이 어렵고, 반대로 소규모 기업일 경우에는 자원부족 등으로 인해 효과적 사업 추진이 어렵다는 기존의 한계를 극복하고자 하는 데서부터 출발한다. 따라서 가상기업은 환경 및 고객의 욕구변화에 대한 적응력이 뛰어나면서도 외부자원을 효과적으로 활용할 수 있는 유연한 조직형태를 취하게 된다. 즉, 가상기업은 정보기술에 의해 연결된 조직으로서 자체의 독자적인 사무실이나 조직, 직급체계가 없고, 수시로 그 모습을 변경할 수 있는 미래의 기업형태이다.

한편, 가상기업 전 단계의 조직형태로는 모듈기업이 있다. 모듈기업이란 사내에 생산공장을 거의 가지고 있지 않거나 가능한 한 최소한의 시설만을 보유하면서, 각 부품을 사외의 조달 업체들로부터 전달받아 최종제품을 출시하는 조직형태를 말한다. 이렇게 볼 때 가상기업은 모듈기업보다 한층 더 발전된 형태의 조직개념이다.

<그림 8.11>은 전통적 조직에서부터 모듈기업 및 가상기업에 이르기까지 조직형태의 변화 모습을 나타낸 것이다. 그림에서 나타난 바와 같이 가상기업 형태의 조직은 타조직에 비해 매우 동적인 네트워크(dynamic network)를 구축하고 있음을 알 수 있다.

오늘날에는 이러한 가상기업의 형태가 기업 규모에 관계없이 여러 분야에서 나타나고 있는데, 특히 기술혁신 속도가 빠른 전기전자 부문에서 신기술 습득과 신시장 조기 진출을 목적으로 도입, 실행되고 있다. 예를 들어 파워북이란 노트북 컴퓨터를 개발한 애플컴퓨터는 생산라인 부족 문제를 해결하기 위해 소니와 제휴를 맺었다. 이것은 애플컴퓨터의 사용이 편리한 소프트웨어와 소니의 소형화 기술을 결합한 것으로, 애플컴퓨터는 소니가 생산한 10만여 개의 제품을 판매한 1

그림 8.11
조직 형태의 변화

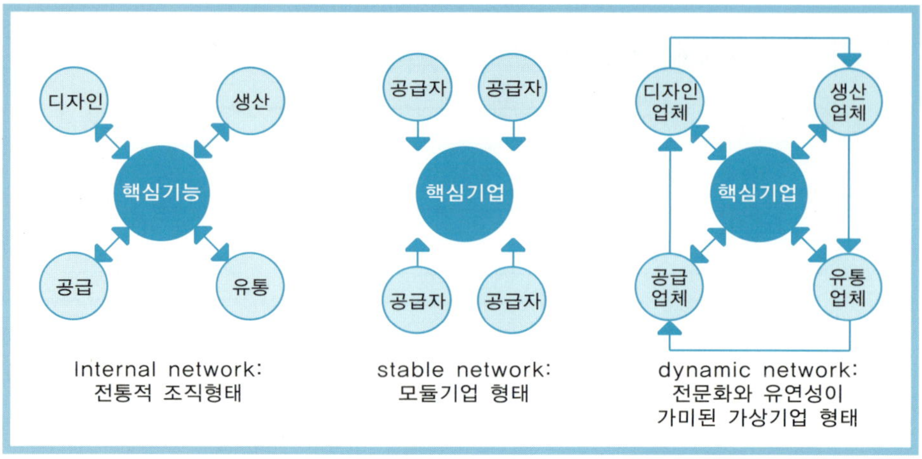

년 후 계약을 종료했다. 애플컴퓨터는 이렇게 가상기업의 개념을 도입, 실행함으로써 경쟁사인 DEC의 4배, IBM의 2배에 해당하는 종업원 1인당 44만 달러의 높은 수익을 향유했다.

통신회사인 MCI도 고객에게 포괄적인 통신서비스를 제공하기 위해 100여 개사와 제휴했고, 현재 연간 3억 달러 내지 5억 달러의 부수적 비용절감 효과까지 누리고 있다. MCI의 제휴전략 목적은 정보통신 장비를 만드는 협력회사의 강점과 자사의 핵심역량인 네트워크 통합 및 소프트웨어 개발력을 결합하여 통합적인 시스템 경쟁력을 제고하는 데 있다.

이와 유사한 사례로 중소기업인 텔레패드사도 수십 개 협력 및 공급업체와 제휴를 맺어 펜입력 컴퓨터의 생산, 판매를 시도하고 있다. 텔레패드사의 경우 펜입력 컴퓨터 개발 당시 인텔의 엔지니어링팀과 가상기업을 조직함으로써 자신의 능력으로 5개월가량 소요되리라 예상되었던 문제를 단 1주일만에 해결했다.

한편, 우리나라에도 전형적인 가상기업 형태의 조직이 등장했다. 5개 패션기획 전문업체 사장이 모여 설립한 패션 · 의류 종합 컨설팅회사 그루피아, 이 회사는 이름만 있을 뿐 별도의 건물이나 상근 직원 없이 가상기업 구성회사의 사무실을 연락처로 활용하고 있다. 그리고 가상기업의 5개 구성회사 사장들은 매주 한 차례 회의를 갖는 것 외에는 각자 자신의 업무만을 수행한다. 그러나 고객으로부터 컨설팅 의뢰가 들어오면 가상기업인 그루피아의 실체가 드러나게 되고, 전문 영역별로 각 사의 역량을 결집하여 최상의 대고객 서비스를 제공하게 되는 것이다.

<그림 8.12>는 지금까지 설명한 그루피아라는 가상기업 형태의 조직을 나타낸 것이다. 가상기업은 역량의 신속한 결집과 유연성 확보라는 강점이 있는 반면, 협력자에 대한 통제력 상실과 기술 및 노하우 유출이라는 위험도 동시에 내포하고

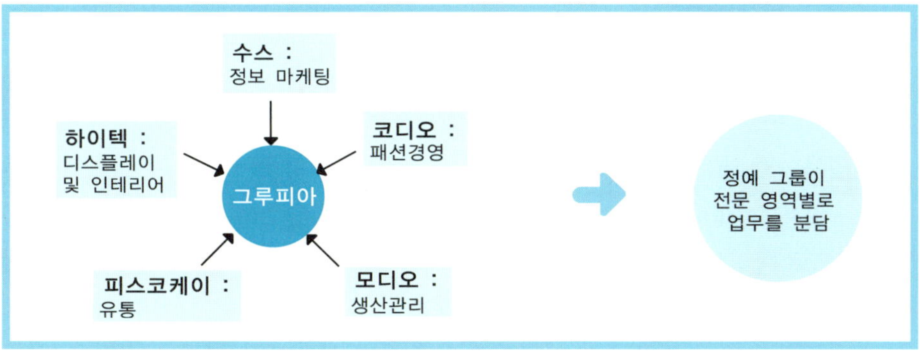

그림 8.12
가상기업 형태의 조직 : 그루피아

있다.

한 예로 IBM은 과거 PC시장에 신속히 진출하기 위해 마이크로 프로세서 분야에서는 인텔과, 응용 소프트웨어 분야에서는 마이크로소프트와 각각 제휴하는 등 핵심기술 분야에서 가상기업을 구성했다. 처음에는 이러한 전례 없는 결정으로 많은 기업가들로부터 찬사를 받았으나, 결국은 IBM 자신이 제휴업자를 포함한 시장을 통제할 수 없게 됨으로써 가상기업의 이점을 살리지 못한 채 실패하고 말았다.

따라서 최고의 적응력과 유연성 및 시너지 창출을 자랑하는 가상기업에 내재된 이러한 위험을 제거하고 그 효과를 충분히 향유하기 위해서는, 다음 몇 가지 요소에 특별히 관심을 기울여야 한다.

첫째, 훌륭한 파트너의 선정이다. 가상기업 성공의 핵심은 이를 구성하고 있는 기업들이 각자의 역량을 결집시켜 창출해내는 상승된 경쟁력이다. 따라서 신뢰할 수 있고 최상의 기능과 제품, 서비스를 제공할 수 있는 훌륭한 파트너의 선정이야말로 가상기업 성공의 가장 중요한 요소이다.

애플과 텔레패드는 각각 소니와 인텔이라는 훌륭한 파트너와 제휴함으로써 큰 성공을 거두었지만, 반대로 인텔 자신은 파트너 선정에 실패하여 곤경에 처하기도 했다. 인텔은 플래시메모리 분야에서 주도권을 잡기 위해 샤프 및 NMB와 제휴했으나, NMB의 생산라인 미비로 인해 시장점유율이 한 해 동안 무려 20%나 하락했던 것이다.

둘째, 가상기업의 구성목적을 명확히 해야 한다. 가상기업을 통해 무엇을 얻고자 하는가를 사전에 명확히 해야 하며, 동시에 조직의 운영규칙, 이익분배, 손실분담 등에 대한 사항도 분명히 해둘 필요가 있다.

위에서 본 바와 같이 기업은 그 성장 과정에서 여러 가지 형태로 조직구조를 설계하고 변경할 수 있으나 완벽하고도 이상적인 조직의 설계란 있을 수 없다. 또한 전략과 조직을 연결시키는 보편 타당한 규칙 역시 존재하지 않아 비슷한 전략을 채택한 두 기업이 전혀 다른 조직구조를 갖추는 경우도 있는 것이다. 이것은 각 기업마다 외부적인 상황이 서로 틀릴 뿐만 아니라, 오랜 세월에 걸쳐 형성된 특유의 기업문화와 내부 권력구조 그리고 성공 여건 내지 강점이 다르다는 점에서 그 원인을 찾을 수 있다.

그러므로 이러한 전제를 충분히 염두에 두지 않고서는 새로운 조직구조의 설계나 기존조직의 변경이 반드시 기대하는 효과를 가져온다고 보장할 수 없으며, 오히려 경우에 따라서는 적지 않은 부작용을 초래할 수도 있는 것이다.

따라서 전략에 부합되는 조직의 설계 내지 변경만을 유일한 처방 혹은 만병통치약으로 과신하거나, 이상적인 조직과 기업 여건에 맞는 올바른 조직을 혼동하여 지나치게 이론과 원리에 치중하여 혁신적으로 조직을 변경하는 등의 잘못을 저질러서는 안 된다. 기업의 성장 단계와 전략에 부합하는 보편적 조직형태에 대한 이론과 해당 기업 고유의 외부 상황, 내부 여건에 대한 분석 결과를 동시에 고려하여, 그 기업에 가장 알맞은 조직 유형을 찾아내는 노력이 필요한 것이다.

| 요약 | Summary

- 전략과 조직의 관계에 대한 연구의 대부분은 챈들러(Chandler)가 미국 기업의 발전사를 70개 기업에 대한 연구를 통해 제시한 '조직의 구조는 전략을 따른다(The structure follows strategy)' 라는 가설의 영향을 받아 이루어졌음
- 한 기업이 지속적으로 성장하고 존속하기 위해서는 조직이 변화하는 환경과 전략뿐 아니라 조직의 수명주기에도 부합되도록 설계되어야 함
- 기업조직 변화에 대한 역사적 고찰을 토대로 보면 조직에는 기업가형 조직, 중앙집권적 기능별 조직, 사업부 조직, 전략 사업단위, 매트릭스 조직 등 다섯 가지 대표적인 조직유형이 있고, 최근에는 수평형 조직과 가상기업 형태의 조직이 등장함

CHAPTER 9

전략 실행의 고려사항: 기업문화

오늘날처럼 기업을 둘러싼 환경 변화가 극심한 상황에서 기업경영자는 그러한 환경 변화를 기회로 삼을 수 있도록 적절한 전략을 추구해야 된다. 그러나 이에 앞서 전략의 실행 주체인 조직 구성원의 중요성을 인식해야 한다. 아무리 훌륭한 전략에 입각하여 조직의 변화를 시도한다 할지라도 그것이 반드시 목표한 것만큼 성과로 연결되는 것은 아니다. 조직구성원들이 전략실행을 위해 적절한 가치체계와 행동양식을 공유하고 있을 때 비로소 전략실행의 효과와 효율이 더욱 높아질 수 있는 것이다.

기업문화는 기업 전략에 고유한 특징적 요소를 부여할 수 있는 요소이다. 전략에 대한 일반적인 내용은 이미 널리 제시되어 있다. 이렇게 일반적으로 제시되어 있는 전략 대안들을 보다 기업 특유의 전략으로 승화시킬 수 있는 요소 중 하나가 기업문화이다. 예를 들어 오늘날 급속한 변화의 시대에 맞게 조직 구성원들이 지속적인 변화의 필요성을 인식하고 각자가 항상 혁신적인 업무 개선을 추구하는 기업문화를 만들어 낸다면, 그 기업은 향후 시장에서 다양한 전략을 수립하고 시행하는 데 있어 조직구성원들의 적극적인 참여와 지원을 얻을 수 있을 것이다. 이는 효율적인 전략실행으로 연결될 가능성이 높다. 본 장에서는 전략 실행에 있어 기업문화가 차지하는 위치와 구성요소 및 기존문화의 변화 필요성을 다루고자 한다.

기업문화란?

경영학자 피터 드러커는 기업이 지속적으로 추진해야 하는 과제로, 사람들에게 공동의 목표와 가치, 그리고 올바른 조직구조와 계속적인 학습 및 계발의 가능성을 주면서 그들로 하여금 집단의 성과를 올리게 하는 것을 꼽았다

조직 구성원들이 자신의 업무를 수행하면서, 소속된 기업의 공동 목표와 가치를 실현하기 위한 행동을 취해야 하는 것은 당연하다. 그러나 이러한 행동을 위해 언제나 문서화된 강령과 업무처리 프로세스를 보면서 업무를 수행하지는 않는다. 누가 강요하지 않아도 조직의 구성원들은 고유의 공유된 문화를 기반으로 업무를 진행하고 있다. 기업문화는 정서적으로 공유된 일종의 집단적 사고방식, 가치체계이다. 이의 형성에 바탕이 되는 것은 기업이 가진 목표, 방향성, 비전 등이다. 덧붙여 기업문화는 일정하게 고정된 가치체계가 아니며, 동태적인 성향을 갖고 있다. 기업이 외부환경과 지속적인 관계를 유지하는 과정에서 만들어지고 변화하는 성향을 갖고 있는 것이다. 이러한 성향을 통해 우리는 기업문화를 한 기업에 속한 구성원들이 기업 외부의 환경을 받아들여 장기간에 걸쳐서 시행착오를 거쳐 형성한 공동의 가치관이다.

다시 말해 기업문화란 기업에게 주어진 외부환경 속에서 오랜 시간의 경험을 통해 형성된 기업 나름대로의 특성이 조직구성원들에 의해 공유됨으로써 형성된 일종의 집단적 가치체계이다. 사람들이 각자 개성을 지니고 있듯 기업에도 기업 나름의 독특한 특성이 '문화'의 형태로 존재하는 것이다. 따라서 개인의 능력과 가능성을 판단하는 데 있어 개인의 특성이 중요하듯, 기업의 능력과 가능성을 판단하는 데 있어서도 기업문화가 중요한 요소의 하나이며, 이의 효과적인 활용이 기업경쟁력에 많은 영향을 미치는 것이다.

기업문화의 전략적 의미

기업경쟁력을 설명하는 요소

앞서 설명한 기업문화의 중요성은 미국 기업들의 경쟁우위가 1980년대 일본 기업들에게 추월당하게 되자, 이에 대한 적극적인 연구가 이루어지면서 대두되었다. 미국 경영학자들은 일본 기업의 경쟁우위는 미국 기업과 다른 독특한 '기업문화'에 기인한다는 연구 결과를 얻었으며, 이로 인해 기업문화가 경쟁우위의 요소

로서 전략적 의미를 갖게 된 것이다.

미국은 두 차례에 걸친 세계대전을 치르면서 세계경제사의 명실상부한 주역으로 등장하여 막강한 영향력을 행사해왔지만, 1960년대의 월남전 개입과 70년대의 석유위기 등 여러 가지 시련으로 특히 경제 면에서 시련을 겪게 되었다. 즉, 1950년대와 60년대에 세계경제를 완전히 장악했던 미국은, 70년대 두 가지 문제점에 의해서 점차 그 영향력을 잃어가기 시작했다. 이러한 추세가 1980년대로 계속 이어져 결국 미국은 세계 최대의 채무국으로 그 경쟁력을 상실하게 된 것이다.

이처럼 미국 경제가 대외경쟁력을 잃게 되자 1970년대에 들어서 미국 경제계에서는 이의 극복을 위해 원인분석을 시작했다. 그 결과 크게 두 가지의 해결방안이 제시되었는데, 하나는 일본을 필두로 한 대미 교역국들의 불공정한 무역관행을 해결하는 것이었다. 그리고 다른 하나는 경쟁력 확보였다. 지금까지 미국이 유지해왔던 기업경영 방식에서 벗어나, 새로운 이론에 입각한 기업경영을 통해 잃어버린 대외경쟁력을 회복하는 것이었다. 이에 따라 새로운 경영이론들이 제시되기 시작했는데, 그중 가장 두드러진 것이 기업문화 개념이다.

이는 미국식 경영에 충실한 미국 기업들에 비해 독특한 경영방식을 지닌 일본 기업들이 보다 우월한 성과를 보이자, 일본 기업들을 연구하여 일본식 경영의 장점을 배우려는 학자들에 의해 어렴풋이 도입되기 시작했다. 오우치(William Ouchi)의 'Z이론(Theory Z)' 이나 파스칼과 에이토스(Pascale & Athos)의 '일본식 경영기법(The Art of Japanese Management)' 등은 일본 기업들의 강점이 구성원들의 일체감, 협동심에 기인한다는 주장과 함께, 미국의 기업들도 이러한 일본식 경영의 강점을 활용해야 한다는 비교문화적 접근방식에 따라 기업문화의 개념을 제시한 것이다.

그러나 일본의 독특한 문화적 특성에 기인한 일본식 경영방식을 역사와 상황이 다른 미국 기업에 그대로 적용시킬 수는 없었으므로, 이러한 요구는 미국 기업과 일본 기업의 차이점을 부각시키는 데 그쳤을 뿐 미국 기업경영의 개선방안을 제시하지는 못했다.

이렇게 되자 미국 기업경영자들 사이에는 새로운 대안이 모색되었는데 그것은 바로 스스로의 강점을 더욱 강화시키는 방법이었다. 즉, 미국 기업 중 많은 수가 일본 등 해외 기업에 비해 경쟁력을 잃기는 했으나 몇몇 미국 기업들은 경쟁력을 그대로 유지했을 뿐 아니라 오히려 영향력을 더 확대했음에 착안하여, 미국식 경영방식에서 초우량 기업이 갖는 공통적 강점이 무엇인지를 연구하기 시작했고, 그 결과 피터즈와 워터만(Peters & Waterman)이 『초우량 기업의 조건(In

Search of Excellence)』이라는 저서를 통해 미국내 우량기업들의 강점을 일곱 가지 정도로 요약, 제시했다.

초우량 기업의 강점이란 단순히 기업이 갖고 있는 기술과 인력의 차별적 우위가 아니라, 변화하는 환경에 탁월하게 적응하는 기업문화를 의미한다. 이와 동시에 이들과 맥락을 같이하는 몇 가지 연구업적들에 의해 기업문화의 개념이 미국 경영계에 널리 알려지게 되었다. 이에 따라 최근 미국 경영계에서는 1970년대부터 유행한 PPM(Product Portfolio Management: 제품 포트폴리오 관리) 기반의 정책결정과정에 대한 관심이 퇴조하고, 어떤 정책이건 간에 이를 수용하는 기업문화의 건전한 발전이 기업경쟁력의 관건이라는 인식이 보편화되었다.

기업문화가 지속적 경쟁우위의 원천으로 작용하기 위해서는 다음 세 가지 조건을 충족해야 한다.[1]

첫째, 기업문화는 기업이 경영활동을 효율적으로 수행하고 경제적 가치(value)를 창조하는 데 기여할 수 있어야 한다. 이 조건은 차별적 경쟁우위 창출뿐만 아니라 통상의 경제적 이익을 향유하기 위해서도 요구되는 최소한의 필요조건이다.

둘째, 희소성(rare)이 있어야 한다. 한 기업의 문화는 타 기업과 차별적인 속성을 지녀야 한다. 만약 많은 기업들이 유사한 기업문화를 보유하고 있어 동일한 방식으로 행동하고 경쟁한다면, 어느 기업도 문화로부터 초과이익을 향유할 수 없을 것이기 때문이다.

셋째, 모방의 곤란성(inimitable)이 있어야 한다. 기업문화는 타 기업이 쉽게 모방할 수 없어야 한다. 비록 가치를 창조하는 기업문화라도 경쟁기업이 언제든지 모방 가능하다면 지속적 경쟁우위를 창출할 수 없기 때문이다.

이러한 조건을 충족한 기업문화는 <그림 9.1>에서 볼 수 있듯 기업환경 변화에 따라 기존의 전략을 수정하여 새로운 전략을 수립했을 경우, 수정된 전략이 기업문화 안에서 적절하게 적응할 수 있도록 유도하며, 결과적으로 경영 성과의 향상을 기대할 수 있다.

따라서 기업의 경영자가 기업환경의 변화를 끊임없이 주시하고 이를 기업전략에 능동적으로 반영하는 한편, 새로운 전략에 적합한 기업 특유의 차별적인 기업문화를 형성했을 때, 기업의 경영성과를 원하는 수준으로 끌어올릴 수 있을 것이다.

그림 9.1
기업환경이 경영성과에 미치는 과정

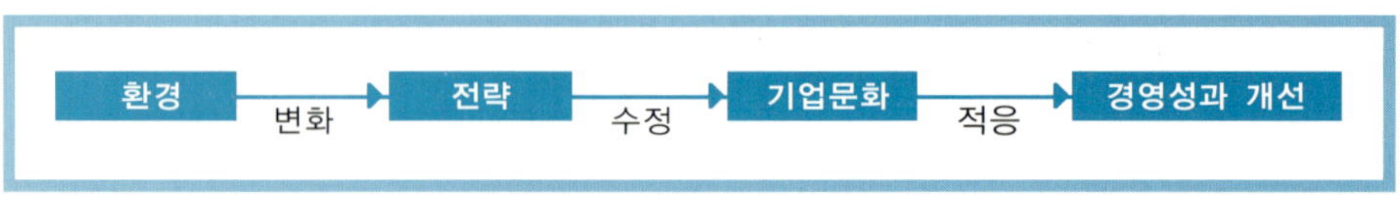

기업문화 형성의 영향 요인[2]

기업문화는 기업체가 주어진 환경 하에서 자체의 목적달성을 추구하는 과정에서 형성된다. 기업체는 사회를 구성하는 여러 조직 가운데 하나이며 다양한 산업 속에서 특정 사업을 운영하는 것이기 때문에, 기업문화는 그 전체에 해당하는 사회와 산업이라는 외적 환경으로부터 영향을 받는다. 그리고 주어진 환경하에서 기업의 목적을 달성하는 과정에서, 기업문화는 최고경영자가 가진 이념과 전략 등 기업 내적 환경으로부터도 많은 영향을 받게 된다.

사회문화와 산업문화의 영향

사회문화가 기업구성원의 가치관과 행동에 영향을 준다는 것은 자명하다. 사회문화와 기업문화 간의 관계는 비교문화 관점에서 사회문화적 가치(cultural value)를 중심으로 많이 연구되어 왔다. 특히 홉스테드(G. Hofstede)의 연구는 개인-집단중심성(individualism-collectivism)과 권력중심성(power distance) 그리고 불확실성 회피성(uncertainty avoidance)과 남성-여성중심성(masculinity-femininity)으로 대표되는 사회문화적 특성이 기업의 목적과 조직구조, 그리고 경영방침과 리더십 행동 등 기업문화 특성과 어떻게 밀접한 관계를 맺고 있는지를 설명해준다.[3]

사회문화적으로 개인중심성이 높고 권력중심성이 낮은 미국 기업에서는 구성원의 자아실현과 능력주의, 그리고 부하중심적 리더십과 참여적 경영이 강조된다. 반면 집단중심성과 권력중심성이 높은 우리나라 기업에서는 자아실현보다는 특정 집단에 대한 복종심과 권위적 · 전제적 리더십, 그리고 체면(face saving)이 중요한 행동요인으로 작용한다. 그리고 불확실성 회피성이 낮은 미국 기업에서는 변화에 따른 위험부담을 구성원 자신의 능력으로 수용하는 반면, 불확실성 회피성이 높은 우리나라 기업에서는 종신고용 제도와 연공서열 제도로 구성원의 안정을 보장해준다. 또한 여성중심성이 강한 일부 유럽국가(스웨덴, 덴마크, 핀란드 등)의 기업구성원들은 직장생활의 질(quality of work life)을 중요시하는 반면, 남성중심성이 비교적 강한 우리나라나 일본의 기업구성원들은 성취동기가 강하고 양적 성장을 강조한다.

산업(industry) 역시 기업체가 속해 있는 상위시스템으로서 기업문화에 많은 영향을 준다. 제조업과 서비스업은 기술과 경영조직, 그리고 조직행동에 있어서 서로 본질적으로 다르고, 제조업 중에서도 섬유, 전자, 건설, 기계 등 산업 성격에 따라 조직과 문화가 각기 다르다. 산업문화(industry culture)는 근본적으로 제품과 기술 그리고 산업구조와 체계(시장경쟁, 업자들간의 관계 등)에 따라 그 성격을 달리하며, 따라서 산업에 속해 있는 기업체들의 문화특성에도 많은 영향을 준다(<그림 9.2> 참조).

예를 들면, 반도체와 컴퓨터 등의 첨단기술산업은 고도의 기술과 자본투입, 그리고 연구개발과 창의성 및 도전성을 요구하는 반면, 자동차와 전기 · 전자 등의 조립산업은 고도의 기계화와 산업능률을 요구한다. 또한 성장 초기(반도체, 정보통신)의 산업은 시장 개척적이고 성장 지향적인 반면, 성숙기나 쇠퇴기의 산업은 비교적 보수적이고 방어적인 특성을 보인다.

그림 9.2
기업문화의 영향 요인

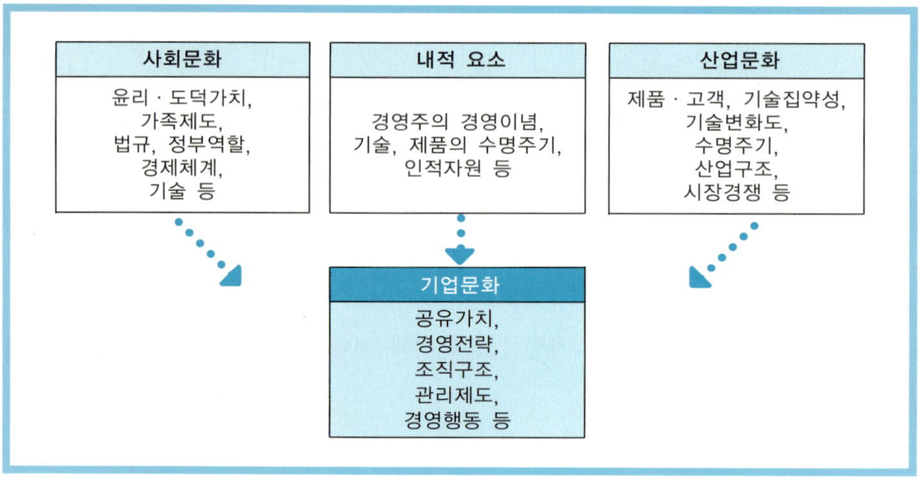

▌기업체의 내적 영향 요인

사회와 산업은 기업체의 상위시스템이자 외부환경요소로서, 그 문화적 특성은 일반적인 수준에서 기업문화에 영향을 끼친다. 이에 비해 기업체의 환경요소는 자체의 독특한 기업문화 형성에 결정적인 영향을 준다. 이러한 기업문화에 영향을 주는 내적 환경요소로는 기업의 창업자와 핵심인물, 기술과 인적 자원, 그리고 제품의 수명주기를 들 수 있다. 기업문화는 근본적으로 구성원들이 공유한 가치인 만큼 기업체가 무엇을 어떻게 공유가치로 개발할 것인지는 창업자나 경영주, 그들의 측근자 등 기업체의 핵심인물이 가진 이념과 욕구동기에 달려있다. IBM의 고객서비스, 마쓰시타 전기산업의 마쓰시타 정신, HP의 배회관리(MBWA), GE의 통합된 다양성 등은 모두 이들 기업의 창업자나 경영주의 경영이념을 공유가치화한 대표적인 예다. 우리나라에서도 1990년대 삼성의 질경영, LG의 고객을 위한 가치창조, 선경의 패기, 쌍용의 100년사 창조 등의 예가 있다. 2000년대 들어서 삼성은 글로벌 전사체계를 밝히면서 인재경영에 주안점을 두었고, LG는 다른 기업과의 조합을 중시하는 인화주의, 두산은 업종을 변화시키면서까지 글로벌화를 강조하고 있다.

기술(technology)은 기업체가 입력자원을 출력자원으로 전환시키는 데 사용하는 물리적 기계·설비와 도구, 그리고 구성원들의 지식과 기술(skill) 등을 모두 포함하는 것으로서, 구성원들의 사고방식과 행동에 영향을 준다. 특히 생산기술과 정보기술은 경영의 능률과 성과에 큰 영향을 주는 경영자원이며, 기술의 성격과 수준에 따라 구성원들의 전문성과 다양성, 가치관과 행동 경향, 그리고 조직구조와 관리시스템에 영향을 미치고 기업문화 형성에 기여한다.

기업의 성숙도와 기업문화

기업체가 창업기, 성장기 그리고 성숙기와 쇠퇴기의 어느 단계에 있느냐에 따라 기업문화도 상이한 특성을 나타낸다.

창업기와 성장 초기에는 창업자나 그 측근의 경영 이념을 중심으로 생존경쟁을 해 나가는 과정에서 기업문화가 형성된다. 따라서 주로 사회화(socialization)과정을 통해 이루어지는 창업자 중심의 뚜렷하고 통합적이며 강한 기업문화가 이 단계의 특징으로 나타난다.

성장 중기에는 신제품 개발, 새로운 시장의 개척, 기업의 국제화, 사업의 다각화, 기업의 인수·합병 등을 통한 계속적인 성장 속에서 기업규모는 대형화되고 경영은 극도로 복잡해진다. 그리하여 창업자 중심의 통합된 기업문화를 유지하기가 점점 어려워지고, 오히려 사업과 기능, 그리고 지역에 적합한 다양한 하위문화(subculture)의 압력이 점차 커진다. 따라서 다양한 하위문화와 함께 전체적으로 조화되고 일관성 있는 통합적 기업문화를 개발하는 것이 중요한 과제로 부각된다.

성장률이 둔화되어 기업이 성숙기로 들어가게 되면, 조직이 침체되기 시작하면서 기업문화에 문제가 나타나는데, 일반적으로 성공적인 성장과정을 거쳐 온 기업에서는 기존문화에 대해 의문을 제기하지 않는 경향이 크다. 그리하여 기업문화 관점에서 가장 어려운 시기에 돌입하게 된다. 즉 구성원들은 시장을 더 확장할 수 없다고 느끼거나 기술개발도 한계에 도달했다고 느낌으로써 의욕과 동기를 상실한다. 또 새로운 시장전략이나 기술개발을 시도하더라도 상위 경영층의 지원이 부족하여 의욕이 그냥 소멸되어 버리기 십상이다. 더욱이 새로운 아이디어나 정보자료는 기존체제를 위협한다는 사고방식까지 나타나서 방어적이고 역기능적인 관료화의 경향이 나타난다. 따라서 폐쇄적이고 권위적이며 방어적이고 내향적인 기업문화가 형성되기 시작하고, 이러한 경향은 기업이 쇠퇴기에 들어서 더욱 심해진다. 따라서 성숙기나 쇠퇴기에서는 강하게 뿌리내린 기존문화에서 탈피해, 적극적이고 도전적이며 개방적이고 외향적인 기업문화를 개발하는 것이 큰 과제로 제기된다.

성숙기와 쇠퇴기에 기업 재생을 위한 새로운 기업문화를 개발하는 것은 기업 수명주기의 다른 어느 단계보다도 어렵다. 따라서 최고경영층의 강력한 리더십과 획기적인 조직구조 및 경영체계의 개혁, 그리고 적극적인 조직개발활동이 요구된다.

지금까지 설명한 기업체의 성숙 정도와 기업문화 특성을 정리하면 <표 9.1>과 같다.

표 9.1
기업체의 성숙도와 기업문화 특성

성숙단계	기업문화	기업문화 개발, 변화방법
창업기 성장 초기	• 창업자 중심 • 구성원들의 통합적 기업문화 • 강한 기업문화	• 창업자의 적극 개입 • 사회화 과정
성장 중기	• 사업별, 기능별, 지역별 다양한 하위문화 • 하위문화 중심의 통합적 기업문화 • 환경변화에 대한 적응적 기업문화	• 계획적 조직개발 • 구성원들의 참여
성숙기 쇠퇴기	• 구성원들의 의욕, 동기, 자신감 저하 • 권위적, 관료적, 폐쇄적, 내향적 기업문화 • 환경변화에 무감각, 무관심	• 계획적 조직개발 • 획기적, 강압적 전환방법

구성요소

기업문화를 보다 구체적으로 이해하기 위해서는 기업문화의 구성 내용을 살펴볼 필요가 있다. 피터즈와 워터만은 기업문화의 구성요소로 공유가치, 전략, 구조, 제도 및 절차, 구성원, 관리기술, 그리고 행동 및 관리스타일 등 일곱 가지(7S)를 제시했다(<그림 9.3> 참조).

이들은 이중에서 공유가치(shared value)가 가장 중요한 역할을 수행한다고 보고 있다. 일곱 가지 요소 중 공유가치는 다른 요소들을 연결시켜 주는 핵심적인 요소로서, 문자 그대로 기업의 구성원들이 공동으로 소유하는 기본 가치관과 이념을 의미한다.

예컨대 미국 기업의 경우, 컴퓨터의 대명사 IBM은 고객 서비스, 5만여 개의 제품을 생산하는 3M은 창의성, 그리고 스낵 음식의 선도자 맥도날드 햄버거는 품

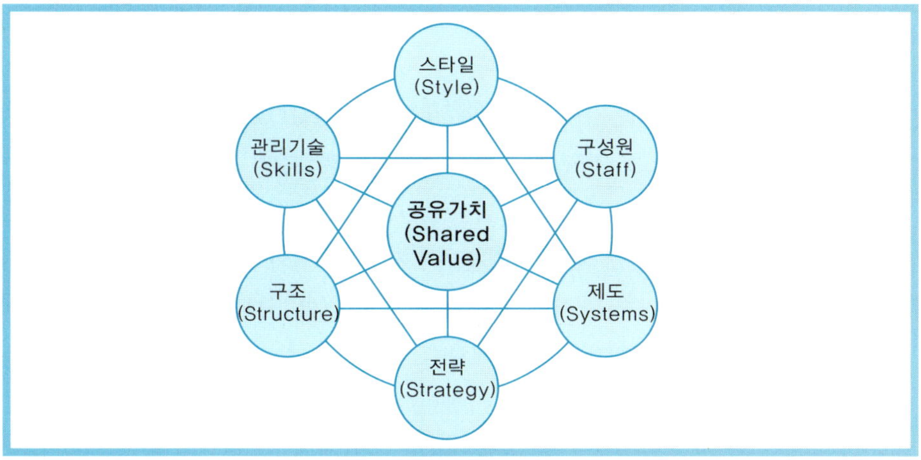

그림 9.3
기업문화의 구성요소

질과 서비스 및 청결을 그들의 공유가치로 하고 이를 중심으로 독자적인 기업문화를 구축하고 있다.

일본의 경우에도 제각기 공유가치를 지닌 여러 기업들이 있으며, 그중에서도 혼다와 마쓰시타는 서로 대조적인 성격의 공유가치를 바탕으로 그들 나름의 기업문화를 구축하고 발전시켜 온 것으로 유명하다. 즉, 혼다는 인간의 개성과 자유, 그리고 창의성을 최대의 가치로 강조한다는 혼다이즘(Hondaism)을 공유가치로 삼고, 이를 중심으로 자율적, 참여적 경영을 표방해 온 반면, 마쓰시타는 사회봉사와 화친협력에 입각한 오사카 상인정신을 중심으로 철저한 관리제도를 통해 세계 제일의 전자기기회사를 만들었던 것이다. 이에 따라 혼다의 경우는 사원들이 청바지에 티셔츠 차림으로 출근하는 등 자유롭고 형식을 떠난 기업분위기를 형성시킨 데 반해, 마쓰시타는 '마쓰시타 교도' 라고까지 불리는 구성원들의 신도적 태도와 질서정연한 조직분위기를 형성했다.

우리나라에서 혼다와 마쓰시타 기업문화에 비견될 만한 예를 현대그룹과 삼성그룹에서 찾을 수 있다. 작업복을 입고 단발에 검소하고 뚝심있는 인상으로 '하면 된다(Can Do Spirit)' 는 현대그룹의 '행동주의' 와 정장에 단정한 머리, 말쑥한 인상으로 완벽에 도전하는 삼성그룹의 '제일주의' 는 좋은 비교가 된다.

기업문화의 두 번째 구성요소인 전략(strategy)은 기업의 장기방향과 기본성격을 지배하는 중요한 요소로서, 기업의 공유가치에 근간을 둔 상위목적의 달성을 위해 기업운영의 틀을 제공해준다.

세 번째 요소인 구조(structure)는 전략을 수행하는 데 필요한 조직의 형태와 상호 연관관계를 뜻하며, 이는 기업성과의 중요한 원천이 된다.

네 번째 요소인 제도 및 절차(system)는 기업의 일상적 운영과 경영과정에 관련된 모든 제도와 절차 그리고 시스템을 말하며, 조직구조와 함께 구성원 행동과 경영성과에 영향을 미치는 요인이 된다.

다섯 번째 요소는 기업을 구성하고 있는 사람들(staff)이다. 이들 개개인의 특성은 공유가치와 기업문화 자체에 직접적인 영향을 미치게 된다.

여섯 번째 요소 스타일(style)은 기업구성원과 집단의 행동 스타일 및 리더십과 관리 스타일을 말하며, 이에 의해 기업분위기가 많은 변화를 보이게 된다.

기업문화의 구성요소 중 마지막 요소는 관리기술(skill)이다. 이는 기업구성원들이 지니고 있으면서 기업운영에 실제로 적용되고 있는 경영관리상의 능력요소로서, 구성원의 행동 · 관리 스타일과 더불어 기업의 경영행동에 직접적인 영향을 미친다.

환경변화와 기업문화의 변혁

7S라고 불리는 이들 요소는 공유가치를 중심으로 상호 간에 일관성과 관련성, 그리고 의존관계를 유지하면서 전체적인 기업문화와 기업 고유의 특성을 형성하고 있다. 따라서 기업경영자들은 자신이 속한 기업에서 이들 기업문화 구성요소의 특성과 변화 가능성을 파악하여 좀더 나은 방향으로 각 요소를 끌어나가야 하며, 그 과정에서 각 구성요소 간의 균형적인 발전과 상호 관련성에 대해 세심한 배려를 해야 한다.

그러나 기업 환경의 변화는 단순히 기업문화의 구성요소를 적절하게 관리하는 것만 요구하는 것은 아니다. 궁극적으로 공유가치의 변화를 요구하고 있으며, 이를 기반으로 구성요소의 전반적인 변화를 요구하고 있는 것이다. 기업문화의 변화관리가 요구되고 있는 시점이다. 기존의 기업문화는 전략 수립의 기반이 되었지만, 지금의 기업문화는 자사의 전략과 상호작용하면서 스스로 모습을 변화시켜야 한다. 즉, 조직구성원들이 변화에 대해 두려워하지 않고, 스스로 변화를 주도하는 변화지향형 기업문화를 기업 내부에 정착시켜야 하는 것이다.

오랫동안 현상유지에 경영의 초점을 맞춰온 기업들의 내부에는 관료적인 조직구조, 위험 회피성향, 파벌주의, 폐쇄적인 정보 공유 성향 등이 존재하게 된다. 이들은 원활한 의사소통과 정보 공유 등으로 표현되는 변화지향형 기업문화의 형성을 저해한다. 기업문화의 변화관리는 향후 기업의 생존을 위한 혁신적 전략의 수용에 영향을 미칠 수 있다는 점에서 반드시 필요하다.

특히 1980~90년대에 들어서 맞이하게 된 기업 내 · 외적 환경의 변화는 더 이상 구태의연한 방식의 기업경영이 적용될 수 없도록 만들었고, 더 나아가 기업문화의 혁신을 요구하게 되었다. 그 변화의 내용 중 중요한 몇 가지만을 살펴보면 다음과 같다.

먼저, 기업의 공유가치적 측면에서 볼 때 기업 내외의 환경변화는 기업이 더이상 이기적, 배타적 목적을 추구하지 못하도록 하는 동시에 사회적 책임을 인지하도록 적극적으로 요구하기 시작했다. 전략 면에서도 외형 제일주의를 지향하는 기업보다 바람직한 이미지를 구축하는 기업이 더욱 높이 평가되는 방향으로 일반사회의 인식이 전환되었다.

조직구조 면에서도 과거 소유경영자의 경영권 세습과 족벌경영이 당연시되던 사회적 인식이 아직 완전히 사라진 것은 아니지만, 여러 기업에서 점차 전문경영자가 기업의 주요 인물로 부각되기 시작했다. 이와 함께 혈연, 학연, 지연 등에 의한 배타적 인사관리제도도 능력 위주의 개방적 체제로 전환되기 시작했다.

또한 구성원 행동양식 및 관리 스타일에 있어서도 상급자의 독단적이며 권위지향적인 리더십보다는 조화와 협의에 의한 합리성 추구가 많은 기업에서 강조되기 시작했다. 하급자들도 상급자의 명령에 대한 절대복종보다 자신의 합리적 판단에 의거한 행동을 주장하게 되었다. 즉, 인간에 대한 충성보다 조직에 대한 구속의식이 구성원들의 행동양식을 지배하기 시작한 것이다.

이와 같은 일련의 움직임이 존재함에도 만일 경영자가 환경과 기업문화의 변화를 인식하지 못하고 기존의 가치체계와 행동양식에 입각한 경영 스타일을 고집한다면, 새로 형성된 기업문화는 기업의 목표달성 과정에 있어 조직구성원의 반발과 저항을 통해 제약조건으로 나타날 것이다. 하지만 그와 반대로 경영자가 자신의 경영 스타일을 새로운 기업문화에 맞춰 조정해 간다면, 조직구성원들이 이에 적극 동참하고 보조를 맞춰줌으로써 궁극적으로 훌륭한 성과를 이끌어낼 수 있게 될 것이다.

윤리적 기업문화의 도입

기업문화는 해당 기업이 창사이래 지속적으로 형성해온 고유한 가치관 또는 목표체계이다. 그러나 기업문화가 단지 기업 내부의 상황만을 고려하여 형성되어서는 안 되고, 외부 즉 시장의 상황 변화를 함께 반영해야 더욱 합리적인 기업문화가 이루어질 수 있을 것이다. 오늘날 기업들에게 관심을 받고 있는 문화적 지향점은 윤리적 기업문화의 확립이다. 그동안 성장 위주, 수익 위주의 기업문화로 인해 기업의 윤리적 역할에 대한 인식이 상대적으로 소외받아 왔다. 이로 인해 기업 내부에 비윤리적인 관행들이 이루어지고 결국 결정적인 순간에 기업의 생존을 위협하는 문제의 원인이 되었다. 문제의 심각성을 인식한 기업들이 기업윤리 강화를 위한 다양한 대안을 강구했지만, 사실 무엇보다 필요한 것은 윤리적 가치를 추구하는 기업 문화를 형성함으로써 강압적인 대안의 강요가 아닌 구성원들 스스로가 윤리적 사고에 기반한 가치 판단 능력을 가질 수 있게 하는 것이었다. 이러한 윤리적 기업문화의 형성은 기업 목표의 근본적인 전환으로부터 시작된다.

기업이 추구해야 하는 가장 근본적인 목표가 무엇인가에 대한 논의는 현재도 계속되고 있다. 과거에는 이윤 창출, 주주 가치의 극대화 등이 기업의 가장 중요한 목표로 제시되었다. 이는 기업들의 추구가치가 매출액-이익 중심의 경영을 표방하는 자세에서 비롯된 것이다. 그러나 21세기에 들어서면서 기업의 추구가치에 대한 큰 변화가 시작되었다. 기업의 추구 가치가 기업수명 중심의 경영으로 변화하기 시작한 것이다. 경영자의 사회에 대한 철저한 기업윤리의식과 고객이 가지는 명확하고 긍정적인 기업이미지는 '업계 1등 기업'이 되는 것뿐만 아니라, 지속가능성을 가진 장수기업으로 생존하기 위한 필수적인 조건이 되고 있다(<그림 9.4> 참조).

그림 9.4
윤리적 경영과 주가(기업성과)의 관계

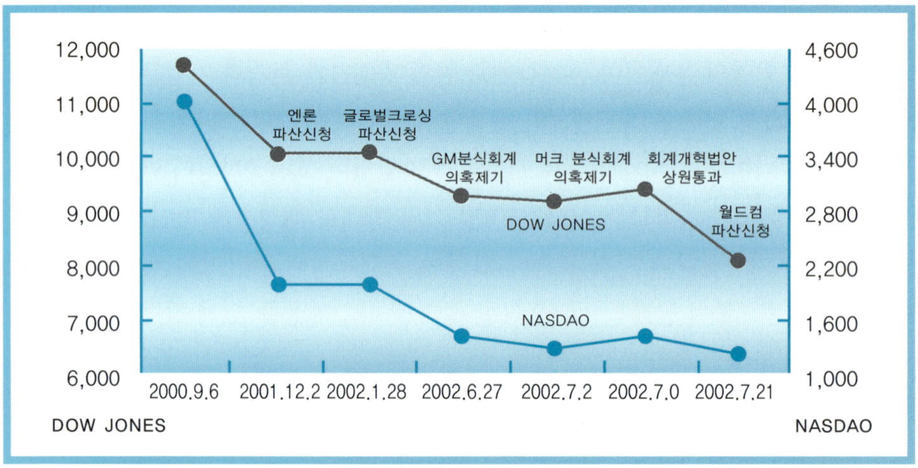

자료 : Reuters(2002)

특히 기업의 윤리의식에 대한 문제는 변화 이전에도 논의가 진행되어 왔지만, 1990년대 후반의 외환위기를 통해 드러난 한국 기업들의 비윤리적 회계관행과 경영방식은 이후 기업 경영에 있어 윤리적 책임에 대한 본격적인 논의가 이루어지게 했다. 또한 높은 기업 윤리성을 자랑하던 미국 기업들이 분식회계로 인해 잇따라 파산하거나 법원에 서게 됨으로써, 철저한 윤리의식에 기반한 기업 경영은 어느 한 지역에 국한된 특징적인 경영방식이 아니라, 전 세계적으로 모든 기업들이 도달해야 할 글로벌 스탠더드가 되었다. 즉, 윤리경영은 기업들에게 더 이상 사치가 아니라 생존과 지속가능한 발전을 위한 전략이 된 것이다. 경쟁우위의 확보측면에서 기업경영의 투명성, 환경보호정책, 지역사회봉사와 같은 기업의 이미지 제고에 노력을 기울이는 현상들은 기업의 경제활동에서 '윤리'라는 영역이 매우 중요해지는 시대가 도래한 것을 증명한다(Miles & Covin, 2000).

기업의 윤리적 책임에 대한 사회의 요구

윤리경영에 대한 관심은 이에 대한 사회적 요구가 점차 증대됨에 따라 더욱 높아졌다. 특히 사회의 개방성이 높아지면서 기업의 사회적 책임에 대한 높은 기대수준을 갖게 했다. 지금까지는 접할 수 없었던 기업에 관한 다양한 정보들이 인터넷을 통해 또는 사회, 시민 단체들의 연구 및 감시활동을 통해 국민들에게 전달되었다. 기업의 윤리적 수준에 대한 평가 및 공개는 한국 사회의 기업윤리에 대해 세계적 수준을 요구하게 되었다(이진규, 2001).

국민들이 기업의 윤리적 수준에 대해 더욱 많은 지식을 갖게 되었다는 것은 결국 기업들의 활동에 있어 이전보다 더욱 높은 수준의 책임이 요구된다는 것을 말한다. 이러한 책임은 경제적, 법적, 윤리적, 박애주의적 책임으로 나눌 수 있다(<표 9.2> 참조). 책임의 범위가 넓어지고 그 수준이 높아 진다는 것은, 다른 시각에서 본다면 기업의 활동이 사회가 갖고 있는 도덕적, 법적 준거의 틀에서 공정하게 이루어져야 함을 말한다. 즉, 기업활동이 윤리적 기준에 의해 이루어져야 함을 말하는 것이다.

표 9.2
기업에 대한 사회의 기대수준

책임의 종류	경제적 책임	법적 책임	윤리적 책임	박애주의적 책임
사회적 기대	사회가 요구	사회가 의무화	사회가 기대	사회가 희망
윤리 원칙	자기이익의 극대화, 적자생존의 원칙	최대다수의 최대 행복	보편적 의무	사회적 약자의 최대 복지
윤리학설	윤리적 이기주의, 자유방임주의	공리론	의무론	정의론
예시	이익극대화, 점유율확대, 기술혁신, 경영전략, 고용보장, 배당 극대화	공정거래, 뇌물, 담합, 상법/형법상 책임, 각종 규제, 행정지도	투명거래, 법정신 존중, 인권, 환경보호, 신뢰, 안전, 문화존중	기부, 자선사업, 지역공헌, 헌금, 자원봉사휴가

자료 : 산업정책연구원 '주요기업 윤리경영 실태 조사' (2004)

국내 기업의 윤리경영 현황

현재 국내 기업들은 윤리경영에 대한 국제적인 변화를 인식하고 있지만 시급한 경영과제로 받아들이지 않고 있으며, 제도적인 면에 있어서도 정부정책이나 윤리라운드(ER: Ethic Round) 등과 같은 기업 외부환경의 변화에 소극적으로 반응하고 있는 정도이다. 2001년에 D그룹이 분식회계 및 불법대출 사실이 밝혀져 몰락한 사례로부터 시작하여 최근 S사 회계 부정사건, 불법 정치자금 문제 등은 국내기업들의 부족한 윤리의식과 윤리경영 초기단계에 있는 우리의 현실을 보여준다.

국제사회에서 국내기업의 윤리경영에 대한 평가는 부정적이다. 국제투명성기구(TI: Transparency International)가 발표한 '뇌물공여지수(BPI: Bribe Payers Index)'는 기업들이 외국에서 활동할 때 외국 공무원에게 뇌물을 제공할 것인가에 대한 인식을 지수화한 지표인데, 한국은 2002년에 21개국 중 18위를 차지했다. 또한 스위스 국제경영개발원(IMD: International Institude for Management Development)에서 2002년에 발표한 한국 기업의 윤리경영 수준도 총 49개국 중 29위로 나타났다. 이러한 지표들은 한국 기업들의 국제적인 위상과 명성에 영향을 주고 있으므로, 국내 기업들의 투명성과 윤리경영에 대한 인식 제고와 지속적인 개선이 더욱 절실하다.

한국은 수십 년간 정부주도의 성장 위주 경제정책을 펴왔으며, 주도적 역할을 담당한 공기업들은 권위주의, 재량주의, 독점적 행태 등의 관료주의 폐해를 지니게 되었다. 게다가 정치의 영향력 아래에 있는 공공부문은 민간부문에 대한 영향력을 점점 키워나갔다. 이 과정에서 공기업들이 권력자의 사적 이윤 추구에 동원되는 현상이 빈번히 발생하여 부패가 더욱 가중되는 경향이 생겼다(이정훈, 2003). 민간기업들도 이러한 막강한 영향력을 가진 공기업이나 정치세력에 동조하여 뇌물공여나 기타 불법적 행위를 일삼게 되었다. 회계부정이나 불법 정치자금 제공 등의 비용은 결국 기업의 이해관계자들에게 전가되고 있으며, 기업의 비윤리적 경영 행태가 악순환을 이룰 수밖에 없는 것이 현실이 되었다. 이러한 메커니즘은 장기적으로 기업 당사자의 지속가능성에도 큰 저해요인이 될 뿐만 아니라 한국사회의 뿌리 깊은 부패를 조성하는 요인이 되고 있다.

이와 같은 공기업과 민간기업에 내재된 비윤리적 관행을 타파하기 위해서는, 기업 스스로의 각성뿐만 아니라 정부 차원의 인식제고를 통한 윤리경영 실천 의지 표명도 필요하다. 제도적인 평가지침을 개발하여 지속적으로 이행해야 하는 것은 물론이다. 특히 기업은 단순한 각성 차원이 아니라 구성원들 전체의 변화를 이끌어주는 기업문화의 윤리적 혁신을 시도함으로써, 제도적인 차원의 노력이 더욱 그 효과를 발휘할 수 있도록 해야 한다.

윤리문화의 형성을 통한 한계 극복

윤리경영은 기업의 기능적인 차원에서 한 부분의 효율성을 상향시키는 개념으로 접근할 수 없다. 기업에서 인력이 배치되어야 하고, 역할을 감당하는 모든 분야에 윤리적 가치관이 요구된다. 윤리경영의 범위는 기업이 활동하는 범위와 같다. 이는 윤리경영이 전사적인 차원에서 실시되어야 함을 말한다(<그림 9.5> 참조).

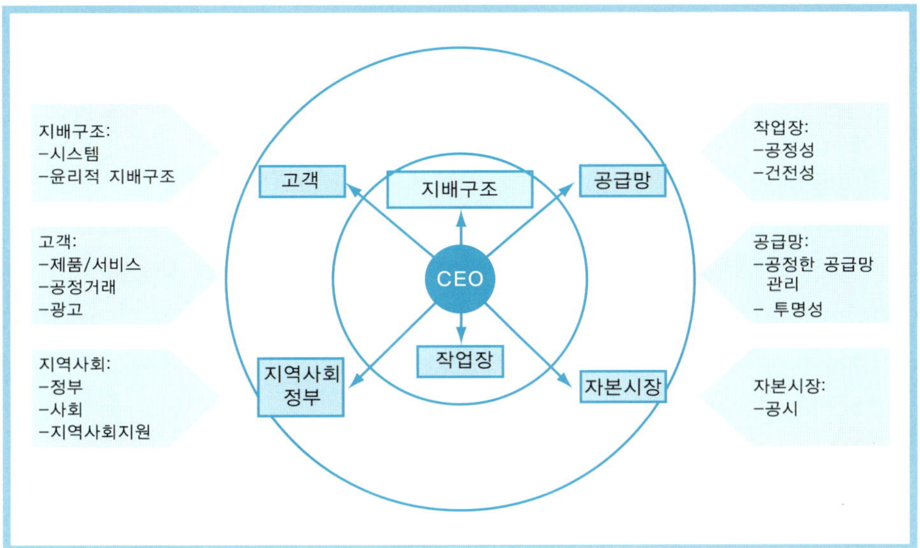

그림 9.5
윤리경영의 범위

여기에서 기업 윤리문화의 중요성을 확인할 수 있다. 윤리적 이슈는 그 특성상 구성원들 각자가 갖고 있는 인격에 의해 발현된다. 즉, 구성원 스스로가 윤리적 판단 기준을 갖고 있을 때, 윤리경영이 제대로 실현될 수 있는 것이다. 인위적으로 구축된 윤리경영 프로세스도 중요하지만 이를 실행하는 구성원들이 윤리적 마인드를 형성하고 있지 못하면 윤리경영 프로세스는 최대의 성과를 낼 수 없다. 수많은 윤리헌장 제정과, 윤리경영 선포 행사에도 불구하고 기업의 비윤리적 행위가 나타나는 원인이 바로 그것이다. 그러므로 기업은 윤리경영 프로세스 구축과 함께 내부에 윤리문화를 형성함으로써, 구성원들이 자사의 윤리의식에 대한 공감대를 형성하고 이를 자발적으로 실행할 수 있도록 유도해야만 진정한 윤리경영을 실현할 수 있다.

윤리경영이 하나의 조직문화로 체화되도록 하기 위해서는 사전에 철저히 준비하고 구성원들과 의식을 공유하려는 노력이 필요하다. 특히 자발적인 참여와 의사소통을 활성화하는 노력이 있어야만 가능할 것이다. 우리나라의 대표적인 윤리경영 기업인 유한킴벌리는 회사의 모든 정보를 함께 공유하는 체제를 유지함으로써 내부 구성원들 간에 신뢰를 구축할 수 있었다. 매일, 매월, 격월, 분기로 구성된 다양한 정보공유의 기회를 제시함으로써, 회사의 투명한 경영현황을 함께 확인하고, 구성원들 스스로가 투명하고 신뢰가 가는 회사의 일원임을 인식하게 했다. 이는 윤리문화를 구성원들이 마음으로 느끼고 자신의 업무 현장에 적용하는 것으로 이어졌다. 또한 CEO가 윤리문화 정착에 대한 적극적인 의지와 솔선수범하는 모습을 보임으로써 구성원들의 실천의지를 더욱 강화시킬 수 있다. 윤리경영의 대표적 사례인 Johnson&Johnson의 '타이레놀' 독극물 투여 사건은 윤리경영에서 경영자의 리더십이 기업 전체의 윤리적 문화 형성에 얼마나 중요한 역할을 하는지 잘 보여준다. 1982년 시카고에서 누군가에 의해 의도적으로 독극물이 주입된 타이레놀이 판매되면서 이를 복용한 사람 7명이 사망하는 사건이 발생했다. 당시 CEO였던 Jim Burke는 자사의 윤리적 강령에 따라 시카고 지역뿐만 아니라 미국 전역에 배포된 약품을 전량 회수하며 사건에 적극적으로 대응했다. 이로 인해 회사는 매출의 감소로 어려움을 겪었지만, 그 순간을 이겨낸 후 타이레놀은 이전보다 더 큰 신뢰를 받는 상표가 되었으며, 자사의 기업문화를 실제로 구현해 더욱 튼튼한 윤리문화를 구축할 수 있었다.

이렇듯 윤리문화를 구축하기 위한 노력은 정교한 윤리경영 프로세스를 구축하는 것만큼이나 중요한 요소이다. 윤리문화의 뒷받침을 토대로 각자의 업무에서

그림 9.6
지속 가능한 윤리경영

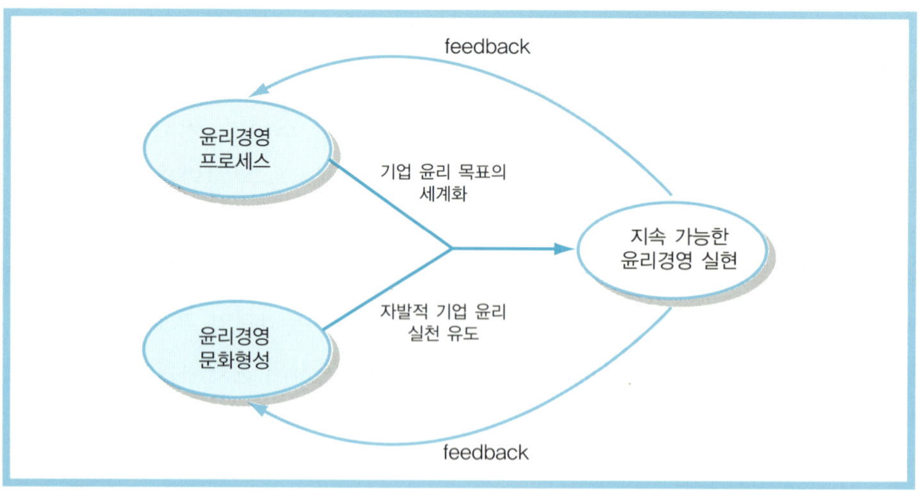

창의적인 윤리경영 실행을 달성해야만, 기능적인 윤리경영 프로세스를 역동적이고 창조적인 프로세스 바꿀 수 있으며, 이를 통해 지속가능한 윤리경영을 현실화시킬 수 있을 것이다(<그림 9.6> 참조).

| 요약 | *Summary*

- 기업문화는 정서적으로 공유된 일종의 집단적 사고방식 혹은 가치체계이며, 하나의 기업에 속한 구성원들이 기업 외부의 환경을 받아들여 장기간에 걸쳐 시행착오를 거친 결과 형성한 공동의 가치관임
- 홉스테드의 연구는 개인-집단중심성과 권력중심성 그리고 불확실성 회피성과 남성-여성중심성으로 대표되는 사회문화적 특성과 기업의 목적과 조직구조, 그리고 경영방침과 리더십 행동 등 기업문화 특성과의 관계를 설명함

CHAPTER 10

장기전략계획

우리는 지금까지 전략의 개념, 고려 요소 그리고 기법과 대안에 대하여 살펴보았다. 여기서는 경영전략을 실시하는 데 있어서 집행수단으로 활용되는 장기전략계획에 대하여 연구하기로 한다.

기업이라는 자동차를 가지고 여행을 떠난다면, 기업의 목적을 정하고, 목적을 달성하기 위한 여러 가지 방법들을 생각해보고, 기업의 활동들이 모두 연결되어 상호 작용하도록 시동을 걸고 운전해 나가는 일련의 과정이 필요할 것이다. 이것은 전략 결정의 실천수단에 대한 고민이다. 즉, 어떻게 하면 전략 결정을 보다 잘 할 수 있으며 전략을 보다 효과적으로 실천할 수 있을까에 대해 고민해야 하는 것이다. 이는 전략의 성공적 실행을 위해 반드시 갖추어야 할 필요조건이다.

따라서 이 장에서는 전략계획의 의미, 목적, 종류, 전략계획의 주체와 기반 그리고 장기전략계획의 수립 절차 및 수립상의 유의점에 대해 알아보기로 한다.

CASE 물류외길 60년 – 한진그룹

2005년 11월, 한진그룹 조양호 회장은 "향후 10년 내 엑셀, 도이치포스트 등 글로벌 물류기업 Top 10 대열에 합류하기 위한 체제 정비를 서두르겠다"고 창립 60주년을 맞아 밝혔다. 또, 조 회장은 "한진그룹의 모기업인 (주)한진은 한민족의 전진과 수송보국의 일념 하나로 수출 한국의 길을 개척해 온, 물류역사의 주인공"이라며 "현 정부가 내놓은 종합물류기업 육성 방안 등 동북아 물류 중심국 계획에 발맞춰 UPS, DHL 등 세계적 물류기업과 경쟁할 수 있는 글로벌 물류기업으로 키워낼 것"이라고 선포했다. 현재 대한항공(2조 3000억 원 여객 제외), 한진해운(6조 2000억 원), (주)한진(7300억 원) 등 육-해-공 화물수송사업 부문의 매출은 9조 2300억 원 규모로 엑셀(111억 2천만 달러=13조 원), 도이치포스트(81억 6천만 달러=9조 원) 등 글로벌 상위 기업 매출에도 뒤지지 않는다.

한진그룹은 우리나라 수송업계의 대표격인 기업이다. 평생을 수송업계를 발전시키는 데 기여해왔던 한진그룹은 (주)한진을 모기업으로 하여 성장한 기업집단이다. 그룹의 주요 사업은 각종 운송업 · 건설업 · 금융업 · 레저업 · 여행알선업 등이며 창업자는 조중훈(趙重勳)이다. 모기업인 (주)한진은 1945년 11월 한진상사로 출발하여 1956년 11월 주한 미8군 구매처와 군화물수송계약을 체결함으로써 발전의 터전을 마련했다. 이후 1958년 3월 한진상사(주) 설립, 1969년 대한항공공사 인수, 1972년 4월 한진관광(주) 흡수 · 합병 후 상호를 (주)한진으로 변경, 같은 해 9월 한국원면창고(주) 흡수 · 합병 등의 과정을 거쳐 성장했다. 1974년 5월부터 인천항 한진컨테이너터미널 운영을 개시했고, 같은 해 8월 증권거래소에 주식을 상장하고 기업을 공개했다. 1977년 9월 쿠웨이트 슈와이크 항 하역사업 진출, 1979년 3월 사우디아라비아 담맘 항 컨테이너터미널 운영사업 진출, 1980년 3월 동아통운(주) 흡수 · 합병 등을 거쳐, 1981년 7월 사우디아라비아 지다 항과 1982년 5월 쿠웨이트 슈아이바 항 일반하역사업을 개시했다. 1983년 1월 정기 연안 해상수송사업에 진출, 같은 해 7월 사우디아라비아 현지법인 설립, 1987년 4월 대한준설공사 주식인수, 1989년 12월 대한종합운수(주) 흡수 · 합병, 1990년 7월 유니온익스프레스사 설립 후, 1992년 1월 택배사업을 개시했다. 2002년에는 주요 계열사로 (주)한진을 비롯해 대한항공 · 한진중공업 · 한진해운 · 동양화재해상보험 · 한진관광 · 한진정보통신 등을 거느렸다. 2010년대에는 저가항공사 시장에 진출하면서 전 계열사가 항공부문(대한항공, 진에어), 육운부문(한진, 한텍스), 관광 및 호텔부문(한진관광, 칼호텔네트워크), 정보서비스부문(한진정보통신, 토파스여행정보)에 집중하면서 기업전반적으로 수송과 물류에 더욱 집중한 형태를 띄게 되었다.

트럭 한 대로 국내 최대의 운수그룹을 일군 고 조중훈 회장은 팔순의 나이에도 명예회장으로 물러나지 않고 현장을 챙길 정도로 노익장을 과시했던 정열적인 경영자였다. 그가 모 언론 인터뷰에서 한 말 "창업주에게 은퇴란 없다"는 그의 성격과 일 욕심을 단적으로 보여준다. 고 조 회장은 또 '남이 닦아놓은 길을 뒤쫓으며 훼방하는 얌체사업'을 싫어했다. 모르는 사업에 뛰어드는 '문어발식' 확장도 자제했다. '모르는 사업에 뛰어들지 말라. 낚싯대를 열 개, 스무 개 걸쳐 놓는다고 해서 고기가 다 물리는 게 아니다'가 그의 지론이었다. 그래서 그는 수송 전문화를 통한 다각화에 집중했다. 주변에서 '돈 버는' 무역회사를 만들자고 권유하기도 했지만 고 조 회장은 그때마다 "우리가 무역회사를 하면 많은 무역회사들이 우리의 경쟁자가 될 텐데, 그들이 우리 비행기를 타고 우리에게 화물을 맡기겠느냐"며 반대했다고 한다. 한진그룹은 2002년 조중훈 회장의 별세 이후 4형제간 '독립 경영'을 정착시켰다. 그룹 후계구도를 일찌감치 '교통 정리'한 데다 확실한 계열 분리를 위해 독립경영이 선결돼야 한다는 4형제 간의 합의에 따른 것이다. 그로부터 3년 후 한진 주요 계열사의 '성적표'는 독립경영의 성과를 여실히 보여주고 있다.

대한항공은 2004년 세계적인 항공사 독일 루프트한자의 19년 아성을 깨고, 화물수송 부문에서 1위를 차지했으며, 한진중공업은 국내 조선업체들이 적자에 허덕일 때 367억 원의 흑자를 기록했고, 한진해운은 사상 최대의 경영성과를 올렸다.

이렇듯, 물류 중심의 발전계획을 바탕으로 성장한 한진그룹은 이제 글로벌 물류 네트워크 구축을 통해 DHL이나 Fedex와 같은 세계적 수준의 초일류기업으로 성장할 길을 모색하고 있다. 조양호 회장은 "10년간 중장기 계획을 수립, 그룹 전체가 사업을 확장해나가고 있다"면서 "수익 위주의 내실 있는 경영을 펼쳐나가는 동시에 시설투자를 늘리고 해외 기업설명회(IR) 등을 대폭 강화해 세계적인 물류기업으로 자리잡겠다"고 강조하고 있다. 실례로 한진그룹은 향후 10년간 15조 6000억 원 규모의 구체적인 장기발전계획을 수립하고 실행하고 있다.

항공수송을 담당하는 대한항공은 현재 인천, 뉴욕, LA, 도쿄 등 주요 거점공항에서 처리 중인 285만 톤의 전용 화물터미널들의 가용 능력을 늘릴 계획이며, 특히 인천화물터미널은 연간 처리능력 135만 톤을 2007년까지 161만톤 정도로 끌어올린다는 목표를 설정했다. 그리고 최근에는 2017년까지 3단계 확장사업이 완료되는 시점에 여객 6200만명, 화물 580톤까지 증대한다는 계획을 발표했다.

2005년 해상수송을 담당하는 한진해운은 미주 구간에 추가로 컨테이너선을 투입, 중국 사업을 확대했으며, 미국 대형 유통업체 등 주요 고객들로부터 3자물류 서비스를 망라한 통합 물류 요구(Needs)를 받고 이에 부응하기 위해 같은 해 4월에 홍콩에 별도 법인을 설립했다.

육로운송을 담당하는 (주)한진은 택배사업 부문에서 공격적인 영업전략을 수립해 후발주자에게 빼앗긴 시장탈환에 적극 나서기로 했다. 이를 위해 '프리미엄 택배'라는 고단가 사업전략을 과감히 수정, 서적 · 음반 · 화장품 등 초소형 택배 시장(1500~2000원 수준) 진출을 강화하기로 했다. 특히 (주)한진은 2005년 9월 중국 칭다오(靑島)에 244만 달러를 투입해 합작회사인 '칭다오한진육해국제물류유한공사'를 설립, 산동성 인근지역에 진출한 국내 기업들을 대상으로 물류 서비스를 제공하고 있다. 이밖에도 한진그룹은 계열사 간 물류시스템 업그레이드, RFID 도입(항공, 해운 컨테이너, 택배) 등을 통해 원스톱 물류 서비스를 제공할 계획이다.

전략계획의 의미

전략계획은 1950년대 말, 불확실하고 급변하는 기업 환경에 효과적으로 대처하기 위해 미국 기업들을 중심으로 창안된 경영 기법으로, 예산 기법, 이익 계획 기법, 장기 계획 기법을 거쳐 전략계획 단계에 이르게 되었다. 전략계획의 개념은 전략과 전략계획 간의 본질적인 차이점을 이해함으로써 파악할 수 있다.

우선 정태적으로 볼 때, 전략이 기업활동의 목적 또는 내용(object or content)이라면 계획은 수단 또는 도구(means or vehicle)이다. 즉, 전략이 앞으로 경영자가 실행해야 하는 기업활동의 내용을 규정하는 역할을 갖고 있는 데 비해, 계획은 경영자가 이러한 기업활동의 내용을 규정하는 데 있어 도구로 사용하는 수단이다.

동태적으로 볼 때에도 전략과 계획은 차이점을 가진다. 전략이 정책적인 요소, 즉 기업의 활동 방향(direction)을 설정하는 데 비해, 계획은 이와 같은 기업활동을 언제 실시할 것인가(timing)를 결정하는 역할을 담당한다.

좀더 포괄적으로 볼 때, 전략은 기업이 미래에 도달하려고 하는 구체적인 목표를 결정하고 그 목표를 향해 나아가기 위해 기업이 가지고 있는 인력, 자금 등의 자원을 어떤 사업에 어떻게 분배할 것인가를 결정하는 역할을 수행한다. 이에 반해 계획은 개념적인 전략을 현실로 구체화시키기 위한 활동 그 자체이다.

이같이 전략과 계획은 손바닥과 손등처럼 표리관계(表裏關係)에 있는 것이다.

전략계획의 목적

전략계획은 기업환경의 변화로 인해 발생하는 불확실성에 대처하여, 목표 달성 및 경쟁전략에 도움이 되는 대체적 활동을 명확히 하는 수단이다. 전략계획은 기업경영에 있어서 불확실성과 위험성을 감소시킨다는 소극적(보호적) 목적과 기업의 재무적 · 상업적 · 경쟁적 성공확률을 높인다는 적극적(긍정적) 목적을 함께 지니고 있다. 소극적 입장에서는 기업의 경영성과가 더 이상 악화되지 않고 최소한 현 상태를 유지할 수 있도록 조정하는 역할을 수행하며, 적극적 입장에서는 기업이 달성 가능한 높은 수익을 올릴 수 있도록 체계적 · 합리적으로 유도하는 역할을 한다.

결국 전략계획의 궁극적인 목적은 "치료보다는 예방이 낫다"는 평범한 진리 속에서 찾을 수 있다. 그밖에도 전략계획의 수립 과정을 통해 기업은 부수적인 효과를 얻을 수 있게 된다. 예컨대 기업이 전략계획을 기업경영에 활용하기 위해서는 기업경영에 관련된 외부환경과 기업 내부의 강 · 약점 등을 파악해야 하는데, 이때 기업 의사결정의 책임을 진 최고경영자는 현재와 미래의 기업 내외부 상황을 체계적으로 살펴봄으로써 생각을 정리할 수 있고, 이를 바탕으로 더욱 폭넓은 시각을 갖고 기업경영에 임할 수 있게 되는 것이다. 물론 전략계획의 효과는 그 외에도 여러 가지가 있으나 이에 대해서는 따로 지면을 할애하여 설명하기로 한다.

이러한 전략계획을 현실 경영에 실제로 활용하기 위해서는 기업마다의 특수한 상황을 고려하여 계획을 수립하되, 현실을 계획에 맞추는 것이 아니라 현실 경영의 나침반으로 전략계획을 사용해야 한다. 따라서 치밀하고 철저한 분석에 의한 예측보다는 복잡한 경영환경을 단순화시키기 위한 정보의 수집과 대체안의 선별이 필요한 것이다. 다만 전략계획은 준비 기간과 효과 발생 기간이 매우 길기 때문에 미래 지향적인 정보 수집력과 장기적 안목에 의한 재정적 지원 그리고 최고경영자와 조직 전체의 창조성이 요구된다.

전략계획의 종류

계획의 종류를 구분하기 위한 기준은 여러 가지가 있을 수 있으나 여기서는 장기전략계획의 적용 여부를 기준으로 하여 계획의 종류를 나누어 본다. 이에 따라 우선 계획 기간의 길이를 기준으로 장기, 중기, 단기 계획으로 나누고, 계획의 성격을 기준으로 전략, 운영, 예산 계획으로 구분하며, 계획의 질적 내용에 따라 전략적 계획과 전술적 계획으로 나누어 살펴보겠다. 그리고 마지막으로 국가의 경제정책과 계획이 기업전략에 큰 영향을 미치는 우리나라의 특수 사정에 입각해, 계획 기간의 변동 여부를 기준으로 한 확정 계획과 연동 계획의 차이점을 고찰해 보기로 한다.

장기, 중기, 단기 계획

계획은 기간의 길이에 따라 단기 계획(short-term planning), 중기 계획(mid-term planning)과 장기 계획(long-term planning)으로 나뉜다. 관습적으로 길이가 2년 이내인 계획을 단기 계획, 1~5년인 계획을 중기 계획, 3~20년인 계획을 장기 계획이라 이야기한다. 그러나 기간에 따른 계획의 성격은 절대적인 시간의 길이에 의해서가 아니라 기업 자체의 성격에 의해서 규정되어야 한다.

개념적으로 볼 때 단기는 기업이 생산시설을 확장 내지 축소할 수 없고, 다만 생산 능력의 효율성 즉 생산시설의 가동률만을 변경하여 그 효과가 영업 성적에 나타날 수 있는 정도의 기간을 뜻한다. 이에 반해 중기는 기업이 생산시설을 확장 내지 축소하여 그 효과가 영업성적에 나타날 만큼 시간의 여유를 주지만, 새로운 경쟁자가 나타나거나(생산시설의 신설) 기업이 사업을 포기할 만한(생산시설의 폐쇄) 시간적 여유는 주지 않는 기간이다. 마지막으로 장기는 경쟁자가 나타나거나 기업이 사업을 포기하고, 또 그 효과가 기업의 영업성적에 반영되기에 충분한 시간이 허용되는 기간이다. 즉, 단기란 재료비(material cost)만을 변동시킬 수 있고 노무비(labor cost)와 시설비(facility cost)는 고정비용으로 보아 관리 불가능한 비용으로 볼 때를 말하고, 중기는 시설비만이 고정비적 성격을 갖는 기간을 뜻하며, 장기란 세 가지 비용 모두를 변동비로 간주할 수 있을 정도로 긴 기간을 뜻한다. 따라서 장기란 한 기업이 신규사업 부문에 참여하여 거기에서 충분한 수익을 올리거나 기존사업으로부터 빠져나오기에 충분한 기간을 의미하는 것이다. 이러한 기간 개념을 간략하게 정리하면 <표 10.1>과 같다.

표 10.1
비용 성격에 따른 기간 개념의 구분

총 비 용	재 료 비	노 무 비	시 설 비
단 기	V	F	F
중 기	V	V	F
장 기	V	V	V

주 : 단, V는 변동비, F는 고정비를 말한다.

물론 단기 계획, 중기 계획, 장기 계획의 기간도 위에서 설명한 개념적 정의에 따라 설정되어야 의미가 있다. 예컨대 고정자산의 투자가 별로 많지 않은 도 · 소매업의 경우라면 6개월의 단기 계획, 1년의 중기 계획, 3년의 장기 계획이 알맞을 것이다. 반면 생산시설 도입에 필요한 기간이 길고 투하자금의 규모가 큰 자동차 제조업체에서는 1년의 단기 계획, 3년의 중기 계획, 그리고 5년 내지 7년의 장기 계획이 필요할 것이다. 그리고 석유 탐사 및 생산 회사와 같이 유전 탐사 및 생산에 5~10년의 기간이 필요한 회사에서는 최소한 10년 이상의 장기 계획을 필요로 하게 될 것이다.

우리가 여기서 다루는 계획은 전략계획, 즉 전략의 변화를 다루는 계획이다. 전략이 업종구조의 변화와 이에 따른 신규사업에의 진출 내지 기존 사업의 처분을 포함한다고 할 때, 전략계획은 당연히 장기 계획이어야 한다.

전략계획, 운영 계획, 예산 계획

계획은 그 성격에 따라 전략계획(strategic planning), 운영 계획(operational planning), 그리고 예산 계획(budget planning)으로 나눌 수 있다. 전략계획에서는 기업의 목표 설정, 전략적 판단과 결정 그리고 결정된 전략의 수행에 필요한 자원의 배분을 결정한다. 이에 대해서 운영 계획은 전략계획에서 채택된 전략과 그에 따른 자원의 배분을 구체적으로 실시하기 위해서 필요한 인력 계획, 생산 계획, 판매 계획, 재무 및 자금조달 계획, 신규사업 계획, 연구개발 계획, PR 계획 등과 같은 세부 계획을 포함한다. 예산 계획에서는 이러한 전략계획과 운영 계획을 자금으로 뒷받침해 주기 위한 예산을 작성한다.

원칙적으로 볼 때 전략계획은 운영 계획과 예산 계획을 포함하여야 하고, 운영 계획은 예산 계획을 포함하여야 한다. 그러나 장기적인 전략계획을 뒷받침해 주는 운영 계획은 기간이 장기화될수록 그 정밀성이 감소된다. 장기 계획의 정밀성은 추정 손익계산서, 추정 대차대조표, 추정 자금운용표 등과 같은 추정 재무제표를 그 내용으로 하는 예산 계획 분야에서 특히 심각한 문제점으로 등장한다. 따라서 장기전략계획에서 운영 계획 및 예산 계획을 포함하는 경우에는 정확성을 유지하기 위해 그 기간이 축소되는 것이 보통이다.

전략적 계획, 전술적 계획

계획은 그 질적인 내용에 따라 전략적 계획(strategic planning)과 전술적 계획(tactical planning)으로 나뉜다. 여기서 전략적 계획은 사업구조나 제품구조와 같은 경영구조 자체의 변혁을 의도하는 계획이며, 전술적 계획은 업무실행이나 개별 행동 등 경영의 과정을 바꾸려는 계획이다. 따라서 전략적 계획은 장기에 걸친 전사적 · 종합적 · 포괄적 성격을 지니게 되며, 외부환경에서 얻을 수 있는 최대한의 정보에 의해 불확실성의 정도가 높은 비계량적 · 질적 판단을 요구하는 거시적인 계획이 될 것이다. 반면 전술적 계획은 단기에 사용되는 부문 및 개별 계획으로 주로 일상 업무 등 내부환경 정보에 의해 단순한 계량적 판단만을 요구하는 미시적 계획이다.

이와 같은 특성을 고려할 때 장기전략계획은 전략적 계획이 되어야 하겠지만, 세부적인 운영 계획이나 예산 계획 혹은 개별 프로젝트 등은 전술적 계획을 사용해야 한다. 다만 전략적 계획은 계획 기간을 고정시키지 않고 언제 돌발적으로 발생할지 모르는 기업의 외부환경 변화에 신축적으로 적응하는 연동 계획에 비견될 수 있으며, 전술적 계획은 거의 확실한 정보를 기반으로 하여 작성되기 때문에 확정 계획과 관계가 깊다고 하겠다.

확정 계획, 연동 계획

장기전략계획은 계획기간의 변동 여부에 따라 확정 계획(fixed-time planning)과 연동 계획(roll-over planning)의 두 가지로 구분할 수 있다. 확정 계획은 우리나라의 경제개발 5개년 계획처럼 시작하는 시점과 끝나는 시점이 확정되어 있는 경우이다. 즉 1987년에 확정 계획으로 5개년 장기 계획을 편성한다면 그 기간은 1988~1992년이 되고, 이 기간은 시간이 흘러도 변함이 없다. 따라서 이 기업에서는 1992년 말 이전에 1993~1997년까지의 두 번째 5개년 장기 계획을 세워야 할 것이다.

연동 계획은 시작하는 시점과 끝나는 시점이 해를 지날 때마다 한 해씩 뒤로 밀리는 계획이다. 즉, 1987년에 연동계획으로 1988~1992년간의 5개년 계획을 세운 회사에서는 1988년에는 1989~1993년간의 5개년 계획을 세워야 한다. 확정계획과 연동 계획을 그림으로 나타내면 <그림 10.1>과 같다.

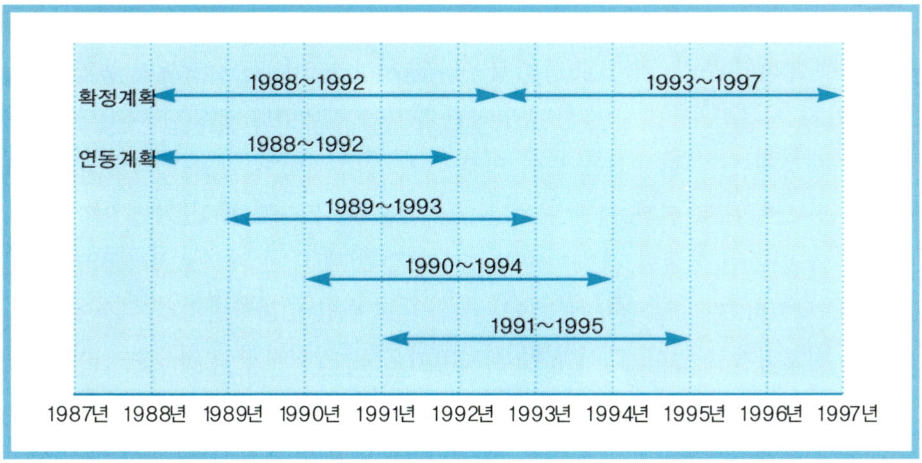

그림 10.1
확정 계획과 연동 계획

확정 계획과 연동 계획 간에는 어떤 차이점이 있는가? 우선 확정 계획은 계획기간 중에 달성할 정책목표를 확립하고 그것을 추구하기 위해 전력을 집중시키기 위한 계획이다. 이 계획은 해마다 전략계획을 새로 작성해야 하는 번거로움을 피할 수 있으며, 적어도 계획기간 동안에는 전략의 빈번한 수정과 그에 따른 자원의 낭비를 막을 수 있다는 장점이 있다. 그러나 만일 미리 예측하지 못했던 여건의 변동이 계획기간 중에 일어날 경우 불가피하게 필요해지는 전략의 수정을 실행하기가 곤란해진다는 단점이 있다.

경영 계획은 아니나, 우리나라의 제4차 경제개발 5개년 계획의 경우를 예로 들어 보자. 1973년의 석유 위기와 이에 따라 발생한 세계 경제의 침체국면에 대해 학계에서는 두 갈래의 상반된 견해를 나타내었다. 하나는 석유 위기와 세계 경제 침체는 일시적인 사태라는 견해였다. 그동안 후진국에 의한 자원 카르텔이 하나도 성공한 사례가 없는 것을 볼 때 OPEC은 머지 않아 와해될 것이며, 이에 따라 세계 경제도 옛날과 같은 순조로운 경제 성장의 패턴을 되찾을 것이라는 낙관론이었다. 다른 하나는 1973년의 석유 위기가 일시적인 현상이 아니라는 견해였다. 1950년대와 60년대 세계 경제의 순조로운 성장의 그늘에서 누적되어 온 선진국과 후진국 간의 소득 격차, 후진국의 경제적 자립 정신, 기하급수적인 경제 성장이 무한히 가능할 것이라는 선진국의 그릇된 견해와 같은 구조적인 문제점들이 일시에 폭발한 것이라는 비관론이었다. 따라서 비관론자들은 앞으로 위기와 경기 침체가 계속될 것이라고 예측하고, 원유의 전략적 비축과 경제정책의 초점을 성장 일변도에서 균형과 안정으로 바꿀 것을 촉구했다.

1974년 이후 원유 가격은 실질가격으로 하락했고, 한국 경제는 75년과 76년에 석유 위기 발생 전보다도 더 높은 14.2%와 10.5%의 성장률을 실현했다. 정부는 팽창적인 분위기에서 낙관론을 지지하게 되었고, 1977~1981년의 제4차 경제개발 5개년 계획의 중점사업으로 중화학공업을 지정하여 1977~1978년 동안 제철, 금속, 기계, 자동차, 조선 산업 등에 엄청난 투자를 감행했다. 그러나 이미 정부 주도의 경제정책이 그 한계점을 보여 빈부 격차, 인플레이션, 금융 긴축에 따른 시설투자 감소 등으로 인한 성장 감퇴가 예측되는 한국 경제에, 1979년 이란의 왕정 파괴와 더불어 발생한 제2차 석유 위기가 엎친 데 덮친 격으로 결정적인 타격을 주게 되었다. 따라서 정부는 제4차 계획의 초점인 중화학산업의 투자에 대한 조정을 시도하게 되었다. 그러나 확정 계획이 갖는 경직적인 성격으로 인해 정부가 시도한 투자 조정은 부분적인 수정에 불과할 수밖에 없었고, 결국 외부 여건에 대해 근본적인 대응을 하는 데 어려움을 겪어야 했다.

이같이 확정 계획은 연동 계획에 비해 미래 여건에 대한 예측이 비교적 쉬울 경우 효율적이라는 장점이 있는 반면, 미래가 급격히 변화하는 경우에는 적응력 면에서 뒤떨어진다.

정부에게는 기업이 갖지 못한 능력이 있다. 정부는 세계 경제의 변화에는 영향을 주기 어렵지만, 적어도 국내 여건에 대해서는 행정권으로 통제를 할 수 있는 것이다. 예컨대 정부는 예산 편성권을 가지고 자금의 공급을 조정할 수 있으며,

예산 집행권을 가지고 자금의 수요를 조정할 수도 있다. 오늘날과 같이 세계 정세가 급격히 변동하는 불확실성의 시대에도 정부가 택하는 경제정책이 확정 계획일 수 있는 것은 바로 이 점 때문이다.[1]

그러나 기업에겐 정부가 누리고 있는 대내적 통치권이 없기 때문에 확정 계획을 채택하기가 어렵다. 특히 오늘날과 같이 1년 앞의 외부 여건조차 예측하기 어려운 상황에서는 연동 계획을 채택하여 상황의 급격한 변동에 대비할 수 있는 임기 응변적 계획(contingency planning)을 실시하는 것이 특히 합리적이다.

다만 기업 중에서도 제철 사업, 석유화학 사업 등과 같이 투자를 일단 시작하면 돌이킬 수 없는 성격을 가진 기업에서는 확정 계획을 실시하는 것이 바람직하다. 또한 신규사업 계획을 독자적으로 개발하기보다 정부 경제 계획에서 육성사업으로 지정된 사업을 선택하여 정부 지원을 기반으로 추진한다는 경영전략을 채택하고 있는 기업은, 자신의 전략계획 기간을 정부의 경제계획 기간에 일치시킨 확정 계획으로 하는 것이 가장 바람직할 것이라는 주장도 가능하다. 이러한 전략의 정당성 문제는 기업의 사회적 책임 관점에서 다루어야 하겠으나, 정부의 경제 계획이라는 외부 여건을 활용한다는 점만 가지고 볼 때에는 효과적인 경영전략이라 할 수도 있겠다. 다만 향후에는 관주도형의 경제 계획 체제가 보다 약화되고 민간 기업의 자주적 계획 기능이 강화될 수밖에 없다는 관점에서 볼 때, 확정 계획보다는 연동 계획이 더 합리적인 계획이 될 것이다.

전략계획의 주체와 기반

전략계획 담당자

전략계획의 최고책임자는 바로 최고경영자 자신이어야 한다. 기획담당 이사에게도, 기획부원에게도, 기획 전문가에게도 최고경영자가 가진 책임은 전가될 수 없다. 왜냐하면 전략계획은 기업의 목표와 활동 방향을 결정하기 위한 도구인 까닭에 궁극적으로 기업의 성패를 좌우하는 것이고, 기업의 최종적인 책임은 최고경영자에게 있기 때문이다.

그러나 이 표현이 최고경영자가 어느 누구의 도움도 없이 스스로 전략계획의 수립 · 실행을 담당해야 한다는 것을 의미하지는 않는다. 과거와 같이 기업가가 권력을 가진 실력자를 만난 자리에서 순간적으로 머리에 떠오른 아이디어를 가지고 주도 면밀한 분석과 평가 없이 즉흥적으로 결정을 하고 또 사업을 일으켰던 시기에는 기획[2] 자체가 무의미했다. 하지만 오늘날과 같이 경제규모가 대형화하고 기회 추구의 여건이 경쟁체제로 변화함에 따라 투자효과가 평준화되고 있는 시대에서는 전략계획에 대한 요구가 계속 증대하고 있다. 특히 기업의 규모가 크고 사업 내용이 다각화된 기업에서는 전략계획의 내용도 방대해지고 복잡해진다. 이 경우 최고경영자 단독으로 전략계획을 수립 · 시행한다는 것은 사실상 불가능한 일이므로, 최고경영자를 보좌하여 전략계획을 입안 · 분석 · 평가할 기획담당자가 필요하게 되는 것이다.

기획담당자의 역할

계획 수립 체계를 설계할 때에는 본사 기획담당자의 역할이 중요한 이슈가 되는데, 이때 계획은 스태프가 세우고 라인 경영자는 그 계획에만 따르게 된다면 위험한 결과를 초래하기 쉽다. 따라서 전략적 계획 수립은 라인 경영자의 고유 기능이라는 점이 강조되어야 하는 것이다. 즉, 전략적 계획의 수립은 근본적으로 라인 경영자들의 합의에 의해 이루어지는 과정이며, 기획담당자는 계획 수립을 위한 등장인물 중 한 배역에 불과한 것으로 인식되어야 한다.

그러나 기능별로 분화가 잘 이루어진 현대 기업에서는 최고경영층에 속하는 라인 경영자들조차도 자신의 담당부서 업무만을 다루게 된다. 그러므로 라인 경영자들과는 별도로 전사적 차원에서 기업의 방향을 고려하고 전략계획을 입안 · 분석 · 평가하는 과정을 통해 최고경영자를 돕는 전문인의 역할이 강조되는 것이다. 따라서 기획담당자가 그 과정에서 자신의 기능을 효과적으로 발휘하기 위해서는 우선 그의 역할이 무엇인가를 명확히 이해해야 한다. 기획담당자의 역할은 대기업의 경우와 소기업의 경우가 전혀 다르기 때문에 양자의 경우를 나누어 보는 것이 필수적이다.

소기업

소기업에서의 기획담당자 역할은 최고경영자의 계획 수립을 보조하는 스태프이다. 그는 기능별 경영자들의 계획 수립 활동을 조정하기도 하지만, 최고경영자가 당면한 사업 대안 중 최적 대안의 선택에 더 관심을 두어야 한다. 최고경영자와 기획담당자만이 기업 전반적인 관점에서 대안을 고려할 수 있으며 특히 기획담당자는 분석 작업의 대부분을 수행하게 될 것이기 때문이다. 따라서 분석 작업의 담당자인 기획담당자는 최고경영층의 집행부 구성원 중에서 가장 큰 영향력을 행사하게 된다. 그가 권한을 제대로 사용한다면 기능별 부문을 담당하고 있는 동료들의 도움을 받아 효율적으로 활동할 수 있다. 또한 기획담당자들은 사업 대안에 대한 기능 부문별 분석의 필요성을 충분히 인식하고 있어야 한다.

대기업

대기업의 경우 기획담당자는 사업부 경영자에게 공식적인 전략계획 수립의 중요성과 함께 공식적 전략계획 수립과 관례적인 예산 편성과의 차이점 등을 전달하게 되므로, 조직 지위상 중요한 상징적 의미를 지니게 된다. 기획담당자의 역할은 원래 촉매로서 라인 경영자들을 전략 지향적인 방향으로 이끄는 것이라고 인식되어 왔다. 그는 최고경영자들이 자원 배분 활동을 보다 잘 수행할 수 있도록 돕는데, 그 방법의 하나로 사업부 경영자들의 전략적 사업 계획 수립을 지원한다.

다시 말해, 전사적 관점에서 계획의 수립, 관리 및 운영은 최고경영자가 책임져야 할 업무이지만 동시에 기획담당자에게도 부여된 임무인 것이다. 따라서 각 사업부 간의 의견 조정을 통한 전사적 차원의 통합 기능을 효과적으로 수행하기 위해서는, 먼저 기획담당자 자신이 계획 수립 시스템의 목표와 구조를 완전히 이해해야 할 것이다.

기획실의 조직

최고경영자를 보좌하여 기획업무를 수행하는 기획담당자가 속한 기획부서를 총괄하여 기획실[3]이라 할 때, 우리나라 기업에서 실제 활동하고 있는 기획실의 인원을 살펴보면, 200여 명의 기획 스태프를 확보하고 있는 그룹도 있으나 기업단위로 볼 때에는 10~30명이 전체의 과반수를 차지하고 있고 평균적으로는 19.2명으로 나타나고 있다.[4]

일반적으로 그 명칭 때문에 기획실이란 전략계획의 수립을 담당하는 곳이라고 생각되지만, 전략계획의 수립 기준인 목표 설정에 있어서 부서별로는 라인 경영자가, 전사적 차원에서는 최고경영자가 그 결정을 담당하게 되므로 전략계획의 최고책임자는 기획실장이 아니라 최고경영자가 되어야 한다. 다만 기획실에서 해야 하는 일은 전사적 차원에서 수행되어야 할 전략계획을 수립하기 위해 필요한 정보를 수집 · 분석하여 제시함으로써, 최고경영자와 라인 경영자를 지원 · 보좌하는 것으로 여겨져야 할 것이다. 이러한 기획담당 부서의 역할을 더욱 명확히 하기 위해 최근에는 애틀랜틱 리치필드(Atlantic Richfield) 석유회사와 같이 기획실이라는 표현을 지양하고 기획 지원 부서(planning services department)라고 지칭하는 기업들도 나타나고 있다.

기획실에서는 일반적으로 조사 연구, 전략 개발 및 기획 운영의 세 가지 업무를 총괄하며, 구체적으로는 <그림 10.2>와 같은 조직구조를 가진다. 다음에서는 각 하부조직의 임무를 살펴보기로 하자.

그림 10.2
기획실의 조직 구조

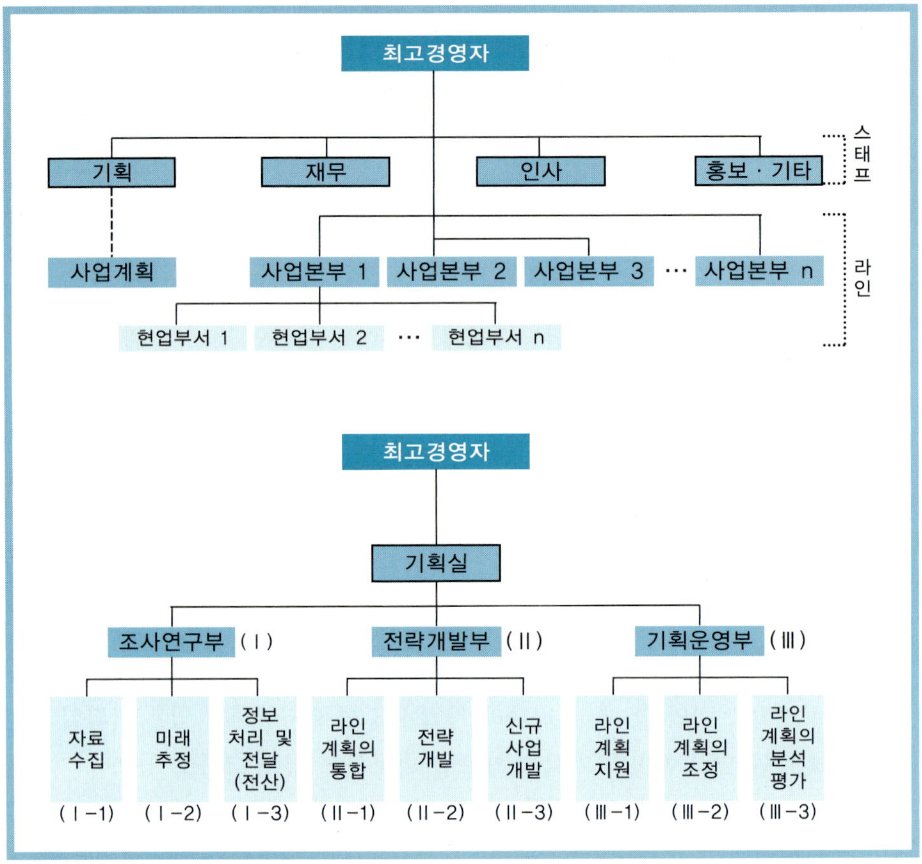

조사연구부

조사연구부는 기업 내부와 외부 여건에 대한 모든 자료를 체계적, 효과적으로 저장하는 저수지의 역할을 한다. 이 부서의 구체적인 활동 내용은 다음과 같다.

첫째, 세계 및 국내 정세, 정부, 경쟁자 등에 대한 외부 자료와 재무, 경영, 기술 등의 내부 자료(data)를 수집하여, 현재 및 미래의 여건을 분석할 수 있도록 정보화한다.

둘째, 이러한 정보를 종합하여 미래에 대한 추정을 한다. 오늘날과 같이 미래가 불확실한 여건에서는 미래에 대한 한 가지 가능성만 제시할 것이 아니라, 확실성이 의심되는 몇 가지의 중요 문제를 중심으로 하여 여러 개의 시나리오를 제시하는 것도 한 방법이다. 예컨대 미래의 불확실성 중에서 세계적으로는 경기 침체의 재현, 국내적으로는 정부의 중소기업 육성 정책을 가장 중요한 외적 변수로 생각하는 기업에서는, <그림 10.3>과 같이 미래에 대한 시나리오를 작성할 수 있다. 또한 현재 상황에서 가능한 모든 정보를 동원하여 각 시나리오에 대해 확률을 적용한다면 <그림 10.3>은 그대로 의사결정체계도(decision tree chart)가 된다. 이 그림에 나타난 확률은 세계 경기 침체의 재도래 여부에 따라 정부의 중소기업 관련 시책이 변하는 것을 보여주고 있다.

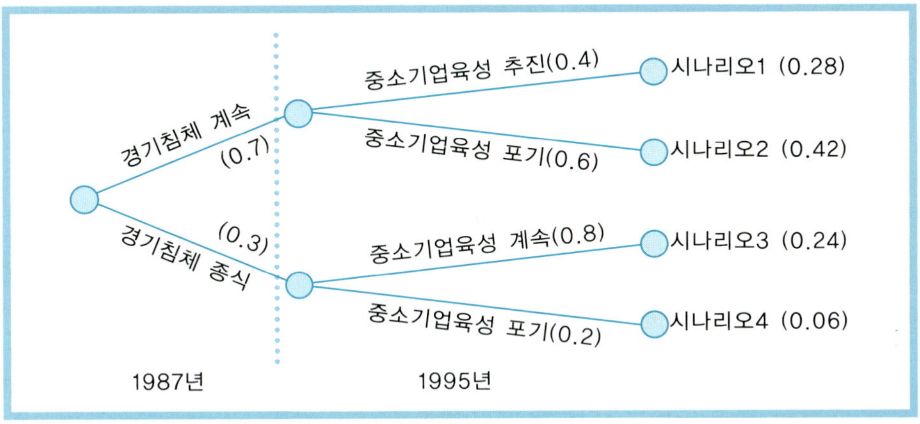

그림 10.3
정책 결정의 수단

셋째, 이와 같은 자료와 예측을 효율적으로 정리하고 또 경영자에게 전달하기 위해 컴퓨터를 이용한 정보의 처리 및 전달 프로그램을 개발한다. 이 과정에서 경영자가 가진 경험 또는 정보를 받아들일 수 있도록 유연성 있는 프로그램을 개발하면 그 효과를 한층 높일 수 있을 것이다.

전략개발부

전략개발부는 기획실의 근본적인 역할인 새로운 전략의 개발과 평가를 담당한다. 이 부서의 핵심이 되는 활동 내용은 다음과 같다.

첫째, 최고경영자와의 빈번한 접촉을 통해 그가 가지고 있는 경영 이념과 구체적인 목표를 확인한다. 이러한 과정에서 최고경영자로 하여금 기업 전체가 가지고 있는 능력과 취약점을 객관적으로 판단할 수 있도록 하기 위해서는, 각 라인 부서에서 수립된 전략계획을 통합하여 전사적인 계획을 작성해야 한다. 이 단계에서 계획기간 중에 라인 부서의 경영자가 필요로 하는 투자액의 총 규모, 그들이 기대하는 매출액과 이익의 총 규모 등이 파악된다.

둘째, 계획이 최고경영자가 기대하는 목표에 도달하지 못할 경우에 대비해 새로운 대체전략을 개발한다. 이 전략 개발은 기획실 전체에서 가장 핵심이 되는 임무로서, 이론적으로 바람직한 면뿐 아니라 기업 또는 경영자가 가지고 있는 특수한 성격, 기업이 사회에서 차지하는 비중 등을 고려하여 현실성이 있도록 작성되어야 한다.

셋째, 신규사업을 개발한다. 새로운 전략이 개발되고 채택되는 경우 기존사업의 수정 및 신규 사업 개발이 필요해지는데, 기존사업의 수정은 전문적인 지식과 경험을 가진 각 라인 부서에서 담당할 수 있지만 신규사업은 이에 대한 지식과 경험이 없는 라인 부서에서 취급하는 것이 곤란하다. 따라서 전략 개발 부서에서 신규사업 개발을 담당하게 된다.

기획운영부

기획운영부에서는 기획실과 기업 조직내 다른 조직과의 관계를 총괄한다. 구체적인 활동 내용은 다음과 같다.

첫째, 라인 부서 경영자의 기획업무를 보조한다. 전략계획의 발단은 라인 부서 경영자에 의해 이루어지므로, 기획운영부에서는 대내적으로 통일된 계획 지침을 활용하여 라인 부서 경영자의 기획업무를 보조하는 것이다. 물론 여기서 말하는 통일된 계획 지침이란 획일적으로 구성되어 현실에 대한 적응성이 결여된 행정적인 지침이 아니라, 최고경영자가 추구하는 목표에 대한 전사적 이해, 기업 전망에 대한 체계적인 판단, 기업 내의 능력과 한계성에 대한 객관적인 평가 같은 것을 의미한다. 다만, 각 사업의 고유한 성격이 파괴되지 않는 범위 내에서 사용할 재무제표 또는 기타 분석 자료에 대한 양식을 통일하면 기획의 효율성이 높아질 것이다.

둘째, 부서 간의 편차를 제거하는 조정 작업을 한다. 라인 부서에서 구성되는 계획은 제각기 여건과 성격을 달리하는 라인 부서 경영자에 의해 개발되는 까닭에, 각 사업부마다 그 목표가 기업 목표와 부합하지 못하고 성과 예측에 있어서도 일률적으로 이루어지지 않는다. 따라서 중앙으로부터의 조정이 필요하게 된다. 예컨대 보수적인 경영자가 제시하는 예상 매출액과 적극적이고 낙관적인 경영자가 제시하는 예상 매출액은 동일한 기준에서 이루어진 것이 아니기 때문에 기획운영부에서는 각 부서 간의 편차를 제거하는 조정 작업을 하게 되는 것이다.

셋째, 현장으로부터의 계획이 최고경영자에게 보고되기 전에 그 계획을 조사연구부에서 작성한 미래 여건과 비교하여 그 문제점을 찾아내고 이것을 최고경영자에게 보고하는 역할을 한다. 다시 말해, 최고경영자는 라인 부서 경영자의 전략계획을 보고받기 전에 기획실의 아이디어를 미리 흡수함으로써, 한정된 시간을 효과적으로 활용하게 된다.

여기에서는 편의상 기획업무를 셋으로 나누어 순서대로 설명했지만, 실제로는 업무간에 중복되는 부분, 동시에 이루어지는 부분 그리고 업무 간에 조정이 필요한 부분 등이 있다. 따라서 기획실의 조직은 <그림 10.2>와 같이 피라미드 형태를 취하기보다는 각 업무에 대해 필요한 능력을 갖춘 전문가로 팀을 구성했다가 임무를 완수한 후 해체하는 매트릭스 조직 형태가 더욱 효과적이다.

장기전략계획의 수립 절차

비록 그 절차는 다를지라도 전략적 계획 수립은 모든 기업에서 행하고 있다. 개념적으로 볼 때에도 그 과정은 지극히 단순하다. 즉, 최고경영층에서 기업의 목표를 설정하는 것으로부터 시작해, 기업 내외의 여건을 분석하고 일정 기간 동안의 사업 계획을 작성하는 일련의 단계를 거쳐, 최적전략으로 통일된 행동 계획을 수립하면 되는 것이다. 그러나 실제로 누가 언제 무엇을 행하는가를 결정하는 과정을 설계하는 것은 매우 복잡하며 어려운 일이다. 하지만 계획이 효과적이기 위해서는 전략계획의 수립 과정을 올바르게 설계하는 것이 필수이다. 따라서 이번에는 일반적인 장기전략계획의 수립 절차를 상세하게 제시하고 실제로 기업이 장기전략계획을 작성하는 과정을 살펴봄으로써, 전략계획의 체계에 대한 전반적인 이해를 돕도록 하겠다.

기획위원회의 구성

먼저 장기전략계획 작성의 최고 의사결정기관으로 기획위원회를 구성한다. 이 기획위원회는 임원진은 물론 독립채산적 사업부의 경영자들도 위원으로 포함해야 하며, 기획담당 부서의 책임자인 기획실장도 참여시켜야 한다. 이때 최고경영자는 기획위원회의 위원장으로서 모든 기획업무의 최고결정권을 갖게 되며, 아울러 결정된 장기전략계획안에 대한 최종적인 책임도 지게 된다. 여기서 위원장을 맡게 되는 최고경영자란 기업의 정책을 최종적으로 결정하는 경영자이며, 회장이 위원장을 맡게 된다면 사장은 부위원장직을 담당해야 할 것이다. 만약 이와 달리 최고경영자가 기획위원회에 참여하지 않는 경우에는 최고경영자의 의견이 충분히 반영되지 않은 계획안이 작성될 것이다. 그렇게 되면 실질적으로 그 계획안이 기업의 최종 계획안으로 채택될 가능성은 낮아지고, 기획위원회는 유명무실한 소위원회로 전락하고 말 것이다.

또한 기획위원회에는 기획실장도 한 멤버로서 참여해야 한다. 여기서 기획실장이 담당해야 할 임무는 각 위원들 간의 상충적인 의견을 객관적인 입장에서 경청 · 분석하여 서로의 이견을 조정하거나, 분석 내용을 위원장에게 보고함으로써 올바른 의사결정을 수행하도록 위원장을 보좌하는 일이다.

기획 실무팀의 구성

기획위원회의 구성과 함께 기획실장 산하에 정보의 수집 및 처리를 수행하는 조사 연구 업무, 신규사업 개발 등을 수행하는 전략 개발 업무, 라인 계획을 조정 지원하고 분석 · 평가하는 기획 운영 업무 등을 담당할 기획 실무팀을 구성한다. 이 때 기획 실무팀이 효율적으로 운영되기 위해서는, 객관적인 시각에서 각 사업부별 계획 수립을 지원하고 조정할 수 있도록 해주는 최고경영자의 배려가 필요하다. 또한 기획실장은 실무팀의 업무 분담이 잘 이루어지고 있는지 수시로 점검해야 한다.

기업 내외의 경영 여건 분석

기업 외부의 환경을 조사하는 데 있어 단순히 시장이나 경쟁자, 기술 변화들에 관한 자료만 수집하는 데 그치지 않고, 인구 증가 추세와 개인 소득 변화를 면밀히 분석하여 계획기간 동안의 전체 시장규모를 예측함으로써 기업 성장을 위한 잠재력을 평가하는 등의 분석작업이 요구된다. 또 기술 변화가 심한 제품을 생산하는 기업에서는 미래의 기술 진보를 주의깊게 예측해야 하며, 국제적인 활동을 하는 기업이라면 해외 주요 국가의 정치 · 경제 등을 포함한 환경의 변화 추세를 면밀하게 분석 · 평가해야 한다. 이러한 환경 변화에 대한 조사는 기획 실무팀에서 담당해야 할 것이나, 각 사업부별로 특수한 외부환경에 대한 상세한 연구를 기획 실무팀이 모두 수행하기에는 어려움이 있을 것이다. 그러므로 특정 사업부문에 대해서는 미래 환경에 대한 판단을 사업부 경영자에게 일임하고, 기획 실무팀에서는 주로 통계적 경제 예측과 같은 최소한의 환경 분석에 대한 지원만 함으로써 사업부별로 조사업무를 담당시킬 수도 있다. 이러한 외부환경 조사는 특히 새로운 사업을 구상하거나 이미 다각화가 많이 진척된 기업의 경우 필수적이라 하겠다. 물론 기획 실무팀에서는 외부환경 조사 못지 않게 기업 내부적인 여건의 변화를 미리 예측하고 그에 대한 대비책을 미리 강구해 두는 작업 또한 간과해서는 안될 것이다.

1차 기획위원회

최고경영자를 포함한 기획위원들이 모두 참석하고, 기획 실무팀이 배석한 가운데 1차 기획위원회를 개최한다. 기획위원회는 기업에서 대개 캔 미팅(Can Meeting)이라 부르는 상하 경영자 혹은 경영자와 종업원 간의 의견 조정을 위한 모임과 성격이 비슷하며, 1차 기획위원회에서는 다음과 같은 일들을 처리한다.

- 장기전략계획의 개념 및 작성 계획 소개
- 회사의 장기목표 설정
- 회사에게 주어진 기회와 제약요소 그리고 사회적 책임 분석 · 검토
- 회사 내부의 강약점 분석 · 검토
- 회사가 채택하고 있는 기존전략의 문제점 검토 및 대안의 제시

다만 여기에서 토론되는 내용은 해당 기업의 미래에 대한 확정된 목표, 확정된 전략이라기보다는 최고경영자들의 개략적인 견해라고 보아 앞으로의 계획 수립 과정에서 조정의 여지를 남겨 두어야 한다.

「사업본부별 장기전략계획 작성 지침」의 배부

기획 실무팀에서는 1차 기획위원회에서 설정된 기업의 목표와 기업 내외의 경영 여건 분석 결과를 종합 · 정리하여 각 사업부에서 계획안 작성 시 참조할 수 있도록 해야 한다. 이를 위해 「사업본부별 장기전략계획 작성 지침」을 만들어 이를 독립된 각 사업부 혹은 현업 부서에 배부한다.

「사업본부별 장기전략계획 작성 지침」에서는 먼저 계획 수립의 목적과 필요성, 계획 수립의 기본방향 등을 제시하여 계획 수립의 취지를 밝히고, 그 다음 계획 수립의 일정 및 팀 구성, 그리고 계획 수립시의 유의사항 등을 포괄하여 작성 절차를 밝힌다. 그리고 전사적 차원과 사업부 차원에서 경영 목표를 상기시킨다. 이렇게 함으로써 매출 · 투자 · 기술 · 개발 · 인력 수급 등에 대한 세부 계획안 작성

시 일관성이 유지될 수 있을 것이다. 물론 이때 국내 경제 및 국제 경제 환경의 분석, 정부 시책 및 경쟁사의 전략 등을 참고사항으로 첨부하여 보다 현실적인 계획안이 작성되도록 유도해야 할 것이다.

사업본부별 장기전략계획 작성

각 사업본부에서는 그들 나름대로의 장기전략계획안을 작성한다. 이때 사업부의 경영자들은 무엇보다도 그들의 제안을 설득력 있게 보여줄 수 있는 재무보고서를 작성하는 것이 바람직하며, 계획 수립 경험이 부족한 경우에는 특히 여기에 초점을 두어야 한다. 사업 계획을 고안하고 검토하는 데 있어서 재무적 또는 계량적 자료가 중시되는 이유는, 우선 제안된 사업 계획의 내용을 쉽게 이해할 수 있게 해 주고, 그것을 실행하는 구체적인 행동 방법을 객관적으로 사고할 수 있게 하며, 여러 가지 사업 대안에 대한 재무적 결과를 가지고 최적대안을 보다 신뢰성 있게 선택할 수 있도록 해주기 때문이다. 따라서 전략 수립에 필요한 재무보고서를 가능한 한 상세하고 정확하게 작성해야 할 것이다. 그러나 지나치게 계량적인 보고서를 강조하게 되면 사업부 경영자의 노력이 재무 예산 수립에만 치중하게 된다. 따라서 최고경영자는 이러한 장기예산 수립이 사업부 경영자에게 커다란 압박을 준다는 사실을 인식하여 이를 완화시켜 주어야 한다. 이러한 압박은 사업부가 독창적인 사업 계획을 새롭게 구상하는 것을 제약할 것이기 때문이다.

전사적 장기전략계획 작성

기획 실무팀에서는 사업본부별로 작성된 장기전략계획안을 취합하여 전사적 장기전략계획안을 작성한다. 이 전사적 계획안은 기획 실무팀에 의한 작성 지침만이 반영되었을 뿐 각 사업본부의 주도 아래 작성된 계획안을 취합한 것이므로, 일반적으로 보아 기존전략의 연장선이라 할 수 있겠다.

여기서 사업부별로 작성된 계획안들이 어떤 목표 아래서 세워졌는지가 중요한 이슈로 등장한다. 즉, 최고경영자의 의도가 반영된 기업 전체의 목표를 가지고 사업부별 계획안을 작성하게 할 것인지의 문제가 제기되는 것이다.

이때 규모가 작은 기업에서는 최고경영자가 전략계획을 수립할 때 기업의 목표와 전략에 대한 그의 견해를 하향식으로 전달하여 각 기능 부문별로 목표를 세우도록 하는 것이 일반적이다. 그러나 여러 사업부를 거느린 대기업의 경우에는 각 사업부에서 그들 특유의 사업 환경에 맞는 목표 수립이 절대적으로 필요하기 때문에 상향적 목표 설정 과정을 취하지 않을 수 없다. 따라서 전략계획을 처음 실시하는 회사에서는 최소한 처음 1~2년 동안에는 사업부 경영자에게 사업부의 목표를 제시하도록 주도권을 허용하는 것이 바람직하다. 이렇게 되면 사업부 경영자는 자신의 사업을 운영할 수 있는 센스를 향상시킬 수 있으며, 사업부 수준의 광범위한 전략적 사고를 할 수 있다. 그러나 전략계획이 몇 년 진행된 후, 즉 기획실무팀과 사업부의 경영자가 상호 협조해서 사업부 목표를 작성하는 경험을 몇 번 갖게 된 이후에는, 사업부 목표에 대한 사업부 경영자의 주도권은 자연히 제한을 받게 된다. 비록 계획 수립 과정에서 사업부의 제안이 연중행사처럼 공식화되어 있다 할지라도, 결국 누적된 협상 경험으로 인해 사업부의 목표 설정은 협상에 의해서 이루어지게 되는 것이다. 이처럼 기업의 최고경영자는 주어진 상황적 제약 하에서 상향식과 하향식 간의 적절한 균형을 유지할 수 있는 현실적인 체계를 만들어 이용해야 한다.

기존전략에 따른 미래상의 조명

각 사업본부에서 작성한 사업부별 장기전략계획안을 취합하여 전사적 장기전략계획안을 완성한 후에는, 기존전략의 연장이라 할 수 있는 전사적 계획안을 실행에 옮길 경우 예상되는 기업의 미래상을 조명해본다. 기존전략에 따른 미래상의 조명에는 계획 기간 동안의 기업 내 · 외부 경영 여건을 충분히 고려하면서 사업부별로 제시한 추정 재무보고서를 조정하는 과정이 필요할 것이다. 이렇게 작성된 기업의 미래상은 각 사업부 경영자들이 기업 전체의 목표에 대한 최고경영자의 직접적 영향을 받지 않으면서, 그들 나름대로의 사업 복안을 추진하게 될 때 이루게 될 기업의 미래 성과를 나타낸다고 하겠다.

목표와 미래상 간의 괴리 분석

이미 제시된 기업의 목표와 전사적 전략계획에 따른 미래 추정치를 비교하여 그 괴리를 분석한다. 목표치와 미래 추정치 사이에 괴리가 발생하는 것은 총체적인 견지에서 괴리의 발생 원인을 규명해보면 지극히 당연한 것이다. 사업부 경영자는 기업 전체적 관점에서 바람직한 계획을 수립했다기 보다는 자신이 책임지고 있는 기업의 특정 부문에 가장 적합한 계획안을 작성할 테지만, 최고경영자는 거시적 기업 목표를 설정한 후 사업부의 개별 계획안을 배분하는 형태를 취함으로써 기업 전체적인 차원에서 가장 합당한 계획안을 구상할 것이기 때문이다. 따라서 보다 구체적인 괴리 분석에 있어서는 최고경영자가 각 사업부별로 할당하고자 하는 목표치와 사업부 경영자들이 제시한 미래상을 비교하는 작업이 필요할 것이다.

2차 기획위원회

2차 기획위원회에서는 기획 실무팀이 분석한 목표와 미래상 간의 괴리를 신중히 검토하고 각 계획안의 현실적 타당성을 신중히 평가하여, 고쳐야 할 부분을 수정하고 기업의 목표를 재확인한다. 이 단계에서 최고경영자가 1차 기획위원회에서 기업 목표에 대한 자신의 견해를 확고하게 밝히지 않고, 개략적인 견해로 조정의 여지를 남겨두는 것이 바람직한 이유를 이해할 수 있을 것이다.

즉, 이렇게 함으로써 각 사업부 경영자들은 장기적인 관점에서 그의 사업에 대해 생각할 수 있고, 또 제약을 받지 않기 때문에 더 나은 사고를 할 수 있는 것이다. 사업부 경영자에게 확정된 기업 목표를 밝히는 것을 지연시키는 것이 더 좋은 또 하나의 이유는 최고경영자도 자신이 과거에 세웠던 목표를 변화시킬 기회가 생긴다는 데에 있다. 즉, 이 단계에서 최고경영자는 자신이 독자적으로 세운 목표를 이것에 큰 영향을 받지 않고 독창적으로 수립된 사업부의 목표와 비교해 봄으로써, 보다 바람직한 기업 목표를 설정할 수 있게 되는 것이다.

대체전략의 검토

2차 기획위원회를 통해 새로 점검된 기업 목표에 따라, 기획 실무팀에서는 신규사업 계획과 기존사업의 검토를 통해 대체전략안을 개발한다. 대체전략안이 개발되면 각각의 대체안에 따른 전략 수행의 결과로 예상되는 추정치를 계산한다. 이렇게 계산된 결과는 비교가 용이하도록 재무적인 보고서로 작성하는 것이 바람직하다. 또한 각 사업 본부에서는 이러한 대체전략을 전제로 하여 각 본부의 장기전략계획을 조정해야 한다.

3차 기획위원회

3차 기획위원회에서 해야 할 일은 기존전략과 신규사업 전략안이 주축이 된 대체전략안 중 하나를 선택하여 기업의 장기전략계획안으로 확정짓는 것이다. 이미 기획 실무팀에서 예상 재무보고서를 작성했으므로, 3차 기획위원회를 통해 이를 검토하고 기업의 장기전략계획안으로 결정된 사항을 공식화하는 작업을 진행한다. 마지막으로 최고경영자는 확정된 장기전략계획에 따른 세부적인 운영 계획과 예산 계획을 수립하도록 지시한다.

<그림 10.4>는 이상에서 살펴본 장기전략계획 수립 절차를 요약한 것이다. 여기에서 ○안의 번호는 장기전략계획의 수립 절차와 일치하며, (　)안의 번호는 <그림 10.2>의 기획실 조직도에 소개되어 있는 담당부서를 가리킨다.

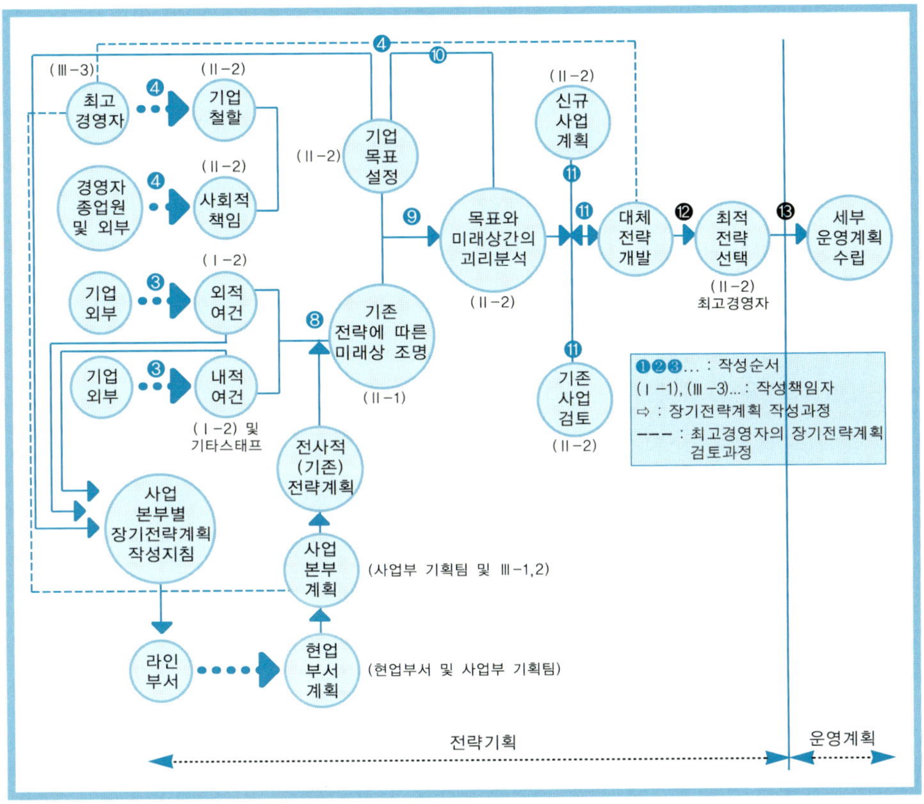

그림 10.4
장기전략계획의 수립 절차

전략계획 수립의 효과 및 유의사항

이상에서 우리는 장기전략계획의 수립 절차를 체계적으로 살펴보았다. 마지막으로 여기서는 장기전략계획 수립 체계가 기업경영에 미치는 긍정적인 효과를 살펴보고, 장기전략계획이 진행되는 과정에서 고려되어야 할 유의점과 장기전략계획을 현실에 적용시키는 데 있어서의 어려움에 대해 언급하기로 한다.

효과

기업이 장기전략계획을 수립하고 그것을 기업경영에 활용한다면, 증상이 나타난 후에 병을 치료하는 사후적인 경영이 아니라 미리 병을 예방하는 사전적, 미래지향적 경영활동을 수행할 수 있게 된다.

우선 장기전략계획을 수립하는 과정을 통해 최고경영자, 중역진, 기획 실무팀 등 전 참여자들은 전략적 사고 능력을 갖게 된다. 즉 기업의 어제와 오늘을 조망하고 내일을 구상하는 과정을 통해 미래를 내다보는 안목을 갖게 되며, 기업의 한 부분만이 아니라 전체의 모습을 살펴봄으로써 나무가 아닌 숲을 보는 거시적 안목을 갖게 되는 것이다.

두 번째로 모든 참여자들은 거시적 안목을 통해 자신이 속한 기업을 객관적으로 분석하고 기업을 둘러싼 외부환경을 냉철하게 정리함으로써, 기업이 현재 어디에 서 있는지를 파악할 수 있게 된다. 모름지기 성공적인 기업경영을 위해서는 지나친 낙관론도 지나친 비관론도 지양되어야 하며, 경영자는 자신이 속한 기업의 미래 진로를 결정하기 위해 현 위치를 올바로 파악해야 한다. 이를 위해 보다 객관적인 시각을 가질 필요가 있다.

세 번째로 전 참여자들은 캔 미팅이나 그밖의 작업을 통해 자신과 다른 경영자 간의 견해차를 발견할 수 있게 되는데, 이는 상호 이해를 위한 첫걸음이 된다. 특히 경영자는 이 과정에서 자신을 비판적인 시각으로 성찰하여 스스로를 객관화시켜 보는 계기를 가질 수 있다. 이러한 변화는 모든 경영자들이 기업의 미래를 구상한다는 동일 목적을 추구하는 가운데 기능별 또는 상하 간에 허심탄회하게 의견을 개진함으로써 자연스럽게 나타나는 것이다.

네 번째로 경영자들이 기업의 미래에 관련된 자신의 견해를 피력하고 그것이 장기전략계획에 반영될 때, 경영자들은 보다 적극적인 경영의지를 지니게 된다. 즉, 과거에는 소극적이고 수동적이던 경영자들도 자신의 의견이 내재된 기업의 미래상이 현실화되어 감으로써 기업에 대해 애착을 갖게 되고, 따라서 보다 적극적이고 능동적으로 기업경영에 참여하게 될 것이다.

유의사항

장기전략계획을 작성할 때 유의해야 할 점 중에서도 가장 중요한 것은 기업의 최종 의사결정에 책임을 지는 최고경영자가 적극적으로 참여해야 한다는 것이다. 장기전략계획 수립의 한 단계 한 단계마다 최고경영자가 관심을 갖고 주도할 때

장기전략계획 수립체계는 기업 내에 성공적으로 정착될 수 있게 된다. 그러나 만약 장기전략계획 수립 절차에 최고경영자가 참여하지 않는다면, 새로 작성된 장기전략계획안도 지금까지 여러 기업에서 수많은 기획담당자들이 최고경영층에게 매년 제출하여 왔던 평범한 장기계획안들처럼 취급받게 될 것이다. 그리고 결국 장기전략계획 수립 체계 자체가 무의미해지고 말 것이다. 요컨대 최고경영자가 참여의식과 관심만 보인다면 장기전략계획 수립 체계는 99% 성공할 것이나, 최종적인 보고만 듣겠다는 정도에서 그친다면 100% 실패하고 만다. 또한 최고경영자의 참여와 관심은 장기전략계획안을 작성하는 데서 그쳐서는 안되며, 완성된 장기전략계획을 적극적으로 실천에 옮기는 데까지 지속되어야 한다. 즉, 경영 의사결정의 가이드로써 장기전략계획을 계속 활용해야 하며, 처음 1~2년에 큰 효과가 보이지 않는다고 해서 그치지 말고 지속적인 관심을 보이며 장기전략계획 수립 절차를 기업내에 완전히 정착시켜야 한다. 물론 장기전략계획이 기업 내에 완전히 정착되기 위해서는 계획 작성 과정을 기업 내 전 직원에게 공개해 전략계획에 대한 안목을 배양하는 것이 필요하다고 하겠다.

다음으로 장기전략계획 작성 과정에서는 한국적 현실의 특수성과 해당 기업의 특수성을 인식하여 이를 계획 실무에 충분히 반영해야 한다. 이는 정부의 경제 계획이나 기업활동 범위에 대한 국민의 태도, 기업과 사회 혹은 국가의 공동 운명성, 그리고 전문경영자의 책임경영 범위 등을 분석 · 이해하여 한국적 경영 현실에 맞는 장기전략계획을 작성함과 동시에 해당 기업의 규모나 다각화 정도, 대정부관계, 경영의 분권화, 그리고 한국 경제에서의 비중 등을 고려해야만 현실에 적용 가능한 장기전략계획을 수립할 수 있기 때문이다.

또한 장기전략계획을 작성할 때에는 다음과 같은 몇 가지 금기사항이 있는데 이 점들도 장기전략계획 수립 과정에서 실무적인 가이드가 될 수 있다.

첫째, 전략계획의 내용으로 생산 측면이나 마케팅 혹은 재무적인 측면만을 취급해서는 안 된다. 기업의 최적전략이란 기업 내 모든 기능이 상호 작용하며 수행될 때 비로소 가능해지는 것이기 때문에, 몇몇 특정 기능만을 내용으로 한 장기전략계획은 기업의 총력이 집결되어야 하는 과정에서 받아들여지기 어려울 것이다.

둘째, 장기전략계획 수립 과정에서 복잡하고 선진적인 분석기법을 사용해서는 안 된다. 왜냐하면 기업내의 모든 사람들이 그것을 하나의 지침으로 활용할 수 있어야 하는데, 그러기 위해서는 모든 사람들이 이해할 수 있도록 그 개념과 체계가 단순화되어야 하기 때문이다.

셋째, 엄밀하고 철저한 계산이 지양되어야 한다는 점도 지적될 수 있다. 예컨대 10년 후의 매출액 목표치를 설정하는 데 있어서 1조, 5조 또는 10조 원 정도로 대략적인 추세를 나타내면 되는 것이지, 14조 5,742억 원 식의 구체적인 수치로 표현하는 것은 무의미한 일이다.

넷째, 예상되는 미래만을 제시하는 수준에서 장기전략계획이 마무리되어서는 안 된다. 장기전략계획에서 나타나야 하는 미래상은 예상되는 미래(expected future)가 아니라 기업이 원하는 미래(wanted future), 즉 경영자가 의도하는 의지가 내재된 미래상이어야 한다는 것이다.

마지막으로 각 기능 부분 혹은 계열 기업들의 계획을 단순히 취합한 계수 계획이 되어서는 곤란하다는 것을 인식해야 한다. 이를 극복하기 위해서는 최고경영자 이하 모든 경영진이 캔 미팅 등을 통해 기업 전체의 모습을 살펴야 한다.

현실 적용상의 난점

지금까지 장기전략계획 수립의 효과와 실행의 유의사항에 대해 살펴보았다. 그런데 불행히도 장기전략계획은 그 기본 취지가 바람직함에도 불구하고 실제로 기업 내에서 활용하는데 어려움을 많이 겪게 된다. 그러한 어려움의 유형을 몇 가지 구체적으로 살펴보면, 먼저 현업 부서 사람들이 기획실을 귀찮은 존재로 생각하고 기획 요원들을 불신함으로써 서로의 커뮤니케이션에 애로가 발생하는 경우가 있다.

그리고 결과는 투입에 어느 정도 비례하게 되는데, 경영자들은 현업 부서의 바쁜 일과로 인해 계획에 투입하는 노력이 미흡하여 이를 실무적으로 체계화시킬 수 있는 여력이 없는 경우도 종종 생긴다.

또 기업의 외부 여건이 급속한 변화를 보이고 있는 데 변화에 대한 적응력이 결여된 전략계획안을 작성해 쓸모없게 만들어 버리는 경우도 있다. 특히 이러한 문제 때문에 많은 경영자들이 전략계획을 지적연습(知的演習, intellectual exercise) 정도로 생각하거나 아예 시간 낭비라고 보고 있는 것이다.

그 밖에도 여러 가지 실무 적용상의 난점이 있으므로, 하나 하나의 문제점을 철저히 분석하여 그 원인에 대한 처방을 강구해야만 체계화된 장기전략계획 수립 시스템이 완성될 수 있다.

지금까지 많은 지면을 통해 장기전략계획에 관하여 살펴보았으므로 이제 장기전략계획의 존재 의의를 설명하면서 그 내용을 마무리짓고자 한다. 우선 장기전략계획이 필요한 이유를 한 마디로 말한다면 불확실한 환경에 대처하기 위해서이다. 장기전략계획은 자동차의 헤드라이트에 비유할 수 있다. 밝은 대낮에는 헤드라이트 없이도 자동차를 운전하는 데 어려움이 없으나, 깜깜한 밤에는 운전하기 곤란할 것이다. 따라서 과거처럼 경영환경이 안정적이던 때에는 장기적인 계획이 무의미할 수도 있으나, 오늘날과 같이 경영환경이 불확실한 상황에서는 헤드라이트가 되어 앞을 비추어 줄 수 있는 장기전략계획의 필요성이 절대적이라 하겠다. 다만 얼마나 멀리, 그리고 얼마나 밝게 앞을 비출 수 있는지가 헤드라이트 전구의 성능과 전지의 에너지에 의해 좌우되듯, 장기전략계획이 얼마나 실용성을 높일 수 있는지는 직접 장기전략계획에 참여하는 경영자들의 능력과 자세, 그리고 궁극적으로는 기업이 갖고 있는 에너지, 즉 기업력(企業力)에 의해 좌우될 것이다.

| 요약 | Summary

- 전략계획은 1950년대 말, 불확실성하의 급변하는 기업 환경에 효과적으로 대처하기 위해 미국 기업들을 중심으로 창안된 경영 기법으로, 예산 기법, 이익 계획 기법, 장기 계획 기법을 거쳐 전략계획의 단계에 이르게 된 것임
- 장기전략계획 수립시 해서는 안 될 실수: 1) 전략계획의 내용으로 생산 측면이나 마케팅 혹은 재무적인 측면만을 취급, 2) 장기전략계획 수립 과정에서 복잡하고 선진적인 분석기법을 사용, 3) 엄밀하고 철저한 계산, 4) 예상되는 미래만을 제시하는 수준에서 장기전략계획을 마무리
- 과거처럼 경영환경이 안정적이던 때에는 장기적인 계획이 무의미할 수도 있으나, 오늘날과 같이 경영환경이 불확실한 상황하에서는 헤드라이트가 되어 앞을 비추어 줄 수 있는 장기전략계획의 필요성이 절대적임

PART 4

전략 평가

STRATEGIC MANAGEMENT

CHAPTER 11

균형성과표

균형성과표(Balanced Score Card, BSC)란 기업의 새로운 전략관리 · 성과평가 시스템이다. 균형성과표는 조직의 비전과 전략을 관리할 수 있도록 측정지표로 바꾸어주는데, 이미 전 세계적으로 많은 선진기업들이 무형자산 성과평가시스템으로 도입하고 있다.

이 시스템은 과거성과에 대한 재무적인 측정지표를 통해 미래성과를 창출하는 측정지표이며, 재무 · 고객 · 내부 프로세스 · 학습과 성장 등 <그림 1.1>에서 보는 바와 같이 네 가지 관점으로 구분하여 기업별 특성에 맞는 지표를 선정하고 각 지표별 가중치를 적용하여 결과를 산출한다.

재무 관점에서는 회사전략을 재무목표로 연결할 수 있어야 하며, 재무 목표는 투하자본에 대해 더 높은 수익을 얻는 것이다. 고객 관점에서는 세분시장을 파악하고 그 대상이 설정되면 고객에 대한 목표와 측정지표를 결정할 수 있다. 내부 프로세스 관점은 관리자들이 고객들의 가치를 발견하고 이것이 내부적인 의사결정에까지 이르는 프로세스를 구체화 혹은 단순화하여, 고객니즈와 새로운 전략을 연결시키는 과정이 얼마 만에 실행될 수 있는지와 같은 의사결정 혁신프로세스를 나타낸다. 마지막으로 재무 · 고객 · 내부 프로세스에서 목표를 달성하는 것은 학습과 성장 역량에 달려있다.

균형성과표는 전통적인 단기투자영역이 아니라 새로운 설비와 신제품 연구개발과 같은 미래에 대한 투자의 중요성을 강조한다. 따라서 균형성과표는 전략에서 도출된 측정지표들을 통합하는 새로운 관리시스템이라 할 수 있으며, 네 가지 다른 관점의 목표를 측정지표로 전환하여 기업의 비전과 전략을 실현하는 척도로 제공하는 역할을 한다.

이 장에서는 먼저 균형성과표의 도입배경을 살펴보고 균형성과표의 내용과 체계에 대해서 자세하게 다룰 것이다. 또한 균형성과표가 전략경영과 어떻게 연계되어야 하는지에 대해서 논의하고 균형성과표의 예를 소개할 것이다.

균형성과표(Balanced Score Card)는 성과 중심의 경영을 위한 도구이자 기업이 원하는 목표를 달성했는지를 평가하는 척도이다. EVA나 ROI 등과 같은 경제적 성과측정 지표들은 지나치게 재무적인 결과만을 중시한다는 한계가 있었다. 반면 균형성과표는 기업의 성과를 재무, 고객, 내부 비즈니스 프로세스, 학습과 성장의 네 가지 관점에서 종합적이고 균형있게 측정하는 성과평가시스템이다. 이러한 점에서 균형성과표는 조직 전반의 나아가야 할 방향을 설정하고 실행하는 경영전략과 매우 밀접한 관계가 있다. 즉, 수립된 전략이 어떤 과정을 거쳐 실행되고 있는지와 본래 의도한 목표가 제대로 달성되었는지 여부를 측정하고 평가하는 데 중요한 역할을 하는 것이다.

이 장에서는 이같이 피드백(feedback) 메커니즘의 기능을 수행하는 균형성과표에 관해 살펴보기로 한다.

특허청, 'BSC 성과관리시스템으로 특허행정혁신의 초석 마련'

CASE

「BSC(balanced scorecard)를 중심으로 한 조직 및 개인 성과관리 기반 구축」

특허청(당시 청장 김종갑)은 2005년 8월 9일 10시 30분 정부대전청사 후생동 대강당에서 '특허청 BSC 성과관리시스템 개통식'을 갖고 '성과 및 고객지향적 특허행정혁신'을 가속하기 위한 초석을 마련했다고 밝혔다.

- 특허청은 지난 2004년 10월부터 9개월간 BSC 성과관리시스템을 개발했으며, 지난 6월 시스템 시범운영을 거쳐 상반기 성과평가를 새로 개발한 시스템에 의해 진행하는 등 정부 내 성과관리 분야의 선도부처로서의 위상을 강화해 가고 있다.

특허청 성과관리시스템의 특징은 정부부처 최초로 국, 과 등 조직단위는 물론 개인단위까지 실시간으로 성과관리가 가능하도록 하여 6시그마와 함께 업무혁신의 토대를 구축했다는 점을 꼽을 수 있다.

- 조직단위에는 민간부문에서 주로 활용되던 BSC를 도입하여 특허청의 미션과 비전을 실현할 수 있는 청(廳)-국(局)-과(課) 단위의 성과목표를 설정하고, 이에 대한 추진 실적을 관리하고 평가할 수 있는 성과지표를 개발해 시스템화했다.
- 개인단위에 있어서도 개인별 실적과 역량을 평가하기 위한 지표를 개발하여 운영하고 있다. 아울러 상급자 · 동료 · 부하 등에 의한 360도 다면평가를 실시하여 종전의 상사만에 의한 평가를 보완하도록 했다.
- 특히, 개인실적평가 부분에는 직원이 소속된 과의 성과지표를 직원 개개인에게 배부함으로써 과의 목표달성을 위한 팀워크 형성을 유도했다. 평가 결과

에 있어서도 소속 국, 과의 성과달성정도를 개인평가에 일정 부분 반영하도록 한 점이 돋보인다.

또한, 특허청은 고객지향적 특허행정혁신을 위해 BSC의 관점에 "이해관계자" 관점을 설정하고 심사, 심판분야의 고객만족도뿐만 아니라 고객위주의 전자정부 서비스 제공 등 고객에 의해 평가되는 부분을 각 부서의 핵심성과지표에 포함해 관리하고 있다.

- 특허청은 향후 성과관리시스템에 의해 On-line으로 각 부서의 성과를 관리함에 따라 각종 행정서비스 처리기간 단축 및 서비스 품질향상이 지속적으로 이루어질 것으로 기대하고 있다.

특허청 성과관리시스템은 인사혁신을 위해서도 중요한 의미를 가진다고 한다. 근무성적평정을 성과평가결과로 대체하여, 향후 승진대상자 선정, 성과급 지급 등급결정, 교육훈련 대상자 선정 등에 활용할 계획이라고 밝혔다.

- 특히 승진, 성과급 지급에 있어서 개인별 최종 성과점수에 따라 승진 대상자를 선정하고 성과급을 차등지급함으로써, 그간 연공서열 중심으로 운영된 인사관행을 타파하고 성과중심의 조직문화를 정착시키는 데 역점을 두고 있다고 했다.

특허청의 BSC시스템은 국가정보원, 관세청, 국세청, 지방자치단체 등 정부부처를 비롯하여 금융감독원 등 공공부문에서 벤치마킹을 했으며, 해당 기관의 성과관리시스템 개발 모델로 활용하고 있다고 한다.

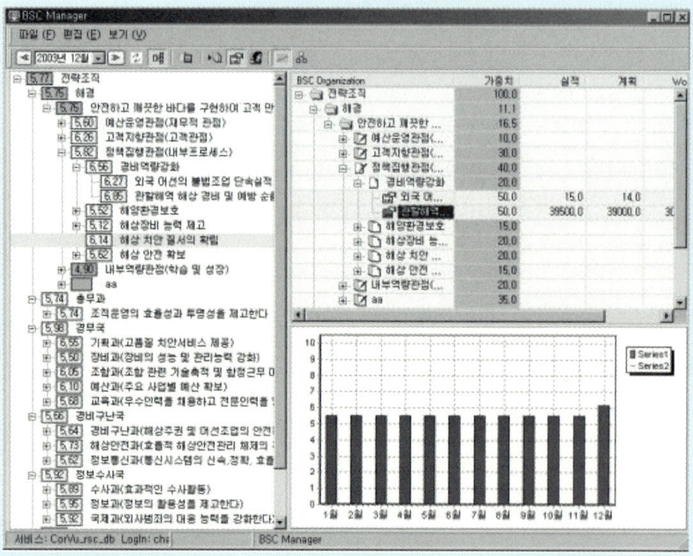

특허청은 BSC 중심의 성과관리시스템에 외부에서 실시하는 주요정책평가, 혁신관리평가 등 기관평가결과를 반영하고, 국무조정실에서 추진 중인 통합국정평가시스템(e-IPSES), 행정자치부에서 추진 중인 업무관리시스템 등과의 연계방안을 함께 모색함으로써 업무부담을 최소화하는 방안을 추진 중이라고 밝혔다.

- 아울러, 상반기 성과평가 시행 과정에서 나타난 개선 · 보완 사항을 분석해 시스템 기능 개선작업을 진행할 예정이라고 했다.

Source: 연합뉴스 2005. 8

균형성과표의 도입 배경

도입의 필요성

기업경영은 수많은 의사결정의 연속이다. 경영의 목표를 정하는 것부터 어떤 산업에 진출하여 어떻게 경쟁할 것인지까지 결정해야 한다. 그리고 처음의 목표나 의도대로 결과가 산출되었는지에 대해 평가한다. 이는 2부에서 설명한 계획-실행-평가(plan-do-See)가 바로 의사결정의 연속이라는 것을 의미한다.

전통적으로 기업경영에서는 계획-실행-평가 중 주로 계획(plan)과 실행(do)이 강조되어 왔다. 다시 말해 계획과 실행은 여러 다양한 기법들이 존재해 왔으며 또 끊임없이 발전을 거듭해왔다. 반면에 평가는 대부분 재무적인 자료들을 바탕으로 한 회계시스템에 의존해온 게 사실이다. 일반적으로 평가 중에서도 특히 조직의 성과측정 시스템은 경영자와 종업원들에게 강한 영향을 미친다. 예컨대 EPS(Earnings Per Share: 주당수익률)나 ROI(Return On Investment: 투자수익률)와 같은 재무적 측정지표들은 지식화와 정보화가 급속히 진전된 조직의 성과를 제대로 대변하지 못한다. 심지어 이러한 재무적 측정지표들에만 근거하여 의사결정을 내릴 경우 기업의 지속적인 개선과 혁신활동이 잘못된 방향으로 나아갈 가능성이 크다. 기본적으로 재무적 측면의 정보는 과거 성과에 기반한 정보여서 미래의 기업성과를 예측하고 새로운 목표를 설정하는 데 한계를 지니기 때문이다. 기업경영은 미래의 가치를 창조해 나가는 과정이고 기업이 영속적으로 발전해 나가는 것에 초점을 둬야 하므로, 기업의 사업전략을 추진하고 기업의 미래가치를 평가할 수 있도록 변화되어야 한다.

실제로 많은 경영자들과 학계 연구자들은 기존의 재무적 정보 중심의 성과측정 시스템의 부정확함을 개선하려는 노력을 부단히 기울여왔다. 그들 중 일부는 재무측정지표 자체를 현재의 기업환경에 알맞게 개선해 보려고 했으나, 최근 연구에서는 "재무측정지표보다 사이클 타임과 품질 불량률과 같은 운영측정지표를 개선해야 한다. 그러면 재무적인 성과 또한 뒤따라 향상될 것이다."[1]라는 주장이 나온 바 있다.

그렇다고 해서 기업경영활동에서 재무측정지표와 운영측정지표사이에 완벽한 상충관계(trade-off)가 존재하는 것은 아니다. 다시 말해, 둘 중 어느 하나만 선택해야 하는 것은 아니라는 의미다. 현실적으로 한 가지 측정지표만으로는 조직의 성과목표를 명확하게 나타낼 수 없으며 여러 핵심 사업영역들의 이해관계를 모두 충족시킬 수도 없다. 이러한 까닭에 경영자들이 한 가지 측정지표에만 의존해서 판단을 내리는 경우는 드물다.

요컨대 새로운 경영환경에 걸맞는 보다 균형있는 성과측정시스템이 필요하며, 이 성과측정시스템에는 이윤, 수익성, 주주가치 등 재무성과뿐만 아니라, 고객과의 관계, 공급자와의 제휴, 내부프로세스의 개선, 지적 자산, 기업의 학습 및 성장 잠재력 등 변화와 혁신의 동인이 될 수 있는 비재무적 성과도 포함되어야 한다.

기존 성과측정지표와의 차이점[2]

성과측정지표가 조직구성원과 목표달성에 많은 영향을 미친다는 점을 인지하고 있는 경영자라 할지라도 측정 수단을 전략의 필수요소로 인정하는 경우는 드물다. 예컨대 획기적인 성과향상을 위해 새로운 전략, 혁신적인 운영프로세스를 도입했다 하더라도, 측정지표만큼은 과거 수십 년간 사용해 온 투자수익률, 매출액성장률, 영업이익과 같이 단기적인 재무지표들을 그대로 사용하고자 한다. 이와 같은 경영자들은 새로운 목표와 프로세스를 피드백해줄 새로운 측정지표의 도입을 시도하지 않을 뿐만 아니라, 기존의 측정지표들이 과연 새로운 기업상(像)에 제대로 부합하는지 여부도 검토해 보지 않는 게 사실이다.

우리가 흔히 하는 말 중에 '작심 3일' 이 있다. 이는 '어떤 일에 대한 계획을 세워놓기만 하고 제대로 실천하지 않아서 오래지 않아 흐지부지된다' 는 뜻이다. 이와 같은 현상은 개인 차원에서뿐만 아니라 조직 차원에서도 발생한다. 개인의 문제인 경우 단순히 의지력 부족이라든가 상황의 부적절함 등의 탓으로 돌리겠으나 조직 수준의 문제일 경우에는 그 원인이 다르다. 요컨대 조직이 특정 목표를 제대로 달성하지 못하는 가장 큰 원인은 목표가 무엇인지 구성원들에게 명확하게 와닿지 않거나, 자신 내지는 조직이 과연 얼마나 성과를 잘 거두고 있는지 제대로 측정되지 않아서이다. 이와 같은 현상을 미연에 방지하기 위해 다양한 종류의 성과평가시스템이 개발되었고, 균형성과지표도 기본적으로는 그 일부이다. 하지만 균형성과표는 다음과 같은 점에서 기존 성과평가지표들과 뚜렷한 차이를 보인다.

첫째, 이미 많은 기업들이 부문활동의 측정을 위해 여러 종류의 운영지표와 물리적 지표를 활용하고 있다. 그러나 이러한 측정지표들은 기업 전략과 상관없이 결정된 하의상달식(bottom-up) 지표들이며 임시방편적 절차를 통해 도출된 것들이다. 반면 균형성과표에 사용되는 측정지표들은 기업이 추구하는 전략적 목표와 경쟁상황 등의 다양한 변수를 고려해 개발된다. 또한 경영자들은 균형성과표를 통해 네 가지 관점으로 핵심지표를 선정함으로써 전략적 비전에 주력할 수 있다.

둘째, 과거의 성과지표들은 앞으로 어떻게 기업의 성과를 개선시켜나갈 것인가 보다는 단순히 과거의 기업경영활동의 결과를 보고하는 수준에 머무른다. 균형성과표는 여러 측정지표들과 비교해 볼 때 과거의 단순보고에서 벗어나 기업의 현재와 미래 성공의 초석 역할을 담당한다.

셋째, 균형성과표에서 제시된 정보는 기존 측정지표와 달리 영업이익과 같은 외부 성과지표와 신제품개발과 같은 내부 성과지표 사이의 균형을 제공한다.

넷째, 현재 프로세스 리엔지니어링, 전사적 품질경영, 종업원, 권한이양 등과 같이 한 부분에만 초점을 둔 개선 프로그램을 실시하고 있는 대부분의 기업들은 통합에 대한 인식이 결여되는 경향이 강하다.

요컨대 균형성과표는 경영자, 종업원, 투자자, 심지어 고객에 이르기까지 개선 프로그램의 우선순위 결정과 조직내 확산을 위한 노력들을 한 곳에 집중시키는 역할을 한다. 종전에는 기업경영활동이 주로 예산편성에 의해 제약을 받았으나 이제 새로운 사업의 진출여부 또는 기존사업의 정리 내지는 철수 등의 의사결정은 거의 대부분이 균형성과표의 결과에 따라 좌우되기도 한다.

균형성과표의 내용과 체계

내용[3]

개요

균형성과표는 사업의 성과를 신속하면서도 종합적인 관점에서 측정할 수 있게 도와주는 성과측정시스템이다.

균형성과표를 항공기 계기판에 비유해보자. 항공기가 안전하게 목적지에 도착하려면 운항 도중 연료상태, 속도, 고도, 위치 등에 대한 정보가 정확하게 주어져야 한다. 이러한 정보들은 모두 조종실(cockpit)에 있는 각종 계기판에 실시간으로 나타나는데, 파일럿은 이 정보들을 종합하여 주어진 상황에 가장 적합한 판단을 내리게 된다. 만약 파일럿이 어느 특정 정보에만 집중한 채 나머지 정보들을 간과해 버릴 경우 항공기는 심각한 위험에 빠질 수 있다. 균형성과표도 같은 맥락에서 이해할 수 있다. 즉, 기업을 경영하는 데는 항공기의 계기판처럼 수많은 정보, 그중에서 특히 다양한 측정지표가 필요한데 경영자가 어느 한 측면에만 의존한 채 다른 부분들을 고려하지 못한다면 기업 또한 마찬가지로 의도하지 않았던

방향으로 나아갈 가능성이 큰 것이다.[4]

균형성과표에는 주로 단기적인 기업성과를 가늠하는 재무측정지표와 이를 보완하면서 미래의 재무성과에 영향을 주는 운영활동인 고객만족, 내부 프로세스, 기업의 학습 및 개선능력 등과 관계된 세 가지의 운영측정지표(operational measures)가 포함되어 있다. 이들을 구체적으로 살펴보면 다음과 같다.

- 재무 관점 : 대표적인 재무측정지표로는 투자수익률(ROI), 경제적 부가가치(EVA), 수익성 등이 있다.
- 고객관점 : 경영자들은 균형성과표를 통해 자사 고객들의 주요관심사항을 반영해야 하며, 이를 토대로 자사의 고객서비스에 관한 비전을 구체적인 성과지표로 나타내야 한다. 대표적인 성과지표로는 시장점유율, 고객확보율, 고객수익성, 고객유지율, 고객만족도 등이 있다.
- 내부 프로세스 관점 : 내부 프로세스란 기업 내의 원재료, 정보, 사람 등과 같은 입력요소를 제품과 서비스 등의 산출요소로 변환시키는 과업이나 활동들의 집합을 의미한다. 자사만의 고유한 핵심역량을 파악해 이를 향상시킴으로써 고객의 욕구를 충족시키고 궁극적으로 기업의 재무성과와 연결시켜야 하는 것이다. 내부 프로세스의 대표적인 성과지표로는 프로세스 시간, 프로세스 품질, 프로세스 원가 등이 있다.

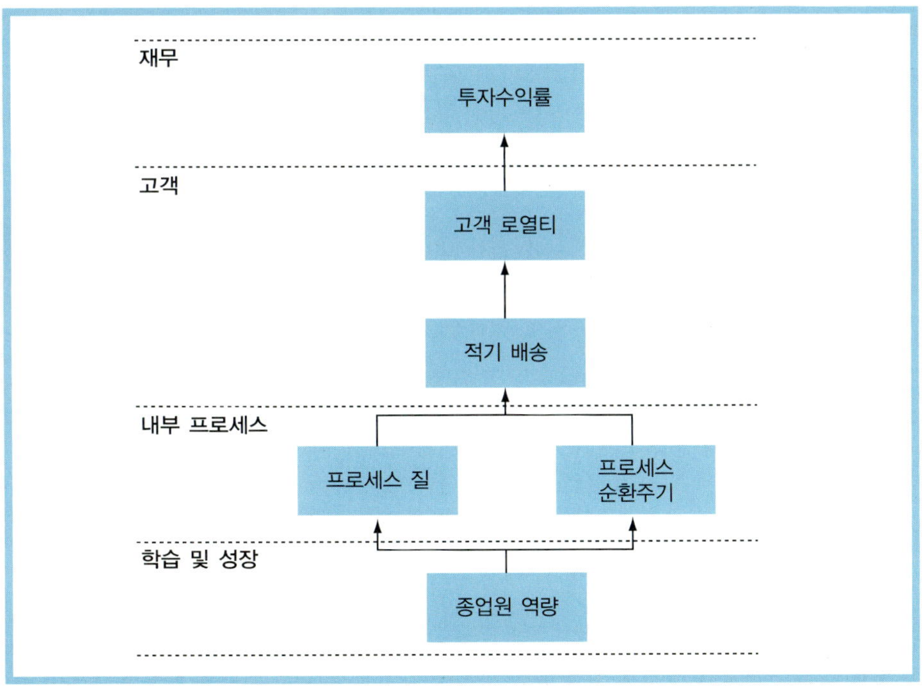

그림 11.1
균형성과표의 네 가지 관점

- 학습 및 성장 관점 : 기업의 혁신 및 개선, 학습능력은 그 기업의 가치창조와 직결된다. 학습 및 성장 관점에서는 앞의 세 가지 관점에서 설정한 목표를 성취하는 데 필요한 기업의 핵심역량을 파악하고 세부적인 성과지표를 선정하게 된다.

의의

1992년 처음으로 도입된 균형성과표는 이미 많은 기업들이 채택하여 활용했다. 균형성과표를 도입한 기업들의 초기 경험을 살펴보면 균형성과표가 다음과 같은 의의가 있는 것으로 나타났다.

첫째, 균형성과표는 경영성과를 측정하고 판단하는데 경우에 따라서는 상호 이질적인 평가요소들, 예컨대 고객 지향도, 반응시간 단축, 신제품 출시기간 단축, 장기적 관점에서의 관리 등의 성과를 하나의 보고서에 함께 보여준다.

둘째, 균형성과표를 사용함으로써 부분최적화를 막을 수 있다. 균형성과표는 경영에 필요한 거의 모든 운영측정지표들을 한꺼번에 보여주기 때문에 경영자의 의사결정에 전체적인 안목을 제공해준다.

마지막으로 균형성과표는 최고경영자의 경영비전을 명백히 하고, 단순화하며, 실행 가능하게 만든다. 균형성과표가 기존의 재무적인 측정지표들과 뚜렷이 차별화된다고 해서 단순히 성과측정항목을 무한정 늘린 것은 아니다. 오히려 경영자의 효율적인 의사결정에 도움이 되는 측정항목만을 선별해 여기에 관련된 정보를 제공한다. 따라서 균형성과표는 현재와 미래의 경영성과를 판단하는 데 필요한 주요 지표들로 구성되어 있다.

고객관점: 고객은 우리 회사를 어떻게 보는가?

고객 중심 사업전개의 중요성은 오래전부터 꾸준히 제기되어 왔던 문제이다. 그 결과 오늘날 대부분의 기업들은 저마다 각 분야에서 '고객이 원하는 가치를 제공할 수 있는 기업이 되자'라는 목표와 비전을 가지고 있다. 설문조사나 여러 다양한 방법을 통해 고객이 원하는 게 무엇인지를 찾아내려는 노력은 오랜 기업 경영의 역사와 그 궤를 같이한다. 하지만 고객의 욕구를 파악하는 것 못지않게 중요한 것이 자사 고객 서비스에 관한 비전을 고객들의 주요 관심사항을 반영한 구체적인 측정지표로 바꾸는 것이다. 사실 고객이 원하는 바를 회사 입장에서 일방적으로 예상하고 판단해 버리는 것은 별 의미가 없다. 그렇게 될 경우 고객만족은 단순한 구호에 그칠 가능성이 크기 때문이다.

일반적으로 고객의 관심사는 시간, 품질, 성능 · 서비스, 비용 등의 네 가지 범주로 구분된다. 리드 타임(lead time)은 기업이 고객의 욕구를 처리하는 데 소요되는 시간이다. 리드 타임은 기존 제품일 경우 고객이 제품이나 서비스를 주문한 시점부터 이를 고객에게 인도하기까지의 시간을 일컫는다. 그리고 신제품일 경우에는 시장에 제품이나 서비스를 출시하는 데 걸리는 경과 시간으로 측정된다. 한편 품질은 고객들에 의해 판단된 결함 수준으로 측정되거나 제품 인도시점과 인도시점 예측의 정확도로 측정될 수 있다. 성능 · 서비스는 기업의 제품 또는 서비스가 고객의 가치창조에 기여하는 정도로 측정된다.

내부 프로세스 관점: 우리 회사는 어떤 점에서 탁월해야 하는가?

균형성과표를 활용하는 과정 중에 고객의 관점으로 회사에 요구하거나 바라는 것이 파악되었다면, 그 다음은 고객들의 기대에 부응하기 위해 내부적으로 무엇을 해야 하는지에 대한 측정지표를 구해야 한다. 고객에 대한 성과를 높일 수 있는 원천은 조직 전반에 걸친 업무 프로세스, 의사결정, 그리고 행동에서 나타난다. 경영자들은 고객 욕구를 만족시키는 데 필요한 조직 내부의 활동들을 가다듬는 데 집중해야 한다. 이와 같은 측면에서 균형성과표는 경영자로 하여금 내부 프로세스를 적절하게 평가할 수 있도록 지표를 제공한다.

이러한 균형성과표의 내부 프로세스 측정지표들은 고객만족에 가장 큰 영향을 미치는 업무 프로세스로부터 나와야 한다. 예컨대 종업원 숙련도와 품질, 생산성 등에 영향을 주는 요인 등을 들 수 있다. 아울러 자사가 속한 시장을 지속적으로 선도할 수 있도록 하는 핵심역량의 발굴과 개발에 노력을 기울여야 한다. 다시 말해, 경쟁사에 비해 자사가 뛰어나야 하는 업무 프로세스와 핵심역량들이 무엇인지를 결정한 뒤에 이들의 측정지표를 구체화해야 하는 것이다.

혁신 및 학습 관점: 우리 회사는 지속적으로 가치를 개선하고 창출할 수 있는가?

균형성과표 상에 나타나 있는 고객 관점의 측정지표와 내부 프로세스 관점의 측정지표는 기업이 경쟁에서 이기기 위해 가장 중요하게 고려해야 할 요소들이 무엇인지를 파악하는 데 많은 도움을 준다. 그러나 성공을 위해서는 설정한 목표 자체가 환경변화에 맞춰 변해야 한다.

범세계적인 무한경쟁에서는 기존 제품이나 서비스, 그리고 업무 프로세스에 대한 지속적인 개선과 예전과는 전혀 다른 신제품을 개발 · 출시할 수 있는 능력이 요구되기 때문이다. 다시 말해 고객의 욕구를 제대로 파악하고 조직 내부의 자원을 활용하여 시장에서 성공을 거두었다고 해도, 이를 지속시키지 못하면 그 의미가 감퇴된다. 이런 상황을 막기 위해서는 끊임없는 혁신 및 개선, 학습능력이 필요하다. 이는 곧 그 기업의 가치창조와 직접적으로 연계된다.

요컨대 기업은 지속적으로 새로운 제품과 서비스를 시장에 출시하고, 더 많은 고객가치를 창조하며, 운영 효율성을 개선할 능력을 갖추고 있어야만 새로운 시장에 진출할 수 있고 또 수익과 이윤을 획득할 수 있으며, 궁극적으로 조직 전체의 성장과 주주가치의 확대를 도모할 수 있다.

재적 관점: 우리 회사는 주주들에게 어떻게 보일까?

<그림 1.2>에 나오는 재무적인 성과와 관련된 측정지표들은 기업의 전략실행과 집행이 기업의 손익개선에 어느 정도 기여하고 있는지를 나타낸다. 재무적인 목표들은 전형적으로 수익성, 성장성, 주주가치와 연관이 있다. 일반적으로 기업의 재무목표는 생존하는 것, 성공하는 것, 번영하는 것으로 간단히 요약된다. 여기서 생존은 현금흐름으로, 성공은 각 사업부의 분기별 매출액의 증가와 영업이익의 발생으로, 번영은 세분 시장별 시장점유율 확대와 ROE 개선으로 측정되기도 한다.

하지만 과연 '오늘날 경영자들은 이러한 재무적 측정치에만 의존해야 하는가?' 라는 의문을 가지지 않을 수 없다. 앞서 지적한 바와 같이 재무적인 측정지표들은 부정확하고, 과거 지향적이며, 현재의 가치창조활동을 제대로 반영하고 있지 못하다는 비판을 받고 있다. 미래의 현금흐름을 예측하고 이것을 할인해 현재가치로 환산하는 주주가치 분석과 같은 재무분석은 예외적으로 미래지향적인 시도로 볼 수 있겠으나, 이러한 주주가치 분석조차도 현금흐름을 발생시키는 활동과 프로세스를 고려하고 있지 않다.

다른 한편으로 재무적 성과는 단지 운영행동의 결과이고, 따라서 재무성과가 성공적이었다면 이는 사업의 기반 요인이 잘 수행되었음을 나타내는 것에 불과하다는 주장이 있다. 심지어 이들은 재무측정지표로 사업을 운영하는 행태를 중지해야 할 것이며, 사업운영 기반을 개선함에 따라 재무적인 수치는 저절로 향상될 것이라고 주장한다.

하지만 재무측정지표가 불필요하다는 주장은 적어도 다음 두 가지 이유에서 잘못되었다. 예를 들어 잘 만들어진 재무통제 시스템은 일반적으로 알려진 바와 달리 조직의 TQM 프로그램을 억제시키기보다 오히려 활성화시킨다. 그리고 더욱 중요한 이유로 개선된 운영성과가 재무적 성공으로 이어진다고 주장하고 있으나 실제로는 그 연계가 아주 미미하고 불확실하다는 점을 들 수 있다.

균형성과표의 본래 의의대로 재무적인 지표와 균형성과표가 서로 보완적으로 활용될 때 보다 정확하고 발전적인 성과측정이 가능하게 된다.

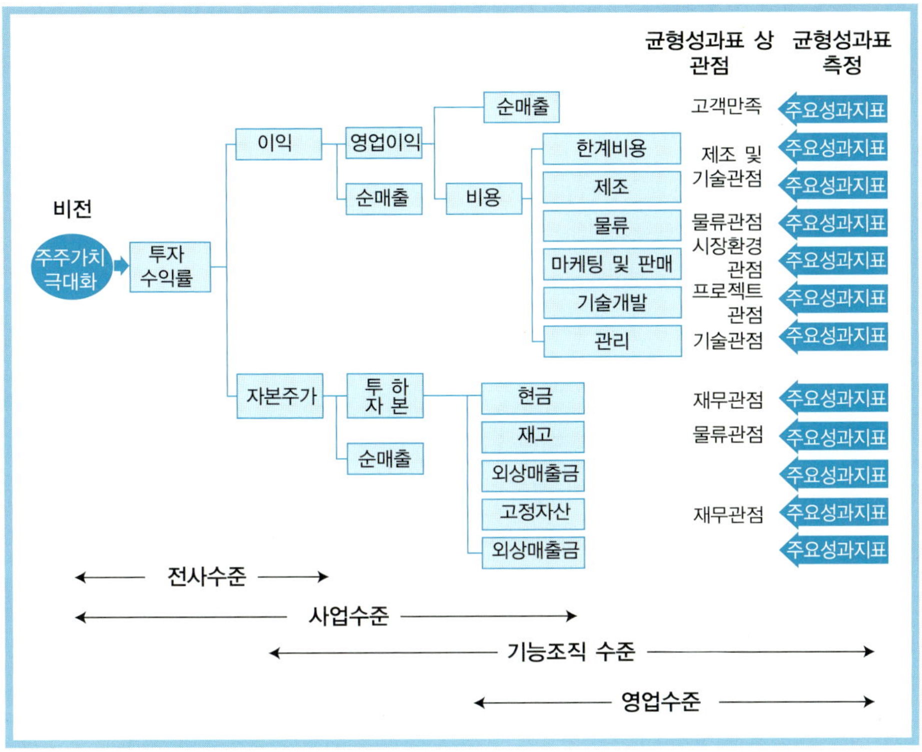

그림 11.2
균형성과표 상의 재무 관점

체계: 균형성과표의 작성[5]

모든 조직은 저마다 고유한 특성을 지니고 있기 마련이다. 따라서 균형성과표 또한 기업들마다 독특한 경로를 거치게 된다. 다음은 균형성과표 작성의 예시이다.

준비

우선 최상위 레벨의 균형성과표가 적합한 사업단위가 어디인지를 정의해야 한다. 일반적으로 균형성과표는 자사만이 보유한 고유 고객, 유통채널, 생산 시설, 재무 성과지표를 보유하고 있는 사업단위에 적합하다.

1차 인터뷰

사업 단위의 각 고위 경영자(보통 6~12명 정도의 임원)는 자신의 회사의 비전, 사명, 전략을 기술한 내부 문서뿐만 아니라, 균형성과표에 대한 관련 배경자료도 함께 받는다. 균형성과표의 책임자(균형성과표 작성을 담당하는 사람으로서 외부 컨설턴트나 회사 임원일 수 있음)는 회사의 전략적 목표와 균형성과표의 초안 작성을 위한 자료를 얻기 위해 고위 경영자들과 대략 90분가량의 인터뷰를 실시한다.

책임자는 사업단위의 재무성과에 대한 주주들의 기대수준을 파악하기 위해 일부 주요 주주들에 대한 인터뷰를 실시하기도 하며, 고객들이 가장 선호하는 공급자에 대한 고객들의 기대성과를 파악하기 위해 일부 주요 고객들에 대한 인터뷰를 실시하기도 한다.

1차 경영진 워크샵

기업의 최고경영자는 균형성과표의 개발 과정에 참여하기 위해 균형성과표의 책임자와 함께 워크샵을 가진다<그림 11.3>. 워크샵 기간 동안, 최고경영진과 책임자들은 합의를 이끌어낼 때까지 제안된 사명과 전략에 대해 논의를 계속한다. 사명 및 전략에 대한 논의에서 "비전과 전략이 성공한다면 주주, 고객, 내부 프로세스, 혁신 · 성장 · 개선이라는 네 가지 관점에서 현재와 비교했을 때 우리의 모습은 어떻게 변화할 것인가?"라는 질문에 대답하는 방향으로 논의의 초점을 옮겨간다.

이러한 논의에서 외부의 객관적인 시각을 제공해주기 위해 주요 주주 및 고객과

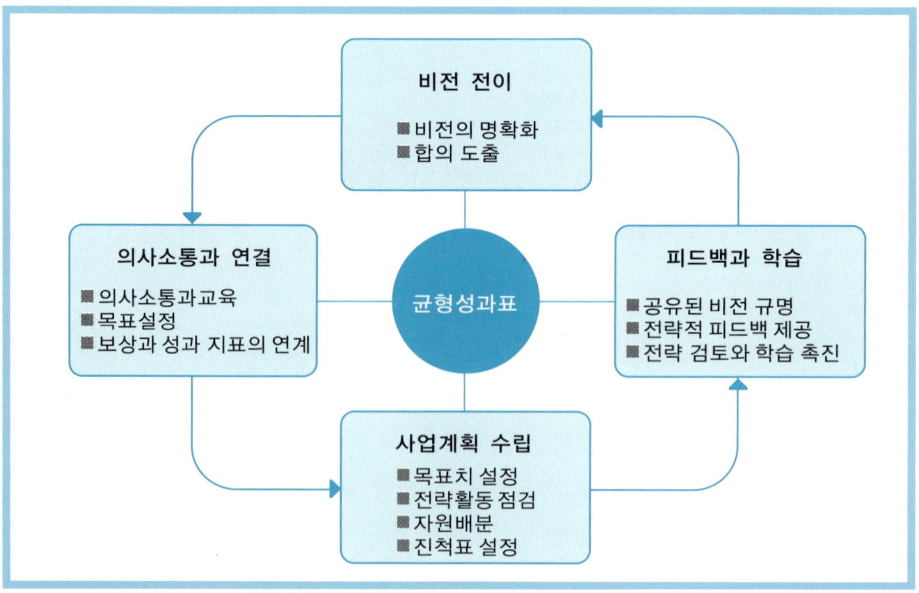

그림 11.3
기업에 대한 거시적 견해

의 인터뷰 내용을 담은 비디오테이프를 상영하는 방법을 동원할 수도 있다. 핵심성공요인들을 정의한 후에는 전략적 목표에 대한 운영상의 측정지표를 포함하고 있는 균형성과표 초안을 만든다. 네 가지 관점에 대해 네 개 내지는 다섯 개 이상의 측정지표가 제안되는 경우도 빈번하게 일어난다. 제안된 측정지표 중 일부가 낮은 우선순위를 지니는지의 여부를 파악하기 위해 비밀투표에 부칠 수도 있지만, 이 시점에서 굳이 선택의 폭을 좁힐 필요는 없다.

2차 인터뷰

균형성과표의 책임자는 경영진 워크샵을 통해 결정된 사항을 검토하고 통합하며 이를 문서화한다. 그리고 잠정적으로 결정된 균형성과표에 대해 각 고위 경영자와 인터뷰를 실시한다. 또한 균형성과표의 시행과 관련된 이슈에 대한 의견을 수집하기도 한다.

2차 경영진 워크샵

고위 경영자 및 그의 부하직원, 그리고 다수의 중간관리자가 참여하는 2차 워크샵에서는 비전, 전략, 그리고 잠정적인 균형성과표에 대해 논의한다. 그룹별로 작업하는 참석자들은 제안된 측정지표에 대해 의견을 개진하고, 현재 진행중인 각종 혁신 프로그램들을 측정지표와 연계시키며, 실행계획 수립에 착수하게 된다. 워크샵 마지막에 참석자들은 목표 개선율을 포함해 제안된 각 측정지표에 대해 목표치를 상향 조정한 확장 목표를 제안해야 한다.

3차 경영진 워크샵

고위 경영자는 앞의 두 번의 워크샵에서 수립된 비전, 목표, 측정지표에 대한 최종적인 합의점을 도출하고, 균형성과표 상의 각 측정지표에 대한 확장 목표를 개발하며, 목표달성을 위한 예비 실행 프로그램을 결정하기 위해 워크샵을 가진다. 이들은 균형성과표에 대해 조직구성원들에게 알리고, 경영철학을 균형성과표에 반영시키며, 균형성과표를 지원하기 위한 정보시스템을 개발하는 것 등을 주요 내용으로 하는 실행 프로그램에 대한 합의를 도출해야 한다.

실행

새로이 구성된 실행팀은 균형성과표의 실행계획을 수립한다. 실행계획은 성과

측정지표를 데이터베이스 및 정보시스템과 연계시키고, 균형성과표에 대한 내용을 조직 전반에 파급시키며, 각 사업부에 대한 2차 측정지표의 개발을 촉진하는 것을 주요 내용으로 한다. 이러한 과정을 거치게 되면, 최상위 층 사업단위의 측정지표를 하위 운영지표와 연계시키는 전혀 새로운 임원정보시스템을 개발하는 것도 가능해진다.

주기적인 검토

매분기 또는 매월, 균형성과표의 측정지표에 대한 정보를 수록한 안내서를 준비해 최고경영자가 이 안내서를 검토하고, 최고경영자와 사업부문 경영자들이 논의할 수 있도록 한다. 균형성과표의 측정지표는 전략계획, 목표설정, 자원배분 과정의 일환으로 매년 수정해야 한다. 이러한 과정을 통해 지속적인 혁신이 가능해진다.

균형성과표와 전략 경영의 연계

기업경영의 새로운 흐름

범세계적인 경쟁이 격화되면서 정보를 효율적으로 활용할 수 있느냐 여부가 그 기업의 핵심역량을 가늠하는 중요한 척도가 되었다. 기존에는 기업이 가진 물적 자원이 매우 중요한 경쟁력의 원천이었으나 지식화 · 정보화가 고도로 진전된 새로운 환경 하에서는 눈에 보이지 않는 무형자산의 중요성이 증대되고 있다. 실제로 1982년에는 전체 기업 가치의 62%를 유형자산이 설명했었으나 10년 후에는 그 수가 38%로 줄어들었으며, 최근에는 이 비율이 20%대로 낮아지고 있다. 따라서 일부에서는 무형자산을 유형자산과 동일하게 획득비용과 감가상각의 개념을 활용해 관리해야 한다고 말하고 있다.

그러나 무형자산의 가치 측정은 쉬운 일이 아니다. 우선 구성원의 역량이나 종업원의 충성도와 같은 무형자산의 가치를 재무적인 금액으로 측정하거나 환산하는 것은 매우 어렵다. 또한, 같은 무형자산이라 할 지라도 그 가치는 조직환경과 전략에 따라 달라진다. 예컨대 백화점에서 고객을 맞이하는 직원의 지식 및 고객관리 기법은 매우 중요한 자산이다. 그러나 효율성을 중시하는 인터넷 쇼핑몰의 경우 이러한 지식의 가치는 상대적으로 낮아지게 된다. 무형자산은 단독이 아닌 다른 유형/무형 자산과의 결합을 통해서만 그 가치를 발산할 수 있다. 예를 들어 어떤 기업이 매출액 증대를 새로운 목표로 설정했다면, 우선 고객 DB 구축과 조직구성원에 대한 교육, 정보시스템 정비, 새로운 보상 프로그램의 확립 등을 복합적으로 활용하는 것이 필요하다.

요컨대 무형자산은 조직의 경쟁력 확보에 중요하며 또 많은 가치를 창조하지만, 독립된 가치를 따로 떼어서 측정하기가 힘들다. 이러한 문제를 해결하기 위해 등장한 것이 균형성과표이다. 하지만 균형성과표는 기업이 보유한 무형자산의 가치 자체를 측정하는 게 아니라 무형자산이 차별화된 고객 가치 제안과 재무적 성과를 창출하기 위해 어떻게 활용되고 다른 유형/무형 자산과 어떤 관련이 있는지를 파악하는데 초점을 맞추고 있다. 다시 말해, 무형자산과 유형자산이 서로 연계되어 기업의 가치창조전략에 어떻게 기여하는지를 기술한다는 점에서 기존의 성과평가시스템과 차별성을 지니게 되는 것이다.

균형성과표에 의한 전략경영[6]

균형성과표를 전략경영에 활용하는 방안은 균형성과표가 등장하고 난 뒤부터 꾸준히 시도되어 왔다. 무형자산의 중요성 증대와 함께 균형성과표는 이러한 필요에 부합하기 위해 기존 한 가지의 재무적인 관점에 세 가지의 비재무적 요소들을 더했다. 여기에 포함된 세 가지의 새로운 비재무 관점은 고객, 내부 프로세스, 학습 및 성장이다. 따라서 균형성과표는 자사의 재무성과에 대한 정보획득과 함께 기업성장에 필요한 무형자산의 축적과정을 살펴볼 수 있도록 구성되어 있다. 즉, 균형성과표는 기존의 재무제표를 완전히 대체하는 것은 아니며 보완적인 역할을 하는 것이다.

최근에는 이러한 균형성과표의 효용성을 더욱 확장하여 기업의 새로운 전략을 수립하는 근거로 활용하는 경우가 많아지고 있다. 기존 재무측정지표로는 단기활동과 장기적인 전략계획을 연결하는 것이 현실적으로 어려웠지만, 균형성과표를 활용할 경우 이러한 문제를 해결할 수 있게 되었다.

대부분의 기업들은 장기적인 전략목표의 수립과 거리가 먼 재무지표 및 목표 중심의 운영체계와 통제시스템을 가지고 있었던 게 사실이다. 따라서 전통적인 기업경영에서는 이러한 단기적 재무지표에 근거한 성과평가가 주류를 이루었으며, 이로 인해 기업이 수립한 전략이 얼마나 효과적으로 수행되었는지를 파악하기 힘들었다.

균형성과표를 전략경영에 활용함에 따라 이러한 고민들은 해결되었다. <그림 11.4>에 나오는 네 가지 단계를 통해 기업은 균형성과표를 효과적으로 전략경영

그림 11.4
균형성과표와 전략 경영의 연계

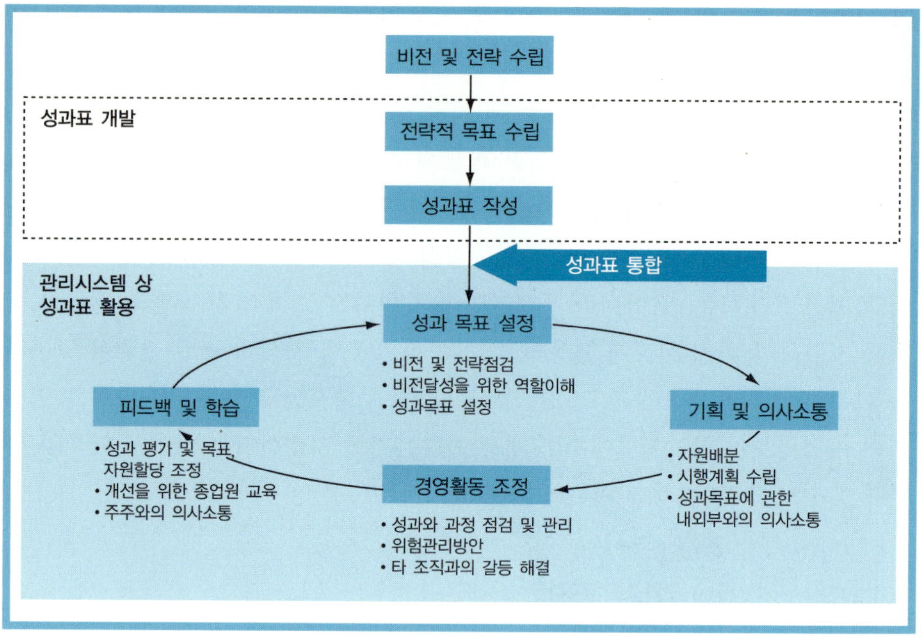

에 활용할 수 있게 되었다. 요컨대 장기전략목표와 단기적 활동 사이에 연결과 균형을 꾀할 수 있게 된 것이다.

비전의 전파

균형성과표를 활용한 전략경영의 첫 번째 단계는 기업의 비전을 조직 내부에 효과적으로 전파함으로써 비전과 전략에 대한 전사적 차원의 합의를 도출하는 것이다. 최고경영자가 아무리 훌륭한 비전을 내놓는다고 해도 이를 전체 조직구성원이 공감하지 못한다면 그것은 단지 일회성 구호에 그칠 뿐이다. '최고의 경쟁력을 갖춘 기업', '제1의 서비스 업체', '권한이양이 잘된 조직'과 같은 표현은 실무에는 전혀 의미를 주지 못한다.

생경한 구호의 나열보다 조직구성원 스스로 공감할 수 있는 비전을 수립해야 한다. 이를 위해 균형성과표를 통해 현재 상황을 파악하고 미래 나아갈 방향을 함께 만들어 나가야 하는 것이다.

의사소통 및 연결

두 번째 단계인 의사소통 연결과정에서는 경영자 자신이 수립한 전략을 조직내 상하위 계층에 효과적으로 전달하고 이를 부서 및 개인의 목표와 연결시킨다. 대부분의 전통적 성과평가지표들은 주로 단기적인 재무성과에만 중점을 두었기 때문에 다양한 측면을 고려하지 못한 한계가 있었다. 하지만 균형성과표를 이용할 경우 이러한 문제점을 해결하고 조직구성원 전체와 부서가 기업의 장기전략목표와 조화를 이루고 있는지를 확인할 수 있게 된다. 즉, 조직목표와 개인목표의 통합이 이뤄지는 것이다.

이와 같은 결과는 다양한 계층의 관리자들이 균형성과표 작성에 동참할 때 가능하다. 이는 경영자의 독단으로 흐르지 않고 전체 조직구성원들의 공감대를 형성하기 위해 반드시 필요한 과정이다. 물론 이러한 과정이 시간이 많이 걸리긴 하지만 다음과 같은 이점이 있다.

보다 많은 관리자의 정보가 하나의 내부적 목표로 귀결되고, 각 관리자들은 기업의 장기 목표를 명확하게 숙지할 수 있다. 이러한 기업의 장기전략에 대한 높은 이해는 자연스럽게 이를 달성하기 위한 관리자들의 높은 업무참여와 관심을 유도하게 된다. 이처럼 관리자들을 균형성과표 작성에 참여시키는 것은 끝이 아니라 개인의 행동을 기업 목표에 합치시키기 위한 첫 걸음인 것이다.

사업계획의 수립

세 번째 단계는 사업계획 수립 과정으로, 이를 통해 사업계획과 재무계획을 효과적으로 조율할 수 있게 된다. 기업은 보통 하나 이상의 사업부를 가지고 있게 마련이다. 여러 개의 사업부를 가지고 있는 경우에는 사업계획이 다양한 반면 자원은 언제나 한정되어 있다. 따라서 여러 사업부들의 사업계획들 간 이해관계조정이 필수적이다. 과거에는 사업부간 이해관계의 충돌이 빚어질 경우 이를 적절하게 조정하기가 힘들었던 게 사실이다. 하지만 균형성과표를 도입하면 이를 근거로 보다 효율적으로 자원을 배분할 수 있게 된다. 균형성과표는 재무적 · 비재무적 요소들이 모두 통합되어 있어서 기업의 장 · 단기적 균형을 추구하기가 용이하다. 따라서 단기적 성과보다는 기업의 장기적 목표에 부합하는 활동에 자원을 집중적으로 투입할 수 있게 되는 것이다.

피드백과 학습과정

네 번째 단계는 피드백과 학습과정으로 이 단계에서는 기업이 이른바 전략적 학습이라는 능력을 갖출 수 있게 해준다. 기존에는 주로 재무적인 결과만을 놓고 피드백이 이뤄졌으나, 균형성과표를 이용하면 단기적인 평가는 물론 고객, 내부프로세스, 학습 및 성장의 관점도 함께 고려할 수 있게 되며, 이는 기업의 전략 수립 과정에 실시간 학습의 효과를 가져온다. 아울러 경영자들은 균형성과표를 통해 전략 실행의 전 과정 동안 그들의 전략이 제대로 실행되는지를 확인할 수 있고, 만약 의도한 바대로 실행되지 않고 있다면 무엇 때문인지를 알 수 있게 된다.

앞서 언급된 균형성과표에 내재된 세 가지 단계(비전 전이, 의사소통과 연결, 사업계획 수립)는 전략 수립에 있어 핵심적인 요소들이지만, 미래에 대한 예측이 불확실한 상황을 고려하면 그것만으로는 부족한 감이 있다. 세 단계는 서로 복합적으로 어울려 하나의 단일고리학습(single-loop learning) 과정을 만들어낸다. 여기서 단일고리란 목표가 일정하게 유지되면서 기존 경로에서 벗어난 어떤 것도 인정되지 않는다는 것을 의미한다. 이러한 단일고리 학습과정에서는 전략의 수립이나 실행과 관련된 어떤 재검토도 요구되지 않는다.

하지만 급격한 환경변화를 경험하고 있는 대부분의 기업들은 매우 복잡한 형태의 전략을 수립하여 실행에 옮기고 있다. 따라서 초기에 아무리 타당했던 전략이라 할지라도 환경변화에 따라 언제든지 그 타당성을 상실할 가능성을 지니고 있는 것이다. 이러한 까닭에 오늘날의 환경에서는 단일고리학습이 이뤄지기 힘들다. 이와 같은 복잡하고 변화가 극심한 환경에서 살아남으려면 아지리스(C. Argyris)가 언급한 이중고리학습(double-loop learning)의 능력을 갖추는 게 필요하다. 이는 일반인들이 당연하게 생각하고 있는 인과관계에 변화를 유발시키는 것을 의미한다.

전통적인 예산관리기법 등과 같은 기존의 여러 재무적 기법으로는 이중고리학습을 경험할 수 없다. 누차 지적한 바와 같이 이와 같은 재무적 기법들은 하나의 고정된 시각으로만 성과를 판단할 뿐 지속적인 발전과 성장에 매우 중요한 전략적 학습의 개념을 놓치기 때문이다. 전략적 학습은 지속적으로 피드백을 받고, 전략을 만들 때 기초로 한 가설들을 검증하고, 필요한 조정작업을 해 나가는 과정에서 비로소 형성될 수 있다.

균형성과표는 바로 이러한 세 가지 활동들을 지원해준다.

첫째, 균형성과표는 기업이 하나의 팀으로서 성취하고자 하는 결과를 명확하게 하고 현실적으로 와닿는 용어로 표현함으로써 공유된 비전을 제시하는 역할을 한다. 다시 말해, 균형성과표를 활용함으로써 개인이 이룬 노력과 성과를 사업단위의 목표와 연결시키는 통합 모델을 만드는 것이다.

둘째, 균형성과표는 전략적 피드백 시스템을 제공한다. 기업의 전략을 인과관계에서 일련의 가설이라고 본다면, 전략적 피드백 시스템은 이를 검증하고 타당성을 평가해 수정할 수 있어야 한다.

셋째, 균형성과표는 전략적 학습에 꼭 필요한 전략검토작업을 가능케 한다. 기존에는 최근의 재무성과를 분석하기 위해 정기적으로 각 사업부 경영자 간의 정례 회의를 개최했다. 이러한 회의에서는 이미 지나간 시점의 재무성과에 대한 검토와 왜 정해진 재무목표를 달성하지 못했는가에 대한 토론에 대부분의 시간이 소요되었다. 이에 반해 균형성과표를 이용할 경우 이미 설정된 인과관계를 주기적으로 검토하는 것만으로도 그들이 수립한 전략의 타당성과 실행결과를 평가할 수 있다.

지금까지 살펴본 바와 같이 균형성과표는 전략 수립에 필요한 여러 정보들을 제공한다. 이러한 정보들은 기업으로 하여금 선택과 집중이라는 전략의 기본논리에 충실히 따를 수 있도록 해준다. 다시 말해 균형성과표에 나타난 결과를 토대로 생존 및 발전이 예견되는 부분에 투자와 자원을 집중시키고 그렇지 않은 부분에서는 철수 등을 고려하는 것을 의미한다. 아울러 학습을 통해 지속적인 성장을 도모할 수도 있다.

균형성과표의 예

이 책에서는 앞서 설명한 균형성과표의 구성과 내용을 바탕으로 일반적인 제조업체의 재무, 고객, 내부 프로세스, 학습 및 성장 등의 관점에 관한 성과지표를 제시하고자 한다. 관점별 성과지표는 다음 표와 같다.

표 11.1
재무관점

목표	성과지표	정의
투자수익 극대화	투자수익률	축적된 투자수익 성과
현금흐름 안정화	허용현금흐름	축적된 허용현금흐름
매출 극대화	매출액	총매출액
영업이익 극대화	영업이익	총영업이익
투하자본의 최적활동 보장	투하자본액	총투하자본
허용사업위험 유지	매출배분	사업부 또는 제품별 매출배분

표 11.2
고객관점

목표	성과지표	정의
시장점유율 증가	시장점유율	매출액 및 판매량 기준 시장점유율
고객 포트폴리오 최적화	주요 고객에 대한 시장점유율	주요 고객 관련 매출액 및 수요량
	고객 구성	매출액 및 판매량 기준 고객별 판매비중
판매지역 포트폴리오 최적화	판매지역 구성	매출액 및 판매량 기준 판매지역별 판매비중
제품 포트폴리오 최적화	제품별 구성 비중	매출액 및 판매량 기준 제품별 판매비중
고객 만족도 증가	고객만족도 지수	고객만족도 평가
브랜드 이미지 극대화	브랜드 이미지 지수	브랜드 이미지 평가

표 11.3
내부프로세스관점

목표	성과지표	정의
수익률 극대화	신제품 ROI	신제품 투자수익률
사업계획 수립 및 통합	가정의 정확도	가정 대비 실제 편차(%)
영업목표 달성	사업계획 진척도	사업계획서 상 지연시간
	신제품 출시시점	신제품 출시에 걸린 시간
	수익률	주요 제품 수익률
	불량률	100만개 출시제품 중 품질문제로 회수된 제품의 평균 수
	신제품 출시 건수	목표 물량 대비 신제품 제조물량
	신제품 매출액	신제품 출시로 달성된 매출액
조직간 협업효과 및 효율 극대화	업무 교착 사례 건수	사업부와 지원부서 간의 업무 교착 사례 건수
홍보전략 효과 및 효율 극대화	홍보전략 달성률	홍보전략 상 중대시점 업무 달성도

표 11.4
학습 및 성장관점

목표	성과지표	정의
종업원 및 경영진 동기부여	종업원 만족도 지수	
주요 종업원 보유	주요 종업원 교체율	
종업원 역량 강화	종업원 당 연평균 교육시간	종업원 당 교육시간
	종업원 당 연중 평균 근로시간 대비 생산량	종업원 생산성
	종업원 역량 지수	종업원 전문역량에 대한 주기적인 평가
협업 장려	협업 지수	전략사업부, 사업부 및 지원부서에 의해서 공유된 협업 상 정보의 내부평가
비전 및 전략과 연계된 조직구성	균형성과표와 조직 업무 간의 균형정도	비전 및 전략의 이해정도
혁신적인 근무환경 조성	혁신지수	혁신분위기에 관한 서베이

|요약| *Summary*

- 과거에는 경영활동 프로세스의 주요 대상은 전략(strategy)이 아니라 관리(management)였으며 관리에 대한 계획, 관리에 대한 실행, 관리에 대한 평가에 초점을 맞춰 경영활동이 이루어졌으나, 향후 기업이 경쟁력을 확보하고 장기적인 관점에서 사업을 수행하기 위해서는 기본적인 경영활동의 대상이 '전략(strategy)' 이 되어야 함
- 전략평가시스템이란 "경영환경의 변화요인을 고려하여 수립된 전략의 실행(do) 및 결과(output)를 평가(evaluation)하고, 조직 전체적인 관점에서 장기적으로 기업의 경쟁력을 향상시킬 수 있도록 평가의 여건까지 고려된 평가시스템임
- 올바른 전략평가시스템 도입을 위해서는 1) 평가시스템 적용에 적합한 조직구조, 2) 책임과 권한의 이양, 3) 관리회계시스템의 정비, 4) 구성원의 공감대 형성과 최고경영진의 확고한 의지 등이 필요함

CHAPTER 12

기업의 지배구조

기업의 전략을 수립하고 실행하는 것은 경영자의 가장 중요한 역할 중 하나이다. 경영자는 이러한 역할을 제대로 수행하기 위해 기업을 이끌어 갈 비전과 역량을 지녀야 할 뿐만 아니라, 주주 등 이해관계자에 대한 책임을 다하는 건전한 기업시민으로서의 자질도 갖추어야 한다.

그러나 일부 기업과 경영자들은 불공정 계약과 환경오염을 야기하는 등 사회적 책임을 다하지 못함으로써 많은 비난을 받아왔으며, 1980년대 중반 이후부터는 수탁자로서 이해관계자에 대한 책임수행 문제와 관련하여 또 다시 주목을 받고 있다. 예컨대 일부 경영자들은 바람직하지 못한 사업에 참여하고 신기술 개발이나 경쟁 위협에 효과적으로 대처하지 못하는 등 이해관계자에 대한 경영자로서의 책임을 충실히 이행하지 못하고 있다. 즉, 일부 경영자들은 이해관계자의 가치를 잠식하는 그릇된 전략을 지속할 뿐만 아니라 그들 자신의 지위를 계속 확장하기 위한 노력을 하고 있는 것이다.

나아가 경영자들은 주주의 가치를 희생시켜 자신의 이익을 추구한다는 비난도 받고 있다. 그럼에도 불구하고 특히 우리나라의 경우 기업에 대한 전적인 지배권한을 보유하고 있는 경영자들의 이기적 행동(self-interested behavior)을 규제하고 주주 등 이해관계자의 이익을 보호할 효과적인 통제시스템을 갖춘 지배체제가 마련되지 못하고 있다.

이와 달리 미국, 일본, 독일 등 선진국에서는 기업 지배구조 또는 지배체제(corporate governance system)가 세계화시대에 기업의 경쟁력을 결정하는 중요한 요소 중 하나라는 인식이 널리 확산되고 있다.[1] 뿐만 아니라 글로벌 경제에서 국가 간 경쟁은 각국의 상이한 기업 경영체제 간 경쟁이라는 주장까지 대두되고 있어, 경영체제가 향후 기업의 경쟁우위 확보에 중요한 요소로 작용할 것이 예상된다.

무한경쟁 시대에 경쟁우위를 확보하는 방법 중 하나는 시장과 밀착된 관계를 유지하는 것이다. 여기서 말하는 시장은 제품시장에만 국한되지 않고 자본시장, 노동시장, 그리고 전략적 제휴를 통한 공급자 네트워크의 참여 등을 모두 포함하는 개념으로, 장기적인 가치창조를 위해서는 이 모든 시장에서 다른 기업들과 경쟁해야 한다. 따라서 주주, 종업원, 경영진, 소비자, 기술 및 부품 공급업자 등을 모두 기업의 이해관계자로 인식하고, 이들의 이익을 충족시켜 줄 수 있는 지배구조를 마련해야 할 필요성이 그 어느 때보다도 부각되고 있다.

기업이 21세기 무한경쟁시대에 살아남기 위해서는, 자원을 최대한으로 그리고 효율적으로 활용할 수 있는 바람직한 지배구조를 갖추어야 한다. 따라서 이 장에서는 오늘날의 기업 지배구조 현황과 기능, 운영체제, 그리고 최고경영자의 역할 등에 대해 살펴보기로 하자.[2]

ING Group N.V.의 기업지배구조[1] CASE

ING는 네덜란드 암스테르담에 본사를 두고 있는 150년 역사의 국제적 금융 서비스 회사이다. 세계 50여 개국에서 금융서비스를 제공하고 있고 종업원이 113,000명에 이르는 세계 20대 금융기관 중 하나이며 유럽 10대 금융회사 중 하나이기도 하다. 소매금융부문에서 베네룩스(벨기에, 네덜란드, 룩셈부르크)의 소매부문 금융서비스 회사 가운데 1위를 고수하고 있으며, 소매은행, 보험, 자산관리의 다양한 업무를 제공하고 있다. 도매부문도 전 세계적으로 운영하고 있지만 특히 베네룩스에 초점을 맞추고 있다.

지역별로는 미국에서 5대 퇴직서비스와 생명보험서비스의 제공자이며, 캐나다에서는 재산과 손해보험 분야에서 수위를 점하고 있고, 아시아와 중부유럽, 남아메리카의 성장 국가에 생명보험을 제공하고 있다. 자산운용 규모는 거의 5천억 유로에 이른다. 그 외에 ING Direct는 9개 국가에서 110만 명의 고객을 가지고 있는 선도 다이렉트 은행이다.

ING는 연쇄도산 위험의 방지를 위해 은행 및 보험업을 한 회사가 영위할 수 없다는 네덜란드 법에 의해 ING Bank N.V.(이하 ING 은행)와 ING Verzekeringen N.V.(이하 ING 보험)의 두 주요 지주회사로 이루어져 있다. ING 은행은 네덜란드와 다른 외국 은행의 모회사이며 ING 보험은 세계 각지의 다양한 보험사를 소유한 모회사이다. ING의 사업구조는 다음과 같이 크게 6개 사업으로 구성되어 있으며, 명확한 고객중심주의와 강력한 사업 모형이 이 구조의 핵심요소이다.

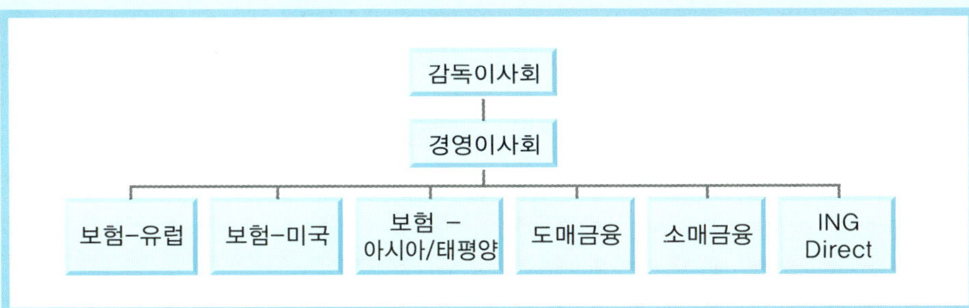

그림

ING의 주요 사업구조

ING Verzekeringen Nederland N.V.가 소유하고 있는 ING 은행과 네덜란드의 보험회사들은 네덜란드 중앙은행에 의해 규제되는데, 네덜란드 중앙은행의 규제는 주로 금융기관의 건전성에 초점을 둔다. 다른 네덜란드 감독기관인 네덜란드 금융시장 당국(Netherlands Authority for the Financial Markets)은 네덜란드 금융시장 참가자들의 행동을 평가하는 데 중점을 두고 있다.

이사회의 구성

ING는 경영이사회와 감독이사회의 이원화(Two-tier)된 이사회 구조를 가지고 있다. ING는 이원화된 이사회가 적합한 통제와 균형을 이룰 수 있는 최선의 방법이라고 생각한다. 감독이사회는 전원이 사외이사로 구성된다.

이사회의 의무와 책임

감독이사회

- 재무제표의 감독과 연차보고서 감독의 의무를 진다.
- 전략과 위험에 대한 평가의 의무를 진다.
- ING와 외부감사인과의 관계를 조정한다.
- 감독이사회 연차보고서를 제출한다.
- 네덜란드의 기업지배구조 모범규준이나 다른 규정사항 등의 준수 여부를 확인한다.
- 경영이사회의 회사목표 달성과 회사의 사업상 전략 및 위험, 내부위험관리의 구조와 운영, 재무보고 과정, 법과 규정의 준수를 감독한다.
- 경영이사 후보를 선정하고 경영이사의 임명원칙과 보상원칙을 주주총회에 제안하며 경영이사의 보상정책을 결정하고 계약기간을 결정한다.
- CEO와 상의해서 경영이사의 수를 결정한다.
- 경영이사회와 경영이사회 헌장에 관한 업무 변경에 대해 승인여부를 결정한다.
- 경영이사회와 각 경영이사의 역할에 대한 평가를 수행한다.
- ING와 경영이사 사이의 이익 상충을 조정한다.
- 감독이사 후보를 선정하고 감독이사의 임명과 보상을 주주총회에 제안한다.
- 감독이사회의 수를 결정하고 의장과 부의장을 선출한다.

- 적절한 위원회의 역할을 결정하고 각 위원회의 역할을 평가하고 감독이사회와 각 감독이사의 역할도 평가한다.
- 회사와 감독이사 사이의 이익 상충을 조정한다.

경영이사회

- 외부감사인과 관련한 보고서를 감사위원회를 통해 연 단위로 발행한다. 연 단위(annual)나 그 이하의 단위로 감독이사회에 전략적 계획을 제출해야 한다.
- 연차보고서에 연차계정을 포함해야 하며 연차보고서에는 내부위험관리와 통제 시스템이 충분하고 유효하다는 것과 그 근거를 공표해야 한다.
- 연차보고서와 별도로 기업지배구조의 개요에 관한 설명을 해야 한다.
- 회사의 조항이나 증권법 또는 관련 규정에서 공개가 요구되는 모든 정보를 웹사이트에 별도로 공시해야 한다.
- 외부감사인의 연차보고서 및 감사위원회 자문에 대한 보상을 위해 충분한 자금을 지원해야 한다.
- 주식 가격에 심각한 영향을 미칠 수 있는 정보의 경우, 주주나 다른 시장참가자에게 평등하게 제공해야 한다.
- 감독이사회와 함께 기업지배구조의 심각한 변화나 네덜란드 기업지배구조 모범규준의 준수에 심각한 변화가 있을 때는 주주총회에 보고해야 한다.
- 경영이사는 중요한 이유가 아니라면 주주총회에 참석해야 한다.

감독이사회에는 감사위원회, 보상 및 추천위원회, 기업지배구조 위원회가 있다. 모든 위원회는 회사로부터 완전히 독립되어 있다. 각각의 위원회는 미국의 SOX 법과 같은 규정을 준수하는 헌장을 가지고 있다.

내부고발자 처리절차

Sarbanes-Oxley Act of 2002를 준용하여 감독이사회는 감사위원회와 경영이사회의 승인 후 회계, 감사, 일반사항 및 운영 · 재무에 관한 위반 사항 처리 절차를 제정한다. 내부고발자 처리절차는 2004년 4월에 발효되었으며 전 세계 지점에 적용된다. 회사의 전 직원은 내부고발자 처리절차에 따라 불만사항을 보고할 수 있다. 불만사항은 익명으로 제출할 수 있으며 회사는 법적절차 내에서 모든 가능한 방법으로 익명성과 불만사항의 기밀을 유지해야 한다. 회사는 종업원이 선의로 보고한 불만사항이나 조사에 참가하는 것에 대해 처벌이나 위협, 해고, 전근 등을 하지 않는다.

기업지배구조 모범규준

ING는 네덜란드의 기업지배구조 모범규준에 따라 최선의 조항을 유지하고 적용하는지에 관해 책자를 발행한다. 2005년 4월 26일 연차 주주총회의 검토에서 ING가 법을 완전하게 따르고 있다는 평가를 받았다.

외부감사

ING는 현재 Ernst & Young이 주요 외부감사법인이고 ING 보험은 KPMG가 주요 외부감사법인이다. 외부감사인은 감사위원회에 참석하고 연차 주주총회에도 참석하며, 외부감사법인은 감사위원회의 평가를 기준으로 감독이사회가 4년마다 주주총회에 추천한다.

감사인의 독립성 관련 정책

Sarbanes-Oxley Act of 2002를 준용하여 ING는 2003년 1월 1일 감사인의 독립성 관련 정책을 실시했고 2004년 4월 1일에 검토했다. ING의 감사인 독립성 정책은 감사 관련 서비스, 비감사 관련 서비스, 서비스계약 승인과정에 국한된다. 정책은 외부감사인이 수행할 수 없는 활동을 명시하고 감사위원회에 외부감사인의 독립성에 관한 정보를 제공해야 한다.

내부감사

ING는 기업감사서비스(Corporate Audit Services: CAS)라고 불리는 내부감사부서를 두고 있다. CAS는 독립적 부서이며 위험관리와 통제 및 지배구조의 효율성을 향상하기 위해 만든 내부컨설팅 부서이다. CAS는 ING의 CEO에게 직접 보고하며, 감독이사회에도 보고할 권한이 있고, 또한 감사위원회 회의에도 참가한다.

네덜란드에서는 최근 미국 대기업이 부정과 부도덕으로 인해 도산하는 것을 목격하면서 기업지배구조에 대한 관심이 커지기 시작했다. 그 후 SOX의 내용과 기존 기업지배구조 규준을 강화한 네덜란드의 기업지배구조 모범규준(Dutch Corporate Governance Code)이 2003년 12월에 처음 공표되었고 2004년 회계연도부터 적용되기 시작했다. 이 규준이 시행된 후 네덜란드의 기업지배구조는 빠른 속도로 개선되고 있다.

ING의 기업지배구조 사례는 많은 시사점을 제공하므로, 글로벌 기업으로 도약하고 있는 우리나라 기업들의 지배구조 개선에도 도움을 줄 수 있을 것이다.

Source: http://www.cgs.or.kr/review/0509/report2.asp#link04

각주 Notes

1 | Global Corporate Goverance Guide 2004: best practice in the boardroom (Globe White Page) 중에서 pp. 217~223의 부분에 있는 네덜란드 편을 참조함.

의미와 중요성

의미

일반적으로 지배구조는 기업의 성장과 가치창조를 위해 다양한 이해관계자들과 기업 간에 이루어진 명시적, 묵시적 계약관계를 규정하고 관리하는 메커니즘을 의미한다. 즉, 기업자원의 분배권에 관한 이해관계자들(주주, 채권자, 종업원, 부품공급자, 소비자 등)의 권한을 설명하는 계약관계가 바로 지배구조인 것이다.

이러한 지배구조는 상이한 역사적 배경 하에서 발전해왔기 때문에 국가마다 그 강조점이 다르다. 일본과 독일 기업의 지배구조는 경영진 및 종업원의 이해를 주주의 이해와 동일시하거나 오히려 우선시하는 등, 다양한 이해관계자의 이익을 모두 고려하는 이해관계자 자본주의(stakeholder capitalism)의 특징을 지니고 있다. 반면, 미국과 영국의 지배구조는 주주가치의 극대화를 중점 목표로 하고 있으며, 이러한 의미에서 주주 자본주의(shareholder capitalism)의 특징을 지니고 있다. 그러나 이들 지배구조는 그 강조점만 서로 다를 뿐, 둘 다 이해관계자의 범위를 주주나 종업원 등의 좁은 범위로 해석하지 않고 공급자 등을 포함한 보다 넓은 개념으로 확대해가고 있다는 점에서는 동일하다.

중요성

지배구조가 주요 관심대상으로 등장한 것은 세계화의 진전과 더불어 기업과 그 이해관계자 간의 가치창조적 관계 유지가 경쟁우위 확보에 중요한 요소가 되었기 때문이다. 즉, 세계화된 상품시장, 자본시장, 전문인력시장, 기술시장 등에서 기업 간 경쟁이 격화되고, 이들 시장에 참여하는 기업 이해관계자들의 요구가 증가함에 따라, 이를 충족시키고 필요한 자원을 확보하는 것이 중요한 과제로 대두된 것이다. 경쟁격화로 인해 기업의 실패 가능성이 높아짐에 따라, 경영전략상의 오류를 예방할 수 있고 이미 발생한 오류도 조기에 발견하고 시정할 수 있는 지배구조의 마련이 긴요해졌다.

특히 국제 자본시장, 상품시장, 전문인력시장, 기술시장 등에 참여하는 세계화된 기업들은 최근 기업 지배구조의 국제적 정합성을 확보해야 할 필요성에 직면하고 있다. 예컨대 우리나라 기업 특유의 지배구조는 외국의 투자자들에게는 만족스럽지 못할 수 있기 때문에, 이들이 공급하는 자금을 보다 낮은 자본비용으로 조달하려면 국제수준의 회계 투명성과 경영 감시체제를 갖추어야 한다.

그동안 우리나라 정부는 여신관리, 공정거래정책, 행정지도 등을 통해 기업이나 대주주 경영자의 활동에 대한 견제기능과 외부주주 등 기업 이해관계자들의 권익을 보호하는 중재자적 기능을 어느 정도 수행해 왔고, 이에 따라 기업 내부 및 시장 통제기구의 확립 필요성은 크지 않았다. 그러나 정부에 의한 감시기능 수행은 경제 자율화, 자본시장 국제화, 기업의 세계화 등에 따라 그 효과가 제한적일 수밖에 없다. 뿐만 아니라 정부에 의한 감시는 기업의 신축적인 경영과 경쟁력 발휘를 저해하는 역기능적 성격만 부각될 가능성이 크다. 따라서 기업의 내부 지배구조, 즉 자율적인 경영감시 및 조기 경보체제 확립과 외부 자본시장의 정보전달 및 규율기능 도입 등이 정부의 경영개입을 최소화시키기 위해서도 절실히 필요하다.

이러한 기업 지배구조의 확립은 기업규모가 커짐에 따라 그 중요성이 더 한층 부각되고 있다. 과거 창업자 또는 대주주경영자에 의한 강력한 경영권 행사는, 자본축적이 빈약한 상황에서 모험적인 기업가정신을 발휘하여 경영의 불확실성을 극복하고 대규모 투자를 추진하는 원동력이 되었다. 그러나 창업자나 1인 대주주가 대기업 경영의 전권을 행사할 경우 인간으로서의 한계 때문에 경영실패의 가능성이 높아진다. 특히 전략적 오류를 조기에 시정할 수 있는 다양하고 객관적인 견해의 표출과 의견수렴 장치를 갖추지 않은 지배구조는 기업의 생존 가능성마저 저하시킨다. 따라서 전문경영자에 대한 권한 이양은 불가피할 수밖에 없다. 창업자나 대주주의 입장에서는 경영진에 대한 확실한 감시체제의 도입이 경영위임의 전제조건이 된다. 이렇게 볼 때 전문경영체제의 도입과 대주주에 의한 경영진 감시체제의 확립은 동시에 이루어져야 그 실효를 거둘 수 있다.

유형 및 기능

경영자의 의사결정과 행위 등을 통제하는 기업 지배구조는 <그림 2.1>과 같이 크게 내부 통제메커니즘과 외부 통제메커니즘으로 유형화된다. 내부 통제메커니즘에는 이사회와 소액 주주, 기관투자가 등이 참여하는 주주총회, 내부 감사 및 종업원에 의한 감시, 경영자 보상, 전략평가 시스템 등이 포함된다. 반면, 외부 통제메커니즘에는 자본시장에 의한 통제, 위임장 경쟁(proxy contest), 금융기관(주주가 아닌) 및 사외 감사 등이 포함되며, 주로 내부 통제메커니즘이 제대로 기능하지 못할 경우에 작동되는 특성을 지니고 있다.

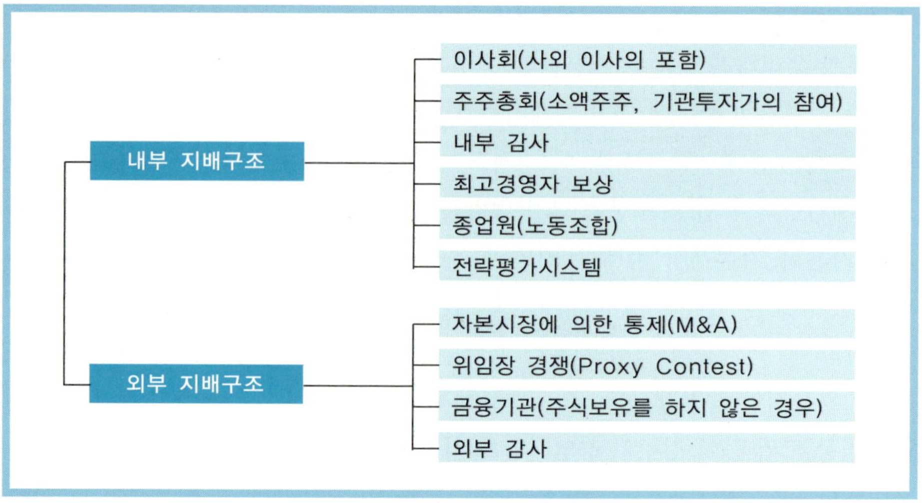

그림 12.1
지배구조의 유형

내부 지배구조에 의한 통제

기본적 기능

기업 내부 지배구조는 기업조직의 일부로서, 주주의 이익을 보호하고 기업의 성공적인 성과 창출을 위해 경영에 대한 견제와 균형의 역할을 수행한다. 기업의 내부 지배구조에는 주주총회, 내부 감사, 경영자 보상, 종업원에 의한 감시 등이 있으나, 기존사업 및 신규투자에 대한 전략적 의사결정과 감시기능을 수행하는 이사회와 경영자 보상시스템이 대표적이다. 이중에서 이사회는 특히, 경영성과의 악화가 위기상황에 이르기 전에 조기경보(early warning) 기능을 수행할 수 있어야 한다. 이를 위해 이사회는 최고경영자의 임무와 보수를 결정하고 최고경영자를 임면(任免)하는 한편, 자문에 응하여 의견을 제시하기도 한다.

내부 지배구조의 구성 및 특성

내부 지배구조는 기업의 전략적 오류를 미연에 방지할 수 있어야 할 뿐만 아니라, 오류를 범했을 때 이를 조기에 발견하고 시정할 수도 있어야 한다. 주요 선진국들이 시행 또는 논의하고 있는 핵심적인 내부 지배구조로는, 비상근 이사를 포함한 단일 이사제와 감독기능을 경영관리 기능으로부터 분리한 이원화된 이사제가 있다.

한편 우리나라나 일본이 채택하고 있는 내부 감사제도는 제3의 제도라 할 수 있으나, 가치창조를 위한 전략적 의사결정의 효율성 제고에 기여하기에는 많은 한계를 지니고 있다. 그리고 주주총회나 종업원에 의한 감시도 효과적 통제기능을 수행하기에는 한계가 있다.

표 12.1
내부 지배구조의 구성 및 특징

구성요소	개념 및 특징
단일이사제	• 하나의 이사회에 업무집행을 담당하는 상근 이사와 감독기능을 수행하는 비상근 이사가 동시에 존재 • 미국에서 주로 활용
이원화된 이사제	• 전문경영자들로 구성된 경영이사회와 감독기능을 수행하는 감독이사회로 구성 • 독일에서 주로 활용
주주총회	• 기관투자가의 경영참여 • 소액주주의 경영참여
최고경영자 보상	• 경영자의 자기 감시(self-monitoring)기능 수행 • 적절한 보상을 통한 주주, 경영자의 이해관계 상충문제
감사제도	• 미국의 경우 내부감사 외에 비상근 이사로 구성된 감사위원회가 감사기능 수행 • 독일의 경우 감독이사회가 감사기능 수행 • 우리나라의 경우 감사는 이사회가 승인한 재무제표와 이사의 업무집행 감시

단일 이사제

단일 이사제는 최고 의사결정 기구로 하나의 이사회를 두고, 여기에 업무집행을 담당하는 상근 이사(사내 이사)와 경영을 담당하지 않으면서 경영전략에 관한 객관적인 의견제시와 경영진에 대한 감독기능을 수행하는 비상근 이사(사외 이사)가 동시에 참여하는 제도이다.

기업이 이러한 비상근 이사를 두는 이유에는 여러 가지가 있다. 먼저 비상근 이사들은 경영진이 획일적이거나 관성적인 사고에 젖어들기 쉬운 점을 보완하고 객관적이고 다양한 견해를 제시함으로써 의사결정의 오류를 방지할 수 있도록 해준다. 뿐만 아니라 비상근 이사는 특정 관리분야의 전문가로서 이사회에 전문성을 부여할 수 있으며, 정부, 금융 당국, 오피니언 리더, 전문적인 정보원 등으로의 접근을 용이하게 해준다. 이 외에도 경영성과에 대한 독립적인 평가를 통해 경영진에 대한 인센티브 등 보상을 결정하고 견제하는 역할을 하며, 이사회를 강화하고 그 위상을 높이는 데 기여한다.

그러나 비상근 이사가 이사회에 포함되더라도 최고경영자가 이사회 의장을 겸하면서 강력한 권한을 행사할 경우에는, 경영자 및 이사들이 창의적인 노력을 경주하기보다 맹목적인 추종자로 전락하기 쉽다. 특히 대주주가 최고경영자일 경우에는 그의 압도적 리더십 때문에 이사회에서 다양한 견해가 표출되기 어려우며 이사회의 경영감독 기능도 기대하기 어렵다.

따라서 영국 기업들은 일찍부터 최고경영자와 이사회 의장을 분리했으며, 미국의 대기업들도 이러한 움직임을 보이고 있다. 일반적으로 기업 규모가 작을 경우에는 창업자이자 대주주인 경영자가 절대적인 경영권을 가지고 자신의 리더십 하에서 기업을 경영하고 성공적인 성과를 얻는 것이 용이하다. 그러나 기업이 대형화되고 복잡화될 경우, 이사회에 비상근 이사를 두고 이사회 의장과 최고경영자를 분리하는 내부 지배구조를 구축하는 것이 과거의 성공을 지속하는데 보다 유리하다.

한편, 비상근 이사가 이사회에 참여할 때 발생가능한 잠재적 문제점들로는 의사결정의 지연과 경영자들의 기업가적 동기 저해, 기업기밀의 유출 위험 등이 있다. 이사회의 의결사항을 극히 중요하고 전략적 의미가 있는 자원배분으로 한정한다면 의사결정의 지연 문제는 우려할 필요가 없다. 왜냐하면 중요한 자원배분에 관한 의사결정은 외부 이사의 참여가 없는 경우에도 반드시 상당기간의 분석과 검토를 요하므로 비상근 이사의 참여로 특별히 의사결정이 지연된다고 볼 수는 없기 때문이다.

또 비상근 이사가 내부 경영자들의 기업가적 동기를 저해한다는 우려는 비상근 이사의 성격을 국외자 또는 감시자로만 이해하는 데서 발생한다. 그러나 비상근 이사들은 기업가치의 극대화라는 경영목표의 달성을 위해 기업이 영입한 인사로 이해하는 것이 바람직하다.

이 외에 비상근 이사 때문에 기업 기밀이 누설될 수 있다는 우려도 비상근 이사를 기업구성원의 일원으로 인식하지 못하는 데 기인한다. 비상근 이사는 업무집행을 하지 않을 뿐 사내 이사와 마찬가지로 주주총회에서 선임되고 기밀유지 등 이사로서의 책임을 부담하기 때문에, 특별히 비상근 이사로 인해 기밀유지가 어렵게 된다고 말할 수는 없다. 물론 비상근 이사가 이사회에 참여할 때는 이들에게 기업 현황에 관한 정보를 충분히 제공하고 또 이들이 이사 직무에 충실할 수 있을 만큼 충분한 시간을 투입하도록 하는 것이 중요하다.

이원화된 이사제

이원화된 이사제는 경영이사회와 감독이사회로 구성된다. 전문경영자들로 이루어진 경영이사회는 경영업무를 담당하면서 기업의 이해관계자들에게 경영진의 행동을 설명하고 중요한 새로운 전략에 대한 지원을 확보하는 역할을 한다. 반면, 감독이사회는 기업의 이해관계자들을 규합하여 감독기능을 수행하게 된다. 독일의 경우 감독이사회가 수행하는 기능은 회계감사, 주요 자본투자 및 기업인수나 자산매각의 승인, 경영이사의 선임, 배당의 승인 등이다.

이사회가 독일처럼 제도적으로 이원화되어 있는 경우가 아니라 할지라도 기업이 스스로 이와 유사한 지배구조를 형성하여 운영하고 있는 사례를 여러 선진 기업들에서 찾아 볼 수 있는데, 여기에는 두 가지 유형이 있다.

하나는 최고경영자 1인만을 상근 이사로 하고 나머지는 모두 비상근 이사로 하여 단일 이사회를 구성하는 방법이며, 다른 하나는 이사회와는 별도로 자문위원회 성격의 기구를 구성하는 방법이다. 우리나라의 경우 상법체계 하에서 업무집행권을 갖는 대표이사는 이사 중에서 선임되어야 하지만, 그 밖의 이사들은 비상근으로 함으로써 경영진과 이사회를 실질적으로 분리할 수 있다.

이러한 이원화된 이사제는 감독기능의 독립성을 유지하는 것이 용이하고, 경영을 전문경영자들에게 맡겨 이들이 기업가적 동기를 잃지 않고 신속한 의사결정을 할 수 있도록 한다는 장점이 있다. 이원화된 이사회는 다음과 같은 두 가지 점에서 단일 이사회보다 효율적인 것으로 평가되고 있다.[3]

첫째, 단일 이사제는 한 이사회 내에서 일부는 경영을 맡고 다른 일부는 이들을 감독하는 형태를 취하는데, 이러한 방식으로는 확실한 감독기능을 수행하기가 어렵다. 이에 비해 이원화된 이사제에서는 경영자와 감독자가 분리되어 각자의 역할을 보다 분명하게 수행할 수 있다. 둘째, 단일 이사제에서는 기업과 특별한 이해관계가 없는 비상근 이사들로 구성된 감사위원회를 두고 비상근 이사의 수를 증가시킴으로써 상근 이사를 통제하는 데 반해, 이원화된 이사제에서는 기업의 이해관계자가 참여하여 감독기능을 수행할 수 있다는 점에서 보다 효율적이다.

반면에 이원화된 이사제가 지닌 단점으로는 감독이사회의 기능이 사후적인 감독에 치우침으로써 전략상의 오류를 사전에 방지하기 어렵다는 점을 들 수 있다. 그러나 이원화된 이사제에서도 중요한 이사회에 대해서는 감독이사회의 사전 승인을 얻도록 함으로써 단일 이사제와 유사하게 운영될 수 있다. 다만 이 경우 감독이사회의 구성원이 경영현황에 관한 정보를 획득하기가 어렵다는 문제는 존재한다.

한편, 최근 미국식의 단일 이사제 제도하에서도 비상근 이사들에게 주식옵션을 제공하거나 주식을 보유하도록 함으로써 기업 이해관계자와 같은 태도를 취하도록 할 수 있다. 즉 비상근 이사들로 하여금 스스로 충분한 정보를 획득하고 많은 시간을 투입하도록 유도함으로써 내부자들의 의사결정 과정을 감독하고 효율화시킬 수 있다는 점에서 단일 이사제가 오히려 경영과 감독이 완전히 분리된 이원화된 이사제보다 효율적이라는 이론이 제시되고 있다.

이사회의 역할

이사회의 역할은 기업 규모나 각국의 제도에 따라 다양하게 나타나고 있다. 먼저 기업 특성과 관련해서 보면, 다국적 기업의 이사회는 주로 전략수립 차원에서 활동을 전개하고 경영업무의 수행보다 경영진에 대한 감독을 주요 기능으로 간주하고 있다.

다음으로 국가별 특성 차원에서 보면, 첫째, 경영진에 대한 감독은 독일의 경우 감독회의(supervisory council) 또는 감독이사회(supervisory board)에 의해 이루어지고 미국이나 영국은 비상근 이사(non-executive director)에 의한 상근 이사(executive director)의 감독이라는 형식을 취하고 있다.

둘째, 이사들은 주주와 같은 외부의 이해관계자들을 대표하거나 종업원들을 대표하는 역할을 수행하기도 한다. 이해관계자들에 대한 이사의 법적, 공식적 책임의 정도는 국가마다 상이한데, 미국, 영국 등에서는 주주들에 대한 책임이 강조되고 독일, 스위스 등에서는 종업원에 대한 책임이 강조되고 있다.

셋째, 국제 네트워크의 형성을 위해 외국인들을 이사회에 참여시키거나 별도로 외국인들을 포함하는 자문회의(advisory council)를 구성하는 사례도 증가하고 있다. 앞서 설명한 독일이 바로 감독회의를 이러한 목적으로 이용하고 있는 국가이다.

한편, 단일 이사회제를 채택하고 있는 국가들에서는 별도의 자문회의 또는 지역회의(regional council)를 구성하고 영향력 있는 외국 인사들을 참여시킴으로써 국제네트워크 형성에 활용하고 있다. 예컨대 IBM은 본부 이사회 외에 20여 명으로 구성된 자문 이사회(advisory board)를 두어 전직 임원과 고위관료들을 참여시키고 있으며, 이 외에도 아태지역, 유럽, 중동 및 아프리카, 라틴아메리카 등의 지역에서는 지역 이사회를 두고 있다. IBM의 지역별 이사회의 구성원 중 절반 정도는 사외 이사로서 그 지역의 유력 인사들이 참여하고 있다. 이는 IBM이 이사회의 구성 목적을 자문을 얻기 위한 것뿐 아니라 사업의 확장을 위해 후원자들을 동원하고 국제네트워크를 형성하는 것까지 생각하고 있음을 나타내는 것이다.

이사회 기능의 실패

이사회가 조기경보 기능을 수행하지 못함으로써 기업이 위기상황에 처하게 되거나 부도에 이른 사례는 대기업에서도 흔히 발견된다. 이들 부도 기업들의 대부분은 과도한 경영다각화 추구 등 전략상 오류를 범하고 이의 조기 발견과 시정에 실패한 것으로 평가되고 있다. 즉, 이들 기업에서는 방만한 경영을 견제하거나 정보를 제공하는 이사회의 기능이 유명무실했던 것이다.

젠센(Jensen)은 이러한 내부 지배구조가 실패한 증거로 다음 두 가지를 제시하고 있다.[4]

첫째, 많은 기업에서 경영성과가 극도로 악화될 때까지 이사회가 최고경영자 경질 등의 조치를 취하지 못했다. 예컨대 GM의 이사회가 1992년에야 당시 최고경영자였던 스템펠(R. Stempel)을 해고한 것은 너무 뒤늦은 조치였던 것이다. 세계 자동차시장이 과잉 생산시설로 몸살을 앓고 있을 당시 GM은 이미 고비용 생산자로 전락했음에도 10여 년 동안이나 경영전략의 수정을 기피해왔고, 급기야 1990년과 1991년에 650억 달러의 적자를 기록한 이후에야 비로소 최고경영자의 해고가 이루어졌다.

또 다른 예로 IBM은 컴퓨터분야의 워크스테이션이나 PC시장에서 혁신이 일어나고 있었음에도 불구하고 종래의 대형 컴퓨터시장에만 주력하는 등 시장변화에 적응하는 데 실패했다. GM과 마찬가지로 IBM은 과잉설비 문제가 두드러진 컴퓨터시장에서 고비용 생산자로 전락했으며 1991년에만 28억 달러의 적자를 기록하고 1992년에도 역시 적자를 기록했다. 이 기간 동안 IBM의 주가가 무려 65%나 하락했으나 IBM 이사회가 최고경영자를 경질하고 경영전략을 대폭 수정한 것은 이 같은 상황 악화가 발생한 후였다.

한편 이와는 반대로 내부 지배구조가 제 기능을 발휘하여 성공한 사례도 있다. 대표적 예로 GE나 제너럴 다이나믹스(General Dynamics) 등은 제품이나 요소시장, 자본시장, 그리고 정치적, 법적 여건 때문에 위기상황이 발생하기 이전에 최고경영자를 바꾸고 전략방향을 재설정하는 기민성을 발휘했다. 그러나 문제는 이러한 성공사례가 극히 드물다는 데 있다.

둘째, M&A 시장이나 기업 구조개편 활동이 활발히 전개되고, 부도나 파산 등 재무적 곤경에 처한 기업이 계속 발생하고 있다. 젠센은 이러한 사실들이 내부 지배구조가 제대로 기능하지 못하고 있음을 보여주는 증거라고 지적했다.

젠센은 또한 R&D 및 자본적 지출의 생산성을 측정함으로써 내부 지배구조의 효율성을 직접적으로 분석했다. 이 분석에서 GM, IBM, 제록스, 코닥 등의 회사는 R&D 및 자본적 지출을 하지 않았더라면 주주의 부가 훨씬 증가했을 것이라는 결과(R&D 및 자본적 지출의 생산성이 자본비용에 크게 못미침)를 보였다.

이처럼 자본투자의 생산성이 자본비용을 하회하는 경우가 많다는 사실은 투자지출 결정의 비효율성을 입증하는 것인 동시에 내부 지배구조의 기능제고 가능성이 많다는 것을 의미한다.

주주총회: 기관투자가의 역할 증대

회사의 주인들로 구성된 주주총회를 통한 경영자 감시는 민주주의적 이상에 가장 부합하는 통제메커니즘이다. 그러나 주주총회는 지금까지 효율적 감시기능을 수행하기 보다는 의례적 행사에 그쳐 왔으며, 이점은 비단 우리나라에 국한된 것이 아니라 미국, 일본 등 다른 나라에서도 마찬가지로 나타나고 있다.

이처럼 주주총회가 통제기능을 수행하지 못하는 이유는 주식소유가 분산되어 있는 회사에서 주주가 주주총회에 무관심한 것이 주주의 관점에서 오히려 합리적이라는 인식 때문이다. 주주의 무관심이 합리적이라는 근거는 대체로 다음과 같은 것들이 있다.[5] 첫째, 주주의 이해관계가 크지 않다. 즉 주주가 구체적인 행동을 취하여 불리한 조치를 막는 데 성공한다 하더라도 들인 비용에 비해 자신이 얻을 수 있는 이익이 크지 않다는 것이다. 둘째, 지분이 작기 때문에 행동에 나서더라도 성공할 가능성이 낮다. 셋째, 주주는 충분한 정보를 구하기가 어렵고 정보를 소화할 능력도 부족하다.

이처럼 주주총회가 제대로 기능하지 못하는 현실을 타개할 수 있는 보완책으로 등장한 것이 기관투자가이다. 미국의 경우, 지난 수십 년에 걸쳐 주식 소유비중이 일반 개인 투자자(소액주주)로부터 기관투자가로 이전되어 왔으며, 그 결과 1995년 현재 기관투자가가 보유하고 있는 주식의 비율이 총 상장주식의 55%를 상회하고 있다. 한 예로 미국 최대의 오픈 투자신탁(mutual fund)회사인 피델리티(Fidelity) 사는 RJR 나비스코(Nabisco) 사의 주식을 10% 이상 보유하고 있다(<표 12.2> 참조).

이들 기관투자가는 보유 주식량이 많아 주식시장에 미치는 영향력이 크기 때문에 성과가 나쁜 기업의 주식이라 하더라도 쉽게 처분하기 어렵다. 즉 기관투자가들은 특정 기업의 주식을 처분하여 시장에서 철수하기가 어렵기 때문에 해당 기업의 전략을 수정하도록 요구하기도 하고 최고경영자의 해임을 주장하기도 한다.

이처럼 여러 기업의 주식을 다량 보유하고 있는 기관투자가들은 특정 기업의 경영전략이나 경영자의 행위 등에 대해 제약을 가하거나 새로운 방향을 제시함으

표 12.2
Fidelity 투자신탁 회사의 주식 보유 비율(1995년)

회사명	주식보유비율
Airbone Freight	14.68%
Lehman Brothers	12.93%
RJR Nabisco	12.12%
Dell Computer	11.30%
Compaq Computer	10.68%
OfficeMax	10.37%
Bear Stearns	10.04%
Caterpillar	8.09%
Travelers	7.02%
American Express	6.99%
Texas Instruments	6.25%
Sears Roebuck	6.23%
Merrill Lynch	5.83%
United Airlines	5.29%
American Airlines	5.20%
Motorola	5.02%

자료 : David J. Collis and Cynthia A. Montgomery, 『Corporate Strategy』, Irwin, 1997, p.190.

로써 기업 지배체제로서 중요한 역할을 담당하고 있다. 즉 분산된 소유구조하에서 경영자에 대한 소액주주의 감시기능은 실질적으로 제한될 수밖에 없지만, 기관투자가들은 소액주주에 비해 정보의 수집 및 분석 능력이 우월하고 감시비용에 비해 획득 가능한 효익이 크므로 경영자의 사적 소비 등에서 비롯되는 대리인 비용을 낮춤으로써 기업성과를 제고시키는 기능을 수행하는 것이다.[6]

최고경영자에 대한 보상

최고경영자에 대한 보상 문제는 기업의 전략, 조직구성원의 행동 및 기업 성과에 직접적인 영향을 미치기 때문에 인적 자원 관리에 있어 매우 중요한 요소로 인식되고 있다. 특히 최고경영자에 대한 적절한 보상 메커니즘의 설계는 주주와 경영자의 이해상충 문제를 완화시켜 주는 등 지배 메커니즘으로서 중요한 기능을 수행한다. 여기서는 기업 전반에 영향을 미치는 이러한 최고경영자의 보상 형태와 보상 형태 결정시 고려해야 할 요인들에 대해서 살펴보기로 한다.

■ 최고경영자에 대한 보상 형태

최고경영자에게 주어지는 보상 총액은 일반적으로 기본급, 단기 상여, 장기 상여, 기타 수당 등 네 가지로 구성된다.

- 기본급(base salaries): 기본급은 기업의 성과 정도에 관계없이 고정적으로 지급되는 것으로, 기업성과가 나쁜 경우에도 최고경영자가 최소한의 기본적인 생활수준을 유지할 수 있도록 하기 위한 조치이다. 이러한 기능을 하는 기본급은 업계의 사정과 기업 규모 및 역사, 조직 내 위계수준 등을 고려하여 결정된다.
- 단기 상여금(short-term incentives): 단기 상여금이란 성과 측정이 1년 또는 그 이하의 단위로 이루어지고, 상여도 이러한 측정기간에 맞춰 매년 단위로 지급되는 보상 형태를 의미한다. 보상은 주로 평가 기간 말에 현금으로 주어지지만 일부 경우에는 주식으로 지급되기도 한다. 단기 상여금의 결정 방식으로는 다음의 세 가지가 주로 활용되고 있다. 첫째는 목표 달성도에 따라 상여금을 지급하는 방식(goal-driven plan)이다. 둘째는 일정 수준을 초과하는 이익의 특정 비율을 상여금으로 적립해 놓고 미리 설정해 놓은 공식에 따라 최고경영자에게 상여금을 분배하는 방식(formula-driven arrangement)이다. 셋째는 사전에 미리 설정해 놓은 기준 없이 성과를 평가한 후 자의적인 판단에 의해 상여금을 지급하는 방식이며, 주로 소규모 기업이나 목표 설정이 어려운 신생기업에서 많이 활용한다. 그러나 이러한 단기 상여금은 최고경영자로 하여금 장기적 관점을 견지하기 보다 현재의 단기 성과에 치중하도록 하는 단점을 지니고 있다. 따라서 이 같은 문제점을 해결하기 위해 대부분의 기업들은 단기 상여와 장기 상여를 적절히 균형시켜 최고경영자의 보상 형태를 설계하고 있다.
- 장기 상여금(long-term incentives): 장기 상여금은 1년 이상의 장기 성과를 평가하여 이를 기초로 상여금을 지급하는 방식이다. 장기 상여금의 지급 방식에는 주가 시세차익 향유 방식(stock-price appreciation grants), 조건부 주식 상여 방식(restricted stock grants), 장기 성과 기준 주식/현금 상여 방식(performance-based grants) 세 가지가 있다. 이러한 장기 상여금의 형태와 개념을 정리하면 <표 12.3>과 같다. 장기 상여금의 여러 지급 형태 중 가장 많이 활용되는 유형은 주식 옵션이며, 최고경영자의 보상과 주주의 이익을 가장 효과적으로 연결시켜 주는 방법으로 평가받고 있다. 실제로 1992년도 미국 기업들의 장기 상여금 지급 방식의 활용 비중을 보면 주식 옵션이 압도적으로 많은 비율을 점하고 있음을 알 수 있다(<표 12.4> 참조).

표 12.3
장기 상여금의 지급 유형

장기 상여금의 유형		개 념
주가 시세차익 향유 방식	주식 옵션 (stock option)	최고경영자에게 고정된 가격으로 일정기간 동안 자사주식을 매입할 수 있는 권리 부여
	주식 시세차익 권리 (stock appreciation rights: SARs)	옵션을 행사하지 않고도 주식의 시세차익을 얻을 수 있는 권리를 최고경영자에게 부여
조건부 주식 / 현금 상여 방식	주식 매입 (stock purchases)	최고경영자에게 할인된 가격으로 자사주를 매입할 수 있는 권리 부여
	조건부 주식 상여 (restricted stock grants)	일정 기간(고용 기간)동안 양도를 제한하는 조건으로 최고경영자에게 주식을 지급
장기 성과 기준 주식 / 현금 상여 방식	조건부 현금 상여 (restricted cash grants)	고용 기간에도 양도할 수 있는(환금성 있는) 일정 금액의 주식을 최고경영자에게 지급
	성과 기준 상여 (performance shares)	기업의 장기 성과목표의 달성도에 기초하여 주식이나 현금을 지급
	공식(formula) 가치 기준 상여(formula-value grants)	시장가치가 아닌 사전에 정해진 기준(formula)에 따라 주식을 제공받을 수 있는 권리를 부여

자료 : Gomez-Mejia, Paulin, and Grabke, 『Executive compensation: Research and Practical Implications』, Handbook of Human Resource Management, ed. by Ferris, Rosen, and Barnum, Blackwell Business.

- 기타 수당(perquisite/benefits): 앞에서 설명한 세 가지 유형 외에 최고경영자에게 지급되는 또 다른 보상 방식으로는 차량과 각종 회원권 제공, 퇴직 후 대책마련, 부부동반 여행 서비스 제공 등이 있다. 그러나 이 같은 부가 수당은 기업의 성과와 무관하게 제공되는 경향이 있다.

■ 보상형태 결정시 고려요인

최고경영자의 보상 형태를 결정함에 있어 고려해야 할 중요한 요인으로는 다음의 네 가지를 들 수 있다.

- 위험 노출 정도(degree of risk exposure): 최고경영자가 적정한 위험을 추구함으로써 주주의 이익을 높일 수 있도록 해야 한다. 일반적으로 최고경영자는 자신이 느끼는 위험과 수익이 균형되어 있을 경우 자신과 주주의 이익이 최대가 되도록 적정한 위험을 추구하면서 경영을 하게 된다.[7] 여기서 위험 노출 정도란 최고경영자가 어쩔 수 없이 감수해야 할 재무적 이익이나 손실의 정도를 의미한다.
- 보상을 위한 성과평가 기준(criteria used to trigger rewards): 최고경영자

에게 보상을 제공하기 위해서는 먼저 성과를 평가해야 하는데, 여기에는 정량적 평가와 정성적 평가가 있다. 정량적 평가란 회계적 성과나 주가 관련 성과 등 결과를 대상으로 객관적 기준을 적용하여 평가하는 것을 의미한다. 그리고 정성적 평가란 전략적 통제의 관점에서 최고경영자가 자신의 의무를 얼마나 충실히 수행하고 있는가 하는 것 등을 주관적 판단을 가미하여 평가하는 것으로, 환경의 불확실성 등 눈에 보이지 않는 요소까지도 평가에 반영한다. 일반적으로 정성적 평가기준을 적용하게 되면 최고경영자가 통제할 수 없는 요인으로 인한 성과 저하의 불리성이 제거되므로 최고경영자의 위험 노출도가 감소하게 된다. 반면, 단점으로는 최고경영자에 대한 보상과 경영 성과와의 연계 가능성이 낮아진다는 점을 들 수 있다. 따라서 최고경영자로 하여금 결과로서의 재무 목표와 장기적 관점의 전략 목표를 동시에 고려할 수 있도록 하기 위해서는 정량적 기준과 정성적 기준을 적절히 조화시켜 사용할 필요가 있다.

- 성과평가의 대상 기간(time horizon): 성과평가 기간의 적절한 설정은 다음과 같은 두 가지 면에서 중요성을 지닌다. 첫째, 성과평가의 대상 기간이 길어질수록 불확실성이 높아져 경영자가 느끼는 위험도가 증가하게 된다. 둘째, 단기 성과가 높다고 해서 장기 성과도 반드시 높은 것은 아니다. 따라서 최고경영자의 보상 형태를 결정함에 있어서는 장기 성과와 단기 성과를 모두 반영할 수 있도록 평가 대상 기간을 설정하는 것이 중요하다.
- 차별성 정도(degree of exclusivity): 최고경영자에 대한 보상을 결정함에 있어 차하위 직급, 또는 일선 종업원과의 격차를 어느 정도로 유지할 것인가를 결정하는 것을 의미한다. 최고경영자에게 제공되는 보수의 차별성 정도는 첫째, 이것이 조직의 구조와 문화에 영향을 미치며, 둘째, 차별성이 클수록 차하위 직급(예: 부사장) 간의 승진 경쟁을 유도할 수 있고, 셋째, 최고경영자의 조직에 대한 충성심과 최고경영자에 대한 조직구성원의 충성심을 유발할 수 있다는 점에서 그 중요성을 지닌다. 1997년 미국의 경우, 최고경영자가 일선 종업원의 326배에 달하는 보상을 받아 그 차별성 정도가 매우 크다는 사실을 알 수 있다.[8]

감사제도

우리나라 상법상 회사 내부의 감사기관인 감사는 이사회가 승인한 재무제표와 이사의 업무집행을 감시하는 기능을 담당한다. 이와 대조적으로 미국은 내부감사

외에도 독립적인 비상근 이사로 구성된 이사회 산하의 감사위원회가 감사기능을 수행하고, 독일은 감독이사회가 감사기능을 수행한다. 다만 일본의 경우에는 사외감사를 포함한 감사회가 감사기능을 수행하고 있다.

한편, 우리나라의 감사제도는 기본적으로 회계 및 업무집행의 감사를 그 목적으로 하고 있으며, 가치창조를 위한 경영전략의 수립, 경영전략상의 오류 발견 등 보다 중요한 경영감독 기능과는 거리가 있는 제도이다. 또한 현재의 경영조직상 감사의 지위는 경영을 담당하는 이사의 지위보다 열위에 있고 경영진에 대한 임면권도 없기 때문에, 경영업무에 대한 감사의 적극적인 감시기능 수행과 업무의 독립성 확보가 어렵다.

외부 지배구조에 의한 통제

자본시장에 의한 통제

경영자의 잘못된 의사결정과 행위를 감시하는 외부 재배구조로는 먼저 자본시장에 의한 통제(market for corporate control)가 있다. 과거에는 우리나라는 물론이고 미국의 경우에도 자본시장을 통한 경영진 감시체제가 그다지 실효를 거두지 못했다. 특히 대규모 기업의 경우 관련 또는 비관련 다각화를 통해 비교적 용이하게 성장을 추구할 수 있었기 때문에 자본시장의 규율, 즉 M&A라는 것이 경영자에게 그다지 위협적인 통제시스템으로 작용하지 못했다.

그림 12.2 LBO시장의 규모 변화

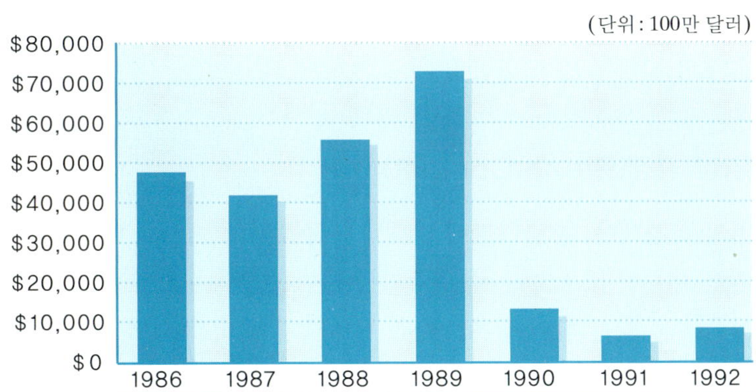

	1986	1987	1988	1989	1990	1991	1992
Number of buyouts	288	274	382	302	189	214	252
Average size($	$363	$360	$268	$428	$183	$86	$78

자료 : David J. Collis and Cynthia A. Montgomery, 『Corporate Strategy』, Irwin, 1997, p.188.

그러나 미국의 경우, 1980년대 증권시장이 활성화되면서 대기업들도 M&A의 위협으로부터 자유로울 수 없게 되었다(<그림 12-2>참조). 즉 증권시장이 붐을 이루면서 주식을 활용해 기업을 인수하는데 소요되는 비용이 상대적으로 저렴해졌으며, 부채를 조달하여 기업을 인수하는 것(leveraged buyout)도 용이해졌다. 특히 LBO는 부채를 조달하여 기업을 인수하기 때문에 대상기업의 규모에 관계없이 이루어질 수 있어 어떤 기업도 LBO의 위협으로부터 안전하다고 말할 수 없다. 실제로 LBO는 1970년대를 거치면서 대형 M&A를 가능하게 하는 기법으로 각광받게 된다. 주요 PEF(사모펀드전문회사)들이 이 방법을 잇따라 채택하면서 M&A 시장의 핵심 기법으로 자리잡았다. LBO가 미국 전체 M&A 시장에서 차지하는 비율도 2005년 14%에서 2006년에는 27%로 급증했다. 미국 역사상 가장 큰 LBO 10건 중 8건이 2006년에 나올 정도로 최근 들어 이 기법을 활용한 M&A는 특히 활발하다.

이러한 M&A시장의 활성화로 인해 성과가 좋지 못한 기업이나 지나치게 다각화된 기업들은 큰 위협을 받게 되었다. 이 같은 사실은 물론 M&A시장이 경영자의 그릇된 행위나 경영전략상 오류의 발생을 억제하고 감시하는 역할을 어느 정도 수행할 수 있게 되었음을 의미한다.

그러나 기업감시의 역할을 전적으로 M&A시장에 맡기는 것은, 지나친 인수활동을 초래하고 경영자의 경영권 방어에 대한 집착과 근시안적인 행동을 유발하여 경영효율성을 저하시킬 가능성이 높다. 또한 자본시장, 즉 M&A시장으로부터의 규율은 이미 경영상황이 악화된 다음에 발휘되는 것이 보통이고 기업인수 활동 자체도 상당한 비용이 수반되게 마련이다. 따라서 기업의 내부 지배체제를 효율화함으로써 자본시장의 감시와 조언을 능동적으로 수용하고 적대적 M&A의 위협을 감소시키는 것이 바람직하다.

위임장 경쟁(Proxy Contest)

위임장 경쟁은 현 경영진에 반대하는 주주들이 이사회에 진출함으로써 기업 지배권을 인수하거나, 단순히 소수의 이사진을 확보함으로써 경영정책에 자신들의 의견을 반영시키기 위한 목적으로 사용된다. 이러한 위임장 경쟁은 소액주주들이 주주총회 등 내부 통제메커니즘을 통해 감시기능을 효과적으로 수행할 수 없을 때 사용하는 외부 통제메커니즘의 일종이다.

위임장 경쟁은 그 성공여부에 관계없이 경영정책의 변화를 유도할 수 있다. 도드(Dodd)와 워너(Waner)에 의하면 위임장 경쟁을 통해 반대파 주주들이 이사

선임에 실패한다 하더라도, 현 경영진이 주주이익에 부합하는 경영정책을 취하도록 질책하는 역할을 수행한다는 것이다.[9]

이러한 위임장 경쟁은 현 경영진의 의사에 반하여 외부 주주들이 기업지배권을 획득할 수 있는 방법이고 공개매수에 비해 많은 자금이 필요치 않기 때문에, 향후 우리나라에서도 그 활용 가능성이 점차 커질 것으로 전망된다.

금융기관에 의한 통제

금융기관은 내부 또는 외부 통제메커니즘의 기능을 모두 수행한다. 특정 기업의 주식을 소유하면서 그 기업의 자금 공급원 역할을 하는 은행은 내부 통제메커니즘으로서의 기능을 수행하는 것이 되며, 주식 소유 없이 채권자로서 경영에 관여할 경우에는 외부 통제메커니즘으로서의 기능을 수행하는 것이 된다.

일본과 독일의 은행 및 금융기관들은 기업의 주주로서 장기적으로 지분을 보유하고 있으나, 미국의 경우 특히 은행은 국내 회사의 주식 취득이 법으로 금지되어 있다. 이에 따라 일본 및 독일의 주거래 은행은 기업 경영의 감시자로서 그리고 자본 공여자로서의 역할을 수행하고 또한 장기투자를 촉진하는 역할을 한다.[10] 한편 미국의 금융기관은 이사회에 거의 참여하지 않으며, 기업지배에 다소 소극적이다. 그리고 우리나라 금융기관은 경영감시의 역할을 거의 하지 않을 뿐만 아니라, 법적 · 제도적으로도 감시자로서의 역할을 수행할 수 없는 상황에 처해 있다.

외부감사에 의한 통제

우리나라의 주식회사 외부감사에 대한 법률에 의하면 총자산이 60억 원 이상인 주식회사는 감사에 의한 내부감사 외에도 회계전문가에 의한 외부감사를 받도록 되어 있다. 외부감사를 통해 재무제표의 투명성을 제고하고 이를 통해 경영자의 행위를 감시할 수 있도록 하자는 의도에서였다.

그러나 우리나라의 외부감사제도는 현재 그다지 실효를 거두지 못하고 있다. 그 이유로는 여러 가지를 지적할 수 있다. 우선, 선진국에서도 지적되고 있는 문제로, 외부감사인의 독립성이 결여되어 있다는 점이 있다. 최근 외감법이 개정되기 전까지만 해도 외부감사인은 사실상 대표이사가 선임해 왔기 때문에 회계사가 감사에 적극적일 것을 기대하기는 어려웠다.[11] 또한 우리나라에서는 대부분의 기업이 연말결산을 하고 있기 때문에 감사업무가 단기간에 집중되고 있다는 점도 충실한 감사를 저해하는 요인으로 지적되고 있다.

내부 지배구조의 운영

내부 지배구조의 운영목표

이사회로 대표되는 기업의 내부 지배구조는, 한편으로는 경영자로 하여금 기업 경쟁력을 유지하는 데 필수적인 기업가적 동기를 잃지 않도록 하고, 다른 한편으로는 적절한 감독과 견제를 받을 수 있도록 균형을 유지해야 한다. 따라서 기업의 지배구조는 최고경영자에게 경영 자율권을 보장해주는 방향에서 운영되어야 하며, 이를 위해서는 이사회의 개입을 최소화해야 한다. 그러나 동시에 기업의 경쟁력에 중대한 영향을 미칠 수 있는 자원배분과 장기 경영전략에 관한 의사결정은 다양한 견해의 표출과 의견수렴 과정을 거쳐 이루어지게 함으로써 오류를 범할 가능성을 최소화해야 한다.

기업이 전략상의 오류를 범하지 않고 지속적으로 경쟁력을 유지할 수 있도록 하기 위해서는, 지배구조의 운영목표를 '효율적인 의사결정 과정의 확립과 유지', '기업전략상의 오류 방지', '인지된 오류의 즉각적인 시정'에 두어야 한다. 이를 위해 이사회는 단순한 심사자 또는 감시자가 아니라 중요한 자원배분에 관한 의사 결정팀의 일원으로서의 기능을 수행해야 하는데, Pound는 그 이유를 다음과 같이 설명하고 있다.[12]

대부분의 경영실패는 최고경영자 또는 경영진이 과도한 권한을 갖고 있거나 최고경영자와 이사회 간에 권한이 불균등하게 배분되어 있기 때문에 발생하는 것이 아니라, 오히려 결함 있는 의사결정이 조기에 발견, 시정되지 못하고 계속 추진되기 때문에 발생한다. 즉 기업경영의 실패는 부적절한 의사결정 과정에 의해 발생하기 때문에 최고경영자와 이사회가 어떤 과정을 거쳐 의사결정을 하고 결과의 진전을 어떻게 감시하느냐가 중요한 과제가 된다. 따라서 지배구조는 경영권을 누구에게 부여하느냐보다는 어떤 방법으로 의사결정 과정을 효율화할 것인가에 대해 더 많은 관심을 가져야 한다는 것이다.

내부 지배구조의 패러다임

앞에서 설명한 지배구조의 운영목표를 달성하고 경영실패를 제거하기 위한 지배구조의 운영방식은 크게 관리기업형 패러다임(managed-corporation paradigm)과 지배기업형 패러다임(governed-corporation paradigm)의 두 가지 형태로 구분된다.[13]

관리기업형 패러다임

관리기업형 패러다임의 특징으로는 이사회를 포함한 경영진이 주주와 유리되고 이사회의 역할도 고위 경영자들의 임용, 감시, 해고 등에 국한되며, 의사결정과 리더십에 대한 책임은 거의 전적으로 고위 경영자들이 맡게 된다는 점을 들 수 있다. 이 체제에 있어서 주주의 유일한 역할은 경영성과가 저조할 경우 이사회를 개편하는 것에 지나지 않으며, 기업정책을 평가할 독자적인 능력은 지니지 못한다.

다만 이사회는 최고경영자와 그의 업적평가 과정을 관리하기에 충분한 권한을 보유하고 경영자의 평가에 있어서 독립성과 객관성을 유지할 수 있다. 그리고 외부이사들은 외부의 독립적인 재무 및 법률자문역의 자문을 얻어 업무를 수행하게 된다. 이러한 관리기업형 패러다임에서는 이사회가 그 독립성을 유지하고 최고경영자에 대한 임면권을 행사하지만 의사결정의 참여는 미약하다는 특징을 지닌다.

표 12.4
지배구조 패러다임

형태		특징
지배구조 패러다임	관리기업형 패러다임	■ 이사회의 역할이 고위 경영자의 임용, 감시, 해고에 국한 ■ 고위 경영자가 의사결정의 전권 보유
	지배기업형 패러다임	■ 이사회가 자원배분과 의사결정 과정에 적극 참여 ■ 주주 또한 경영정책에 대한 의견을 적극적으로 경영자에게 전달

지배기업형 패러다임

지배기업형 패러다임에서는 이사회가 주요 전략수립과 자원배분에 관한 의사결정 과정에 적극 참여하여 새로운 정보와 관점을 제시함으로써, 의사결정의 효율성을 제고하고 실패로 판명된 경영전략의 신속한 변경을 도모할 수 있다. 주주들 또한 기업 정책에 대한 자신들의 의견을 경영자와 이사회에 직접 전달하는 역할을 수행함으로써 기업의 경영실패 가능성을 감소시킨다.

이 패러다임하에서 이사회의 특징은 이사들이 의사결정 과정에서 가치를 제공할 수 있을 만큼 충분한 전문성을 보유한다는 점이다. 그리고 이사회는 공개적인 토론을 유도하고 이사들이 기업에 관한 많은 정보를 보유하도록 하면서 주주들의 의견을 충실히 반영하도록 하는 절차를 채택하게 된다.

물론 이사회가 이러한 특징을 갖도록 하기 위해서는 다음과 같은 정책을 채택할 필요가 있다.[14] 즉 비상근 이사들의 연간 최하 25일의 집무, 이사회 회의를 토론의 장으로 만들기 위한 장치 마련, 상근 및 비상근 이사들에 대한 주식옵션 제공, 주요 주주들과의 정기적인 회합, 모든 직원으로부터 자유롭게 정보를 획득할 수 있는 권한을 이사에게 부여하는 것 등이다.

지금까지 설명한 두 패러다임을 비교해 보면 결국 기업의 경쟁력 확보와 장기적인 성장을 도모하기 위해서는 지배기업형 패러다임을 선택하여 의사결정 과정을 효율화하고 경영실패에 대한 조기경보 기능을 확보하는 것이 바람직하다.

지배구조의 효율성 유지 방안

지배구조의 근간을 이루는 이사회는 최소한의 법적 책임을 이행하는 데 만족해서는 안 되고, 기업의 여타 조직과 마찬가지로 기업의 성공에 기여할 수 있어야 한다. 이를 위해서는 전문적 능력을 지닌 이사의 선임과 훈련, 토론 중심의 이사회 문화 정착, 충분한 인센티브의 제공 등이 요구된다.

외부이사의 자격요건 설정

외부이사 선임의 주목적은 이사회가 최고경영자로부터 독립성을 유지하고 경영실패를 예방할 수 있도록 하는 것이다. 따라서 유능하고 독립적인 외부이사를 선임할 수 있도록 외부이사가 될 수 있는 자격요건을 명시적으로 규정해 둘 필요가 있다.

미국법률가협회는 1994년 기업 지배구조에 대한 원칙을 제정하여 발표한 바 있는데, 이 원칙에서는 대규모 공개회사에 있어서 이사회의 과반수를 최고경영자와 중대한 관계를 갖지 않는 자로 채울 것을 권고하고 있다.

이사의 훈련

이사가 그 임무를 효율적으로 수행할 수 있기 위해서는 이사의 일반적 임무, 기업의 경영현황, 이사 개개인의 역할에 대한 이해가 있어야 하며, 이를 위해 이사들에게 적절한 교육을 실시할 필요가 있다. 교육 내용에는 일반적으로 다음과 같은 사항들이 포함된다.

첫째, 상법상의 이사의 지위 및 법적 책임과 기업 정관상의 이사회의 기능에 대해 설명한다. 즉 이사는 이사회가 어떤 방식으로 운영되며 이사회에서의 역할이 어떤 것이어야 하는가를 숙지해야 한다.

둘째, 회사의 역사, 조직, 상품, 경영성과, 전략, 기업문화, 인적 자원 등에 관한 상세한 정보를 교육한다. 이러한 정보는 문서화하거나 파악하기 어렵기 때문에 이사 자신이 경영자 및 종업원들과 접촉하고 시설을 시찰함으로써 필요한 지식을 습득해야 한다. 회사 현황의 파악은 또한 이사회가 정기회의를 할 때마다 하나의 관리부서 또는 사업단위가 그 현황을 이사들에게 브리핑하도록 하는 방법으로 촉진될 수 있으며, 이사회 회의를 고정된 장소에서 개최하지 않고 자회사나 지방에서 개최하는 방법도 이사들이 회사 현황을 파악하는 데 도움이 된다.

셋째, 이사의 개인적 역할과 관련해 어떤 능력이나 전문성 때문에 이사로 선임되었으며 어떤 역할이 기대되고 있는가를 인지시킨다. 이사는 임명된 후 회사의 장부를 열람하고 자본시장이나 경제계에서 기업이 어떻게 비추어지고 있는지를 파악해야 한다. 이사들은 또 취임 즉시 회사의 장기전략의 파악, 최근 수년간의 예산과 실적의 비교, 이사회 회의록의 검토 등의 활동에 착수해야 한다.

인센티브 급여의 도입

내부이사의 인센티브 급여 제공

이사에 대한 적절한 보수 제공은 다음 두 가지 면에서 중요한 역할을 한다. 첫째, 주주와 경영진 간의 이해관계를 일치시켜 대리인 문제(agency problem)를 제거할 수 있으며, 둘째, 경영자로 하여금 그들에게 주어진 권한과 책임을 충실히 이행하게 하고 잠재능력을 최대한 발휘할 수 있도록 해준다. 이사에게 제공되는 인센티브 급여는 이러한 두 가지 기능을 제대로 수행할 수 있도록 설계되고 실행되어야 한다.

먼저, 대표이사의 보수를 결정함에 있어서는 고정급과 단기 실적급 및 장기 주식옵션으로 구분하여 일정한 비율로 유지하는 것이 바람직하다. 예를 들어 고정급을 전체 급여의 절반 정도로 하고, 단기 실적급과 주식옵션의 가치가 각각 4분의 1이 되게 하면 인센티브 효과를 기대할 수 있다.

주식옵션은 대표이사가 기업의 장기적 경쟁력 향상에 보다 많은 관심을 갖도록 2~3년의 만기를 갖는 내가격 옵션(in-the-money option: 즉, 행사가격<현재 주가)으로 할 필요가 있다. 예를 들어 기업의 주가가 1만원 선이라고 한다면 행사가격을 8천원 정도로 정할 수 있다. 내가격 옵션은 경영자들이 사실상 주식에 투자하는 효과를 주기 때문에 이들이 기업의 위험을 과도하게 증가시키는 문제를 완화시킬 수 있다.

고위직 이사들의 보수는 그들의 위험부담 능력을 고려하여 대표이사의 경우보다 고정급 비중을 높이되 상당한 실적급과 주식옵션을 포함토록 한다. 이들 경영진에 대한 실적급은 일종의 경제적 이익 측정치인 EVA(economic value added) 등 실적 평가기준을 개발하여 시행해야 한다.

한편, 사외이사에 대한 보수도 사내이사와 마찬가지로 고정급 외에 주식옵션을 포함하여 지급토록 하는 것이 바람직하다. 사외이사의 보상 원칙에 대해서는 뒤에서 보다 구체적으로 살펴보자.

사외이사의 인센티브 급여의 원칙

사외이사가 제 역할을 충실히 수행할 수 있도록 하기 위해서는 급여 제공과 관련하여 다음 다섯 가지 원칙을 준수해야 한다.[15]

〈원칙 1〉 이사회는 이사의 급여를 객관적인 방법으로 결정할 수 있는 프로세스를 설정해 놓아야 한다.

이를 위해서 먼저, 이사의 보상 프로그램을 개발하고 평가하는 프로세스를 설계, 감독할 책임을 지닌 이사를 선임해야 한다. 왜냐하면 모든 이사들은 상호 간에 이해관계가 상이하여 갈등을 야기할 가능성을 지니고 있기 때문이다. 따라서 이러한 역할을 수행하는 이사는 기업 외부의 인력, 즉 사외이사가 선임되는 것이 바람직하며, 운영방식은 선임된 소수의 이사가 참여하는 위원회 형식으로 운영되어야 한다.

또 위원회의 직무와 주주의 역할을 명확히 규정해야 한다. 위원회가 주주, 이사회 등이 요구하는 바를 명확히 이해할수록 최적의 보상 프로그램을 설계할 가능성은 그만큼 커지게 된다. 주주도 보상프로그램이 이사와 주주 간의 이해를 일치시키는 중요한 수단임을 인식, 이사의 보상 문제에 대해 정당한 권리를 행사할 수 있어야 한다.

〈원칙 2〉 이사의 보상은 주주의 장기적 이해관계와 일치될 수 있어야 한다.

이를 위해 경영진의 재무적 이해와 주주의 재무적 관심사를 일치시킴으로써 경영진의 단기 성과추구를 제거하는 주식 옵션제를 활용할 수 있다. 일반적으로 대규모 기업의 경우, 경영자 개개인의 주식 소유가 적어도 10만 달러 이상은 되어야 경영진의 이해와 주주의 이해가 일치하여 이사가 바람직한 방향으로 역할을 수행할 수 있다. 한 예로 포춘 500대 기업의 경우에는 경영자가 지닌 주식옵션의 규모가 평균 60만 달러에 달하고 있다. 그러나 경영자의 주식소유 비율이 높을 경우, 경영자가 지나치게 위험 회피적이 되거나 개인적인 이해관계에 입각하여 배당정책에 관여하는 등의 부작용이 발생하게 된다.

〈원칙 3〉 보상은 이사의 바람직한 행위를 유인할 수 있도록 이루어져야 한다.

보상의 수준은 회사가 필요로 하는 능력과 자질을 지닌 이사가 회사에 머물면서 지속적으로 공헌할 수 있을 만큼 충분해야 한다. 구체적인 보상 수준은 이사의 정신적, 물적 가치를 고려한 후에 결정되어야 하며, 이때 타 기업을 포함한 외부 시장자료(market data)나 이사가 투입하는 시간 등을 참고할 수 있다. 일반적으로 대기업의 경우에는 첫 번째 방법을, 소규모 기업의 경우에는 두 가지 방법을 병행하여 보상수준을 결정하고 있다.

〈원칙 4〉 보상은 이사가 투입한 시간과 노력을 고려하여 이루어져야 한다.

이사는 그들이 종사하고 있는 분야에서 고도의 스킬과 경험을 지닌 사람들이기 때문에 이들이 투입한 시간과 노력은 높은 기회비용을 수반한다. 따라서 이사의 보상을 결정함에 있어 그들이 직무를 적절히 수행하는 데 소요되는 시간과 기회비용 등을 고려해야 한다.

〈원칙 5〉 보상은 개별 요소가 아닌 종합적 기준(overall basis)에 의해 설정하고 집행해야 한다.

보상의 지급 방법에는 두 가지가 있다. 첫째는 먼저 현금 보상만을 지급한 후에 점진적으로 주식 보상 및 퇴직 계획 등을 포함시켜 가는 방법이며, 둘째는 이사에 대한 바람직한 보상 총액을 설정한 후에 목표달성에 가장 효과적인 지급방법을 결정, 실행하는 것이다. 일반적으로 후자의 방법이 보상 총액의 설정과 설정된 보상액의 효과적인 사용이란 면에서 가장 바람직한 것으로 평가되고 있다.

이사회의 효율성 평가 방안 마련

이사회의 효율성을 높이는 방법으로 최근 자율적 평가(self-assessment) 방식이 부각되고 있다. 이사회에 의해 고안되고 실행되는 자율적 평가 방식은 이사들로 하여금 그들의 역할을 보다 정확히 파악할 수 있도록 할 뿐만 아니라, 이사회의 응집력과 성과를 높이는 유용한 수단이 된다.

이사회가 주어진 책임을 제대로 수행하고 있는지를 평가하기 위해서는 우선 이

사회가 어떤 책임을 지고 있는지를 명확히 이해해야 한다. 따라서, 이사회에 대한 평가 과정은 먼저 이사회가 지고있는 책임의 범위를 검토하는 것으로부터 시작된다. 이사회의 책임 범위를 규정할 때는 이사회의 역할에 대한 이사회 자체의 관점을 반영하는 것 외에 최고경영자가 이사회에 기대하고 있는 사항도 고려해야 한다. 이를 위해 이사회는 최고경영자를 출석시켜 이사회에 바라는 사항을 제시하도록 요구할 필요가 있다.

일단 이사회가 주어진 책임과 소임을 검토하여 과제의 우선순위를 정하면, 경영자에게 요구할 정보가 분명해지고 성공 경험을 벤치마크로 삼을 수 있으며, 개선의 여지가 있는 중요한 영역을 보다 분명히 파악할 수 있게 된다.

이사회의 효율성 평가시 일반적으로 고려할 수 있는 영역과 제반 이슈로는 다음과 같은 내용들이 있다.

이사회의 역할 규정과 의제 설정

- 이사회가 자신의 역할과 책임을 명확히 규정해 놓고 있으며, 그 권한의 범위에 대해 충분히 공감하고 있는가?
- 어떤 방법으로 이사회의 권한을 축소 또는 확대하는가?
- 이사회는 자신이 검토해야 할 이슈들을 명확히 파악하여 토의 일정과 우선순위를 부여하고 있는가?
- 이사회는 전략계획과 관련된 충분한 정보를 확보하고 있는가?
- 이사회는 성과에 영향을 미치는 주요 문제를 사전에 감지할 수 있는 메커니즘을 구축해놓고 있는가?
- 이사회는 경쟁기업과 비교가능한 성과 목표를 개발해놓고 있는가?
- 이사회는 기업의 전략계획 수립과정을 효과적으로 감시하고 있으며, 전략방향 설정에 실질적인 도움을 주고 있는가?
- 이사회는 기업의 운영 및 재무성과를 효과적으로 감시하고 있는가?

이사회의 규모, 구성 및 독립성

- 이사회 규모의 적절성, 구성원의 스킬 및 경험의 다양성 등을 확보할 수 있도록 이사회가 관련 규정을 마련, 실행하고 있는가?
- 충분한 수의 사외이사를 확보하고 있는가?
- 사내/사외이사의 비율은 적절한가?
- 이사회가 독립성을 유지하고 있는가?

- 사외이사가 최고경영자를 자유로이 만날 수 있는가?
- 사외이사가 이사로서의 역할 수행에 충분한 시간을 투입하도록 하는 규정을 유지하고 있는가?
- 이사회가 외부의 조언을 적절한 시기에 구하고 있는가?

이사의 양성 및 능력 개발

- 이사회가 이사의 책임과 이에 따른 회사의 기대를 명확히 규정하고 이에 대해 충분히 토론하고 있는가?
- 신규 임용된 이사가 회사와 이사회에 적절한 정보를 제공하는가?
- 이사들이 효율적으로 선임되고 유지되는가?
- 이사들이 기업 지배문제와 관련하여 적절한 교육훈련을 받고 있는가?
- 이사들이 회사가 당면하고 있는 이슈들에 대해 지속적으로 교육을 받는가?

이사회의 리더십, 팀워크 및 경영자와의 관계

- 이사회의 리더십이 경영자의 리더십과 구별되는 분명한 특징이 있는가?
- 이사회가 이사들의 행위를 효과적으로 관리하고 있는가?
- 이사회가 팀으로서 효율적으로 기능하고 있는가?
- 이사회가 최고경영자와 함께 일하는 경우 얼마나 효율적인가? 이사들과 CEO의 솔직한 대화를 유도하는 개방된 문화를 만들기 위해 이사회가 노력하고 있는가?
- 경영자와 이사회 사이의 책임 배분이 적절하고 명확하게 이루어지고 있는가?
- 이사회가 현명한 조언자의 역할을 하고 있는가?
- 이사회가 분명한 전략적 방향을 제시하고 있는가?
- 이사회가 경영자로부터 신뢰를 받고 있는가?
- 이사회가 적절한 이슈에 초점을 맞추고 있는가?
- 이사회가 너무 세세한 부분까지 감독하려 들지는 않는가?
- 이사회가 적절하고 유용한 정보를 요구하고 있는가?
- 이사회 구성원이 회사 자체와 회사가 당면하고 있는 이슈들에 대해 충분한 지식을 보유하고 있는가?

이사회(위원회) 모임과 정보

- 이사회(위원회) 모임이 생산적인가?

- 계획된 모임의 횟수가 충분한가?
- 의제선정 과정이 제대로 확립되어 있는가?
- 복잡하고 중요한 이슈를 충분한 시간을 가지고 토의하는가?
- 이사들이 의제의 내용에 대해 영향력을 행사할 수 있고, 또 실제로 행사하고 있는가?
- 이사들에게 주어지는 정보의 양과 질, 적시성 등이 적절한가?
- 이사회 모임에서 기업 성과와 전략적 이슈에 대한 충분한 토론시간이 주어지는가?

이사 및 이사회에 대한 평가, 보상 및 소유권

- 이사와 이사회가 규칙적이고 효과적으로 평가되는가?
- 이사가 그 역할을 잘 수행할 수 있도록 이사회가 독려하고 있는가?
- 이사회는 이사 및 이사회 전체가 지니고 있는 잠재력을 지속적으로 평가하고 있는가?
- 이사회가 보다 그 역할을 잘 수행하고 있는 다른 이사회들을 조사하고, 또 무엇을 어떻게 배울 수 있는지에 대해 지속적으로 평가하고 있는가?
- 이사회가 이사회의 성과를 측정 평가하기 위해 벤치마크를 적절히 활용하고 있는가?
- 이사회가 목표 달성도를 높이고 필요 자원을 확보하는 데 요구되는 바람직한 절차를 보유하고 있는가?
- 이사회가 목표를 설정하는 데 적절한 절차를 가지고 있으며, 또 성과를 향상시키기 위해 지속적으로 노력하는가?
- 이사들에 대한 보상이 최대한의 성과를 끌어낼 수 있는 유인을 제공하는가?
- 이사들의 개인적 이해관계와 기업의 장기적 이해관계를 연결시켜 줄 수 있도록 이사들에 대한 보상시스템이 구축되어 있는가?
- 이사들이 주식소유권을 늘려갈 수 있도록 하는 장단기적인 정책이나 프로그램이 있는가?
- 이사 개개인과 이사회 전체가 소유하고 있는 지분비율은 받아들일 수 있는 적절한 수준인가?

경영자에 대한 평가, 보상 및 소유권

- 이사회가 정기적으로 CEO와 다른 임원, 그리고 기업의 성과를 평가하고 있

는가?
- 이사회가 적절하게 설계된 경영자 보상시스템을 가지고 있는가? 과연 이 보상시스템이 효과적으로 경영자의 성과를 보상해주는가?
- 경영자가 주식 소유권을 늘려갈 수 있도록 하는 명확한 정책이나 프로그램이 있는가?

승계 플랜

- 이사회가 전사 차원의 적절한 승계플랜을 가지고 있는가?
- 이사회가 CEO를 위한 구체적인 승계플랜을 가지고 있는가?
- 이사회가 기업 내부의 다른 임원과 친밀한 관계를 유지하고 있는가? 그리고 이들을 잠재적인 승계자로 간주하고 이들의 역량을 정기적으로 평가하고 있는가?

윤리 규범의 준수

- 이사회가 이사의 윤리적, 법적 책임에 대해 구성원들과 논의하고 있는가?
- 이사회가 이사의 윤리적 행동과 규범의 준수를 독려하고 있는가?

지지자(Constituencies)

- 이사회는 주주, 종업원, 고객, 지역사회 등을 포함한 다양한 지지자들을 적절히 고려하고 있는가?
- 이사회가 기관투자자들과 효과적으로 의사소통하고 있는가?

경영진과 주주 간의 관계 설정

기업경영에 관한 다양한 견해들을 수렴하여 경영실패의 가능성을 최소화하기 위해서는, 이사회 및 경영자들이 주주들의 의견을 듣고 논의하는 것을 공식적인 정책으로 채택하고 협의과정을 조직화할 필요가 있다. 특히 이사회와 주요 주주 간의 정기적인 간담회를 개최해야 한다.

예를 들어 IBM, 웨스팅하우스(Westinghouse) 등은 지배구조의 운영 및 주주들의 관심사를 파악하고 이에 대처하기 위한 위원회를 이사회 내에 구성하고 있으며, 록히드(Lockheed)는 향후의 경영정책, 특히 자본시장 관련정책을 이행하기 전에 주주들과 직접 협의하는 관행을 확립해놓고 있다.

바람직한 지배구조의 형성

우리나라 기업 경영에 주는 의미

지금까지 기업의 경영실패를 방지하고 성과를 높이기 위한 지배구조 전반에 대해 살펴보았다. 여기서는 이러한 기업 지배구조의 내용을 바탕으로 이것이 우리나라 기업 경영에서 논란의 대상이 되고 있는 계열기업간 주식 보유, 금융기관의 지분 보유 및 경영참여 문제에 주는 의미를 살펴보자.[16]

계열기업간 주식 보유

우리나라에서 상호 주식 보유는 법적으로 금지되어 있으나 기업집단 내의 법인 출자를 통한 간접적인 지분 보유 관계는 복잡하게 형성되어 있다. 우리나라의 법인출자를 통한 내부지분 보유는 일본이나 독일과 같이 경영권 독점에 대한 감시와 기회주의적 행위에 대한 견제 목적이라기보다는 기업집단 지배주주의 경영권 보호 및 기업확장 차원에서 이용되고 있다.

기업 전체적으로 볼 때 이러한 소유의 집중은 주주와 경영자의 이해관계를 일치시켜 주주의 대리 비용을 절감시키는 장점이 있다.[17] 즉 주인 있는 경영을 통한 효율성 제고가 가능하다는 것이다. 그러나 우리나라와 같은 기업집단의 소유집중은 여러 가지 폐해를 안고 있다. 첫째, 소유의 집중은 계열기업 간의 내부거래를 증가시켜 불공정 거래 및 비효율적 거래를 조장할 수 있다. 개별 기업들 스스로 자율성 및 독립성을 가지고 경쟁적인 거래를 추구할 수 있는 기업 지배구조상의 방편이 제한되기 때문이다. 둘째, 소유집중은 기업집단의 투명성을 약화시킬 가능성이 높다. 그러나 보다 심각한 문제점은 지배주주의 기업집단에 대한 경영권 독점을 견제할 수 있는 장치가 제 기능을 발휘하지 못하는 것이다.

우리나라 기업집단의 또 다른 특징은 상호 지급보증 관행이다. 상호 지급보증을 이용하여 우리나라 기업집단들은 금융기관 대출을 통한 자금조달을 극대화했다. 이러한 상호 지급보증은 투자자금의 조달을 용이하게 하며, 특히 대규모 사업에 필요한 투자자금 조달에 있어서 금융비용을 절감할 수 있는 이점도 있다. 그러나 지나친 상호 지급보증 사용은 불필요한 사업에 대한 과다투자를 유발하거나 경제성을 상실한 사업의 퇴출을 지연시킬 수 있다. 뿐만 아니라 여신 독점 및 경제력 집중을 조장할 수 있고 지급불능으로 인한 연쇄파산 등 금융공황 위험에 대한 노출을 증대시키는 문제를 낳는다.

이러한 제반 문제점들을 제거하기 위해서는 공정거래법의 엄격한 적용과 사외이사제도의 도입, 기업지배권 시장(M&A 시장)의 활성화, 기업집단 전체의 연결재무제표 작성 등과 같은 제도적 장치를 마련해야 한다.

금융기관의 지분 보유 및 경영 참여

일본과 독일의 경우 은행 및 금융기관이 기업의 대주주로서 장기적으로 지분을 보유하고 있다. 이러한 주거래은행은 계열기업 경영의 감시자로서 그리고 자본공여자로서의 역할을 수행하고 장기투자를 촉진하는 역할을 한다. 즉, 주거래은행은 채권자인 동시에 기업의 주주이므로 경영자 감시 및 대리비용이 절감되고, 채권변제 불능시 적시개입이 가능하여 파산비용을 절감하고, 자본비용을 낮게 하는 장점이 있다.

은행이 경영감시자로서 이러한 역할을 수행하려면 먼저 경영감시의 인센티브가 은행에 주어져야 한다. 그러기 위해서는 첫째, 은행경영의 자율성과 책임경영이 보장되어야 하며, 둘째, 은행이 기업의 주주역할을 수행할 수 있어야 한다. 즉, 주주총회 등에서 기업 지배메커니즘으로서의 기능을 충실히 수행해야 한다는 것이다. 그러나 은행의 경영감시가 제대로 이행되려면 은행의 경영도 주주에 의해 감시되어야만 한다.

바람직한 지배구조의 형성 방향

기업 지배구조의 궁극적인 목표는 기업의 여러 이해관계자들 간의 관계를 가치창조에 도움이 되도록 설정하고 유지하는 것이다. 앞에서 살펴본 바에 따르면, 이러한 기업 지배구조의 유형은 네 가지로 세분화 될 수 있다.

첫째 유형은 주주 입장에서 기업 지배구조를 형성하고 있는 미국형으로, 미국에서는 경영자와 주주 간의 계약이 바로 지배구조이다. 둘째 유형은 유럽형으로, 주주뿐만 아니라 여러 이해관계자들을 포함한 종합적 관점에서 지배구조를 형성하고 있다. 셋째 유형은 일본형으로, 종업원 중심주의적 관점에서 지배구조를 형성하고 있다. 그리고 넷째 유형은 한국형으로, 우리나라에서는 지금까지 소유경영자 관점에서 기업 지배구조가 형성되어 왔다. 한국 정부는 기업을 이끌어가기 위한 수단으로 소유경영자를 택한 것이다.

그동안 우리나라 기업의 지배구조는 이해관계자 집단이 너무 좁은 범위로 한정되고 이해관계자들 사이의 균형관계가 유지되지 못하는 문제점을 보여 왔다. 지금까지 기업경영에 대한 정부개입도 부분적으로는 외부주주 등 기업 이해관계자들 간의 이해조정 차원에서 그 필요성이 인정될 수 있었다. 그러나 세계화시대에 있어서 정부의 개입은 긍정적 효과보다는 부정적 효과를 가져올 가능성이 크다. 따라서 기업들은 스스로 지배구조를 개선함으로써 앞에서 제기한 기업 경영상의 문제점을 해결하고, 나아가 선진국을 중심으로 진행되고 있는 기업 지배구조 혁명(corporate governance revolution)에 발맞춰 국제적 정합성(整合性)이 있는 지배구조를 도입해야 한다.

그러면 구체적으로 어떤 방향으로 지배구조를 형성해 나가야 하는가? 결국 국제적으로 정합성이 있는 지배구조를 형성하기 위해서는 글로벌 스탠더드(global standard)를 지향하면서 주주 관점에서 지배구조를 정립하는 미국식 유형을 우리나라에 접목시킬 수밖에 없다. 1997년 말 경제위기를 겪은 후 IMF 등으로부터 긴급융자를 받는 조건으로 미국형의 글로벌 스탠더드를 받아들이겠다고 약속한 우리나라 입장에서 가장 현실적인 대안이기 때문이다. 그러나 외국 지배구조의 맹목적인 도입과 실시는 곤란하며, 우리에게 적용 가능하고 효과가 있을 것만 선별적으로 받아들여야 함은 물론이다.

| 요약 | Summary

- 균형성과표는 기존 성과평가지표들과 달리 1) 많은 기업들이 부문활동의 측정을 위해 여러 종류의 운영지표와 물리적 지표를 활용, 2) 기업의 현재와 미래의 성공 초석역할을 담당, 3) 기존의 측정지표와 달리 영업이익과 같은 외부 성과지표와 신제품 개발과 같은 내부성과지표 사이의 균형을 제공, 4) 프로세스 리엔지니어링, 전사적 품질경영, 종업원, 권한이양 등과 같이 한 부분에만 초점을 둔 개선 프로그램을 실시하고 있는 대부분의 기업들에게 통합에 대한 인식을 제고함
- 균형성과표를 전략경영에 활용하는 방안은 균형성과표의 등장 이후 꾸준히 시도되어 왔고, 무형자산의 중요성 증대와 함께 균형성과표는 이러한 필요에 부합하기 위해 기존 한 가지의 재무적인 관점에 세 가지의 비재무적 요소들을 더했음. 여기에 포함된 세 가지의 새로운 비재무 관점은 고객, 내부 프로세스, 학습 및 성장임

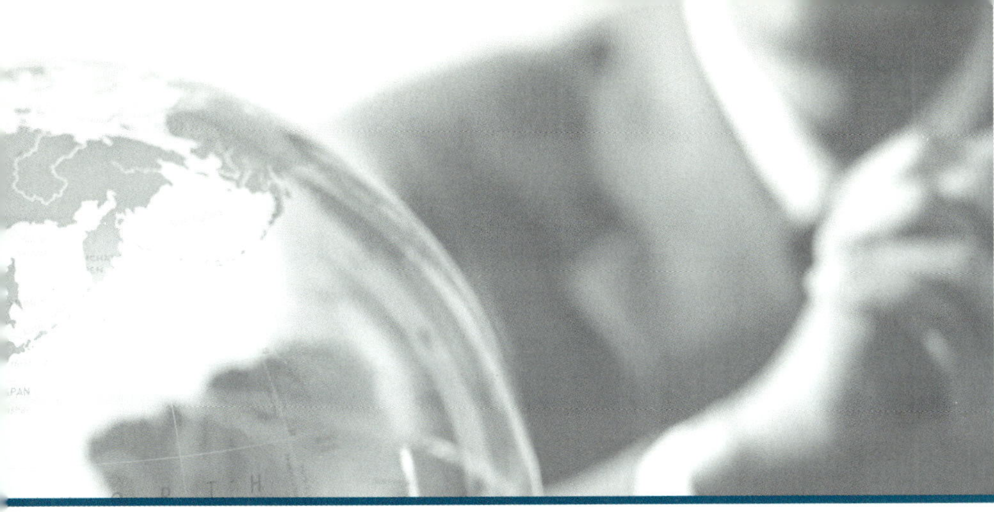

CHAPTER 13

전략평가시스템[1]

전략평가시스템은 경영전략을 수립, 실행하는 과정과 그 결과를 평가하고 피드백함으로써, 경영자로 하여금 기업의 성과를 높일 수 있는 보다 바람직한 전략을 구사하도록 하는 제도이다. 이러한 점에서 전략평가시스템은 기업의 경영전략상의 오류를 사전에 예방하고, 또 이미 발생한 오류를 조기에 수정할 있도록 하는 내부 지배 메커니즘의 기능을 수행한다.

이 장에서는 이러한 지배 메커니즘의 기능을 수행하는 전략평가시스템에 대해 구체적으로 살펴보기로 한다.

CASE 삼양사의 전략평가시스템

삼양사는 1924년 10월 1일 호남 대지주 후예인 수당 고(故) 김연수 선생이 삼수사란 상호로 창업, 1931년 삼양사로 이름을 바꾼 뒤 오늘에 이르렀다. 삼양의 창업정신은 개인과 기업, 사회가 함께 지향하고 지녀야 할 목표로, 삼양사가 '기업의 품위'를 지켜오는 윤리적 바탕을 이루고 있다.

삼양훈(창업정신)

安分以養福 : 분수에 만족해 복을 기르고,
寬胃以養氣 : 마음을 너그럽게 하여 기를 기르고,
省費以養財 : 낭비를 삼가해 재물을 불린다.

삼양사는 창업 초기 만주 등지의 간척, 개간사업과 농장경영을 주사업으로 시작했으며, 면방적 사업에 참여하여 산업근대화의 초석을 다졌다. 그 후 해방과 6 · 25를 거치면서 농업자본을 산업자본으로 전환, 본격적인 근대산업에 진출하게 된다.

현재 삼양사는 섬유, 식품, 사료, 화성, 환경엔지니어링, 의약 등 8개 계열사를 거느린 그룹으로서, 계열사에는 주력기업인 (주)삼양사를 비롯하여 삼양중기(주), 삼양화성(주), (주)삼양제넥스, 신한제분(주), 삼남석유화학(주), (주)삼양메디케어, (주)삼양텍스, 삼양데이타시스템(주) 등이 있다.

삼양사는 현재 제당, 사료, 정밀화학, 산업자재용 섬유 등 4개의 부문로 이루어져 있으며, 각 본부의 주요 사업과 주요 제품의 구성내역은 <표 1>과 같다.

삼양사는 새로운 미래에 걸맞는 사업구조를 구축하기 위해 향후 의약 · 바이오, 화학, 식품, 신사업 등의 4개 부문을 주축으로 사업구조를 재편할 예정이다. 식품사업은 기존의 사업을 중심으로 한 종합 식품소재사업으로 영역을 확대해 나가고, 화학사업은 엔지니어링 플라스틱사업을 중심으로 한 첨단화학 제품으로 사업영역을 확대해 나갈 예정이며, 현재의 의약사업을 중심으로 약물전달시스템 연구에 집중적으로 투자하여 세계적인 의약 · 바이오 업체로 발돋움하는 한편, 국내

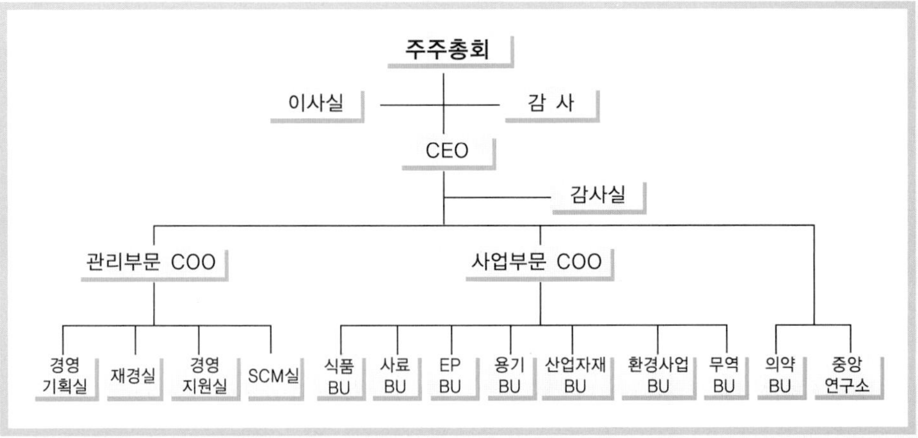

그림 1
삼양사 조직도

외 선진기업들과의 전략적 제휴나 합작투자 등을 통해 서비스사업 등 신사업을 집중 육성하여 미래의 성장사업이 되도록 할 계획이다.

이와 같은 삼양사의 노력은 1994년 도입한 전략평가시스템이 경영혁신의 도화선이 됨으로써 새로운 국면을 맞고 있다.

삼양사의 평가시스템은 전략 수립과 실행, 전략 실행의 결과로 나타나는 실적 및 목표를 반영하고 있었다.

표 1
주요제품 및 현황

사업부문	매출유형	품목	구체적용도	주요상표등	매출액(비율)
식품	제품 등	설탕, 밀가루, 식용유 외	청량음료, 제과, 제빵, 빙과류	큐원	3,221(36.18%)
화학	제품 등	엔지니어링 플라스틱, PET BOTTLE, 이온교환수지	자동차, 전기전자제품, 내열병, 내압병, 수처리	TRIBIT TRIREX TRILOY	2,228(25.03%)
사료	제품 등	양계, 양돈, 축우	가축용 사료	(주)삼양사 배합사료	970(10.90%)
산자	제품 등	고강력사, 스펀본드, 지오그리드	타포린, 로프, 안전벨트, 기저귀 생리대, 지반보강용 토목섬유	TRIBON TRIGRID	676(7.59%)
기타	–	–	–	–	1,807(20.30%)
합계		–	–	–	8,902(100.00%)

전략평가시스템 체계

삼양사의 평가체계는 차원에 따라 회장단 평가, 본부/계열사(장) 평가, SBU(장) 평가, 담당 임원 평가의 네 가지로 이루어지며, 매년 전기 말에 설정한 단기 경영목표 대비 실적을 평가하고 각 연도별 평가결과는 평가단위의 장 및 구성원에 대한 인센티브에 반영한다. 삼양사의 전략평가시스템 체계도는 다음과 같다.

삼양사 회장단 평가양식에는 정량적 목표와 그룹전략이 포함되어 있으며, 본부/계열사(장) 평가양식은 목표, 전략 실행, 경쟁전략, 회장단 평가로 구성되어 있다. 그 중 전략 실행은 신규사업을 중심으로 국제화전략, 지원전략, 기본관리항목, 과정평가로 되어 있다.

한편, SBU(장) 평가는 목표인 성장성과 수익성이 30% 비중을 차지하고 있고, 전략실행에서 중점 추진전략이 30%를 구성하고 있다. 중점 추진전략은 내부 구성원 워크샵을 통해 설정되고, 전략의 개수는 중요도를 기준으로 적절히 조정되는데 일반적인 중점 추진전략의 개수는 5~7개이다.

담당 임원 평가는 크게 전체 전략 평가, 담당 업무 평가, 본부/계열사장 평가로 구성되어 있으며, 그 비중은 각각 40: 40: 20이다. 담당 임원에 대한 구체적 평가 내용은 <표 2>와 같다.

표 2
담당임원 평가 양식

평가대상	평가항목 및 요소	평가비중
전체전략 평가	소속된 조직의 목표, 전략 실행 평가결과	40%
담당업무 평가	담당업무의 목표 및 전략	40%
본부/계열사장 평가	의욕태도, 업무능력, 인간관계 등	20%

누적평가: 단기 지향 평가의 극복

삼양사의 경영평가방법은 3년을 평가단위로 하며 누적평가 개념을 적용하고 있다. 이는 책임자의 보직이 바뀌더라도 과거 근무한 조직의 실적이 미래의 평가에 영향을 미치게 하여, 단기적 성과 위주 경영을 방지하고 원활한 업무 인수인계 및 조직간 협조증진을 가능케하는 것을 목적으로 하고 있다.

3년을 평가단위로 하고 누적 평가하는 것은 경영자로 하여금 장기적이고 전략적 경영을 하게 한다는 점에서 의미가 있다.

목표타당성 평가

삼양사는 전략 워크샵을 통해 구성원들로 하여금 자율적이고 의욕적인 목표를 설정하게 하기 위해 목표타당성에 대한 기준을 마련했다. 그리고 각 조직으로 하여금 전기에 제시한 목표치 대비 실적을 취합하여 기획실에 제출하게 하고, 목표대비 실적이 미진하거나 50% 이상 초과 달성한 항목에 대해 원인을 분석 정리해서 차기 전략계획 수립에 반드시 반영하도록 했다.

평가결과 반영시스템

삼양사의 평가결과에 대한 인센티브 연계는 예비평가 기간을 두어 평가시 발생하는 문제점과 시행착오를 조정하도록 했다. 삼양사에서는 이미 본부/계열사 수준에서 평가결과를 인센티브에 적용하고 있으며, SBU 차원에서는 예비평가가 시작되었다.

특히 상여금에 대한 평가결과 반영은 우선 본부/계열사장에 대해 실시했으며, SBU장에 대해서는 예비평가를 거쳐 단계적으로 적용했다. 그리고 이와 같은 인센티브제도는 그 대상 범위를 일반사원까지 확대하고 인센티브 적용 방법, 내용 등도 다양화했다.

도입의 필요성과 이론적 배경

도입의 필요성

기업의 경영요소를 크게 세 가지로 구분하면 경영목표, 사업영역, 경영자원으로 나눌 수 있다. 여기서 경영목표는 기업가치의 극대화를 의미한다. 사업영역(business domain)은 경영목표를 달성하려고 환경변화에 대응하여 사업분야를 재구축하는 것이며, 경영자원은 사업영역에 자원을 효율적으로 재분배하는 것을 의미한다. 기업의 경영활동은 이러한 기업의 경영목표, 사업영역, 경영자원을 연결시키는 일련의 계획-실행-평가(plan-do-see) 활동이다. 이러한 세 가지 활동(activity)이 조화롭고 유기적으로 작용해 맞물려 돌아갈 때 기업의 경영성과를 기대할 수 있는 것이다.

하지만 국내의 많은 기업들은 한국이라는 특수한 상황과 외국 선진 경영기법을 따라가기 급급했던 현실 속에서 이 세 가지 활동 모두를 균형있게 발전시킬 수는 없었다. 즉 1970년대 말 이전에는 경제개발 5개년 계획 등 정부에서 계획(plan) 기능을 대신해서 기업에서는 실행(do) 기능만 하면 되었다. 그러나 1970년대 말과 80년대 초의 오일쇼크 등 외부환경이 급변함에 따라 기업들은 자체적으로 외부환경에 적극적으로 대처하기 위해 계획 기능을 내부화하게 되었다. 기업내 기획실 혹은 기획조정실의 설치가 대표적인 예이며, 여기에서 계획 기능을 주로 담당했다.

이렇게 하여 한국 기업은 자체적으로 계획과 실행이라는 경영활동(plan-do)을 수행하게 되었고 이와 같은 활동에 따른 평가(See)도 부분적으로 수행하기 시작했다. 이렇게 측정된 평가의 결과는 다시 계획에 환류되어서 계획이 수정/보완되는 일련의 경영활동, 즉 계획-실행-평가라는 활동이 이루어지게 된다. 이를 도식화하면 <그림 13.1>과 같다.

그림 13.1
계획-실행-평가의 프로세스

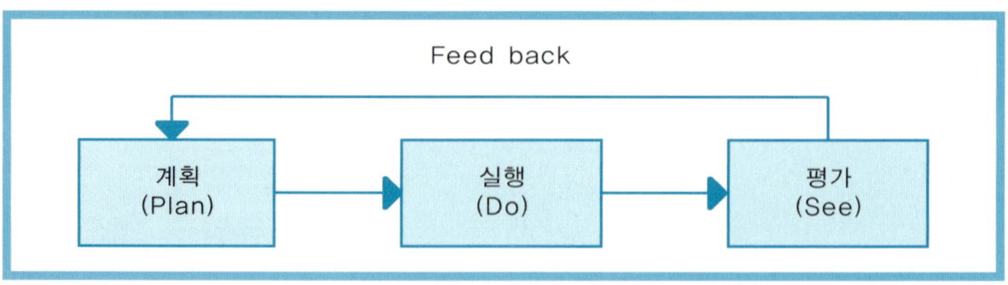

그런데 한국 기업의 경우 경영활동 프로세스가 계획 → 실행 → 평가의 논리적 순서대로 나타나는 것이 아니라, 한국 기업의 경영환경 특성상 실행 → 계획 → 평가의 순서로 그 중요성이 부각되었다. 또한 기존의 경영활동은 전략의 중요성이 커졌음에도 불구하고 실제적인 전략에 대한 실행 및 평가가 이루어지지 않았다는 특징이 있었다. 다시 말하면, 이제까지 기본적인 경영활동 프로세스의 주요 대상은 전략(strategy)이 아니라 관리(management)였으며, 관리에 대한 계획, 관리에 대한 실행, 관리에 대한 평가에 초점을 맞춰 경영활동이 이루어졌던 것이다. 그런데 기업이 경쟁력을 확보하고 장기적인 관점에서 사업을 수행하기 위해서는 기본적인 경영활동의 대상이 '전략(strategy)'이 되어야 한다. 즉 정태적인 의미의 관리에 대한 경영활동이 아니라 동태적인 의미의 전략에 대한 경영활동이 중심이 되어야 한다는 것이다. 이를 그림으로 비교하면 <그림 13.2>와 같다.

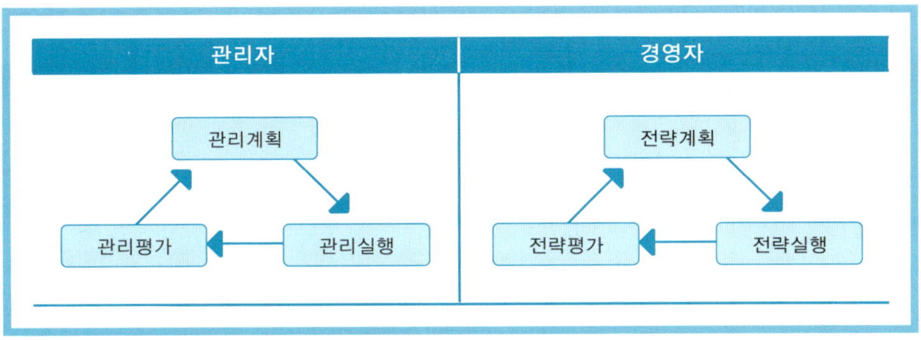

그림 13.2
관리중심의 경영활동과 전략 중심의 경영활동

그림에서 알 수 있듯 기존 경영활동의 중심은 관리였으며 관리 계획 → 관리 실행 → 관리 평가가 주된 경영활동 프로세스를 형성하고 있다. 그러나 오늘날 전략에 대한 중요성이 점증함에 따라 새로운 경영활동의 프로세스는 전략계획 → 전략 실행 → 전략 평가로 전환될 필요가 있다.

이론적 배경

평가의 개념

지금까지 조직 또는 기업의 성과평가 및 통제시스템에 대한 많은 논의가 있어왔으며, 이러한 논의의 핵심이 되는 평가의 개념도 학자들에 따라 다소 차이가 있다. 왜냐하면 평가의 개념이 광범위하게 사용될 뿐만 아니라 각각의 적용영역에 따라 개념의 차이가 있기 때문이다. 그러나 기존의 평가에 대한 개념을 굳이 정리한다면 제도가 성과에 미치는 영향 등에 초점이 맞춰져 있었다고 할 수 있겠다.

김명수 교수에 의하면, 평가(evaluation)란 경영 실적을 체계적으로 측정하고 이를 과거의 실적과 비교함으로써 경영 실적의 정도, 질, 혹은 가치를 판단하는 과정이다. 이 주장에 따를 경우 평가는 어떤 활동이 이루어진 후에 그것의 가치를 측정하는 사후 활동이 되며, 이러한 의미에서 평가는 활동이 이루어지기 전에 그것의 가치를 사전에 예측해 보는 분석과 구분된다.[2]

또한 평가를 좁은 의미로 파악할 때는 사업 혹은 전략이 야기한 효과, 특히 효과성의 측정을 일컫는다고 한다. 그러나 이같이 사업 평가를 좁게 정의하는 경우에는 평가를 사업 혹은 전략의 효과성과 능률성을 측정하는 것으로 이해할 수도 있다고 했다. 한편, 평가를 넓게 이해하는 사람들은 협의의 평가에서 다루어진 사업 혹은 전략의 효과성과 능률성 이외에도 전략의 집행과정 및 전략의 구조(설계)와 같은 전략의 여러 측면에 관한 검토까지를 사업 혹은 전략 평가의 개념에 포함시키고 있다고 했다.[3]

이와 달리 회계학에서 정의하고 있는 평가의 개념은 주로 성과의 측정에 그 기본바탕을 두고 있다. 즉 특정행위에 의해 발생되는 결과를 주로 계량적이고 정량적인 수치에 의해 측정한다는 의미를 내포하고 있는 것이다. 관리회계 분야의 주요 연구대상 중 하나인 성과평가(performance evaluation)는 관리 통제를 위한 피드백 정보를 제공하고 조직구성원들의 동기를 유발하기 위한 체계적 과정이다. 즉, 성과평가를 통해 사업에 대한 합리적인 평가를 수행함으로써 기업에서 효율적인 자원배분이 가능하게 되는 것이다. 또한 조직구성원 개개인에 대한 적절한 보상이 가능하게 되므로 동기유발과 위험 수용태도 등에도 영향을 미치게 되어 궁극적으로 조직의 경영성과가 향상된다.[4]

한편, 이타미에 의하면 조직의 유효성 증진과 인센티브 제공을 위한 관리과정은 크게 계획, 조직, 통제의 세 과정으로 구분되고, 이러한 기본적인 과정은 독자적으로 존재하는 과정이라기 보다 상호밀접한 관련성을 가지면서 전체로서 하나의 연결된 순환구조를 지니고 있다.[5]

이러한 견해를 바탕으로 할 때 평가라는 것은 다음과 같은 조건적 특징을 지니고 있어야만 한다.

첫째, 평가는 경영의 기본 활동인 계획, 실행 및 피드백과 밀접한 관련을 가지고 있어야 한다.

둘째, 평가는 사후적으로 측정하는 것뿐 아니라 사전적 부분 및 과정적인 부문도 반영해야 한다.

셋째, 평가는 평가의 결과에 의한 반영, 즉 조직의 유효성 증진과 인센티브의 제공 등을 통해 경영성과에 영향을 미쳐야 한다.

넷째, 평가는 조직의 목표 또는 비전을 달성하기 위해 수립된 정책 혹은 전략의 내용을 포함해야 한다.

이와 같은 견해를 종합적으로 정리하면 평가는 결국 가치를 판단하는 척도이며, 가치라는 의미는 사전적으로 다른 것과 비교해서 판단되는 유용성, 효익성 혹은 중요성으로 해석된다. 이러한 가치를 평가하기 위해서는 두 가지 개념이 요구되는데, 그것은 바로 가치가 기업이 추구하는 목적에 적합한가를 판단하는 효과성이며, 또 하나는 가치를 능률적으로 실현시키기 위한 효율성이다. 따라서 시스템적 관점에서 평가는 기업이 추구하는 비전과 목표에 대한 적합성뿐만 아니라 이를 얼마나 효율적으로 달성했는지도 파악하는 것이다.

평가시스템에 대한 개요

우리는 앞에서 평가에 대한 개념을 정립했다. 물론 평가에 대한 개념은 매우 광범위하고 그 적용범위가 넓지만, 실제로 사용되는 분야에 있어서는 평가에 대한 개념의 적용범위가 매우 제한적이다. 즉, 특정 분야로 대상을 제한한다면 평가의 개념을 전체적으로 사용할 필요는 없으며, 일부의 개념만 부분적으로 원용하여 사용할 수도 있다는 것이다.

또한 시스템에 대한 정의도 간과할 수 없다. 왜냐하면 평가의 대상인 조직 혹은 사업이 하나의 시스템을 형성하고 있을 뿐만 아니라 평가시스템 역시 그 자체가 시스템적인 특징을 지니고 있어야 하기 때문이다. 따라서 조직의 유효성 측면에 대한 시스템적 접근법에 있어서 시스템이란 먼저 다음의 조건을 충족시켜야 한다.

첫째, 시스템의 목적이 뚜렷해야 한다.

둘째, 시스템에는 하부요소가 있어야 한다.

셋째, 요소들 간에 상호작용이 있어야 한다.

평가시스템도 이와 같은 시스템적 요소들을 고려하여 설계되어야 할 뿐만 아니라 평가의 여건, 평가의 내용, 평가의 반영이라는 측면의 요소들도 고려해야 한다. 예컨대 전략의 수립과 실행, 조직의 목표 달성, 인센티브 제도의 유무, 프로세스의 개선 등이 그것이다. 그리고 평가시스템에서 고려해야 할 사항은 조직의 각 단계별로 계획, 실행, 평가의 요소가 달라야 한다는 것이다. 의사결정자인 최고경영자는 전략, 특히 장기전략에 대한 계획과 실행, 그리고 평가를 책임져야 하고, 조직의 중간계층인 관리자는 관리에 대해 계획, 실행, 평가를 담당해야 한다. 그리고 하위관리자 혹은 기능부서의 구성원들은 기능에 대한 계획, 실행, 평가를 담당해

그림 13.3
조직구성원 단계별 담당업무

경영자	전략계획	전략실행	전략평가
관리자	관리계획	관리실행	관리평가
기능자	기능계획	기능실행	기능평가

야 한다. 이를 그림으로 나타내면 <그림 13.3>과 같다.

한편, 조직의 효과성과 효율성을 향상시키기 위해서 특정 기준이나 판단체계에 의거하여 과업의 수행 정도를 평가하는 것을 성과평가(performance evaluation)로 정의할 수 있다. 즉, 성과평가란 종업원 또는 부문(혹은 기능부서)이 맡은

표 13.1
전통적 평가와 개선된 평가의 구분

전통적 평가	개선된 평가
1. 재무적 초점 • 재무결과 중심(과거지향적) • 유연성의 제약: 단일시스템이 외부 및내부 필요를 동시에 충족 • 운영전략과 연계되어 있지 않음 • 재무결과의 수정에 익숙	1. 전략적 초점 • 고객 중심(미래지향적) • 탄력적 : 운영통제에 전념하는 시스템 • 현행 전략을 지속적으로 추적 • 공정개선의 촉매역할
2. 부분 최적화 • 원가절감 • 수직적 보고	2. 전체 최적화 • 성과 개선 • 수평적 보고
3. 단편적 • 원가, 산출 및 품질 등을 각각 별개로 고려함 • 요소 상호간의 trade-off가 未知임.	3. 통합적 • 품질, 납기, 시간, 원가 등을 동시에 평가함 • 상호간의 trade-off가 강조됨
4. 개별 학습 • 작업자 개별적 인센티브	4. 조직적 학습 • 집단인센티브
5. 단기적, 국부적, 미시적, 단편적	5. 조직(개인)수준에서의 전반적 · 전사적 · 총체적인 실질활동의 측정
6. 비전과 전략의 연계성 미흡 • 비전의 부재 • 전략과 비전의 분리	6. 비전의 설정에 따른 전략의 실행
7. 프로세스 혁신과 전략의 실행 • 혁신의 부분적 운영 • 전략 실행의 결과에 초점	7. 프로세스 혁신과 전략의 실행 • 프로세스의 일환으로서의 전략 • 전략 실행의 결과보다 전략 실행의 과정에 중점
8. 산출물 중심의 평가	8. 투입물 중심의 평가

바 일을 수행함으로써 조직의 유효성을 어느 정도 달성했는가 또는 조직의 능률 향상에 어느 정도 기여했는가를 이미 설정되어 있는 기준이나 시스템을 통해서 비교 · 분석해 나가는 관리 통제시스템의 한 하위시스템이다.[6]

이와 같은 성과평가는 단기적 · 미시적 · 단편적인 개념이 아니라 개인수준 또는 조직수준에서 전반적 · 전사적 · 총체적인 실질산출(positive output)을 측정하는 과정으로 이해될 수 있다.[7]

Lee는 경영 통제시스템의 요체는 능률, 생산성, 유효성의 모든 개념을 포괄하는 실질적 성과평가(positive performance evaluation)에 초점을 맞춰야 함을 강조하고 있다.

실질적으로 현실적인 성과를 측정하기 위해서는 개인수준의 측정보다는 집단 전체적인 수준으로, 국부적인 최적화보다는 전사적인 최적화로, 재무적인 성과보다는 실질적인 생산, 판매활동에서의 성과로, 계량적인 성과보다는 비계량적이고 무형적인 요소를 첨가한 성과로, 단기적인 목표에 지나치게 민감한 평가보다는 장기적 목적달성의 정도로 성과평가의 중요성(중점)이 변화되어야 할 것이다.

<표 13.1>은 평가의 초점, 평가의 접근법 등의 관점에서 전통적 평가와 개선된 평가를 비교한 것이다.

전략평가시스템 및 평가모델

전략평가시스템

기존의 평가시스템을 개선한 전략평가시스템(SES; Strategy Evaluation System)은 다음의 사항을 반영하는 것이어야 한다.

- 실행결과치(D–S)만 평가하기보다는 활동과정까지 포함(P–D–S)하여 평가해야 한다.
- 재무적인 체크리스트(financial checklist)에 그치기보다는 기업의 장기적 경쟁력을 확보하는 방안에 관한 내용까지 포함해야 한다.
- 부분 최적화보다는 전체의 최적화를 도모하기 위해 평가요소들이 균형을 이루고 있어야 한다.
- 기존의 산출(output)요소 중심의 평가가 아니라 투입(input)요소까지 반영되어 있어야 한다.

- 평가시스템이 원활하게 적용될 수 있는 여건까지도 고려한 시스템이 되어야 한다.
- 적용대상은 기업 전체, 사업단위, 기능수준까지 전체를 연결시켜야 한다.
- 평가기간도 장기 성과를 고려한 평가시스템이어야 한다.

즉, 전략평가시스템이란 "경영환경의 변화요인을 고려하여 수립된 전략의 실행(do) 및 결과(output)를 평가(evaluation)하고, 조직 전체적인 관점에서 장기적으로 기업의 경쟁력을 향상시킬 수 있도록 평가의 여건까지 고려한 평가시스템"이다. 이와 같은 전략평가시스템은 이미 언급한 바와 같이 평가에 대한 여건, 평가의 내용, 평가의 반영 세 가지를 고려해야 한다. 이러한 평가의 세 가지 기본 구성요소를 그림으로 나타내면 <그림 13.4>와 같다.

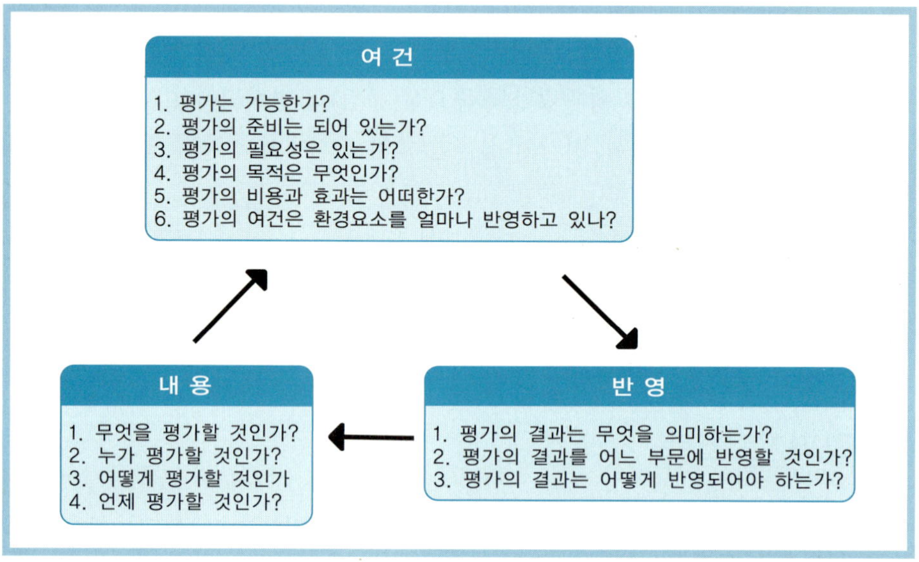

그림 13.4
평가시스템의 기본 구성요소

<그림 13.4>는 다음 세 가지에 초점을 두고 있다.

첫째는 평가의 여건, 즉 평가할 준비가 되어 있느냐에 대한 것이다. 이는 기업에서 평가시스템 혹은 평가제도를 수정/도입함에 있어 평가의 실행에 따른 조직의 특성 혹은 기업문화가 고려되어 있느냐 하는 것이다. 예를 들면, 특정 기업에서 전략 수립의 특징, 권한 이양의 정도, 평가제도 시행의 경험 등에 따라 평가시스템이 달라져야 한다는 것이다. 왜냐하면, 평가의 여건에 따라 평가의 내용과 평가의 결과에 따른 반영의 정도가 달라지기 때문이다.

둘째, 평가의 내용, 즉 무엇을 평가할 것인가 대상을 정하는 것이다. 평가의 대상은 경영활동에 따라 구분될 수 있으며, 반드시 모든 경영활동 요소를 평가할 필요는 없다. 예컨대, 기업에서는 사업에 대한 평가만 수행하고 사람에 대한 평가는 수행하지 않을 수도 있다. 또 전략의 수립에 대해서는 평가하지 않고 전략의 실행 여부만 평가할 수도 있다.

셋째, 평가의 반영에 관한 것이다. 평가의 반영은 측정된 평가의 결과치가 어디에 어떻게 반영되었느냐 하는 것으로서, 조직구성원들로 하여금 직무에 대한 만족도를 높이고 동기부여를 고양시키기 위해 반드시 필요하다. 즉, 평가의 결과가 인센티브, 승진, 승급에 반영된다든지 이번 기의 전략이 다음 기에 수정된다든지 하는 것이 바로 평가결과의 반영인 것이다.

이러한 논의를 바탕으로 하여 전략평가시스템의 체계를 <그림 13.5>와 같이 나타낼 수 있다.

그림에서 알 수 있듯 세로축은 평가의 여건, 평가의 내용, 평가의 반영을 나타내고 있으며, 가로축은 경영의 기본활동인 계획, 실행, 평가를 각 영역으로 구분하고 있다. 이를 세분하면 총 9개의 셀로 구분할 수 있는데, 각각의 셀에는 독자적인 내용이 포함될 수 있다.

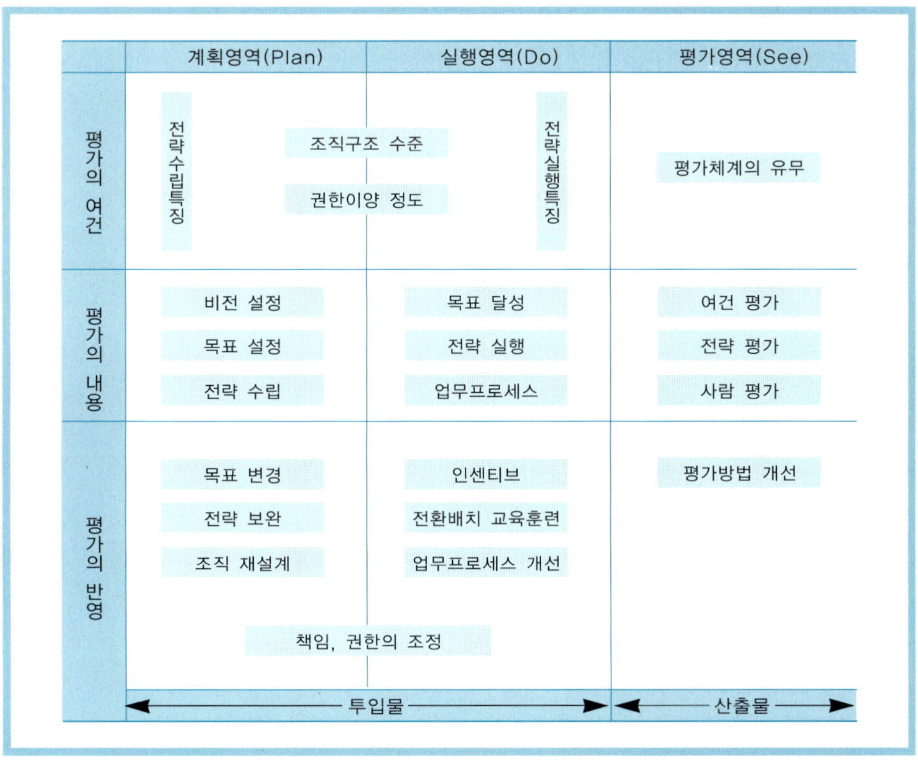

그림 13.5 전략평가시스템의 체계도

평가여건의 실행영역에서 예를 들어보자. 권한 이양의 정도에 따라 평가의 내용이 달라질 수 있는데, 특정 사업을 담당하고 있는 책임자에게 전략을 수립, 실행할 수 있는 권한이 주어지지 않았다고 하면 그 평가는 아무런 의미가 없을뿐더러 그 책임자 또한 평가의 실행에 대해 많은 불만을 가지게 된다. 따라서 전략평가시스템은 평가를 적용하기에 앞서 평가의 여건까지 고려하는 특징을 지니고 있다. 이러한 평가의 여건에는 전략 수립의 특성, 전략 실행 특징, 권한 이양의 정도, 평가제도의 유무 등이 포함될 수 있다.

평가 내용에서는 무엇을 평가할 것인가에 대해 검증한다. 여기에는 전략의 수립, 전략의 실행, 업무 프로세스, 사업에 대한 평가, 개인에 대한 평가 등이 포함될 수 있다. 평가 내용에서 간과해서는 안 될 것은 전략평가시스템의 가장 중요한 내용인 과정(process) 혹은 실행(do)과 관련된 평가대상이 반드시 포함되어야 한다는 점이다. 이 부분은 기존의 평가모형 혹은 평가모델과 전략평가시스템을 구분지어주는 큰 차이점이기도 하다.

평가 반영에는 평가 결과를 어디에 고려할 것인가를 나타내는 사항이 포함된다. 즉, 기존의 사람에 대한 인센티브의 부여, 승진, 승급 등과 관련된 것뿐만 아니라, 전략평가시스템의 과정 혹은 실행 평가의 내용도 반영되어야 하는 것이다. 예컨대 전략의 수정, 비전의 변경, 책임 및 권한의 조정, 업무 프로세스의 개선, 평가지표 혹은 평가기법의 개선 및 변경 등이 대표적이다.

평가모델

이상과 같은 전략평가시스템 체계(framework)를 바탕으로 전략평가시스템 모델을 수립하면 <그림 13.6>과 같이 나타낼 수 있다.

전략평가시스템 모델의 하부요소에는 크게 전략 평가, 사람평가, 평가결과 반영시스템이 포함되어 있다. 전략 평가는 조직에 대한 평가이고 크게 수직적 차원으로 구분하여 회사 전체 평가, 본부/계열사 평가, 사업부/팀 평가로 구분된다. 사람평가도 마찬가지로 수직적 차원으로 구분되며 최고경영자 평가, 임원 평가, 사원 평가로 구분될 수 있다. 또한 전략과 사람에 대한 평가결과에 대한 피드백이 바로 평가결과의 반영시스템인 것이다.

이러한 요소들은 결론적으로 기업이 추구하는 비전 및 목표를 효과적이고 효율적으로 달성하기 위한 것으로서, 상호 긴밀한 연관성을 가지고 유기적으로 연계되어 있다. 즉, 회사 전체 차원의 전략평가는 최고경영자 평가와, 본부/계열사 평가는 임원 평가와, 사업부/팀 평가는 사원에 대한 평가와 관련이 있으며, 이는 조

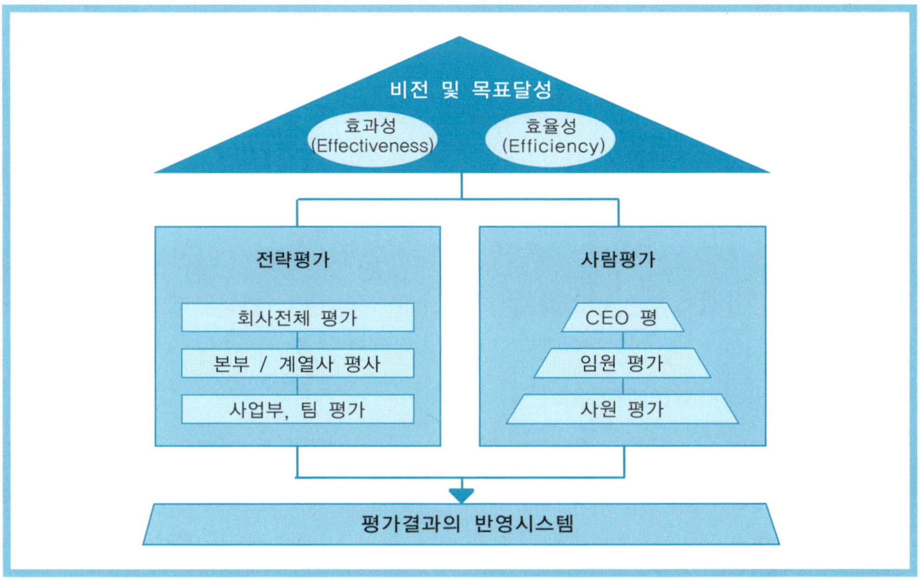

그림 13.6
전략평가시스템 모델

직에 대한 평가결과가 조직책임자의 평가결과에 반영되는 형태로 나타난다.

결국 기업이라는 하나의 유기적 시스템 내에서 각 하부요소들은 기업이 추구하는 목적을 달성하기 위해 유기적으로 상호작용하는 것이며, 이를 전사적 차원에서 타 경영시스템과 상호 연관성을 가지게 하는 것이 전략평가시스템의 목적이다. 이를 구체적으로 나타내면 <그림 13.7>과 같다.

경영시스템을 간단히 말하자면, 경영 계획 – 경영 실행 – 경영 평가 – 평가결과

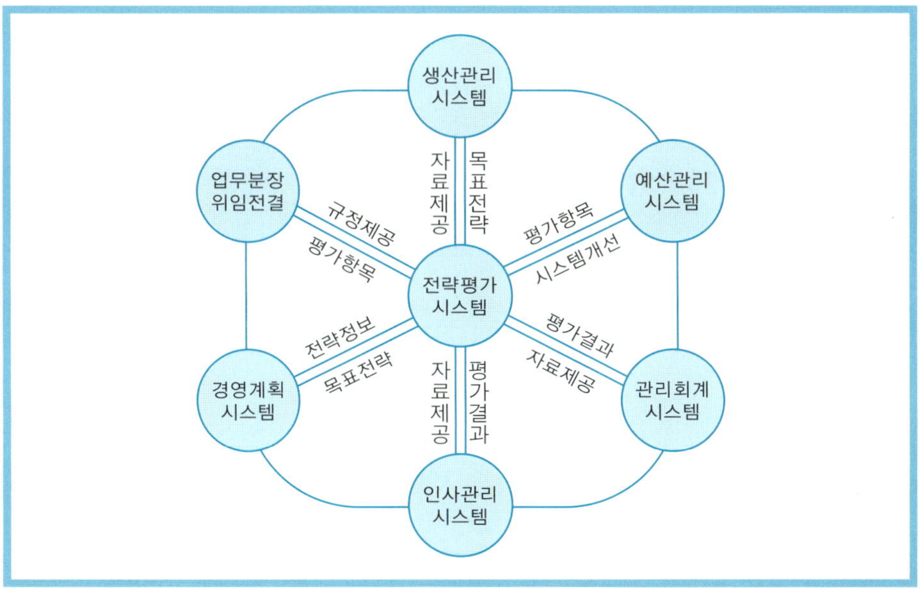

그림 13.7
전략평가시스템의 위상

반영이라 할 수 있다. 이를 좀 더 세분화시켜 파악해 보면 경영시스템의 하부요소에는 전략평가시스템을 중심으로 경영계획시스템, 예산관리시스템, 업무분장, 위임전결, 인사관리시스템, 생산-판매관리시스템, 관리회계시스템이 포함되어 있다. 여기에서 전략평가시스템은 타 시스템과 유기적인 관계를 가진다. 예컨대, 경영계획시스템과는 전략정보와 목표정보를 상호교환하며 피드백한다. 그리고 업무분장과 위임전결의 관계에서는 평가항목과 규정개정을 매개로 상호간 관련성을 지니며, 전략평가시스템은 관리회계시스템으로부터 평가자료를 제공받음과 동시에 평가결과를 피드백하는 관계를 가진다. 이러한 유기적 관계는 경영시스템내 타 시스템에 대해서도 마찬가지다.

그리고 전략평가시스템은 경영시스템 내에서 독자적으로 운용될 수 없다. 전략평가를 위해서는 경영계획, 예산관리, 관리회계, 인사관리시스템과 정보가 상호 공유되어야 하며, 전략의 원활한 실행을 위해서는 업무분장, 위임전결에 대한 규정화가 전제되어야 한다. 따라서 전략평가시스템은 경영시스템 내에서 타 시스템과 유기적 관계를 가져야만 한다.

하부요소

전략평가

평가 자체가 하나의 유기적 측면을 지니기 위해서는 하부조직과 상부조직의 연결성이 있어야 한다. 전략의 예를 들면, 그룹 차원의 전략과 본부, 부문 차원의 전략, 사업부 차원의 전략은 같을 수 없다. 그러나 이들 전략은 상부조직의 하부조

그림 13.8
전략 평가의 틀

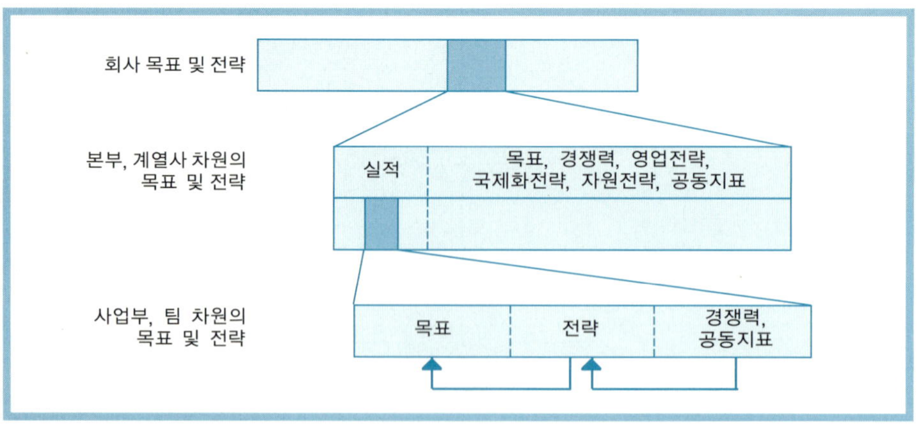

직 지원전략 형태로 서로 연결되어야 하고, 또 하부조직의 전략은 실행에 앞서 상부조직으로부터 지원에 대한 약속을 받아야 한다. 이러한 과정에서 조직내 계층 간 의사소통이 발생하게 되고 회사 전체의 정보 공유 및 교류가 활발해질 수 있는 것이다.

이와 같은 일련의 활동을 하나의 공식화된 장치로 제도화시키는 것이 전략 평가의 제1목표이고, 이의 연결고리는 평가결과치의 반영이다. 다시 설명하자면, 사업부 차원의 평가결과는 그 일부가 본부 평가결과로 산입되고, 본부 차원의 평가결과는 다시 그룹 평가결과로 산입된다는 것이다. 이렇게 되면 그룹의 회장은 본부에 대한 지원과 관심을 가질 수밖에 없고, 또 본부장도 사업부에 대한 지원과 관심을 가지지 않을 수 없다. 즉, 수직조직 간의 연계성이 확보될 수 있는 것이다.

사람평가

조직구성원을 크게 최고경영자 및 임원, 관리자, 실무자의 세 가지 역할단위로 구분했을 경우, <그림 13.9>는 최고경영자 및 임원과 실무자에 대한 평가가 달라야 한다는 것을 보여주고 있다. 즉, 최고경영자 및 임원에 있어서는 전략적 의사결정이 중요한 역할이며, 실무자에 있어서는 실무적 지식과 기술이 훨씬 더 중요하다. 그리고 최고경영자 및 임원과 실무자의 다리 역할을 담당하는 관리자는 두 계층 간의 연계역할이 강조된다. 관리자에게 단순히 상부의 지시를 전달하고 하부의 요구를 수렴하는 정도의 역할을 바라던 시대는 이미 지나갔다. 중간관리자

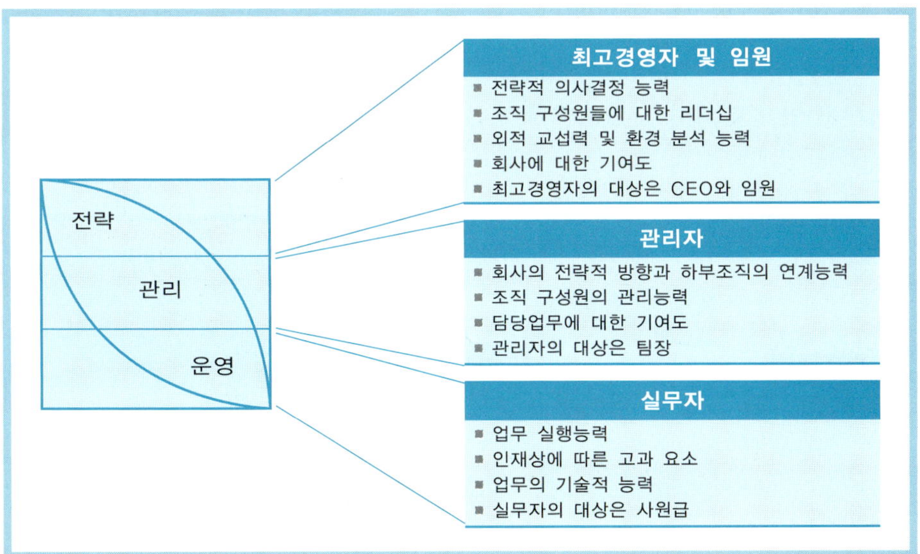

그림 13.9
사람평가의 틀

는 조직의 핵심을 이루고 있는 계층으로서 기업 비전 및 목표 달성, 경영혁신 등의 조직활동에서 중추적 역할이 강조되고 있다. 따라서 사람평가시 중간관리자의 능력을 극대화시킬 수 있는 방향으로 평가가 설계되어야 할 것이다.

한 개인을 평가한다는 것은 상당히 어려운 일이다. 더구나 기업에서는 평가의 결과가 보상이라는 것과 연계되기 때문에 평가받는 사람이 납득할 수 있을 정도로 공정하고 객관적인 평가를 하는 것은 더욱 어렵고 부담스러운 일이 아닐 수 없다. 그래서 사람평가를 설계하는 데 있어 중요시해야 하는 부분은 평가자가 쉽게 평가할 수 있도록 평가항목 및 평가내용을 설정하는 것과, 평가의 결과가 객관성과 공정성을 유지하여 평가와 관련된 사람들이 받아들일 수 있도록 평가의 방법을 설계하는 것이다. 현재 기업에서는 여러 가지 평가항목을 가지고 직원들을 평가하고 있다. 일정한 기준하에서 항목을 묶어 평가하기도 하고 단순 나열식으로 항목별 평가를 하기도 한다. 평가항목을 정할 때도 일정한 기준이 필요한데, 그 기준은 기업의 목적과 평가의 목적에 부합하는 것이어야 한다.

여기서는 기업의 목표를 달성하기 위한 한 방법으로써 사람평가 항목과 내용 및 각 항목의 개념에 대해 알아본다.

<그림 13.10>은 사람평가에 대한 개념적 구분을 나타낸 것이다. 기업의 경영환경이 변하여 예전에는 사람을 평가하는 데 있어 연공의 비중이 컸으나, 최근에는 업적과 능력의 비중이 커지면서 '능력주의'라는 말이 보편화되고 있다. 개인의 능력이 중요한 요소로 등장하고 경영활동에 큰 영향을 미치는 요소라면, 우리는 개인을 평가할 때 능력을 평가해야 하고 평가된 능력에 따른 보상도 실행해야 한다.

이러한 평가대상이 되는 개인 능력을 광의의 능력이라고 할 경우, 이 능력은 크게 두 가지로 나눌 수 있다. 하나는 이 능력이 발휘되어서 결과에 영향을 미친 것이고, 다른 하나는 그 사람이 보유하고 있어서 언제든지 발휘될 수 있는 능력, 즉 보유하고 있는 능력이다. 발휘된 능력은 다시 일정기간에 있어 직무수행 결과를

그림 13.10
사람 평가 요소

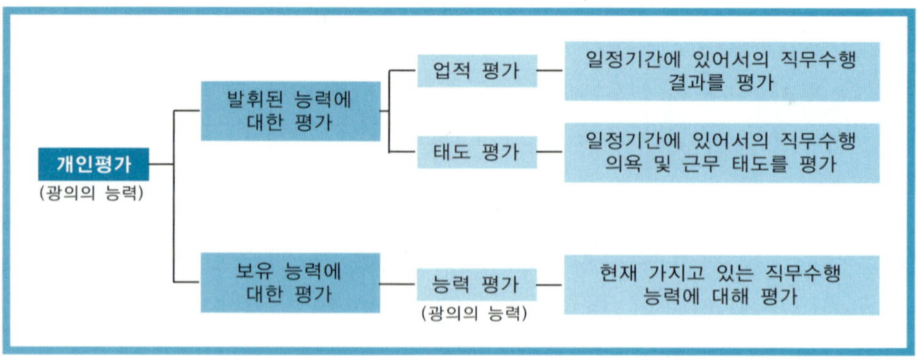

나타내는 '업적' 과 일정기간에 있어 직무수행 의욕 및 근무태도를 나타내는 '태도' 로 나눌 수 있고, 보유능력은 협의의 능력으로서 현재 가지고 있는 '직무수행 능력' 이다. 기업에서 개인을 평가한다는 것은 개인이 가지고 있는 이 세 가지 항목, 즉 업적, 태도, 능력(협의의 능력)을 평가하는 것이 된다. 각각의 항목에 대해 구체적으로 알아보자.

업적평가

업적평가는 일정기간에 있어 개인의 직무수행 결과를 평가하는 것이다. 이것은 가시적으로 드러난 결과를 보고 평가하는 것이다. 업적평가의 요소에는 업적의 양을 나타내는 '목표달성도', 업적의 질을 나타내는 '성과의 질' 그리고 업적 향상의 추진력을 나타내는 '창의고안 및 개선실적' 이 있다. 이 각각의 요소는 계층별로 가중치의 구분 없이 최고경영자에서부터 일반사원에 이르기까지 함께 적용될 수 있다.

목표달성도는 부여된 목표를 주어진 일정기간 내에 어느 정도 달성했는가를 평가한 것이다. 직종에 따라 집단의 목표달성도를 먼저 평가하여 개인의 점수에 반영할 수도 있다. 성과의 질은 실적과 업무처리의 정확도 및 품질에 대해 평가하는 것이다. 성과의 질은 가능하면 객관적인 데이터에 의해 관리되고 평가되어야 한다. 창의고안 및 개선실적은 자신의 일 및 주변의 모든 분야에 문제의식을 갖고 개선제안을 얼마나 했는가를 평가하는 것으로 효과와 건수를 종합하여 평가할 수 있다.

태도평가

태도평가는 일정기간의 직무수행 의욕 및 근무 태도를 평가하는 것이다. 이것도 가시적으로 드러나는 것이며 지속적인 관찰이 필요한 평가항목이다. 태도평가 요소에는 자기계발을 평가하는 '자기계발 의지', 조직에 관한 태도를 평가하는 '책임감', '성실성', '적극성', '협조성' 등이 있고, 고객만족과 관련되는 '서비스 자세' 가 있다.

이 요소들은 조직내 각 계층별로 가중치를 달리하여 적용될 수 있는데, 조직에 관한 태도에서 책임감과 적극성은 경영층으로 갈수록 가중치를 많이 주고 성실성과 협조성은 일반사원으로 갈수록 가중치를 많이 주는 것이 좋다. 그리고 '서비스 자세' 는 고객을 상대하는 데 꾸밈이 없고 고객이 스스로 찾도록 하며, 특히 불만이 있는 고객을 잘 다루는 능력을 보는 것이다. 여기서 고객은 외부 고객이 될 수도 있고 내부 고객, 즉 회사내 타 부서 직원이 될 수도 있다.

능력평가

능력평가는 현재 개인이 보유하고 있는 직무수행 능력을 평가하는 것이다. 이것은 협의의 능력으로, 우리가 흔히 말하는 능력이다. 이렇게 협의의 능력으로 분류하여도 막연한 것은 마찬가지다. 그래서 기업에서 필요한 능력을 크게 세 가지의 범주로 구분할 수 있는데, 하나는 개념적 능력으로 기업을 통합적으로 보아 기업 내외 제요인의 상호관계를 인식하는 능력이고, 다른 하나는 인간관계 능력으로 집단의 팀워크를 키우고 부하를 지도, 육성하거나 타인과 함께 일을 해나가는 능력이며, 나머지 하나는 기술적 능력으로 각 업무에 필요한 기법이나 수순 등에 대한 전문적인 지식이나 능력을 말한다. 경영층으로 갈수록 개념적 능력이 중요하고 일반사원으로 갈수록 기술적 능력이 중요하다.

개념적 능력에는 경영의식, 의사결정력, 선견예측력, 판단력, 이해력, 정보력, 창의력, 개발력 등이 있고, 인간관계 능력에는 대인이해력, 표현력, 절충력, 설득력, 추진력, 섭외교섭력, 지휘통솔력, 부하육성력 등이 있다. 그리고 기술적 능력에는 지식, 기능, 업무처리 능력, 기획력, 관리능력, 전산처리 능력 등이 있다.

한편, 사람평가시 전사적인 공감대를 형성한다는 측면에서 일반사원뿐만 아니라 최고경영자와 임원도 평가대상으로 정하는 데는 별다른 이견이 없다. 그러나 사람평가방법 역시 동일하게 할 경우에는 문제가 발생할 소지가 많다. 기존의 고과에서는 사람평가에 대한 공정성과 객관성의 오류가 어느 정도 묵인되어 왔다. 이는 인간이 완벽한 존재이지 않기 때문이다. 그래서 평가에 대한 오류를 최소화하기 위한 하나의 방편으로 '상급자평가방식' 외에 '다면평가방식'을 도입했다. 이 방식은 여러 계층의 사람을 개인의 평가과정에 포함시킴으로써 기존의 문제점을 극복하고자 한 것이다. 즉 피평가자에 대해 상급자, 하급자, 동료가 동시에 평가해서 일정비중으로 총점을 계산하는 방식이다. 그러나 이는 평가의 절차가 너무 복잡하고 시간과 비용이 많이 소요된다는 문제점이 있다.

따라서 이 두 가지 사람평가방식을 절충하는 방안이 도출될 수 있다. 일반적으로 회사의 임원급 이상은 전체 인원의 10%를 초과하지 않는다. 따라서 임원급 이상에 대해서는 '다면평가방식'을, 사원급에 대해서는 '상급자평가방식'을 채택하면 평가의 비용 문제는 어느 정도 해결될 수 있다. 이를 기초로 하여 사람평가의 틀을 만들면 <그림 13.11>과 같다.

그림 13.11
다면평가방식과 상급자 평가방식의 절충

<그림 13.11>은 최고경영자와 임원, 중간관리자, 실무자에 대한 서로 다른 평가방식의 예를 나타낸 것이다. 최고경영자와 임원은 다면평가방식을, 중간관리자와 사원에 대해서는 기존의 상급자평가방식을 적용시킨다. 위 두 가지 방법에 따라 평가내용 및 평가비중이 달라지게 된다. 다면평가방식에서는 자기평가, 상급자평가, 동료평가, 하급자평가를 포함하기 때문에 평가내용이 복잡해지고 각 비중 또한 상대적으로 줄어들게 된다. 상급자평가방식에서는 자기평가와 1, 2차 고과자만 결정해 주면 되기 때문에 상대적으로 간단하다는 장점이 있다.

평가결과 반영시스템

평가는 평가 그 자체보다 평가결과를 반영하는 데 더 큰 의의가 있다. 평가결과를 반영함으로써 진정 조직구성원들로 하여금 동기부여를 시킬 수가 있기 때문이다. 구체적으로 평가결과가 피드백될 때, 새로운 시작과 변화가 가능하다. 다음에서는 평가결과의 반영 형태와 활용방안에 대해 살펴보기로 한다. 먼저 평가결과의 반영은 여러 가지 형태로 나타날 수 있다. 그리고 형태별로 집단평가결과와 개인평가결과가 각각 다른 방법으로 적용될 수 있다. 이를 전체적으로 나타내면 <그림 13.12>와 같다.

<그림 13.12>는 기본적으로 집단평가결과와 개인평가결과가 일정비율로 조합되어 반영될 수 있다는 것을 보여주고 있다. 그림에서 나타난 비전, 목표, 전략, 권

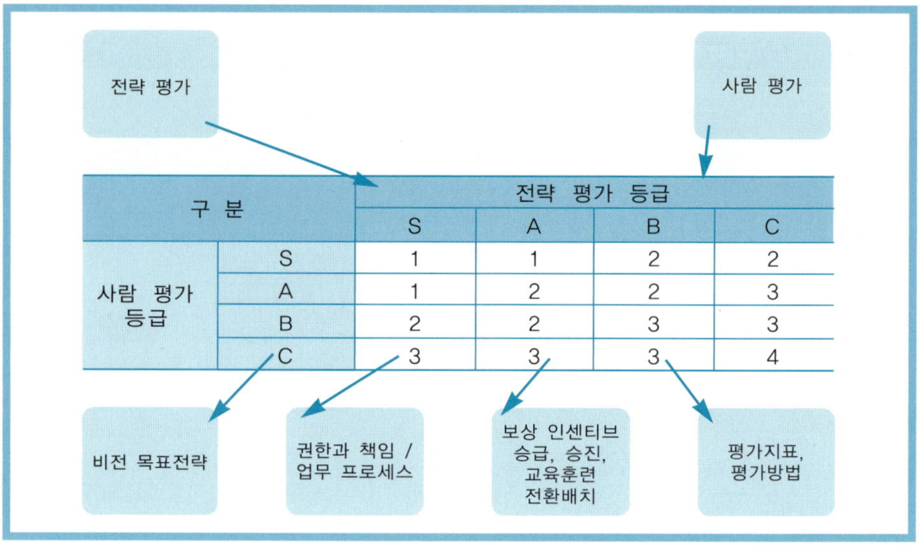

구 분		전략 평가 등급			
		S	A	B	C
사람 평가 등급	S	1	1	2	2
	A	1	2	2	3
	B	2	2	3	3
	C	3	3	3	4

그림 13.12
평가결과 반영시스템의 체계

한과 책임, 업무 프로세스, 보상, 승진, 승급, 인센티브, 교육훈련, 전환배치, 평가방법, 평가지표 등은 그 내용과 성격에 따라 상이하다. 이 요소들을 특성별로 묶어 보면, 크게 세 가지로 대별된다. 즉, 이 요소들은 제도적 활용, 금전적 활용, 비금전적 활용으로 축약될 수 있다.

평가결과의 활용방안도 역시 제도적 활용, 금전적 활용, 비금전적 활용으로 구분될 수 있다.

제도적 활용은 다음 해 혹은 다음 기의 성과를 높여주는 원동력으로 작용한다. 이러한 제도적 활용의 결과는 비전, 목표, 전략의 수정 혹은 개선, 권한과 책임범위의 재설정, 업무 프로세스의 혁신, 평가지표, 평가비중 등 평가방법에 대한 개선 등의 형태로 나타난다. 이들은 전부 실행(do)을 원활하게 해 준다는 면에서 공통점을 가진다.

금전적 활용은 말 그대로 평가결과에 따라 금전적으로 보상이 이루어지게 하는 것인데, 매우 민감한 부분이기 때문에 사전에 충분한 합의가 있어야 한다. 금전적 활용방안으로는 승격, 즉 기본급의 인상(Base-up)과 성과급(Bonus)을 지급하는 방법이 대표적이다. 특히, 금전적 활용에서 주목해야 할 것은 집단평가와 개인평가의 결과가 복합적으로 반영된다는 것이다. 즉, 나는 개인으로서 A등급을 받았지만 팀 성적이 C등급이어서 전체적으로 B등급의 효과를 가져올 수 있다는 것이다. 물론, 개인 등급과 집단 등급간 차이는 다를 수 있지만, 기본적으로 이 두 가지 평가결과가 공통적으로 반영된다. 따라서 팀이라는 집단의 구성원인 개인으로서는 자신이 속한 팀의 성과에 관심을 가지지 않을 수가 없다.

비금전적 활용은 금전적 활용 이외의 활용을 의미하며, 신분적 반영이라고도 한다. 신분적 반영의 대표적인 예는 승진, 승격, 전환배치, 교육훈련 등이 있다. 이 중에서 교육훈련은 전문가를 필요로 하는 조직에서 매우 중요한 사항이다. 실제로 개인이 원한다고 해서 모든 교육에 참가할 수 있는 것은 아니지만, 제도적으로 교육훈련은 보장되어야 한다. 예컨대, 팀장은 팀원을 전문가로 육성시켜야 하는 책임과 의무가 있는 것이고, 팀원은 자기계발의 의무가 있는 것이다. 따라서 팀원은 평가를 위한 면담시 상급자에 대해 이러한 요구를 충분히 전달해야 한다.

전략평가시스템의 효과적 활용을 위한 제언

평가는 인류 역사상 인간이 실행하기 가장 꺼리는 일 중 하나임에 틀림없다. 그러나 경영의 시작과 함께 평가도 시작된다. 따라서 경영자는 바람직한 평가시스템을 설계하여 이를 적극적으로 활용함으로써 기업성장의 수단으로 삼아야 한다.

기업경영에 있어서 도전과 문제점은 상존하게 마련이고 이러한 문제점은 경영혁신을 통해 극복될 수 있다. 그러한 경영혁신에 있어서 가장 강력한 힘을 발휘하는 것이 '평가' 이다. 특히 전략평가시스템은 평가의 대상을 사람뿐만 아니라 전략(사업)까지 포함시킴으로써 그 개념을 한 단계 더 발전시켰다. 게다가 전략평가시스템은 전략평가와 사람평가 결과를 구체적으로 반영시켜줌으로써 평가에 있어서 새로운 하나의 통합모델을 제시하고 있다. 그 결과 경영자는 새롭게 통합된 시각과 장기적 안목을 가지고 평가를 실행할 수 있을 것이다.

그러나 평가는 수행하기에 앞서서 선행되어야 할 과제들이 너무 많다.

첫째, 적합한 조직구조이다. 즉, 조직이 평가에 적합하게 구축되어야 하는데, 이는 평가단위와 책임단위가 명확해야 한다는 것을 의미한다.

둘째, 책임과 권한의 이양이다. 책임과 권한의 이양은 '자율책임 경영체제' 실현을 위해 필수불가결한 사항이며, 여기에는 최고경영진의 과감한 의사결정이 뒤따라야 한다. 특성과 조직문화에 따라 상이하게 설계될 수 있다.

셋째, 관리회계시스템의 정비이다. 관리회계시스템은 전략평가시스템에서 필요로 하는 가장 기본적인 정보를 제공해준다. 이와 같은 관리회계제도의 정비 없이는 올바른 평가가 실행될 수 없으며, 공정한 평가가 수행될 수 없다.

마지막으로 구성원의 공감대 형성과 최고경영진의 확고한 의지이다. 모든 제도의 실행 주체는 조직구성원이다. 사원이든 사장이든 힘을 한 방향으로 모아야 할 것이다. 그렇게 해야만 전략평가시스템이 성공적으로 정착, 운영될 수 있는 것이다.

어차피 피해가지 못할 평가라면 제대로 된 평가시스템을 설계하여 당당하게 정면승부하는 것이 바람직하다. 평가를 통해 새로운 일거리가 추가되었다고 불평하는 자세보다 평가를 통해 새로운 변화에 도전한다는 자세가 무엇보다도 요구된다.

|요약| Summary

- 지배구조는 기업의 성장과 가치창조를 위해 다양한 이해관계자들과 기업간에 이루어진 명시적, 묵시적 계약관계를 규정하고 관리하는 메커니즘임. 즉, 기업자원의 분배권에 관한 이해관계자들(주주, 채권자, 종업원, 부품공급자, 소비자 등)의 권한을 설명하는 계약관계임
- 우리나라 특유의 지배구조는 외국의 투자자들에게는 만족스럽지 못할 수 있으므로, 이들이 공급하는 자금을 보다 낮은 자본비용으로 조달하기 위해 국제수준의 회계 투명성과 경영 감시체제를 갖춰야 함
- 내부 지배구조는 기업의 전략적 오류를 미연에 방지할 수 있어야 하고, 오류를 범했을 때 이를 조기에 발견하고 시정할 수 있어야 함
- 지배구조의 운영목표를 달성하고 경영실패를 제거하기 위한 지배구조의 운영방식은 크게 관리기업형 패러다임(managed-corporation paradigm)과 지배기업형 패러다임(governed-corporation paradigm)의 두 가지 형태로 구분됨
- 바람직한 지배구조란, 국제적으로 정합성 있는 지배구조를 형성하기 위해 글로벌 스탠다드(global standard)를 지향하면서 주주관점에서 지배구조를 정립하는 미국식 유형을 우리나라에 접목하는 것임

PART 5

전략경영의 뉴패러다임

STRATEGIC MANAGEMENT

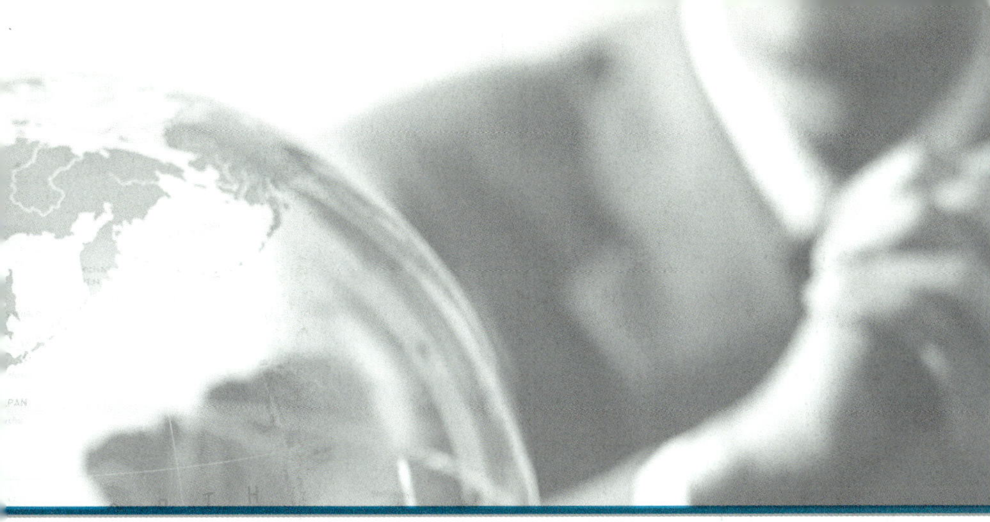

CHAPTER 14

혁신경영

혁신경영은 경영환경의 변화가 급속하게 진행되는 상황에서 전략 실행의 정점에 위치한 이슈이다. 혁신은 기업 내부의 모든 활동에 접목될 수 있다. 조직의 혁신, 기술의 혁신, 프로세스의 혁신 등 이전의 운영 방식을 탈피하여 변화한 그리고 변화할 환경에 대한 기업의 능동적인 반응이다. 한국 기업들은 1997년 외환위기 이후 새로운 환경에 당면하게 되었다. 적극적인 시장 개방 정책으로 인한 외국 글로벌 기업들의 진입으로 경쟁의 경계가 확대되었다. 그리고 이에 대응하기 위해서 국내 기업들은 '글로벌 스탠더드' 로 불리는 선진 경영 방식을 따라가야만 했다. 이는 혁신경영의 필요성을 한층 증대시켰다.

경영혁신은 조직의 목적을 달성하기 위해 새로운 생각(idea)이나 방법(method)으로 기존업무를 다시 계획(plan)하고 실천(do)하고 평가(see)하는 것이다. 이는 새로운 제품이나 서비스, 새로운 생산공정기술, 새로운 구조나 관리시스템, 조직구성원을 변화시키는 새로운 계획이나 프로그램을 의도적으로 실행함으로써, 기업의 중요한 부분을 본질적으로 변화시키는 것을 의미한다. 경영혁신은 기업에 미치는 영향에 따라 2가지로 나누어진다.

첫째, 경영의 장을 변화시키는 혁신 문화를 만들어 내는 것이다. 비전 만들기, 학습 조직, 기업 아이덴티티, 리스트럭처링은 기업 스스로가 내부적으로 혁신의 필요성에 대해 공감대를 형성하고 이를 지속적으로 추진할 수 있는 정신적, 구조적 수용 능력을 확보하는 것에 주안점을 두고 있다.

둘째, 경영의 프로세스를 변화시키는 것이다. 혁신 추진의 바탕을 형성한 후 기능적인 변화에 초점을 둔 다양한 기법들이 존재한다. 장기전략계획, 경쟁전략, 영점기준 예산, 신인사제도, 리엔지니어링, 다운사이징, 시간기준 경쟁, 전사적 품질경영, 전략평가 시스템, 6시그마 등은 기업의 기능적 향상을 목적으로 하는 것이다. 기업은 혁신경영을 통해 진정한 향상을 달성하기 위해 경영의 장과 경영의 프로세스라는 두 분야에서 동시에 혁신을 추진해야 할 것이다.

한국의 기업들은 1990년대 후반 외환위기의 어려움을 기억하고 있다. 한강의 기적으로 불리며 밝아 보이기만 하던 한국 경제의 미래는 그 화려함 속에 감추어 두었던 치부를 낱낱이 드러냈다. 건실하게만 생각되었던 기업들이 하나둘씩 파산했다. 생존한 기업들은 변화의 필요성을 실감했다. 과거에 관행화되었던 경영방식들을 과감하게 탈피하는 것이 급선무였다. 새로운 환경이 요구하는 세계 수준의 경영 방식에 도달하기 위한 지속적 노력이 필요하게 된 것이다. 즉, 혁신에 대한 인식이 급속하게 확산되었다. 슘페터(Schumperter)는 이보다 50년 앞선 1940년대에 혁신이론의 근간이 되는 '창조적 파괴'를 주장했다. 과거 성과와 경영방식에 안주하는 기업은 시장의 변화 속도에 맞춰 변화하지 못한다. 결국 이러한 기업의 역량은 시장의 요구에 제대로 부응하지 못하게 될 것이며, 이를 극복하기 위해서 기업은 시장의 연속성을 부정하고 불연속성에 입각하여 지속적으로 그리고 빠른 속도로 자신을 변화시켜야 한다는 것이 그의 주장이다.

21세기에 들어선 지금 한국 기업은 무한한 속도로 변화해가는 시장의 요구에 직면하고 있다. 새로운 경영환경의 가장 두드러진 특성은 경쟁의 범위가 넓어지고 강도 또한 심화되었다는 것이다. 내수시장(domestic market)의 개념은 차츰 사라져가고 있다. 경쟁의 경계는 사라졌으며, 국내 기업들은 선진화된 경영방식과 높은 기술수준, 우수한 품질, 글로벌 규모의 기업 네트워크를 지닌 거대 기업들과의 무한 경쟁에 직면하게 되었다. 그리고 혁신은 기업 경영의 중요한 이슈로 떠오르게 되었다.

그러나 관심이 증대되면서 이에 대한 혁신을 단순히 흘러가는 경영의 유행(management fashion) 또는 다른 기업들이 행하는 기술적, 기능적 도구들을 들여오는 것으로 인식하게 되는 현상이 나타났다. 경영혁신의 의미와 효용가치, 그리고 부작용을 정확하게 파악한 후 자사의 전략목표 달성에 맞는 적절한 기법을 선택하려는 노력보다, 경쟁기업이 쓰고 있는 특정 기법을 맹목적으로 회사 내에

도입하여 실행하는 경우가 허다하게 나타난 것이다. 따라서 이 장에서 전략 실행의 충분조건인 경영혁신의 의미를 되짚어 봄으로써 혁신에 대한 정확한 인식과 적절한 활용 방안에 대해서 알아보겠다.

CASE 닛산의 혁신전략

"닛산은 부활을 완료했습니다." 2005년 9월 22일 닛산 자동차의 CEO 카를로스 곤 회장은 이렇게 선포했다. 6년여 동안 수많은 어려움을 겪고 일어선 닛산 자동차의 부활은 혁신의 의미를 더욱 와닿게 하는 사례이다.

전통의 닛산 자동차, 몰락의 길에 서다

닛산 자동차는 1914년 일본 자동차 1호를 만들어낸 일본 제일의 자동차회사로, 도요타 자동차와 함께 일본의 자동차산업을 이끄는 대표적인 두 기업으로 손꼽혔으며, 판매 전략에서는 도요타가 기술에서는 닛산이 우위를 보이면서 서로 경쟁관계를 유지해왔다.

이러한 와중에 닛산은 1966년 멕시코 공장 건설을 시작으로 해외활동을 활발히 펼치기 시작했다. 전 세계적인 기업으로 발돋움하기 위한 노력이었다. 그러나 이러한 해외시장 집중 전략은 오히려 국내 시장에서 닛산의 점유율을 떨어뜨리는 결과를 가져왔다. 도요타의 적극적인 판매 전략은 이러한 현상을 더욱 고착화시켰다. 또한 일본 자동차 3위 기업인 혼다의 적극적인 전략으로 2위 자리를 위협받게 되었다. 이렇게 닛산 자동차가 시장을 잃어갈 무렵, 1990년대 일본이 경험한 극심한 장기 불황은 닛산에게 결정적인 타격을 안겼다. 이에 닛산은 한때 일본 경제 부흥의 상징이었던 자마 공장을 폐쇄했으며, 최대의 적자를 안고 부도 위기에 몰리게 되었다. 결국 닛산은 1999년 르노(Renault)와 지분인수 계약을 맺고 전략적 제휴를 맺었다. 명목상 제휴였으나 인수나 다름없는 결과였으며, 이는 일본 자동차 산업에서 치욕적인 사건으로 기록되었다.

혁신의 시작, 카를로스 곤의 출현

프랑스 르노자동차가 닛산을 인수한 이듬해인 2000년 6월, 카를로스 곤이 닛산의 사장으로 취임했다. 일본 산업계의 보수적인 성향 속에서 한때 일본 최대의 자동차 기업인 닛산에 외국인 사장이 취임한 것은 놀라운 일이었다.

카를로스 곤은 1978년 9월 프랑스 타이어회사 미쉐린 공장에 입사, 2년만인 26세에 공장장에 올랐고 35세(89년)에는 미쉐린 북미법인의 최연소 CEO(최고경영자)가 됐다. 이후 카를로스 곤은 1996년 12월 미쉐린을 떠나게 되었다. 프랑스 자동차회사 르노가 적자에 허덕이는 가운데 이를 타개할 인물로 카를로스 곤을 지명했던 것이다. 그의 혁신적인 리더십을 인정한 결정이었다. 그리고 부사장(2인자)에 취임한 그는 200억 프랑(당시 약 24억 달러) 절감 계획을 수립, 수익성 없는 공장을 폐쇄하고 품질을 혁신해 목표를 달성하는 성과를 올렸다. 이러한 르노 회생의 영웅이었던 카를로스 곤이 르노가 인수한 닛산의 회생을 담당하는 것은 당연한 일이었다. 취임하자마자 카를로스 곤은 1년 만에 경영을 흑자로 전환한다는 '닛산 회생계획' (Nissan Revival Plan)을 발표, 닛산을 새로운 기업으로 탈바꿈하기 위한 혁신전략을 선포했다. 그리고 카를로스 곤 사장은 일본에서는 충격적이라 할 수 있는 구조조정을 실시하여 6600억 엔의 적자로 파산위기에 몰려있던 회사를 불과 2년만에 3311억 엔의 흑자를 내는 기업으로 만들었다.

장기적인 경기 침체 이전 일본의 기업들은 "종신고용, 평생직장"에 기반하여 안정지향적인 기업 풍토를 갖고 있었다. 이러한 환경에서 카를로스 곤의 혁명적인 구조조정 시도는 일본의 사정을 모르는 서양식 구조조정은 곧 실패할 것이라는 비난과 사내외의 반발을 일으켰다. 그러나 그는 포기하지 않고 꾸준히 닛산 자동차의 혁신을 주도했으며, 결국 6년이 지난 2005년에 이르러 대외적으로 닛산 자동차의 부활, 회생을 말할 수 있게 되었다.

카를로스 곤의 닛산 혁신 전략

곤 사장은 닛산에 온 후 발표한 '닛산 회생계획' 을 실현하기 위해 세 가지의 경영목표를 세웠다. 첫째, 닛산의 사업발전과 시장개선에 매진할 것, 둘째, 구체적인 수치 목표로 2002년도까지 영업이익률을 4.5%까지 올릴 것, 셋째, 1조 4,000억 엔에 달하는 이자부채를 반감시킬 것이었다. 그리고 이들 목표를 달성하기 위한 구체적인 정책을 수립했다.

첫째, 기업의 고비용 구조를 획기적으로 개선했다. 수요의 지속적 변화에 대응하려면 안정적이면서 탄력적인 공급 체제가 우선적으로 필요했다. 곤 사장은 조립 및 부품공장 5개를 폐쇄하고, 그룹 전체로 봤을 때 2만 1000명 규모의 인원 삭감을 계획했다. 또한 계열 부품업체와의 불합리적인 관계를 청산하고, 구매비용을 근본적으로 낮추기 위해 하청공급자 수를 줄이고, 닛산이 출자했던 부품업체 주식을 매각하는 등 공급망 합리화를 계획했다.

둘째, 조직의 커뮤니케이션을 개선했다. 곤 사장은 닛산 사장으로 취임하기 이전부터 닛산의 경영악화 요인이 매니지먼트가 제대로 기능을 하지 못함으로써 부서횡단적(cross-functional)인 커뮤니케이션이 결여되었기 때문이라고 판단했다. 이는 닛산의 혁신을 가로막는 큰 위협요소였다. 따라서 그는 부서들 사이의 벽을 허물고 부문횡단적으로 논의할 수 있는 '부서횡단팀(Cross Functional Team: CFT)' 을 발족시켰다. 이와 같은 CFT를 만든 이유는, 바로 곤 사장의 "닛산의 문제 해결책은 닛산 사내에 존재한다"는 신념에 있었다. 한 마디로 CFT를 통해 최적의 해답을 얻고, 그들의 손에 의한, 그들의 개혁의지를 불어넣으려 했던 것이었다. 곤 사장은 경영개혁을 경영자만의 일이라고 생각하지 않았다. 곤 사장은 사내에 10개의 CFT를 발족시켰다. 10개 CFT는 ① 사업발전, ② 구매, ③ 제조 및 물류, ④ 연구개발, ⑤ 마케팅 및 판매, ⑥ 일반관리, ⑦ 재무비용, ⑧ 차종삭감, ⑨ 조직과 의사결정 프로세스, ⑩ 설비투자였으며, 혁신을 주도하는 역할을 했다.

셋째, 현장 위주의 혁신을 시도했다. 곤 사장은 닛산 자동차의 문제점이었던 기업의 상부에서 마냥 보고만 받는 방식을 탈피했다. 직접 현장을 돌아다니며 조직 하부의 직원들과 만나 문제점을 정확하게 파악하려고 노력했다. 그리고 이를 토대로 개선점을 도출하고 비전을 제시했다. 경영일선에서는 영어를 사용했지만 '현장' 을 말할 때만은 '겐바(現場)' 라는 일본어를 씀으로써 현장 위주의 혁신 전략에 대한 강한 의지를 보였다.

넷째, 브랜드 혁신을 통해 새로운 닛산을 창조했다. 닛산회생전략에서 가장 어려운 것이 브랜드력의 회복이었다. 곤 사장은 브랜드력의 회복은 단기간에 달성할 수 있는 프로젝트가 아니라는 것을 알았으며, 이에 대한 지속적인 노력을 기울였다. 특히 '명확한 닛산 아이덴티티를 지니고 있는 디자인의 제작'을 강조하여 닛산의 브랜드를 혁신했다. 닛산이 발표한 'SHIFT the future'는 닛산 자동차의 광고가 나갈 때 항상 제시되었다. 하나의 광고어구(tag line)에 기업의 기본자세, 정책, 또는 상품 특성을 함축시켰다. 이를 통해 닛산은 자사의 혁신적인 도전의지를 공개적으로 알릴 수 있었으며, 이는 다시 닛산의 구성원들이 새로운 혁신에 대한 의지를 갖게 하는 선순환을 유도할 수 있었다.

혹독한 구조 조정을 통해 인력을 삭감하고 비용을 줄이는 것은 어려움에 처한 회사들이 주로 사용하는 전략이다. 그러나 구조조정이 진정한 혁신으로 거듭나기 위해서는 시장의 호응이 뒤따라야 한다. 닛산 자동차는 이러한 긍정적 프로세스를 경험했으며, 시장에서 회생할 수 있는 탄력을 얻었다. 닛산이 성공을 거둘 수 있었던 원인은 혁신이 단지 비용절감과 내부 생산성에 국한되지 않았고, 시장에서 가치를 창조할 수 있는 모델을 신속하게 만들어 낼 수 있는 역량 확보로 이어졌기 때문이다.

기술력과 내부 생산성에 집중된 혁신만을 고집하는 것이 아니라 전사적인 혁신 전략과 이를 통한 시장에서의 가치 창조를 함께 추진함으로써 닛산은 회생할 수 있었다. 혁신은 기업 내부의 관점에서 성과를 추구하는 것이 아니라 고객과 시장의 관점에서 가치를 창조할 수 있는 것이어야 한다. 기업은 시장에서 평가받고 살아남아야 하기 때문이다.

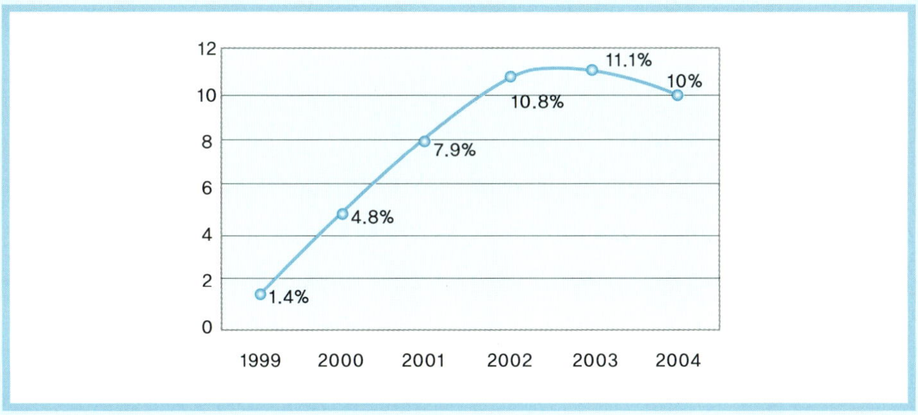

자료 : NISSAN Business Report 2003, 2004

그림 닛산 통합영업이익률 추이 (1999~2004)

개념

경영혁신의 의미

'경영혁신' 이라는 단어는 경영과 혁신이라는 두 단어의 합성어이다. 우선 각각의 낱말이 지니는 본래 의미를 살펴보자.

경영을 어떻게 전개하는가 하는 '경영방식' 은 학자에 따라 다른 몇 가지의 요소로 나누어 설명되어 왔다. 일반적으로 경영방식은 계획(planning), 조직(organizing), 지령(commanding), 동기부여(motivating), 통제(controling), 조정(coordinating), 충원(staffing), 기타(others) 활동으로 구성되어 있다. 이런 학자들의 견해를 종합하여 그 공통점을 찾아보면 크게 P-D-S, 즉 사전적 활동(plan)-현장 활동(do)-사후적 활동(see)의 과정으로 정리할 수 있다. 또한 사후적 활동은 다음 경영의 사전적 활동에 대한 기초가 된다는 점에서 연결고리를 이룬다. 이러한 의미에서 경영이란 여러 가지 경영요소가 수평적으로 분화된 활동이 아니라 동태적으로 결합된 과정이다(<그림 14.1> 참조).

그림 14.1
경영의 3요소

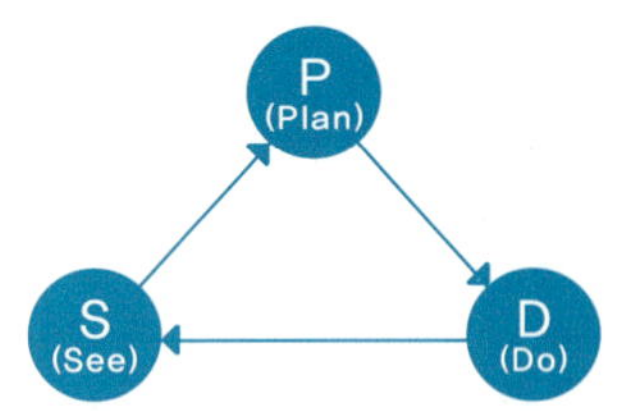

한편, 혁신(innovation)이란 쉽게 말해 '새로운 것들' 을 의미한다. 슘페터의 말을 빌려 교과서적으로 정의하면 '이용 가능한 여러 가지 사물이나 힘의 결합방식을 변경하여 새로운 상품의 발명, 새로운 생산방법의 도입, 시장개척, 새로운 자원개발 및 조직개혁 등을 가져오게 하는 것' 으로, 흔히 신결합(新結合, new combination)이라고 한다.

그런데 슘페터는 기존방식에서 출발하여 점진적인 변화를 통해 새로운 방식에 도달하는 지속적인 개선에는 큰 가치를 두지 않았다. 신결합은 비연속적으로만 나타날 수 있고 발전을 위한 독특한 조건을 만들어 내기에 신결합이야말로 창조적 파괴를 통한 경제발전의 원동력이 된다고 했다.

전통적인 대량생산체제의 목표는 생산성 향상이었다. 표준화를 통한 생산성 증대로 인해 기업들은 시장점유율을 키울 수 있었으며 가격경쟁으로 이윤을 향유할 수 있었다. 이러한 체제는 혁신을 창출하는 경영풍토로는 적합하지 않다. 왜냐하면 혁신을 위해서는 당사자들에 대한 시간적 · 수량적 제약을 완화해야 하고 기존의 가치관이 지니는 구속으로부터 해방시켜 줄 필요가 있기 때문이다. 이러한 의미에서 혁신적 경영풍토의 조성을 위해서는 새로운 아이디어를 이끌어낼 수 있는 창조성, 참가자가 다양하게 행동할 수 있는 자율성, 정형화된 관성을 파괴할 수 있는 유연성이 필요하다. 이상을 종합해 볼 때, 경영혁신은 "조직의 목적을 달성하기 위해 새로운 생각(idea)이나 방법(method)으로 기존업무를 다시 계획(plan)하고 실천(do)하고 평가(see)하는 것"이다. 좀더 구체적으로 표현한다면, "경영혁신이란 새로운 제품이나 서비스, 새로운 생산공정기술, 새로운 구조나 관리 시스템, 조직구성원을 변화시키는 새로운 계획이나 프로그램을 의도적으로 실행함으로써 기업의 중요한 부분을 본질적으로 변화시키는 것을 의미한다."

전략의 수립 및 실행과 경영혁신의 관계

경영혁신은 크게 두 가지 동인에 의해 촉발된다.

첫째, 현재의 기업 역량과 목표한 전략 사이에 갭(gap) 발생이다. 기업이 원하는 전략적 목적을 달성하지 못하고 있는 경우 경영혁신이 필요하다. 예컨대, 시장점유율 1위를 목표로 하는 회사가 만년 2~3위 수준에서 멈춘다면 지금까지 사용해 오던 경영방식을 버리고 혁신적인 방식을 도입해야 한다.

둘째, 급속한 환경의 변화이다. 시장은 기업이 생각한 것처럼 연속성을 갖고 있지 않다. 특히 정보화가 급속하게 진행되면서 정보의 비대칭성이 사라지게 되었고, 결국 시장은 불연속적인 성향을 갖게 됐다. 이는 기업이 항상 파괴적인 혁신을 추구하지 않는 이상 대응하기 어려운 환경을 형성했다. 이 두 동인은 기업의 장기적 경쟁우위를 위한 내부 역량 확보와 외부환경 적응을 다루고 있으므로, 전략과 경영혁신이 매우 밀접한 관계를 갖고 있음을 알 수 있다.

이 두 동인에 의해 경영혁신의 필요성을 인식하고 실제로 경영혁신을 실행하기 위한 혁신 프로세스를 진행하는 것은 다음과 같이 나타낼 수 있다(<그림 14.2> 참조). 먼저, 기업의 장기전략을 수립한 후 혁신의 방향을 도출하여 체질혁신 타겟(target)을 명확히 한다. 그리고 이러한 혁신 목표에 맞는 적절한 혁신기법을 선택하여 단계적으로 추진해 나간다.

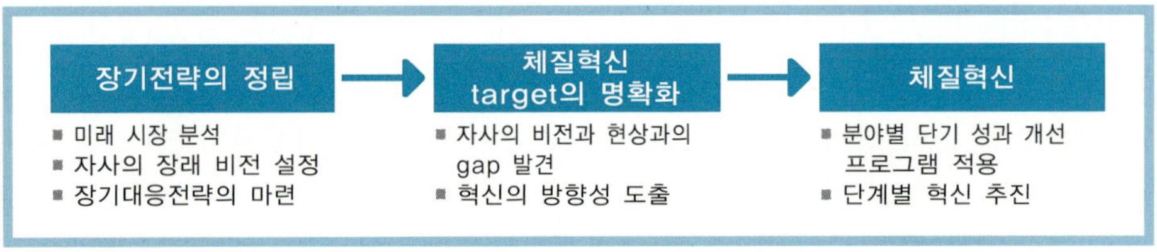

그림 14.2
바람직한 혁신 프로세스

경영혁신 기법의 유형과 공통적 특징

기업의 경영혁신은 기업의 유형이 존재하기 시작하면서부터 존재한 끊임없는 경영 이슈이다. 그러나 이 개념이 본격적으로 다루어지기 시작한 시점은 고도 산업화 사회로 변화하기 시작한 20세기 초였다. 테일러(Frederick W. Taylor, 1856~1915)가 도입한 과학적 관리기법(Statistical Quality Control)은 최초의 경영혁신 활동이었다. 그 후 경영혁신의 기초 개념이 수립되고 이를 실현하기 위한 다양한 기법이 개발되었다.

실천적 수단으로써 기업이 선택할 수 있는 경영혁신 기법에는 경험곡선(experience curve), 품질관리(quality control), 전략사업단위(strategic business unit), 기업문화(corporate culture) 등 20여 년 전부터 소개되어 널리 보급된 것도 있고, 리스트럭처링(restructuring), 다운사이징(downsizing), 벤치마킹(benchmarking), 리엔지니어링(re-engineering), 6시그마(6-Sigma)와 같이 최근에 도입되어 원어 그대로 사용되는 것도 있다. 이들 여러 가지 경영혁신 기법은 제각기 다른 목적과 효과를 추구하지만 다음과 같은 세 가지 면에서 공통점을 갖는다. 첫째, 시대에 따라 유행하는 경영혁신 기법이 달라진다. 경영자는 유행에 민감해서 다른 회사들이 새로운 경영혁신 기법을 사용하는 것을 보면 자기 회사에도 적용하고 싶어하는 경향이 있다. 둘째, 경영혁신 기법이 비록 유행을 타면서 나타났다 사라지지만 각 기법은 당시의 경영환경을 반영한다. 셋째, 이 세상에 만병통치약과 같은 경영혁신 기법은 없다. 따라서 한 기업에서 성공적으로 사용된 경영혁신 기법이 목적과 당면문제, 그리고 내부능력이 다른 기업에서도 같은 효과를 내리라는 보장은 없다. 그러므로 경영자는 어떤 기법을 선택할 것인가를 신중하게 판단해야 한다.

경영혁신 기법의 활용

우선 경영혁신 기법은 실제 경영활동, 즉 프로세스를 변화시키는 기법(사각형 안)과 경영활동이 일어나는 장(場)을 변화시키는 기법(사각형 밖)으로 나눌 수 있다. 경영활동을 다루는 기법은 다시 생산, 마케팅 등 특정 기능분야에서 활용되는 기법과 특정 제품이나 특정 시장 등 단위사업부에서 활용되는 기법, 그리고 이들 사업부를 전체적으로 조정 · 운영하고 있는 기업 전체에 적용될 수 있는 기법으로 나누어진다. 이들 기법은 다시 경영의 내용에 따라 계획, 실행, 평가로 나눌 수 있다. 그리고 이 세 가지 분류기준을 조합하면 <그림 14.3>과 같은 모습이 나타난다.

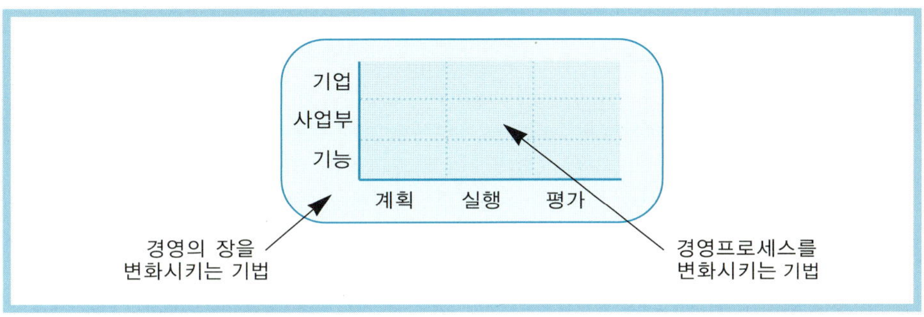

그림 14.3 경영혁신기법의 분류체계

또한 이 그림에 그동안 기업들이 사용해 온 경영혁신 기법을 배치시키면 경영혁신 기법의 통합모델 <그림 14.4>가 만들어진다. 경영자는 기업이 추구하는 목적과 적용하고자 하는 대상범위에 따라 <그림 14.4>에 있는 여러 가지 기법 중에서 적절한 것을 취사선택할 수 있다.

그림에서와 같이 경영혁신 기법들은 경영활동의 장을 변화시키는 비전 만들기(VM), 리스트럭처링(RS), 학습조직(LO), 기업 아이덴티티(CI), 벤치마킹(BM)과 경영 프로세스 자체를 변화시키는 기법인 장기전략계획(LSP), 경쟁전략(CS), 영점기준 예산(ZB), 신인사제도(NP), 리엔지니어링(RE), 다운사이징(DS), 시간기준 경쟁(TBC), 전사적 품질경영(TQM), 전략평가시스템(SES), 6시그마(6σ) 등으로 구분할 수 있다.[1]

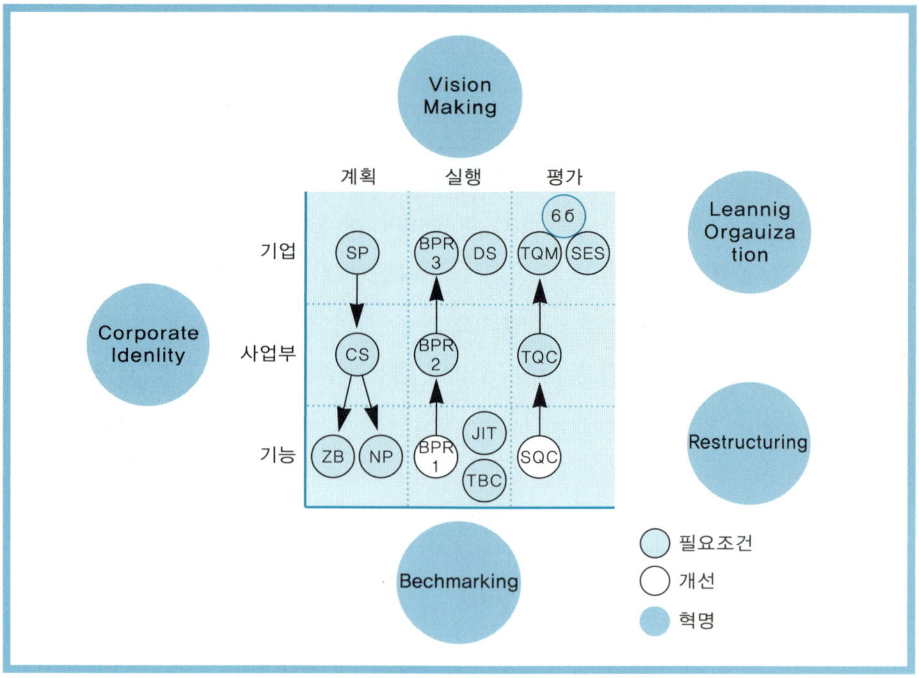

그림 14.4 경영혁신 기법의 통합모델

* BPR1; Cost Improvement BPR, BPR2; Competitive BPR, BPR3; Break-Point BPR, CS; Competitive Strategy, DS; Downsizing, JIT; Just-In-Time Manufacturing,NP; New Personnel System, SES; Strategic Evaluation System, SP; Strategic Planning, SQC; Statistical Quality Control, TBC; Time-Based Competition, TQC; Total Quality Control TQM; Total Quality Management, ZB; Zero-Based Budgeting, 6σ; 6sigma.

경영의 장을 변화시키는 기법

경영의 장을 변화시키는 기법이란 기술적인 혁신 기법들을 이용한 경영 프로세스를 도입하기 위해 최적의 조직 환경을 만드는, 이를테면 건물을 짓기 전에 터를 잡는 작업이다. 이들은 기업 전체 차원에 영향을 끼치며, 경영내용 중 특정 부문에 영향을 끼친다기보다 경영 프로세스 조건을 변화시키는 근본적 경영혁신 기법에 속한다. 또한 이들은 크게 두 개의 범주로 나누어진다. 비전 만들기(VM), 학습조직(LO) 및 기업 아이덴티티(CI)는 기업문화와 같은 조직구성원 전반에 걸친 무형적 구조의 혁신을 추진하는 방법이며, 리스트럭처링(RS), 벤치마킹(BM)은 사업부 형식, 의사결정 단계와 같은 기업의 유형적 조직 구조 혁신을 추진하는 방법이다.

비전 만들기(VM; Vision Making)

비전이란 조직의 바람직한 미래상을 표현한 것으로, 미래에 어떤 기업이 되고 싶은가를 나타낸 조직구성원의 소망이다. 이러한 기업 비전은 기업에게 목표를 정해주고 기업이 그 목표에 도달하기 위한 최선의 방법을 결정하여 기업을 장기적으로 운영하는 데 있어 핵심적인 역할을 한다. 뚜렷한 기업 비전을 갖고 장기간에 걸쳐 지속적으로 추구하는 기업만이 목표를 달성할 수 있다.

근래 들어 비전 만들기가 더욱 각광받고 있는 이유는 환경의 불확실성이 증가되면서 분석 일변도적 태도 대신 직관이 중시되어, 안정적 환경 속에서 형성된 패러다임의 전환이 필요하게 되었기 때문이다. 성공한 기업의 경영자들이 위기를 오히려 기회로 바꿀 수 있었던 것은 확고한 비전이 있었기 때문이다. 비전이 문제를 해결해 주는 방법 그 자체는 아니나 확고한 비전을 가지고 목표를 향해 나아가는 기업은 어려움을 헤쳐나갈 강력한 추진력을 가지게 된다. 따라서 비전 만들기는 기업에게 있어 경영혁신의 종점이 아니라 출발점이다.

학습조직(LO; Learning Organization)

학습조직이란 스스로 배우는 기업을 말한다. 과거와 같이 몇몇 소수 엘리트가 조직을 이끌고 나머지 구성원은 단순 반복 작업만을 해서는 다른 기업과 경쟁할 수 없기 때문에, 기업은 모든 구성원이 스스로 자유롭게 생각하고 배울 수 있는 학습능력을 갖추도록 해주어야 한다. 그리고 이 같은 구성원 개인의 학습과정이 조직학습으로 기업 내에 체화될 때 비로소 경쟁력을 갖춘 기업이 되는 것이다. 이러한 학습조직은 조직구성원의 지속적인 학습을 진작시키는 기업문화의 배양을 바탕으로 만들어져야 한다.

기업 아이덴티티(CI; Corporate Identity)

기업 아이덴티티 역시 기업 이미지를 형성하고 내재화시킴으로써 기업문화를 기업 비전과 전략에 맞춰 변화시키는 기법이다. 기업 아이덴티티는 말 그대로 기업의 정체성을 확보하자는 것으로, 끊임없이 변화하는 외부환경 속에서 기업의 존재기반을 구축하기 위해 기업의 개성을 찾아 나름대로의 독특한 존재이유를 설정해야 한다. 이러한 존재이유를 찾는 과정에서 기업의 사회적 역할, 기업과 종업원 간의 공통목표, 기업 비전 등을 명확히 인식하게 된다. 이같이 CI는 기업 비전과 사업구조에 맞춰 새로운 기업문화를 창조하는 데 중요한 역할을 하는 경영혁신 기법이며, 보다 구체적으로는 사고 아이덴티티(MI; Mind Identity), 행동 아이덴티티(BI; Behavior Identity), 시각 아이덴티티(VI; Visual Identity)를 통해 달성된다.

리스트럭처링(RS; Restructuring)

리스트럭처링이란 급변하는 국제적 경제환경 속에서 기업이 생존, 성장해 나가기 위해, 기업의 미래상인 '비전'을 사업구조 차원에서 구체화시키는 경영혁신 기법이다. 즉, 비전이 추상적인 기업의 미래지향점이라면 리스트럭처링은 어떤 사업구조를 통해서 비전을 달성할 것인가에 대한 해답을 제시함으로써 구체적으로 기업의 미래상을 그려내는 것이다. 리스트럭처링의 개념은 '사업 다각화(business diversification)' 및 '재무 리스트럭처링(financial restructuring)'과 혼동되어 사용되고 있다. 이를 비교해 보면, 사업 다각화는 기업을 둘러싼 외부환경에 대한 분석에 입각해 새롭게 나타나는 사업 기회에 자원을 배분함으로써 기존사업 영역의 확장을 도모하는 일상적인 기획활동의 산물이다. 그리고 재무 리스트럭처링은 1980년대에 유행하던 M&A 중에, 우수한 재무구조를 가지고 있는 기업이 기업 사냥꾼들에 의해 인수대상으로 선택되는 것을 막기 위해 불필요한 고정자산 및 유가증권 매입, 자사주 확보, 부채규모의 증가 등과 같은 방법을 통해 재무구조 내용이 바깥 세상에 노출되는 것을 막을 수 있도록 하는 장치이다. 이에 반해 리스트럭처링은 기업 비전을 구체화하기 위해 계획되고 의도된 과감한 사업 구조조정 전략이며, 사업 다각화 개념이나 재무 리스트럭처링과는 근본적으로 다르다. 따라서 리스트럭처링은 제시된 비전을 사업구조 차원에서 구체화하고 비전 달성을 위한 수단적 지침을 제공하는 동시에 전사적 차원에서 미래지향적 자원배분기준을 제공하는 데 초점을 둔다.

벤치마킹(BM; Benchmarking)

벤치마킹이란 기업들의 지속적인 개선을 지원하고 경쟁상 이점을 확보하는 데 필요한 정보를 수집하기 위한 수단으로, 기업이 기업의 내부 활동 및 기능 혹은 관리능력을 외부적인 비교 시각을 통해 평가하고 판단하는 것이다. 기업 성과는 시장 메커니즘에서 경쟁기업에 대해 비교가 되지만 이것은 기업활동의 결과로 얻어지는 제품이나 서비스 자체에 대한 평가이지 제품이나 서비스를 만들어내는 각 프로세스에 대한 평가는 아니다. 완제품과 서비스를 만들어내는 각 기업의 프로세스는 비교기준이 없기 때문에 자사의 프로세스가 효율적인지 판단할 수 없다.

벤치마킹의 본질은 기업 내부 프로세스에 경쟁개념을 도입하여 경쟁기업 프로세스와 비교하고 지속적으로 자사의 프로세스를 개선하려 노력하는 것이다. 벤치마킹은 모든 경영혁신 기법에 범용적으로 병행하여 사용할 수 있으며, 기업변화에 기준 및 목표를 제공함으로써 계속적인 경영혁신을 지원하는 기법이기도 하다.

경영 프로세스를 변화시키는 기법

경영 프로세스를 변화시키는 기법들인 장기전략계획(LSP), 경쟁전략(CS), 영점기준 예산(ZB), 신인사제도(NP), 리엔지니어링(RE), 다운사이징(DS), 시간기준 경쟁(TBC), 전사적 품질경영(TQM), 6시그마(6σ)는 적용대상인 조직 수준에 따라 적용 유형 및 정도가 달라진다. 이들 기법은 기업 기능, 사업부 또는 기업 전체와 같은 특정 적용대상에 영향을 끼치며, 그 내용도 계획, 실행, 평가의 차원으로 구분될 수 있다.

장기전략계획(LSP; Long-term Strategy Planning)

장기전략계획은 기업목표를 설정하고 전략 수행에 필요한 자원을 배분하는 전략적 판단을 포함하며, 사업구조나 제품구조와 같은 경영구조 자체의 변혁을 의도하는 전사적, 종합적, 포괄적 성격의 거시적 계획이고 불확실성 정도가 높은 비계량적, 질적 계획이다. 또한 한 번 정해지면 고정되는 확정 계획이 아니라 상황변화에 따라 변화하는 연동 계획의 성격을 지닌다. 이와 동시에 미래 환경 예측으로부터 몇 가지 핵심적인 문제에 대한 시나리오를 개발하고 이에 대비하는 '시나리오 계획(scenario planning)' 의 성격도 지니고 있다.

경쟁전략(CS; Competitive Strategy)

경쟁전략은 1980년대 초에 등장하여 현재까지도 전략부문에서 가장 많이 사용되는 경영 방법으로, 경쟁이 일어나는 기본영역이라 할 수 있는 산업내에서 유리한 경쟁적 지위를 확보하기 위해 기업이 추구하는 전략을 기획하는 기법이다. 따라서 경쟁전략은 독자적 경쟁대상을 갖는 사업부 수준에 적용되는 경영혁신 기법이며, 자신이 속한 산업내 기업들의 장기적 수익성을 결정하는 공급자, 구매자, 대체품, 잠재적 진출기업 및 기존기업 등 다섯 가지 경쟁요인을 분석하여 산업 내에서 상대적으로 유리한 경쟁지위를 확보하는 것이다.

영점기준 예산(ZB; Zero-based Budgeting)

영점기준 예산계획이란 1961년 출범한 케네디 정부에서 맥나마라 국방장관이 미국 연방정부 국방성에 도입한 PPBS제도에서 그 기원을 찾을 수 있다. PPBS란 예산편성시 과거 수치를 물가변동률로 조정하여 새 예산을 산정하던 종래 방식에서 벗어나 새롭게 예산을 세우는 것을 의미한다. PPBS는 조직이 추구하고자 하는 목표를 세우고(planning), 목표를 달성하기 위해 프로젝트(project)를 추진하며, 이를 위해 예산을 편성하는(budgeting), 당시로서는 획기적인 제도였다. 영점기준 예산계획은 경영 프로세스 중 예산이라는 기능차원을 중심으로 하여 기획과정을 바꾸는 기법이다.

신인사제도(NP; New Personnel Planning)

신인사제도란 인사제도의 계획부문에서 혁신을 지향하는 기법으로, 인재 육성, 직능 개발, 적재적소에의 배치, 적극적 평가 및 공정한 처우제도를 체계화시키는 기법이다. 신인사제도는 인격을 존중하고 공정한 경쟁의 기회와 산업적인 협력을 조성하면서 개인과 기업이 함께 성장 · 발전하도록 하는 인사를 추구하는 혁신 기법이다. 따라서 신인사제도의 기본방침은 기존 인사 · 노무제도의 구조적 문제, 특히 비협력적인 차별요인을 쇄신하고 그 바탕 위에서 개인과 기업의 발전을 위해 도전적인 경쟁을 하도록 하는 것이다. 그리고 그 결과를 적극적으로 처우와 연계시켜 평가함과 동시에 공정하게 보상하는 것을 기본방침으로 한다. 신인사제도의 기본방향은 능력이나 숙련 등 직무수행 능력의 정도에 따라 인재를 육성하고 활용하는 자격주의와 능력개발을 지향하는 처우 중심의 능력주의이다.

리엔지니어링(RE; Reengineering)

리엔지니어링은 1990년대 초에 등장한 기법이다. 과거와 같은 기능식 위계조직으로는 제품의 품질, 서비스, 속도 등에서 까다로워진 고객을 만족시킬 수 없다는 사고 하에 등장했다. 이는 기존기업의 경영활동을 무시하고 기업의 부가가치를 산출하는 활동을 완전히 백지상태에서 새롭게 구성하는 경영혁신 기법이다. 이러한 새로운 운영방식은 기업의 사고를 계층의 복잡성 때문에 의사결정 지연을 초래하는 기능 중심의 수직적 사고에서 고객에게 신속히 반응하는 프로세스 중심의 수평적 사고로 전환할 것을 요구한다. 수평적 사고란 '구매→생산→판매→애프터서비스→고객만족'과 같이 기업이 부가가치를 창출하는 프로세스를 중심으로 실행 방법을 바꾸는 기법이다.

리엔지니어링은 그 적용 대상에 따라 세 가지 유형으로 분류할 수 있다. 예컨대, 생산공정과 같은 기능부문에 적용되는 비용절감형 RE1과 프로세스에서 경쟁기업의 특정 사업부와 동등 수준을 유지하는 RE2, 그리고 마지막으로 기업 전체의 프로세스를 새롭게 구성하는 소위 환경창조형 RE3로 구분할 수 있다. 리엔지니어링은 경영의 내용 중 실행부문에 적용되어 경영활동을 변화시키는 경영혁신 기법이며, 기능, 사업부, 기업 전체에 적용할 수 있다.

다운사이징(DS; Downsizing)

2차 대전 이후 두 차례의 석유파동과 1980년 초반의 스태그플레이션, 그리고 일본을 비롯한 가격경쟁력을 갖춘 후발개도국들이 미국 시장을 잠식함에 따라, 미국을 비롯한 서구열강 기업들의 경쟁력은 급속도로 약화되었다. 이러한 위협에 직면한 미국 기업들은 세계적인 경제환경 변화 속에서 생존하기 위해 비대한 관리층과 비효율적인 조직을 바꿔야만 했다. 이에 따라 분권화, 슬림화, 프로세스의 통합화를 표방하는 다운사이징이 등장했다.

일반적으로 다운사이징이라면 정보시스템 구축 차원의 다운사이징을 지칭하나, 광의의 다운사이징 개념은 조직규모 및 조직구성원에 대한 조직 다운사이징도 포함한다. 즉, 다운사이징은 효율적인 네트워크 운영을 위한 정보주권 분권화인 정보시스템 다운사이징과 리스트럭처링의 일부분으로 조직의 슬림화, 재정비 차원에서 이루어지는 조직 다운사이징으로 나눌 수 있다. 정보시스템 다운사이징은 경영의 내용 중 집행부문에 관련되는 정보흐름을 기업 전체 차원에서 분산시키는 기법이다. 이를 실현하기 위해서는 PC의 성능 향상 등 하드웨어의 발달, 분산처리기술 · 접속기법 · 네트워크 기술의 발달 등 성숙된 정보통신 기술이 선행되어야 하는데, 이러한 기술적 장애요소는 이제 대부분 제거되어 다운사이징을 실천하는데 충분한 조건을 마련해 주고 있다.

시간기준 경쟁(TBC; Time-based Competition)

시간기준 경쟁은 시간을 가장 중요한 경쟁자원으로 활용하는 경영혁신 기법이다. 시간 경쟁력 확보는 경쟁기업이 그 수준에 도달하게 될 경우 의미가 없다. 즉, 경쟁기업이 같은 시간 내에 같은 성과를 거둘 수 있다면 그 전에 이루어 놓은 혁신은 무용지물이 되고 마는 것이다. 따라서 계속적으로 경쟁기업보다 시간을 단축하려면 혁신활동 자체가 시간기준 경쟁의 성격을 가져야 한다.

그러나 시간기준 경쟁은 근본적으로 중간관리자에게 권한을 이양함으로써 고객 불편을 해소하기 위해 반응시간을 줄이는 것이지 사업구조를 통째로 뒤집는 급진적 혁신과는 거리가 있다. 이들이 원하는 혁신은 변화하는 고객 욕구에 발맞추기 위해 제품이나 프로세스를 혁신해 보고자 하는 노력이지 사업 자체를 바꾸는 것이 아니기 때문에, 시간기준 경쟁은 기업의 기능 차원을 대상으로 제품을 만드는 실행부문에서 변화를 일으키는 기법이다.

전사적 품질경영(TQM; Total Quality Management)

전사적 품질경영은 평가부문에서 경영내용을 변화시키는 기법으로 통계적 품질관리(SQC; Statistical Quality Control), 전사적 품질관리(TQC; Total Quality Control)로부터 발전된 개념이다. 품질관리를 그 적용범위에 따라 세분해보면 생산부서를 대상으로 하는 통계적 품질관리(SQC), 사업부단위를 대상으로 기획 · 개발에서 상품이 고객에게 전해지기까지 모든 부문에서 고객이 만족할 수 있도록 제품과 서비스를 경제적으로 제공하는 전사적 품질관리(TQC), 그리고 전략적 관점에서 회사 전체를 대상으로 기존 조직문화와 경영관행을 재구축하여 제품과 서비스의 질을 향상시키고 소비자의 만족을 증가시킴으로써 경쟁력을 향상시키는 전사적 품질경영(TQM)으로 나눌 수 있다. TQM은 기능 · 미관은 물론 구성원의 만족감과 긍지 · 환경보호 · 사회봉사 등을 포괄하는 총체적인 품질(total quality)을 극대화시킴으로써 소비자, 조직구성원, 사회 등 회사의 모든 고객들에게 기쁨을 주고자 노력하는 전사적 접근방법이다.

전략평가시스템(SES; Strategic Evaluation System)[2]

측정과 평가는 모든 경영혁신 노력을 실체화시키는 데 필수불가결한 수단이다. 예컨대 장기적인 비전과 학습을 위한 조직문화, 그리고 수평적 조직을 갖추고 있다 하더라도, 평가시스템 자체가 과거와 같이 단기성과 위주의 경직된 시스템을 가지고 있다면 모든 노력은 물거품이 될 것이다.

전략평가시스템은 기존의 평가시스템을 개선하는 것이 아니라 새로운 그림을 그리는 입장에서 새롭게 등장한 개념이며, 다음 사항을 반영해야 한다.

첫째, 실행결과치뿐만 아니라 활동과정까지 포함한다.

둘째, 재무적인 체크리스트(financial checklist)보다는 기업의 장기적 경쟁력을 확보할 수 있는 내용에 중점을 둔다.

셋째, 사업 하부의 부분 최적화보다는 기업 전체에 대한 평가요소들을 모두 포함한 전체 최적화를 추구한다.

넷째, 기존의 산출(output) 중심 평가요소 외에 투입(input)요소까지 반영한다.

다섯째, 평가시스템이 원활하게 적용될 수 있는 여건까지 고려한다.

여섯째, 적용대상을 기업 전체, 사업단위, 기능수준으로 나누어 전체를 연결시킨다.

일곱째, 평가기간은 장기성과를 고려할 수 있도록 한다.

이렇게 볼 때 전략평가시스템이란 경영환경의 변화요인을 고려하여 수립된 전략의 실행 및 결과를 평가해주고, 조직 전체적인 관점에서 장기적으로 기업의 경쟁력을 향상시킬 수 있도록 평가 여건까지 고려한 평가시스템이다. 이러한 전략평가시스템은 사업부 차원에서 사용할 수도 있고, 여러 사업부로 구성된 기업 또는 기업집단에 대해 적용할 수도 있다.

6시그마(6σ: 6Sigma)

GE의 잭 웰치(Jack Welch) 전 회장이 쇠락의 길에 들어선 GE의 혁신을 주도하면서 사용한 생산관리 방식이다. 잭 웰치 전 회장은 워크아웃을 통한 자체혁신 운동과 6시그마 운동의 성공적인 결합을 통해 GE의 경쟁우위를 새롭게 만들어 냈다.

6시그마란 고도의 통계 기법을 사용해 기업 내의 모든 기능, 업무 처리 프로세스, 추진 체제 등을 종합적으로 개혁함으로써, 제품과 서비스의 불량을 100만 개당 3.4개 이하로 줄여 성과를 획기적으로 개선하고자 하는 경영 기법이다. 1980년대 모토롤라가 자사 제품의 생산을 개선하기 위한 방법으로 6시그마 원리를 체계화했다. 모토롤라의 성공으로 6시그마는 많은 기업들에 의해 벤치마킹되었으며, 생산관리에 집중적으로 적용되던 초기의 개념을 확장하여 현재 기업 경영활동 전반에서 불량률을 줄이기 위한 방법으로 사용되고 있다. 눈에 보이는 제품의 불량을 보기보다 불량의 원인이 되는 요소들을 파악하여 이를 개선함으로써 전반적인 품질의 상승효과를 유도하는 데 그 목적을 두고 있다.

경영혁신의 성공조건

우리나라 기업 경영혁신의 실태와 문제점

1994년 LG경제연구원에서 실시한 경영혁신 실태조사에 따르면, 국내 기업들은 혁신대상 분야로 사업전략(23.6%)과 마케팅/영업부문(23.3%)을 주로 선정하고 있으며, 그 다음으로 관리시스템(18%)을 언급하고 있다(<표 14.1> 참조). 이것이 의미하는 바는 기업을 어떻게 이끌어 가야겠다는 구도(전략)하에서 대외적으로는 수익 제공자인 고객의 만족을 위해 그들과 직접 접촉하는 마케팅/영업 부문을 재편하고, 대내적으로는 기업활동의 기본 틀이라고 할 수 있는 운영구조와 관리시스템을 정비하겠다는 것이다. 이것은 국내 기업들의 혁신활동이 경영의 전체 윤곽을 바로잡는 시작 단계에 있음을 의미한다.

표 14.1
국내 기업 경영혁신 실태

〈복수 응답비율〉

혁신 분야	지금까지	앞으로는
R&D	11.8	15.5 ▲
사업전략	23.6	22.5
마케팅/영업	23.3	23.2
구매/조달	4.2	4.5
물류	3.8	6.3 ▲
일반관리	14.3	9.2 ▽
구조 · 시스템	18.0	17.8

이밖에 R&D와 물류가 향후 주요 혁신대상으로 부각되고, 사무 개선과 같은 일반관리 부문은 점차 중요도가 떨어지게 될 것임을 시사하고 있다. 이러한 결과는 바람직한 현상이다. 즉, 지금까지 국내 제조회사들이 가장 취약했던, 그러나 국제 경쟁우위 확보에 있어서는 가장 필수적인 기술을 핵심 역량화하기 위해 자원을 집중하려는 의도를 읽을 수 있는 것이다.

그러나 혁신 초기 단계에 있는 국내 기업들의 혁신활동에 심각한 문제점이 있음을 지적하지 않을 수 없다. 조사대상 기업 모두가 혁신활동에 100% 동참하고 있다고 응답했음에도 불구하고, 혁신활동의 성과에 대해서 만족스럽다고 평가한 기업은 1/3 수준에 불과하기 때문이다. 이처럼 혁신활동의 성과가 낮은 것은 혁신에 사용하는 기법들에 대한 인식의 문제와 혁신활동을 추진해 성과를 얻어내는 행위상의 문제가 상호 악순환의 고리를 형성하고 있어서이다(<그림 14.5> 참조).

혁신활동이 실패하는 이유는 경영 기법을 기법 자체로 인식하지 않고 기법대로 따라서 하기만 하면 원하는 성과를 얻을 수 있다고 믿는 잘못된 사고 때문이다. 즉, 그 기법의 생성 배경, 근본 사상에 대한 깊은 통찰력 없이, 그리고 자기 기업이 처한 상황에 대한 정확한 문제 인식 없이, 단지 책 몇 권만 보고서 그 기법의 실시 절차, 사용 양식 따위를 인용하여 따라해 보는 식으로 시도하고 있기 때문이다. 이러한 기업들은 대체로 새로운 기법은 남들보다 먼저 실시해야 한다는 유행 선

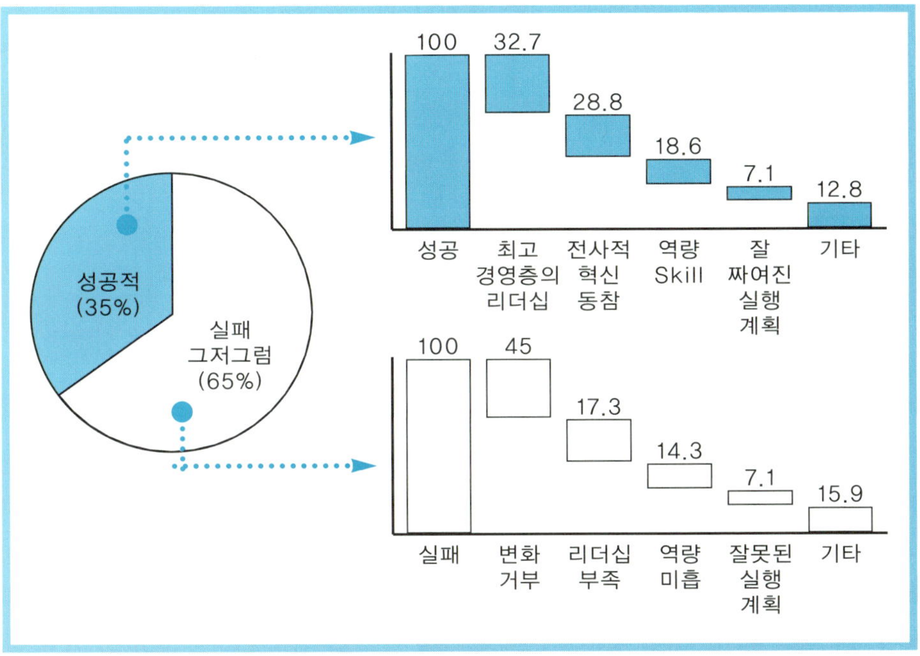

그림 14.5
경영혁신 활동의 성패

자료 : LG경제연구원, 한국 기업 경영의 현주소(16회), 매일경제신문, 1994.6.7.

도형, 또는 남들도 했다니까 우리도 따라 해야 한다는 유행 추종형 등 모두 뿌리가 허약한 경우다. 이런 기업들이 오히려 보수적인 기업들보다 성과가 더 나빴다는 베인(Bain)사의 조사결과는 경영 기법 활용의 의미를 다시 한 번 생각하게 해준다.

경영혁신의 장애 요인

경영혁신을 지연시키는 요인은 혁신의 방향이나 내용에 조직이 적응해 가는 과정에서 발견되는 것이 보통이다. 어떤 이유에서건 조직 내부에는 변화를 거부하는 요소들이 존재하기 마련이며, 이들을 효과적으로 제거해주는 것이 경영자가 해야 할 일인 것이다.

이하에서 조직 내부의 실행과정에서 변혁을 지연시키는 상황들을 규명해보기로 하자. 우선, 변혁의 지연이라는 것도 혁신의 추진 과정에서 나타나는 것이므로 혁신의 각 차원과 연계해서 검토해보는 것이 필요하다. 더 구체적으로 설명하면 경영혁신이란 대체로 전사적인 비전이나 가치체계의 변화에서부터 출발, 전략의 변화를 거쳐 최종적으로는 조직의 구조나 운영시스템의 변화에 이르는 흐름을 갖고 있는데, 이 프로세스 상의 특정 단계마다 요구되는 변혁의 범위나 속성도 상이하다. 이때 요구되는 혁신의 내용이 제대로 실행되지 못할 경우 '혁신의 지연' 상황이 나타나게 된다. <그림 14.6>에 나타난 운영체제 변혁의 지연, 전략 실행상의 지연, 기본적 공감 확보의 지연, 총체적 변혁의 지연 등이 그것이다. 우리는 이러한 각 단계에 대한 이해를 통해 변혁의 지연 상황이 어떤 것인지를 진단하고 이에 대한 기본 대응 방향을 결정할 수 있을 것이다.

그림 14.6
혁신의 요구 내용과 변혁의 지연

혁신의 요구 내용			변혁의 지연		
	발전 단계	요구되는 변화	내용	속 성	기업 例
표준화	부분적 재설계 자 금	운영상 변 혁	운영체제 변혁의 지연	■ 실행 체제의 부적절 ■ 실행 방안과 기존 문화 ■ 불일치	Intel, Motorola Communications
표준화	운영 시스템 작업 분위기 인적자원 시스템	직접적 변 혁	전략 실행상 지연	■ 전략 자체에 대한 불만 ■ 전략과 기존 조직 문화의 불일치	Baby Bell, AT&T, Gulf Stream
비전	전 략 리더십/정책	근본적 변 혁	기본적 공감 확보의 지연	■ 리더십이나 사명의 부재 ■ 조직원 몰입 상실	Sears, IBM, Westinghouse,
비전	사 명 가 치 비전/꿈	총체적 변 혁	총체적 변혁의 지연	■ 경영자 및 조직원의 이탈	TWA, S&Ls

자료 : J.H.Want, "Managing Radical Change", Journal of Business Strategy, May/June, 1993을 참조하여 재작성하였음.

코터(Kotter)는 변화의 노력이 실패하는 여덟 가지 경우를 다음과 같이 들고 있다.

- 긴박감을 충분히 조성하지 못하는 경우
- 충분한 능력의 지도 연립체를 수립하지 못하는 경우
- 비전이 결여되어 있는 경우
- 비전 전달에 턱없이 모자란 시간과 노력을 할애하는 경우
- 새로운 비전의 장애물 제거에 실패하는 경우
- 단계적 승리를 위한 체계적인 계획과 그 실현이 결여되어 있는 경우
- 너무 빨리 승리를 자축하는 경우
- 변화가 기업문화 속에 뿌리내리게 하지 못하는 경우

성공 방안

기업의 경영혁신이 성공하려면 이를 방해하는 장애요인을 찾아서 제거해주면 된다. 하지만 이제 경영혁신을 추진하기 시작한 우리 기업들의 경우에는 아직 이러한 분석 · 대응능력이 미흡하므로, 다음과 같은 혁신의 성공을 위한 일반적인 지침을 우선적으로 염두에 두는 것도 타산지석(他山之石)이 될 수 있을 것이다.

첫째, 경영혁신의 과정이 어떠하든 그 처음과 끝은 항상 사람이 차지한다. 따라서 가장 먼저 변화시켜야 할 것도 사람이요, 최종적으로 변화시켜야 할 것도 사람이라는 생각을 잊어서는 안 된다. 경영혁신의 대표적 성공사례로 꼽히는 GE의 경우, 혁신의 실질적인 추진자들이라고 할 수 있는 리더의 선정과 이들을 중심으로 한 혁신팀의 활동 및 전파가 혁신의 성공에 결정적인 역할을 한 것으로 분석되고 있다. GE의 경우 혁신의지가 높은 수십 명의 선발된 리더들이 자신들의 혁신 아이디어들을 구체화시킨 것이 변혁의 출발점이었다고 한다.

둘째, 사업전략과 이를 뒷받침할 수 있는 조직과의 적합성 유지에 무엇보다 노력을 기울여야 한다. 많은 기업전략들이 실패로 끝나고 마는 이유의 대부분은 조직이 이것을 충분히 지원해 주지 못하기 때문이다. 과거 수의계약 위주의 독점적 사업을 전개해 오던 기업들이 경쟁시장에 신규 진입하여 실패하는 사례도 과거의 관료적인 조직 체질에서 쉽사리 탈피하지 못하는 데 그 이유가 있는 경우가 많다. 반면 GE의 경우에는 전략과 조직구조, 그것을 구성하는 인적 자원을 동일한 비중을 가지고 관리함으로써 혁신을 성공적 궤도에 올려 놓을 수 있었다.

셋째, 종업원의 광범위한 공감을 얻기 위해서는 자기 기업이 가진 문제점의 노출을 주저하지 않아야 한다. 앞서도 언급했듯 변혁의 추진을 위해서는 조직원의 실질적인 공감이 무엇보다 중요한데, 이를 얻기 위해서는 조직원 스스로 회사의 개혁을 위해 참여하고 있다는 의식을 불러일으킬 필요가 있다. 이때 가장 효과적인 방법 중 하나가 바로 스스로 진단자가 되고 스스로 제안자가 되게 하는 것이다.

마지막으로 혁신은 '변하지 않으면 망한다'는 위기 의식에서 시작된다. 혁신의 적은 외부에 있는 것이 아니라, 바로 내부의 변화에 대한 저항이다. 초일류 기업과의 현격한 수준차가 존재함에도 불구하고 '별 문제 없는데 뭘'이라는 사고를 갖고 있다면 혁신이 시작될 수 없다. 그러므로 끊임없이 변하려는 강렬한 혁신의지 조성을 위한 조직 분위기를 만들어 올바른 혁신의 길로 이끌어 가야 한다.

|요약| Summary

- 경영 혁신이란 조직의 목적을 달성하기 위해 새로운 생각(idea)이나 방법(method)으로 기존업무를 다시 계획(plan)하고 실천(do)하고 평가(see)하는 것
- 경영혁신 기법들은 경영활동의 장을 변화시키는 비전 만들기(VM), 리스트럭처링(RS), 학습조직(LO), 기업 아이덴티티(CI), 벤치마킹(BM)과 경영 프로세스 자체를 변화시키는 기법인 장기전략계획(LSP), 경쟁전략(CS), 영점기준 예산(ZB), 신인사제도(NP), 리엔지니어링(RE), 다운사이징(DS), 시간기준 경쟁(TBC), 전사적 품질경영(TQM), 전략평가시스템(SES), 6시그마(6σ) 등으로 구분됨

CHAPTER 15

창조경영[1]

"시대가 영웅을 만드는가, 영웅이 시대를 만드는가?" 언뜻 나폴레옹을 연상시키는 이 구절은, 18세기 말 프랑스 대혁명 이후의 혼돈과 불안이 나폴레옹 같은 독재자의 등장을 가능하게 했다는 주장과, 나폴레옹같은 강한 의지와 집념의 소유자가 없었다면 프랑스가 19세기 초 유럽의 패자(覇者)로 등장할 수 없었을 것이라는 주장이 맞선 것으로, 열띤 토론을 자아내기에 충분한 주제이다.

경영학에 있어서도 이와 유사하게 "조직이 전략을 따르는가, 전략이 조직을 따르는가?"라는 주제가 있는데, 전략을 먼저 개발한 다음 이를 실행할 수 있도록 조직을 바꾸어야 한다는 주장과, 기존의 조직이 수용할 수 있는 범위 내에서만 전략을 선택할 수 있다는 주장이 팽팽하게 대립해왔다.

이와 마찬가지로 경영전략 분야에서도 "환경이 기업을 적응하게 하는가, 기업이 환경을 창조하는가?"라는 주제에 대해 많은 연구가 있었다. 유행의 흐름을 따라 패션의류에서 실내장식, 가구 등으로 변신을 시도해가며 생존하고 있는 핀란드의 '마리메코' 같은 회사가 있다는 사실에서 환경변화에 대한 적응력을 경쟁력의 원천으로 이해하기도 하는 반면, 뛰어난 신제품개발 기술과 정교한 생산능력을 가지고 조립완구시장이라는 새로운 시장을 창조한 덴마크의 '레고'나, 대담한 발상과 불굴의 정신으로 직판시스템을 개발해 구태의연한 재래시장에서 유통혁명을 일으킨 일본의 '카오'와 같은 회사의 존재를 예로 들며, 단순한 환경변화에

의 적응이 아닌 자신의 능력을 최대한 활용할 수 있는 새로운 산업 또는 시장을 창조하거나 기존의 산업을 새로운 방식으로 재구성하는 것이 기업의 경쟁 우위 확보의 원천이라는 주장도 가능하다.

이같이 환경과 기업에 관련된 문제는 시대와 영웅, 조직과 전략처럼 숙명적인 인과관계를 사후적으로 해석하는 '여건론'과 선험적으로 개체의 의지를 강조하는 '주체론'이 대립될 수밖에 없는 주제이다.

또한 이 문제는 시대(환경) - 영웅(개인)이라는 기업 밖의 외연적(外延的)인 관계와 조직(기업) - 전략(개인)이라는 기업 안의 내포적(內包的)인 관계를 연결시키는 고리가 된다는 점에서 순환논리를 벗어날 수 없는 주제이다.

기업을 이끌어가는 주체인 경영자 입장에서는 주어진 환경을 수동적으로 받아들이는 환경적응적 사고방식보다는 능동적, 적극적으로 환경을 창조해 나가는 환경창조적 자세를 선택하는 것이 바람직할 것이며, 환경창조를 통해 가치를 창조할 수 있는 가치창조 기업만이 다가오는 글로벌시대에 세계경제를 이끌어 나갈 수 있을 것이다.

잡스의 귀환 CASE

스티브 잡스는 완벽주의자(perfectionist)였다. 매킨토시는 잡스의 세부적인 사항들에 대한 집착 때문에 개발기간이 무려 3년이나 초과됐다. 그는 매킨토시 내부에 팬을 장착하면 너무 시끄럽고 거추장스럽다고 생각했기 때문에 이를 반대했다. 그리고 디자인이 고상해 보이지 않는다는 이유만으로 엔지니어들에게 매킨토시의 마더보드를 다시 디자인할 것을 요구했다.

1985년에 애플에서 쫓겨난 이후 설립한 NeXT에서, 그는 세련되고 아름다운 마그네슘 큐브 모양의 컴퓨터를 만들어내기 위해 하드웨어 팀을 혹독하게 다루었다. 1997년 애플로 복귀한 이후에는 노트북 케이스에 나사가 몇 개나 들었는지도 관심을 가지기 시작했다. 더욱 놀라운 것은 OS X의 스크롤바 모양에 만족할 때까지 무려 6개월이나 걸렸다는 것이다. 그는 특정 제품이 소비자들에게 감동을 주려면 눈에 보이지 않는 것들도 모두 완벽해야 한다고 믿었다.

이러한 완벽주의는 애플의 성공과 상당한 관련이 있다. 애플의 제품들이 전반적으로 '일체화된(integrity)' 느낌을 주는 것과 일맥상통한다. 애플의 제품은 그저 부품들을 모아놓은 것이 아니라 완벽한 '하나의 완전체(whole)' 라는 느낌을 준다. 그러나 이런 잡스의 완벽주의는 많은 비용을 수반했다. 말 그대로, 그가 내놓은 제품들은 거의 대부분 경쟁사 제품에 비해 비쌌다. 1980년대에 잡스는 제품 포장과 잡지 광고에 들어가는 애플 로고를 4색이 아닌 6색으로 인쇄할 것을 고집했는데, 이는 30~40%의 추가적인 비용이 드는 일이었다.

잡스의 비전은 애플로 하여금 소비자들이 경험하는 모든 것을 통제(control)할 수 있도록 하는 것이었다. 애플의 하드웨어는 완전한 자체생산이었다. 애플 소유의 맥 공장(Mac factory)이 있었고, 표준화된 제품이 아닌 애플만의 케이블, 디스크드라이브, 파워코드를 생산해냈다. 소프트웨어 또한 독점적이면서 배타적이었다. 애플 소프트웨어를 사용하고 싶으면 애플 컴퓨터를 사용해야 했다. 독점적 소프트웨어의 제공으로 애플의 컴퓨터는 경쟁제품들보다 비쌀 수 있었다. 위와 같은 배타적인 제품은 고객으로 하여금 커스터마이징(customizing)을 어렵게 하는 요인이 되었는데, 이는 시장에서 외면당할 수 있는 사안이었다. 결국 애플이 1980년대에 전형적인 IBM 복제품들과 경쟁하지 않고, 더욱 사용자 친화적(user-friendly)이고 성능이 뛰어난 제품으로 컴퓨터업계를 바꾸어놓는 동안, 대부분의 사용자들은 매킨토시를 건드리지도 않았다. 그들은 PC로 눈을 돌렸다.

잡스가 애플로 돌아왔을 때, 그는 여전히 애플이 하는 모든 일의 핵심 기술들은 애플이 보유하며 제어할 수 있기를 원했다. 하지만 이런 통제력에 대한 그의 집착은 어느 정도 누그러져 있었으며, 다른 사람들을 다루는 데에 보다 능숙해져 있었다. 그의 변화는 애플이 지난 10년간 거둔 엄청난 성과와 직결되는 것이었다. 아이팟(iPod)을 예로 들어 보자. 옛날의 잡스라면, iPod에서는 애플이 원하는 포맷(A.A.C.)으로 인코딩된 음원만 재생되도록 만들려고 했을 것이다. 그랬다면 애플이 사용자 경험(user experience)을 마음대로 제어하도록 만들 수는 있었겠지만, 많은 사람들이 이미 MP3를 사용하고 있던 당시 상황에서 이런 무리한 진행은 오히려 iPod 시장의 규모를 제한했을 것이다. 결국 애플은 iPod에서 MP3가 호환될 수 있도록 했다. 대조적인 예로 Sony는 첫 디지털 음원 재생 기기에서 Sony의 포맷으로 된 음원만 재생할 수 있도록 했고, 결과적으로 참패했다. 과거의 잡스라면 iPod과 아이튠즈(iTunes)를 Mac에서만 사용 가능하도록 해야 한다고 주장했을 것이다. 하지만 그러한 선택을 했다면 애플은 컴퓨터 사용자들의 대다수로부터 외면받았을지도 모른다. 2002년, 애플은 윈도우(Windows)와 호환이 가능한 iPod을 출시했고, 매출은 그 직후 수직상승했다. 애플의 디자인은 그 어느 때보다도 독창적이었고 세련됐으며, 독점적으로 생산하는 하드웨어보다 범용적이며 표준적인 기술을 더 많이 활용했다.

아이폰(iPhone)은 애플의 배타적인 제재(reins)의 완화가 한발 더 나아갔음을 말해준다. 휴대폰 기기와 운영체제(operating system)는 애플이 만들었고, 모든 어플리케이션(APP, application)이 앱스토어(App Store)를 통해 팔리는 한편, 전체적 시스템은 그 어느 때보다도 개방적이었다. 단편적으로, 400,000개도 넘는 iPhone app들이 외부 개발자들에 의해 개발되었다. 심지어 일부는 애플의 경쟁자들에 의해 디자인되었으며, iBooks 대신 Kindle app을 사용해 책을 읽을 수 있게 되었다. 예전의 잡스라면, 그 중 많은 앱이 세련되지 못하다고 혐오했을지도 모른다. 새로운 아이디어를 품고 있는 다양한 앱이 iPhone에 정제되어 있는 세련함을 조금 어지럽혔을지도 모르지만, 더욱 개방적인 혁신을 통해 다양성을 향상시킬 수 있게 된 것이다. 또한 과거의 잡스라면, 품질을 위해 앱의 개수를 제한하려고 했을 것이다. 그는 언제나 아니다(no)라고 말하는 것이 좋다(yes)라고 말하는 것만큼이나 중요하다는 것을 강조했다. 애플이 어느 정도까지는 앱의 품질을 관리하기는 하지만, 잡스는 천 송이의 꽃이 피어나도록 내버려두라고 말했다.

앱 개발자들이 아이패드(iPad)를 위해 100,000개도 넘는 앱을 사전에 개발해 놓았다는 것은 잡스가 새로운 현실을 받아들였다는 것과 같은 의미였다. 결과적으로, 1980년대에 애플이 난항을 겪게 만든 네트워크 효과(network effect)가 이제는 애플에게 순풍으로 불고 있다. 애플의 제품들이 더 많은 앱을 보유할수록 사람들은 더욱더 이를 사용하고 싶어하고, 다시 개발자들로 하여금 의욕이 높아지게 하는 선순환의 결과를 가져온 것이다.

지난 10년간 애플의 성공이 시대를 사로잡는 제품을 적기에 출시할 줄 아는 잡스의 뛰어난 능력에 집중되어 있었다는 것에는 의심의 여지가 없다. 하지만, 애플을 지구상에서 가장 가치있는 회사로 바꾸어 놓은 것은 잡스가 단지 신기한 신제품들을 내놓는 것이 아니라 그보다 훨씬 중요한 일들을 했기 때문이다. 그는 애플의 신제품들이 새로운 시장 생태계를 창조하는 데 주도적 역할을 하도록 만들었다. 그리고 이를 통해 탄생한 새로운 시장의 구조는 비록 그가 원했던 것보다 훨씬 복잡하고 무질서했지만, 동시에 훨씬 강력하고 가치있고 수익이 많이 나는 것이었다. 최근 개방형 컴퓨터 시대(open-source computing world)의 기준에서 보았을 때, 애플의 플랫폼(platform)은 여전히 어느 정도 폐쇄적인 것은 사실이다. 따지고 보면, 구글(Google)은 휴대폰 운영체제 안드로이드(Android)를 디자인하고 이를 휴대폰 제조업체의 입맛에 맞게 사용하도록 배포했다. 하지만 애플의 과거 행적에 비추어 보면, 지금의 애플은 그 누가 상상했던 것보다 훨씬 개방적인 구조로 바뀌었다. 약간의 통제(control)를 포기함으로써 잡스는 시장에서 훨씬 더 많은 권력(power)을 갖게 된 것이다.

Source: The New Yorker(2011) by James Surowiecki, on October 17

가치창조 프로세스

글로벌 시대 기업의 경쟁우위 원천으로 제시하고자 하는 가치창조 프로세스를 설명하기 위해, 우선 환경적응 프로세스, 환경창조 프로세스, 그리고 자원창조 프로세스를 살펴보기로 하자. 가치창조 프로세스는 환경창조와 자원창조 프로세스를 결합한 것이기 때문이다.

환경적응 프로세스

기업은 생존하기 위해 끊임없이 변화하는 환경에 효과적으로 적응할 수 있어야 하며, 이를 위해 일차적으로 환경의 변화를 감지하고 그 특징을 분석하며 이해할 수 있는 능력을 가져야 한다. 환경의 변화를 분석함으로써 기업은 고객의 새로운 욕구를 인식하는 등 '경제적으로 바람직한 기회(economically desirable opportunity)'를 창출해낼 수 있게 된다. 그러나 기업이 경제적으로 바람직한 기회를 찾았다고 해서 바로 사업을 시작할 수 있는 것은 아니다. 이러한 기회는 기업 내부에 경쟁자와 싸워 이길 수 있는 능력(자원)이 존재할 때 비로소 '경영적으로 가능한 기회(managerially feasible opportunity)'가 된다. 예를 들어 기회를 감지하여 구체적인 사업으로 탈바꿈시킬 수 있는 인적 자원, 적기에 필요한 투자를 할 수 있는 자금력, 새로운 제품과 서비스를 창출해낼 수 있는 생산시스템과 이를 고객에게 전달할 수 있는 마케팅시스템 등의 능력이 필요하다.

<그림 15.1>에서 제시된 것처럼, 외부 기회와 내부 능력을 연결시키는 과정에서 기업은 미래를 향해 추구하고자 하는 목표를 설정하게 되고, 이때 설정된 기업의 목표를 달성하기 위해 내부자원을 활용하여 환경에 적응하는 과정이 바로 전

그림 15.1
환경적응 프로세스

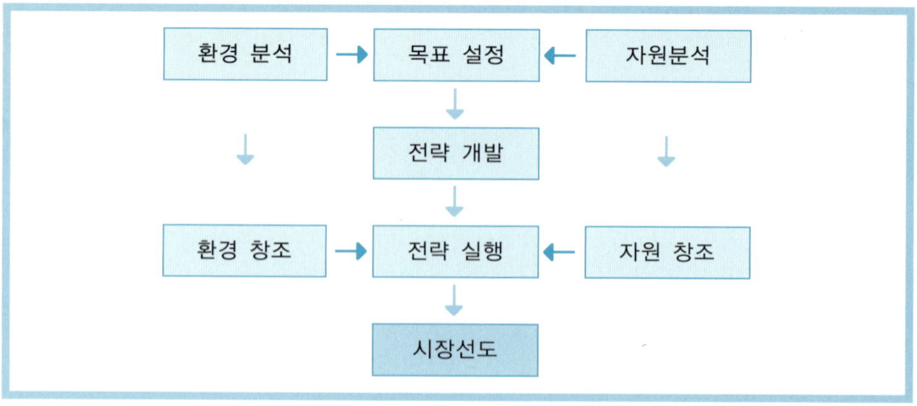

략의 개발과 실행이다.

예컨대 환경오염이 전 세계적 이슈로 등장하고 있는 지금, 자동차회사가 선택해야 할 전략 중 하나는 무공해 자동차 개발일 것이고, 이를 위해 그 회사가 갖고 있는 R&D, 제조능력, 자금 및 기업문화에 이르기까지 모든 내부능력을 동원해야 할 것이다. 만일 이 회사가 내부능력을 성공적으로 활용하여 변화하는 환경에 적응한다면, 애초에 세운 목표에 어느 정도 부합되는 경영성과를 올릴 수 있을 것이고, 그 결과 생존을 확보하게 될 것이다.

환경창조 프로세스

환경적응 프로세스를 구축하여 생존을 확보한 기업이 업계의 선도 기업이 되고 어떤 경쟁자도 따라올 수 없는 경쟁력을 확보하기 위해서는, 환경 분석을 통해 설정한 목표를 달성하기 위한 전략을 수립하고 실행하는 이외에, 불필요한 환경을 제거하거나 필요하지만 존재하지 않는 환경을 창조하는 환경창조 프로세스를 확보해야 한다. <그림 15.2>는 자사에 바람직한 새로운 환경을 재구성함으로써 업계에서 리더가 될 수 있는 기업의 환경창조 프로세스를 설명하고 있다.

그러나 이러한 환경창조 프로세스만을 가지고는 기업이 특정 산업 내에서 리더십을 지속하기 어렵다. 왜냐하면 유리하게 창조된 환경이라는 것이 이러한 환경에 적합하도록 개발된 내부자원에 의해 충분히 뒷받침되지 못할 경우 자사만의 전유물이 될 수 없기 때문이다.

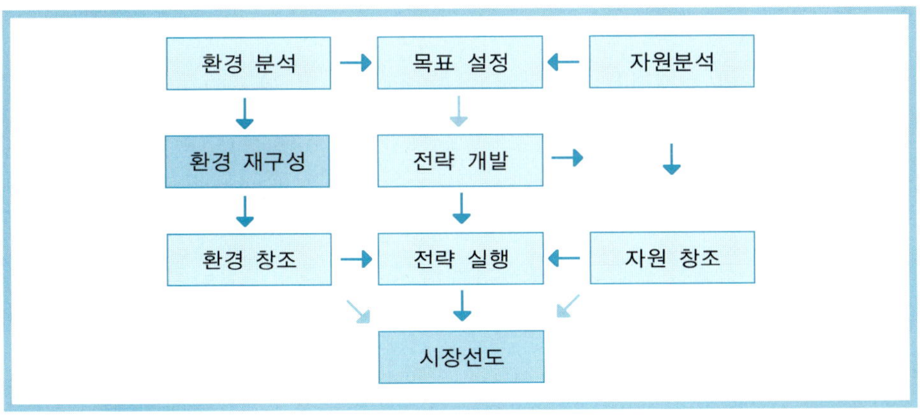

그림 15.2
환경창조 프로세스

자원창조 프로세스

기업이 확보된 산업 내 리더십을 지속적으로 유지하기 위해서는 환경창조 프로세스 외에 또 다른 조건이 갖추어져야 하는데, 이것이 바로 <그림 15.3>에서 설명하고 있는 자원창조 프로세스이다

자원창조 프로세스란 새로운 환경에 적합한 자원이 없거나 부족할 경우 불필요한 자원을 제거하고 필요한 자원을 확보하는 등 기존자원의 재배열과 새로운 자원의 창조를 통해 내부능력을 재구성하는 것을 의미한다.

기업은 이러한 자원창조 프로세스를 통해 새로운 환경에 적합한 자원, 즉 내부능력을 육성함으로써 외부의 새로운 기회를 충분히 활용할 수 있게 된다.

그림 15.3
자원창조 프로세스

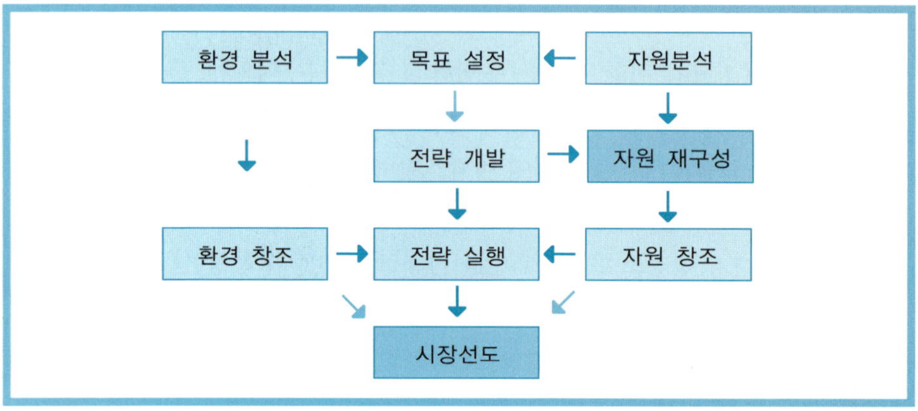

가치창조 프로세스

기업이 산업 내 경쟁력을 확보하고 이를 지속적으로 유지하기 위한 원천으로 앞서 살펴본 환경창조 프로세스와 자원창조 프로세스를 결합한 '가치창조 프로세스'를 제시하고자 한다.

자동차산업의 도요타와 혼다, 전자산업의 마쓰시타와 소니, 컴퓨터 산업의 IBM과 NEC, 식품산업의 네슬레와 제너럴 푸드, 생활용품산업의 P&G와 카오(花王) 등은 각 산업의 선두주자로서, 수십 년간 산업 내에서 경쟁우위를 점하고 있다. 따라서 이들 기업에 공통적으로 존재하고 있는 핵심요소를 찾아보면 우리가 찾아내고자 하는 해답을 얻을 수 있을 것이다.

미래를 창조하고자 하는 선도기업이 새로운 길을 만들어 나가는 과정에서, 그 기업의 경영자는 창조적 혁신을 일으켜야 하고, 이를 구성원에게 주지시켜 구성

원 모두가 단합하여 따라올 수 있도록 간결하면서도 명료한 개념으로 표현해야 한다. 이런 창조적 혁신의 구체적 표현을 '비전(vision)'이라 하며, 그러한 예로 <표 15.1>에서 보는 바와 같이 소니의 '종합오락그룹(total entertainment group)', 동경화재해상보험의 '종합안전보장회사(total security provider)', 텔리다인(Teledyne)의 '최대가 아니라 최고(not the biggest, but the best)', 3M의 '5년 후 매출액의 절반 이상을 신규사업에서 담당할 것(at least a half of the revenue in the next fifth year from new businesses)' 등을 들 수 있다.

표 15.1
세계 유명 기업들의 비전 변화

기업명	변경전 비전	변경후 비전
소 니	오디오, 비디오기기 제작사	종합오락그룹
동경화재해상보험	보험회사	종합안전보장회사
아사히 글래스	최고 품질의 유리제조사	행동적이고 글로벌한 회사
NTT	국제정보통신회사	세계적인 시야의 생활과 문화창조에 기여
아지노모토	종합식품회사	소프트한 종합생활기업
일본유선회사	초우량 해운회사	종합물류회사
산와은행	국민의 은행	세계적 종합은행
벤 츠	고품질의 자동차회사	국제적 하이테크 회사

표에서 보는 것처럼 이들 회사의 경영자가 제시하는 비전은 지금까지 다른 기업에서는 한 번도 생각하지 못했던 아이디어를 포함하고 있다. 다른 어떤 기업에서도 시도하지 않았던 새로운 길을 가겠다는 기업경영자의 꿈과 의지가 담겨있는 것이 바로 '비전'이라 할 수 있는 것이다.

비전이 보다 추상적이고 장기적인 성격을 띤다면, 이를 달성하기 위해 구체적이면서 단기적 평가가 가능한 과제로 제시되는 것이 바로 목표이다. 가치창조 기업에 있어서 목표는, 주어진 환경을 바탕으로 설정하는 환경적응 프로세스에서의 목표와 달리 비전을 달성하기 위한 구체화되고 평가 가능한 목표이고, 비전의 산물이며, 환경창조를 전제로 한다. 즉, 가치창조 프로세스에서의 환경분석은 주어진 환경과 기업 내부에 보유하고 있는 자원을 파악하는 데 그치지 않고, 비전과 목표를 성취하기 위해 활용 가능한 내부자원과 환경요소를 발굴하거나 비록 지금은 존재하지 않지만 필요한 환경요소를 파악하는 데까지 확장된다. 이렇게 볼 때 환경을 창조하는 선도기업의 경영자는 명확한 비전을 통해, 경쟁기업의 경영자와 똑같은 환경변화에 처하더라도 경쟁기업의 경영자가 분석하는 것과는 다른 시각에서 환경을 재해석함으로써, 단순히 주어진 환경여건에 적응하는 데 그치는 것이 아니라 적극적으로 환경을 재구성할 수 있어야 한다.

또한, 이렇게 환경을 재구성하기 위해 기업은 자신이 보유하고 있는 자원을 최대한 활용해야 하며, 이때 필요한 자원이 존재하고 있지 않다면 기존자원을 재배합하고 의미를 재부여하여 재구성해야 한다. 예컨대 1970년대의 오락기구 제조산업이 처해 있던 경영환경은 모든 기업에게 똑같았지만 닌텐도만은 이 산업을 당시에 급속도로 성장하던 PC산업과 연결시켜 당시로서는 어느 누구도 생각해내지 못했던 전자오락게임 소프트웨어 공급산업으로 재구성했다. 그리고 닌텐도는 이러한 산업의 재구성을 위해 기업 내부에서 갖고 있던 노하우에 PC 소프트웨어 개발능력을 접목시켜 인간이 가진 오락욕구를 충족시킬 수 있도록 내부능력을 재구성했다.

이같이, 기업이 환경을 재구성하는 과정에서 외부환경은 서서히 그 기업에게 유리한 새로운 환경으로 창조 · 정립되며, 이를 실현하는 과정에서 내부능력 역시 재구성 단계를 거쳐 새로운 내부능력으로 창조된다. 이 과정을 통해 자연스럽게 달성된 성과는 궁극적으로 그 기업을 업계에서 선도적인 위치로 만들어 주며, 다른 경쟁기업이 모방만으로는 도저히 따라잡을 수 없는 간격을 형성시켜 준다. 이러한 가치창조 프로세스는 <그림 15.4>에 정리되어 있다.

결국 기업의 사활을 좌우하는 관건이 환경적응 능력이라면 기업이 모든 경쟁기업을 물리치고 업계 선두위치를 유지할 수 있는 조건은 환경창조 능력과 자원창조 능력을 결합한 가치창조 능력이다. 아래에서 가치창조 프로세스의 핵심 요소인 최고경영자의 비전, 환경 및 자원 재구성 능력에 대해 좀 더 자세히 살펴본다.

그림 15.4
가치창조 프로세스

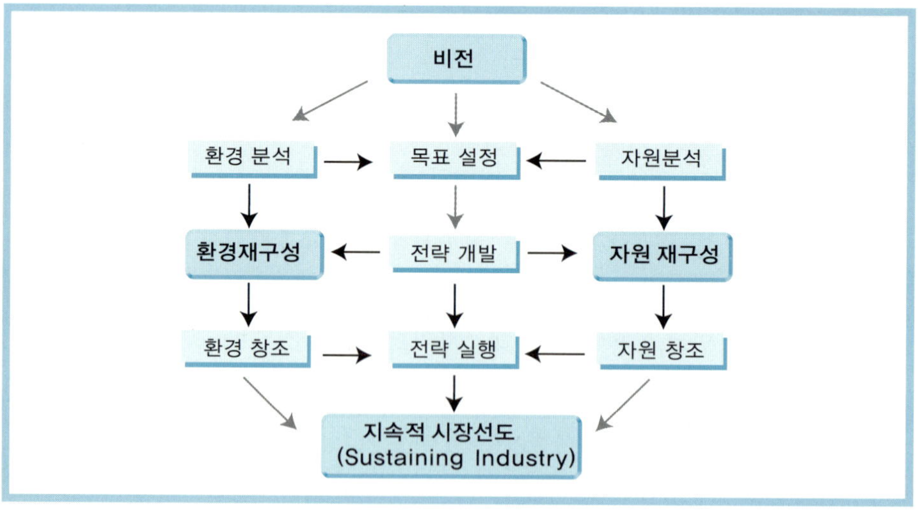

비전

개념 및 구성요소

비전은 미래에 기업이 달성하고자 하는 모습을 이미지화한 것으로, 앞으로 우리 기업은 어떤 모습이어야 하며 이를 위해서는 어떻게 해야 할 것인가에 대한 기업구성원의 공감대이다. 비전은 기업의 현재와 미래를 연결시켜주는 고리로써, 기업이 추구해야 할 최고의 가치가 무엇인지를 제시해 줄 뿐만 아니라 이를 통해 기업구성원들에게 활력을 불어넣고 담당한 업무에 의미를 부여하는 역할을 한다.

비전의 첫 번째 요소는 미래에 환경이 어떻게 변화할 것이며 그러한 환경변화가 기업에 미치는 영향은 무엇인가를 판단할 수 있는 '개념적 틀(frame work)' 혹은 '관점(perspective)' 이다. "사람은 보이는 것을 보는 것이 아니라 볼 수 있는 것만 보는 것이다"라는 아인슈타인의 말처럼 사람이 무엇을 관찰할 수 있는가를 결정하는 것은 바로 그 사람이 갖고 있는 관점, 즉 독창적 통찰력이다. 기업의 최고경영자는 자신의 독창적 통찰력을 통해 기업을 둘러싼 환경의 변화를 파악하고 예측하여 기업이 나아갈 방향을 결정하며, 경쟁기업의 경영자와는 다른 관점에서 새로운 사업의 기회를 포착할 수 있어야 한다.

비전을 구성하는 두 번째 요소는 '정보(information)' 와 '지식(knowledge)' 이다. 비전은 순간적인 발상이나 영감에 의해 우연히 만들어지는 것이 아니라, 방대한 정보의 수집과 분석, 다양한 경험과 지식의 습득을 통해 형성되는 것이다. 즉, 비전은 무한한 가능성의 세계인 미래에 대한 끊임없는 물음과 이에 답하기 위해 정보와 지식을 수집하고 축적하는 과정에서 창조된다.

비전을 구성하는 세 번째 요소는 '인간의 보편적인 가치' 이다. 본래 가치란 개인의 선호에 바탕을 두고 선택된 규범이지만 여기서 말하는 가치란 특정 개인의 선호가 아니라 모든 기업구성원들의 공유된 선호에 바탕을 둔 규범의 형태를 띤다. 따라서 가치는 기업의 모든 구성원들에게 공통적인 방향감각과 일상 행동의 가이드라인을 제공하는 역할을 한다. 보편적 가치를 공유하고 있는 기업이라야 환경과 기업의 변화에 맞게 새로이 결정된 전략을 실행할 수 있는 힘을 모으게 된다.

속성

그러나 기업의 최고경영자와 구성원들이 공유한 개념적 틀이나 가치가 모두 비전이 되는 것은 아니다. 한 기업의 비전이 되기 위해서는 다음과 같은 조건이 필요하다.

첫째, 비전은 장기적인 관점에서 기업구성원들에게 미래의 이상향, 꿈을 제시해야 한다. 이때 비전은 기업이 아무리 노력해도 영원히 도달할 수 없는 환상도 아니고 미래에 대한 완벽한 예언도 아니다. 비전에 담긴 미래는 현재 존재하지 않고 불확실하지만 믿음을 가지고 추구하면 언젠가 도달할 수 있는 가능성의 세계이다. 또한 비전은 현재의 연장선상에서 바라본 '예상되는 미래(expected future)'가 아니라 경영층과 모든 구성원들의 꿈과 의지가 담긴 '원하는 미래(wanted future)'인 것이다. 경영자가 가진 꿈은 빛나는 눈동자와 용솟음치는 정열을 통해 구성원의 가슴에 불을 당기고 그들을 긴장시키고 흥분시킨다.

둘째, 비전은 사물이나 현상의 본질을 꿰뚫어 보는 통찰력이 있어야 한다. 비전은 경쟁사의 비전을 단순히 모방한다고 해서 만들어지는 것이 아니다. 또한 비전은 당장 눈에 보이는 전략, 전술에 급급해서도 안 된다. 나무보다는 숲, 부분보다는 전체, 눈에 보이는 것보다는 눈에 보이지 않는 근본적인 게임의 규칙을 잘 다루어야 한다. 이를 위해 경쟁의 원리와 핵심 경쟁요인을 파악하여 혁신, 새로운 게임의 규칙을 창조하는 것이 중요하다.

셋째, 기업구성원의 공감대가 형성되어야 한다. 즉, 최고경영자가 가진 미래에 대한 꿈과 혁신적인 자세가 비전으로 형성되는 과정에서 모든 기업구성원들에게 전파되고 그들과 공유될 때, 비전은 개인 차원에서 집단 차원으로 승화되며 비로소 기업 전체의 비전으로 완성되는 것이다. 이처럼 기업의 비전은 경영자의 꿈과 혁신, 그리고 공감대 형성이라는 세 가지 속성을 갖추어야 한다.

환경과 자원의 재구성 능력

환경은 크게 외부환경과 내부환경으로 구분할 수 있다. 외부환경은 세계 및 국가 경제, 정치제도와 법령, 소비자와 경쟁자와 같이 기업의 외부에 존재하는 경영환경을 구성하는 요소를 말한다. 반면에 내부환경은 보유생산시설, 직영판매망, 자금력, 조직구성원과 같이 기업이 내부에 보유하고 활용할 수 있는 것으로 흔히 자원이라 일컬어진다. 혹자는 외부환경은 기업에게 영향을 미치면서도 기업이 통제력을 발휘할 수 없는 요소, 내부자원은 기업 스스로가 통제력을 발휘할 수 있는 요소라고 주장한다.

그러나 다음에서 살펴보는 바와 같이 기업이 통제력을 발휘할 수 없는 요소란 없다는 점에서 이 같은 주장은 받아들여질 수 없다. 환경과 자원은 다음 세 가지로 구분된다.

환경 및 자원의 분류

존재하지만 불필요한 환경과 자원

기업의 외부나 내부에 실제로 존재하지만 해당 기업의 활동에 전혀 영향을 끼치지 않는 환경과 자원을 말한다. 기업체 입장에서 볼 때 이 같은 환경이 외부환경이라면 무시하면 된다. 그러나 이 같은 환경이 내부환경, 즉 기업이 내부에 보유하고 있는 자원이라면 이를 없애는 과정이 필요하다.

존재하면서 필요한 환경과 자원

기업의 외부나 내부에 실제로 존재할 뿐만 아니라 해당 기업이 목적을 추구하는데 꼭 필요한 환경과 자원을 말한다. 기업체 입장에서 볼 때 이런 환경과 자원은 자신에게 더 유리하도록 강화하거나 이를 적극 활용하는 방안을 마련해야 한다.

존재하지 않지만 필요한 환경과 자원

기업의 외부나 내부에 현재 존재하지 않지만 해당 기업이 목적을 추구하는데 꼭 있어야 하는 환경과 자원으로, 이런 환경과 자원은 새로이 만들어져야 한다.

위의 세 가지 환경과 자원 중에서 기업에게 특히 중요한 것은 존재하면서 필요한 환경과 자원, 존재하지 않지만 필요한 환경과 자원의 두 가지이다. 이들을 어떻게 강화, 활용하고, 만들어 낼 것인가가 기업이 산업 내에서 선도적 위치를 차지하는 가장 핵심 요인이 된다. 이같이 기업이 외부환경과 내부자원 중에서 필요한 환경과 자원을 강화하고 만들어내는 과정을 환경 및 자원 재구성 과정이라고 한다.

이 같은 환경과 자원을 재구성하는 과정에서 고려해야 할 세 가지 중요한 변수가 있는데, 이는 다음과 같다.

환경 및 자원 창조의 변수

행위의 주체

환경과 자원의 재구성 과정에는 반드시 그러한 변화를 선도하고 추진하는 주체가 있기 마련이다. 대부분 기업에서 이 주체는 최고경영자이다. 최고경영자가 기업의 새로운 미래 모습인 비전을 제시하고, 목표를 제시할 뿐만 아니라 실제로 이를 달성하기 위한 변화를 주도하는 선도자로서의 역할도 한다.

물론 주체의 범주를 넓게 살펴보면 최고경영자의 의지를 실행에 옮기는 종업원, 특정 과업의 수행을 위해 조직된 태스크 포스 팀(task force team)도 포함되며, 더 넓게 보면 기업이라는 조직 자체가 주체역할을 할 수도 있다.

변화의 매체

변화의 매체는 행위의 주체가 환경과 자원을 재구성해 나가는 수단으로, 이것은 기업이 가진 능력이나 처한 상황에 따라 다양하게 나타난다. 그 예로는 정부, 연구기관, 소비자 같은 외부매체일 수도 있고 사내 제품개발능력, 자사유통망, 자금력, 정보와 같은 내부매체일 수도 있다. 만일 어느 기업이 외부 연구기관과 기술제휴를 통해 신제품 개발에 성공했다면, 기업은 행위의 주체가 되며 외부 연구기관은 변화의 매체가 되는 셈이다.

변화의 객체

변화의 객체는 행위의 주체가 변화의 매체를 이용해 변화시키고자 하는 대상이다. 변화의 객체 역시 기업이 처한 상황에 따라 다양하게 나타날 수 있다. 소비자, 경쟁자, 정부 같은 외부객체일 수도 있고, 자체상품, 기업구성원, 기업문화와 같은 내부객체일 수도 있다. 만일 자기 기업에게 불리한 법규나 규정을 정부에 대한 로비를 통해 수정함으로써 자신에게 유리하도록 경쟁의 규칙(rule of the game)을 바꾼다면 경쟁의 규칙이 변화의 객체가 된다.

행위의 주체는 기업이나 경영자 자신이지만 변화의 매체와 객체는 상황에 따라 달라지는 모습을 보인다. 변화의 매체와 객체를 각각 환경(외부)과 자원(내부)으로 나누어 다음 네 가지 상황을 살펴보자.

환경 및 자원의 창조와 재구성

외부매체로써 외부객체를 변화시킨 경우

이 경우의 가장 쉬운 예는 정부관리를 설득하여 정부정책을 변화시킨 경우이다. 기업이 정부가 기존법규를 개정해야 진출이 가능한 어느 유망산업에 진입하려 한다고 하자. 이때 그 기업은 자신이 그 산업에 진입함으로써 생겨나는 이익을 홍보하고 불리한 점을 희석시킬 수 있는 행동을 하는 한편, 정부관리에 대한 로비활동을 통해 법규를 바꿈으로써 그 산업으로의 진입을 시도하게 된다. 이 경우 그 기업은 '정부관리' 라는 외부매체를 이용해서 '경쟁의 규칙' 이라는 외부객체를 변화시킨 셈이다.

외부매체로써 내부객체를 변화시킨 경우

이 경우의 예는 외부단체와의 기술협력을 들 수 있다. 기업이 자신의 기술만으로는 신제품 개발에 한계가 있다고 보고 우수한 대학연구소와 산학협동을 통해 이전에 생산하던 제품보다 훨씬 성능이 우수한 제품을 개발했다고 하자. 이 경우에는 '기업' 이라는 행위의 주체가 '대학연구소' 라는 외부매체를 이용해 '신상품' 이라는 내부객체를 창조한 경우가 된다.

내부매체로써 외부객체를 변화시킨 경우

이 경우의 예는 기업이 가지고 있는 기술력을 가지고 소비자를 변화시킨 경우를 들 수 있다. 소니의 워크맨(Walkman) 사례를 살펴보자. 소니가 처음에 워크맨을 만들기 전까지만 해도 음악이란 방안이나 음악실 등 주위 사람들에게 피해를 주지 않는 곳에서만 들을 수 있는 것이라고 소비자들은 생각했다. 그러나 소니가 자신의 기술력으로 카세트 테이프 레코더를 더 작게 만들고 혼자서만 들을 수 있는 이어폰(earphone)을 개발한 후 이 제품을 소비자들에게 널리 소개한 결과, 음악감상을 할 수 있는 장소는 집안에서 길거리로, 전차 안으로, 산속이나 바다로 확장된 것이다.

이 경우는 '기술력' 이라는 내부매체를 가지고 '소비자의 기호' 라는 외부객체를 변화시킨 경우에 속한다.

내부매체로써 내부객체를 변화시킨 경우

이 경우의 예는 요즘 한창 유행하고 있는 경영혁신을 들 수 있다. 어떤 기업이 조직혁신의 필요성을 느껴 리엔지니어링이라는 경영혁신기법을 도입하기로 했다고 하자.

우선 기업은 내부에 경영혁신을 추진할 수 있는 팀을 구성할 것이고, 다음에는 자신들의 조직 자체를 혁신할 것이다. 즉 '경영혁신팀'과 '경영혁신기법'이라는 내부매체를 이용해 '조직'이라는 내부객체를 변화시킨 것이다.

이상에서 살펴본 환경이나 자원을 재구성하는 과정은 끊임없는 변화의 과정이다. 재구성된 환경이 자원을 변화시키기도 하고, 내부자원이 환경을 다시 변화시키기도 한다. 변화된 환경이 내부자원으로 변하기도 하며, 변화된 환경에 맞는 새로운 자원이 창조되기도 한다. 그리고 변화된 자원이 환경에 영향을 미쳐 환경이 변화되는 경우도 있다. 따라서 가치창조 메커니즘은 비전에서 시작해서 환경과 자원의 재구성과 창조를 통해 성과에 이르기까지 복잡한 분석을 필요로 한다.

따라서, 현실에서 어느 기업에서나 위의 가치창조 단계가 모두 정확히 적용되는 경우는 드물 것이다. 기업이 처한 상황이나 능력에 따라 특별히 중요하게 대두되는 과정이 있을 것이고, 좀 무시해도 좋은 과정이 있을 것이다. 그러나 능동적인 환경변화의 주체로 가치창조를 추구하기 위한 기업의 가치창조 메커니즘을 연구해보는 것은 매우 의미 있는 일이며, 이러한 가치창조 메커니즘을 확립한 기업만이 지속적인 경쟁우위 확보를 통해 장기적 성장과 발전을 이룩할 수 있다.

| 요약 | *Summary*

- 창조경영은 환경적응, 환경창조, 자원창조, 그리고 가치창조 프로세스로 구성됨. 창조경영은 기업 외부환경에 대한 분석과 내부 자원에 대한 분석 프로세스들이 핵심적이고, 중요한 자원들은 새롭게 재구성되지만 불필요한 자원들은 제거시켜 새로운 기회를 만들어 창조해야 함
- 비전은 미래에 기업이 달성하고자 하는 모습을 이미지화한 것으로 앞으로 우리 기업은 어떤 모습이어야 하며 이를 위해서는 어떻게 해야 할 것인가에 대한 기업 구성원의 공감대임

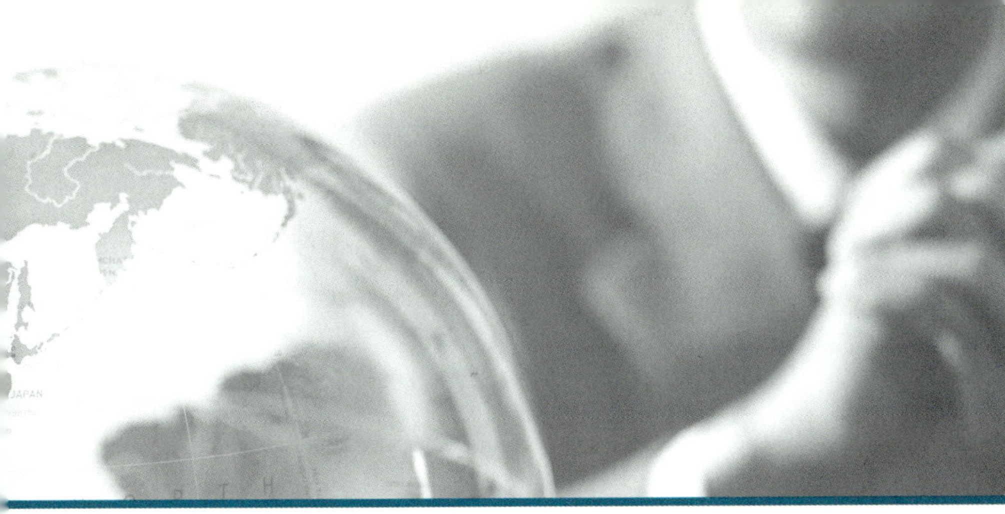

CHAPTER 16

지속경영

치열한 글로벌 경쟁에 직면하고 있는 기업들에게 지속가능경영은 생존을 위한 필요충분조건이 되었다. 지속가능경영은 윤리경영과 환경경영, 사회책임경영 및 창조경영, 혁신경영을 아우르는 새로운 트렌드로 급부상하고 있으며, 국내 기업들의 관심도 점차 증가하고 있다. 과거에는 매출과 이익을 극대화하는 것이 기업경영의 최우선 목표였지만 앞으로는 지속가능한 경영을 통해 장수할 수 있는 기업을 만드는 것이 경영자들의 관심사가 되어갈 것이다.

세계 도처의 과거 및 현재 장수하고 있는 기업의 비밀을 연구한 한 논문1들은 이들 장수기업의 공통점을 찾아냈는데, 그 내용은 내부적으로는 종업원을 공동운명체로 여겨 중시하고 대외적으로는 사회윤리를 실천하고 지속가능한 기업발전을 위해 노력했다는 점이었다.

2002년 요하네스버그에서 열린 지속가능발전 세계정상회의(WSSD)에서는 전 세계적으로 지속가능개발(Sustainability Development)을 이루기 위해 기업들의 활동을 강화해야 한다는 논의가 이루어졌다. 이제 지속가능경영 이슈는 대기업들에 국한된 선택사항이 아닌 생존을 위한 필수 요소가 되어가고 있는 것이다. 이러한 트랜드에 따라 지속가능경영을 평가하는 지수가 기업의 건전성을 평가하는 대표적인 지수로 자리매김하고 있으며, 지속가능경영에 대한 성과를 대외적으로 발표함으로써 이해관계자들의 신뢰를 구축하는 것이 기업의 경쟁력을 결정짓는 중요한 요소가 되고 있다. 이 장에서는 글로벌 기준이 되어가고 있는 지속가능경영평가 지표의 트렌드에 대해 소개하고 이 같은 트렌드가 한국기업들에게 확산되게 하기 위한 지속가능성 평가 프레임워크와 내용을 소개하고자 한다.

유한킴벌리의 기업문화와 지속가능경영

CASE

한국 대학졸업자가 가장 선호하는 취업대상 기업 1등, 한국 근로자가 일하기 좋은 직장 1등, 한국 소비자가 반복구매하고 싶어하는 기업 1등인 곳이 있다. 아마도 많은 사람들이 삼성전자를 떠올릴 것 같지만 그건 정답이 아니다. 150만 개에 달하는 한국 기업 중 네 번째로 오래된 장수기업이고 한국의 모든 기업 중에서 앞으로 가장 오래 살아남을, 즉 지속가능성이 가장 높은 기업으로 "장수기업연구회"가 선정한 기업이며, 한국 국민의 사랑과 존경마저 독차지하고 있는 이 기업은 한국의 유한양행이라는 제약회사와 미국의 Kimberly-Clark이 합작한 유한킴벌리(Yuhan-Kimberly)이다. 유한킴벌리는 아기 기저귀, 생리대, 화장실용 화장지, 미용티슈, 부직포 등을 생산, 공급하는 생활 위생용품업체이다. 품목만 보면 화려하지도, 보람이 있을 것 같지도 않은 회사이다. 그런데도 한국 국민들과 젊은이들은 유한킴벌리를 일하기 좋은 직장 1순위로 선호한다. 그 이유는 유한킴벌리가 해당 업종에서 시장점유율 1위를 차지하는 수익성 있는 기업이기 때문만이 아니라, 창의와 자율, 혁신과 도전을 격려하는 기업문화, 4조 2교대를 통한 인간존중의 경영과 평생학습체제, 사회책임경영과 윤리경영 등으로 구축한 기업이미지를 갖고 있기 때문이다. 유한킴벌리는 기업이미지 대상 윤리경영 부문 최우수상을 수상한 바 있고, 재벌그룹 소속 기업이 아니면서도 재벌그룹들로 구성된 전경련이 선정하는 2001년 사회공헌도가 높은 기업 상위 5개사에 선정되었다. 또한 2003년에는 아시아 월스트리트저널과 휴잇에서 선정한 아시아 최고 직장 6위(한국내 1위)에 선정된 바 있다.

한국의 대표적 윤리기업으로서 유한킴벌리의 명성은 모기업인 유한양행과 Kimberly-Clark의 문화와 명성에 뿌리를 두고 있다. 유한양행은 독립운동가이자 사회사업가인 유일한 박사가 1926년 설립했는데, 창업 이래 기업을 통한 사회봉사정신을 강조해오면서 민족기업으로 한국 국민으로부터 많은 사랑을 받아왔다. 유일한 박사의 "기업이 얻은 이익은 그 기업을 키워준 사회에 환원해야 한다"는 경영이념이 유한양행의 핵심가치로 유지되어오고 있는 것이다. 또한 유일한 박사는 한국에서 제약업계 최초의 기업공개로 자본과 경영을 분리했으며, 한국 최초로 종업원지주제, 전문경영인 제도를 채택하는 등 선진경영기법을 도입했다. 이처럼 창업자의 선구자적 경영방식에 기반을 두고 80여 년을 존속해 온 유한양행은 가장 좋은 상품의 생산, 성실한 납세, 기업 이윤의 사회환원이라는 3가지 기업이념을 충실히 이행하고 있다. 모회사인 유한양행과 Kimberly-Clark의 기업문화에 영향을 받아 유한킴벌리는 인간존중, 고객만족, 사회공헌, 가치창조, 혁신주도의 5가지 경영이념을 종업원들의 공유가치로 정착시켜 나가고 있다.

1984년부터 문국현 사장의 환경경영에 대한 굳은 의지로 시작된 유한킴벌리의 공익환경캠페인 "우리 강산 푸르게 푸르게"는 21년의 역사를 자랑하는 최고의 환경캠페인으로 인정받고 있다. 이 캠페인은 유한킴벌리가 연간 매출액의 1%를 투자하는 사회 공헌 활동으로, 숲 가꾸기를 위한 기금 조성, 시범림 조성사업, 환경교육사업, 자연자원과 문화유산 발굴 지원 등으로 구성되어 있다. 이 캠페인의 일환으로 여름캠프를 개설해서 여기에 참가한 청소년들로 하여금 15억 그루의 나무를 심게 함으로써 사회책임과 기업 홍보를 동시에 달성하기도 했다. 또한 환경 관련 서적을 출판했으며, 지속가능한 환경 유지의 대안을 찾기 위해 연구지원 활동을 펼쳤고, 기업 내부적으로도 친환경 생산시스템을 구축하는 것을 계획하고 있다.

이같이 유한킴벌리는 적극적인 사회공헌 활동을 추진해옴으로써 한국에서 신뢰와 존경을 받는 기업, 최고의 윤리경영을 실천하는 기업으로 좋은 이미지와 명성을 얻었으며, 이러한 기업의 높은 명성과 신뢰를 제품의 좋은 이미지로 연결시켜 평균 98%라는 고객 loyalty를 얻고 있다. 사회 책임 경영 및 환경 경영 등에 기반한 이러한 대외적인 투자가 "땅바닥에 물붓기" 식의 대가 없는 비용지출이 아니라, 광고비와 같은 통상적 마케팅 활동보다 훨씬 투자 대비 이익(Return on Investment)이 높은 투자임을 증명하는 사례이다.

유한킴벌리는 한때 주력사업의 시장점유율이 100%에서 18% 이하로 떨어지는 어려운 시기를 겪었고, 13년간의 노사분규와 기업 내부의 분열을 경험했지만, 이를 과감한 혁신 경영을 통해 극복했다. 대부분의 한국기업들이 1997년에 만난 미증유의 경제위기 속에서 제품개발을 위한 연구비를 줄이고 종업원에 대한 교육훈련비를 줄이고 시장개척을 위한 광고비를 줄였던 반면, 유한킴벌리는 한국 소비자가 원하는 초슬림형 생리대, 통풍이 되는 기저귀 등을 개발하는 등 과감한 투자를 단행했고, 이와 같은 과감한 혁신을 통해 2004년 현재 생산하는 품목이 모두 시장점유율 1위를 달리고 있는 기업으로 성공적으로 변신했다.

또한 문국현 사장은 윤리경영의 중요성을 강조하면서 솔선수범을 보였다. 평소 검소한 생활을 유지했고, 경영진들의 비서실 등 부속실을 없애 직접 보고를 받고 결제를 했다. 이러한 과정에서 경영진들이 변하기 시작했고, 사원에서 노조에 이르는 전 직원들이 스스로 잘못된 관행을 고쳐나갔다. 판공비와 경조사비 제도를 폐지했고, 선물과 접대를 금지했다. 유한킴벌리의 윤리경영은 최고경영자를 통한 톱다운 방식으로 추진되었고, 이러한 윤리경영은 기업의 지속가능한 발전의 토대가 되었다.

한편, 유한킴벌리는 이러한 사회책임경영과 윤리경영이라는 기업철학에 기반하여, 뉴웨이라는 내부혁신체제를 갖추고 종업원을 적극 동참시키는 경영 방식을 취하고 있다. 또한, 종업원 1인당 연간 정례교육시간 183시간이라는, 국내는 물론 세계에서도 유례가 없는 평생학습제도를 도입하는 등 수평적인 조직과 관리혁신을 통해 가치를 창조하는 조직을 만들어 나가면서, 평생학습을 통한 인간존중의 경영을 실현하고자 노력하고 있다.

더 나아가 Loc-balization과 같이 세계 어떤 나라, 어떤 기업에서도 시도하고 있지 못한 창조적 경영을 성공적으로 시도함으로써 전 세계의 벤치마킹(benchmarking) 대상이 되고 있다.

이러한 유한킴벌리의 사회책임경영, 환경경영, 윤리경영, 혁신경영, 창조경영, 인간존종경영은 유한킴벌리를 한국의 150만 개 기업 중에서 국민이 가장 사랑하고 존경하는 기업 1등, 대학졸업생이 취업 시에 가장 선호하는 기업 1등, 고객의 loyalty 1등이라는 3관왕으로 만들었다.

한국의 장수기업 연구회에서 "한국에서 가장 오래된 기업 중에서 앞으로도 가장 오래 존속할 회사 중 1등"으로 선택한 유한킴벌리의 이와 같은 성공 메커니즘은 지속가능경영의 진정한 의미와 메커니즘에 대한 올바른 이해, 나아가 21세기 기업의 바람직한 모델을 제시해주고 있다.

기업의 지속 가능성

지속가능경영의 요소

최근 기업의 지배구조 건전성, 환경경영 등 기업의 비재무적 성과가 기업의 브랜드 가치와 이미지에 끼치는 영향이 점차 증가하고 있다. 이에 따라 기업관계자는 기업의 재무적 성과 외에 고객, 협력업체, 지역사회와의 관계 등 추가적으로 고려할 부분이 증가되어 비재무적 보고서의 발간이 증가되고 있는 추세이다. 이러한 비재무적 보고서에 포함되는 지속가능경영의 구성요소는 일반적으로 3차원 보고(Triple Bottom Line, TBL)의 내용에 대한 것이다. 3차원보고는 기업의 경제적, 윤리적, 환경적 성과를 총체적으로 보고할 수 있는 기준이 될 뿐만 아니라, 비재무보고서 작성, 인증, 사회책임투자(SRI) 등과 같이 지속가능경영을 평가하는 툴의 구성 내용으로도 사용된다.

한편 3차원보고의 요소인 경제 · 윤리 · 환경 성과는 지금까지 지속가능경영활동의 요소로서 기존에 기업들이 추구하던 윤리경영, 사회책임경영, 환경경영의 평가요소로 간주되어 왔다. 그러나 지속가능한 미래를 준비하는 경영활동을 이 세 가지 경영기법이 모두 설명해주지 못한다는 한계를 갖고 있었다. 이에 혁신경영과 창조경영을 추가하여 보다 정교한 지속가능경영의 요소를 논의하고자 한다.

Triple Bottom Line(TBL)

1990년대 중반 이후 대두된 TBL이라는 용어는 지속가능성 관련 연구 및 컨설팅 기관인 어카운터빌리티(AcountAbility)에서 처음 쓰기 시작하면서 알려졌다. TBL은 지속가능성이라는 다소 추상적이고 원론적인 개념을 보다 구체적이고 가시적인 성과지표로 제시했다는 데 그 의의를 지닌다. TBL의 협의의 개념은 기업의 경제적(Delivering Value), 사회적(Social Responsibility), 환경적(Ecological Sustainability) 성과를 측정하고 그것에 대한 보고서를 작성하는 데 적용되는 세 가지 기준 틀이다. 금융기관들은 이제 장기투자를 위해 TBL을 이용한 사회책임투자(SRI) 혹은 지속가능한 투자 같은 새로운 금융상품을 내놓기 시작했다.

혁신경영에 관련한 개념

미국의 경제학자 슘페터는 이윤이란 바로 창조적 파괴행위를 성공적으로 이끈 기업가의 정당한 노력의 대가라고 했다. 즉, 창조적 경영 없이 혁신이 있을 수 없고 혁신 없이 경쟁력의 유지나 강화가 불가능하다는 것이다. 경기순환이라는 자본주의 경제의 고유한 현상으로 인해 경제는 이론적으로는 끊임없이 주기적 변동을 거치면서 발전할 수 있다는 이론에 입각한 논리였다. 과거 1970년대에 급속한 산업화를 계기로 기업의 품질과 서비스, 고객의 불만(Complaints)에 대한 기업의 관심이 점차 높아지면서 일본 기업들의 카이센(개선)운동으로부터 시작된 혁신적인 경영기법은, 계속 진화하여 QC운동, GPMI운동 등을 거쳐 1990년 이후에는 미국을 중심으로 하는 리엔지니어링, 6시그마와 같은 혁신 툴의 보급으로 이어졌다. 시시각각으로 변화하는 혼란스러운 세계에서 개인이나 조직이 살아 남을 수 있는 유일한 생존전략은 지속적인 혁신을 통한 경영활동이었던 것이다. 따라서 지속가능경영에서 혁신경영은 매우 중요한 요소로 인식되어야 한다.

창조경영에 관한 개념

최근 Fortune 500 기업들의 시장가치에서 무형자산에 의해 창조되는 부분이 절반을 넘고 있다. 기업의 주요 실적 평가기준으로 고객만족이나 매출 증대로 인한 순이익 증가 외에 브랜드 인지도를 중요한 척도로 간주하는 것도 이러한 추세와 맞물려 있다. 기존에 마케팅 부서에 한정되어 있던 브랜드에 대한 관심이 전사적인 관심사로 부상되어, 기업의 지속가능경영전략 중 하나로의 필요성이 증대되고 있는 것이다. 소비자가 오랜 시간 동안 충성도를 보인 브랜드는 결국 장수기업을 탄생시키며 불황에도 그 진가를 발휘하여 지속가능한 발전을 가능토록 하고 있다.

지속가능경영에 관한 연구

2000년대 이후, 기업의 사회적 책임활동(Corporate Social Responsibility)은 기업이 활동하는 전 영역에 걸쳐 체화되어야 하는 경영전략의 일부라는 의견이 등장하기 시작했다. 과거에는 기업의 양심 차원에서 실행되거나 경제사회에 대한 환원으로 고려되던 것이, 이제는 기업 스스로가 지속가능한 성장을 위해 필수불가결한 경영전략으로 여길 만큼 발전된 것이다. 특히, 기업의 여러 활동 중 마케팅의 일부분으로 고려되던 CSR이 이제는 각 부서에서 중요한 역할을 담당하는 정도에까지 이르렀다. 예를 들어 CSR은 국제표준 ISO 26000[1]으로 격상되어 국내를 넘어서 글로벌 시장에서도 새로운 화두로 등장했으며, 금융기관들이 기업을 평가할 때 중요한 지표로 사용될 것으로 예상된다.

독일, 프랑스, 네덜란드, 벨기에 등과 같은 선진국에서는 정부 차원에서 CSR을 의무화해야 한다는 정책에 관해 논의중이며, 이미 시행에 관한 법칙과 준수사항에 대해 세부적으로 검토하고 있다. 미국이나 일본에서는 강제 규정은 아직 갖춰지지 않았으나, 포괄적인 차원에서는 기업의 CSR활동이 사회적인 의무와 같은 형태로 정착되고 있는 것이 현실이다. 특히, 고용창출이나 교육과 같이 지역사회에 기여하거나 환경보호, 혹은 저개발국가에 대한 지원이 늘어나는 것은 기업이 참여할 수 있는 CSR활동의 범위가 점차 확대되고 있다는 것을 보여준다.

지속가능경영의 일환으로 전략적 사회공헌에 대한 논의가 활발해지자 하버드경영대학원(Harvard Business School)의 마이클 포터 (Michael E. Porter) 교수와 FSG의 마크 크레이머 (Mark Kramer) 대표는 2002년 Harvard Business Review에 "The Competitive Advantage of Corporate Philanthropy"라는 논문을 발표하며 기업의 전략적 기부활동에 대한 중요성을 강조했다. 2006년에는 기업의 사회적 책임을 기업과 사회의 상호작용(Mapping Social Opportunities)이라는 개념을 이용해 "Strategy and Society-The Link Between Competitive Advantage and Corporate Social Responsibility" 논문을 발표했고, 2011년에는 그러한 기업활동의 목적이 경제적 이윤과 사회적 효용을 동시에 성취할 수 있음을 "The Big Idea, Creating Shared Value"라는 논문으로 제시했다.

기업 사회환원의 경쟁우위[2]

최근 많은 기업들은 기업외부적으로는 CSR(Corporate Social Responsibility)을 실시하라는 요구, 내부적으로는 단기적으로 이익을 내라는 투자자들의 요구를 함께 받고 있다. 그래서 그 사이에서 고민을 하며 더욱 전략적으로 행동해야 한다는 압박에 시달리고 있다. 이러한 CSR에 대해 기업이 취할 수 있는 반응 중 전략적 사회환원(strategic philanthropy)은 기업의 전략적 판단 실수로 종종 기업 브랜드를 홍보하는 수단인 PR 캠페인과 별반 다를 바 없는 것에 그치고 만다.

전략적 사회환원의 본질은 기업을 둘러싸고 있는 기업환경을 활용해 사회환원을 전략차원으로 상승시키는 것이다. 개인에서부터 정부에 이르기까지, 사회적으로 그리고 경제적으로도 이익을 취할 수 있는 전략적 사회환원은 기업의 경쟁력을 보다 강력하게 할 수 있는 기회를 제공한다.

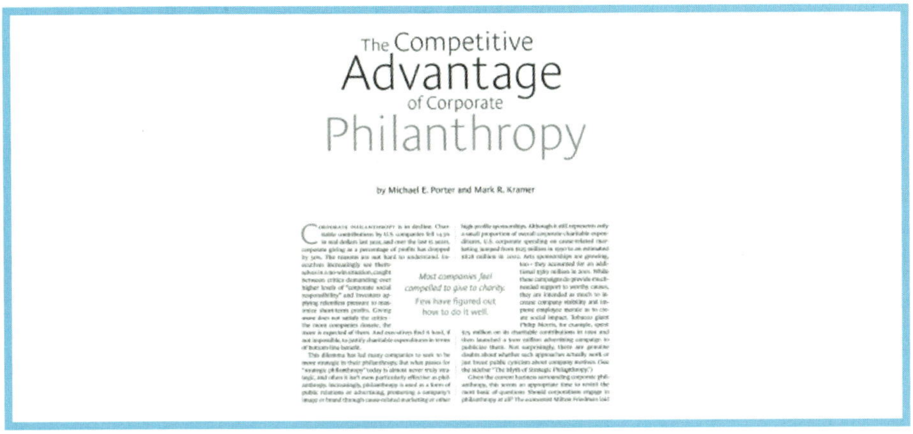

The Competitive
Advantage
of Corporate
Philanthropy

by Michael E. Porter and Mark R. Kramer

Most companies feel compelled to give to charity. Few have figured out how to do it well.

그림 16.1
"기업환원의 경쟁 우위" 논문

전략적 사회환원은 기업이 어느 곳에 투자를 해야 하는가에 대한 혜안을 제시한다. 포터는 국가단위의 경쟁력 분석틀인 다이아몬드 모델(Diamond Model)을 적용하여 전략적 사회환원의 구성요소와 각각의 요소에 대한 시사점을 사례를 통해 설명했다.

환원이 환원 자체로 그치게 되면, 기부된 돈이 초기에 가졌던 의도가 전달되지 못한 것이다. 우선, 환원의 대상이 되는 수혜자(개인, 기관, 기업 등) 중에서, 가장 기업의 환원의도가 극대화되어 상호 간에 사회적 경제적 가치가 극대화되는 대상을 선택해야 한다. 그리고, 비영리기관 및 다양한 사회적 기관들에게 환원이 가지는 가치에 대한 경쟁력을 환기시켜 직간접적으로 참여할 수 있도록 유도해야 한

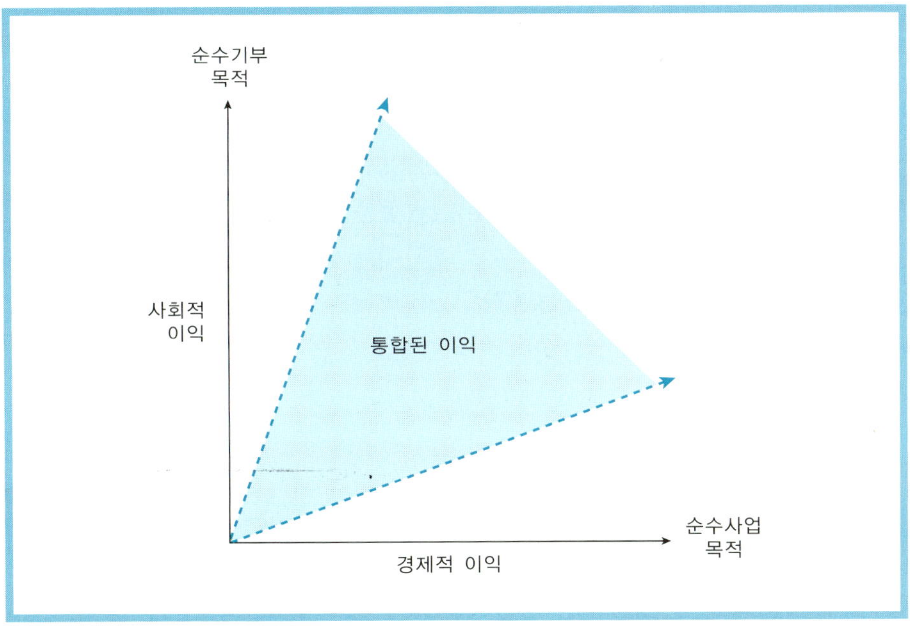

그림 16.2
이해관계의 수렴 모델

그림 16.3
기부가치의 극대화 모델

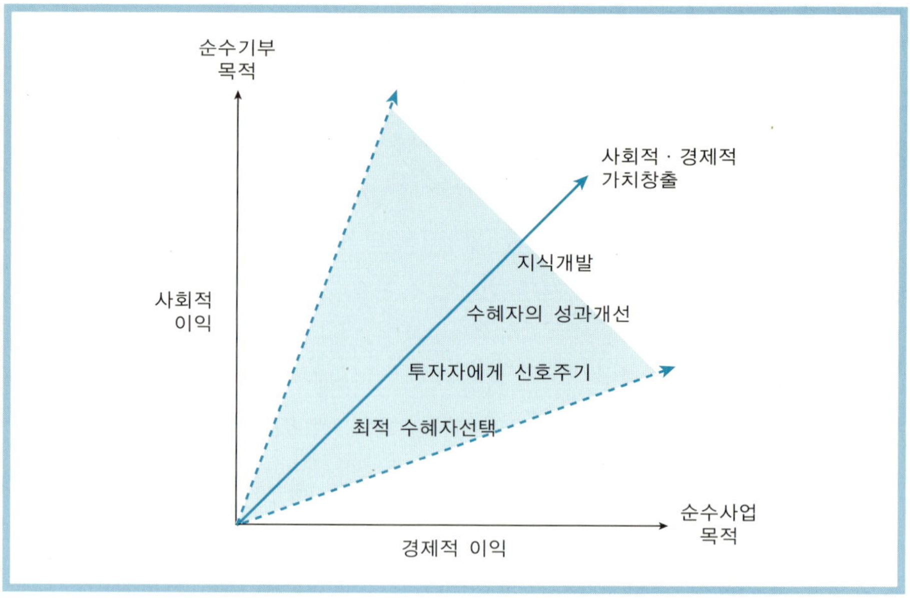

다. 또한, 전략적 사회환원에 참여한 기업 및 기관들이 실행하는 모든 활동들 중에서 가장 적합하거나 효율적으로 발현되는 것을 골라 그것이 잠재적 참여자 혹은 현재 참여하고 있는 파트너들에게 Best Practice로 인식되도록 해야 한다. BP를 실행함으로써 플레이어들은 결국 사회적인 문제들을 기업의 경제적 시각으로 해결할 수 있다.

전략과 사회–경쟁우위와 기업의 사회적 책임 연결[3]

CSR을 실천하는 수많은 기업들은 큰 오해를 하고 있다. 기업과 사회는 개별적으로 활동한다는 것이다. 실제로 둘의 관계는 독립적이기보다 상호의존적이다. 특히, 기업외부환경인 사회에서 환경경영이나 책임경영과 같은 압력으로 기업의 CSR활동을 실행하게 만든다는 수동적인 발상은 전략의 관점에서 크게 벗어난 것으로, CSR을 단순 비용적인 시각으로 접근하게 되었을 때 자주 발생되는 현상이다. 기업은 사회적 문제를 적극적으로 수용하여 이를 해결하면서 동시에 혁신과 시장기회를 발견할 수 있다. 이런 전략적 접근을 통해 기업은 비로소 경쟁우위를 창출할 수 있다.

포터와 크레이머는 전략적 CSR은 기업과 사회에 동시에 가치를 전해줄 수 있는 선구적인 전략이라고 설명한다. 기업들이 고려는 하고 있지만 실천에 옮기기 어려운 활동이 전략적 CSR이며, 이것이 시장에서 성공할 경우 새로운 시장을 열게 되고, 이미 그 전략을 통해 성공한 기업의 경쟁우위는 앞서 나가 있기 때문에,

HBR Spotlight Making a Real Difference

by Michael E. Porter and Mark R. Kramer

Strategy & Society

The Link Between Competitive Advantage and Corporate Social Responsibility

그림 16.4
"전략과 사회" 논문

다수의 후발기업들이 참여하게끔 만든다는 것이다.

전략적 CSR은 어떻게 실행해야 하는 것일까?

첫째, 해당 기업과 사회 간에 어떤 교차점(intersection)이 있는지를 살펴보아야 한다. 예를 들어 해당 기업이 제공하는 제품과 서비스를 생산하는 직원들에게 적절한 보상을 하고 있는지, 안전한 업무환경을 제공하고 있는지 등을 먼저 내부적으로 살펴보아야 하고, 외부적으로는 기업의 이윤목적을 취하는 과정 속에서 배출되는 물질들이 환경적으로 위험하지는 않은가를 검토해야 한다는 것이다.

그렇다면 사회는 기업의 경쟁력에 어떻게 영향을 미칠 수 있을까? 글로벌 기업일 경우에는 이 기업의 해외자회사(subsidiaries)가 운영되는 국가가 지적재산권

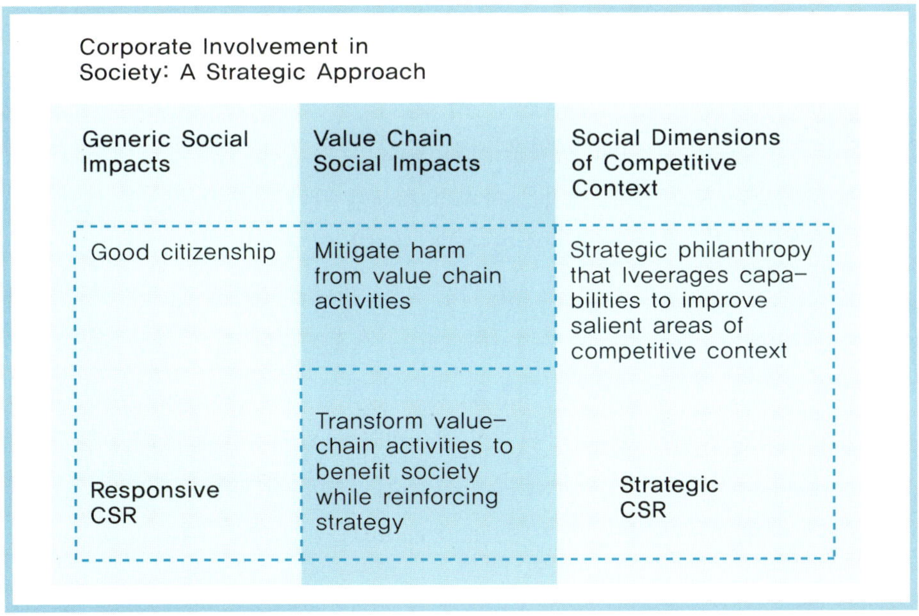

그림 16.5
사회로의 기업참여: 전략적 관점

(Intellectual Property)과 같은 법을 제대로 시행하고 있는지 여부가 영향을 미칠 수 있다. 또한 기업의 이윤창출 목적에 부합하는 올바른 투자자를 유치해야 한다.

둘째, 기업과 사회 각각이 서로에게 기대하는 사회적 이슈를 적절히 선택하여 알려야 한다. 기업이 사회적으로 요구되는 공유된 가치(shared value)를 창조한다면 기업의 핵심근간(bottom line)에 향후 점진적으로 개선된 이익을 실현시킬 수 있으며, 기업 스스로와 사회에 동시적으로 긍정적인 영향을 미치게 된다. 예컨대, 앵글로 어메리칸(Anglo American)이라는 기업은 아프리카에 AIDS 문제가 시급하다는 것을 천명하고 난 뒤, 아프리카 전역에 걸쳐 삶의 질을 향상시켰을 뿐만 아니라, 아프리카 노동자들의 생산성도 증진시켰다.

셋째, 사회와 기업에게 가시적인 이익을 제공하는 전략으로 시작해야 한다. 글로벌 식품기업인 Nestle는 인도시장에 진입하기 위해 정부의 허가를 얻어 Moga라는 지역에 신선한 우유를 제공하려고 했다. Nestle는 Moga라는 지역이 저온저장운송에 상당한 어려움을 겪고 있으며, 우유의 유통이 통합적으로 운영되지 않고 있다는 것을 발견했다. 더 큰 문제는 어떤 이유에서인지는 모르겠으나 농작물이 빈번하게 죽는다는 것이었다. 식물전문가, 영양전문가, 농작전문가, 보건전문가 등을 파견하여 조사한 결과, 기존 우유의 품질에 부정적으로 영향을 미쳤던 요소는 노후된 관개수로와 적절치 않은 비료제의 투입시점이었다. Nestle로부터 파견된 전문가들이 농부들에게 재교육을 시키자, 농작물의 폐해가 75% 감소됐고 생산성은 50배나 증가했다. Nestle는 우유의 판매라는 경제적 이익을 거뒀을 뿐만 아니라 인도의 한 도시에 사회적인 번영도 안겨준 것이다.

큰 아이디어, 공유가치 창조[4]

자본주의가 본격화된 이래, 기업은 사회, 환경, 그리고 경제와 관련된 대부분의 부문에 영향을 미치고 있다. 기업은 사회적 요구에 따라 사회적 책임을 실행하지만 많은 비난의 목소리를 잠재울 수 없었고, 사업의 정당성은 점차 위협받고 있는 실정이다. 기업들이 놓치고 있는 것은 다름 아닌 새로운 가치를 창조하고 이것을 공유하는 데 있다. 가치창조를 주먹구구식으로 해결하려다 보니 가장 중요한 소비자들의 진정한 요구를 잘못 이해하는 경우가 종종 발생하고 그들의 장기적인 사회적 목표를 간과하게 된다. 사회에서 발생하는 복잡미묘한 모든 요구를 다 감당할 수 없다고 자기방어적 태도를 취하는 기업들은 머지않아 설 자리를 잃을지도 모른다. 이와 같은 공유된 가치(shared value)를 창조하는 데에 있어서 핵심은 무엇일까? 포터와 크레이머는 경제적 효율성과 사회적 진보 사이에 존재하는 상충관계(trade-off)를 중심으로 이를 설명했다. 단순히 자금적 여유가 있는 기업들이 여유의 일부분을 사회에 전달하는 것은 공유된 가치가 아니어서 무의미하므로, 기업이 주도적인 역할을 하도록 기업가들이 사고방식을 진정으로 전환해야 한다는 것이다.

The Big Idea

Capitalism is under siege.... Diminished trust in business is causing political leaders to set policies that sap economic growth.... **Business is caught in a vicious circle....** The purpose of the corporation must be redefined around

CREATING SHARED VALUE

How to reinvent capitalism—and unleash a wave of innovation and growth *by Michael E. Porter and Mark R. Kramer*

그림 16.6
"공유가치 창조" 논문

사회적 발전과 기업의 경제적 이익에 근간을 둔 공유된 가치는 새로운 성장의 모멘텀을 뒷받침하는 역할을 할 것이다. 이익창출에 집착하던 대기업들, 특히 맹목적으로 소비자로 하여금 더 적극적인 소비를 하게 만들었던 기업들이 이제는 달라지고 있으며 공유된 가치를 조금씩 이해하기 시작했다. 새로운 제품과 시장에 대해서 재구상하고, 가치사슬에서 발생되는 생산성을 재정의해보며, 지역 클러스터(local cluster) 단위의 개발을 가능하게 함으로써 기업들은 공유된 가치의 기회를 발견할 수 있다. 공유된 가치의 기회는 모든 기업에게 동등하게 주어진 것이며, 자발적인 노력들이 축적되면 개선된 경쟁력과 혁신역량을 가져다 줄 것이다.

지속가능경영평가

KEJI의 개요[5]

경제정의실천시민연합(이하 경실련)은 1992년부터 기업의 사회적 책임 노력을 인정하기 위한 기업평가를 시작했다. 경실련의 경제정의연구소는 경실련에서 1990년 5월 15일에 등록회원들을 주축으로 당시 재정경제부에 등록한 사단법인이며, 1992년부터 매해 경제정의기업상[6]과 경제정의지수(KEJI Index)를 발표하고 있다.

KEJI의 내용

경제정의연구소는 1991년부터 급격하게 변화하고 있는 기업환경에 대응하고 적극적으로 사회적 책임을 수행하는 정도를 종합적으로 고려할 수 있는 '존경받을 수 있는 기업평가 모형'을 개발했다. 이를 연구소의 취지에 맞춰 '경제정의지수(KEJI Index)'로 명명했고, 이때부터 기업에 대한 윤리지수 혹은 사회적 책임지수로 점차 인식되었다.

DJSI지표가 크게 3가지 광의의 영역(경제, 환경, 사회)과 22가지의 세부영역으로 구성되어 있는 데 반해, KEJI지수는 7대 평가항목(건전성, 공정성, 사회봉사기여도, 소비자보호만족도, 환경보호만족도, 종업원만족도, 경제발전기여도)과 49개의 세부 평가지표로 구성되어 있다. 또한 7대 평가항목에 대해서는 정량평가(75점)를, 정량평가결과에 대해 전체상위 10%, 업종상위 20%에 해당하는 기업을 선정해 정성평가설문(25점)을 실시한다. 정성평가에 사용되는 설문항목의 평가 및 정성평가 기준은 발표되는 시점을 기준으로 최근 3개년간 언론보도자료나 정부기관 자료, 그리고 각종 공시자료를 두루 적용한다.

KEJI의 발전과정

경제정의지수에 의한 평가 모형은 시간적 흐름에 따라 조금씩 변경되어 왔다. 1회의 KEJI는 3대 평가항목, 즉 기업건전성(46.1), 복지환경(30.8), 고용 기여도(23.1)로 구성되었다. 이것은 기업의 3대 성과 영역으로 경제적 성과(이익), 사회공동체적 성과(사회적 책임) 및 공동체적 성과(종업원 복지)에 대한 성과지표를 측정하도록 구성된 것이다. 2회에서는 5대 평가항목(종업원 기여도(20), 기술혁신 기여도(20), 환경 기여도(10), 기업활동의 공정성 · 건전성(40), 사회복지 기여도(10)) 등을 반영한 54개 지표를 기준으로 '국민으로부터 존경받는 기업상'을 모형화했다.

이후 5년간 7대 평가항목의 골격을 그대로 유지시켜 오다가 IMF 금융위기 등 기업을 둘러싼 미 · 거시적 환경변화로 인해 8회부터 다시 6대 평가항목(사회봉사 기여도와 소비자보호 기여도 통합)으로 조정되어 평가가 이루어졌다. 꾸준히 지표의 변별력과 신뢰성을 강조했고, 초기 28개 평가지표에서 7회는 62개 평가지표로, 9회와 10회는 45개 평가지표로 평가하기도 했다. 11회 평가모형에서는 다시 7대 평가항목(46개 평가지표, 6개 고려지표)으로 복귀되었고 현재 사용되는 것과 같이 정량적 평가와 정성적 평가를 구분하여 단계적으로 평가하고 있다.

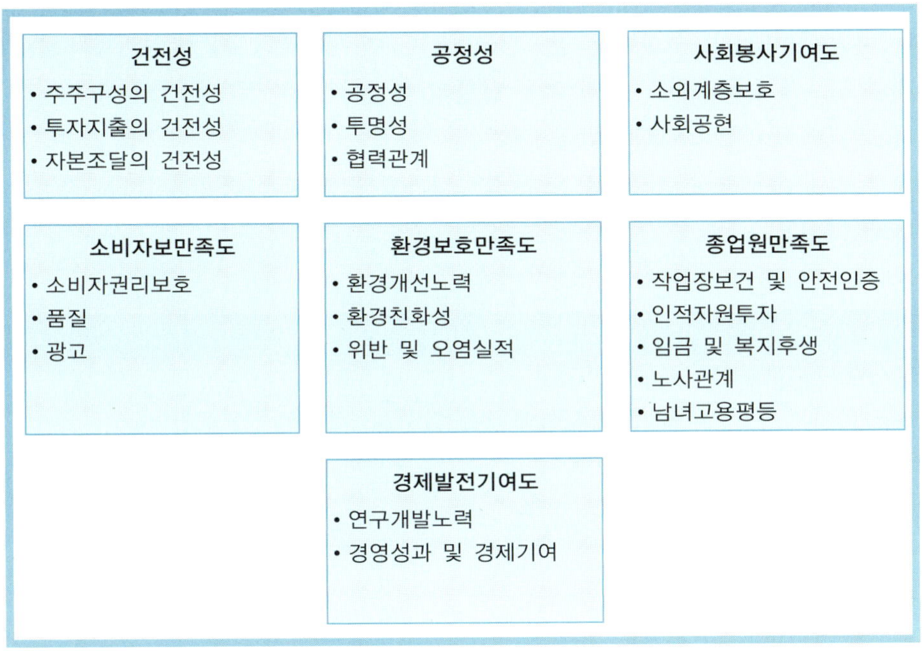

그림 16.7
KEJI 세부평가 내용

KoBEX SM™의 개요

산(사)산업정책연구원은 지식경제부와 함께 국내 주요 기업의 지속경영 도입 현황 및 성과를 살펴보기 위해 KoBEX SM™(Korean Business Ethics IndeX-Sustainability Management, 지속가능경영 실태조사)를 개발해 2002년부터 매해 측정하고 있다. 이는 국제적으로 기업의 지속가능경영 활동에 대한 규범 및 가이드라인의 제정이 가속화되고 지속가능경영이 기업 경쟁력의 핵심 요소로 부각됨에 따라, 국내 기업들의 지속가능경영 대응을 높이고자 하는 의미를 지닌다. 개발 당시 국내기업들에게 '지속경영'이란 용어가 흔히 사용되지 않아 보다 잘 알려진 '윤리경영' 이란 단어로 모델명을 정했다가, 2009년에 '지속가능경영지표' 로 개칭하고 지속가능경영을 평가할 수 있는 지표로 확장 및 개정되었다. KoBEX SM™을 처음으로 도입하면서 윤리경영지표를 개정할 때 차별성, 연속성, 범용성, 조사편리성을 기준으로 학계 및 산업계 전문가들의 의견 수렴도 함께 실시했다.

KoBEX SM™의 체계

KoBEX SM™은 모든 기업에게 적용될 수 있는 공통지표(CI: Common Index)와 업종 및 기관의 성격에 따라 적용이 달라지는 추가지표(SI: Supplementary Index)로 구성된다. 공통지표(CI)는 연구의 조사대상인 공기업과 민간기업 모두에게 적용하고 법인 혹은 산업의 성격에 따라 추가지표(SI)를 적용했다. 이러한 KoBEX SM™ 지표구성은 조사대상 기업의 업종별 차이를 고려하므로 현실에 적합한 진단결과를 도출하고 결과해석 및 활용이 용이하다는 장점을 가지고 있다.

표 16.1 KoBEX SM™구성과 주요 평가내용[7]

구성	주요 평가내용
지속경영 비전	경영진의 지속경영 의지, 지속경영 전략 및 성과 관리, 이해관계자 참여, CEO의 부정행위 여부 등을 평가
지배구조	기업지배구조 개선을 위해 기업의 소유구조, 이사회의 독립성, 기업지배구조의 투명성 등의 항목을 측정
작업장	건전한 작업장 환경 조성을 위해 고용평등, 인력개발, 안전보건, 노사관계. 윤리경영제도 평가
협력업체	공정거래 및 거래 비리 척결을 위해 거래시스템, 불공정거래, 협력업체와의 상생협력 등의 내용을 평가
고객	공정거래 및 소비자 보호 제도를 위해 소비자정보 은폐, 불공정약관, 소비자피해 구제, 소비자 보호 시스템 유무 등의 내용을 평가
환경경영	환경 정책 및 목표 관리, 환경 영향 최소화 정책 등 전반적인 환경경영 활동을 평가
지역사회	사회적 책임 강화를 위해 정부와의 관계, 지역시민과의 관계 등을 평가

또한 기업의 윤리경영 도입을 장려하고자 진단 항목에 원인변수(윤리경영성과에 영향을 주는 변수)를 개발하여 포함시켰다. 이를 통해 윤리경영의 현상을 진단할 뿐만 아니라 현상에 영향을 주는 원인을 찾아내어 윤리경영전략 도출을 위한 가이드라인까지 제공한다.

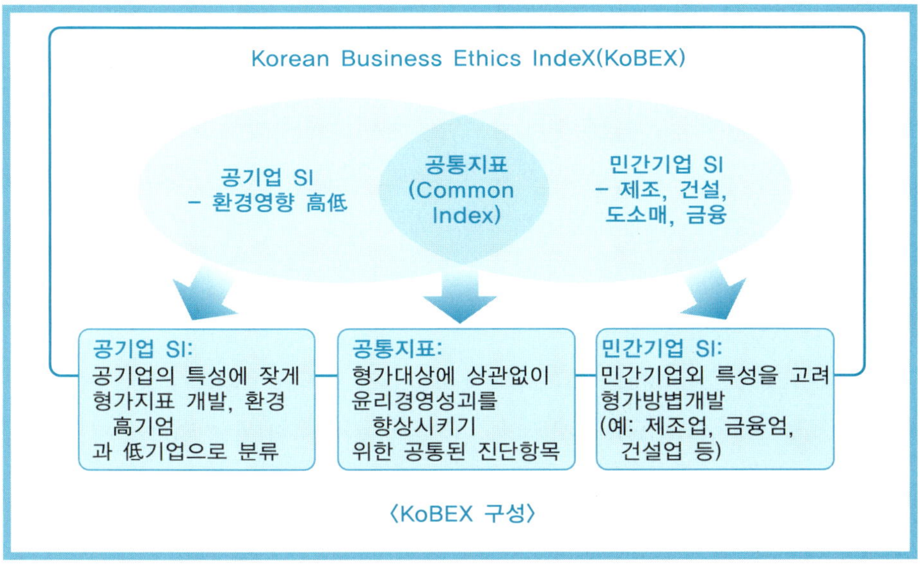

그림 16.8 KoBEX SM™지표 구성

표 16.2 KoBEX SM™의 특징

구분	원칙	적용	결과
사전적 의미	편견초월 평등 원칙, 이성, 윤리성	투명성:(일 처리 등이) 다른 사람에게 그 과정이나 내용을 알게 함으로 써 의문의 여지가 없는 상태 공개여부 외부의 접근성 있음	이성적 사고 논리적모순점 부재 완전성, 총체성 부도덕성 부재 신뢰 올바른 판단 합법성
모델 적용의미	공평한 분배원칙의 반차별주	투명한 원칙적용(공개여부 중요)	합당한 논리적 사고에 기반을 한 기업 활동 신뢰획득 여부 적법성 및 윤리성 여부

KoBEX SM™은 기업과 관련된 모든 이해관계자를 광의적으로 포함하고, 윤리경영 행동지도원리인 FTS(Fairness-Transparency-Soundness)를 고려해 평가항목을 개발했다.

윤리경영 원인변수 개발

KoBEX SM™에서 대상기업의 윤리경영 현황뿐만 아니라 현재의 상황을 낳게 한 원인을 파악하기 위해 원인변수 개발했다.

단계별 윤리경영지표 개발

일반적으로 윤리경영은 도입기-확산기-정착기-성숙기 등 일정한 단계를 통해 발전한다. 이에 따라 2004년도부터 글로벌 스탠더드에 부합할 수 있도록 '발전형 윤리경영 지표'를 추가로 개발하여 추가했으며, 2005년부터는 더 발전된 지표를 추가하여 윤리경영의 확산기를 준비했다.

해외 윤리경영 동향 반영

ISO SR 국제표준안(ISO26000) 프레임워크의 초안을 KoBEX SMTM 수정에 반영했고, 2008년에 표준안이 제정, 인증제도로 발전될 것에 대비해 국내 기업들이 적극적으로 대응할 수 있도록 제시했으며, GRI(G3), Ethos, AccountAbility, SIGMA, DJSI(SAM research) 등 해외지표를 반영하여 국제적 기준에 부합할 수 있도록 참조하여 추가 보완했다.

국내기업환경의 특수성 반영

기업의 윤리경영 수준을 높이기 위해서는 외부로부터 유입되는 비윤리적 요소를 차단하는 것이 급선무이기 때문에, 노사관계(예시: 사내 노조관련 조직, 노동

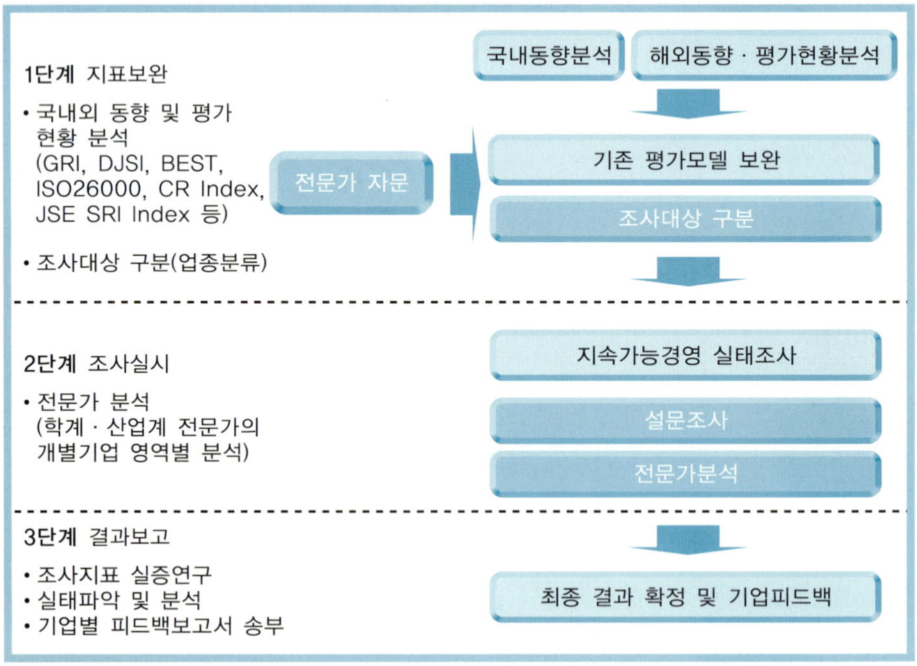

그림 16.9
KoBEX SMTM 조사 과정[8]

쟁의 현황), 협력업체(예시: 협력업체와의 상생), 지역사회(예시: 정치적 로비 및 정치헌금 관련) 등의 주요이슈 관련 지표들을 추가 보완했다.

예고지표 개발

예고지표로 조사된 항목들 중 윤리경영 총점과의 상관관계를 조사하여 상관관계가 있는 지표를 차후 지표에 반영, '발전형 윤리경영 지표'를 미리 예고지표로 공고하여 향후 기업들이 이 지표에 대해 준비할 수 있도록 지원했다.

KoBEX SM™은 아래의 3가지 기준에 따라 한국 기업의 상황을 충분히 반영한 발전적인 연구평가지표이다.

첫째, 지표의 중요성이다. 지속경영 도입기 및 확산기에 중요시되는 지속경영의 이슈들은 ISO26000과 같은 해외동향 및 해외 글로벌 지표 등을 참고해 반영했다. 새로운 지속경영 트렌드로 대두되고 있는 항목들을 선별하여 지속적으로 국내 기업들이 해당 제도 및 시스템을 갖출 수 있도록 했다.

둘째, 차별성이다. 각 지표 간의 변별력이나 차별성을 고려하여 지표 간에 나타날 수 있는 중복을 미리 차단했다. 중복되는 지표는 삭제하거나 다른 문항에 포함되도록 조정, 통합했다.

셋째, 안정성이다. 이전 KoBEX SM™의 결과값과 비교해 분포가 치우치거나 상관관계가 매우 낮은 지표에 대해서는 수정 혹은 삭제했다. 이를 통해 결과값의 불균형이 해소되어 결과값을 해석하는데 있어서 불편성(unbiasedness)을 높였다.

DJSI의 개요

DJSI(다우존스 지속가능성지수) 지표는 기업의 재무적 성과뿐만 아니라, 경제 · 사회 · 환경 위험 및 기회에 대해 평가하는 SRI 방식을 지원하는 대표적인 사회적 책임 평가기준 중 하나이다. DJSI 지표를 개발하는 SAM[9] 그룹에서는 매년 전 세계 2,500여 개 대기업들을 평가하고, 이들 기업 중 상위 10%만을 경제, 환경, 사회 등 3가지 기준에 따라 DJSI World로 발표하고 있다. DJSI는 1999년 설립 이래로 매년 9월마다 점수를 발표하고 있다.

DJSI의 내용

DJSI 역시 경제, 환경, 사회에 대한 지속가능경영의 세 가지 축(Triple Bottom Line)을 기초로 이에 대한 성과를 정량적으로 수치화하여 평가하는 모델로서, 각 영역들을 평가할 때 기업의 전략적 차원과 실제 경영 측면을 고려한 접근을 하고 있다. 구체적 평가 영역으로는 경제 영역에서 행동강령, 준법감시, 부패 및 뇌물수수, 기업지배구조, 고객관계관리(CRM), 재무적 적정성, 투자자관계(IR), 위기관리, 스코어카드, 평가시스템, 전략적 기획과 같은 내용들을 기준으로 삼고 있으며, 환경 영역에서는 환경정책, 환경경영, 환경적 성과, 환경보고 등을 기준으로 한다. 마지막으로 사회 영역에서는 지역사회활동, 자선활동, 이해관계자와의 관계, 노동관행 지표, 인적 자원개발, 지식경영, 조직차원의 학습, 사회보고서, 우수인력 확보 및 유지, 공급업자 관련 기준 등의 내용을 평가하고 있다.

표 16.3
DJSI의 세부 평가 내용

영 역	기 준	가중치(%)
경제	행동강령 · 준법감시 · 부패 및 뇌물수수	3
	기업지배구조	5.4
	고객관계관리(CRM)	3
	재무적 적정성	3.6
	투자자관계(IR)	2.4
	위기관리	3.6
	스코어카드 · 평가시스템	4.2
	전략적 기획	5.4
	산업별 기준	업종별로 다름
환경	환경정책 · 환경경영	3
	환경적 성과	4.2
	환경보고	1.8
	산업별 기준	업종별로 다름
사회	지역사회활동 · 자선활동	2.4
	이해관계자와의 관계	4.2
	노동관행 지표	3
	인적자본 개발	1.8
	지식경영 · 조직차원의 학습	3
	사회보고서	1.8
	우수인력 확보 및 유지	2.4
	공급업자 관련 기준	1.8
	산업별 기준	업종별로 다름

* SAM Indexes가 공식적으로 공개한 정보만을 기초로 정리함
* 출처: Dow Jones Sustainability Indexes(DJSI)-Annual Review 2004

DJSI의 평가기준은 위에서 제시된 경제, 환경, 사회 영역 이외에도 산업별 특정 평가기준 요소 40%, 일반적 평가기준 요소 60%의 가중치를 반영하고 있으며, 이 중 일반적 평가기준 60%는 경제부분이 27.6%, 사회부분이 22.2%, 환경부분이 10.2%의 비중을 차지하고 있다.

DJSI의 활용

지속가능성이 높은 기업이 그렇지 않은 기업보다 투자성과가 높다는 연구결과들이 속속 발표되면서, DJSI는 전 세계 금융기관들의 투자자와 펀드 매니저들에 의해 활용되고 있다. 다우존스(Dow Jones)가 발표하는 지수 중에서 지속가능성이 높은 기업을 대상으로 하는 다우존스 지속가능성지수(DJSI)와 전 세계를 대상으로 투자하는 펀드 운용에 주요 기준으로 사용되는 모건스탠리캐피탈 인터내셔널지수(MSCI: Morgan Stanly Capital International Index)[10]의 수익률을 비교하면, 매년 DJSI가 더 우수한 투자 수익률을 보여주고 있다.

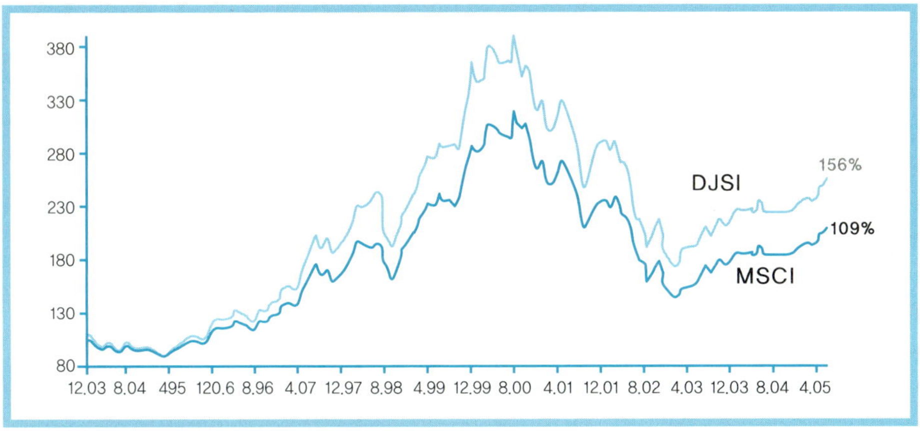

그림 16.10
DJSI와 MSCI의 수익률 비교

* 출처: Dow Jones Sustainability Indexes(DJSI)-Annual Review 2005.08

지속가능성 보고서 작성 기준

기업의 사회적 책임이 경제적 효율성을 넘어서 종업원에 대한 보호와 자연환경 보존, 그리고 사회환경 개선 등의 범위로 확대 · 강조됨에 따라, 선진기업들은 이미 여러 가지 형태의 사회보고서와 환경보고서를 발간하고 있는 추세이다. 기업의 사회보고 활동은 기업이 소극적으로 기업의 사회적 책임을 완수하는 데 그치지 않고, 정보의 공개를 통해 적극적으로 기업의 상황을 알리고 개선하여 기업의 성장을 도모하는 동시에 투자를 유치하는 데에도 목적이 있다. 포춘지 선정 250대 기업 중 45%에 해당하는 기업이 자신들이 어떻게 지속가능한 경영활동을 전개하고 있는지 매년 지속가능성 보고서를 통해 외부에 공표하고 있으며 그 수는 계속 증가하고 있는 추세이다. 다양한 국제적 기준들은 '윤리', '지속가능성'이라는 추상적 개념들을 기업들이 경영활동에 접목시킬 수 있도록 계량적 측정이 가능한 지표들로 만들고자 노력하고 있다. 지속가능경영 보고를 위한 세부 제안을 하는 보편적 가이드라인 GRI(Global Reporting Initiative)에 대한 세부내용에 대해 살펴보자.

GRI 개요

지속가능성 보고서란 기업의 비전, 목표, 경영 활동, 그리고 활동의 성과를 TBL에 의거하여 대외적으로 공개하는 수단이다. 1997년에 국제적 환경단체연합인 환경책임경제연합(CERES)과 유엔환경계획(UNEP)이 합작하여 만든 GRI(Global Reporting Initiative) 등과 같은 지표들은 이미 글로벌 사회에서 주요 가이드라인으로 자리잡고 있다. 글로벌 기업들은 자사의 윤리경영 성과를 대외적으로 발표하는 '지속가능보고서(Sustainability Report)' 발간을 위해 이러한 가이드라인을 이용하고 있다. 이러한 보고서들을 통해 기업 브랜드 가치 제고와 SRI 유치 등이 활발해지고 있으며, 이는 기업들의 장기적인 이윤 추구와 지속가능한 발전을 위해 필수적인 것으로 여겨지고 있다.

자발적으로 행해지는 기업의 지속가능성 보고는 다양한 이해관계자들과의 관계에 대해서 각 회사가 개별적으로 그 의미를 해석하고, 이에 대한 성과를 경제적, 환경적, 사회적 영역에 걸쳐 발표하는 것을 기본으로 하고 있다. 그러나 지속가능한 경영을 추구하는 데 필수적인 사회적 책임(CSR: Corporate Social Responsibility)에 대한 성과보고가 SRI의 기초자료가 되고, 정부의 법적규제를 이행하기 위한 내부 지침으로 확대되어 적용되는 등 중요도가 증가함에 따라, 이를 표준화하고 비교 가능하게 만드는 사회보고의 틀이 필요하게 되었다. 선진국의 경우에는 사회보고제도를 법제화하여 기업의 사회적 성과를 공개토록 하고 있으며 사회적 책임에 대한 보고기준을 제시하는 다양한 지표들 중 UN이 주관하는 GRI(Global Reporting Initiative)[11]의 보고 형식이 가장 보편적인 기준이 되어 기업들에게 사회적 책임을 보고할 수 있는 프레임워크를 제공하고 있다. 초기의 GRI는 기업의 환경정보 공개를 목적으로 시작되었지만 이제는 경제 · 사회 측면까지 기업의 책임을 위한 여러 기준을 제시하고 있다. 또한 다양한 사회책임

보고용 지표들의 취지를 모두 수용하여 국제적 표준으로 거듭날 수 있는 프레임워크를 제공하기 위해 꾸준한 개선작업을 하고 있다.

GRI의 구성

GRI 가이드라인이 제안하는 보고서 작성 기준은 세 부분으로 구성된다. 첫 번째 부분은 '비전과 전략'을 제시하는 부분이다. 이 부분에서는 기업의 책임에 대한 최고경영자(CEO)의 의지와 실천을 위한 전략을 기술해야 한다. 두 번째 부분은 '지배구조와 경영체계'를 서술하는 부분으로서 사회적 책임을 실천하기 위한 지배구조, 조직, 경영시스템을 밝혀야 한다. 마지막으로 '경제 · 환경 · 사회 측면의 기업 성과'에 대해 기술해야 한다. 이중에서 경제성과지표는 국가별 시장점유율이나 협력업체와 계약이 사전에 합의된 원칙에 얼마나 맞게 이행됐는지에 대한 성과를 보고하고, 환경성과지표는 오염물질 배출기준 준수 여부와 환경을 고려한 회계작성 등 환경관련 정책을 일목요연하게 보여주도록 하고 있으며, 사회성과지표는 노동관행, 인권, 소비자와 같은 사회 이해관계자들에게 끼치는 영향에 대한 내용을 포함한다.

표 16.4
GRI의 내용(개요)

범주		관점
경제	경제적 영향	고객, 협력업체, 직원, 투자자, 공공부문
환경	환경	자재, 에너지, 물, 생물다양성, 배출, 폐수, 폐기물, 공급자, 제품과 서비스, 법규준수, 운송, 종합
사회	노동관행과 좋은 일자리	고용, 노사관계, 보건 및 안전, 교육과 훈련, 다양성과 기회
	인권	전략과 관리, 차별금지, 결사와 단체 협상의 자유, 아동 노동, 강제 및 강요 노동, 징계 관행, 보안 관행, 생득권
	사회	지역사회, 뇌물과 부패, 경찰 역할 및 기여도, 경쟁과 가격책정
	제품책임	고객 보건과 안전, 제품과 서비스, 광고, 프라이버시 존중

* 출처: GRI Sustainability Reporting Guidelines 2002, GRI

사회성과보고 가이드라인이 보편화되고 글로벌화됨에 따라 GRI는 예측가능한 향후 지침을 제공하려 노력하고 있다. 특히 변화하는 이해관계자들의 요구(Need)를 파악하여 지속적으로 기준을 보완 · 향상시킴으로써 '보편적인 보고서 기준(standard for reporting)'으로의 자리매김하기 위해 산업별로 추가 적용해야 하는 가이드라인을 개발 중이다. 마지막으로 발간된 2002년 가이드라인에는 자동차산업, 금융산업, 광산 및 광업, 공공기관, 여행업, 정보통신업 분야의 가이드라인을 제시했고, 2005년에는 의류 및 신발 산업, 에너지 산업, 물류업을 위한 가이드라인을 개발했다. 그리고 2011년에 다시 한 번 개정을 거쳐, 협력사들과의 관계, 아동 노동 발생 위험 정도, 강제 노동 발생 정도 등과 같은 인권지표조항과 관련된 내용을 가이드라인에 포함하는 것으로 의결하였다.

한국형 지속가능경영

글로벌 지속가능경영 지표의 한계

기업들의 지속가능성 보고와 평가를 위한 글로벌 가이드라인들이 속속 발표되고 있다. 다양한 보고와 평가 기준의 공통점은 기업을 둘러싸고 있는 여러 이해관계자들과의 공감대를 형성하기 위해 기업이 얼마만큼 노력을 하고 있는 가에 초점을 맞추고 있다는 것이다.

지속가능성 보고를 위한 기준은 앞서 소개되었던 영국표준협회(British Standards Institution)가 영국 통상산업부(UK Department of Trade and Industry) 지원 하에 1999년 개발한 SIGMA(Sustainability Integrated Guideline for Management) 가이드라인, 1997년에 국제적 환경단체연합인 환경책임경제연합(CERES)과 유엔환경계획(UNEP)이 합작하여 만든 GRI(Global Reporting Initiative) 가이드라인 등과 같은 지표들이 있으며, 이와 같은 지표들은 이미 글로벌 사회에서 주요 가이드라인으로 자리잡고 있다. 글로벌 기업들은 자사의 윤리경영 성과를 대외적으로 발표하는 '지속가능보고서(Sustainability Report)' 발간을 위해 이러한 가이드라인을 이용하고 있는 것이다.

지속가능경영평가를 위한 기존의 글로벌 지표들은 기업들의 지속가능경영 성과평가뿐만 아니라 어떤 것이 지속가능경영인지에 대한 가이드라인을 제안해 준다. 그러나 이러한 제안들은 대부분이 결과지표일 뿐, 지속가능경영을 처음 시도하는 기업들에게 그 결과로 나아갈 초석을 제공하지는 못하고 있다는 한계를 가진다. 따라서 한국의 경우처럼 지속가능경영 개념 도입기에 있는 국가에서는 결과 지표가 아닌 지속가능경영을 가능하게 하는 근본 과정에 대한 이해를 도와줄 수 있는 가이드라인의 개발이 필요하다.

표 16.5
GRI지표의 ser-M요소 분류

GRI 성과보고기준		ser-M 분류				
		subject (주체)	environment (환경)	resources (자원)	Mechanism (제도)	Performances (성과)
경제	경제효과		O		O	O
환경	환경		O		O	O
사회	노동관행			O	O	O
	인권			O	O	O
	사회				O	O
	제품책임				O	O

한국형 지속가능경영 지표 개발을 위해 먼저 글로벌 지속가능경영평가 가이드라인의 문제점과 개선점을 살펴보자.

첫째, 기존의 글로벌 지표들은 지속가능경영의 원인(과정)이 되는 변수들을 간과하고 있다. 지표 특성이 제도와 성과에 치우쳐 있으며 기업활동의 원인이 되는 변수(주체, 환경, 자원)들에 대해 평가와 보고를 누락시킬 우려가 있다.

둘째, 지속가능경영을 처음 시도하려는 기업에게는 기존 글로벌 가이드라인은 난이도가 높고 내용이 방대하다. 이러한 글로벌 가이드라인은 이미 지속가능경영이 활성화되어 있는 구미 기업들을 기준으로 개발되어 있기 때문에 한국 기업들이 이를 접할 때 거부감을 느낄 수 있다. 따라서 국내 기업환경에 적용할 방안이 필요하다.

셋째, 글로벌 가이드라인 지표들의 내용은 기업들에게 윤리경영, 사회책임경영, 환경경영을 제안하고 있다. 그러나 지속가능성을 위해서는 위 세 가지만으로는 부족하다. 따라서 위의 내용들과 더불어 혁신경영과 창조경영과 같은 미래를 준비하는 기업의 활동내용이 보완되어야 한다. 혁신경영은 수많은 기업이 미래를 준비하기 위해 수행하고 있는 작업이고 따라서 이를 지속가능경영과 접목하여 체계적으로 평가해야 한다. 마찬가지로 새로운 환경이 나타나게 될 미래에는 기업에게 창조적 능력도 필요하다.

이상과 같은 글로벌 지표의 한계점은 앞으로 더욱 확장된 글로벌 스탠더드가 필요한 시점에서 발생되는 공통된 요구이다. 따라서 윤리경영, 사회책임경영, 환경경영, 혁신경영, 창조경영을 모두 포괄하는 새로운 지속가능성 평가 가이드라인을 제안하고자 한다.

한국형 지속경영가능 지표: BSR 가이드라인 Framework

지속가능경영에 대한 평가를 하는 기존 지표들의 한계를 극복하고 한국 기업들이 직면한 현실에 맞도록 개발하자는 의도로 착수된 BSR 가이드라인은, 한국의 윤리경영 확산과 윤리적 기업문화를 이끌어나갈 다자간 포럼인 '윤경포럼(윤리가 경쟁력이다: BEST Forum, Business Ethics is the Source of Top performance)' 이 주체가 되어 지난 2005년 3월 9일 가이드라인(BEST Sustainability Report Guidelines: BSR 가이드라인) 개발에 착수했다.

이 가이드라인은 글로벌 지표의 한계를 극복하고 한국기업들에게 지속가능경영을 확산시키는 것을 목표로 하여 다음과 같은 프레임워크를 적용했다.

첫째, 체계적이고 균형 잡힌 기준을 마련하기 위해 ser-M 모델을 적용한 프레임워크를 개발했다. ser-M 모델은 최고경영자(CEO)의 의지 및 리더십을 평가하는 '주체(Subject)', 경영활동 전반에 관련되는 이해관계자들을 파악하는 '환경(Environment)', 지속가능경영을 위해 투입되는 기업 내 인적 · 물적 자원 현황을 제안하는 '자원(Resources)', 이와 같은 s, e, r 요소를 이용해 개개의 기업이 독특한 방법으로 구축하게 되는 제도적 측면인 '메커니즘(Mechanism)' 그리고 s, e, r, M을 통해 생성된 기업활동의 결과물을 나타내는 '성과(Performance)' 와 같은 지속가능경영의 구축여부를 평가할 수 있는 프레임워크이다.

둘째, 전 세계적인 추세에 맞춰 GRI 가이드라인와 같은 글로벌 지표에 대한 벤치마킹을 통해 궁극적으로는 글로벌 지표로 통용될 수 있는 지표 개발을 꾀했다. 즉, 한국 현실에 맞는 새로운 지표를 개발하여 기업들에게 지속가능경영의 도입과 적용을 지원하고 나아가 글로벌 표준으로 진화할 수 있는 보편적인 가이드라인을 개발하고자 했다.

셋째, 지속가능경영의 도입기에 불과한 한국기업들이 받아들일 수 있는 단계별 접근법을 제안했다. 시작의 수준이 다른 기업이라도 현 위치를 파악하고 다음 단계를 위한 준비와 도전이 가능토록 했다.

넷째, 기업의 경제활동의 모든 영역에서 발생하는 요소들 중 사업보고서에 해당하는 영업보고서를 제외한 모든 기업활동들을 포괄하는 내용을 담은 지속가능성 보고서를 지향하여, 기존 윤리경영, 환경경영, 사회책임경영의 개념뿐만 아니라 혁신경영과 창조경영에 대한 지표를 포함하도록 했다.

마지막으로 지속가능경영에 대한 평가기준을 제안하고 이를 통해 단계별 작성 보고서에 대한 평가 및 인증에 대한 기준들을 개발하고 있다.

BSR 가이드라인의 내용

위에서 살펴본 바와 같이 BSR 가이드라인은 ser-M 모델을 기초로 재분류한 GRI 지표에 대해 각 기업들이 접근하기 쉬운 정도(자체평가)를 반영하여, 기업이 속하는 단계에 따라 실시해야 하는 가이드라인을 골자로 하는 '단계별 지표'를 제안한다. 따라서 기업들이 현재 수준에 맞는 보고서 발간을 시행할 수 있도록, 기업이 1~3단계까지의 GRI 가이드라인 기준에 부합한다면 글로벌 보고서 발간이 가능하도록 제안하며, 4~5단계에 부합한다면 지속가능경영의 원인변수와 통합지표를 중심으로 하는 지속가능경영 보고서를 발간하도록 제안한다.

표 16.6
BSR 가이드라인의 단계별 접근법 개요

		Level 1	Level 2	Level 3	Level 4	Level 5
경제	경제효과	현재 상태	GRI 핵심지표 (Mechanism, Performances)	GRI 부가지표 (Mechanism, Performances)	s, e, r (subject/environment/resources) 해당 지표	Level 1~4에서 제기된 문제점에 대한 전략과 새로운 목표 설정
사회	노동관행					
	인권					
	사회					
	제품책임					
환경	환경					

1단계는 지속가능성경영을 위한 준비단계가 없었던 기업이라도 BSR 가이드라인의 지표를 파악하고 이들 중 현재 보고 가능한 것들을 중심으로 보고서를 발간하는 단계로서, BSR 가이드라인의 '도입기'에 해당한다. 1단계 보고를 시도하는 기업은 보고서 발간 시 글로벌 지표에 대한 인식을 제고하고, 오랜 시간이 걸리는 데이터 축적을 위해 현황을 파악하면서 계획을 세움으로써 앞으로의 준비단계에 착수할 수 있다.

2단계는 GRI 가이드라인에서 핵심지표(Core Indicators)를 중심으로 기본적인 지속가능경영의 노력(제도Mechanism 및 성과Performance 지표)을 공시하는 것으로, BSR 가이드라인의 '도약기'에 해당한다. 2단계 보고를 진행할 수 있는 기업은 이제 글로벌 보고서 발간을 위한 기초단계에 진입한 것이며, 시계열 데이터 축적을 위한 첫 단계에 들어섰다는 의의를 가진다. 2단계에 해당하는 데이터 준비기간을 통해 차기 단계 도약을 위한 부족부분 파악도 가능하다는 데 의의가 있다.

3단계는 GRI 가이드라인에서 부가지표(Additional Indicators)를 중심으로 성숙한 지속가능경영의 노력(제도Mechanism 및 성과Performance 지표)을 공시하는 보고서를 발간하는 단계이다. BSR 가이드라인의 '확산기' 에 해당한다. 3단계에 해당하는 데이터를 보유한 기업이라면 이미 글로벌 보고서 발간을 위한 구비요건은 마련되었으며, 데이터가 시계열로 축적되어 있다는 것을 보여준다.

4단계는 지속가능경영의 원인이 되는 지표들을 ser-M기준으로 분류하고, 1~3단계에서 제시한 제도와 성과에 대한 구체적이고 필수적인 지표들을 포함하는 보고서를 발간하는 단계로서 BSR 가이드라인의 '정착기' 에 해당한다. 4단계에 해당하는 데이터를 보유한 기업은 GRI 가이드라인이 요구하는 지속가능경영을 위한 평가요소를 거의 충족한 동시에 BSR 가이드라인이 제시하는 지속가능경영을 위한 원인변수들을 동시에 보유할 만큼 오랜 기간 지속가능경영을 위해 장기적 전략을 가지고 추진해 온 기업이다. 4단계는 글로벌 보고서 발간을 위한 완성 단계에 진입한 것으로 평가할 수 있다.

5단계는 BSR 가이드라인이 제안하고 있는 s, e, r, M, P지표를 모두 설명하고 문제점을 파악하여 이에 따른 새로운 전략 수립을 추가한 보고서를 발간할 수 있는 기업으로서, BSR 가이드라인의 '성숙기' 에 해당한다. 5단계에 해당하는 보고를 하는 기업은 지속가능경영을 평가하는 통합지표와 시계열 지표를 보유하고 있을 뿐만 아니라 문제점에 대한 지속적 모니터링과 새로운 전략 제안을 할 수 있다.

BSR 가이드라인의 주요 특징을 좀 더 자세히 살펴보자.

첫 번째 특징은 BSR 가이드라인은 기존 글로벌 지표의 한계점을 보완하여 지속가능경영을 위한 원인변수를 개발하여 보다 근본적인 미래지향적인 척도를 개발한 것이다. BSR 가이드라인은 ser-M모델에 따라 s, e, r에 해당하는 원인변수뿐만 아니라 기존 GRI의 비전 및 전략(Vision and Strategy), 프로파일(Profile), 정부구조 및 경영시스템(Governance Structure & Management Systems)의 내용들을 s, e, r 요소로 분류하여 원인변수가 어떤 것인지 규명했다.

두 번째 특징은 제도(Mechanism)와 성과(Performance)에 대해 구체성(Materiality)을 보강하는 기준을 제안한 것이다. 이는 1, 2, 3단계에서 제시하는 M, P로 분류되는 지표들의 접근성을 높이고, 추상적인 지표에 대해 세부 보고사항까지 제안할 수 있게 한다.

세 번째 특징은 보고서 내용의 시계열 데이터에 각 영역별 데이터와 목표량을 제시하고 시계열 보고를 통해 목표달성 여부나 개선치에 대한 데이터를 제시하도

표 16.7 BSR 가이드라인의 주요 지표내용

범 주		관 점
1. 비전과 전략		지속가능개발과 관련한 조직의 비전과 전술 CEO성명서 + 혁신 및 창조경영전략
2. 기업 프로파일		조직 프로파일 보고범위 보고서 개괄
3. 지배구조와 경영시스템		구조와 지배구조(Structure & Governance) 이해관계자 참여 총괄정책과 경영 시스템
4. Content Index		인덱스 표
5. 성과보고(경제, 환경, 사회)		
경제	경제적 영향	고객, 협력업체, 직원, 투자자, 공공부문
환경	환경(+환경경영)	자재, 에너지, 물, 생물다양성, 배출, 폐수, 폐기물, 공급자, 제품과 서비스, 법규준수, 운송, 종합
사회	노동관행과 좋은 일자리	고용, 노사관계, 보건 및 안전, 교육과 훈련, 다양성과 기회
	인권	전력과 관리, 차별금지, 결사와 단체 협상의 자유, 아동 노동, 강제 및 강요 노동, 징계 관행, 보안 관행, 생득권
	사회	지역사회, 뇌물과 부패, 경찰 역할 및 기여도, 경쟁과 가격책정
	윤리경영	사내 윤리경영 정책 및 실천을 위한 투자
	제품책임	고객 보건과 안전, 제품과 서비스, 광고, 프라이버시 존중

록 한 것이다. 따라서 이러한 데이터 축적을 위해 최소 2년 이상의 지속가능경영 노력이 뒤따라야 한다.

네 번째 특징은 기존 기업들의 지속가능보고서에 담긴 윤리경영, 사회책임경영, 환경경영의 내용을 보완하여 미래의 기업 활동을 위한 혁신경영과 창조경영의 요소를 제안한 것이다.

BSR 가이드라인의 의의

지속가능경영은 이제 경영자들이 직시해야 하는 가장 중요한 경영이슈가 되고 있다. 매출액 증가와 이익 극대화만을 목적으로 하여 경영을 하는 시대는 끝난 것이다. 이를 위한 글로벌 스탠더드들이 속속 발표되고 있는 추세에서 보듯이 지속가능경영은 이미 전 세계적으로 확산되어 있다. 이제 한국 기업들도 19년에 불과한 대기업의 평균수명을 극복하고 100년 이상 장수하는 기업을 만들어 국민으로부터 존경과 사랑을 받도록 하는 경영이 필요한 것이다. 한국 기업들의 지속가능경영 도입 확산을 위해 한국 환경에 맞는 접근법을 고려한 BSR 가이드라인은 다음과 같은 의의를 갖는다.

첫째, BSR 가이드라인은 한국기업들의 지속가능성 경영활동과 보고활동의 확산을 위해 글로벌 지속가능보고 가이드라인인 GRI를 벤치마킹하되 국내 현실을 반영하여 개발했다.

둘째, 지속가능경영이 아직 친숙하지 못한 한국 기업들의 접근성을 높이기 위해 가이드라인을 난이도에 따라 단계별로 분류함으로써 점차 발전을 도모할 수 있는 기회를 제공하는 프레임워크를 사용했다.

셋째, 기존의 지표들이 평가에 이용하고 있는 지속가능경영 결과변수의 한계점을 극복하기 위해 ser-M 모델을 적용하여 지속가능경영의 원인변수를 평가할 수 있는 방법을 제안했다.

넷째, 일반적인 비재무성과보고서의 형태인 환경보고서, 사회책임보고서 등에 적용되고 있는 Triple Bottom Line(경제성과, 환경성과, 사회성과)의 기준에, 이제까지 간과되어 온 혁신경영과 창조경영이라는 조직의 미래 지속가능경영의 필수적 요소를 추가하여 제안했다.

다섯째, 지속가능경영성과에 대한 체계적인 평가를 위해 지표 포함 정도(Quantity)와 내용 충실성(Quality)을 동시에 평가하여 포용성(Generalised reporting) 및 구체성(Materiality-based reporting)을 추구하고자 했다.

이제까지의 추세로 보면 지속가능성 평가는 재무성과의 평가에 대응해서 세계표준으로 자리잡게 될 가능성이 높다. 따라서 한국 현실에 맞게 개발된 BSR 가이드라인이 한국 기업들에게 표준으로 받아들여지고, 지속적인 개정작업을 거쳐 보다 객관적인 지속가능성 평가를 위한 가이드라인으로 거듭나야 할 것이다.

향후 BSR 가이드라인의 개정작업은 4단계 원인지표 규명과 5단계 딜레마 및 전략제시부분에 대한 더욱 정교한 분석과 객관적 지표 제안을 통해 사회적인 합의를 이끌어낼 수 있도록 진행되어야 한다. 또한 산업별, 기업규모별 지표 개발과 함께 단계별 지표의 지속적인 모니터링을 통해 더욱 완성도 높은 가이드라인을 제안해야 할 것이다. 이러한 발전을 통해 장차 한국표준(Korean Standard)이 세계표준(Global Standard)으로 발돋움할 수 있는 계기가 될 것을 기대한다.

지속경영실천

(사)산업정책연구원(IPS, The Institute for Industrial Policy Studies)에서는 1999년부터 윤리경영을 위한 윤경포럼을 만들어 운영하고 있고, 2006년에는 이를 지속경영으로 개칭하여 윤경SM포럼을 운영하고 있다. 특히, 기업들의 윤리경영활동에 대한 이해와 장려를 담당하는 기관으로 지속경영본부를 출범했고, 윤리경영활동을 보고서화할 수 있도록 '지속경영보고서' 작성에 대한 연구와 자문을 비롯해 지식경제부와 중소기업청이 주최하여 대통령상을 시상하는 '지속가능경영대상'에 이르기까지 다양한 지속경영 관련 연구를 실시하고 있다.

윤경SM포럼[12]

윤경SM포럼(BEST, Business Ethics and Sustainability and management for Top performance)은 '윤리경영'을 통해 기업의 경쟁력을 키우고 더 나아가 국가경쟁력을 향상시킬 수 있는 비전을 제시하고 있다. 이러한 비전을 실현하기 위해, 윤경SM포럼은 한국기업이 직면한 문제를 정의하고 해결하기 위한 접근방법과 실행전략을 연구하고, 나아가 현실적인 '윤리경영역량'을 키울 수 있도록 정보를 축적하고 공유하는 역할을 하고 있다. 또한 기업들이 자발적으로 윤리경영에 참여한다는 선언문을 제시하여 강령에 대한 의지를 다시 한 번 각인시키고 있다.

그림 16.11 윤경SM포럼 윤리서약[13]

표 16.8 윤경SM포럼 선언문

우리의 다짐

우리는 윤리경영이 기업의 핵심 경쟁력이 되는 시대가 도래했음을 선언한다.

이를 위하여,

하나, 우리는 윤리경영을 통하여 국내외 시장에서 기업의 지속가능한 발전을 추구한다.
하나, 우리는 자기영역부터 윤리경영을 몸소 실천함으로써 사회발전에 이바지한다.
하나, 우리는 윤리경영의 확산을 위하여 국내외 관련분야 간의 협력에 앞장선다.

윤경SM포럼 운영

윤경SM포럼에서는 윤경CEO클럽을 운영하고 있다. 국내 기업 CEO들이 참여하여 연 4회 정례모임을 갖고 각 기업의 실무진이 윤리경영의 실천사례를 발표하는 형태를 취하고 있다. 이는 참여하는 기업들로 하여금 윤리경영의 실질적인 대안과 방안을 제시할 뿐만 아니라 기업의 지속가능성을 향상시키기 위한 간접적 경험을 넓히는 기회이다. 예를 들어, 윤경SM포럼에 참여하고 있는 CEO들은 Chief Ethics Officer로 활동하며 자사를 비롯한 해당 산업에 대한 윤리경영 실천에 앞장서며 윤리적 CEO문화를 확립하여 기업의 경쟁력을 향상시키는 데 도움을 준다. 또한 자사의 문화와 특징에 적합한 윤리경영을 체계화할 수 있는 기회를 마련하며, 환경과 지역사회 공헌활동에 적극적으로 참여할 수 있도록 하는 상호 정보 공유의 장이 되고 있다. 결국 기업 대표들 간의 모범적 CEO에 대한 기준점을 제시하고 자사가 가지고 있는 문제를 파악하는 한편, 다른 기업의 CEO가 주로 하고 있는 윤리적 활동을 대안으로 내부화할 수 있는 것이다.

BEST 지속경영보고서

지속경영보고서는 사회책임투자(SRI)의 기초 평가자료로 인식되고 있으며, 해외에서는 정부의 합법적 규제를 이행하기 위한 내부 지침으로 확대 · 적용되는 등 활용의 중요도가 점차 확대되고 있다. 따라서 보고서를 표준화하고 각 지표들을 비교할 수 있게 만드는 틀이 필요하게 되었다.

국제적 지속경영보고서의 기준들은 '윤리성', '사회적 책임', '지속가능성' 이라는 개념들을 기업들이 경영활동에 적용하고 동시에 계량적 측정도 가능하도록, 기업이 자발적으로 가이드라인을 만들게 하기 위해 노력하고 있다. 그리고 지속경영을 적극적으로 실천하려는 기업들을 대상으로 국내시장의 현실에 알맞은 지속경영 보고기준의 필요성이 점차 인식되었다. 또한 각국 정부는 자국 기업들의 보고서 발간 확산을 위해 가이드라인을 개발하고 보급하게 되었다.

BEST 지속경영보고서는 개요(Overview)와 성과지표로 이루어져 있다. 개요는 조직과 보고서의 내용을 소개하고, 범위에 대해 보고해야 한다. BEST 지속경영보고서에서는 보고의 주체가 되는 기업(조직)은 가이드라인에 따라 내용을 작성하되 융통성과 창의력을 발휘하여 보고하고, 지속경영을 위한 노력과 성과에 대한 정보를 27개 항목에 맞게 충분히 명시해야 함을 원칙으로 하고 있다.

BEST 지속경영보고서의 성과지표는 총 119개 항목으로 구성되어 있으며, 지속경영의 3가지 구성요소인 경제성과(10개), 사회성과(78개), 환경성과(31개)로 체계적으로 구분되어 있다(<그림 16.12> 참조). 2008년부터는 미래포럼의 이슈가 반영되어 지배구조 및 리스크관리(투자 및 협력구축에 있어서 사회적 영향을 고려하는 정책 및 제도), 종업원(여성 리더십 개발, 여성 친화적 업무환경 조성), 지역사회(여성, 아동, 노령자를 위한 사회공헌 정책 및 성과)에서 총 4개 지표가 신설, 추가되었다. 지속적인 개정작업은 기업이 환경을 대함에 있어 지속적으로 내외부적으로 반응하고 적응해나가는 과정과 장기적인 수명연장의 노력을 반영해야 한다는 취지에서 비롯되었다.

구분	항목	내용
1 보고서 개요 보고서 작성 조직의 개요와 보고의 전제조건들을 명시	1.1 기업현황 소개	기업 개요(규모, 사업장, 소유구조, 활동내용 등) 지속경영에 대한 기업의 비전
	1.2 보고서 재용	보고된 정보의 범위 및 측정 · 산출 기준
	1.3 이해관계자 참여	이해관계자의 선정 및 참여
	1.4 지속가능성	경제적 · 사회적 · 환경적 목표
2 경제성과 경영활동 결과인 무적 성과와 윤리 · 사회 · 환경 관련 투자	2.1 경제	경영활통을 동하여 생산 및 분배되는 경제가치 지속경영에 대한 투자비용 혁신경영 및 창조경영 성과
3 사회성과 이해환계자(종엽원, 협력업체, 소비자, 지역사회)에 대한 청책과 실행, 모니터링	3.1 지배구조 및 리스크 관리	지배구조 관련 법규 및 내규준수 현황 리스크 관리
	3.2 종업원	종업원(성별, 직급별, 장애인 등)구성 종업원 보상 및 복리후생 고용창출 및 이직률 건전한 노시관계 윤리경영 조직 및 교육
	3.3 협력업체	협력업체 상생협력 지원제도 협력업체 선정 및 평가시 지속경영 고려여부
	3.4 소비자	소비자 관련 법규 및 내규 준수 현황 소비자 인전보건 윤리 · 시회 · 환경과 관련한 제품 및 서비스
	3.5 지역사회	지역사회 공헌활동(기부금, 자원봉사활동) 반부에 관련된 내부 정책
4 환경성과 조직 내의 에너지(자원) 소비와폐기물 페츨에 대한 관리와환경영향 감소를 위한 정책 및 투자	4.1 환경정책 및 투자	환경영향 감소를 위한 정책
	4.2 원재료 및 에너지	자원, 에너지 절약 및 재활용
	4.3 환경영향	유해물질 배출령 환경관련 법규 및 내규 준수 현황

그림 16.12
BEST 지속경영 보고서 성과지표

BEST 지속경영보고서가 지향하는 바는 기업의 궁극적 목표가 단순한 이익증대가 아닌 '미래의 기업가치 증가'가 되는 것이다. 지속경영의 목표 역시 미래를 향한 기업가치 증가를 통해 '장수기업'이 되고자 하는 것이다. 다만 기업가치는 이익뿐만 아니라 사회가 기업에 대해서 가지고 있는 이미지, 브랜드, 명성, 그리고 장기적 경쟁력을 포괄한 개념이어야 한다. 이러한 개념은 계량적으로 표현될 때 경영자의 관리대상이 될 수 있으며, 이들 개념이 하나의 기준으로 표현되면 이를 통합하여 하나의 공통지표를 만들어낼 수 있다는 점에서, BEST 지속경영보고서는 다양한 기업 —공기업에서 사기업, 제조기업에서 서비스기업, 그리고 에너지 소비기업에서 에너지 생산기업 등— 에게 많은 시사점을 제시한다.

지속가능경영대상[14]

지식경제부는 국내 기업의 지속가능경영을 장려하기 위해 매년 지속가능경영대상을 수여하고 있으며, 우수기업을 발굴할 경우 지속경영 정책, 성과부문(경제, 사회, 환경), 대외공시 내용, 향후 지속경영 계획 등 4개부문으로 구성된 평가 프레임워크에 따라 평가하고 있다. 이 평가 프레임워크는 2003년 지식경제부의 요청을 받아 산업정책연구원이 개발한 지속경영에 대한 제3자에 의한 평가모델이다.

그림 16.13
지속가능경영대상 로고

지속가능경영 정책에 대한 평가요소는 지속경영 추진 비전 및 전략, 이해관계자 참여, 지배구조, 리스크 관리 등으로 구성되어 있으며, 한 조직이 지속경영을 추진하는 데 있어 장기적 목표, 이를 추진하기 위한 추진조직, 이해관계자 참여를 통한 지속경영 현안이슈 발굴 및 리스크 관리활동을 주로 평가하고 있다.

성과영역에서 경제, 사회, 환경성과가 균형적으로 반영되어 있다. 경제적 가치 창조 및 분배, 혁신 및 창조경영, 투명한 회계공시 등이 경제성과로 평가되며, 윤리경영, 임직원, 협력업체 고객 관련 성과 등이 사회성과로 집계된다. 환경 성과는 환경경영 정책, 에너지 사용 목표 설정 및 달성률, 온실가스 관리, 환경경영 투자성과가 평가된다.

이 외에 지속가능경영 성과의 대외 공시, 지속가능경영에 대한 지속적 추진을 위한 향후 계획 내용 등이 평가되어 이해관계자 관점에서의 정보 공시 필요성이 충족되었는지, 또한 현재의 성과뿐만 아니라 향후 계획이 반영되어 지속적인 노력이 천명되었는지를 평가하고 있다.

경제민주화

경제민주화에 대한 두 가지 견해

헌법 119조[15] 2항에 명시되어 있는 "경제민주화" 정책을 두고 정치권에서 설전을 벌이고 있다. 국가경제의 발전을 도모하는 바람직한 현상이다. 다만 정책개발자들간에 벌이는 토론에서는 논점이 하나로 모이지 않고 찬반으로 첨예하게 대립되는 논쟁도 없다는 점이 아쉽다. 그러다 보니 국민들은 어느 당이 어떤 정책을 내세우는지 알 방법이 없어 혼란스러워진다. 이유는 간단하다. "경제민주화가 무엇인가?"에 대한 인식이 다르다 보니, "경제민주화를 이루지 못해서 발생하는 문제점"에 대한 해석이 달라지고, "문제점을 극복해서 경제민주화를 실현하기 위한 대안"도 서로 다른 축에서 찾으려는 엇박자가 생긴 것이다.

보수진영은 경제민주화를 119조 1항에 명시된 자유롭고 창의적인 경제질서, 즉 시장경제에 대한 보완적인 수단으로 인식한다. 이는 시장경제를 채택하다 보니 어쩔 수 없이 민주적이지 못한 경제, 즉 경제적 평등[16]이 깨지게 되고, 그 결과 소득 분배가 적정하게 이루어지지 않는 문제, 즉 국민간의 소득 격차가 발생한다고 해석하는 것이다. 이같이 불평등한 경제를 시장경제를 실시하는 과정에서 불가피하게 발생하는 현상으로 보기 때문에, 보수진영에서는 부가가치를 창조하는 과정으로 헌법 119조 1항이 규정한 시장경제체제는 건드리지 않아야 한다고 믿는다. 그 대신 시장경제로 인해 어쩔 수 없이 발생하는 불평등한 경제를 해소하기 위해 주로 재정과 복지에서 사후적인 정책대안을 찾는다. 다시 말해 보수진영은 경제민주화를 국민간의 소득격차 해소와 같은 것으로 보고, 이미 발생한 소득격차를 국민이 소득을 수령하기 전에 줄여주는 재정정책, 그리고 국민이 이미 수령한 소득에서 발생한 격차를 다양한 복지수단으로 보완해주는 복지정책을 선호한다.

진보진영은 경제민주화를 시장경제와 대립적인 개념으로 인식한다. 시장경제와 경제민주화는 동시에 추구해야 하고, 동시에 추구할 수 있는 두 마리 토끼, 즉 두 가지 목적으로 보는 것이다. 그 결과, 진보진영은 불평등한 경제를 시장경제를 실시하는 과정에서 불가피하게 발생하는 현상으로 보지 않고, 불평등한 경제가 원천적으로 나타나지 않도록 시장경제를 조정해야 한다고 믿는다. 따라서 진보진영은 보수정책이 선택하는 재정정책과 복지정책을 쓰기 이전에 보다 원천적인 대안으로 시장경제체제를 수정하는 정책을 선호한다. 시장경제는 부가가치창조와 분배 메커니즘이고, 그 메커니즘은 기업, 가계, 정부 3개 경제주체로 구성되어 있다. 따라서 진보진영은 불평등한 경제를 발생시키는 원인으로 기업, 특히 재벌그룹으로 지칭되는 대기업을 지목하고, 이들의 활동을 부가가치 창조 이전에 원천적으로 제한하는 규제정책을 선호한다. 다시 말해 진보진영은 국민간 소득격차의 원인을 대기업의 시장 왜곡과 경제력 남용, 즉 한국경제에 대한 재벌지배 문제로 해석하고, 상호출자, 순환출자, 일감몰아주기와 같이 형평성에 맞지 않는 관행을 원천적으로 불법화하고, 여기서 더 나아가 금산분리, 독과점규제, 출자총액제한과 같은 부가가치 창조 이전 단계에 대한 산업적 규제에서 정책대안을 찾는다.

경제민주화의 개념

경제민주화에 대한 두 가지 대립되는 견해 중 어느 것이 맞는가를 이해하려면 경제민주화의 개념부터 확실히 할 필요가 있다. 우선 경제민주화를 단어 그대로 해석하면 "경제활동을 국민이 주도함" 다시 말해 "국민이 경제활동의 주체가 됨"을 의미한다. 따라서 경제활동과 주체에 대한 해석에 따라 경제민주화의 개념이 달라진다. 2,300여 년 전 아리스토텔레스(BC384~322)가 가졌던 지혜를 빌려서, 경제민주화를 제각기 다른 기준을 가진 다양한 학문으로 접근해보자.

경영학적 접근

주로 기업내부를 연구하는 경영학자들은 기업을 통해 경제활동을 바라보고, 지배구조라는 틀로 기업주체를 연구한다. 따라서 경영학에서는 경제민주화를 "기업지배구조(corporate governance)"라는 관점으로 접근하게 된다. 기업의 지배구조에 대해서는 세계적으로 두 가지 주장이 대립한다. 하나는 자본주의의 메카라고 불리는 미국이 채택하고 있는 주주자본주의(stockholder capitalism 또는 shareholder capitalism)이고, 다른 하나는 사회주의적 이념을 표방하는 서유럽과 북유럽국가에서 채택하고 있는 이해관계자자본주의(stakeholder capitalism)이다.

우리나라는 미국형 주주자본주의를 받아들인 나라 중 하나이다. 다만 미국의 주주자본주의에서는 주주가 아닌 전문경영자가 경영권이 없는 일반 주주의 권익을 침해하는 문제가 발생했지만, 우리나라 대기업 특히 재벌그룹에서는 경영권을 가진 대주주와 경영권이 없는 소액주주간의 문제가 발생했다. 다시 말해 미국의 기업지배구조는 주주-경영자(stockholder versus manager)간의 갈등구조이고, 한국의 기업지배구조는 소액주주-지배주주경영자(minority stockholder versus dominant stockholding manager)간의 갈등구조이다. 한국의 기업지배구조를 지배주주자본주의(dominant stockholder capitalism)라고 부르고, 지배주주경영자를 뜻하는 속칭 "오너"라는 용어를 빌려 오너 자본주의(owner capitalism)라고 부르기도 한다. [17]

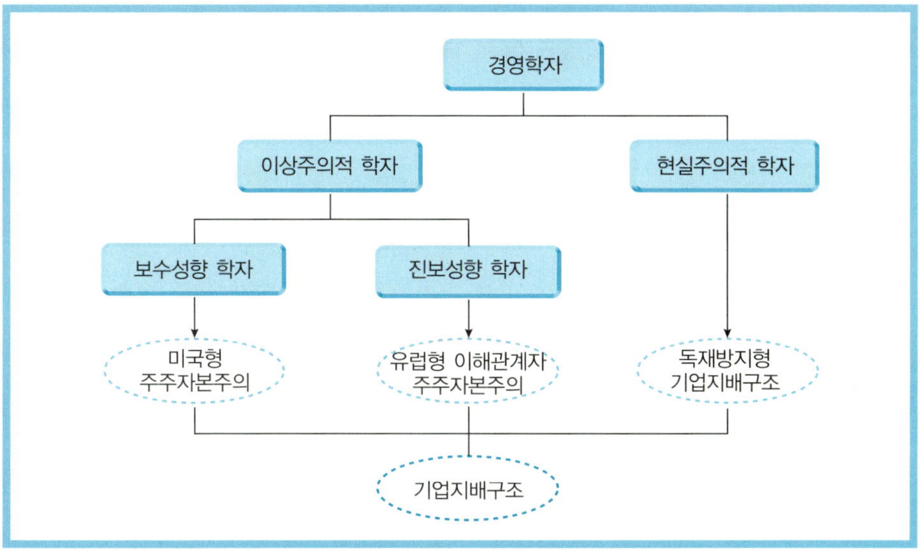

그림 16.14
경제민주화에 대한 경영학적 접근

경영학계에는 현실주의적 경영학자들과 이상주의적 경영학자들이 공존한다. 현실주의적 경영학자들은 경제민주화를 존재하지 않는 허구로 보거나, 존재하더라도 현실적으로 존재하기 어려운 사치스런 발상이라고 본다. 재벌그룹 계열사들이 과감한 기술투자와 시장개척을 통해 세계기업이 된 성과를 높이 평가해주어야 하고, 이런 성과 뒤에는 장기적인 비전과 강력한 리더십을 가진 창업자와 가족으로 구성된 지배주주경영자들이 있기 때문이라고 주장한다. 이 같이 괄목상대할 성과를 가져온 지배주주경영자들이 경영권을 계속 행사해야 한국기업들의 국제경쟁력이 유지될 것이고, 이를 위해서는 재벌그룹 계열사간의 상호출자, 순환출자, 그리고 이로부터 파생하는 재벌의 경제력집중을 부분적으로나마 인정해주어야 한다고 주장한다.

현실주의적 경영학자들의 주장에 대해 이상주의적 경영학자들은 왜곡된 지배구조 속에서 만들어진 경쟁력은 오래 갈 수 없으며 장기적으로는 이론과 현실이 일치되는 곳에서 해답을 찾아야 한다는 반론을 편다. 이들은 한국기업이 최고경영자 위험(CEO risk)을 회피하고 견제하는 메커니즘을 구축해야 장기적으로 성장하고 세계적인 수준으로 발전한다고 주장한다. 여기서 최고경영자 위험이란, 재벌그룹의 궁극적 CEO인 재벌 창업자와 그 일가가 자신들이 지닌 무소불위의 의사결정능력으로 탈법과 불법의 경계선을 넘나드는 행태를 보이고 그게 사회에 노출되었을 때 해당 기업이 입게 되는 위험이다.[18] 구체적으로는 경영권의 혈연가족 승계를 위한 일감몰아주기 등의 변칙적 경영관행, 이를 가능케 하기 위한 전문경영자 매수 및 충성강요, 그리고 문제가 터졌을 때 이를 무마하기 위해 평소 권력기관에 대한 영향력을 유지하는 행위 등을 포함한다. 따라서 이들이 보는 한국의 경제민주화는 '지배주주경영자'의 횡포를 견제하고 독재를 방지하는 기업지배구조를 만드는 작업이다.

이상주의적인 경영학자들은 다시 보수적인 경영학자와 진보적인 경영학자로 나뉜다. 보수적인 경영학자는 한국의 지배주주자본주의를 순수한 미국형 주주자본주의로 복원하자는 제안을 하고, 진보적인 경영학자는 아예 유럽형 이해관계자 자본주의로 바꾸자는 대안을 제시한다. 궁극적인 기업의 주인이 누구인가에 대한 해석에서 차이는 있지만, 경제민주화를 인정하는 보수파 및 진보파 경영학자들은 상호출자, 순환출자와 같이 지배주주경영자의 경영권을 실제 지분 이상으로 부풀려주는 관행을 규제해야 한다는 데 의견을 모은다.

그림 16.15

경제민주화에 대한 경제학적 접근

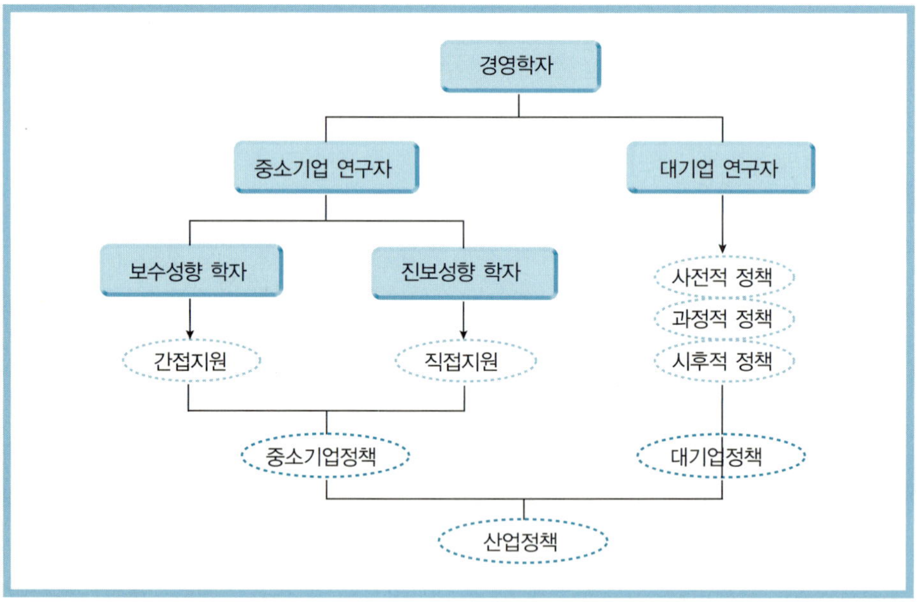

경제학적 접근

시장을 연구하는 경제학자들은 기업을 정부, 가계와 더불어 시장을 구성하는 요소로 보고, 기업 내부 보다는 기업 외부, 즉 기업과 시장 간의 관계를 연구 주제로 삼는다. 그 결과 시장을 구성하는 대기업과 중소기업이 대등한 경쟁을 할 수 있는 조건에서 경제민주화를 찾는다. 구체적으로는 중소기업에 대한 지원 방식을 놓고 보수파 학자와 진보파 학자 간에 의견이 나뉜다. 전자는 시장 메커니즘 틀 속에서 이루어지는 중소기업에 대한 간접 지원만을 용인하고 있고, 후자는 적극적으로 중소기업에 대한 직접 지원을 주장한다. 중소기업에 대한 감세혜택이나 금융지원과 같은 재정금융정책은 보수파의 정책대안이고, 1987년 민주화 이후 채택했던 "출자총액제한", 김영삼 정부가 채택했던 "업종전문화", 노무현 정부가 시도한 "소중대기업 상생협력", 이명박 정부가 추진하고 있는 일감몰아주기근절을 포함한 "동반성장"과 같은 산업정책은 진보파의 정책대안이다.

대기업과 중소기업이 대등한 기회를 가질 수 있도록 대기업을 규제하는 산업조직을 만들기 위한 정책대안을 좀더 구체적으로 검토하기 위해, 부가가치 창조 프로세스를 기준으로 하여 사전, 과정, 사후라는 세가지 범주로 나누어 정책대안을 살펴보자.

부가가치 창조 프로세스의 왜곡을 미연에 방지하기 위한 대표적인 사전적 정책 수단으로는, 재벌그룹의 지나친 다각화와 시장지배력 확대를 배제하기 위해 1987년에 시작하여 채택과 폐기를 반복하다 지금은 없어진, 대기업집단에 대한 "출자총액제한" 정책을 들 수 있다. 다른 사전적 정책으로 1995년에 채택되었던 "대기업집단의 업종전문화" 정책이 있는데 이는 재벌그룹당 신규사업영역을 3개로 제한하여 재벌그룹의 다각화를 막아보려는 조치였지만, 결과적으로는 이 제도를 통해 재벌그룹이 3개의 신규산업에 경쟁없이 진출하는 것을 정부가 공인하고 조장하는 역효과를 가져왔다.

부가가치 창조 프로세스에서 발생하는 불균형을 해소하기 위한 과정적 정책 수단으로는 노무현 정부에서 시도한 "소중대기업 상생협력"과 이명박 정부에서 추진하고 있는 "동반성장"을 들 수 있다. 그러나 정부가 현장에서 변화무쌍하게 변하는 경영 프로세스를 미시적으로 파악해서 이에 대한 잘잘못을 가리는 것은 물리적으로 불가능한 일이다. 동반성장 정책이 근절하려는 타깃으로 삼은 "일감 몰아주기"만 해도 (기존의 외부 납품기업으로 구성된) 시장과 (일감을 몰아주는 기업의 지배주주경영자 가족이 배타적인 지분을 가진, 따라서 실질적으로 내부기업이나 다름없는) 기업간의 비대칭적 정보접근능력을 전제로 하고 있다는 점에서

"시장보다 기업이 우월하다"는 코오즈(Roland Coase)와 윌리암슨(Oliver E. Williamson)의 기업 존재 논리[19]를 증명하는 보편적 사례로 볼 수도 있다. 경영학에서는 이를 기업의 전방 통합(backward integration)이라는 이름을 가진, 경영효율을 높이기 위한 정당한 전략수단으로 본다.

일감몰아주기는 납품가격을 상승시킬 수도 있고 하락시킬 수도 있는데, 어느 쪽이냐에 따라 사회적 비용이 다르게 발생하기 때문에 두 경우를 따로 보아야 한다. 우선 납품가격이 높아지는 경우에는 기업지배구조 문제가 발생한다. 즉 일감을 몰아주는 기업이 시장에서 경쟁을 통해 거래를 성사시킨 기존 납품업자와의 계약보다 더 높은 가격으로 일감을 몰아받는 기업과 계약을 하는 경우, 그만큼 일감 몰아주는 기업에게는 손해가 생긴다. 이 경우에는 (납품가격이 높아진 데서 오는 이익감소를 흡수해야 하는) 소액주주와 (일감을 몰아받는 기업의 이익증가를 통해 그 기업의 배타적인 지분을 가진 지배주주경영자 가족의 지분가치가 높아진) 지배주주경영자 간의 갈등을 가져오는 기업지배구조 문제가 발생한다. 따라서 납품가격을 높이는 일감몰아주기는 공정거래법이 불법으로 규정한 잘못된 관행이다.

납품가격이 낮아지는 경우에는 기업지배구조 문제가 발생하지 않는다. 납품가격이 낮아진 만큼 소액주주와 지배주주경영자는 지분에 따라 비례적으로 이익을 배분받기 때문이다. 물론 지배주주경영자는 가족이 배타적으로 지배하는 납품기업을 통해 기업가치 상승을 통한 기업외적 이익을 얻지만, 소액주주 입장에서는 큰 문제를 삼을 일이 아니다. 그러나 이 관행은 산업생태계 차원에서의 문제를 제기한다. 즉 기업이 가격효율성과 품질을 명분으로 전방 통합을 극단적으로 계속하게 되면, 납품체계 사슬이 무너져서 그 산업에 존재하던 경쟁적인 생태계가 취약해진다. 이것은 일감을 몰아주는 기업을 포함한 전 산업에 불행한 결과를 초래한다.

공정거래위원회를 포함한 정부 규제기관은 일감몰아주기가 사안 별로 납품가격을 높이는지 낮추는지에 대한 판단을 할 수 있는 능력을 갖추지 못하고 있다. 더구나 기업간의 납품계약은 가격뿐 아니라 가격지불 방법과 시점, 제품 품질, 하자 보증, 납기, 인도 조건, 장기거래 가능성, 그리고 납품기업의 신용에 이르기까지 다양한 기준에 의해 좌우되는 종합적 판단과 결정을 요구하는 작업이다. 따라서 일감몰아주기가 가격을 높였는지 낮췄는지에 대한 판단을 필요로 하는 규제정책은 시장 메커니즘을 간섭하여 자유로운 경제활동을 저해하는 결과를 초래할 것이다.

일감몰아주기에 대해 정부가 시도할 수 있는 과정적 정책은 기업간의 거래에 대한 사회적 투명성을 높이는 일이다. 실질적으로 공개적이고 투명한 입찰을 거친 기업간 거래에 대해서는 국세청의 감사를 면제하고 거래세를 감액해주고, 실질적으로 그러한 관행을 확립하지 못한 기업에 대해서는 상시 감사와 고율의 거래세를 부과해야 한다. 일감몰아주기를 통해 가격을 높이는 공정거래법 위반행위를 저지른 기업에게는 과거 5년간 거래에 대한 정밀감사를 통해 발견한 모든 위반행위에 대해 중과세를 부과하는 사후적 정책을 채택할 필요가 있다.

부가가치 창조 프로세스가 완료된 다음 피해자를 구제하기 위한 사후적 정책수단으로는 이명박정부에서 잠시 시도했던 "이익공유제"나 급진적 학자들이 주장하는 "재벌해체"라는 극단적인 정책을 들 수 있다. 그러나 두 정책은 모두 원인을 정확하게 찾아서 이를 해소하는 대안이 아니라 중소기업의 몰락이라는 현상을 물리적으로 해결하려는 대증요법이라는 점에서 바람직하지 않다. 다시 말해 이익공유제가 채택되거나 재벌이 해체된다고 해서 중소기업이 강해지지는 않는다는 것이다. 대기업과 중소기업이 경쟁적으로 활동을 한 결과 대기업 쏠림 현상이 일어나고 중소기업 몰락이라는 문제가 발생했다면, 중소기업이 몰락한 원인을 찾은 다음 이를 해소함으로써 중소기업이 경쟁력을 갖추도록 해주어야 한다.

우리나라의 경우 중소기업이 대기업에 비해 경쟁력이 약한 원인은 경쟁이 일어나는 시장조건의 불균형에 있다. 기업이 생산, 좀더 엄밀하게 표현해서 부가가치 창조분야에서 경쟁력을 가지려면 생산에 필요한 투입요소(input factor)를 시장에서 획득할 수 있는 능력이 있어야 한다. 투입요소에는 자본과 인력, 그리고 정부정책이 있다.

원칙적으로 바람직한 자본시장에서는 대기업은 대기업대로, 중소기업은 중소기업대로 필요자금을 획득할 수 있어야 한다. 물론 대기업은 높은 신용수준을 바탕으로 낮은 이자를 적용 받고, 중소기업은 신용수준이 낮은 만큼 높은 이자를 부담해야 한다. 그러나 우리나라 금융산업은 선진금융기업들이 가진 기업신용 평가능력을 충분히 쌓지 못했기 때문에, 대기업에게는 무차별적인 자금지원을 하고 중소기업에 대해서는 흑백을 가리지 않고 자금지원을 제한하거나, 하더라도 담보금융이나 최고경영자의 연대보증을 요구하는 관행에서 벗어나지 못하고 있다. 그 결과 중소기업은 필요이상으로 고금리에 허덕이고, 특히 영세기업의 경우에는 제도금융에 접근조차 하지 못하고 있다.

인력 역시 중소기업에게는 넘지 못할 산이다. 대학을 졸업한 젊은이들은 근무조건이 취약한 중소기업을 회피하는 고질적 문화를 가지고 있다. 또 중소기업이 어렵게 키워놓은 기술인력은 대기업에서 손짓만 하면 당장 달려간다. 물론 능력을 갖춘 중소기업 근무자가 대기업으로 이동하거나, 대기업 인력을 중소기업이 파격적인 승진과 연봉을 주는 조건으로 끌어가는 현상은 인력의 이동성이란 관점에서 볼 때 바람직한 현상이다. 그러나 대기업이 가진 힘을 이용해서 관련 산업의 독점적 기술을 가진 중소기업의 핵심인력을 뽑아감으로써 해당 중소기업의 사업기반을 붕괴시키는 현상은 시장질서를 파괴하는 일이다.

정부의 정책 역시 기업으로서는 투입요소이다. 정부는 재정, 금융, 행정, 정보, 보증으로 구성된 지원정책을 통해 기업을 지원하기도 하고, 사업에 대한 인허가를 비롯해서 건강, 보건, 안전, 환경 등에 대한 규제정책을 통해 기업을 규제하기도 한다. 특히 규제라는 장애물은 중소기업의 시장경쟁을 제약하는 조건으로 등장한다. 정부규제가 기업 규모에 따라 비례적으로 규제라는 부담을 준다면 대기업과 중소기업간에 차별이 일어나지 않는다. 그러나 우리나라 정부규제는 절대적 기준으로 이루어져 있는 것이 보통이기 때문에, 키다리 대기업에게는 전혀 제약조건이 안 되는 반면, 난장이 중소기업에게는 넘을 수 없는 장벽이 된다.

이렇듯 우리나라 중소기업은 자금, 인력, 정부정책이라는 투입요소에 대한 경쟁적 시장조건을 갖추지 못한 채 부가가치 창조를 해야 하는 상황에 있다. 그 결과 제품과 서비스로 구성된 완제품시장에서 중소기업이 대기업에 비해 열세에 처하게 된 것은 지극히 당연한 결과이다. 이렇듯 중소기업이 대기업과의 경쟁에서 지는 가장 큰 이유는 생산과정이 아니라 그 이전, 생산요소 시장에서의 불균형 때문이다.

그러나 정부가 내놓은 이익공유제는 원인에 대해서는 눈을 감은 채, 중소기업이 대기업에게 처참하게 진 결과만을 가지고 문제를 해결하려고 한다. 즉 대기업이 올린 이익에서 일부를 중소기업에게 제공함으로써 양자간의 경제적 평등을 사후적으로 만들겠다는 것이다. 그러나 이익을 올린 다음, 정부와 국민으로부터 초과이익을 올렸다는 지탄을 받고 이를 벌금 바치듯 중소기업에게 넘기는 어리석은 대기업은 이 세상에 존재하지 않는다. 대기업은 그런 사태가 발생하기 전에 부가가치 창조 활동을 우리나라에서 다른 나라로 옮겨 이익을 해외로 이전시키거나, 회계 조작을 통해 명목적 이익규모를 줄이거나, 불필요한 비용을 발생시켜서 실제 이익을 줄이거나, 극단적으로는 부가가치 창조활동 자체에 대한 노력을 포기할 것이다. 그렇게 되면 대기업을 길들이려다 교각살우(矯角殺牛)를 범하게 된다. 이렇듯 이익공유제는 이익을 위해서라면 모든 수단방법을 동원하는 기업의 생리를 너무나도 파악하지 못한 유치한 발상이고 시장경제의 근간을 하루아침에 무너뜨리는 위험한 정책이다.

재벌해체는 찬반논쟁이 가장 첨예하게 대립하는 정책대안이다. 재벌해체에 대한 찬성론자는 경제정의에 입각해서 지배주주경영자인 재벌총수가 가진 만큼만의 영향력을 가져야 한다고 주장하고, 반대론자는 경제효율성에 입각해서 재벌총수가 기업의 소유경영자로서 창업자정신(entrepreneurship)을 발휘하려면 충분한 지분을 가지고 있어야 한다고 주장한다. 이 논쟁에 대한 정답은 쉽게 내기 어렵지만, 패러다임을 바꿔보면 오히려 쉽게 풀릴 수도 있다. 영국, 프랑스, 미국, 일본 등의 경제사에는 빠짐없이 재벌그룹이 등장한다. 이들은 국가가 산업화, 즉 후진국에서 개도국, 중진국으로 도약하는 과정에서 필요한 대규모 시설 투자를 위한 자본집적수단이었다. 한국에서도 1960년대에서 1990년대까지 재벌그룹은 같은 역할을 수행했다. 그러나 중진국에서 선진국으로 발돋움한 모든 나라들은 자본이라는 제약조건에서 벗어나 경쟁력을 갖추는 과정을 겪었고, 산업화 초기에 독점에 친숙했던 재벌그룹은 경쟁력을 가진 단위기업으로 분화되었다. 반면에 이런 변신을 이루지 못한 재벌그룹들은 하나 둘 사라졌다. 지금 선진국 중 창업자 가족이 지배하면서 국가적으로 독점적인 힘을 행사하는 재벌이 남아있는 나라는 없다. 반면 필리핀, 인도네시아 등 아직 선진화되지 않은 나라에서는 창업자와 그 가족이 지배하는 재벌이 그대로 존속하면서 국가경제에서 독점적 위치를 차지하고 있다. 한국도 마찬가지로 선진화하는 과정에서 재벌그룹이 정부라는 권력기관에 대한 영향력을 이용한 독점체제를 포기하고 경쟁력을 갖추면 살아남을 것이고, 그렇지 못하면 뒤안으로 사라질 것이다. 그러나 재벌해체 자체보다 더 중요한 것은 재벌이 해체되는 과정이다. 대안 없이 시도하는 재벌해체는 단기적으로 교각살우의 우를 범할 가능성을 배제할 수 없다.

사회학적 접근

사회를 연구단위로 삼는 사회학자들은 사회가치와 사회정의를 가장 큰 덕목으로 내세운다. 그 결과 국민소득 분포, 즉 부익부빈익빈의 배제를 위한 사전적 기회 평등과 사후적 소득 평준화를 사회가치를 높이는 수단으로 보고, 이를 통한 사회정의 달성을 궁극적인 목적으로 내세운다. 실업문제 역시 사회 가치와 정의를 해치는 심각한 과제이다. 소득격차와 실업이 극단적으로 치달으면 사회 양극화(Social Divide)를 초래한다. 따라서 이 두 가지 과제를 극복하기 위한 두 가지 방향, 즉 소득격차 해소를 위한 "부자세"를 포함해서 "양성평등, 육아, 사교육" 등의 노력과, 실업률을 낮추기 위한 "공공사업활성화, 사회적 일자리 창출, 취업장려금 지급, 실업자 카운슬링, 구직 멘토링" 등의 사회, 심리적 대책을 제시한다.

행정학 및 기업사적 접근

정부가 연구단위인 행정학에서는 정부가 소유하고 경영하는 기업의 민주화, 즉 공기업의 민영화와 민유화(民有化)가 화두가 된다. 이는 정부와 기업의 역할을 구분하여 정부의 고유역할을 찾도록 하려는 학문적 성격이 반영된 결과이다. 사실 현대사회의 민주화가 이루어지게 된 배경을 18세기 프랑스 대혁명에서 찾는다면, 정부가 장악하던 권력을 국민이 되찾는다는 점에서 공기업의 민영화와 민유화야말로 경제민주화의 취지에 가장 들어맞는 해석이다.

현재 거론되고 있는 재벌해체라는 대안이 사기업에 대한 정부역할의 강화 그리고 재벌해체 결과가 금융기관을 비롯한 재벌그룹 계열사의 정부지배, 정부소유로 귀결될 경우에는, 사기업의 공영화와 국유화라는 모순되는 효과를 낳게 된다. 이를 기업사적 시각에서 살펴보자. 재벌그룹이 1960~70년대에 태동하고 1980~1990년대에 발전할 때만 해도 재벌그룹은 정부가 부여하고 국민이 기대했던 국민기업의 성격을 가지고 있었다. 그러나 21세기에 들어온 이후 재벌그룹은 2세 상속의 과정을 완료하면서 사기업으로 모습이 변하고, 이 과정에서 탈법승계와 같이 국민정서에 반하는 행태를 보이면서 국민의 지탄을 받게 되었다. 이에 정치권 일각에서는 소위 국민들의 정서법에 편승해서 강력한 재벌규제 조치를 취하게 되었고, 재벌의 공영화, 나아가 재벌해체라는 재벌의 국유화에까지 이를 수 있는 극단적인 정책을 내세우고 있는 것이다.

경제민주화의 실천

아리스토텔레스가 학문에 대한 분류작업을 한 이후, 인간의 삶은 다양한 학문에 의해 제각기 다른 의미로 해석되었다. 경제민주화 역시 예외가 아니다. 위에서 본 바와 같이 경제민주화를 경영학으로 풀면 기업 내부의 지배구조 문제가 되고, 경제학으로 풀면 대중소기업 간의 산업구조 문제가 된다. 그리고 사회학으로 풀면 빈부격차 문제가 되고, 행정학과 기업사로 풀면 다소 엉뚱하게도 재벌그룹의 국민기업화가 이슈로 떠오른다. 이 같이 경제민주화라는 하나의 이슈가 이에 대한 분석수단으로 선택하게 되는 학문의 성격에 따라 네 가지 현상으로 나타나는 상황 때문에, 정책개발자도 자신의 전공영역에 따라 제각기 다른 해법을 내세우게 된다. 물론 모든 해법은 나름대로 이유가 있고 제각기 효과를 기대할 수 있다. 그래서 다양한 해법 중 하나를 선택할 때 우리는 중요성과 시급성을 따지게 된다.

해법 선택의 첫 번째 기준인 "중요성" 원칙은 문제점 사이에 존재하는 인과관계를 파악해서 근본이 되는 원인을 해소하는 대안을 먼저 실시하는 것이다. 이는 상류의 물을 정화하면 하류 물이 자연적으로 깨끗해지는 것과 같은 논리이다. 논의의 출발점으로 "인간은 종족유지라는 본능을 가진 동물"이라는 생물학과 인류학적 추론을 전제로 하자. 이 때 위에서 거론한 네 가지 이슈 중 가장 먼저 발생하는 이슈는 기업의 지배구조라는 경영학적 과제이다. 재벌총수는 동물적 본능에 입각해서 경영권을 가족에게 상속시켜주고자 한다. 그 결과 일감몰아주기와 같이 소액주주의 이익에 반하는 행위를 통한 변칙상속이 일어난다. 이 과정에서 경영학적인 지배구조 문제가 발생한다. 일감몰아주기가 대대적으로 발생한 결과 재벌그룹의 경제지배력은 점점 높아지고[20], 일감을 뺏긴 하청 기업, 특히 재하청, 재재하청에 의존하던 중소기업이 몰락하며, 그 밑의 영세업자는 실업자가 되는 대중소기업간의 산업구조 문제가 발생하였다. 또 이 과정에서 발생한 소득격차와 실업률 상승은 사회학적으로 치유해야 하는 문제로 등장하였다. 경영, 경제, 사회적 문제 저변에는 재벌그룹에 대해 정부와 국민이 기억하고 있는 기업사적 시각이 있고, 재벌그룹에 대한 인식과 재벌총수가 보이는 행태가 충돌하면서 행정학적 문제가 발생하였다. 따라서 중요성만을 기준으로 한다면 <그림 16.16>에 나타난 바와 같이 (생물학/인류학) → 기업사 → 행정학 → 경영학 → 경제학 → 사회학의 순서로 우선순위를 설정할 수 있을 것이다.

해법 선택의 두 번째 기준인 "시급성" 원칙은 시간이 지나면 실천 자체가 불가

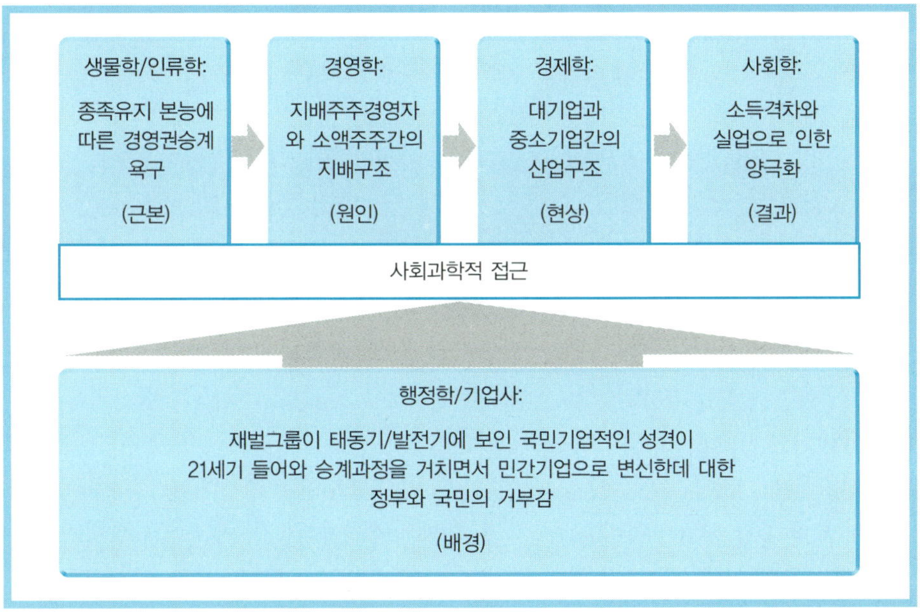

그림 16.16 경제민주화에 대한 학제적 접근방법 간의 인과관계에 따른 우선순위

능해는 해법부터 실시하는 것이다. 선거를 앞두고 있는 정당은 아무리 정책이 논리적으로 타당하고 바람직해도 국민들로부터 외면 받아 정권을 창출하지 못하게 되면 만사휴이(萬事携貳)가 된다. 따라서 사회학적인 문제, 즉 소득격차와 실업률이야말로 국민의 마음을 얻어야 하는 정당이 해소해야 하는 첫째 과제이다. 경제학적인 대중소기업간의 산업구조 건전화는 소득격차와 실업률을 상당 부분 해소해주는 근본적인 정책이지만 응급대책은 아니다. 국민들에게는 부자세와 같은 세제정책과 실업자에 대한 보편적 복지정책이 효과가 더 높다. 대주주경영자의 전횡을 막는 지배구조 채택과 같은 경영학적인 접근은 가장 근본적인 원인이지만 시급성에서는 뒤떨어지는 정책이다. 행정학적, 기업사적 접근은 보다 근원적인 이슈인 동시에 궁극적으로 해결이 되어야 할 과제이지만, 국민의 정서법에 의존하지 않는 한, 선거를 앞두고 선택할 정책은 아니다. 따라서 시급성만 가지고 정책대안 간의 우선순위를 설정하면 중요성에서 본 우선순위와 정반대로 <그림 16.17>에서 보듯이 사회학 → 경제학 → 경영학 → 행정학/기업사 → 생물학/인류학의 순서가 된다.

그림 16.17
경제민주화에 대한 학제적 접근방법 간의 시급성에 따른 우선순위

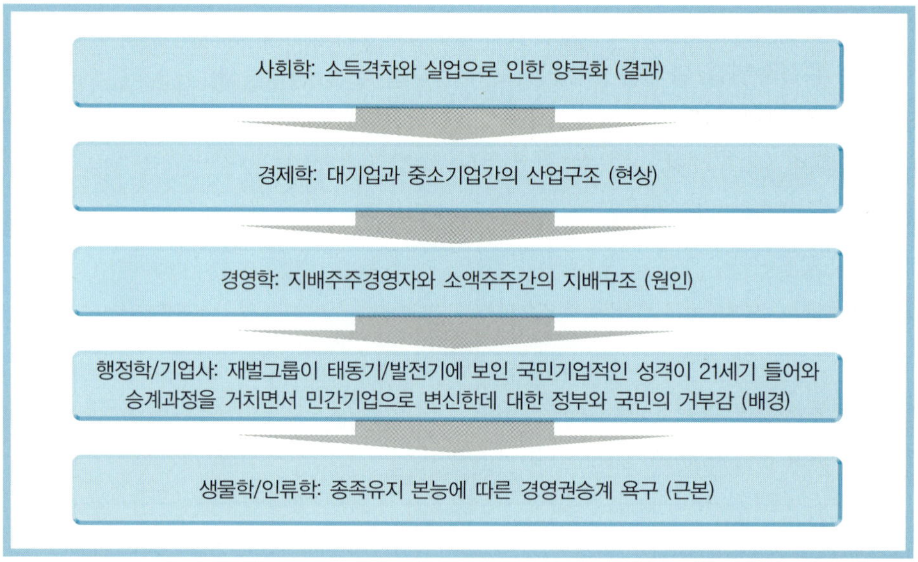

경제민주화에 대한 정치가의 판단

그럼 중요성과 시급성이라는 두 가지 정책 우선순위의 기준을 두고 정치가라면 어떤 판단을 해야 하는가? 정치가 중에는 성향에 따라 이상을 추구하는 정치가와

현실을 강조하는 정치가가 있다. 이 때 전자는 중요성을, 후자는 시급성을 따질 듯하다. 다만 이상을 추구하는 정치가보다는 현실을 추구하는 정치가가 압도적으로 많을 듯하고, 그 이유는 유권자의 수준과 관련 있을 것이다. 그러나 예외도 존재한다. 일례로 1865년 영국 런던에서 국회의원으로 입후보한 존 스튜어트 밀(John Stuart Mill: 1806~1873)은 "나는 국가와 인류의 이상을 추구하는 정치를 하겠고, 우리 지역에만 이익이 되는 정책은 입안하지 않겠다"고 선언했고, 유권자는 압도적인 지지로 화답했다.

정치가는 머리는 하늘로 다리는 땅으로 향하는 존재이다. 모든 정치가는 이상적인 중요성과 현실적인 시급성을 적절히 조합해야 한다. 조합의 비율이 그 정치가의 철학과 성향을 결정한다. 다만 선거를 앞둔 정치가는 자신의 철학 및 성향에 관계없이 공통적인 행태를 나타낸다. 즉 선거까지는 시급성을 강조하고, 중요성을 배경에 까는 성향을 보인다. 그러나 진정 국가와 국민의 미래를 생각하는 정치가라면 선거에 승리한 다음을 위해서, 중요성을 전제로 한 정책집행의 우선순위를 가지고 있어야 한다. 정치가는 선거에 이기기 위해 수단방법을 가리지 않는 사람이 아니라 선거에 이긴 다음 해야 할 것을 준비하는 사람이기 때문이다.

선거를 앞둔 정치가는 시급성 기준에 따라 세제정책과 복지정책을 앞에 내세워서 경제적 약자에 대한 배려를 확실히 하되, 중요성 기준에 따른 기업지배구조와 산업정책을 배경에 깔아 자신의 철학에 흔들림이 없다는 것을 천명하는 선거공약을 내세워야 한다. 그리고 선거에 이기고 나서 집권한 다음에는 배경에 깔아두었던 중요성 기준에 따른 재벌그룹 지배구조 개혁과 같은 경영학적 해법, 대기업과 중소기업이 대등한 경쟁을 벌일 수 있는 시장조건 형성과 같은 경제학적 해법을 실천하여 기업사와 국민정서에 부합되는 방향으로 재벌그룹을 이끌어가야 한다.[21]

1987년 민주화 이후 치러진 다섯 차례의 대통령선거에 등장한 선거공약과 선거 이후에 채택된 정책을 보면, 같은 양상이 반복적으로 나타나는 것을 알 수 있다. 대선후보들이 자신의 철학에 입각한 중요성과 시급성에 대한 판단 없이 오로지 선거에서 이기기 위해 모든 정책 대안을 총동원해서 쓴 다음, 선거 후에는 기업지배구조 개선책과 중소기업경쟁력강화 방안과 같은 근본적 해법을 실천하지 못한 채, 보편적 복지와 같은 대중요법에만 의존한 것이다. 그 결과 2013년의 복지비용은 100조원을 돌파하여 국방비와 교육비를 합친 것보다 더 커진 반면, 경제민주화에 대한 경영학적, 그리고 경제학적 문제는 계속 한국 경제의 발목을 잡고 있는 형국이다.

자본주의의 5가지 유형

미래지향적, 선도적 기업은 그렇지 못한 기업보다 더 빠른 성장을 한다. 이제 앞으로 성공기업의 조건에 하나 더 추가할 조항은 원칙에 충실한 경영, 사회의 근본적 기대를 충족하는 기업이다. 그러면 사회의 기대를 충족하는 구체적인 방법에 대해 알아보자.

1917년 레닌(Vladimir Ilich Lenin: 1870~1924)이 주도한 러시아 대혁명에서 시작한 소비에트사회주의공화국연방(Union of Soviet Socialist Republics: USSR)이 1991년 고르바초프(Mikhail Sergeyevich Gorbachef: 1931~) 시대에 와서 해체되기까지 20세기 100년 중 70여 년간 자본주의와 함께 세계를 양분했던 공산주의는 21세기에 들어오기도 전에 종언을 고했다. 반면 1776년 아담 스미스(Adam Smith: 1723~1790)가 저술한 국부론을 시발점으로 한 자본주의는 지속적으로 세계를 이끌어가고 있다. 그러나 자본주의가 지난 250여 년간 똑같은 모습으로 존재하고 있는 것은 아니다. 이 기간 동안 자본주의는 네 차례 변화를 통해 그때 그때의 사회에 적응하면서, 세계경제는 물론, 정치, 문화, 기술 등 다양한 분야에서 큰 영향을 미쳐왔다. 이 네 번의 변화에 의해 나타난 다섯 가지 모습의 자본주의에 1,0에서 5.0까지 숫자를 붙여보자.

자본주의 1.0에 해당하는 초기 자본주의는 1776년부터 1929년 미국 대공황까지이다. 이 당시 자본주의는 자유방임(laissez-faire), 즉 '보이지 않는 손(invisible hand)' 에 의해 작동되는 시장이 우리가 가진 제한된 자원을 배분하여 최선의 성과를 가져온다는 믿음을 전제로 하여, 정부 간섭을 일체 배제하는 원칙을 고수했다. 산업혁명을 선도해 경제대국이 된 영국과 프랑스가 주도한 초기 자본주의에 입각한 자유무역주의는, 1860년대 이후 독일, 미국, 일본 등 후발 주자들이 주장한 유치산업보호(protection of infantile industries)를 위한 보호무역주의로부터 도전을 받기도 했다. 그러나 세계 제1차대전을 승리로 이끌면서 다시 세계무역질서를 자유무역주의로 돌리는데 성공했다. 고전자본주의(classic capitalism)라고도 불리는 초기자본주의는 인간의 기본적인 특성 두 가지, 즉 경쟁심과 탐욕을 기반으로 했다. 사회학자인 베버(Maximilian Karl Emil "Max" Weber: 1864~1920)는 그의 저서 "프로테스탄티즘과 자본주의 윤리(*The Protestant Ethic and the Spirit of Capitalism*, 1905)"에서 이익 추구와 그로 인한 자본축적을 도덕적으로 타당한 것이라고 주장하였다.[22] 그러나 아이러니하게도 초기자본주의를 복원시켜줄 것으로 기대되었던 1차 세계대전이 끝나면서 자유시장에 입각한 초기자본주의는 한계를 나타냈다. 1917년 제정러시아가 무너지고, 세계

제1차대전이 끝난 1919년 미국에서 전국적인 노동조합이 활성화되면서 전 세계 노동자들의 힘이 계속 커졌고, 민주주의가 확산되어 과거 식민지가 속속 독립을 하고, 여성들에게 투표권이 확산되는 민주화 현상으로 인해 세계경제는 더 이상 과거로 되돌아 갈 수 없게 되었다.

자본주의 2.0으로 불리는 두 번째 자본주의는 미국이 대공황에 빠진 1929년, 그리고 영국이 금본위제를 포기한 1931년에 시작되어 1970년대 말까지 약 50년간 진행되었다. 이 당시 영국은 금본위제를 포기한 결과 세계경제에서 주도권을 상실하게 되었다. 반면 미국은 불황에 빠진 경제를 부흥시키기 위해 대대적인 정부개입 정책을 채택했다. 대표적인 것이 1933년 대통령으로 취임한 루즈벨트(Franklin Delano Roosevelt: 1882~1945)에 의해 주도된 뉴딜(New Deal) 정책이었고, 그 일환으로 미국 전역에서 대형 인프라를 건설하는 공공사업이 시작되었다.[23] 미국 정부의 적극적 개입은 그후 케인즈(John Maynard Keynes: 1883~1946)라는 걸출한 경제학자에 의해 이론으로 정교화되었다. 케인즈는 1936년 발간된 "고용, 이자 및 화폐간의 관계에 대한 일반이론(*The General Theory of Employment, Interest and Money*)을 통하여 새로운 모델을 제시했는데, 그것은 불완전 고용상태를 타파하기 위해서는 유효수요가 중요하고, 이를 위해서는 정부가 재정지출을 통해 적극적인 역할을 해야 한다는 것이었다. 이같이 기존 자본주의에 대한 대대적인 수정을 가했다는 의미에서 이 당시 자본주의를 수정자본주의라고도 부른다. 미국정부는 케인즈의 유효수요이론(Theory of effective demand)에 입각하여 '보이는 손(visible hand)'으로 경제에 깊숙히 관여하면서 시장 기능을 대폭 축소시켰다. 이같이 정부역할을 강조하는 경제정책과 함께 1941년 제2차대전에 참전하면서, 미국은 큰 땅과 많은 인구, 그리고 전쟁에서 연합군에 필요한 군수물자를 조달하는 방대한 생산능력을 구축하여 세계경제를 지배하는 수퍼파워(Super Power)가 되었다. 그러나 이러한 과정에서 정부기능에 과잉 의존하게 된 미국은 냉전체제를 지나치게 오래 끌고 가면서 베트남전쟁을 시발점으로 하여 전세계 각지의 명분 없는 전쟁에 개입하는 치명적인 실수를 범했고, 그 결과 막대한 재정적자를 발생시키는 동시에 만성적인 인플레이션에 시달리게 되었다. 특히 1971년 금태환 중지선언과 1973년의 석유위기는 물가상승과 실업률 증가가 동시에 일어나는 스태그플레이션(stagflation)을 가져왔다. 이제 자본주의 2.0이 존재감을 잃게 됨에 따라 세계는 새로운 자본주의 모델을 모색하기 시작했다.

자본주의 3.0으로 불리는 세 번째 자본주의는 두 번째 시기에서 정부 관료들이 민간부문의 자율적 기능을 침해하면서 재정적자를 비롯하여 물가상승, 실업률 증가라는 치명적인 문제를 야기한 데 대한 국민들의 분노로 나타났다. 그 결과 영국에서는 1979년 마가렛 대처(Margaret Thatcher: 1925~)가 이끄는 보수당이 집권했고, 미국에서는 1980년 공화당 후보 로널드 레이건(Ronald Wilson Reagan: 1911~2004)이 대통령으로 당선됐다. 이 시대 지도자들은 시카고대 교수 밀튼 프리드만(Milton Friedman: 1912~2006)[24]과 그를 따르는 신고전학파 학자들의 주장을 받아들여 통화량에 대한 조정을 통해 경제안정과 완전고용을 추구하는 통화주의를 채택하였다. 정부 개입을 지양하고 시장 역할을 복원하는 구체적인 정책으로 소득세 인하, 공기업 민영화, 노조에 대한 강력한 대처 등을 통해 시장메커니즘을 복원했다. 그 결과 미국 증권시장을 선도로 하여 전세계 경기가 살아나기 시작했고, 같은 1980년대에 개발된 인터넷을 기반으로 하여 시작된 IT산업이 정보 혁명을 일으키면서 전 산업으로 파급효과를 나타내기 시작했다. 디지털을 기반으로 한 정보 혁명은 세계 구석구석을 연결하는 인터넷 네트워크를 통해 다시 기업활동의 세계화를 촉진했다. 이제 한 나라에만 기반을 둔 기업들은 경쟁력을 유지할 수 없게 된 것이다. 이같이 디지털화, 세계화라는 대세 속에서 미래에 대한 낙관주의가 주류를 이루고, 닷컴 회사[25]를 창업하는 열풍이 전세계를 강타하였다. 수많은 창업자들 가운데 마이크로소프트(Microsoft) 창업자인 게이츠(William Henry "Bill" Gates III: 1955~), 아마존닷컴(Amazon.com, Inc.) 창업자인 베조스(Jeffrey Preston "Jeff" Bezos: 1964~), 오라클(Oracle Corporation) 창업자인 엘리슨(Lawrence Joseph "Larry" Ellison: 1944~)과 같은 신세대 영웅들이 나타나고, 신산업, 신기술이 기존산업, 기존기술을 하루 아침에 무너뜨리고 시장 지배자가 되는 신화가 탄생했다. 그리하여 자본주의 3.0을 신자본주의, 또는 신자유주의라고 부르기도 한다.

이같이 자본주의가 화려하게 부활하는 모습을 본 동독 국민들과 소련 국민들은 1989년과 1991년 각각 자국의 공산주의 체제를 무너뜨렸다. 이제 자본주의는 적대적 경쟁자가 사라진 가운데, 거칠 것이 없는 절대적 가치가 되었다. 이렇게 긍정적인 결과를 영국국민들은 대처리즘(Thacherim)으로 명명하여 대처 수상을 영국 역사상 가장 위대한 지도자였던 빅토리아 여왕에 견주었고, 미국에서는 레이건 대통령을 역사상 가장 위대한 대통령으로 평가되는 워싱턴과 링컨 대통령과 같은 반열에 올려놓았다. 그러나 20세기 말의 사회상은 고전적인 자본주의 1.0을 그대로 받아들일 수 있는 분위기는 아니었다. 인터넷이 촉발한 디지털화는 디지털 디바이드(digital divide), 즉 디지털에 익숙하지 못한 사람들을 실업자로 내몰았고, 대기업을 공룡으로 만든 세계화는 여기 참여하지 못한 중소기업들을 몰락시키고 만 것이다. 이러한 갈등구조를 파악한 런던 경제대학(London School of Economics) 교수 앤소니 기든즈(Anthony Giddens: 1938~)는 1998년 "제3의 길(The Third Way)"이란 개념을 소개했다. 그 내용은 경제적 약자가 요구하는 복지사회를 경제적 강자가 추구하는 시장자본주의로 구현하자는 것이었다. "자본주의 3.0"으로 지칭된 이 주장은 "천사모습을 한 자본주의"라는 이름으로 여러 나라에서 받아들여지면서 다양한 모습으로 나타났다.[26] 한국에서도 뉴라이트 운동을 비롯해서 보수 성향을 가진 NGO들이 이 취지에 찬동했고, 이명박 정부도 이 노선을 채택했다.[27]

자본주의 4.0은 자본주의 3.0의 성공에서 배태되었다. 21세기 들어오면서 외부적으로 견제하거나 신경 쓸 대상이 없어진 자본주의 3.0이 균형과 절제라는 덕목을 잊어버리고 조화를 포기하면서 새로운 위기에 직면하게 된 것이다. 그리고 그 위기의 발원지는 제정로마, 프랑스 절대왕정을 비롯한 모든 절대주의 국가들이 그랬듯 내부에서 발생하였다. 절대적인 힘을 내세워 자본주의 3.0을 구가하던 미국이 절대적인 오만의 늪에 빠지기 시작한 것이다. 1980년대 이후 끊임없이 성장해온 부동산 경기를 낙관한 미국정부는 담보력 없는 서민들을 위해 부동산대출금융을 부동산 가치 이상으로 제공해주어 비우량 금융상품 판매를 용인했고, 금융권 역시 이를 이용하여 부적절한 파생상품을 개발하고 이를 '폭탄 돌리기' 식으로 거래했다. 이러한 비상식적 관행은 결국 2008년 미국발 금융위기로 나타났고, 미국영향권 아래 있는 유럽을 포함한 수많은 국가들이 함께 몸살을 앓기 시작하였다. 설상가상으로 엔론(Enron)을 비롯한 일부 대기업들이 최소한의 기본적인 윤리관마저 상실한 채 불법적인 행위를 한 사례들이 속속 발견되면서 그 동안 경제를 이끌어왔던 가진 자들에 대한 비판이 2011년 급기야 '월스트리트 점령(Occupy Wall Street)'이라는 급진적 행동으로까지 나타나고 말았다. 금융권을 지배하는 세력을 공격하는 소외된 군중이 벌인 이 운동은 일반 대중이 대거 동참하는 가운데 순식간에 전세계로 퍼져나갔다. 밀튼 프리드만이 제시한 신자유주의, 즉 자본주의 3.0에 입각한 주주자본주의는 기업에 다양한 모습으로 관계를 맺고 있는 이해관계자들을 모두 고려해야 한다고 주장하는 버지니아 대학 교수 에드워드 프리만(R. Edward Freeman: 1951~)의 이해관계자자본주의로부터 도전받은 것이다.[28] 그에 의하면 "권한과 책임은 함께 간다. 사회적 권한을 가진 기업은 사회적 책임을 가져야 한다. (Power and responsibility go together. The firm with social power should have social responsibility.)" 즉 사회를 구성하는 사회조직이 가진 사회적 권력과 사회에 대한 책임은 동전의 앞뒤와 같이 등가관계라는 것이다. 1979년 대처리즘에서 시작되어 30년간 전성기를 구가하다 2008~2009년 금융위기까지 지속된 자본주의 3.0에 대해 경제학자 칼레스키(Anatole

Kaletsky: 1952~)는 '신경제의 탄생(*The Birth of a New Economy*)' 이라는 저서를 통해 '따뜻한 자본주의' 라는 표현을 제시하며, 자본주의 3.0이 천사의 모습을 한 악인들의 포장술에 불과하였고, 1%에 불과한 악인들에 의해 지배되는 대기업들이 99%에 해당하는 일반 서민들의 삶을 파괴하고 있다고 주장했다. 이들은 정부에게 거시경제에 입각한 금융규제를 강화하면서 대기업의 탐욕을 억제하는 적극적인 정책을 요구했다.[29] 이제 사회는 대기업이 마지못해 동냥같이 제공하는 기업의 사회적 책임(Corporate Social Responsibility: CSR)으로는 만족하지 못하게 된 것이다. 그러나 일반 대중을 근간으로 한 대중 자본주의(mass capitalism)적인 자본주의 4.0 운동은 구체적인 정책대안이 개발되지 못한 채 73일 만에 끝나고 말았다.

이제 자본주의 5.0이 등장할 조건이 갖춰진 듯하다. 이런 사회적 전환기에 나타난 새로운 움직임이 포터(Michael E. Porter: 1947~)와 크레이머(Mark Kramer)가 주창한 "공유가치창조(Creating Shared Value: CSV)"이다(Porter & Kramer, 2011). 이 운동은 기업이 더 이상 "천사의 모습"만 보이지 말고, 사회를 마음속으로 영접하는 진실된 인간들이 중심이 되어 "천사의 마음을 가진 자본주의"를 이끌어나가자는 것이다. 이 운동의 핵심가치는 "기업의 가치와 기업이 속한 사회의 가치를 동시에 증진"하자는 것이고, 이 운동의 기본전제는 "이 세상에 존재하는 수많은 사업기회 중에는 반드시 두 가지 가치를 동시에 추구할 수 있는 대안이 있게 마련"이라는 믿음이다. 드러커(Peter F. Drucker: 1909~2005)는 자본주의 변형이 논의되기도 전인 1970년대에 인간중심 자본주의(people-centered capitalism)라는 이상사회를 제시하면서 "오늘날 사회적이고 세계적인 모든 이슈는 숨겨진 사업기회이다.(Every single social and global issue of today is a business opportunity in disguise.)"라는 표현으로 CSV의 도래를 예견하였다.

최근 CSV 방향으로 움직이고 있는 자본주의를 "자본주의 5.0"이라고 부르자. <그림 16.18>에서 보듯이 자본주의 1.0과 자본주의 2.0은 각각 오른편과 왼편에서 극단적으로 시장만능, 정부만능적 관점을 택했다. 자본주의 3.0과 자본주의 4.0은 각각 오른편과 왼편에 위치하고 있지만, 기업과 사회 시각에서 자본주의 1.0과 2.0보다 완화된 모습을 보이고 있다. 공유가치창조를 주장하는 자본주의 5.0은 이 스펙트럼의 한 가운데에서 시장과 정부가 서로 조화로운 협력관계를 이루고, 기업과 사회 역시 균형된 시각으로 서로에게 접근하는 모델이다. 미래를 지향하는 기업이라면 자본주의 5.0을 받아들여, 기업가치와 사회가치를 조화롭게 발전시켜나가는 공유가치창조를 핵심전략으로 삼아야 할 것이다.

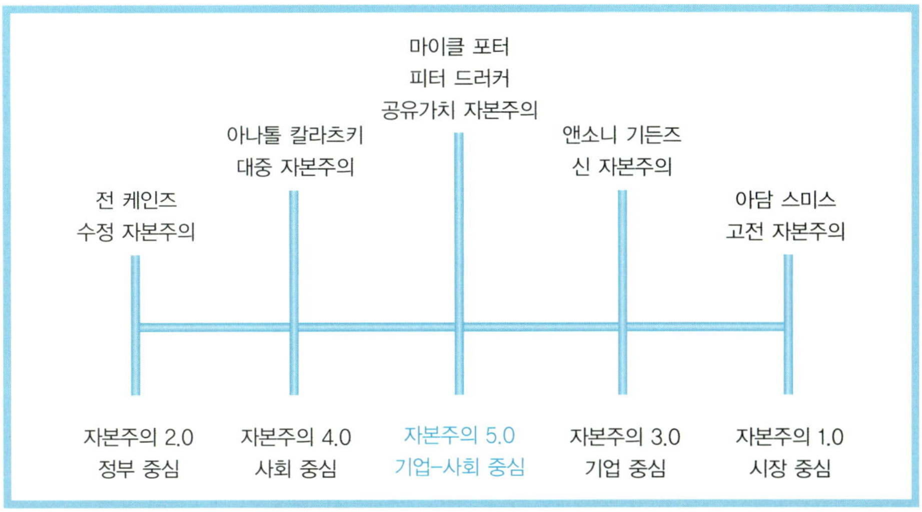

그림 16.18
자본주의 1.0~5.0의 좌표

자본주의 5.0은 자본주의 3.0과 자본주의 4.0을 조화롭게 융합하는 가운데에서 나왔지만, 그 내용인 공유가치창조, 즉 CSV는 자본주의 2.0에 해당하는 CSR, 즉 기업의 사회적 책임을 한 단계 발전시킨 것이다. 따라서 자본주의 4.0에서 주장하는 CSV를 이해하기 위해서는 자본주의 2.0에 해당하는 CSR의 근거가 되는 "사회의 가치사슬" 이론을 이해해야 한다. 이에 대해서는 책 앞부분에서 설명했지만 이해를 위해 다시 한 번 설명하기로 한다.

사람, 즉 자연인과 기업, 즉 법인은 "인간"이라는 점에서 같다. 그러나 인간으로서의 권리를 부여한 원천에 있어 사람과 법인은 다르다. <그림 16.19>에서 보듯 사람의 인권은 민주주의사회가 받아들이는 "천부인권' 즉 하늘이 준 권리인 반면, 기업의 인권은 사람이 생존에 위협을 주는 자연으로부터 스스로를 보호하기 위해 만든 사회가 구성원들간의 질서 유지와 편의성 증대를 도모하기 위해 만든 법, 그 중에서도 상법이 준 것이다. 따라서 사람은 하늘에 대한 책임은 있을지언정 사회에 대한 책임, 즉 "사람의 사회적 책임"은 가질 필요가 없다. 이 것이 바로

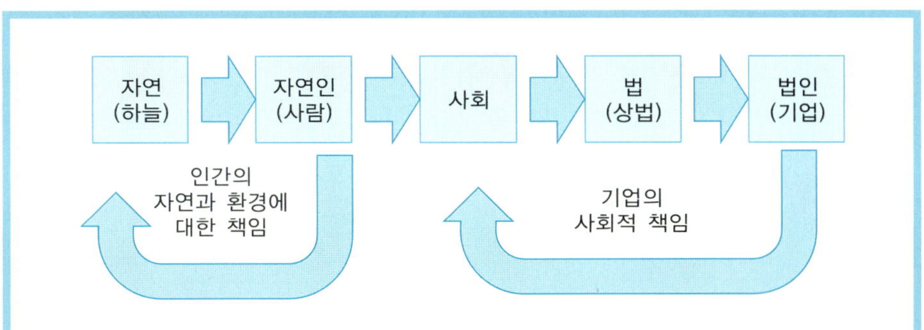

그림 16.19
사회의 가치사슬

장 쟈크 루소(Jean Jack Rousseau)가 주장한 사회계약설이다. 만일 사람의 사회적 책임을 받아들이는 사회가 있다면 그것은 히틀러가 이끈 나치집단과 다름없게 된다. 책임의 대상에 있어 기업은 인간과 다르다. 기업은 자신의 존재이유를 제공해준 사회에게 무한 책임이 있고, 이를 우리는 "기업의 사회적 책임"이라 부른다.

먼 훗날 인간사회가 로봇을 보편적으로 사용하게 될 때, 만일 로봇이 인간에 대한 책임을 지지 않고 자신의 이익만을 추구한다면 그러한 로봇을 인간사회가 받아들일 수 없는 것과 같은 이치이다. 자본주의 1.0, 즉 "기업의 사회적 책임은 이익을 추구하는 것"이라는 경구도 결국은 사회가 그렇게 지정했을 따름이다. 사회는 기업이 이익을 추구하도록 허용했지만, 그 이익을 사회에 관계없이 쓰거나, 극단적으로 사회에 반하는 방법으로 쓰는 것까지 인정한 것은 아니다. 다시 말해 사회는 기업에게 1차적으로 이익을 창조하게 한 다음, 창조된 이익을 사회를 위해 쓰도록 한 것이다. 그런 의미에서 이익추구는 기업의 1차적 목적이자 사회가 기업을 통해서 얻고자 한 수단이고, 사회적 책임은 기업의 궁극적 목적이자 사회가 기업을 통해서 추구하는 목적인 것이다. 기업의 사회적 책임과 이익간의 관계는 아시모프(Isac Asimov)가 1950년에 발간한 소설 "아이로봇(I, Robot)"에서 로봇의 행동에 관한 3가지 원칙으로 명시되어 있다.[30]

- **법칙 1.** 로봇은 인간을 다치게 해선 안되며, 행동하지 않음으로써 인간이 다치도록 방관해서도 안 된다.
  (Law I - A robot may not injure a human being or, through inaction, allow a human being to come to harm.)
- **법칙 2.** 법칙 1에 위배되지 않는 한, 로봇은 인간의 명령에 복종해야 한다.
  (Law II - A robot must obey orders given it by human beings except where such orders would conflict with the First Law.)
- **법칙 3.** 법칙 1, 2에 위배되지 않는 한 로봇은 스스로를 보호해야 한다.
  (Law III - A robot must protect its own existence as long as such protection does not conflict with the First or Second Law.)

법칙 1과 2를 지키지 않고 법칙 3만 지키는 로봇이 있다면 그 로봇은 파괴되어야 하는 것처럼, 기업의 사회적 책임을 다하지 않고 자신의 이익만 추구하는 기업이 있다면 사회는 그 기업을 해체해야 한다.

경제민주화 시대의 기업전략: '기업의 사회적책임(CSR)'과 '공유가치창조(CSV)'

여기서 잠깐 기업의 사회적 책임이 등장하게 된 역사적 배경을 살펴보자. 자본주의가 1880년대 JP 모건(John Pierpont Morgan: 1837~1913)으로 대표되는 금융자본주의에서 1900년대 초반 이후 헨리 포드(Henry Ford: 1863~1947)로 대표되는 기업자본주의로 본격화된 이후, 기업은 사회, 환경 그리고 경제와 관련된 대부분의 부문에 큰 영향을 미치는 사회적 기관이 되었다.

기업은 새로운 가치를 창조했지만, 이를 사회구성원과 공유하는 역할을 적극적으로 하지 못했다. 가치창조를 주먹구구식으로 해결하려다 보니 가장 중요한 소비자들이 가진 진정한 요구를 잘못 이해하는 경우가 종종 발생하고 그들의 장기적인 사회적 목표를 간과했다. 뿐만 아니라, 사회에서 발생하는 복잡미묘한 모든 요구를 다 감당할 수 없다고 자기방어적인 태도를 취하는 기업들이 나타나 하나 둘 사회로부터 배척당하기 시작하였다. 기업은 사회로부터 출발했음에도 불구하고 사회가 요구하는 사회적 가치를 창조하는데 적극적이지 못했다.

사회적 위상이 높아지는 과정에서 사회에 대해 소극적인 기업들이 사회로부터 배척되는 모습을 본 대기업은 다양한 사회적 공헌 활동을 실행하게 되었다. 그러나 기업이 경제력과 사회적 영향력을 키워갈수록 사회 역시 끊임없이 기업의 역할에 대한 기대 수준을 높여가게 되었고, 이를 충족하지 못하는 기업에 대한 비난의 목소리는 잠재울 수 없었다. 그 결과 기업이 성장하고 발전할수록 자발적인 기업의 사회적 공헌은 사회의 요구에 의한 사회적 책임으로 변질되었다.

그러면서 "기업의 사회적 책임"은 기업이 올리는 매출액에서 10% 남짓한 비중을 가진 이익을 가지고, 이 중에서 다시 1%에서 0.1%, 경우에 따라서는 0.01%도 안 되는 자금을 떼어내서 이를 사회적 목적에 쓰는 행위로 인식되어 왔다. 그러다 보니 <그림 16.20>에서 보듯 그 자금을 사회복지공동모금회에 기부하거나 기업메세나와 같은 사회공헌활동을 직접 선정해서 자금을 제공하는 '자선' 활동으로 처리하거나, 기업내부에 소수 인력을 배정해서 직접 사회봉사활동을 수행하면서 비용으로 처리하는 행위, 또는 구성원들이 직접 참가하여 사회봉사활동을 수행하는 "사회봉사의 내부화" 활동으로 제한되어 왔다.

이런 "기업의 사회적 책임" 활동은 안 하는 것보다는 나았지만 그 효과에 있어서는 기업의 사회적 영향력과 이에 따른 사회의 기대수준에 비해 현저히 작았고, 그래서 사회가 기업에 대해 느끼는 갈증을 좀처럼 해소할 수 없는 악순환이 계속되었던 것이다.

그림 16.20

기업의 발전단계

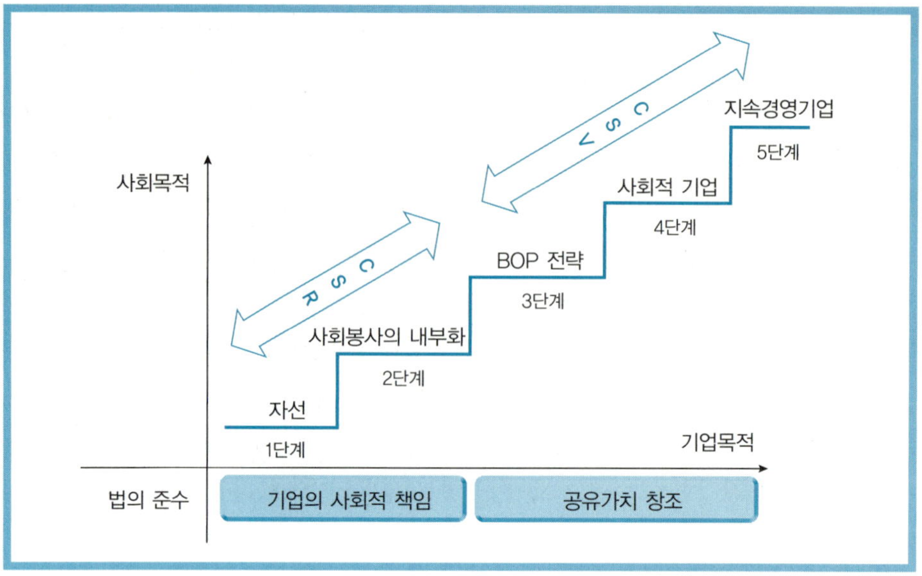

이 때 등장한 개념이 공유가치창조(Creating Shared Value), 즉 CSV이다. 기업이 기업 스스로의 가치와 사회가 요구하는 가치를 동시에 충족시키는 과정을 뜻하는 CSV는 <그림 16.20>에서 보듯 세 단계를 거쳐 발전한다.

첫째는 "피라미드 기저(Bottom-of-the-Pyramid: BOP)"라고 부르는 단계이다. 전 세계에 걸쳐 연평균 소득 1,500달러 이하의 빈곤층이 세계 인구의 2/3가 넘는 45억 명이라고 한다. 지금까지 전 세계 유수 기업들은 빈곤층의 존재 자체를 신경쓰지 않았다. 그러나 이들 빈곤층은 비록 소득은 작지만 대기업이 가지고 있는 기술과 마케팅을 통해 신제품개발의 혜택을 받고 싶어한다. 대기업들도 세계 인류의 태반을 차지하는 빈곤층이 구매할 수 있는 수준으로 싸게 제품을 공급한다면 이들의 소비를 통해 사회가치와 기업가치를 동시에 추구할 수 있게 된다.

둘째는 2007년 방글라데시에 있는 그라민은행(Grameen Bank)의 유누스(Muhammad Yunus: 1940~) 총재가 노벨 평화상을 받게 되면서 세상에 널리 퍼지게 된 사회적기업(Social Enterprise)이다. 사회적기업은 비즈니스 모델을 가지고 시작해야 한다는 점에서 일반기업과 다를 바 없지만, 일반기업이 추구하는 이익극대화라는 사적 목적과 사회적 조직이 추구하는 사회구성원들의 후생극대화라는 공적 목적을 동시에 가지고 있다는 점에서 차이를 보인다. BOP가 일반적으로 대기업의 한 부문으로 존재하는 데 반해 사회적기업은 조직 전체가 사회적 목적을 추구한다는 점에서 좀더 발전한 모델이다.

사회적기업은 사회적목적을 추구하는 과정에서 기업 자체의 존립근거가 되는 사적 목적에 큰 비중을 두지 않고 있다는 점에서 한계가 있다. 우리나라 정부는

500여 기업을 사회적기업으로 지정했지만, 이 중에서 손익분기점(BEP)을 넘기는 사회적기업은 손에 꼽을 정도라고 한다. 따라서 공적 목적과 사적 목적에 대한 균형감각을 가지고 이를 동시에 추구하는 지속경영기업이 CSV의 세번째 단계인 동시에 가장 발전된 모습이다.

공유가치창조(Creating Shared Value)라는 제목의 하버드비즈니스리뷰(Harvard Business Review) 논문에서 포터와 크레이머는 경제적 효율성과 사회적 진보 사이에 상충관계(trade-off), 즉 제로섬 게임(zero-sum game) 여부를 가지고 CSV를 설명하였다. 단순히 자금적 여유가 있는 기업들이 사회의 요구에 따라 수동적으로 여유의 일부분을 사회에 이전해버리는 제로섬적인 행동은 기업과 사회가 공유하는 가치가 아니고, 경영자가 기업가적 사고방식을 활용해서 새로운 가치를 창조하는 능동적인 역할을 할 때 비로소 기업과 사회가 공유하는 가치가 발생한다는 것이다.[31]

사회적 발전과 기업의 경제적 이익을 동시에 추구하는, 그래서 사회와 기업이 공유하는 가치는 기업이 새로운 성장 모멘텀을 찾을 수 있는 기회를 제공한다. 사회 구성원 누군가가 입는 피해 속에서 자신의 이익창출에만 집착하던 대기업들, 특히 제품이 소비자에게 도움이 되는지 안 되는지도 모르는 소비자로 하여금 맹목적으로 더 많은 소비를 하게 만들었던 기업들이 이제는 달라지고 있고, 사회와 공유하는 가치의 중요성을 조금씩 이해하기 시작하고 있다. 새로운 제품과 시장에 대해서 재구상하고, 가치사슬에서 발생되는 생산성을 재정의해보며, 지역 클러스터(local cluster) 단위의 개발을 가능하게 함으로써 기업들은 공유하는 가치를 현실화하는 기회를 발견할 수 있다. 공유 가치를 현실화할 수 있는 기회는 모든 기업에게 동등하게 주어진 것이기에, 기업은 자발적인 노력을 통해 공유가치창조 기회를 찾아냄으로써 자신의 경쟁력을 높일 수 있다.

CSR과 CSV를 비교해보자. <표 16.8>은 두 가지 활동을 여섯 가지 기준에 따라 비교하고 있다. 첫째, 가치에 있어 CSR은 생산, 판매와 같은 전통적인 기업고유 활동과 별개로 진행되는 선행(doing good)인데 반해, CSV는 투입비용에 대비해서 사회경제적 가치가 높은 기업 고유의 활동이다. 둘째, 활동내용에 있어, CSR은 시민의식을 전제로 한 자선활동인데 반해, CSV는 기업과 공동체 모두를 위한 가치창조 활동이다. 셋째, 사회적인 인식에 있어 CSR은 이윤극대화와 관계없는 활동으로 인식되는데 반해, CSV는 이윤극대화를 위한 필수요소로 인식된다. 넷째, 예산에 있어 CSR은 가장 적극적인 기업의 경우에도 매출액 대비 1% 남짓한 예산으로 운영되는데 반해, CSV는 기업 전체 매출액 100%에 CSV 개념을 반영할 수 있다. 다섯째, 진정성에 있어 CSR은 존슨앤존슨(Johnson &

표 16.8
CSR과 CSV의 차이: 비교

CSR(Corporate Social Responsibility)	이름	CSV(Creating Shared Value)
선행(doing good)	가치	투입비용 대비 높은 사회경제적 가치
시민의식을 전제로 한 자선활동	활동	기업과 공동체 모두를 위한 가치창출
이윤극대화와 관계없는 활동	인식	이윤극대화를 위한 필수요소
기업의 CSR 예산(매출액 대비 1% 미만)에 한정	예산	기업전체 예산(매출액 전체)에 CSV 반영
기존 조직과 병렬적인 별도 조직 (수직적 조직구조)	담당 조직	별도 조직이 따로 없이 모든 조직에 녹아 들어가 있음(수평적 조직구조)
사회적 물의를 일으킨 회사가 하는 경우 사회는 냉소적 입장이 됨	진정성	사회가치 창출활동이 고유사업에 녹아 있으므로 사회는 긍정적 평가를 해 줌
손실이 발생하는 순간 올스톱	지속성	그 때 그 때의 이익손실에 관계없이 진행

출처: 포터 교수논문(하버드비즈니스리뷰 2011)에 저자의 분석을 추가

Johnson) 등 사회적 물의를 일으킨 회사가 하는 경우가 하도 많아 사회에서도 다소 냉소적인 입장을 보이게 되는 반면, CSV는 사회가치 창조활동이 고유사업에 녹아있으므로 사회가 긍정적인 평가를 해주게 된다. 여섯째, 지속성에 있어, 이익의 일부를 떼어내어 진행하는 CSR은 기업 손실이 발생하는 순간 올 스톱이 될 수밖에 없으나, CSV는 그때 그때의 이익 손실에 관계없이 진행하는 활동이다.

자본주의 5.0은 드러커가 표현한대로 인간중심 자본주의(people-centered capitalism)이고, 그런 의미에서 오늘의 화두인 경제민주화의 핵심내용이다. 더 이상 기업의 사회적 책임을 이익의 일부를 할애해서 사회봉사를 하는 협의의 개념으로 보지 말자. 기업의 사회적 책임을 광의의 개념으로 해석해서 공유가치창조로 보자. 그리하여 사회가 기업을 창조한 이유에 부합하는 모습, 즉 "사람의, 사람에 의한, 사람을 위한(Of the People, By the People, For the People)" 조직으로 기업을 거듭 태어나게 하자. 1863년 게티스버그 연설을 남긴 링컨의 정신을 오늘날 계승하여 기업에 적용하는 노력이야말로 경제민주화 시대를 만난 기업 경영자가 능동적으로 추구해야 할 과제이다.

| 요약 | Summary

- Triple Bottom Line은 기업의 경제적, 윤리적, 환경적 성과를 총체적으로 보고할 수 있는 기준이 되고 있을 뿐만 아니라, 비 재무보고서 작성, 인증, 사회책임투자(SRI) 등과 같이 지속가능경영을 평가하는 툴의 구성 내용으로 사용됨
- DJSI 지표는 기업의 재무적 성과뿐만 아니라, 경제 · 사회 · 환경 위험 및 기회에 대해 평가하는 SRI (Social Responsibility Investment) 방식을 지원하는 대표적인 사회적 책임 평가기준 중 하나임
- 경제정의연구소는 1991년부터 경제정의지수(KEJI index)를 공표하고 해당 기업들의 사회적 책임정도를 평가하고 있으며, 산업정책연구원에서는 2002년부터 기존에 존재하던 기업의 지속경영 지표들이 가지는 한계점을 보완하여 KoBEX SMTM을 지식경제부와 공동으로 개발하여 측정함

각주 및 참고문헌

제1장 기업과 기업경영

1 | 영문을 번역할 때 'create'에 해당하는 한글로는 '창조'와 '창출'을 쓸 수 있다. 이 책에서는 두 단어를 구분해서 사용하고 있다. '창조'는 그 과정을 소개하거나 창조의 결과물에 동태적 프로세스가 포함된 메커니즘, 문화, 관계, 시장, 고객, 자원, 환경 등을 다룰 때 사용한다. '창출'은 창조에서 창출되는 객체인 성과, 부가가치, 이익, 이윤, 매출액, 제품, 일자리, 고용, 시장, 아이디어, 권력, 정권 등의 효과, 그리고 (경쟁)우위, 역량, 욕구, 기회와 같은 조건을 다룰 때 사용한다.

2 | 경제학적 관점, 특히 신고전학파적 관점에서의 기업 개념

제2장 전략경영의 개념

1 | Learned, E.P., Christensen, C.R., Andrews, K.R., & Guth, W.D., 『Business Policy-Text and Cases』, IL: Chicago Homewood, Richard D, Irwin, 1965.

2 | Edited by Hamermesh, R,G., 『Strategic Management』, NJ, John Wiley & Sons Inc., p.2.

3 | Hax, A.C., & Majluf, N.S., 『The Strategy Concept and process-A Pragmatic Approach』, NJ, Prentice-Hall Inc., 1991, pp.2~10의 내용을 수정, 작성했다.

4 | 이러한 차원의 전략의 주요 지지자들은 다음과 같다.
Glueck, W.F., 『Business Policy, Strategy Formation, and Management Action』, New York, McGraw-Hill, 1976.
Mintzberg, H., "Crafting Strategy", Harvard Business Review, Vol. 65, No. 1, 1987, pp.66~75.

5 | 이러한 전략개념의 가장 중요한 지지자는 다음과 같다.
Chandler, A.D., 『Strategy and Structure : Chapters in the History of American Industrial Enterprise』, MA, MIT Press, 1962.

6 | 이러한 전략개념의 주요 지지자는 다음과 같다.
Porter, M.E., 『Competitive Strategy-Techniques for Analyzing Industries and Competitors』, New York, The Free Press, 1980.
Porter, M.E., 『Competitive Advantage-Creating and Sustaining Superior Performance』, New York, The Free Press, 1985.

7 | 전략에 있어서 세 가지 수준을 인정하는 학자들은 다음과 같다.

· Andrews, K.R., 『The Concept of Strategy』, IL: Chicago Homewood, Richard D. Irwin, 1980.

· Ansoff, H.I., 『Corporate Strategy』, New York, McGraw-Hill, 1965.

· Steiner, G.A., & Miner, J.B., 『Management Policy and Strategy』, New York, Macmillan, 1977.

· Vancil, R.F., & Lorange, P., "Strategic Planning in Diversified Companies", Harvard Business Review, 53, No.1, 1975, pp.81~90.

· Hax, A.C., & Majluf, N.S., 『Strategic Management-An Integrative Perspective』, NJ, Prentice Hall, 1984.

· Hax, A.C., " The Corporate Strategic Planning Process", Interfaces, Vol.14, No.1, 1984, pp.47~60.

8 | 전략에 있어서 과정학파에 대한 표현은 다음에 나타나 있다.

Bower, J.L., & Doz, Y., "Strategy Formulation : A Social and Political Process", Strategic Management : A New View of Business Policy and Planning, eds. C.W. Hofer & Dan Schendel, MA, Little Brown and Co., 1979.

9 | 전략에 대한 공식적-분석적 접근 지지자들은 다음과 같다.

· Ansoff, I.H., 『Implementing Strategic Management』, NJ, Prentice Hall, 1984.

· Lorange, P., 『Corporate Planning-An Executive Viewpoint, Englewood Cliffs』, NJ, Prentice Hall, 1980.

· Yavitz, B., & Newman, W.H., 『Strategy in Action-The Execution, Politics and Pay-off of Business Planning』, New York, The Free Press, 1982.

10 | 전략에 대한 권력-행위학파의 주요 지지자들은 다음과 같다.

· Cyert, R.M., & March, J.G., 『A Behavioral Theory of the Firm』, NJ, Prentice Hall, 1963.

· Lindblm,C.E., "The Science of Muddling through", Public Administration Review, Vol.19, No.2, 1959, pp.79~88.

· Simon,H.A., 『Administrative Behavior-A Study of Decision-Making Process in Administrative Organizations』, New York, The Free Press, 1976.

· Wrapp, E.H., "Good Managers Don' t Make Policy Decisions", MA, Harvard Business Review Case Service, 1984.

11 | · Mintzberg, H., "Patterns in Strategy Formulation", Management Science, Vol.24, No.9, 1976, pp. 934~948.

12 | 4S : Specialization(기계 공구의 전문화), Specification(부품의 규격화), Simplification(작업의 단순화), Standardization(제품의 표준화).

13 | 경영학부 설치년도 : U. of Pennsylvania (1881), Chicago 및 California (1898), Wisconsin (1900), Harvard (1902).

14 | Fordism(Ford의 경영사상을 칭함)을 요약하면 "경영은 대중에 대한 봉사기관(instrument of service)이며 이 봉사는 곧 대중의 생활수준 향상을 의미한다. 그러기 위해서는 저가격, 고임금 원리의 적용으로 대량생산에 따른 염가 양질의 상품을 공

급해야 한다. 그리고 기업의 목적으로서 이윤추구가 있는 게 아니라 봉사 결과로서 이윤이라는 보상을 받는 것이다."라는 것인데 기업의 경영과정에서는 종업원을 인격적으로 대우했다고 볼 수 없는 것 같다.

15 | 한희영, 『경영학원론』, 법문사, 1980, pp.93~95.

16 | 1917년 4월 2일 윌슨이 독일에 대항하여 1차대전에 참전할 것을 요청한 임시국회에서의 연설 중에서 나온 표현으로서 다음 문헌 참조 : The American Reader, edited by Augle, P.M., Fawcett World Library, New York, 1961, pp.129~135.

17 | Historical Statistics, 1945~60, Main Economic Indicators.

18 | Ibid.

19 | Paul, S., 『The Angry Decade : The Sixties』, New York, Grown Publishers, 1979, p.15.

20 | · Barnard, C.I., 『The Function of Executives』, MA, Harvard Business School Press, 1938.
· Chandler, A.D., 『The Visible Hand : The Managerial Revolution in American Business』, MA, Harvard University Press, 1977.
· Rumelt, R.P., 『Strategy, Structure and Economic Performance』, MA, Harvard University Press, 1974.

21 | Teece, D.J., Pisano, G., & Shuen, A., "Dynamic Capabilities and Strategic Management", CCC Working Paper, Center for Research on Management, University of California, Berkeley, 1990.

22 | 여기서 발표된 논문과 토론 내용은 다음 책에 수록되어 있다.
Schendel, D.E., & Hofer, C.W., 『Strategic Management : A New View of Business Policy and Planning』, MA, Little, Brown and Company, 1979.

23 | Ansoff, H.I., 『From Strategic Planning to Strategic Management』, New York, Willey & Sons, 1979, p.44.

24 | 예컨대 Harvard Business School의 MBA 과정에서는 1980년대에 Business Policy 과목을 둘로 나누어 2학년 1학기의 필수과목으로서 BP 1(Strategy Formulation)을, 그리고 2학년 2학기에 선택과목으로서 BP 2(Strategy Implementation, Evaluation)를 학생들에게 제공하였다.

25 | 메커니즘 내용의 구성요소인 주체(subject), 환경(environment), 자원(resource)을 이용한 접근방식은 2006년에 출간된 저자의 'M경영'을 참고하기를 바란다.

26 | Cho and Chang, "The mechanism-based view of the firm: A new holistic approach to the strategic Management Research", 한국전략경영학회 하계통합 학술대회 발표논문, 2005의 내용 중 일부를 수록.

27 | Cho and Lee, "A Paradigm in Strategy Theory : ser-M", Working Paper, 1995, Seoul National University의 내용을 정리하였음.

28 | McGrath, R.G., Venkatraman, S., & MacMillan, I.C., "The Evolution of Organizational Capabilities : Some Preliminary Propositions", Working Paper, 1991, Snider Entrepreneurial Center, University of Pennsylvania.

29 | Itami, H., Nonaka, I., & Takeuchi, H., "Managing the New Product Development Process : How the Japanese Companies Learn and Unlearn",

in Clark, K.B., Hayes, R.H., & Lorenz, C., (ed), The Uneasy Alliance : Managing the Productivity-Technology Dilemma, 1985, Harvard Business School Press, 1985.

30 | Clark, K.B., & T. Fujimoto, 『Product Development Performance』, MA, Harvard Business School Press, 1991.

31 | 이때 개인의 학습이 두뇌에 저장되는 반면 조직의 학습은 규칙, 절차, 전통, 정책 등 제도적 메커니즘에 축적된다(Stata, 1989). 또한 개인의 학습 결과가 축적되는 場을 '도식(schemata)' 이라고 하는 반면, 조직의 학습 결과가 축적되는 제도적 메커니즘을 '루틴(routines)' 이라고 한다(Nelson and Winter, 1982).

32 | Nonaka, I., "The Knowledge-Creating Company", Harvard Business Review, Vol.69, No.6, 1991.

33 | Nonaka는 지식창출의 근본요인을 '정보 여유(information redundancy)' 라는 개념으로 설명했다. 정보 여유란 개인이나 그룹 혹은 조직이 자신의 기능을 수행하는 데 필요한 최소한의 정보량을 초과한 상태를 말한다(Morgan, 1986: Nonaka, 1990). 그의 주장에 따르면 이러한 정보 여유는 정보유통의 관점에서는 불필요한 것으로 간주되지만, 정보창출의 관점에서는 정보 여유가 지식을 창출하는 근본요인이 된다.

34 | · Levinthal, D.A., "Learning and Schumpeterian Dynamics", Working Paper, Wharton School, University of Pennsylvania, 1993.
· Levinthal, D.A., & March, J.G., "The Myopia of Learning", Strategic Management Journal, Vol.14, 1993.
· Levitt, B., & March, J.G., "Organizational Learning", American Review of Sociology, Vol.14, 1988.
· Nelson, R.R., & Winter, S.G., 『An Evolutionary Theory of Economic Change』, Harvard University Press, 1982.

35 | Dierickx, I., & Cool, K., "Asset Stock Accumulation and Sustainability of Competitive Advantage", Management Science, Vol.35, No.12, 1989.

36 | "In an environment of relative stability, the order and efficiency of liner process have allowed firms to continually refine their operational processes through incremental accumulation and exploration of knowledge. In an environment of often turbulent and unpredictable change, incremental operational refinement is not enough; firms now also need to the ability to manage strategic renewal. They must create mechanisms in which established ways of thinking and working are continuously challenged."

37 | Kreps, D.M., 『A Course in Micromic Theory』, New York, Princeton University Press, 1990.

38 | Amit, R., & Schoemaker, P.J.H., "Strategic Asset and Organizational Rent", Strategic Management Journal, Vol.14, No1, 1993.

39 | 자원의 종류를 물리적 자원, 인적자원, 조직자원으로 나눌 때(Barney, 1991), 공장, 원재료, 자금 등 물리적 자원은 파악하기 쉬운 반면, 개인에 체화된 기술이나 경험 같은 인적자원과 계획, 조정, 통제 등과 같은 조직자원은 상대적으로 파악하는 것이 어렵다.

40 | · Barney, J.B., "Firm Resources and Sustained Competitive Advantage",

Journal of Management, Vol.17, No.1, 1991.

· Lippman, S., & Rumelt, R.P., "Uncertainty Imitability : An Analysis of Interfirm Differences in Efficiency under Competition", Bell Journal of Economics, Vol.13, No.2, 1982.

· Reed, R., & Defillippi, R.J., "Causal Ambiguity, Barriers to Imitation and Sustainable Competitive advantage", Academy of Management Review, Vol.15, No1, 1990.

41 | Williams, J.R., "How Sustainable is Your Competitive Advantage?", California Management Review, Vol.34, No.3, 1992.

42 | Ghemawat, P., 『Commitment: the Dynamics of Strategy』, New York, Fress Press, 1991.

43 | Hannan M.T., & Freeman, J., "Structural Inertia and Organizational Change", American Sociological Review, Vol.49, No.2, 1984.

44 | · Schumpeter, J.A., 『Capitalism, Socialism and Democracy』, New York, Harper, 1942.

· Hannan M.T., & Carrol, G.R., 『Dynamics of Organizational Populations: Density, Competition and Legitimation』, New York, Oxford University Press, 1992.

45 | 기업 경영에서 최고경영층의 역할이 가장 중요하다고 강조하는 이론

46 | 사업단위(business level)의 연구에서는 SBU의 의사결정 책임자가 주체가 될 것이며 국가단위(country level)의 연구에서는 국가정책을 결정하는 책임자나 부서가 주체가 될 것이다.

47 | · Porter, M.E., 『Competitive Strategy: Techniques for Analyzing Industries and Competitors』, New York, The Free Press, 1980.

· Porter, M.E., 『Competitive Advantage: Creating and Sustaining Superior Performance』, New York, The Free Press, 1985.

48 | Cho, D.S., & Lee, D.H., "Dynamic Approach to Generic Strategies", Working Paper, Seoul National University, 1995.

49 | 실험(experimentation)은 새로운 문제를 해결하기 위해 새로운 지식을 적용시키는 과정으로 이를 통해 메커니즘은 새로운 지식을 습득하고 끊임없이 자기개선과정(self renewal process)을 거치게 된다.

50 | · Rumelt, R.P., "Theory, Strategy and Entrepreneurship", in D. Teece(ed), The Competitive Challenge, MA, Ballinger, 1987.

· Rumelt, R.P., Schendel, D., & Teece, D.J., 『Fundamental Issues in Strategy』, MA, Harvard Business School Press, 1994.

51 | Chang, S.J., "A Knowledge Based Perspective on Corporate Growth: Entry, Exit and Economic Performance During 1981-89", Unpublished Doctoral Dissertation, University of Pennsylvania, 1992.

52 | · Rumelt, R.P., 『Strategy, Structure, and Economic Performance』, MA, Harvard University Press, 1974.

· Bettis, R.A., & Hall, W.K., "Diversification Strategy, Accounting Determined Risk and Accounting Determined Return", Academy of

Management Journal, Vol.25, No.2, 1982.

· Montgomery, C., & Singh, H., "Diversification Strategy and Systematic Risk", Strategic Management Journal, Vol.5, No.2, 1984.

· Singh, H., & Montgomery, C., "Corporate Acquisition Strategy and Economic Performance", Strategic Management Journal, Vol.8, No.4, 1987.

53 | Chattejee, S., & Wernerfelt, B., "The Link Between Resource and Type of Diversification: Theory and Evidence", Strategic Management Journal, Vol.12, No.1, 1991.

54 | 전통적인 다각화 연구와 달리 최근 자원을 활용하거나(관련다각화) 새로운 자원을 습득하는(비관련다각화) 과정으로 다각화 현상을 설명하는 이론들이 등장하고 있다(Chang, 1992).

이들 연구는 기업의 행동원리로써 다각화를 다루고 있다는 점에서 메커니즘 패러다임과 유사한 연구방향을 제시하고 있다.

55 | Cho, D.S., & Lee, D.H., "A New Industrial Classification System Based on Core Competence", Working Paper, Seoul National University, 1994.

56 | · Johnson, C., 『Industrial Policy Debate』, Institute for Contemporary Studies, 1984.

· Okimoto, D.I., 『Between MITI and the Market』, CA, Stanford University Press, 1989.

· Thompson, G., 『Industrial Policy-USA and UK Debates』, Routledge, London, 1989.

제3장 전략의 주체

1 | Cho, D.S., "International Facility Planning: Regarding the Application of Scientific Approaches", Doctoral Dissertation, Graduate School of Business Administration, Harvard University, 1976, pp.1~17.

2 | 다만 이 책에서는 기업계의 관습에 따라 전반경영자와 최고경영자의 용어를 혼용하는 경우도 있을 것이다.

3 | Thompson, A.A., & Strickland, A.J., 『Strategy Formulation and Implementation(5th ed.)』, IL, Homewood, 1992, pp.13~19.

4 | Chandler, A.D., 『The Strategy & Structure: Chapters in the History of the American Industrial Enterprise』, MA, MIT Press, 1962.

5 | Bartlett, C.A., & Goshal, S., "Change the Role of Top Management", Harvard Business Review, Vol.72, No.6, 1994.

6 | 신유근, "한국기업 최고경영자의 행동특성과 리더십 스타일", 인사조직연구, 제4권, 제2호, 1996.

제4장 전략분석의 투입요소

1 | 제2장 "아메리칸 모터즈" 사례 참조.

2 | Andrews, K.R., 『Concept of Corporate Strategy』, IL: Chicago, Homewood, Richard D. Irwin. 1971. pp. 60~61.

3 | Aaker. D.A., 『Developing Business Strategy』, NJ, John Wiley & Sons Inc. 1988. pp. 111~118.

4 | Bay. G.S., 『Market Driven Strategy-Process for Creating Value』, New York, The Free Press, 1990.

5 | Abegglen, J., 『The Japanese Factory: Aspects of Its Social Organization』, New York, The Free Press, 1958.

6 | Shepherd, W.G., 『The Economics of Industrial Organization』, NJ, Prentice-Hall. 1979.

7 | Shepherd, W.G., 정병휴 역. 산업조직론. 박영사. 1982.

8 | Porter, M.E., 『Competitive Strategy』, New York, The Free Press. 1980.

9 | Collis, D.J., "A resource-based analysis of global competition: The case of bearing industry". Strategic Management Journal, Vol.15, No.S1, 1991. pp. 49~68.

10 | Barney, J.B., "Firm Resources and Sustained Competition Advantage". Journal of Management. Vol. 17, No.1, 1991. pp. 99~120.

11 | 렌트란 차이, 틈이란 뜻으로 여기에서는 정상이익을 초과하는 초과이익을 의미한다. 렌트의 종류에는 네 가지가 있다. ① 리카르도 렌트(Ricardo' s rent): 자원의 공급이 제약되는 상황에서 발생하는 초과이익, ② 독점적 렌트(Monopoly rent): 기업이 독점적 지위를 누릴 때 발생하는 초과이익, ③ 슘페트 렌트(Schumpeterian rent): 불확실한 환경하의 위험 감수와 경영자의 기업가적 정신에 대한 대가로 일어나는 초과이익, ④ 파레토 렌트(Pareto rent) : 자원이 최선의 용도로 사용될 때 얻을 수 있는 가치와 차선의 용도로 사용될 때 얻을 수 있는 가치간의 차이를 의미한다.
Mahoney, J.T., & Pandian, J. R., "The resource based view within the conversation of strategic management", Strategic Management Journal, Vol.3, No.5, 1992, p.364.

12 | 매년 Fortune지가 선정하여 발표하는 매출액 순위 미국제조업 500대 기업. 자산, 순이익, 납입자본금, 종업원 수, 매출액대비 순이익비율, 주당순이익 등의 순위도 발표한다. 또한 미국에서 비제조업을 영위하는 500대 기업인 Fortune Service 500도 발표하고 있다.

제5장 전략 개발의 프로세스: 메커니즘

1 | 조동성(2005) Antithesis to Barney' s Definition of Resources, 서울대학교 메커니즘 연구회 working paper series의 내용을 바탕으로 작성했으며, 4장 2절에 자세한 내용을 기재했다.

2 | 이 절은 조동성(2005) "Antithesis to Barney' s Definition of Resources" 서울대학교 메커니즘 연구회 working paper series의 내용을 발췌, 요약하여 번역했다.

3 | 이 내용은 조동성, 한재훈 (2005), "Literature reviews for mechanism", 서울대학교 메커니즘연구회 working paper series의 내용을 인용하여 작성했다.

4 | 자세한 사례 내용은 2005년 출간된 저자의 'M경영' 을 읽어보길 바란다.

5 | 위와 동일

제6장 전략결정의 대안: 사업부 수준의 경쟁전략

1 | 소수 지분의 소유경영자나 전문경영자는 일반 주주보다는 자신의 이해에 우선을 두기 쉬워 양자 사이에 이해가 상충하고 결과적으로 기업의 자원이 낭비될 수 있다. 예컨대 최고경영자가 회사의 경비로 지나치게 사치스러운 생활을 한다거나 친지에게 시장가격보다 높은 가격으로 하청사업을 주거나 부품의 독점 공급권을 공여하는 행위 등은 일반 주주의 이해에 역행하여 자신의 이해를 추구하고 기업의 자원을 낭비하는 것이다. 이러한 경영자 지위에 따른 부수입이나 특권적 소비로 인한 낭비는 최고경영자의 소유 지분이 감소할수록 증가하는 경향이 있다. 이와 같은 대리인 문제와 이에 따른 낭비를 줄이기 위해서는 우선 경영자와 일반 주주들의 이해가 가급적 일치하도록 함과 동시에 기업 감사제도를 강화해야 한다. 또한 구제 금융을 억제함으로써 경영자가 일반 주주의 목적인 이윤극대화를 추구하지 않는 기업은 도산하도록 하는 방안이 있는데, 이는 기업이 도산함으로써 경영자가 기업경영으로부터 얻은 경제적 소득과 존경 · 자아실현 욕구의 획득 기회를 상실하게 된다면 경영자는 기업 부실을 방지하기 위하여 기업 윤리의 극대화를 추구할 것이라는 데 그 근거를 두고 있다. 요컨대 소유경영자이든 전문경영자이든 간에 우리 경영자들도 기업의 주인인 일반 주주의 대리인으로서의 역할을 보다 충실히 수행하는 것이 중요해졌음을 잘 인식해야 할 것이다. 이에 대해서는 박상용, "기업의 대리인 문제", 한국경영연구원월보, Vol.4, 1987, pp.4~5를 참조.

2 | 이에 대한 좀더 자세한 내용은 John Argenti의 『Practical Corporate Planning』, International Thompson Business Press, 1980, pp.46~47을 참조.

3 | 조동성 · 이광현, 『경쟁에서 이기는 길』, 교보문고, 1992.

4 | Porter, M.E., 『Competitive Advantage』, New York, The Free Press, 1985.

5 | 조동성 · 이광현, 『경쟁에서 이기는 길』, 1992, pp.408~418을 요약, 정리했음.

6 | 그러나 오늘날에는 학습곡선의 의미를 보다 폭넓게 정의해 사용하고 있다. 전통적인 학습 개념은 기업의 생산에만 관련된 학습(learning by doing) 개념이었으나, 최근에는 기업이 기술 개발에서 얻는 학습(learning by failure)과 고객으로부터 얻는 학습(learning by using)의 개념도 폭넓게 포함시키고 있다. 즉 기업은 제품 개선에 관한 학습 효과를 제품 제조 과정에서만 얻는 것이 아니라, 기술 개발 실패의 경험과 제품을 구매하는 고객으로부터도 얻을 수 있다. 이에 대해서는 다음을 참조하기 바란다.
Maidique, M.A., & Zirger, B.J., "The New Product Learning Cycle", in Burgelman, R.A., & Maidique, H.A., 『Strategic Management of Technology and Innovation』, IL: Chicago, Homewood, Irwin, p.330.

7 | 이 속도는 결국 경험곡선의 기울기로 나타난다.

8 | Porter, M.E., 『Competitive Strategy』, New York, The Free Press, 1980 또는 조동성 · 정몽준 共譯, 『경쟁전략』, 경문사, 1985 참조.

9 | 조동성 · 이동현, "본원적 전략의 동태적 결합", 『경영학연구』, Vol.8, 1995에서 요약, 정리했음.

10 | Mintzberg, H., & Westley, F., "Cycles of organizational change", Strategic Management Journal, Vol.13, No.S2, 1992, pp.39~59.

11 | 여기에서 쓰이는 '사업' 은 제품단위 사업을 뜻하는 것으로 '제품' 과 같은 의미로 사용된다.

12 | Hammond, J.S., & Allan, G.B., "A Note on the Boston Consulting Group Concept of Competitive Analysis and Corporate Strategy", Harvard Business School, 1975.

13 | 유지 가능한 최대 성장률의 계산에는 다음 공식을 사용한다.

$$G=\frac{D}{E}(R-i)P+R\cdot P$$

여기서 G: 유지가능한 장기자산의 최대성장률, D: 부채, E: 자본
R: (인플레이션을 감안한) 바람직한 자산회수율
P: 당기 순이익의 적립 비율(%), 즉 유보 이익/당기 순이익
i: 부채비용

14 | Hax, A.C., & Majluf, N.S., op. cit., p.193.

15 | Hax, A.C., & Majluf, N.S., op. cit., pp.188~192.

16 | 이 부분은 Schoeffler, S., Buzzel, R.D., & Heany, D.F., "Impact of Strategic Planning on Profit Performance(Harvard Business Review, Vol.52, No.2, 1974)"와 "大前研一著 企業参謀 (プレジデン社, 1975)"를 참조했음.

17 | Schwartz, J.J., 『Corporate Policy』, NJ, Prentice-Hall, 1978, pp.9~12.

제7장 전략결정의 대안: 기업 수준의 전략

1 | 여기서 알아두어야 할 것은 원가우위와 차별화우위는 일련의 연속선상의 양 끝점이라는 것이다. 실제적으로는 어떠한 기업도 비용에서만 우위를 갖거나 차별화에서만 우위를 가질 수 없다. 그러므로 원가우위를 가진 기업이란 비용상 우위에 중점을 둔 기업이라 이해하고, 차별화우위를 가진 기업이란 차별화우위에 중점을 둔 기업이라 이해해야 할 것이다.

2 | I.H. Ansoff, I.H., 『Corporate Strategy』, New York, McGraw-Hill, 1965, p.109.

3 | 김원수, 『마케팅 관리론』, 경문사, 1986, pp.487~488.

4 | 김인수 · 이진주, 『기술혁신의 과정과 정책』, 한국개발연구원, 1982, p.159.

5 | 김인수 · 이진주, 앞의 책, 한국개발연구원, 1982, pp.276~277.

6 | 기업의 국제화란 개념은 수출활동을 위한 해외 시장 진출이라는 좁은 의미부터 생산공정의 효율성이나 기술과 원료의 확보 등을 위한 복잡하고 방대한 세계적 경영활동까지 다양하게 설명될 수 있는데, 여기서는 좁은 의미의 국제화에 가까운 개념으로 사용했다.

7 | 여기서 종합상사는 일본의 소고쇼샤뿐만 아니라 우리나라의 종합무역상사, 대만의 대무역상, 태국의 국제무역상사(International Tradng Corpration) 등을 모두 포함한 광의적인 의미를 갖는다.

8 | 이러한 생산지와 수요지의 국제적 이동은 버논(Raymond Vernon) 교수의 제품수명주기이론(Product Life Cycle)에 의하여 설명될 수 있다.

9 | 우리나라 기업의 국제화전략 선택 모델의 예가 제6장 전략 결정의 기법 중 PPM분석 <그림 6-10>에 소개되어 있다.

10 | 앤소프는 기존시장의 심화 전략, 제품 개발 전략, 시장 개척 전략을 확장(expansion) 전략으로 보아 다각화(diversification)전략과는 다른 차원의 기업 성장 형태로 구분했다.

11 | Ansoff, I.H., Ibid., pp.127～128 참조.

12 | Rumelt, R.P., 『Strategy, Structure and Economic Performance』, MA, Harvard Univ. Press, 1974, pp. 27～32.

13 | 한국경제연구원, 『한국의 기업집단』, 한국경제연구원, 1995.

14 | Porter, M.E., "From Competitive Advantage to Corporate Strategy", Harvard Business Review, Vol.65, No.3, 1987, p.46~47.

15 | 성장전략의 한 수단으로 볼 수도 있다.

16 | Harrigan, K. R., "Vertical Integration and Corporate Strategy", Acamedy of Management Journal, 1985, Vol. 28, No.2, pp.397~425.

17 | 제4장에서 설명한 바와 같이 기업의 전략에는 수준에 따라 기업 전체전략, 사업전략, 기능별 전략이 있다.

18 | Porter, M.E., op. cit., 1985.

19 | 값싼 컴퓨터가 널리 보급되면서 범용 컴퓨터를 공동으로 사용해야 하는 일이 줄어든 반면 컴퓨터 기술이 정보공유의 기회를 창출해 내는 경향은 더욱 확산되고 있다.

제8장 전략 실행의 고려 사항: 조직구조

1 | · Andrews, K.R., 『The Concept of Corporate Strategy』, IL: Chicago, Homewood, Richard D Irwin, 1971.
· Ansoff, H.I., 『Business Strategy』, New York, Penguin books, 1969.
· Christensen, C.R., Andrews, K.R., & Bower, J.L., 『Business Policy』, IL: Chicago, Irwin, 1973.
· Glueck, W.F., 『Business Policy』, New York, McGraw-Hill, 1976.
· Rogers, D.C.D., 『Business Policy and Planning』, NJ, Prentice-Hall, 1977.
· Schwartz, J.J., 『Corporate Policy』, NJ, Prentice-Hall, 1978.
· Stanford, M.J., 『Management Policy』, NJ, Prentice-Hall, 1979.
· Steiner, G.A., & Miner, J.B., 『Management Policy and Strategy』, London, Macmillan, 1977.
· Uyterhoeven, H.E.R., Ackerman, R.W., & Rosenblum, J.W., 『Strategy and Organization』, Irwin, 1977.
· Thompson, A.A., & Strickland, A.J., 『Strategy Formulation and Implementation』, IL: Chicago, Irwin, 1983.

2 | 삼성그룹의 조직변화 과정에 대해서는 '이 장 3절 한국 기업조직의 역사적 발전과정' 에서 구체적으로 언급했다.

3 | Chandler의 영향을 받아, 전략이 조직을 결정한다고 주장한 대표적인 학자는 다음과 같다. Scott(1962), Thompson(1967), Lawrence와 Lorsch(1967), Perrow(1967), Wringley(1970), Child(1972), Galbraith(1973), Channon(1973), Rumelt(1974).

4 | 이러한 견해를 펴는 대표적인 학자는 다음과 같다. Corey & Star(1971), Fouraker & Stopford(1973), Aldrich(1979).

5 | Corey, E.R., & Star, S.H., 『Organization Strategy : A Marketing Approach』, Harvard University Press, 1971, p.51.

6 | Hofer, C.W., Murray, E.A., Charan, R., & Pitts, R.A., 『Strategic Management, A Casebook in Business Policy and Planning』, MN, West Publishing, 1980, p.19.

7 | 최종태, 『현대 조직론』, 경세원, 1985, pp.628~629.

8 | 이 부분의 내용은 Larry E. Greiner 교수의 "Evolution and Revolution as Organizations Grow", Harvard Business Review, Vol.50, No.4, 1972를 참조했다.

9 | 신유근, 『조직행위론』, 다산출판사, 1981, pp.214~215.

10 | Thompson, A.A., & Strickland, A.J., 『Strategic Formulation And Implementation Tasks Of The General Manager』, IL: Chicago, , Inc., 1983, p.333.

11 | Beer, M.M., 『Organization Change And Development : A Systems View』, AZ, Goodyear Publishing Co., 1980, pp.165~167.

12 | "Texas Instruments Incorporated", Intercollegiate Case Clearing House, MA, Harvard Business School, 1972.

13 | "Inside the Shell Oil Company", Newsweek, June 15, 1981, pp.72~77.

제9장 전략 실행의 고려사항: 기업문화

1 | Barney, J.B., "Organizational Culture : Can It Be a Source of Sustained Competitive Advantage?", Academy of Management Review, Vol.11, No.3, 1986.

2 | 이학종, 『전략경영』, 1997, pp.399~403을 수정, 인용했음.

3 | Geert Hofstede, 『Culture's Consequences: International Differences in Work-Related Values』, CA, Sage Publications, 1980.

제10장 장기전략계획

1 | 경제계획을 실시하는 모든 국가가 확정 계획을 채택하는 것은 아니다. 예컨대 인도에서는 연동 계획으로 경제개발 계획을 실시하고 있다.

2 | 학자에 따라서는 계획과 기획의 의미를 엄격히 구분하기도 하나, 이 책에서는 기업에서의 계획을 기획이라고 해석하여 혼용하기로 한다.

3 | 한국능률협회에서 우리나라 100대 기업을 대상으로 하여 조사한 바로는 기획실, 기획부, 기획관리실, 기획조사실, 기획담당실, 기획조정실, 기획개발실 등 총 14개의 명칭이 사용되고 있다.

4 | 흑자경영연구소에서 1986년에 수집한 59개 국내 회사 기획실의 자료에서 추출했다.

제11장 균형성과표

1 | Kaplan, R.S., & Norton, D.P., "The Balanced Scorecard : Measures that Drive Performance", Harvard Business Review, Vol.70, No.1, 1992.

2 | Kaplan, R.S., & Norton, D.P., "Putting the Balanced Scorecard into Work", Harvard Business Review, Vol.71, No.5, 1993.

3 「성과측정」, 현대경제연구원 옮김, 피터 드러커 외 지음, 21세기 북스(2001)에서 발췌, 수정 인용

4 Kaplan, R.S., & Norton, D.P., "The Balanced Scorecard: Measures that Drive Performance", Harvard Business Review, Vol.70, No.1, 1992.

5 Kaplan, R.S., & Norton, D.P., "Putting the Balanced Scorecard into Work", Harvard Business Review, Vol.71, No.5, 1993.

6 Kaplan, R.S., & Norton, D.P., "Using the Balanced Scorecard as a Strategic Management System", Harvard Business Review, Vol.74, No.1, 1996.

제12장 기업의 지배구조

1 최근 Business Week지(1996.11.25)는 미국에서 진행되고 있는 기업지배 혁명(governance re-volution)의 속도를 높이기 위해 전문가 및 기관투자가의 의견과 자체 분석을 통해 기업 이사회의 등급을 평가하고 우량 이사회 25개와 부실 이사회 25개를 선정하여 발표한 바 있다.

2 · Collis, D.J., & Montgomery, C.A., 「Corporate Strategy」, IL: Chicago, Irwin. 1997.
· Schleifer, A., & Vishny, R.W., "Large Shareholder and Corporate Control", Journal of Political Economy, Vol.94, No.3, 1986, pp.461~488
· "Blue Libon Commission on Director Compensation", NACD, 1995.
· 정광선, "경영체제의 세계화", 서울대학교 Glogal CEO Program 1997. 3 외 다수를 참고했다.

3 Sheridan, T., & Kendal, N., 「Corporate Governance: An Action Plan for Profitability and Business Success」, London, Pitman Publishing, 1992.

4 Michel C. Jensen, "The Modern Industrial Revolution, Exit, and Failure of Internal Control System", Journal of Finance, Vol.48, No.3, 1993.

5 김건식, "내부 통제 메커니즘의 법적 고찰", 정광선 편, 「21세기 한국기업의 통할체제」, 1996.

6 Schleifer, A., & Vishny, R.W., "Large Shareholder and Corporate Control", Journal of Political Economy, Vol.94, No.3, 1986, pp.461~488

7 Tosi, H.L., & Gomez-Mejia, L.R., "CEO compensation monitoring and firm performance", Academy of Management Journal, Vol.37, No.4, 1994, pp.620~631.

8 Business Week, April 20, 1998.

9 Dodd, P.R., & Warner, J.B., "On Corporate Governance: A Study of Proxy Contests", Journal of Financial Economics, Vol.11, No.1~4, 1983, pp.401~438.

10 Kester, W.C., "Governance, Contracting and Investment Time Horizon: A Look at Japan and Germany", Continental Bank, Journal of Applied Corporate Finance, Vol.5, No.2, 1992.

11 김건식, "내부 통제 메커니즘의 법적 고찰", 정광선 편, 「21세기 한국기업의 통할체제」, 1996.

12 | Pound, J., "The Promise of the Governed Corporation", Harvard Business Review, Vol.73, No.2, 1995.
13 | Pound, J., "The Promise of the Governed Corporation", Harvard Business Review, Vol.73, No.2, 1995.
14 | Pound, J., "The Promise of the Governed Corporation", Harvard Business Review, Vol.73, No.2, 1995.
15 | "Blue Libon Commission on Director Compensation", National Association of Corporate Directors(NACD), 1995.
16 | 최도성, "주요국의 기업통할체제", 정광선 편, 『21세기 한국기업의 통할체제』, 서울대학교 증권 · 금융연구소, 1996
17 | Jensen, M.C., & Meckling, W., "Theory of the firm: Managerial behavior, agency cost, and ownership structure", Journal of Financial Economics, Vol.3, No.4, 1976, pp.305~360.

제13장 전략평가시스템

1 | 이 장은 "조동성 외, 『전략평가시스템』, 아이비에스, 1996"과 "신철호, "14가지 경영혁신기법의 통합모델2", 1999"에서 발췌, 정리했다.
2 | 김명수, 『공공정책평가론』, 박영사, 1993, pp.275~276
3 | Ibid, pp6~7
4 | 오동일, "사업부 조직의 성과평가를 위한 DEA 모형의 적용가능성에 관한 연구", 서울대학교 박사학위 논문, 1991.
5 | Itami. H., 『Mobilizing Invisible Assets』, MA, Harvard University Press, MA, 1987.
6 | 오동일, op. cit.
7 | Lee, J. Y., 1987, p.64

제14장 혁신경영

1 | 조동성 · 신철호, 『14가지 경영혁신기법의 통합모델』, IBS, 1996.
2 | 전략평가시스템은 제13장을 참고하기 바란다.

제15장 창조경영

1 | 이 내용은 "조동성, 『기업의 환경창조 메커니즘』, 아이비에스. 1997" 중 일부를 발췌하여 수정, 정리했음.

제16장 지속경영

1 | 2010년 11월 1일 제정 발표되었으며, 기업의 사회적 책임 이행을 위한 국제적 가이드라인 역할을 할 것으로 기대된다.
2 | Porter, M.E., & Kramer, M.R., 2002. "The Competitive Advantage of Corporate Philanthropy", Harvard Business Review, Vol.80, No.12, 2002, pp.56~68.

3 | Porter, M.E., & Kramer, M.R., 2006. "Strategy and Society: The Link between Competitive Advantage and Corporate Social Responsibility", Harvard Business Review, Vol.84, No.12, 2006, pp.78~92

4 | Porter, M.E., & Kramer, M.R., 2011. The Big Idea: Creating Shared Value, Harvard Business Review, Vol.89, No.1/2, 2011, pp.62~77.

5 | '제20회 경제정의기업상 기념 토론회 및 시상식' 자료집을 재구성했다.

6 | 경실련 경제정의기업상은 매년 거래소에 상장된 제조기업을 대상으로 기업의 사회적 성과를 계량적으로 평가하여 우수한 기업들을 발굴, 시상함으로써 우리나라 기업들의 사회적 성과를 향상시키고, 나아가 우리나라 자본주의의 건전한 발전에 기여하고자 하는 목적으로 출범되었다.

7 | 산업정책연구원, "2008년 주요기업의 지속가능경영 실태조사", 2009

8 | 산업정책연구원, "2010년 주요기업의 지속가능경영 실태조사", 2010

9 | 스위스 취리히에 본사를 둔 세계적인 자산관리사로 미국 다우존스와 함께 전 세계 기업의 재무, 환경, 윤리, 사회적 가치를 종합 평가해 산출하여 DJSI를 발표한다. 지금도 10억 달러 규모의 펀드를 사회책임 원칙에 따라 운용하고 있고 있으며, 1999년부터 꾸준히 상당한 수익률을 기록하고 있다.

10 | MSCI지수는 미국계 투자은행 모건스탠리의 자회사인 MSCI(모건스탠리캐피탈인터내셔널)가 발표하는 전 세계 주가지수. 많은 세계적 투자회사들이 주식 투자를 할 때 이 지수를 참고해서 투자 종목과 투자 금액을 결정한다. 기업이 속한 국가나 지역, 업종에 따라 'MSCI월드' 'MSCI아시아(일본 제외)' 'MSCI신흥시장' 등 여러 가지 소(小) 지수로 나뉜다.

11 | 1997년에 국제적 환경단체연합인 환경책임경제연합(CERES)과 유엔환경계획(UNEP)이 합작하여 만든 유엔의 협력기관으로서 네덜란드 암스테르담에 본부를 두고 있다.

12 | BEST는 Business Ethics is the Source of Top performance의 약자로 '윤리가 경쟁력이다' 라는 뜻을 가진다.

13 | 사진출처: 동아일보(2008), 60여개 기업 CEO들 윤리경영 서약식, 3월 13일자

14 | 조동성(2011), 지속경영의 이론과 실천(지속경영보고서 작성을 위한 지침), 서울: 서울경제경영

15 | 이 헌법 조항은 다음과 같다. "제119조 ① 대한민국의 경제질서는 개인과 기업의 경제상의 자유와 창의를 존중함을 기본으로 한다. ② 국가는 균형 있는 국민경제의 성장 및 안정과 적정한 소득의 분배를 유지하고, 시장의 지배와 경제력의 남용을 방지하며, 경제주체간의 조화를 통한 경제의 민주화를 위하여 경제에 관한 규제와 조정을 할 수 있다."

16 | "경제"를 주제로 한 119조에서 ①항의 소주제가 "경제적 자유" 즉 경제활동에 대한 자유라는 데에는 이론의 여지가 없다. 그러나 국민이 경제활동에서 자유를 누리기 위해서는 타인의 경제적 지배를 받지 않아야 하고, 이를 위해서는 "경제적 평등" 즉 경제적 활동을 할 수 있는 평등한 기회를 가져야 한다. 그런 의미에서 "경제민주화"란 용어가 포함된 ②항은 "경제적 평등"을 소주제로 하고 있다고 볼 수 있다.

17 | La Porta, R., López-de-Silanes, F., & Shleifer, A., 1999. Corporate ownership around the world. 『Journal of Finance』, 54(2): 471~517.

La Porta, et al.(1999)은 기업의 소유권을 의결권(voting right)과 배당권(cash flow right)으로 나누고, 서양기업들은 대부분 지분이 분산된 기업(widely held corporation)인 반면 동양기업들은 피라미드식 구조(pyramid structure)와 상호출자(cross-shareholding)를 이용해 소유권이 집중된 형태를 띤다고 보았다. 저자들은 이런 지배구조 문제가 나타나는 원인을 첫째, 법의 지배(rule of law) 수준이 국가별로 다르고, 둘째, 대기업(large firms)이 시장을 지배하는 정도가 다르다는 데에서 찾았다. 그런데 이 두 가지 원인보다 더 근본적인 원인은 해당 국가가 선택한 법체계이다. 시민법(civil law)와 관습법(common law) 중 어느 법체계를 선택했는지에 따라 그 나라가 가진 법의 지배 수준의 차이가 나고, 그 법의 지배 수준에 따라 대기업에게 피라미드 구조와 상호출자를 허용하는 정도가 다르게 나타나기 때문이다.

18 | Jensen, M.C., & Meckling, W.H., 1976. Theory of the firm: Managerial behavior, agency costs and ownership structure. 『Journal of Financial Economics』, 3: 305~360.
Jensen and Meckling(1976)은 대리인 비용(agency cost)에 대한 정의, 발생되는 경우, 발생되었을 때 이 비용이 전가되는 메커니즘 등을 분석하였다.

19 | · Coase, R.H., "The nature of the firm", Economica, Vol.4, 1937, pp.386~405.
· Williamson, O.E., 『Markets and hierarchies, analysis and antitrust implications: a study in the economics of internal organization』, New York, The Free Press, 1975.
· Williamson, O.E., 『The economic institutions of capitalism: Firms, markets, and relational contracting』, New York, The Free Press, 1985.
1991년 노벨경제학상 수상자인 Roland Coase는 시장에서 가격기구를 사용하는 데 거래비용(시장실패모형)이 소요되기 때문에 이 비용이 필요없는 기업조직이 발생한다고 보았다. 즉, 시장에서의 거래비용(Transaction cost)을 고려할 때, 기업이라는 위계적인 체제를 사용하는 것이 시장기구를 사용하는 것보다 더 경제적일 수 있기 때문에 기업이 존재한다는 것이다. 2009년 노벨 경제학상 수상자인 Oliver E. Williamson(1979, 1985)은 거래비용이 나타나는 이유를 증명함으로써 기업의 존재 논리를 증명하였다. Williamson에 의하면 기업은 시장과 위계를 통해 거래비용을 낮추려는 의도를 가지고 있다. 다시 말해서, 기업들이 초기에 거래관계를 맺을 때 발생하는 계약비용과 계약 이후에도 재계약이 필요한 경우 발생하는 제반 계약비용(예컨대 초기설치비용, 유지보수비용)은 하나의 지배구조 하에서는 거의 발생하지 않기 때문에 수직계열화와 내부화를 통해 성장하는 성향을 가지게 된다.

20 | 2012년 9월 13일 발표된 2011년 통계자료에 의하면 국내총생산(GDP) 대비 재벌사들의 매출비중이 갈수록 올라가고 있다고 한다. 10대 재벌의 기준은 매년 공정위가 지정하는 대규모기업집단 가운데 지배적인 오너가 있는 자산순위 상위 10위 안에 드는 기업집단이다. 2002년부터 지난해까지 삼성, 현대자동차, SK, LG, GS(LG그룹과 분할 뒤 2005년부터), 롯데, 한화, 현대중공업, 한진그룹이 매년 10대 재벌에 들었다. 참여정부 5년간(2003~2007년) 명목 GDP의 총합계 대비 10대 재벌 총매출액의 비율은 52.6%였고 현 정부 4년간(2008~2011년)은 69.1%였다. 10대 재벌의 1년 매출액을 해당 연도의 명목 GDP로 나눈 값은 2003년 49.1%였다가 2007년 55.0%로 5.9%포인트 증가했다. 2008년과 지난해는 각각 51.2%와 77.6%로 26.4%포인트 높아졌다. 10대 재벌의 계열사는 참여정부 시절 312개에서 379곳으로 21.5% 증가한 데 비해 현 정부에 들어서는 581곳으로 늘어 증가율이 53.3%에

달해 외형도 급속히 커졌다. 10대 그룹의 자산을 명목 GDP로 나눈 비율은 참여정부 첫 해인 2003년 42.0%에서 마지막 해인 2007년 46.9%로 4.9%포인트 높아졌다. 이 값은 현 정부 첫해인 2008년 51.2%에서 지난해 66.0%로 14.8%포인트 올라가 상승폭이 더욱 커졌다. 삼성그룹의 매출액이 10대 재벌 총 매출액에서 차지하는 비중은 2003년 32.1%에서 2007년 29.9%, 지난해 28.4%로 대체로 낮아지는 추세였다. 그러나 순이익의 비중은 2003년 36.5%였다가 2007년 34.4% 소폭 낮아졌다가 현 정부에서는 4년간 꾸준히 40%대를 유지했다. http://news20.busan.com/controller/newsController.jsp?newsId=20120917000069

21| 장하준, 정승일, 이종태. 2005. *쾌도난마 한국경제*. 서울: 부키.
철혈 재상이라 불린 프러시아의 비스마르크는 1870년대에 세계 최초로 복지 국가 제도를 도입했다. 그는 체제를 지키기 위해 사회주의자들을 가혹하게 탄압하면서도 동시에 체제를 유지하려면 사회 기득권층이 자신의 권리 일부를 자발적으로 양보해야 한다고 주장했다. 여러 선진국들의 역사에서 증명되었듯이, 자본주의가 어느 정도 발전단계에 오르면 사회적 타협이 국가 의제로 자연스럽게 떠오르게 된다. 스웨덴에서는 1938년 잘츠요바덴(Saltsjhobaden)협약으로 사회적 대타협이 일어난 경우가 있다. 사회주의 노동조합들이 생산수단의 국유화를 포기하는 대신 자본 측에서는 소득세를 대폭 올리는데 동의한 것으로, '제한을 두고 타협'을 한 것이다. 장하준 · 정승일 · 이종태(2005)은 유럽은 산업화를 통해 조직된 노동자들이 등장하면서 사회적 대타협이 가능했다고 설명하고 있다.

22| Weber, M., 『The protestant ethic and the spirit of capitalism』, MA, Unwin Hyman, 1930.

23| Keynes, J. M., 『The general theory of employment, interest and money』, London, Palgrave Macmillan, 1936.
미국 민간부문은 미국 정부보다 먼저 인위적으로 수요를 창출함으로써 1929년 대공황을 극복하겠다는 의지를 가지고 행동에 옮겼다. 민간부문이 선도한 대규모 프로젝트로 1931년에 완성한 뉴욕시 맨하튼(Manhattan, New York City)의 엠파이어스테이트 빌딩(Empire State Building)이 있다. 이 건물은 대공황이 시작된 1930년에 불황을 극복하기 위하여 뉴욕의 사업가들이 의기투합하여 시작한 것으로 당시 세계 최고 높이였던 443미터, 102층짜리 건물이었다.

24| Milton Friedman이 1970년 9월 13일자 The New York Times Magazine에 실은 "The social responsibility of business is to increase profits."라는 글은 기업이익을 중심으로 하는 주주자본주의(stockholder capitalism)를 강조하는 자본주의 3.0의 정신을 잘 설명하고 있다.

25| dot com, 즉 ".com"으로 끝나는 웹사이트를 통해서 알려지는 기업들을 의미한다.

26| Giddens, A., 『The third way: The renewal of social democracy』, MA, Polity, 1998.
자본주의 3.0 역시 자본주의 2.0과 마찬가지로 역사적 뿌리는 1970년대 두 차례 석유위기로 인한 스태그플레이션(stagflation)을 겪으면서 1979년 영국 수상으로 등장한 Margaret Hilda Thatcher(1925~)와 1981년 미국 대통령으로 등장한 Ronald Reagan(1911~2004)이 신자유주의에서 출발하였다. 자본주의 3.0의 핵심은 '작은 정부 큰 시장'으로, 기업의 경쟁을 침해하지 않는 범위 내에서 정부 개입을 용인한다.

27 | 자본주의 3.0을 경제자본(economic capital), 자연자본(natural capital), 사회자본(social capital)이 함께 추구되는 경제로 해석하기도 한다.

28 | Freeman, R. E. 『Strategic management: A stakeholder approach』, MA, Pitman, 1998.
University of Virginia의 R. Edward Freeman교수는 A Stakeholder Theory of the Modern Corporation을 통해 "Both the stockholders and stakeholders have a right to demand certain actions from management."를 주장했다.

29 | Kaletsky, A. 『Capitalism 4.0: The birth of a new economy』, London, Bloomsbury, 2010.
타임즈 평론가인 칼레츠키(Anatole Kaletsky: 1952~)는 Capitalism 4.0이란 저서에서 자본주의 4.0은 유능하고 적극적인 정부가 있어야만 시장경제가 존재할 수 있다는 인식에 기초하고 있으며 정부의 역할은 커지더라도 정부의 크기는 줄어들어야 만들어 질 수 있는 형태라고 말한다. 이런 점에서 자본주의 4.0은 정부와 시장의 역할 가운데 하나만 강조했던 이전 시대의 경제 인식과는 달리 정부와 시장이 모두 잘못될 수 있다는 사실에 기초하여 정치와 경제를 적대적인 관계가 아니라 서로 협력하는 관계로 인식하고 있음을 보여준다. http://book.naver.com/bookdb/book_detail.nhn?bid=6713465

30 | Asimov, I., 『I, robot』, New York, Gnome Press, 1950.

31 | Porter, M. E., & Kramer, M. R. 『The big idea: Creating shared value』, Harvard Business Review, Vol.89, No.1/2, 2011, pp.62~77.

찾아보기

ㅇ

ㅈ

ㅊ

ㅌ

ㅍ

ㅎ

기타

저자소개

조동성 교수는 서울대학교 경영학과를 졸업하고 하버드에서 경영학박사를 취득한 후 걸프오일 회사를 거쳐 1978년부터 서울대학교 경영대학에서 전략 및 국제경영 교수로 봉직하면서 국제지역원 원장과 경영대학 학장을 역임했다. 영어 4권, 중국어 3권을 포함한 61권의 저서와 95 편의 학술논문을 출판했고, 전략경영학회 창립회장, 디자인브랜드경영학회 창립회장, 지속경영학회 창립회장, 경영학회 회장, 학술단체총연합회 회장을 지냈으며, 현재 대통령 직속 국가경쟁력위원회 위원, 핀란드 명예총영사, 코리아오토포럼 회장, 국제백신연구소 후원회장, 안중근의사기념관 관장, 한국오페라단 이사, K-리그 이사 직을 맡고 있다.

조 교수는 기업, 지역, 국가, 세계라는 네 가지 경제단위에서 일어나는 경영현상에서 공통분모를 찾아 과학적으로 분석하여 이론을 개발하고, 이를 기반으로 하여 정부 정책과 기업 전략을 동시에, 통합적으로 개발하는 "동시전략개발(同時戰略開發: Concurrent Strategy Development)"의 선구자로서, 그가 개발한 9-Factor Model in National Competitiveness, SER-M-P Paradigm, Mechanism-Based Management, Environment Creating Mechanism, the Design Theory는 세계 학계와 기업에서 널리 인용되고 있다. 스리랑카, 온두라스, 두바이, 아제르바이잔 정부는 조 교수의 9-Factor Model을 이용하여 자국의 국가경쟁력 강화 전략을 개발하였다.

인제대학교와 핀란드 Aalto University는 조 교수에게 명예박사학위를 수여했고, 한국정부는 대통령 표창과 황조근정훈장을, 서울대학교 경영대학 최고경영자 과정은 "자랑스러운 교수상"을 수여했다.

경영학과 윤리, 디자인, 예술 등 학문 간의 통섭을 추구하며 끊임없이 새로운 분야를 개척하고 도전하는 그의 연구와 활동은 국내뿐 아니라 해외에서도 널리 소개되어, 그를 한국을 대표하는 경영학자인 동시에 세계적인 명성을 가진 학자로 자리매김하고 있다. 매일경제신문은 1991년 경영학자로서는 두 번째로 "이커너미스트"상을 시상했고, 2010년에는 한국의 경영구루 1위로 선정했다.

서울대 경영대학에 있는 조 교수의 연구실은 한국 전략경영 학자들의 산실이다. 조 교수 문하의 제자 70여명이 국내외 경영대학 전략경영 분야에서 이론 개발과 후진 양성에 앞장서고 있다.

〈제5판〉 조동성 **전략경영**

1997년 8월 30일 | 제1판 1쇄 발행
1998년 8월 30일 | 제2판 1쇄 발행
2002년 2월 15일 | 제3판 1쇄 발행
2006년 2월 25일 | 제4판 1쇄 발행
2013년 2월 23일 | 제5판 1쇄 인쇄
2013년 2월 28일 | 제5판 1쇄 발행

지은이 | 조동성
발행인 | 김은중
발행처 | 서울경제경영출판사
편 집 | (주)우일미디어디지텍

주소 | 120-808 서울특별시 서대문구 대현동 67-5 대현빌딩 6층
전화 | (02) 313-2682
팩스 | (02) 313-8860

등록 | 1998년 1월 22일 제5-63호

ISBN 978-89-97937-05-9 93320 정가 32,000원

※ 파본은 바꾸어 드립니다.